Stanisław Salmonowicz

# Preußen

## Geschichte von Staat und Gesellschaft

Martin-Opitz-Bibliothek

# Schriften

Herausgegeben von
Wolfgang Kessler

# II.

Stanisław Salmonowicz

# Preußen

## Geschichte von Staat und Gesellschaft

Herne 1995

Stiftung Martin-Opitz-Bibliothek

**Aus dem Polnischen übersetzt von Maria Valentina Stefanski**
Redaktion: Wolfgang Kessler

Die deutsche Bibliothek - CIP-Einheitsaufnahme

**Salmonowicz, Stanisław:**
Preußen : Geschichte von Staat und Gesellschaft / Stanisław Salmonowicz. [Aus dem Poln. übers. von Maria Valentina Stefanski]. Stiftung Martin-Opitz-Bibliothek. - Herne: Stiftung Martin-Opitz-Bibliothek, 1995
(Schriften / Martin-Opitz-Bibliothek Herne ; 2)
Einheitssacht.: Prusy <dt.>
ISBN 3-923371-13-6
NE: Martin-Opitz-Bibliothek <Herne>: Schriften

*Gedruckt mit Unterstützung des Bundesministeriums des Innern, des Landes Nordrhein-Westfalen, der Stadt Herne und des Landschaftsverbands Westfalen-Lippe*

Die Originalausgabe ist unter dem Titel »Prusy. Dzieje państwa i społeczenstwa« 1985 im Verlag *Wydawnictwo Poznańskie* in Poznań erschienen. Die Übersetzung erfolgt mit freundlicher Genehmigung des Verfassers.


ISBN 3-923371-13-6

Verlag und Auslieferung:
Stiftung Martin-Opitz-Bibliothek, Berliner Platz 11, D-44623 Herne
Satz und Layout: Stiftung Martin-Opitz-Bibliothek
Druck und buchbinderische Verarbeitung: Druckhaus Sieboldt, Herne

# Inhalt

Stanisław Salmonowicz

# Prusy
# Dzieje państwa i społeczeństwa

Wydawnictwo Poznańskie · Poznań 1987

# Eine polnische Geschichte Preußens

## Bemerkungen zur deutschen Übersetzung von Stanisław Salmonowiczs »Dzieje Prusy«

*Preußen, obgleich aus der staatlichen Wirklichkeit verschwunden, scheidet noch immer die Geister.*[1]

Die Geschichte Preußens ist Teil der deutschen *und* der polnischen Geschichte, nehmen wir sie als Geschichte des politischen Territoriums von Deutschland und Polen in ihren wechselnden historischen Grenzen oder als Vorgeschichte der heutigen Staaten Bundesrepublik Deutschland und Republik Polen an oder fassen wir sie als Volksgeschichte auf. Die Bedeutung der Geschichte Preußens in der polnischen Geschichte geht weit über die seit 1772 in Preußen[2] und seit 1871 im Deutschen Reich virulente *Polnische Frage* hinaus.

Die Geschichte Preußens ist traditionell ein Problem nicht nur der polnischen Geschichtsschreibung, sondern des polnischen Geschichtsbewußtseins überhaupt[3], während der polnische Aspekt der preußisch-deutschen Geschichte aus dem deutschen Geschichtsbild lange ausgeblendet worden ist, bis sie in den letzten zwei Jahrzehnten von Klaus Zernack und seiner Schule systematisch aufgearbeitet worden ist.[4] Der deutsch-polnische Historikerdialog in den deutsch-polnischen Schulbuchgesprächen seit Beginn der siebziger Jahre hat das seine dazu beigetragen, die deutsch-polnischen bzw. polnisch deutschen Gemeinsamkeiten und Probleme in der Geschichte bewußter zu machen.[5] Die Forschungen polnischer Historiker sind zum Teil in den »Acta Poloniae Historica« und den 1989 eingestellten »Polnischen Weststudien« in westlichen Sprachen zugänglich, darüber hinaus wurde, sehen wir von gelegentlichen Aufsätzen vor allem in Tagungsbänden ab, nur wenig übersetzt.[6]

Im deutsch-polnischen Dialog, wie er sich seit 1989/90 erfreulich entwickelt, spielt die *Katastrophe der deutsch-polnischen Beziehungen im Zweiten Weltkrieg*[7] ihre seit 1945 besondere Rolle weiter, und diese Katastrophe war auch eine

---

1 C. Graf von Krockow: Warnung vor Preußen. Berlin 1981, Motto auf dem Buchumschlag.

2 Vgl. Zum Verständnis der polnischen Frage in Preußen und Deutschland 1772-1871. Hrsg. von K. Zernack. Berlin 1987 [auch in: Jahrbuch für Geschichte Mittel- und Ostdeutschlands 35 (1986), S. 1-218].

3 A. Lawaty: Das Ende Preußens in polnischer Sicht. Zur Kontinuität negativer Wirkungen der preußischen Geschichte auf die deutsch-polnischen Beziehungen. Berlin 1986.

4 K. Zernack, Klaus: Preußen - Deutschland - Polen. Aufsätze zur Geschichte der deutsch-polnischen Beziehungen. Berlin 1991.

5 Vgl. *Zum wissenschaftlichen Ertrag der deutsch-polnischen Schulbuchkonferenzen der Historiker 1972-1987*. Braunschweig 1988. 168 S. - Zur Vorgeschichte vgl. E. Meyer: Wie ich dazu gekommen bin. Die Vorgeschichte der deutsch-polnischen Schulbuchgespräche 1948-1971. Braunschweig 1988.

6 Zum Beispiel T. Cegielski: Das alte Reich und die erste Teilung Polens 1768-1774. Stuttgart-Warszawa 1988. - Eine Sammlung nur in Deutschland erschienener Aufsätze, also keine Übersetzung sonst aus sprachlichen Gründen dem deutschen Leser unzugänglicher Arbeiten ist J. Małłek: Preussen und Polen. Politik, Stände, Kirche und Kultur vom 16. bis zum 18. Jahrhundert. Stuttgart 1992.

7 Vgl. Lawaty, a.a.O., S. S. 90-100.

Folge der preußischen Traditionen oder zumindest dessen, was als vorgebliche preußische Tradition instrumentalisiert wurde, um undemokratisches Denken vor und nach 1933 in der öffentlichen Meinung zu stabilisieren. Die *Preußenwelle* in der Bundesrepublik Deutschland Ende der siebziger bis Anfang der achtziger Jahre ist deshalb gerade auch in Polen mit Vorsicht beobachtet worden[8], zumal nach der politischen "Wende" von 1982 in Deutschland aus der polnischen Perspektive konservative Traditionen wieder Oberwasser zu gewinnen schienen.

Das polnische Geschichtsbewußtsein ist traditionell stärker ausgebildet als das deutsche.[9] Und Preußen war und ist ein Thema, das gerade Polen betroffen hat und betrifft, und deshalb seit den Anfängen der polnischen Geschichtsschreibung immer wieder aufgegriffen worden ist: *"Anfänglich wurden die wichtigsten Ereignisse notiert, namentlich die Konflikte in der brandenburgisch-preußisch-polnischen Nachbarschaft; später erschienen entsprechend der Entwicklung einer modernen polnischen wissenschaftlichen Geschichtsschreibung Wertungen, die jedoch vor allem einzelnen Fakten, nicht aber der gesamten Geschichte Brandenburgs und Preußens galten. Es ist festzustellen, daß in der polnischen Historiographie im Prinzip eine negative Tendenz vorherrscht, die mit einer älteren korrespondiert, die ihrerseits auf die mittelalterliche Tradition des deutsch-polnischen Antagonismus zurückgeht,"* hat der polnische Historiker Bogdan Wachowiak den Stand der polnischen Historiographie in der Mitte der achtziger Jahre resümiert.[10] Nach 1945 bildete die Regionalgeschichte der Teile des früher preußischen Ostens, die heute den Westen Polens bilden, einen neuen Forschungsschwerpunkt, weiterhin blieben die Einflüsse Preußens auf die Geschichte des polnischen Staates und des polnischen Volkes generell, sei es im zwischenstaatlichen Rahmen als negative Polenpolitik[11], sei es innerstaatlich als spezifische Form der modernen Nationsbildung, im Mittelpunkt des Interesses.

Geschichtsbewußtsein und historische Forschung verstehen die Geschichte Preußens vor allem aus der Perspektive der Hohenzollernmonarchie und als Teil einer wesentlich am Raster des Deutschen Reichs von 1871 oder 1937 gemessenen deutschen Nationalgeschichte: *"Auch da, wo man der 'preußischen Leistung' eher ablehnend gegenüberstand und -steht, wird der deutsch-vaterländische Rahmen der preußischen Geschichte kaum durchbrochen, und nur selten wird der Blick frei für die fundamentale Tatsache, daß Preußen auf seiner geschichtlichen Bahn außer dem Schicksal der Deutschen auch das der Polen nachhaltig bestimmt hat"*, cha-

---

8 Vgl. Cs. J. Kenez (Bearb.): Die "Preußen-Renaissance" in der Bundesrepublik Deutschland in polnischer Sicht. Marburg/Lahn 1982 (= Dokumentation Ostmitteleuropa 8. 1982, H. 3).

9 R. Breyer: Zur Rolle der Geschichte im heutigen Polen. Marburg 1976 (= Dokumentation Ostmitteleuropa; Jg 2, H. 3)

10 B. Wachowiak: Die brandenburgisch-preußische Geschichte in der polnischen Historiographie. Eine Bestandsaufnahme und Desiderata. In: Acta Poloniae Historica 59, 1989, S. 184.

11 Den von K. Zernack: Negative Polenpolitik als Grundlage deutsch-russischer Diplomatie in der Mächtepolitik des 18. Jahrhunderts. In: Zernack: Preußen - Polen - Deutschland. Aufsätze zur Geschichte der deutsch-polnischen Beziehungen. Berlin 1991, S. 225-242, für die internationale Politik des 18. Jahrhunderts geprägte Begriff verwenden wir in breiterer Bedeutung.

rakterisiert Klaus Zernack treffend die Lage.[12] Die Rezeption der polnischen Preußenforschung scheint, nehmen wir den Besprechungsteil eines einschlägigen Periodikums wie der *Zeitschrift für Ostforschung* (seit 1995: für *Ostmitteleuropaforschung*) als Indiz, zufällig, systematisch am ehesten noch in der Provinzialgeschichten der heute polnischen Gebiete. Es schien deshalb sinnvoll, diese in Polen weit verbreitete Gesamtdarstellung ins Deutsche zu übersetzen, um dem deutschen Leser eine polnische Darstellung der Geschichte Preußens zugänglich zu machen.

Erst in den letzten Jahren hat die polnische Historiographie sich unvoreingenommen des preußischen Teils der polnischen und deutschen Geschichte annehmen können. Die hier in deutscher Übersetzung vorgelegte einzige neuere polnische Gesamtdarstellung Preußens[13] erschien zwar vor der entscheidenden Wende des Jahres 1989, gehört aber in deren intellektuelle Vorgeschichte. Salmonowicz ist bemüht, die in der polnischen populären Geschichtsauffassung vorherrschenden Schwarz-Weiß-Bilder der Geschichte Preußens abzubauen. Die Arbeit entstand in einer Zeit, als die Geschichte Preußens in der polnischen Geschichtswissenschaft intensiv diskutiert wurde.[14]

Er beschreibt die *ganze* preußische Geschichte. Man merkt dem Text zwar an, daß sein Autor vor allem Fachmann für das 18. Jahrhundert ist. Anders als *"der stramm royalistische Erlanger Historiker Hans-Joachim Schoeps, der das Ressentiment der preußischen Altkonservativen, daß ihr Land mit der Reichsgründung von 1871 untergegangen sein, als der Weisheit letzter Schluß verkündet hat"*, oder *"der Bonner Borusse Walther Hubatsch"*, der *"unentwegt bemüht* [war], *Preußens Gloria in deutschnationalen Farben auszumalen"*, wie Hans-Ulrich Wehler sie charakterisiert[15], läßt Salmonowicz die Geschichte Preußens nicht 1871 enden, sondern führt sie bis 1945 fort.

Das Kaiserreich von 1871 verstand sich als deutscher Nationalstaat und grenzte deshalb auch in Preußen die nichtdeutschen Bevölkerungsteile aus.[16] Die vollzogene initiierte *Nationsbildung durch Trennung* im preußischen Osten[17] beeinflußte wesentlich das deutsch-polnische Verhältnis nach 1918. Auch in Salmonowiczs Darstellung verschieben sich - entsprechend der Forschungslage - die Perspektiven nach 1871 von Preußen auf das Deutsche Reich. Die innere Entwicklung Preußens erscheint auch in seiner Darstellung nur noch sekundär,

---

12 K. Zernack: Polen in der Geschichte Preußens. In: Handbuch der preußischen Geschichte. Hrsg. von O. Büsch. Bd. 2: Das 19. Jahrhundert und Große Themen der Geschichte Preußens. Berlin-New York 1992, S. 385. - In § 1 dieses Handbuchartikels resümiert Zernack *Polnisches Geschichtsdenken über Preußen*.

13 Im Jahre 1984 erschien in Polen eine Übersetzung von B. Engelmann: Preußen. Land der unbegrenzten Möglichkeiten. München 1979, mit einem Vorwort von Salmonowicz (B. Engelmann: Prusy. Kraj nieograniczonych możliwości. Poznań 1984).

14 Vgl. Dzieje Brandenburgii i Prus w historiografii [Die Geschichte Brandenburgs und Preußens in der Historiographie]. Red.: B. Wachowiak. Poznań 1989 (Beiträge einer Tagung der Polnischen Akademie der Wissenschaften 1984).

15 H.-U. Wehler: Preußen ist wieder chic... Frankfurt a.M. 1983, S. 11.

16 Th. Schieder: Das deutsche Kaiserreich von 1871 als Nationalstaat. Opladen 1961.

17 W. Conze: Nationsbildung durch Trennung. Deutsche und Polen im preußischen Osten. In: Conze: Gesellschaft - Staat - Nation. Stuttgart 1992, S. 374-400.

und es sind auch hier eher die Wirkungen Preußens als die Geschichte des Königreichs bzw. Freistaates, über die der Leser etwas erfährt.

Das historische Interesse hat sich, was die inneren Entwicklungen Preußens seit dem 19. Jahrhundert betrifft, eher auf die Provinzialgeschichte konzentriert, doch lassen die vorhandenen Provinzialgeschichten eher das Ganze Preußens außer acht[18]. Die die polnische Seite besonders interessierende Geschichte der heute polnischen Teile des ehemals preußischen Ostens ist auf deutscher wie auf polnischer Seite insbesondere für das ausgehende 19. und das 20. ungenügend systematisch zusammengefaßt[19], und es fehlt auf allen beteiligten Seiten an der Reflexion über den Zusammenhang von preußischer Gesamt- und preußischer Provinzialgeschichte, so daß es verständlich ist, daß Salmonowicz diese Frage übergeht.

Stanisław Salmonowicz, 1931 in Wilna geboren, ist Inhaber des einzigen Lehrstuhls für deutsches Recht in Polen an der Nikolaus-Copernicus-Universität in Toruń (Thorn). Diese seit 1985 bestehende Lehr- und Forschungseinrichtung ist mit der Geschichte des deutschen Rechts, insbesondere des Kulmer Rechts, im alten Polen, des deutschen (preußischen) und österreichischen Rechts in der Zeit der Teilung Polens (1772-1918) sowie der Geschichte des deutschen Rechts und der deutschen Rechtswissenschaft im 19. und 20. Jahrhundert befaßt. Salmonowicz ist Mitglied der Polnischen Akademie der Wissenschaften und Künste (*Polska Akademia Umiejętności* = PAU) in Krakau und leitet die Abteilung für Geschichte Nordpolens (Pommern, Ost- und Westpreußen) und der baltischen Länder am Institut für Geschichte der Polnischen Akademie der Wissenschaften (*Polska Akademia Nauk* = PAN) in Warschau. Seit Ende der fünfziger Jahren hat er rund 600 wissenschaftliche Publikationen veröffentlicht, darunter 26 Bücher und mehr als 30 Aufsätze in Weltsprachen. Zahlreiche Auslandskontakte haben ihn vor allem nach Deutschland und Frankreich geführt. 1961 wurde er nach der Promotion mit einer Arbeit über einen Thorner Juristen und Historiker des 18. Jahrhunderts[20] 1959 in Warschau Diplômé des Hautes Études Universitaires der Universität Nancy, bevor er 1966 an der Jagiellonischen Universität in Krakau habilitiert wurde. Er ist ausländisches Mitglied der *Societas Jablonoviana* in Leipzig.

---

18 Vgl. etwa *Westfälische Geschichte*. Hrsg. von W. Kohl. Bd. 2-3. Düsseldorf 1983-1984.

19 Zum Stand Ende der achtziger Jahre W. Kessler: Aspekte ostdeutscher Landesgeschichte (= Lüneburger Vorträge zur Geschichte Ostdeutschlands und der Deutschen in Osteuropa; 1). Lüneburg 1989; dazu die einzige polnische Stellungnahme L. Meissner: Neue Gedanken zur Auffassung der ostdeutschen Landesgeschichte. Versachlichung und "Verwissenschaftlichung" als Forschungsgebote. In: Związki niemiecko-polskie w kulturze i polityce (= Uniwersytet Warszawski / Instytut Germanistyki: Studium Niemcoznawcze; 7). Warszawa 1993, S. 251-258. - Die neuen deutschen Gesamtdarstellungen [H. Boockmann: Ostpreußen und Westpreußen (Deutsche Geschichte im Osten Europas). Berlin 1992; N. Conrads (Hrsg.): Schlesien (Deutsche Geschichte im Osten Europas). Berlin 1994] können für die Zeit seit Ende des 19. Jahrhunderts nicht zufriedenstellen.

20 S. Salmonowicz: Krystian Bogumił Steiner (1746-1814). Toruński prawnik i historyk [Christian Th. Steiner, der Thorner Jurist und Historiker]. Toruń 1962.

Seit Beginn seiner wissenschaftlichen Tätigkeit hat sich Salmonowicz mit der Geschichte Preußens, aber auch seiner engeren Heimatregion mit ihrer bedeutenden deutschen historischen Überlieferung befaßt. Unter anderem hat er 1966 eine Untersuchung über das Strafrecht des aufgeklärten Absolutismus in Preußen veröffentlicht.[21] Weite Verbreitung hat in Polen seine Biographie Friedrichs des Großen gefunden, ein Werk *"der in Polen gut entwickelten Gattung von Geschichtsliteratur, die sich an ein größeres Lesepublikum wendet, ohne auf wissenschaftlichen Rang und Anspruch zu verzichten"*[22]. Diese beachtenswerte Lebensbeschreibung des Preußenkönigs ist, wie sein gesamtes Werk, allerdings in Deutschland kaum rezipiert worden. Neben Prussica und Borussica hat die reiche Kulturgeschichte Thorns in der frühen Neuzeit immer wieder sein Interesse geweckt[23], zu nennen ist hier insbesondere die Geschichte des Thorner Akademischen Gymnasiums 1687-1817[24], dazu Geschichte, Kulturgeschichte und vor allem die Rechtsgeschichte des königlichen Preußen, des Teils des 1466 zwischen Polen und dem Deutschen Orden geteilten Preußen, der bis zur ersten Teilung Polens 1772 der Krone Polens unterstand[25], dann das deutsch-polnische Verhältnis[26] und in jüngster Zeit ein bis 1989 in "Volkspolen" tabuisiertes Thema, der polnische "Untergrundstaat" unter der deutschen Besatzung im Zweiten Weltkrieg.[27]

In der *Geschichte Preußens* faßt er neben eigenen Forschungen die Ergebnisse der Forschungen der in Polen, in der Bundesrepublik Deutschland und in der DDR[28] bis Anfang der achtziger Jahre zusammen. In dieser Gesamtdarstellung, die sich an ein breites Publikum in Polen wendet, nimmt - bei einem Rechtshistoriker kaum anders zu erwarten - die Rechts- und Verfassungsgeschichte besonderen Raum ein, ohne daß aber Salmonowicz die Sozial- und Wirtschaftsgeschichte vernachlässigt hätte. Jede historische Synthese hat ihre eigenen Problematik und ist mit den Argumenten der Spezialforschung auf ihre Weise angreifbar.

---

21 S. Salmonowicz: Prawo karne oświeconego absolutyzmu [Das Strafrecht des aufgeklärten Absolutismus]. Toruń 1966.

22 Klaus Zernack in seiner ausführlichen Rezension in: Jahrbuch für die geschichte Mittel- und Ostdeutschlands 35 (1986), S. 368-372, Zitat S. 368; vgl. auch H. Labrenz: Zur neueren polnischen Einschätzung Friedrichs des Großen. Eine Posener und eine Thorner Schule. In: Fridericianische Miniaturen. Hrsg. von J. Ziechmann. Bd. 1. Bremen 1988, S. 194-199.

23 S. Salmonowicz: Szkice toruńskie z XVII-XVIII wieku [Thorner Skizzen aus dem 17.-18. Jahrhundert]. Torun 1992.

24 S. Salmonowicz: Toruńskie Gimnazjum akademickie w latach 1681-1817 [Das Thorner Akademische Gymnasium 1681-1817]. Poznań 1973.

25 S. Salmonowicz: Od Prus Książecych do Królestwa Pruskiego : studia z dziejów prusko-pomorskich [Vom herzoglichen Preußen zum Königreich Preußen]. Olsztyn 1992.

26 S. Salmonowicz: Polacy i Niemcy wobec siebie : postawy - opinie - stereotypy (1697-1815) ; proba zarysu [Polen und Deutsche über sich]. Olsztyn 1993.

27 S. Salmonowicz: Polskie państwo podziemne. Z dziejów walki cywilnej 1939-1945 [Der polnische Untergrundstaat. Aus der Geschichte des zivilen Kampfes 1939-1945]. Warszawa 1994.

28 H. A. Krauß: Die Rolle Preußens in der DDR-Historiographie. Frankfurt a.M. 1993, skizziert dazu die politischen Determinanten, kann aber bezüglich der Bewertung der Leistungen der historischen Preußenforschung in der DDR nicht zufriedenstellen.

In Detail ist Salmonowiczs Buch mit Sicherheit an vielen Stellen durch neue Forschungsergebnisse der letzten 15 Jahre überholt[29], in der Gesamtkonzeption durchaus aber auch ein Jahrzehnt nach dem Erscheinen des Originals noch lesens- und bedenkenswert, zumal auch eine neuere deutsche Gesamtdarstellung der Geschichte Preußens fehlt. Man mag das bedauern. Sicherlich hätte auch Salmonowiczs Arbeit von Hans-Ulrich Wehlers »Deutsche Gesellschaftsgeschichte«[30] dem »Handbuch der preussischen Geschichte«[31] und anderen neueren Arbeiten profitieren können, doch ist die Aktualisierung einer solchen historischen Synthese nach dem neuesten Forschungsstand immer schwierig, so daß davon Abstand genommen wurde. Der Leser sollte aber bedenken, daß der deutsche *Historikerstreit*, die Einigung Deutschlands und die Demokratisierung Ostmitteleuropas noch in zukünftiger Ferne lagen, als dieses Buch geschrieben wurde, dessen Druck sich auch aus Gründen der polnischen Innenpolitik verzögert hat. Der Zugang vor allem zu westdeutschen Forschungen war in den frühen achtziger Jahren, der Zeit auch des Kriegsrechts in Polen, als dieses Buch entstand, erschwert, und was heute erfreulicherweise Normalität ist, daß ein polnischer Historiker zu Forschungsarbeiten ohne weiteres nach Deutschland fährt, war damals undenkbar. Manche herangezogene Literatur ist unverkennbar[32], doch war ihre Benutzung auch eine Folge der nach dem Kriegsrecht in Polen (1981) beschränkten Arbeitsmöglichkeiten. Salmonowicz hat sehr viel ältere preußisch-deutsche Arbeiten benutzt, Literatur, die in vielen Fällen noch nicht durch neuere Werke ersetzt und wie Otto Hintzes »Die Hohenzollern und ihr Werk« (1915) selbst revisionsbedürftig ist.[33] Durch die Aufnahme systematischer und chronologischer Abschnitte bemüht sich Salmonowicz, beiden Aspekten historischen Interesses gerecht zu werden, riskiert dadurch allerdings auch immer wieder die Gefahr der Wiederholung.

In einer ausführlichen Rezension würdigt Bogdan Wachowiak die Leistung Salmonowiczs als ein *"ambitiöses, schwer realisierbares Vorhaben"*[34]. Unabhängig von den Zweifeln, die der Rezensent an der - vom Salmonowicz selbst problematisierten - Periodisierung und an Einzelfragen hat, *"gilt also doch"*, so Wachowiak, *"daß der Verfasser die Schwierigkeiten einer Gesamtdarstellung der Geschichte Preußens erfolgreich gemeistert hat. [...] Die Geschichte Preußens ist [...]*

---

29 Noch nicht heranziehen für die Frage der *Policey* (vgl. S. 73) konnte Salmonowicz z.B. M. Raeff: The Well-Ordered Police State. New Haven 1983, zur *Gutsherrschaft* (vgl. S. 53, 128) die vor allem theoriegeschichtliche Untersuchung von H. Kaak: Die Gutsherrschaft. Berlin-New York 1991.

30 H.-U. Wehler: Deutsche Gesellschaftsgeschichte. Bd. 1-3 [von 4 geplanten Bänden]. München 1989-1995.

31 Handbuch der preußischen Geschichte. Hrsg. von O. Büsch. Bd. 2: Das 19. Jahrhundert und Große Themen der Geschichte Preußens. Berlin-New York 1992 [Bd 1 und 3 noch nicht erschienen]

32 So z.B. J. Rogalla von Bieberstein: Preußen als Deutschlands Schicksal. München 1981.

33 Vgl. zu Hintze O. Büsch: Zur Rezeption und Revision der preußisch-deutschen Geschichte. Berlin 1988, S. 59.

34 W. Treue / B. Wachowiak: Zwei Bücher zur preußischen Geschichte. In: Jahrbuch für die Geschichte Mittel- und Ostdeutschlands 37 (1988), S. 138-151 (Wachowiak auf S. 144-151, Zitat S. 144).

*ein Thema, bei dem man sich kaum auf einhellige Urteile oder auch nur auf eine alle befriedigende, vollständige Darstellung der einzelnen Ebenen der Geschichtsprozesse rechnen kann. Mehr Zeit und zusätzliche Forschungen sind nötig, um eine neu, die bisherige Stereotype und historiographische Traditionen überwindende Darstellung der Gesamtheit der preußischen Geschichte zu liefern."*[35]

Es ist hier nicht der Ort, Salmonowiczs Arbeit mit deutschen Gesamtdarstellungen der Geschichte Preußens zu konfrontieren, etwa der Darstellung Gerd Heinrichs[36] oder der borussistisch orientierten Übersicht Walther Hubatschs[37]. Nichts zeigt mehr die Probleme, die die deutsche historische Forschung mit dem Staat Preußen hat, als die Tatsache, daß die dreißig Jahre alte Gesamtdarstellung Hans-Joachim Schoeps' jüngst unverändert nachgedruckt worden ist.[38] Keine verfügbare Gesamtdarstellung kann allen Ansprüchen genügen, und man darf sicherlich auch nicht von Salmonowiczs polnischer Synthese der Geschichte von Staat und Gesellschaft Preußens für eine breite polnische Öffentlichkeit erwarten, daß sie *das* Standardwerk sein kann, das die methodologischen und interpretatorischen Schwierigkeiten der Darstellung eines so komplexen historischen Problems gelöst hätte. Und die Frage bleibt, ob ein einzelner Autor überhaupt in der Lage ist, ein solches Thema, das in vielen Details elaboriert, in anderen aber völlig vernachlässigt worden ist, als ganzes aus der Perspektive der Spezialforschung zufriedenstellend zu bearbeiten.

Eine Gesamtdarstellung enthält selten viel Neues im Detail. Interessanter ist die Konzeption, von der diese Gesamtdarstellung ausgeht. Der Leser bemerkt gelegentlich ein gewisses Schwanken in den Wertungen[39], ein Folge vielleicht auch des Bemühens des Autors, vorschnellen ideologisierten Vorurteilen auszuweichen. Wer in den deutschen Gesamtdarstellungen von Schoeps, Heinrich oder Hubatsch die kritische Bewertung des "preußischen Erbes" vermißt, wie sie in der deutschen Forschung sonst nicht fehlen[40], wird sie hier finden. Man sollte bei den von Salmonowicz mehrfach eingeführten Vergleichen mit polnischen historischen Phänomen und bei Wertungen aus der polnischen historischen Erfahrung heraus nicht vergessen, daß es sich um das Werk eines polnischen Historikers für polnische Leser handelt. Das protestantische Element der preußischen Geschichte[41] marginalisiert er - gegen das borussische Geschichtsbild - ganz in der polnischen Geschichstradition.

---

35 Ebenda, S. 149, 150.

36 G. Heinrich: Geschichte Preußens. Staat und Dynastie. Berlin 1981. Schon im Titel akzentuiert Heinrich seine an die dynastische Entwicklung angelehnte Gliederung.

37 W. Hubatsch: Grundlinien preussischer Geschichte. Königtum und Staatsgestaltung 1701-1871. Darmstadt 1983.

38 H.-J. Schoeps: Preussen : Geschichte eines Staates. Bilder und Zeugnisse. Berlin 1995.

39 Vgl. die Rezension von Adam Galos in: Śląski Kwartalnik Historyczny Sobótka 44 (1989), S. 486.

40 Vgl. die abwägende Darstellung von M. Salewski: Der deutsche Osten und die deutsche Geschichte. In: Geschichte in Wissenschaft in Wissenschaft und Unterricht 42 (1991), S. 220-231.

41 Vgl. O. Janz: Bürger besonderer Art. Evangelische Pfarrer in Preußen 1850- 1914. Berlin 1994; oder J. Rogall: Die Geistlichkeit der Evangelisch-Unierten Kirche in der Provinz Posen 1871-1914 und ihr Verhältnis zur preußischen Polenpolitik. Marburg 1990.

Salmonowicz stellt sich mit der Übersetzung seiner *Geschichte Preußens* der deutschen Kritik. Sein Buch war der Versuch, dem polnischen Leser die Geschichte des Staates nahezubringen, der die Geschichte Polens seit dem 16. Jahrhundert entscheidend beeinflußt hat und der in polnischen Geschichtsbild traditionell negativ besetzt ist. Ohne die polnische Historiographietradition zu verleugnen, versucht Salmonowicz, ein ausgewogenes Bild *sine ira et studio* zu entwerfen, und als solches verdient das Buch die Beachtung des deutschen Lesers. Und gerade weil *"der polnische Aspekte* [der Geschichte Preußens] *in diesbezüglichen Arbeiten ausländischer* [d.h. nichtpolnischer] *Historiker bisher ungenügend berücksichtigt wurde"*, wird der nichtpolnische Leser Salmonowiczs Buch in der Übersetzung ebenso neue Akzente entnehmen können, wie der polnische Leser bezüglich seiner Kenntnisse der deutschen Geschichte profitieren wird.[42]

Es geht um Preußen als historisches Problem, nicht um Werthaltungen, bei denen *"der Begriff »preußisch« [verliert] mit der Gleichsetzung mit vermeintlich »deutschen Tugenden« an semantischem Wert. [...] »Preußisch« wird zum beliebigen Versatzstück, das eine bestimmte Mentalität bezeichnet, ohne daß ein historischer Bezug noch sichtbar wird. In den Kriegsjahren, besonders gegen Ende des Kriegs, wird Preußentum zum Synonym für Durchhaltevermögen, für unbedingten Gehorsam und blindem Glauben an den Führer"*.[43] In der Geschichte Preußens sieht Salmonowicz nicht als erster die Widersprüche, die *"furchtbare Inkonsequenz"* mit der das *Preußentum*, so der Pädagoge Friedrich Wilhelm Foerster 1937 in der Emigration, *"höchste Sittlichkeit und vollkommenste Unsittlichkeit, unbestechliche Ordnung und charakterlosestes Banditentum zusammenzuketten versucht hat?"*[44] Friedrich Meinecke hat unmittelbar nach 1945 geäußert, Preußen habe eine "kulturfähige" und eine "kulturwidrige" Seele besessen, deshalb sei die *"naive Selbstbeweihräucherung des preußischen Wesens"* durch den *"konventionellen Borussismus"* unangebracht.[45] Preußen ist zu oft als Ordnungs- und Erziehungsprinzip beschworen, zu oft als Rechtfertigung für blinden Gehorsam gebraucht worden, um unvoreingenommen rezipiert zu werden, was gerade in Deutschland seit der *"freiwilligen Identifikation der Schulbuchautoren und Geschichtslehrer mit dem herrschenden Geschichtsbild"* im Wilhelmischen Deutschland[46] und den damit verbundenen borussischen Legendenbildungen nicht einfach ist. Leichter, als eine Gesamtdarstellung dieser durch die politische Instrumentalisierung "preußischen Geistes" belastete Geschichte zu verfassen, ist es sicherlich sich dem Problem Preußen essayistisch zu nähern, wie Rudolf von Thadden es getan hat, der 1981 schrieb, *"unumstritten"* sei *"lediglich,* daß *diese*

42 Wachowiak: Brandenburg-Preußen, S. 205-206, als Programm für eine geplante polnische Gemeinschaftsarbeit zur Geschichte Brandenburg-Preußens (ohne Kenntnis der Gesamtdarstellung Salmonowiczs).

43 M. Schlenke: Nationalsozialismus und Preußen/Preußentum. In: Das Preußenbild in der Geschichte. Berlin 1981, S. 255.

44 F. W. Foerster: Europa und die deutsche Frage. 2. Aufl. Luzern 1937, S. 132.

45 F. Meinecke: Die deutsche Katastrophe. Wiesbaden 1946, S. 23ff.; vgl. Rogalla von Bieberstein, a.a.O., S. 9.

46 J. Mirow: Das alte Preußen im deutschen Geschichtsbild seit der Reichsgründung. Berlin 1981, S. 126.

*Geschichte uns etwas angeht".*[47] Preußen scheint heute ferner, als in Anfang der achtziger Jahre zur Zeit des Medienereignisses *Preußenwelle*. Die deutsche Vereinigung des Jahres 1990 hat Sachsen-Anhalt, Brandenburg (ohne den seit 1945 polnischen Gebietsteil östlich der Oder) und dem historisch pommerschen Teil Mecklenburg-Vorpommerns wieder mit den ehemals preußischen Gebietsteilen in der "alten" Bundesrepublik in einem gemeinsamen Staat zusammengefaßt.

Die *Stiftung Martin-Opitz-Bibliothek* ist in ihrer Arbeit unter anderem mit den Teilen der preußischen Ostprovinzen befaßt, die heute nicht mehr deutsch sind, sondern Teile Polens, der Russischen Föderation oder Litauens. Die Geschichte Preußens kann ohne den preußischen Osten nicht geschrieben werden, wie die Regionalgeschichte des preußischen Ostens ohne Preußens.[48] Deshalb schien es wichtig, gleich nach der Errichtung der Stiftung Martin-Opitz-Bibliothek 1989 diese Übersetzung in Angriff zu nehmen, deren Drucklegung sich aus vielen Gründen verzögert hat.

Der Text wurde in unveränderter Form der Übersetzung zugrundegelegt. An einzelnen Stelle erschien es sinnvoll, ihn für den deutschen Leser zu straffen, an anderen Stellen erschienen zum besseren Verständnis kleinere Ergänzungen nötig. An die Stelle des kommentierten Literaturberichts der Vorlage ist eine Auswahlbibliographie getreten, die die wichtigste neuere Literatur nennt. Der Abbildungsteil wurde völlig neu gestaltet. Bei den Ortsnamen wurde die historisch korrekte amtliche deutsche Form zugrundegelegt, heutige fremdsprachige Ortsnamen werden ggf. im Register aufgeschlüsselt.

*Wolfgang Kessler*

---

47 R. von Thadden: Fragen an Preußen. Zur Geschichte eines aufgehobenen Staates. München 1981, S. 9.

48 Vgl. W. Kessler: Aspekte; K. Zernack: Preußens Ende und die ostdeutsche Geschichte. Braunschweig 1989; Ders.: Der historische Begriff "Ostdeutschland" und die deutsche Landesgeschichte. In: Nordost-Archiv, N.F. 1 (1992), S. 157-173.

*Großes Staatswappen (1851)*

# Einleitung

Der preußische Staat hat 1945 aufgehört zu bestehen. Dieses komplizierte historische Gebilde ist Vergangenheit. Warum befassen wir uns mit Preußen und warum gehört die Erforschung seiner Geschichte zu den schwierigen historiographischen Fragestellungen?

Das staatliche Gebilde, das unter dem Namen *Preußen* in die Geschichte eingegangen ist, trägt den Namen des Gebiets, auf dem im 13. und 14. Jahrhundert der Staat des Deutschen Ordens entstanden war. Seit dem 16. Jahrhundert bestand zunächst nur eine lockere dynastische Verbindung von zwei politischen Territorien, der Mark Brandenburg und des 1525 säkularisierten Staates des Deutschen Ordens, des Herzogtums Preußen. Die Mark Brandenburg war ein Territorialfürstentum, dessen Herrscher seit dem 14. Jahrhundert Kurfürsten des Heiligen Römischen Reiches deutscher Nation waren. Das Herzogtum Preußen stand bis 1657 in einem Lehnsverhältnis zur Krone Polens. Mit einer rein dynastischen Verbindung trat 1618 das vereinigte Brandenburg-Preußen in die Geschichte ein, das in den Auseinandersetzungen mit Polen und der habsburgischen Monarchie im 18. Jahrhundert zu einer europäischen Macht wurde, zu einem Staat, der bei den drei Teilungen Polens in den Jahren 1772, 1793 und 1795 eine entscheidende Rolle gespielt hat.

Spätestens seit sich seit dem 18. Jahrhundert ein bedeutender Teil der polnischen Gebiete unter preußischer Herrschaft befand, war die Geschichte Polens unlösbar mit der Geschichte des preußischen Staates und seiner territorialen Expansion verbunden. Deshalb gehört die Geschichte des Staates Preußen für den polnischen Historiker unlösbar zur polnischen Nationalgeschichte. Sehen wir vom frühen Mittelalter ab, erscheint der polnisch-deutsche Antagonismus in der Geschichte in erster Linie als polnisch-preußischer. In einen polnisch-deutschen Antagonismus verwandelte er sich erst, als Preußen Hegemonialmacht des 1871 vereinigten deutschen Kaiserreichs wurde.

Ein Blick auf die Territorialentwicklung Preußens reicht aus, um zu begreifen, warum die Geschichte Preußens mit der Geschichte Polens unlösbar verbunden ist. Wenn man bedenkt, daß Bismarck, der klassische Vertreter der preußischen Staatsraison und erste Kanzler des Deutschen Reiches von 1871, zu sagen pflegte, die Lebenslinie Preußens führe von Berlin nach Königsberg, muß man sich vergegenwärtigen, daß diese Linie zugleich die Existenzlinie des polnischen Staates von Krakau und Warschau nach Thorn und Danzig war: kurz, es fällt schwer, über polnische oder deutsche Geschichte zu sprechen, ohne die Geschichte Preußens zu kennen. Die Geschichte Preußens gehört zu den aus polnischer Sicht wichtigsten Seiten der Geschichte Europas.

In Polen hatte das Interesse an der Geschichte Preußens seit Ende der siebziger Jahre auch aktuelle Gründe: die *Preußenwelle* oder *Preußenmode* in der damaligen Bundesrepublik Deutschland in den Jahren 1978 bis 1982, deren Höhepunkt die in West-Berlin 1981 organisierte Großausstellung *Preußen: eine Bilanz*[49] war.

Die Hintergründe dieser Renaissance des wissenschaftlichen und des nichtwissenschaftlichen Interesses an Preußen sind umstritten, eindeutig haben jedenfalls Strömungen mit einer mehr oder weniger offenen Apologie der preußischen Traditionen Bedeutung erlangt.[50] Auch wissenschaftliche Veröffentlichungen signalisierten deutlich den Rückzug der kritischen Aussagen über Preußen, die in den ersten Jahren nach dem Zweiten Weltkrieg in der deutschen Geschichtswissenschaft vorherrschten. Die zahlreichen deutschen Publikationen und die dort entwickelten neuen Sichtweisen veranlaßten die polnischen Historiker, sich näher mit Fragen aus der Geschichte Preußens zu befassen und zu prüfen, inwieweit die früheren Auffassungen modifiziert werden mußten. Auch in der DDR wurde seit den siebziger Jahren das Verhältnis zur früheren deutschen, insbesondere preußischen Vergangenheit kritisch überprüft und vor allem die Geschichte der preußischen Gesellschaft differenzierter dargestellt, die, wie mehrfach betont wurde, weder mit dem herrschenden politischen System, noch mit der Tradition und Mentalität der in Preußen regierenden Eliten identifiziert werden darf.[51]

Das Fehlen einer Gesamtdarstellung der Geschichte Preußens erwies sich als beträchtliches Defizit der polnischen Nachkriegshistoriographie. Deswegen ist der vorliegende Versuch entstanden.

***Was war Preußen, wann begann seine Geschichte und wann endete sie?*** - In der Geschichte Europas hat sich seit dem Mittelalter die politische Landkarte ständig verändert. Nicht nur Staatsgrenzen wurden verschoben, neue Staaten sind auf Kosten anderer entstanden, Staaten sind untergegangen, andere haben sich vereinigt oder wurden geteilt. Wie kompliziert die Entwicklungen waren, zeigen die ältere Geschichte der Niederlande und Belgiens, Norwegens, Dänemarks, Schwedens oder auch der bis 1918 habsburgischen Länder Österreich, Tschechien und Ungarn, ganz zu schweigen von den in unterschiedlichen Perioden der

---

49 Vgl. den Katalog *Preußen: Versuch einer Bilanz*. Bd. 1-5. Reinbek 1981.

50 Vgl. vor allem S. Salmonowicz: Das Preußenproblem. In: Polnische Weststudien 1 (1982), H. 2, S. 193-206; Ders.: Hohenzollernowie i państwo pruskie w XVIII w. [Die Hohenzollern und der preußische Staat im 18. Jahrhundert]. In: Zapiski Historyczne 46 (1981), Nr. 4, S. 39-107; K. Zernack: Die Geschichte Preußens und das Problem der deutsch-polnischen Beziehungen. Zugleich ein erster Rückblick auf die Preußenwelle. In: Jahrbücher für Geschichte Osteuropas 31 (1983), H. 1, S. 28-49; B. Dopierała: Wokół krytycznego nurtu "fali pruskiej" w Niemczech Zachodnich [Im Umfeld einer kritischen Strömung in der "Preußenwelle" in Westdeutschland]. In: Dzieje najnowsze 16 (1984), Nr. 1, S. 149-167. - Zusammenfassend S. Salmonowicz: Pokłosie "pruskiej fali" [Der Ertrag der "Preußenwelle"]. In: Olsztyńskie Studia Niemcoznawcze, t. 2. Olsztyn 1989, S. 5-21.

51 Vgl. zur Haltung der DDR-Historiker: H. Bartel: O kwestii marksistowsko-leninowskiego obrazu Prus w NRD [Zur Frage des marxistisch-leninistischen Preußenbildes in der DDR]. In: Przegląd Zachodni 36 (1980), H. 4, S. 25-34; I. Mittenzwei: Absolutystyczne Prusy w historii niemieckiej [Das absolutistische Preußen in der deutschen Geschichte], ebd., S. 50-58; W. Schmidt: Historia narodowa NRD a terytorialno-państwowe dziedzictwo historyczne [Die Nationalgeschichte der DDR und das territorialstaatliche historische Erbe], ebd., S. 59-65.

Habsburgermonarchie zugehörigen deutschen, italienischen, rumänischen oder südslawischen Gebieten. Aus dieser Perspektive erscheint die Geschichte des Staates Preußen keineswegs als, wie öfter behauptet wurde, Geschichte eines politischen Gebildes ohne Präzedenzfall, ohne historische Analogie.

Der Name *Preußen* wurde nicht von einem staatsbegründenden Volk oder Stamm abgeleitet: die heidnischen Pruzzen haben dem Land ihren Namen hinterlassen, das als Territorium des Staates des Deutschen Ordens zu *Prussia*, Preußen, wurde. Nach dem Verlust eines Teils des Gebiets des Ordensstaats an Polen (1466) und der Säkularisierung des Ritterordens (1525) entstand aus dem Teil des Ordensstaats, in dem der Deutsche Orden bis zuletzt geherrscht hat, ein Lehnsherzogtum der Polnischen Krone, das *herzogliche Preußen* oder *Herzogtum Preußen*. Im Unterschied dazu unterstand Pommerellen der Krone Polens und wurde deswegen *königliches Preußen* genannt. Der neuzeitliche preußische Staat war ein Werk des Hauses Brandenburg, dessen dynamische Herrscher zu Beginn des 17. Jahrhunderts endgültig die Macht im Herzogtum Preußen übernahmen. Als brandenburgische Kurfürsten besaßen sie die Reichsstandschaft, als Herzöge im Herzogtum Preußen blieben sie bis 1657 polnische Vasallen. Auch wenn das Herzogtum Preußen und das Kurfürstentum Brandenburg zunächst nur durch das Herrscherhaus dynastisch verbunden waren, wobei der brandenburgische Teil die entscheidende, dynamische und politisch wichtigere Rolle spielte, können wir formell seit 1618, spätestens aber seit dem Regierungsantritt Kurfürst Friedrich Wilhelms, des *Großen Kurfürsten*, 1640 von *Brandenburg-Preußen* sprechen.

Als die Herrscher Brandenburg-Preußens Schritt für Schritt die übrigen Fürsten des Heiligen Römischen Reiches deutscher Nation überholt hatten, ließ sich der Kurfürst von Brandenburg nolens volens zum *König in Preußen* - und nicht von Brandenburg - ausrufen. Der Grund war rechtsformeller Art: der Kurfürst war als Herzog im Herzogtum Preußen nach dem Ende des Lehnverhältnisses zu Polen der souveräne, von niemandem abhängige Herrscher. Damals trug kein deutscher Fürst für Besitzungen innerhalb des Heiligen Römischen Reiches deutscher Nation den Herrschertitel *König*: die Kurfürsten von Sachsen und Hannover führten ihre Königstitel nur aufgrund ihres polnischen bzw. englischen Besitzes. Seit der Königsproklamation sprach man vom *König von Preußen* und von *Preußen*, gebrauchte allerdings den Terminus *Preußische Staaten* zumeist im Plural, wenn man die Gesamtheit der Territorien unter der Herrschaft des preußischen Königs bzw. brandenburgischen Kurfürsten meinte.

So beginnt mit dem Jahre 1701 die Epoche des tatsächlich existierenden preußischen Staates, wenngleich er, formell gesehen, noch längere Zeit nur ein Konglomerat lediglich feudal-dynastisch verbundener Territorien darstellte, die weder ein geographisches noch ein Bevölkerungs- oder ein anderes Ganzes bildeten. Wollen wir die Territorialentwicklung und die Unifizierungsprozesse innerhalb der *Preußischen Staaten* beurteilen, so haben wir es von 1701 bis 1871 mit einer deutlich eigenständigen preußischen Geschichte und dem preußischen Staat als einem faktisch unabhängigen Ganzen zu tun.

Die Frage kompliziert sich mit der Einigung Deutschlands 1871: im vereinigten Deutschland bestand das Königreich Preußen im Rahmen des Deutschen Reiches weiter, in dem Preußen und sein Herrscher mit dem Kaisertitel faktisch die Vorherrschaft erlangten. Seither war, wenige Aspekte ausgenommen, die Geschichte Preußens nicht mehr von der Geschichte Deutschlands zu trennen. Wenn man bis 1918 von der Hegemonie Preußens im Reich sprechen kann, so fand in der Zeit der Weimarer Republik die große Rolle Preußens als staatlich-politischer Faktor ihr Ende. Der Nationalsozialismus bereitete schließlich, auch wenn er Elemente des preußischen Erbes übernahm, rechtlich und politisch Preußen das Ende. Formal wurde das Land Preußen nicht durch die bedingungslose Kapitulation des Deutschen Reiches am 8. Mai 1945, sondern durch den Beschluß des Alliierten Kontrollrats Nr. 46 vom 25. Februar 1947 aufgelöst.

Die Frage, ob die "eigentliche" Geschichte Preußens mit dem Jahr 1871 abgeschlossen gewesen ist, haben vor allem konservative Apologeten einer preußischen Tradition, die eine Verantwortung Preußens für die deutsche Geschichte der Jahre 1914 bis 1945 generell zurückweist, gestellt. Die weitere Geschichte - insbesondere der deutsche Imperialismus der Wilhelminischen Ära und der Nationalsozialismus - hatte ihrer Meinung nach nichts mehr mit der historischen Leistung des preußischen Staates gemeinsam, obwohl gerade preußische Institutionen, Politiker und Beamte das deutsche Kaiserreich von 1871 entscheidend gestaltet haben. Oder sollte eine Darstellung der Geschichte Preußens mit dem Ende seiner Hegemonie in Deutschland 1918 oder dem Jahr 1932, dem Ende seiner Selbständigkeit im Verhältnis zum Deutschen Reich, abschließen? Rudolf von Thadden, einer der besten Kenner der Geschichte Preußens, hat festgestellt, daß sich für eine Darstellung jede dieser Möglichkeiten, 1871, 1918, 1932 oder 1947, plausibel begründen läßt.[52]

Meiner Meinung nach bestand Preußen als Staat in der Struktur des zweiten Deutschen Reiches und der Weimarer Republik weiter, wie er innerhalb des Heiligen Römischen Reiches deutscher Nation bis 1806 als Glied desselben und außerhalb existiert hat. Deshalb verfolgen wir die Geschichte des Königreichs Preußen nicht nur bis 1918, sondern auch die Entwicklung des Freistaats Preußen im Rahmen der Weimarer Republik. Tatsächlich entzog erst der Nationalsozialismus diesem Staatswesen seine Existenz. Der Beschluß von 1947 war nur noch die förmliche Tatsachenfeststellung.

---

52 Vergleiche R. von Thadden: Fragen an Preußen. Zur Geschichte eines aufgehobenen Staates. München 1981, S. 19.

Diese kurze Gesamtdarstellung der Geschichte Preußens orientiert sich an folgenden Leitsätzen:

1. Sie betont die Entstehung und die Entwicklung der historischen Rolle Preußens im Rahmen der deutschen Geschichte.
2. Sie verfolgt so genau wie möglich die Entwicklung der Verfassung und des politischen Systems sowie die Entwicklung von Staat und Gesellschaft in den preußischen Gebieten.
3. Um die Perspektive des Ganzen nicht zu verlieren, wird die polnische Frage im preußischen Kontext angemessen, aber nicht überproportional behandelt, ist sie doch von unbezweifelbarer Bedeutung für die polnisch-preußische Geschichte.
4. Preußen war ein quasi-kolonialer Staat, der auf erobertem Gebiet entstanden ist und sich vor allem durch militärische Siege zu einer europäischen Macht entwickelt hat. Deshalb ist die Geschichte der auswärtigen Politik, die hier allerdings nur summarisch unter Betonung von Zielen, Methoden und Folgen behandelt werden kann, von besonderer Bedeutung.
5. Die Errungenschaften des preußischen Staates und seine Rolle in der Geschichte Deutschlands waren und sind Gegenstand entschiedener Auseinandersetzungen, in deren Verlauf sich international kritische Positionen durchgesetzt haben. Um Einseitigkeiten und Verallgemeinerungen zu vermeiden, muß man vor allem die Gründe sehen, weshalb sich die preußische Gesellschaft lange Zeit durch besondere Opferbereitschaft für den Staat ausgezeichnet hat. Auch sollte man die positiven Seiten der Zivilisationsentwicklung, die Blüte von Wissenschaft, Bildung, Kultur oder die Vorzüge der Strukturen des preußischen Staates, betonen.

Wie bei jeder historischen Synthese bestand auch hier die Notwendigkeit, auszuwählen und Fakten für die Darstellung zu gewichten. Mir ging es in erster Linie darum, die Phänomene des preußischen Staates und der preußischen Mentalität zu verstehen und sie in die Gesamtentwicklung der deutschen Geschichte einzuordnen. Deshalb habe ich die historischen Prozesse im Bereich von Gesellschaftssystem und Innenpolitik vor dem Hintergrund der sozialen und ökonomischen Verhältnisse nur knapp behandelt, desgleichen Diplomatie und Außenpolitik. Aus der historischen Distanz ist für den Leser weniger der Verlauf des diplomatischen und militärischen Spiels von Bedeutung als seine Folgen für Staat und Gesellschaft. Deshalb habe ich die Überlegungen über Entstehung und Entwicklung der spezifischen Mentalität der preußischen Gesellschaft, die man als *preußisches Wesen* und *Preußentum* bezeichnet, und ihre besonderen Merkmale ausführlicher dargelegt.

Die territoriale Entwicklung Preußens hatte einen unorganischen, geopolitisch eigentlich inkonsequenten Charakter. Dieser seinem Ursprung nach koloniale Staat entwickelte sich seit seiner Entstehung in slawisch besiedelten Gebieten mit allen Methoden und Mitteln territorial in alle Himmelsrichtungen, sofern sich nur die Gelegenheit zur Gebietserweiterung ergab. Führende deutsche Historiker haben die Künstlichkeit der Entwicklung des preußischen Staates herausgestellt, z.B. hat Johannes Haller das Brandenburg-Preußen des 17.-18. Jahrhunderts als die künstlichste Bildung unter allen damaligen deutschen Staaten bezeichnet. Es ist charakteristisch, daß trotz dieser Voraussetzungen Generationen von Historikern, die den Weg Preußens zur Macht glorifiziert haben, daraus den Schluß gezogen haben, die Berufung Preußens sei in der schwierigen und unnatürlichen geopolitischen Lage notwendig der Drang zur Macht gewesen, der allein die Gefahren abwenden und dem Staat die notwendigen Entwicklungsmöglichkeiten habe sichern können: *"Strenge, sorgsame Verwaltung, hochgesteckte Ziele, kühnes Wagnis, Wachsen oder Untergehen schien die Losung dieses neuen Staates, die schon durch seine sonderbare geographische Zusammensetzung vorgeschrieben war."*[53]

Die Periodisierung gilt als die kürzeste Form der Synthese historischer Prozesse. Der historische Prozeß ist kontinuierlich, seine Strukturierung muß nicht nur didaktischen, sondern auch wissenschaftlichen Kriterien genügen. Die Periodisierung der preußischen Geschichte ist in vielen Punkten, angefangen bei der Frage nach Art und Umfang ihres Verlaufs, umstritten. Ich gehe, wobei Details durchaus zu diskutieren sind, von folgenden Voraussetzungen aus:

1. Was in der Geschichte als *preußischer Staat* bezeichnet wird, war zunächst im wesentlichen Brandenburg, im dem seit dem Spätmittelalter die Hohenzollern als Kurfürsten des Heiligen Römischen Reiches deutscher Nation herrschten.
2. Erst der Staat, der aus der Vereinigung Brandenburgs mit dem ehemaligen Territorium des Deutschen Ordens in Preußen entstanden ist, kann als das eigentliche *Brandenburg-Preußen* bestimmt werden. Formal nahm er seinen An-

53 J. Haller: Die Epochen der deutschen Geschichte. 5. Aufl. Stuttgart 1935, S. 260-261.

fang im Jahr 1618, als Hohenzollern aus der Linie der brandenburgischen Kurfürsten das Herzogtum Preußen als Lehen der Krone Polens erhielten und die Gebiete Brandenburgs und des Herzogtums Preußen in Personalunion vereinten.
3. Ohne die Bedeutung der Herrschaft des *Großen Kurfürsten* Friedrich Wilhelm (1640-1688) für die Begründung des Absolutismus in Brandenburg-Preußen zu vernachlässigen, sehen wir den Wendepunkt der Geschichte Preußens im Jahre 1701, als durch die Annahme des Titels *König in Preußen* die Rechtsposition Preußens als Staat grundsätzlich verändert wurde.
4. Die klassische Monarchie des preußischen Absolutismus, ihr Aufschwung und Niedergang, beginnt mit der Königskrönung 1701 und endet 1806 mit der großen Niederlage des Preußens gegen Napoleon Bonaparte.
5. Als Reform-, Restaurations- und Revolutionszeit fassen wir die Periode von den Stein-Hardenbergschen Reformen bis zur Preußischen Verfassung des Jahres 1850 als Einheit auf.
6. Die Geschichte Preußens zwischen 1850-1871 war die Zeit der konstitutionellen Monarchie.
7. Von der Vereinigung Deutschlands 1871 bis zur Abdankung des Hauses Hohenzollern 1918 stellt sich das Problem der Bedeutung Preußens in dem als Bund der deutschen Fürsten und ihrer Staaten verfaßten deutschen Kaiserreich.
8. Von der Novemberrevolution 1918 bis zum Jahre 1945 beobachten wir das "Einschmelzen" Preußens in den Reichsorganismus der Weimarer Republik bzw. in den Zentralismus des nationalsozialistischen Regimes.

Aus dieser Konzeption ergibt sich die Periodisierung unserer Darstellung. Selbstverständlich hätten auch andere Lösungen gewählt werden können, die stärker die Bedeutung der Jahre 1640 oder auch 1648 (Westfälischer Frieden) für die Stellung Preußens im Heiligen Römischen Reich deutscher Nation herausgestellt hätten, auch hätten sich durchaus die Thronwechsel von 1713 oder 1740 angeboten, die unbezweifelbar wichtige Momente in der Entwicklung der absolutistischen Monarchie bestimmen. Letztendlich schien aber folgende Gliederung begründet und praktikabel zu sein:

I. Die Entstehung von Brandenburg-Preußen (bis 1618).
II. Zwischen Ständestaat und Absolutismus: Brandenburg-Preußen 1618-1701.
III. Preußen als absolutistische Monarchie 1701-1806.
IV. Reformzeit, Restauration und Revolution 1807-1850.
V. Preußen als konstitutionelle Monarchie im Kampf um die Hegemonie in Deutschland 1850-1871.
VI. Preußen als Hegemonialmacht im Deutschen Reich 1871-1918.
VII. Preußen in der Weimarer Republik 1918-1933.
VIII. Preußische Traditionen im "Dritten Reich" 1933-1945.

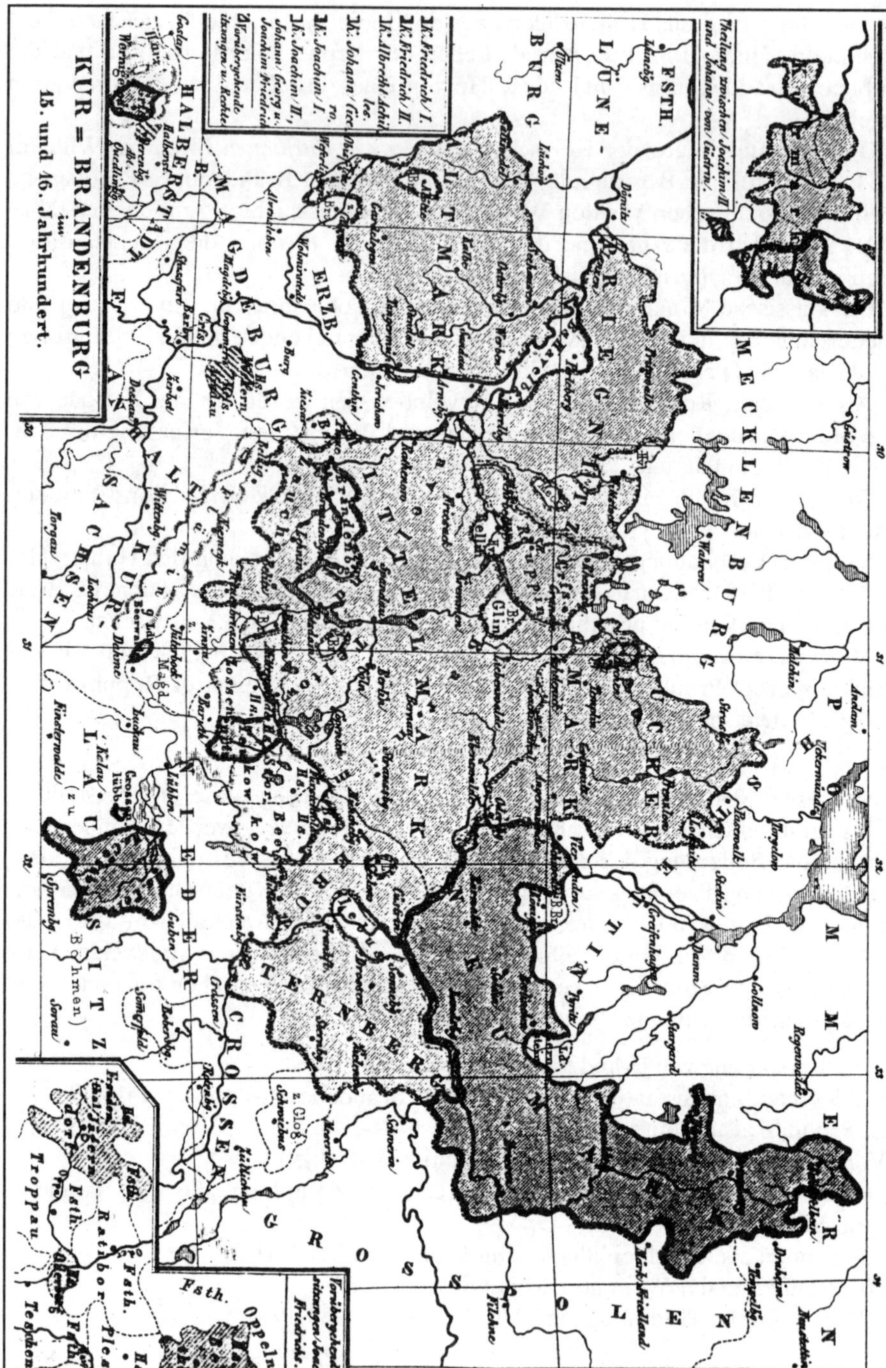
KUR = BRANDENBURG
im
15. und 16. Jahrhundert.
MECKLENBURG
POMMERN
POLEN
ALTMARK
MITTELMARK
UCKERMARK
NEUMARK
STERNBERG
CROSSEN
SACHSEN
HALBERSTADT
MAGDEBURG
Troppau
Ratibor
Oppeln
Teschen

# I.
# Die Entstehung des brandenburgisch-preußischen Staates bis zum Jahre 1618

## 1. Entstehung und Entwicklung Brandenburgs

Um seinen Herrschaftsraum zu sichern und zu expandieren, richtete Kaiser Karl der Große an der Ostgrenze seines Reiches Grenzgrafschaften ein, *Marken*, die von mit besonderen königlichen Vollmachten ausgestatteten Markgrafen geleitet wurden. Bereits im 10. Jahrhundert bestanden solche Marken, von denen aus die Gebiete der damals heidnischen Westslawen erobert werden sollten, im slawisch-deutschen Grenzland im Osten und im Norden des damaligen Reiches. Ziel war, die Westslawen *mit Schwert und Kreuz* zu christianisieren, d.h. sie zu unterwerfen und die eroberten Gebiete zu kolonisieren. Das Gebiet der späteren Mark Brandenburg lag in dem Grenzgebiet, in dem im Jahre 928 die *Nordmark* errichtet wurde, deren ursprüngliche Grenzen nicht näher bekannt sind. Die Gebietserweiterung, die im 12. Jahrhundert zur Bildung der *Mark Brandenburg* führte, ging von dem Gebiet zwischen der mittleren Elbe und ihrem westlichen Nebenfluß Ohre aus und wurde seit dem 14. Jahrhundert als *Altmark* bezeichnet. Die anfänglich starke deutsche Herrschaftsexpansion in der nördlichen Elbniederung wurde jedoch durch das Erstarken der Elbslawen aufgehalten. Im großen Stil nahm erst der Askanier Albrecht der Bär, der Begründer der *Mark Brandenburg*, die Politik der territorialen Expansion wieder auf. Er unterwarf das Land der Heveller (Stoderaner) an der Havel und eroberte 1157 die mächtige Burg Brenna, die später *Brandenburg* genannt und Zentrum der Mark Brandenburg wurde.[1]

Die Ausweitung des deutschen Herrschafts- und Siedlungsraums nach Nordosten erfolgte nicht ohne Schwierigkeiten im 12. und 13. Jahrhundert unter den Nachfolgern Albrechts des Bären in die Flußniederungen von Elbe und Oder hinein. Begünstigt wurde sie von Kaiser und Papst, dem deutschen Klerus und einer Schar verarmter Ritter, die sich außer Bereicherung aus siegreichen Slawenfeldzügen in den neu eroberten Gebieten Lehen erhofften. Kern des sich bildenden brandenburgischen Territoriums waren das Havelland, die spätere Altmark und die Zauche, in der im Jahre 1180 das Zisterzienserkloster Lehnin gegründet wurde, die letzte Ruhestätte zahlreicher brandenburgischer Markgrafen. Bezeichnenderweise wurden die Farben des Zisterzienserordens, weiß und schwarz, die Wappenfarben Brandenburgs. Auch in der traditionellen Kleidung des Deutschen Ordens sind beide Farben in den schwarzen Kreuzen auf weißem Grund miteinander verbunden, was im 19. Jahrhundert zahlreiche *borussische* Apologeten der Vereinigung der brandenburgischen Tradition mit der des Deut-

---

1 Vgl. allgemein J. Strzelczyk: Brandenburgia [Brandenburg]. Warszawa 1975, sowie Ders.: Średniowieczna Brandenburgia. Przegląd nowszych publikacji [Das mittelalterliche Brandenburg. Übersicht neuerer Publikationen]. In: Studia Historica Slavo-Germanica <Poznań> 10 (1981), S. 159-198.

schen Ordens im preußischen Staat mit Vorliebe betonten. Der führende Apologet einer spezifischen preußischen Tradition, Arthur Moeller van den Bruck, begeisterte sich in den zwanziger Jahren des 20. Jahrhunderts an der Verbindung von Weiß und Schwarz, an der Askese der Farbwahl, die Farbenpracht zugunsten einer abstrakten, ernsthaften Strenge ablehnte...[2]

Die brandenburgischen Markgrafen zogen über die Havel nach Osten und Norden. Besonders erfolgreich war die Expansion östlich von Berlin in die Gebiete an der Oder und in das Land Lebus. Nicht nur das - damals noch unrealistische - Ziel der Beherrschung ganz Pommerns, auch das weitere Vorrücken gegen damals polnische Gebiete führte zu zahlreichen Konflikten mit polnischen Fürsten. Da Polen durch die Zersplitterung in Teilfürstentümer geschwächt war, ging die Mark Brandenburg aus diesen Auseinandersetzungen zumeist siegreich hervor: die brandenburgischen Erfolge ermöglichten nicht nur die Einnahme des *Landes Lebus* (1249-1250), sondern trieben auch einen die weitere Entwicklung Polens störenden territorialen Keil zwischen Großpolen und Hinterpommern. Die weitere Ostexpansion führte 1271-1272 zu einem ersten, erfolglosen Versuch, Pommerellen zu erobern. Der zweite Versuch hatte 1308 für Polen weitreichende, aus der modernen polnisch-nationalen Perspektive tragisch zu nennende Folgen: Władysław Łokietek rief den Deutschen Orden zu Hilfe, der Orden eroberte Pommerellen, verleibte es jedoch dem eigenen Staat ein und kaufte die Ansprüche der Brandenburger auf das Gebiet durch das Abkommen von 1309 auf. Nur ein Teil Pommerns mit Stolp und Schlawe blieb vorübergehend brandenburgisch: *"Die brandenburgischen Eroberungen der Mitte des 13. Jahrhunderts durchschnitten die natürlichen ökonomischen und politischen Verbindungen zwischen Schlesien und Hinterpommern, so daß sie unmittelbar zum Zusammenbruch der ethnischen und politischen Grenze des Königreichs Polen im Mittelalter beitrugen. Schlesien geriet in den ökonomischen, politischen und kulturellen Einflußbereich der böhmischen Krone und dadurch auch des Habsburger Reiches (seit 1740 der Hohenzollern), Hinterpommern wurde Opfer weiterer Eroberungen Brandenburgs, aber auch durch Schweden."*[3]

Mit den territorialen Erweiterungen des 14. Jahrhunderts begann man, neben der *Altmark* auch eine Mittel- und eine Neumark zu unterscheiden. Als *Mittelmark* wurden die Gebiete zwischen Elbe und Oder einschließlich der Uckermark, des Barnim und des westlich der Oder gelegenen Teils des Landes Lebus bezeichnet, als *Neumark* das pommerisch-großpolnische Grenzgebiet nördlich der Warthe mit den beiden strategisch wichtigen Burgen Zantoch (Santok) und Driesen, die die Ausfallbasis Brandenburgs gegen Großpolen bildeten. Nahezu die Hälfte der Geschichte Brandenburg-Preußens verlief auf im Frühmittelalter polnischem Boden oder in solchen Gebieten, die, wie das Land der heidnischen

---

2 Zur Kontinuitätsthese vgl. W. Wippermann: Der Ordensstaat als Ideologie. Das Bild des Deutschen Ordens in der deutschen Geschichtsschreibung und Publizistik. Berlin 1979, S. 230f., 320.

3 G. Labuda: Rewizja dziejów Prus - osiągnięcia i plany badań [Die Revision der Geschichte Preußens - Forschungsstand und Forschungsplanung]. In: Węzłowe problemy dziejów Prus XVII-XX wieku. Materiały z sesji naukowej w UAM (11 i 12 VI 1970). Poznań 1971, S. 7.

Pruzzen, mit Polen eng geographisch, oder, wie das slawische Siedlungsgebiet Hinterpommerns, ethnisch verbunden waren. Die aggressive territoriale Expansion zu Lasten Polens endete mit dem Tod des letzten Askaniers, Markgraf Waldemar (1319). Bis 1373 regierten in Brandenburg die Wittelsbacher. Einige Zeit verblieb die Mark unter der Herrschaft der Luxemburger, bis Kaiser Sigismund 1415 die Mark Brandenburg Friedrich I. von Hohenzollern, der sie seit 1411 für die Luxemburger verwaltete, als Lehen verlieh. Mit dem neuen Markgrafen begann eine neue Epoche in der Geschichte Brandenburgs.

1356 hatte Kaiser Karl IV. durch die *Goldene Bulle* den Markgrafen von Brandenburg zum Erzkämmerer des Reiches ernannt, ein Titel, der zur Mitwirkung im Kurfürstenkollegium berechtigte. Seit diesem Jahr wählten nur noch sieben Kurfürsten den deutschen König, vier weltliche (der Herzog von Sachsen, der Pfalzgraf bei Rhein, der König von Böhmen und der Markgraf von Brandenburg) und drei geistliche (die Erzbischöfe von Mainz, Köln und Trier). Die enge Verbindung zwischen Brandenburg und den Luxemburgern sicherte den Markgrafen unter Kaiser Karl IV. die Kurwürde, die damals nicht einmal der bedeutend mächtigere Herzog von Bayern besaß. Die Goldene Bulle privilegierte die sieben Wahlmänner: ein Kurfürst nahm unter den Fürsten des deutschen Reiches eine besondere Stellung ein. Die Kurfürsten erhielten Hoheitsrechte wie die eigene Gerichtsbarkeit oder das Münz-, Zoll- und Bergregal. Die Goldene Bulle führte die Erblichkeit der Kurwürde in der männlichen Linie nach der Primogeniturordnung und die Unteilbarkeit der Kurfürstentümer ein, wodurch sich die Territorialherrschaft der Kurfürsten wesentlich schneller als die der übrigen Reichsfürsten festigte.

Das Brandenburg Friedrichs I. von Hohenzollern (1415-1440) war kein großes Land: nach den Verlusten der zweiten Hälfte des 14. Jahrhunderts umfaßte es als Teil des Heiligen Römischen Reiches deutscher Nation etwa 29 000 $km^2$. In diesem typischen armen Land des Spätmittelalters wütete feudale Anarchie. Gegen Ende des 14. Jahrhundert wurde das Land mit Recht und Gewalt von berüchtigten deutschen Raubrittern beherrscht, die die häufigen Wechsel der Herrscher bzw. deren Abwesenheit vom Lande ausnutzten. Unter diesen Raubrittern erlangte die mächtige Familie von Quitzow unseligen Ruhm. Friedrich von Hohenzollern war nach der Übernahme der Herrschaft über Brandenburg 1414 gezwungen, mit Hilfe der Nachbarn eine regelrechte Belagerungskampagne gegen die von der Familie von Quitzow angeführten Raubritter durchzuführen. Es zeigte sich, daß die mächtigen Ritterburgen für die Artillerie nicht mehr uneinnehmbar waren. Friedrich I. pazifizierte das Land, führte Recht und Ordnung ein und bot Sicherheit für Handel und Städte.

Das Land war arm: große Waldflächen und zahlreiche Seen konnten nicht verbergen, daß die Böden der Mark wenig fruchtbar waren; Wälder, Sümpfe und Sandboden überwogen in der *Streusandbüchse des Heiligen Römischen Reiches*. Abseits der damals wichtigen Handelsstraßen und lange ohne Zugang zum Meer, war Brandenburg ein Land der kleinen Ritter- und der großen Kirchen-, vor allem Klostergüter, ein dünn besiedeltes Land mit nur wenigen, sich nur schwach entwickelnden Städten. Unter den Askaniern erfolgte die große innere Kolonisation Brandenburgs. Städte wurden gegründet, Wälder gerodet, die Klosterwirtschaft entwickelt. Die Hauptlinien der Kolonisation verliefen von Westen nach Osten und von Süden nach Norden. Die neugeschaffenen Städte und Burgen wurden zu Stützpunkten der Markgrafen im dünn besiedelten kolonisierten Territorium. Slawische Bevölkerung hielt sich bis zum Ende des Mittelalters in der Altmark, im Havelland und in der Gegend von Ruppin. Ähnliche Formen des Landesausbaus waren damals in ganz Europa zu beobachten. In der Mark Brandenburg beteiligten sich daran auch die Slawen: *"Der hochmittelalterliche Landesausbau ist ohne Zweifel eine Gemeinschaftsleistung deutscher und slawischer Bauern."*[4]

Die ersten Siedler waren niedersächsische Kolonisten; über ihre Vorzüge, ihren Charakter und ihre landwirtschaftliche und technische Begabung sind in den Werken über die Entstehung Brandenburgs Lobreden nachzulesen. Im ersten wissenschaftlichen Versuch einer Synthese der preußischen Geschichte schrieb Leopold von Ranke mit dem ihm eigentümlichen Pathos, bei der Kolonisierung Brandenburgs hätten *"Schwert, Kreuz und Pflug"* zusammengewirkt.[5] Über das Leben in Brandenburg gegen Ende des Mittelalters sind wir nur dürftig informiert. Noch um die Wende zum 16. Jahrhundert galten die Einwohner als grob, rückständig und primitiv. Ein beträchtlicher Teil der abhängigen Bauern im Norden und Osten rekrutierte sich aus unterworfenen Slawen, die häufig noch im 13., wenn nicht auch noch im 14. Jahrhundert Heiden waren.[6]

Brandenburg ist also nicht nur auf slawischem Siedlungsboden entstanden, auch seine Bevölkerung war zum großen Teil slawischer Herkunft. Bis in die Zeit Bismarcks, der sich selbst auch als Brandenburger betrachtete, wurden die besonderen Eigenschaften der Einwohner Brandenburgs, die seit dem 19. Jahrhundert mit den preußischen Eigenschaften gleichgesetzt wurden, auf die gemischte germanisch-slawische Herkunft zurückgeführt. In Brandenburg entstand nach Meinung der älteren Forschung im Mittelalter ein deutscher *Neustamm*, der sich von Bayern, Sachsen und Schwaben unterschied. Die einzige ausführliche Beschreibung der Verhältnisse aus dem beginnenden 16. Jahrhundert (1505 bis 1506) stammt von dem Abt von Sponheim, Johann Trittenheim, der die Wirklichkeit Brandenburgs in düsteren Farben dargestellt hat. Der vielseitig gebildete Humanist schloß mit der boshaften Bemerkung, in der Mark bestünde das Leben ausschließlich aus Fressen und Saufen. Er warf den Brandenburgern Faulheit und Alkoholmißbrauch vor, die sie zur Armut verdammten; sie seien *ad otium nati*, neigten "von Natur zur Faulheit; die vielen Festtage der Heiligen" hinderten sie an der Arbeit.[7]

---

4 Hans K. Schulze: Die Besiedlung der Mark Brandenburg im Hohen und Späten Mittelalter. In: Jahrbuch für Geschichte Mittel- und Ostdeutschlands 28 (1978), S. 42-178, Zitat S. 177.

5 L. von Ranke: Zwölf Bücher Preussischer Geschichte. Bd. 1. Leipzig 1874, S. 23.

6 Vgl. die Urkunde des Bischofs Friedrich von Halberstadt vom 2. Juni 1235, in F. Prinz: Quellenbuch zur brandenburgisch-deutschen Geschichte. Bd. 1. Freiburg i.Brsg. 1891, S. 111.

7 Vgl. J. Schultze: Die Mark Brandenburg. Bd. 3. Berlin 1963, S. 236.

Heute wissen wir vergleichsweise viel über die große Rolle, die die kirchlichen Organisationen, vor allem die Klöster, beim Kulturaufbau in Brandenburg gespielt haben; die Zisterzienser und Prämonstratenserklöster wirtschafteten nicht nur vorbildlich, sie organisierten auch die ersten großen Bibliotheken (das Kloster Lehnin besaß damals eine Bibliothek mit etwa 1000 Handschriften), waren künstlerisch und im Bildungswesen tätig. Die erhaltenen gotischen Bauten gelten unbestritten als herausragende Errungenschaft der Epoche. Bis zum Jahre 1500 studierten ca. 3000 Brandenburger, Geistliche, aber auch Söhne von Stadtbürgern, an Universitäten - vor allem in Leipzig, Rostock, Prag, Erfurt und Greifswald. Insgesamt läßt sich trotz gewisser Erfolge im 15. Jahrhundert jedoch nicht leugnen, daß der kulturelle Ertrag Brandenburgs, eines Koloniallandes par excellence, im Mittelalter bescheiden war und sich nicht mit den bedeutenden Leistungen Sachsens oder anderer Länder Mittel- oder Süddeutschlands, ganz zu schweigen vom Rheinland, messen konnte. Im Vergleich zu den südwestlichen Zentren deutscher Kultur war die Mark Brandenburg ein Randgebiet mit bescheidenem, primitivem Lebensstil. Unter den Bedingungen des Mittelalters erwuchsen die Grundlagen für die spätere Entwicklung der preußischen Mentalität: der harte Charakter des Brandenburgers entstand im Verlauf der Kolonisierung des armen Landes und in den jahrhundertelangen Auseinandersetzungen mit den ansässigen Slawen.

Friedrich von Hohenzollern zählte, als er das Land 1411 de facto übernahm, als Burggraf von Nürnberg zu den Reichsfürsten. Als erster brandenburgischer Markgraf aus der Familie der Hohenzollern schuf er die Grundlagen für die spätere Macht seines Hauses. Die von Generationen preußischer Historiker glorifizierten Eigenschaften der Hohenzollern waren jedoch nicht einzigartig: ihre große historische Rolle verdankt die Dynastie - ähnlich wie die Habsburger in Österreich oder die Kapetinger in Frankreich - ihrer jahrhundertelangen biologischen Kontinuität. Weniger glückliche Herrscherhäuser wie die Piasten in der Linie Kazimierz des Großen, die Jagiellonen oder die polnischen Wasa starben dagegen nach wenigen Herrschergenerationen aus. Die Hohenzollern erhielten ihre Macht von 1415 bis zum europäischen Schicksalsjahr 1918: zunächst in Brandenburg, dann im vereinigten Brandenburg-Preußen und schließlich im preußisch-deutschen Staat.

Friedrich I. begann als Kurfürst in Brandenburg mit der Herstellung von Recht und öffentlicher Ordnung. Er bekämpfte das Raubrittertum und festigte nach und nach die Herrschermacht. Der am polnischen Hof erzogene Sohn des Kurfürsten, der spätere Kurfürst Friedrich II., war als Ehemann Jadwiga (Hedwig, *1408), der Tochter Władysław II. Jagiełłos (1386-1434), versprochen. Man spekulierte am Hofe Brandenburgs zum ersten, aber nicht zum letzten Mal auf die polnische Krone, doch durchkreuzte 1424 die Geburt Władysławs, des Sohnes des bereits greisen Jagiełło aus seiner vierten Ehe, diese Pläne. Jadwiga starb im Jahre 1431, bevor es zur Eheschließung kam.

Während des 15. Jahrhunderts bemühten sich die Markgrafen von Brandenburg um vorteilhafte Heiraten, Pfandbesitz und Erbverträge mit Nachbarn. Sie nutzten jede Möglichkeit zum Territorialerwerb, wo auch immer sich nur eine Möglichkeit eröffnete. In dieser Zeit war die Grenze zu Polen stabil und sicher: der winzige Hohenzollernstaat hätte bei einer Politik der Stärke gegen das mächtige polnisch-litauische Reich unter seinen großen Herrschern wie Kazimierz IV., dem Jagiellonen (Kazimierz Jagiełłończyk (1447-1492), und Zygmunt I., dem Alten (auch *der Große*, Zygmunt Stary, 1506-1548), keine Erfolgsaussichten gehabt. Den Hohenzollern gelang es im ersten Jahrhundert ihrer Herrschaft *per fas et nefas*, durch Machenschaften, Absprachen oder Heiraten, nicht nur viele zuvor für die Mark Brandenburg verlorene Gebiete wie die 1455 dem Deutschen Orden überlassene Neumark zurückzugewinnen: sie konnten unter Joachim I. (1499-1535) das Staatsgebiet auf nahezu 40 000 $km^2$ erweitern. Außer kleineren Erwerbungen, die die Grenzen Brandenburgs abrundeten, sind mit Crossen und Züllichau erste Teilerfolge in Schlesien zu nennen.

Am kompliziertesten - und oft nicht im Sinne der Brandenburger - gestalteten sich die Beziehungen zu Pommern, das über Jahrhunderte das Hauptziel ihrer Expansionsbestrebungen blieb. Pommern wurde als Teil des Heiligen Römischen Reiches deutscher Nation betrachtet, seit Kaiser Friedrich II. 1231 den Markgrafen von Brandenburg die Lehnshoheit zugesprochen hatte. Die pommerschen Herzöge erkannten diese Abhängigkeit notgedrungen zeitweise an, der tatsächliche Nutzen für die Brandenburger hing jedoch von den jeweiligen Kräfteverhältnissen ab. Brandenburg verzichtete 1338 nach zahlreichen Auseinandersetzungen im Reichstag auf die Lehnshoheit, so daß Kaiser Karl IV. 1348 die Reichsunmittelbarkeit Pommerns anerkannte. Die Hohenzollern trafen in Pommern auf komplizierte Machtverhältnisse, so daß ihre Erfolge lange Zeit nur ephemer und partiell blieben. Bis zum Ende des Mittelalters nutzten die Markgrafen von Brandenburg kleine Territorialgewinne, ließen aber auch das Hauptziel, ganz Pommern ihrer Hoheit zu unterwerfen, nicht aus den Augen.

Das 15. Jahrhundert brachte weitere Konflikte und unsichere Verträge zwischen Brandenburg und den Herzögen von Pommern. Ähnlich instabil war die Verbindung der Krone Polens zu den Herzögen in Hinterpommern, so das Lehnsverhältnis der Herzöge von Stolp zu Polen. Im Vertrag von Prenzlau erkannte der von den Brandenburgern besiegte Pommernherzog Boguslaw X., der damals bereits ganz Pommern beherrschte, 1479 erneut die Lehnshoheit der Markgrafen von Brandenburg sowie deren Eroberungen (14 Festungen und Burgen) an. Als er trotzdem den Lehnseid verweigerte, brach der Konflikt erneut aus, der erst durch kaiserliche Vermittlung im Vertrag von Pyritz 1493 beigelegt wurde. Der Kurfürst von Brandenburg erkannte die Unabhängigkeit Pommerns an, während Boguslaw X. Brandenburg erneut die Erbfolge im Falle des Aussterbens seiner Dynastie zusicherte. Damals hatte Boguslaw X. jedoch bereits einen Sohn aus der zweiten Ehe mit der polnischen Prinzessin Anna Jagiellonka, so daß der Fortbestand der Dynastie gesichert schien. Der Wormser Reichstag bestätigte 1521 die Reichsunmittelbarkeit des pommerschen Herzogtums. Im Grimmitzer Vertrag verzichteten die Brandenburger 1529 endgültig auf die Lehnshoheit und behielten sich nur die Eventualerbfolge vor.

Im weiteren 16. Jahrhundert gestalteten sich die brandenburgisch-pommerschen Beziehungen im Prinzip gut. Zur Annäherung trugen der Sieg der Reformation in beiden Ländern und die fortschreitende Germanisierung der einheimischen Bevölkerung Pommerns, durch die sich das Herzogtum immer mehr seinem Nachbarn Brandenburg anglich, nicht unwesentlich bei. Die Expansion Schwedens im Ostseeraum verhinderte, daß Brandenburg nach dem Aussterben der Greifendynastie (1637) im 17. Jahrhundert das gesamte Erbe übernahm. Im Westfälischen Frieden wurde Pommern 1648 zwischen Brandenburg und Schweden aufgeteilt: Schweden erhielt *Vorpommern* (das Land westlich der Oder mit Stettin einschließlich der Inseln in der Odermündung), Brandenburg übernahm 1653 *Hinterpommern*, das übrige Pommern östlich der Oder.

Im Innern entwickelte sich Brandenburg im 15. Jahrhundert zu einem typischen Ständestaat: neben dem Herrscher hatten vor allem beim Erlaß neuer Steuern und Gesetze, aber auch in anderen Staatsfragen die Stände die entscheidende Stimme. Es kam allerdings nicht zur Bildung von Generalständen, zu keiner einheitlichen, den Gesamtstaat repräsentierenden Ständeinstitution. Die Kompetenz der Landtage blieb auf die einzelnen Landesteile beschränkt. Im 15. Jahrhundert spielten die Städte noch eine gewisse Rolle auf den Landtagen, doch setzte der Adel bald seine Vorherrschaft durch. Die Stellung der Herrscher unterschied sich bis auf die Beschränkungen der Souveränität durch die Zugehörigkeit zum Heiligen Römischen Reich deutscher Nation nicht von der anderer Herrscher in der Epoche der ständischen Monarchie. Die Möglichkeit der Markgrafen von Brandenburg, eines Landes mittlerer Größe, waren begrenzt, doch blieb die Mark Brandenburg vom Ende des 15. Jahrhunderts bis zum Dreißigjährigen Krieg von Kriegen verschont und erlebte eine Periode friedlicher ökonomischer Entwicklung: der feudale Anarchie wurde endgültig beseitigt, damit zugleich die Position des Herrschers gefestigt. Die konsequent zentralistische Politik der Markgrafen zeigte Wirkungen. Zugleich verfestigte sich - mit wesentlichen Konsequenzen für die Zukunft - in Brandenburg, ähnlich wie damals in den polnischen Gebieten und im Herzogtum Preußen, die auf Gutswirtschaft basierende Fronwirtschaft. Der grundbesitzende Adel, die *Junker*[8], konnten mit Billigung des Herrschers ihre Position gegenüber den zunehmend abhängigeren Fronbauern verstärken. Gleichzeitig begrenzten oder beseitigten die Kurfürsten im 15. Jahrhundert die Privilegien und Freiheiten der Städte. Markgraf Friedrich II. (1437-1471) unterwarf die Doppelstadt Berlin-Cölln endgültig, indem er sie zur kurfürstlichen Residenz erhob.

Die Staatsorganisation blieb im 15. und 16. Jahrhundert weiterhin einfach strukturiert. An der Seite des Herrschers behielten die zentralen Ämter die für das Mittelalter typische Verbindung der Verwaltung von Herrscherhof und Staat bei. Relativ langsam bildeten sich, zumeist via facti, gesonderte Organe der

---

8 Der Begriff *Junker* wird hier - im Sinne von F. L. Carsten: Geschichte der preußischen Junker. Frankfurt a.M. 1988, S. 7 - "*nicht als politisches Schlagwort gebraucht, sondern als Bezeichnung für eine bedeutende soziale Klasse, die während mehrerer Jahrhunderte die deutsche Geschichte maßgebend beeinflußte*".

Zentralmacht heraus. Seit dem Mittelalter entwickelte sich die Kanzlei des Herrschers unter einem *Kanzler*, der die allgemeine Landes- und die Außenpolitik leitete. Im 16. Jahrhundert war er zumeist bereits nicht mehr Geistlicher, sondern ein im Römischen Reich geschulter Jurist bürgerlicher Herkunft, der in Streitfällen mit den Ständen die Interessen des Herrschers wahrnahm. Die Staats- und Hofwürdenträger bildeten an der Seite des Herrschers ein beratendes Organ, die *Ratsstube*, aus der Zentralinstitutionen wie das *Konsistorium* (1542), die Kirchenverwaltung nach der Durchsetzung der Reformation, oder das Domänenamt (1588), die Verwaltung der kurfürstlichen und der staatlichen Güter, hervorgingen. In Brandenburg erlangte damals keine Stadt eine privilegierte Stellung oder besondere Bedeutung. Die spätere Hauptstadt Berlin war noch ein Nest aus den beiden konkurrierenden städtischen Organismen Berlin und Cölln.

Das Territorium Brandenburgs wurde in fünf *Kreise* (Altmark, Uckermark, Mittelmark, Neumark, Priegnitz) unter *Landvögten* oder *Landeshauptleuten* eingeteilt, die im Einvernehmen mit den örtlichen Ständevertretern berufen wurden. Im eigentlichen Sinne bestand in Brandenburg im 15./16. Jahrhundert noch keine professionelle Staatsverwaltung. Die Entwicklung der Bürokratie steckte dort noch in den Anfängen. Nach der Hofordnung Joachims II. aus dem Jahre 1537 traten Marschall und Kanzler an die Spitze der Würdenträger. Der Ausbau des Beraterkreises und der kurfürstlichen Kanzlei führte im Jahre 1604 zur Bildung des *Geheimen Rates*, der mit der Zeit an der Seite des Kurfürsten zum wichtigsten Regierungsorgan werden sollte. Seit 1615 arbeitete die von einem Präsidenten geleitete *Amtskammer* als ständiges Kollegium für Domänen- und Finanzfragen. An der Wende vom 16. zum 17. Jahrhundert entstand auf dem Gebiet der Mark eine neue Verwaltungsebene, der *Kreis* unter *Direktoren*, die die Anweisungen des Kurfürsten ausführten, zugleich aber auch Vertreter der Standesinteressen des lokalen Adels waren.[9]

Das Haus Hohenzollern zeigte das ganze 15. Jahrhundert hindurch beachtliche biologische Energie. In der *Dispositio Achillea* des Markgrafen Albrecht Achilles wurden 1473 für das Kurfürstentum Brandenburg Unteilbarkeit und Primogenitur in der Hauptlinie festgelegt, gleichzeitig aber für zwei Seitenlinien der Hohenzollern die kleinen Grafschaften Ansbach und Bayreuth geschaffen. Seither war Kurbrandenburg von den übrigen Besitzungen des Hauses Hohenzollern klar getrennt. Diese Entscheidung bedeutete den *"Durchbruch des Staatsgedankens gegenüber der bisher lediglich auf das Hausinteresse begründeten Landesherrschaft"*[10]. Trotz zeitweiliger Verstöße konnte sich dieses Prinzip seit 1598 durchsetzen und wurde am 11. Juni 1603 durch den *Geraischen Hausvertrag* rechtlich abgesichert.

9 Vgl. allgemein W. Vogel: Die Entwicklung der brandenburgischen Verwaltung bis zum Regierungsantritt König Friedrich Wilhelms I. (1713). In: Deutsche Verwaltungsgeschichte. Hrsg. von K. G. A. Jeserich. Stuttgart 1983, S. 866ff.

10 J. Schultze, a.a.O., Bd. 3, S. 122. nach Strzelczyk: Brandenburgia, S. 259; voller Text der Dispositio Achillea bei Prinz, a.a.O., Bd. 1, S. 268-275.

Die erste Hälfte des 16. Jahrhunderts brachte Deutschland entscheidende Veränderungen: Reformation, Einflüsse von Humanismus und Renaissance, dynamische Entfaltung von Druckkunst und Schrifttum. Brandenburg nahm an diesen Entwicklungen verspätet teil. Das Auftreten Luthers fiel in die lange Regierungszeit Joachims I. (1499-1535), der allgemein noch ein Vertreter mittelalterlichen Denkens war, auch wenn er die erste Universität in Brandenburg errichtete, das *Studium Generale* in Frankfurt an der Oder (1506). Seine Abneigung gegenüber der Reformation und der Person Luthers bremste auf staatlicher Ebene die Ausbreitung der Reformation in Brandenburg. Sein jüngerer Bruder Albrecht von Brandenburg (1490-1545), Erzbischof von Magdeburg und danach von Mainz, blieb ebenfalls der katholischen Kirche treu, obwohl er, anders als Joachim I., bereits eine Renaissancepersönlichkeit war, ein Mäzen von Humanisten und Künstlern.

Offiziell wurde die Reformation erst unter Joachim II. Hektor (1535-1571), dem Sohn Joachims I., seit 1536 angenommen. Um offene Religionskämpfe zu vermeiden, wahrte er lange Zeit eine Kompromißhaltung. Zuletzt fand er sich auf der Seite der lutherischen Kirche, die zur Staatskirche Brandenburgs erhoben wurde. Die Politik Joachims II. stand unter starkem Druck der brandenburgischen Stände, die dezidiert den lutherischen Standpunkt vertraten. Am 1. November 1539 empfing Joachim II. schließlich zum ersten Mal feierlich die Kommunion in Gestalt von Brot und Wein in der St. Nikolai-Kirche in Spandau. Seinem Beispiel folgte der Stadtrat von Berlin; in Brandenburg wurden die Klöster aufgelöst, der katholische Ritus nicht mehr praktiziert. Die vom Kurfürsten im Jahre 1540 erlassene Kirchenordnung behielt zunächst viele alte Kirchenbräuche bei. Erst gegen Ende des 16. Jahrhunderts wurde Brandenburg zur Festung eines strengen Luthertums. Entscheidend wurde jedoch, daß der Herrscher weltliches Oberhaupt der Kirche Brandenburgs wurde; das ihm zur Seite gestellte Konsistorium erledigte die kirchlichen Aufgaben. Auch durch die Übernahme eines beträchtlichen Teils des Kirchenvermögens wurde die Macht des Kurfürsten erheblich gestärkt. Durch seine Verschwendungssucht blieb Joachim II. weiter von den Ständen finanziell abhängig.

Die Reformationszeit war in Brandenburg in vieler Hinsicht eine Epoche relativen Wohlstands, bis der Dreißigjährige Krieg die Länder Brandenburgs schwer verwüstete. Unter der Regierung des Großen Kurfürsten Friedrich Wilhelm wurden ab 1640 die Grundlagen für den Aufbau des Absolutismus geschaffen. Aus der Perspektive des vereinigten brandenburgisch-preußischen Staates endet die selbständige Geschichte Brandenburgs mit dem Jahr 1618, als die Hohenzollern in der brandenburgischen Linie endgültig die Herrschaft im Herzogtum Preußen antraten. Für die dynastischen - wenn nicht gar machtpolitischen - Ambitionen der Hohenzollern gab im 16. Jahrhundert das Verhältnis zum mächtigen polnisch-litauischen Staat den Ausschlag. Sie verfolgten zwei alternative, sich allerdings nicht ausschließende Pläne: die Wiederaufnahme des Plans, einen Hohenzollern als König von Polen zu wählen, und die Übernahme der Herrschaft im polnischen Lehen Herzogtum Preußen, wo seit 1525 Herzog Albrecht von

Hohenzollern aus der Ansbacher Linie als Vasall Polens regierte, durch einen Hohenzollern aus der kurfürstlich-brandenburgischen Linie.

Kurfürst Joachim II., wahrhaft eine Renaissancegestalt, von der Geschichtsschreibung als Verkörperung des idealen Fürsten im Sinne Machiavellis beschrieben, dachte in dynastischen Kategorien. Der großzügige und beliebte Herrscher war ein geschickter Diplomat und gewann Jadwiga, die Tochter Zygmunt des Alten, zur zweiten Ehefrau. Als Schwager des kinderlos gebliebenen Königs Zygmunt II. August (1548-1572) veranlaßte er seinen Sohn Sigismund, der als Neffe des letzten Jagiellonen Aussichten auf den polnischen Königsthron hatte, sich bei verschiedenen Anlässen in der polnischen politischen Öffentlichkeit zu zeigen. Zygmunt August unterstützte diese Bemühungen allerdings nicht. In den fünfziger Jahren des 16. Jahrhunderts führte Brandenburg in Polen eine aktive Politik und warb auf unterschiedlichste Weise um Anhänger unter den polnischen Magnaten und Adeligen, doch verstarb der junge brandenburgische Thronfolger im Jahre 1566 noch vor Zygmunt August (1572).

Es blieb die Hoffnung auf die Belehnung mit dem Herzogtum Preußen anstelle der Ansbacher Linie. In dieser Frage zeigte sich Zygmunt August nachgiebiger und sagte während des Sejm von 1559 zu, die kurfürstliche Linie zur Lehnsfolge zuzulassen, was er 1563 durch eine schriftliche Zusicherung bestätigte. Nach dem Tode Herzog Albrechts ließen sich Joachim II. und seine Erben durch Gesandte auf dem Sejm in Lublin 1569 beim Lehnseid von Albrechts Sohn als dessen potentielle Nachfolger vertreten. Die gegenseitige Verpflichtung wurde bei verschiedenen Gelegenheiten in den Jahren 1571, 1574, 1578 und 1589 erneuert. Die Politik Joachims II. und seines Hofes bezüglich der Vereinigung Brandenburgs mit dem Herzogtum Preußen zeugt von politischer Weitsicht. Die Zusammenfassung des größten Teils der Ostseeküstengebiete unter hohenzollernscher Herrschaft blieb das Ziel, und da nach der Herrschaftsübernahme im Herzogtum Preußen die hohenzollernschen Gebiete weder Stettin, noch Danzig - und damit keinen leistungsfähigen Ostseehafen - umfaßten, waren schon aufgrund der geopolitischen Lage weitere Ambitionen in Richtung Weichsel- und Odermündung zu erwarten.

Die brandenburgischen Herrscher verstanden es dank ihrer die begrenzten lokalen Reserven immer besser ausnutzenden Dynamik an der Schwelle des 17. Jahrhunderts, das kleine Land Brandenburg vor eine grundsätzlich neuen Entwicklungsetappe zu führen. Die Stabilisierung der kurfürstlichen Macht im 16. Jahrhundert, die Einflüsse der strengen lutheranischen Ethik und die immer rücksichtslosere Junkerherrschaft bildeten in dem armen und provinziellen Brandenburg eine neue Mentalität des Bürger- und des Bauerntums heraus, bei der Gehorsam und Arbeitsamkeit an die erste Stelle rückten.

85. Kurfürst Joachim II. im Alter

Nach einem Kupferstich aus dem Jahre 1570

## 2. Ordensstaat und Herzogtum Preußen bis zum Jahre 1618

***Entstehung, Entwicklung und Verfall des Ordensstaats 1225-1525.*** - Das Kurfürstentum Brandenburg wurde durch die Politik seiner Herrscher aus dem Haus Hohenzollern zur Grundlage des späteren brandenburgisch-preußischen Staates. Dessen zweiter namengebender Bestandteil, das frühere Gebiet der heidnischen Pruzzen, erbte die Traditionen des Deutschen Ordens, die durch die Säkularisierung der preußischen Besitzungen durch den letzten Hochmeister Albrecht von Hohenzollern unterbrochen wurden, so daß weder das Herzogtum Preußen noch das lutherische Brandenburg über Jahrhunderte hinweg an das historische oder das ideologische Erbe der Ordensritter, in der polnischen Tradition der *Kreuzritter*[11], anknüpften, bis in der ersten Hälfte des 19. Jahrhunderts für die preußische und deutsche nationalistische Historiographie der Deutsche Orden nicht ohne Grund zum Symbol des *Drangs nach Osten* wie auch aller militärischen und staatlichen Tugenden wurde. Diese wurden von den borussischen Historikern, vor allem dem chauvinistischen Großmeister des Faches Heinrich von Treitschke (wie zuvor von Leopold von Ranke), glorifiziert, um jene *"romantische Größe des Ordensstaats"*[12] zu verdeutlichen, die das aufgeklärte und kosmopolitische 18. Jahrhundert noch nicht verstehen wollte. Eine grundlegende Rolle spielte dabei Treitschkes Aufsatz »Das Deutsche Ordensland Preußen« (1862).[13]

Das Ordensstaat Preußen grenzte im Osten und Südosten an litauische Besitzungen, im Süden an das polnische Masowien, im Südwesten an das Kulmer Land und im Westen entlang der Weichsel an Pommerellen. Die Pruzzen bewohnten ein Gebiet von ca. 42 000 km$^2$, überwiegend Wälder und Seen. Die Bevölkerung zählte im 13. Jahrhundert vermutlich 170 000 bis 200 000 Menschen. Das Land besaß keine ausgebildeten politischen Strukturen, was seine Unterwerfung erleichterte. Die heidnischen Pruzzen gehörten lockeren Stammesverbänden an und waren im frühen Mittelalter vergleichsweise aggressive Nachbarn. Doch auch die polnischen Expansionsbestrebungen in nördlicher Richtung, die mit dem Wunsch zur Christianisierung der Pruzzen gerechtfertigt wurden, führten in der zweiten Hälfte des 12. und zu Beginn des 13. Jahrhunderts zu ständigen Konflikten. Der von deutsche Rittern während der Kreuzzüge in Palästina gegründete *Deutsche Orden* suchte, als die Besitzungen der Kreuzfahrer im Nahen Osten bedroht waren, nach neuen Betätigungsfeldern mit missionarischem und ritterlichem Charakter.

Zu Beginn des 13. Jahrhunderts scheiterte der Versuch des Ordens, sich in Siebenbürgen niederzulassen: Beunruhigt durch dessen Streben nach Selbständigkeit, verwies König Andreas II. von Ungarn den Ritterorden, im Jahre 1225 des Landes und beschlagnahmte die ihm verliehenen Besitzungen. In dieser für

---

11 Die Ritter des Deutschen Ordens werden in der polnischen Geschichtstradition als "Kreuzritter" bezeichnet, vgl. J. Tazbir: Die »Kreuzritter« - kurze Geschichte und lange Legende. In: Deutsche und Polen. 100 Schlüsselbegriffe. München 1992, S. 28-34.

12 H. von Treitschke: Ausgewählte Schriften. Bd. 1. Leipzig 1907, S. 133.

13 Vgl. H. Boockmann: Preußen, der Deutsche Ritterorden und die Wiederherstellung der Marienburg. In: Acht Jahrhunderte Deutscher Orden in Einzeldarstellungen. Hrsg. von K. Wieser. Bad Godesberg 1967, S. 547f.

den Orden prekären Situation erhielt er gegen Ende des Jahres 1225 von Herzog Konrad von Masowien das Kulmer Land. Konrad wollte den Ritterorden nicht nur zum Schutz gegen die Angriffe der Pruzzen benutzen, sondern mit Hilfe des Ordens die Pruzzen unterwerfen und christianisieren. Hermann von Salza, der Hochmeister des Ordens, der gute Beziehungen zu Kaiser Friedrich II. von Hohenstaufen unterhielt, ließ sich vom Kaiser nicht nur die Schenkung des Kulmer Landes bestätigen, sondern sicherte dem Orden auch die Verleihung der Länder der heidnischen Pruzzen, die noch zu erobern waren. Durch die Verleihung der Rechte eines Reichsfürsten stellte der Kaiser den Hochmeister als Herrn über Preußen den anderen Fürsten des Reiches gleich: *"Die Goldene Bulle von Rimini bedeutete Geburtsakt des deutschen Preußen. Sie blieb in Preußen wie im benachbarten Polen unbekannt. Konrad trat nichtsahnend weiterhin als Herr und Wohltäter der demütigen Mönchsritter auf."*[14]

Seit 1231 begann der Ritterorden, die Herrschaft im Kulmer Land als Ausfallbasis gegen die Pruzzen auszubauen und Burgen und Städte zu errichten. 1233 gründete er die Städte Thorn und Kulm. Danach legte er dem Papst das angebliche Privileg Konrads von Masowien, den *Kruschwitzer Vertrag*, vor, in dem ihm angeblich die Oberhoheit über das Kulmer Land und die eroberten pruzzischen Gebiete verliehen wurde, und erhielt auf dieser Grundlage die päpstliche Bulle, die den *Kruschwitzer Vertrag* bestätigte, den erst der deutsche Historiker Max Perlbach gegen Ende des 19. Jahrhunderts als Fälschung des Ordens entlarvte.[15] Der Deutsche Orden führte an der Weichsel modernste Kriegstechnik ein; geschickt wandte er die neuesten Errungenschaften im Festungsbau an und führte seine Kolonisierungspolitik durch, die zur relativ schnellen Unterwerfung der Pruzzen führte. Seine Unterwerfungstaktik und seine Maßnahmen zur Zwangschristianisierung gingen auch wegen ihrer Brutalität in die Geschichte ein. Die komplizierte Rivalität der Herzöge Pommerns, der polnischen Piasten und des zwischen Papst und Kaiser lavierenden Ordens sowie Brandenburgs bestimmte die Ereignisse in der zweiten Hälfte des 13. und ersten Hälfte des 14. Jahrhunderts.

Nach der Unterdrückung der Aufstände der einheimischen Bevölkerung vor allem in den Jahren 1260-1273 war um das Jahr 1283 die Unterwerfung des Landes der Pruzzen abgeschlossen. In dem verwüsteten Land begann der Deutsche Orden eine Peuplierungs- und Zivilisierungspolitik im großen Stil. Nachdem der Deutsche Orden, inzwischen ein bedrohlicher Nachbar des durch die rivalisierenden Teilfürstentümer geschwächten polnischen Staates, in den Jahren 1308 bis 1309 auf den Hilferuf Władysław Łokieteks gegen die Brandenburger Pommerellen annektiert hatte, verlegte er 1309 seinen Hauptsitz nach Preußen; Sitz des Hochmeisters wurde das prächtige Schloß Marienburg. In der ersten Hälfte

---

14 K. Górski: Zakon krzyżacki a powstanie państwa pruskiego [Der Deutsche Orden und die Entstehung des preußischen Staates]. Wrocław 1977, S. 13-14.

15 Zur Problematik des Kruschwitzer Vertrags in der deutschen und der polnischen Forschungstradition vgl. H. Boockmann: Der Deutsche Orden. Zwölf Kapitel aus seiner Geschichte. München 1981, S. 86-90.

des 14. Jahrhunderts begann der Deutsche Orden zusammen mit dem Schwertbrüderorden in Livland, einen großen baltischen Staat von der Weichselmündung bis nach Riga zu errichten. Die weitere Expansion erfolgte in Richtung polnischer und litauischer Gebiete. Im 14. Jahrhundert war weder das mit Mühe vereinte Polen Władysław Łokieteks und Kazimierzs des Großen, noch das durch die große Ostexpansion geschwächte Litauen in der Lage, die Angriffe des Ordensstaates abzuwehren: beide Staaten mußten schmerzhafte Gebietsverluste hinnehmen. Die Lage sollte sich erst zu Beginn des 15. Jahrhunderts ändern, als das unter der Herrschaft Kazimierzs des Großen erstarkte Königreich Polen an die Seite Litauens trat. Im Jahre 1410 erlitt der Deutsche Orden im Krieg gegen Polen und Litauen bei Tannenberg eine vernichtende Niederlage. Zwar vermochte die polnische Seite nicht, den Sieg auszunutzen, doch war die Expansionskraft des Ordens gebrochen.

Der in Preußen, im Kulmer Land und in Pommerellen errichtete Ordensstaat hatte einen betont kolonialen Charakter. Die aus deutschen Ländern angeworbenen Siedler, vor allem Schwaben, Franken und Sachsen, mischten sich mit der slawischen (polnischen) und baltischen Bevölkerung und schufen in einem jahrhundertelangen Germanisierungsprozeß eine neue Gemeinschaft, deren Mitglieder im 18. Jahrhundert im Sinne staatlicher Zugehörigkeit zu *Preußen* wurden. Anfangs beteiligten sich Polen in bedeutendem Ausmaß an der Kolonisation, doch siedelten sich im 14. Jahrhundert in Ermland und in den Städten besonders viele Deutsche an. Die zweite Welle polnischer, diesmal ausschließlich aus Masowien stammender Kolonisten besiedelte die südlichen Bezirke, das spätere Masuren.

Die Kolonisation Preußens wurde vom Deutschen Orden methodisch und planvoll durchgeführt. Die Besiedlung eines Landes mit hartem Klima, ohne Infrastruktur, mit Urwäldern und Hunderten von Seen, erforderte enorme Anstrengungen. Rittergüter und Dörfer entstanden nach dem Kulmer Recht, das die Position ihrer Besitzer stärkte. Der Orden verhinderte dabei die Bildung einer Schicht von Großgrundbesitzern. Bis zum Jahre 1410 gründeten die Ordensritter 93 Städte nach Kulmer oder Lübischem Recht. Königsberg bestand über längere Zeit aus drei selbständigen städtischen Einheiten, Danzig aus vier Städten. Die großen Städte und der Orden unterhielten mit der im Ostseeraum mächtigen Hanse Handelsbeziehungen. In der Mitte des 14. Jahrhunderts, als der Zuzug von Siedlern aus den Gebieten des Heiligen Römischen Reichs deutscher Nation nahezu versiegte, war Preußen mit Ausnahme der südlichen Wildnis bereits kolonisiert. Im Land lebten neben Pruzzen und im Osten Litauern deutsche Kolonisten und Polen: *"Es unterliegt keinem Zweifel, daß diese Kolonisation ein imponierendes Werk war."*[16]

Was war der Ordensstaat? Der Deutsche Orden führte im Ostseeraum moderne Herrschafts- und Finanzstrukturen, Kriegstechniken und Architektur ein, die auf den Errungenschaften der führenden Westeuropäer, den Erfahrungen

16 Górski, a.a.O., S. 82.

der Kreuzzüge und der Kenntnisse islamischer Kultur beruhten. Die Herrschaftsstruktur hatte in diesem Ostseestaat Kolonialcharakter: Das Land wurde vom Orden beherrscht, einer ritterlichen Korporation, zu der einheimische Untertanen keinen Zugang hatten. Die Ordensritter waren ausschließlich Deutsche. Zentrum des Staates wurde die Marienburg. An der Spitze der Ordenshierarchie standen der Hochmeister und das Generalkapitel, das sich aus den Würdenträgern des Ordens zusammensetzte. Dem Hochmeister unterstanden die Landmeister der zahlreichen Besitzungen in deutschen Ländern. Insgesamt entstand eine von oben nach unten straff durchorganisierte Administration, die auf militärischen Befehlsstrukturen beruhte. Eine tatkräftige Diplomatie, eine funktionierende Spionage- und Finanzorganisation sowie die Archive des Ordens sicherten ihm die Überlegenheit bei der Anwendung moderner Methoden in der internationalen Politik. Das Land wurde in Bezirke, *Komtureien*, eingeteilt, denen die *Komture* vorstanden. Überall wurde die Einheit von Wirtschaftsverwaltung, allgemeiner Landesverwaltung und militärischer Organisation von oben nach unten eingehalten. Die militärische Ausbildung und die Taktik der Ordensarmee sowie ihre gute Ausrüstung schufen die Grundlage für die hohe Qualität der militärischen Organisation des Ordens und ermöglichten den zahlenmäßig kleinen Gruppen von Ordensrittern, eigene Soldaten und Söldner wirksam zu leiten. Bis zur Schlacht bei Tannenberg hatte die effiziente Propaganda des Ordens im Westen Europas mit Parolen vom Kreuzzug gegen die Heiden zahlreiche Vertreter des westlichen Rittertums, die die Reihen des aggressiven Ordens stärkten, für die Raub- und Eroberungszüge des Ordens gegen die Pruzzen, die Litauer und sogar gegen Polen angezogen.

Da der Staat des Deutschen Ordens sich auf die korporative Regierung einer Ordensgemeinschaft stützte, war er - anders als andere europäische Länder der Zeit - nicht vom Niedergang der Herrschaftsstrukturen und von Machtverfall bedroht. Der Deutsche Orden duldete keine Feudalaristokratie auf seinem Territorium und erreichte, da er die politische, militärische und ökonomische Macht vereinigte, eine bedeutendere Konzentration der Staatsmacht als die meisten europäischen Staaten dieser Zeit. Eine wesentliche Stärkung der Macht des Ordens im Innern beruhte darauf, daß die Kirche im Ordensstaat faktisch unter der Kuratel des Ordens stand, der z.B. die Bischöfe berief. Auf den strengen disziplinarischen Vorschriften, die gegenüber den Ordensrittern angewandt wurden und dem Fehlen feudalistischer Konflikte beruhten lange Zeit Kraft und Geschlossenheit. Der Orden verriet nach und nach seine ursprüngliche Berufung, und mit der Zeit trat eine antiintellektuelle Haltung in den Vordergrund: militärische Disziplin ersetzte nicht nur die Ideologie, sondern auch das religiöse Leben. Der Deutsche Orden hatte die Regeln des Templerordens übernommen, doch mit der Zeit fehlte ihm ein tieferes inneres Leben und er gab die ursprüngliche Askese auf: *"Das Geistesleben des Ordens war eklektisch und arm."*[17] Der Orden gab mit der Zeit seinen religiösen

17 Górski, a.a.O., S. 89.

Charakter auf; die Mission hörte im 14. und 15. Jahrhundert auf, das eigentliche Ziel seiner Politik zu sein. Die Amtsträger des Ordens, die sich weiterhin aus dem deutschen Reich rekrutierten, wurden - auch im Verhältnis zum Hochmeister - immer mehr zu einem privilegierten Stand, wurden als Amtsträger vor allem zu Nutznießern der ihnen aus dem Amt zustehenden Einnahmen.[18] Während über die Mentalität der Mitglieder des Ritterordens zahlreiche Quellen Auskunft geben, ist unser Wissen über die Mentalität der sich im 14.-15. Jahrhundert herausbildenden Gesellschaft des Ordenslandes Preußen dürftig, insbesondere was die Pruzzen und ihre Rolle als ethnisches Element mit eigenem Charakter im Profil der preußischen Bevölkerung betrifft. Hingegen war die Atmosphäre der großen städtischen Zentren (Königsberg, Danzig, Thorn, Elbing, Kulm) ohne Zweifel in den Möglichkeiten der Zeit kosmopolitisch und spiegelte das für hanseatische Ansiedlungen typische geistige Klima wider. Das sich in Preußen unter der Ordensmacht ansiedelnde deutsche Rittertum wurde - zusammen mit anderen Faktoren - zur Keimzelle der Klasse der Junker. Die Veränderungen von Ideologie, Mentalität und Sozialverhalten der herrschenden Ordensrittergruppe wie der gesamten Gesellschaft in der Endphase der Ordensherrschaft zwischen 1466 und 1525 bedürfen noch der Erforschung. Wir wissen z.B. nicht, welchen Einfluß die Haltung der Gesellschaft sowie die Degeneration und der Verfall des Ordens auf den Entschluß zur Säkularisierung hatten.[19]

Die Blütezeit des Ordensstaats währte vom Ende des 13. bis zum Ende des 15. Jahrhunderts. Im Staatssystem des Ordens besaß die Bevölkerung - anders als die Ordensritter - keine politischen Rechte. Belastend waren besonders nach der Niederlage von Tannenberg die Kontrolle des Ordens über die gesamte Wirtschaft und sein Fiskalismus. Die Gesellschaft des Ordensstaates nahm im 15. Jahrhundert deutlich ständische Merkmale an: die Städte und das Rittertum verlangten das Mitspracherechte bei öffentlichen Angelegenheiten. Für die polnische Bevölkerung Pommerellens und die sich ohne Ansehen der Herkunft als *Preußen* bezeichnende Bevölkerung des gesamten Ordensstaates waren die Ordensritter fremde Herrscher ohne Beziehung zum Land. Die Abneigung wuchs und führte zur Entstehung einer Oppositionsbewegung der Städte und des Rittertums unter Führung Pommerellens. Dabei gaben nicht - der Zeit fremde - nationale, sondern politische und ökonomische Faktoren den Ausschlag. Schließlich versagten im Jahre 1454 Rittertum und Städte dem Orden den Gehorsam und unterstellten sich dem polnischen König. Die Gesandten des *Preußischen Bundes* unterstrichen bei der Unterwerfung, der König von Polen sei "Herr des Landes von alters her". Daher inkorporierte König Kazimierz Jagiełłończyk Preußen als Bestandteil der Krone Polens in den polnischen Staat. Dieser Vorgang führte zum Dreizehnjährigen Krieg (1454-1466), der die Schwerfäl-

18 Boockmann, a.a.O., S. 211ff.

19 Vgl. M. Biskup: Stan i potrzeby badań nad państwem krzyżackim w Prusach (w. XIII - początek w. XVI) [Stand und Desiderata der Forschungen über den Ordensstaat in Preußen vom 13. bis zum Beginn des 16. Jh.]. In: Zapiski Historyczne 41 (1976), Nr. 1, S. 21-50.

ligkeit der sich weiterhin hauptsächlich auf das allgemeine Adelsaufgebot stützenden polnischen Heeresorganisation offenbarte, aber auch die organisatorischen Fähigkeiten und die finanziellen Möglichkeiten des Ordens. Im Kompromißfrieden von Thorn (1466) wurde ein Teil des Ordensstaats, das spätere *Königliche Preußen*, mit Danzig, Thorn, Elbing und Marienburg sowie Ermland der polnischen Krone zugesprochen, während der Hochmeister des Ordens die Lehnsherrschaft der polnischen Krone über das verbliebene Ordensland anerkennen mußte. Die im Thorner Frieden beschlossene Grenze zwischen Polen und dem *königlichen Preußen* und dem späteren *Herzogtum Preußen* hatte bis zur ersten Teilung Polens 1772 Bestand. Die Rechte aus der Lehnshoheit Polens über den Ordensstaat führten seit 1466 zu Konflikten, bis 1525 der letzte Hochmeister in Preußen Albrecht von Brandenburg sich im Einvernehmen mit Polen zum weltlichen Fürsten und durch den Lehnseid in Krakau (1525) zum Vasallen Polens erklärte.

Die Ereignisse in Preußen nach 1466 und der *Preußische Lehnseid* hatten sowohl für die preußische, als auch für die polnische Geschichte weitreichende Konsequenzen. Der Ordensstaat durchlebte nach 1466 zahlreiche innere Krisen. Der geschwächte Orden tolerierte die Rolle der Stände im Staat vor allem mit Rücksicht auf das reiche Königsberg. In der zweiten Hälfte des 15. Jahrhundert kam eine große Welle polnischer Kolonisten aus Masowien ins Land, die die Wildnis im Süden urbar machten. Damals erhielten einige Kreise den polnischen Charakter, den sie überwiegend bis ins 20. Jahrhundert bewahrten. Es waren in der Regel masowische Kleinadlige, die im Ordensstaat zumeist den Status von *Kölmern*, von freien, nach dem Kulmer Recht angesiedelten Bauern, erhielten. Im Osten des Ordensstaates strömten auch Litauer ein. Angesichts des graduellen Rückgangs der einheimischen Pruzzen setzte sich die Bevölkerung Preußens mehr und mehr aus Deutschen, Polen und Litauern zusammen.

Der moralische Niedergang des Ordens und die Lockerung der Disziplin bereiteten den Boden für die Säkularisierung des Ordensstaats bereits vor dem Beginn der Reformation. Im Jahre 1511 wurde Albrecht von Hohenzollern, der Sohn des Markgrafen Friedrich von Ansbach und Zofias, der Tochter Kazimierz Jagiełłończyks, zum Hochmeister gewählt. Daß er ein Neffe Zygmunt des Alten war, vermag vieles der späteren Entwicklungen zu erklären. Er verstand sich als weltlicher Fürst, die Ordenstraditionen waren ihm vollkommen fremd. Das Amt des Hochmeisters errang er infolge eines komplizierten diplomatischen Spiels vor dem Hintergrund der Beziehungen zwischen Polen und dem Deutschen Orden. Persönlich war er *"von kräftiger Gesundheit, hatte braune Augen und Haare, schielte jedoch ein wenig. Er hatte einen wachen und scharfsinnigen Verstand, persönliche Ausstrahlung, einen starken Willen, den er in den Dienst seiner maßlosen Ambitionen stellte".*[20]

Zunächst verweigerte er dem polnischen König den Lehnseid und führte gegen ihn 1520-1521 einen Krieg, der jedoch für keine Seite zum Erfolg führte.

---

20 Górski, a.a.O., S. 194.

Albrecht interessierte sich für die Lehre Luthers und traf ihn persönlich am 29. November 1523. Gleichzeitig verfolgte er unrealistische Pläne bezüglich Polens und seiner eigenen Möglichkeiten, die polnische Krone zu erlangen. Als sich die Anhänger der Reformation in seiner Umgebung durchsetzten, fiel die endgültige Entscheidung über die Säkularisierung des Ordensstaats zum erblichen Herzogtum: Albrecht brach mit Papst und Kaiser, die bislang den Orden gestützt hatten und war deshalb gezwungen, Bündnispartner zu finden und einen modus vivendi mit Polen herbeizuführen. Deshalb bemühte er sich um eine Übereinkunft, in der er sich offiziell und endgültig als Vasall der Krone Polens erklärte, das ihm dafür Schutz zusicherte und seine Herrschaft im *Herzogtum Preußen* anerkannte.

Warum war Zygmunt der Alte zum Abschluß dieser Vereinbarung bereit? Das jagiellonische Polen stand auf dem Höhepunkt seiner Macht. Man war der Ansicht, daß der schwache preußische Herzog ohne die Protektion durch Papst und Kaiser ein treuer und ungefährlicher Vasall Polens sein würde. Die drohenden Gefahren der dynastischen Politik der Hohenzollern waren nicht absehbar, ebensowenig eine Niederlassung der Brandenburger in Königsberg. Für eine weitere militärische Auseinandersetzung mit dem von Albrecht von Brandenburg geführten Ordensstaat, der in Polen zahlreiche Anhänger hatte, fehlte in Polen Geld und Begeisterung. Zygmunt der Alte zog die Verständigung mit Albrecht, einem nahen Verwandten, anderen politischen Lösungen vor.

***Das Herzogtum Preußen (1525-1618).*** - Die Säkularisierung Preußens stieß weder bei der Kirche, noch bei den Ordensbrüdern auf Widerstand. Der Zerfall der Ordensorganisation in Preußen war vollständig: wegen der Säkularisierung verließen nur sieben dem Orden treue Ritter das Land. Das Volk blieb passiv. In den Städten sicherten die schnellen Erfolge der Reformation dem neuen Herrscher, der die Lehre Luthers verkündete, in kürzester Zeit volle Unterstützung.

Im 19. Jahrhundert entdeckte die apologetische preußische Historiographie neben oder anstelle von Brandenburg den Deutschen Orden als geistigen Ahnherrn des preußischen Staates. Die romantische Restaurierung des Sitzes der Hochmeister Schloß Marienburg, die viele Jahre dauerte, war Ausdruck der Verbindung der Ordenstraditionen mit der deutschen Parole vom *Drang nach Osten*, mit den klassischen preußischen Staats- und Gesellschaftstugenden und den Bedürfnissen des deutschen Nationalismus mit besonders deutlicher antislawischer Spitze. Das Herzogtum Preußen knüpfte jedoch im 16. oder auch 17. Jahrhundert nicht an das Erbe des Ordensstaats an, bemühte sich doch der weiterhin in den deutschen Ländern existierende Ritterorden unentwegt um die Wiedererlangung Preußens. Die päpstliche und zeitweise auch kaiserliche Unterstützung für den Orden konnte zwar nichts daran ändern, daß das Herzogtum Preußen Mitte des 17. Jahrhunderts, durch Polens Fürsorge geschützt, außerhalb der Reichweite dieser Ansprüche lag. Sie konnte jedoch auch keine positive Reaktion in Königsberg hervorrufen. Daher beriefen sich die Stände des Herzogtums Preußen, das lange unter der starken Ausstrahlung des polnischen

Systems der Adelsdemokratie stand, nicht auf die Traditionen des autokratisch regierten theokratischen Ordensstaats, sondern auf die Traditionen des Widerstandes gegen die Ordensritter im 15. Jahrhundert. Schließlich konnte bei den eifrigen Lutheranern des Herzogtums Preußen die Zeit des "päpstlichen Ordensjoches" nichts anderes als tiefe Abneigung und Kritik hervorrufen.

*"Das Herzogtum Preußen war ein kleines und schwaches Staatsgebilde. Es hatte jedoch einen Herrscher mit überdurchschnittlichen Fähigkeiten"*[21], Herzog Albrecht, der versuchte, Einfluß auf Polen zu gewinnen, indem er als Protektor des polnischen Protestantismus auftrat. Bis 1618 war das Herzogtum Preußen ein typischer Ständestaat. In der zweiten Hälfte des 16. und zu Beginn des 17. Jahrhunderts, als während der Geisteskrankheit von Albrechts Nachfolger Albrecht Friedrich fürstliche Vormunde aus dem Haus Hohenzollern, die sich selten im Herzogtum Preußen aufhielten, die Regierungsgeschäfte führten, war die Herrschaft der Stände besonders ausgeprägt. Eine Ausnahme bildete die Kuratel des Vormunds Markgraf Georg Friedrich von Ansbach (1577-1603), der sehr energisch im Herzogtum regierte und den Widerstand der preußischen Stände brach, die vergebens um Schutz bei König Stefan Báthory nachsuchten.

An der Spitze der Ständehierarchie stand im Herzogtum Preußen der Herzog, dessen Macht jedoch durch die Oberhoheit der polnischen Krone und die Regierungsbeteiligung der Stände stark eingeschränkt war. Während Herzog Albrecht zunächst energisch regierte und keine Stärkung der ständischen Macht zuließ, wuchs gegen Ende seiner Regierung der Einfluß der städtischen Oligarchie: als *Ständeinstitution* regierte an der Seite des Herrschers eine kleine Machtelite. Durch die Regierungsbeteiligung der Stände im Herzogtum wurde die dualistische Konzeption der Staatsmacht deutlich, die trotz einiger Einschränkungen bis in die Zeit des Großen Kurfürsten erhalten blieb.

Bis 1618 (und in geringem Maße bis 1657) waren die Rechte der polnischen Könige als Lehnsherren über das preußische Herzogtum von grundsätzlicher Bedeutung. Den polnischen Königen stand das Recht der Kontrolle über die Regierung der Herzöge zu, das Recht der Ingerenz bei Konflikten zwischen Herzog und Ständen, das Entscheidungsrecht in Fragen des Kuratel für gebrechliche und kranke Herrscher, das Entscheidungsrecht über das Schicksal des Lehens im Falle des Aussterbens der Dynastie und die höchste Gerichtsbarkeit durch das Appellationsrecht an das königliche Gericht in Warschau. In der Ständerepräsentation des Herzogtums, den Landtagen, waren drei Stände vertreten: die erste Kurie setzte sich aus dem *Herrenstand* (Hochadel, Grafen und Barone) mit erblichem Sitz sowie vier Oberräten zusammen (ursprünglich gehörten der Kurie auch die beiden Bischöfe an, aber im Laufe der Reformation wurden diese Ämter aufgehoben); die zweite Kurie, die Ritterschaft, setzte sich aus den gewählten Vertretern des landsässigen Adels zusammen; die dritte Kurie, die *Städtekurie*, bildeten die Vertreter der drei Städte Königsberg, deren

21 J. Małłek: Prusy Książęce, Polska i Rzesza w czasach księcia Albrechta (1525-1568) [Das Herzogtum Preußen, Polen und das Reich in der Zeit Herzog Albrechts]. In: Komunikaty Mazursko-Warmińskie 149, 1980, H. 3, S. 330.

Bürgermeister zumeist die Sprecher waren, und je zwei Deputierte der *Hinterstädte* oder *kleinen Städte* des Landes.

Den Ständen stand das ausschließliche Recht der Steuerbewilligung sowie der Zustimmung zu zwischenstaatlichen Verträgen zu. Sie wachten besonders über die Beziehungen zu Polen, wobei sie bis 1618 bemüht waren, einerseits die Bestrebungen zur Stärkung der Herzogsmacht einzuschränken, andererseits eine Art Gleichgewicht zwischen den polnischen Einflüssen und der Position des Herrschers im Herzogtum zu halten. Im Endeffekt erfreuten sich die preußischen Stände *"einer beinahe mittelalterlichen Autonomie"*[22]. Insgesamt waren jedoch die Kompetenzen des Landtags im Herzogtum Preußen nicht mit der souveränen Rolle des damaligen polnischen Sejm vergleichbar. Wichtiger war, daß der allgemeine Bedeutungszuwachs der Stände im 16. Jahrhundert in gewissem Umfang zur Übernahme der faktischen Landesregierung führte. Das Gesetz über die Regierung im Herzogtum Preußen (*Regimentsnotel*) von 1542 bestimmte detailliert die Landesregierung: dem Herrscher stand als Regierung ein Rat (später die *Oberratsstube*) zur Seite, der sich aus 4 Oberräten, die gleichzeitig die obersten Würdenträger des Landes waren (Landhofmeister, Oberburggraf, Kanzler und Obermarschall), sowie 6 bis 8 Hof- und Gerichtsräten und den 4 Landräten der am nächsten um Königsberg gelegenen Kreise zusammensetzte.[23] Während der Abwesenheit des Herzogs oder eines Interregnums ging die Macht an die vier Oberräte, die durch vier Landräte sowie drei Repräsentanten der Städte Königsberg unterstützt wurden, über. Diese Institution wurde als *städtisch-adelige Ständeregentschaft* bezeichnet.

Das Land war in die Kreise Samland, Natangen und Oberland unterteilt, an deren Spitze Hauptleute standen, die jedoch mehr als Beamte der Stände denn als Beamte des Herrschers fungierten. Von großer Bedeutung war, daß mit der Zeit die Stände einen eigenen Exekutionsapparat zur Steuererhebung und zur Ausgabenkontrolle beriefen, der ihnen die Überwachung der außergewöhnlichen Staatsausgaben sicherte. Der Herzog verwaltete nur noch die ständigen Einkünfte. In der Phase der Schwächung der herzoglichen Macht übten die Oberräte oder *Regenten* voll und ganz die Herrschaft im Lande aus. Ihre starke Position zeigte sich darin, daß die Mitglieder des Kollegiums kooptiert wurden und der Herrscher nur ihre Wahl bestätigte.

Albrecht Friedrich von Hohenzollern (1553-1618), der einzige Sohn Herzog Albrechts, erhielt eine sorgfältige Ausbildung großenteils bei reformierten polnischen Familien. Eine Geisteskrankheit befiel ihn bald nach der Übernahme der Herzogswürde und hinderte ihn an der Ausübung seiner Herrscherpflichten. Seit Mitte der siebziger Jahre mußte die Regierung im Herzogtum einer anderen Person anvertraut werden. Um die Zuerkennung der Kuratel bemühte sich

---

22 F. Hartung: Deutsche Verfassungsgeschichte vom 15. Jahrhundert bis zur Gegenwart. 6. Aufl. Stuttgart 1954, S. 113.

23 J. Małłek: Ustawa o Rządzie (Regimentsnotel) Prus Książęcych z roku 1542. Studium z dziejów społecznych i politycznych w lennie pruskim [Die Regimentsnotel im Herzogtum Preußen aus dem Jahr 1542. Forschungen zur Geschichte von Gesellschaft und Politik im preußischen Lehen]. Toruń 1967, S. 163f.

der nächste Verwandte des Herzogs, Markgraf Georg Friedrich von Ansbach, dem der polnische König Stefan Báthory im Jahre 1577 ihre Ausübung und die Regentschaft über das Herzogtum anvertraute, die er bis zu seinem Tode (1603) ausübte. Gleichzeitig achteten die brandenburgischen Hohenzollern auf die Bestätigung ihres 1569 erhaltenen Rechtes auf die Eventualerbfolge.

Nach dem Tode Georg Friedrichs, der keine Erben hinterließ, erhielt Markgraf Joachim Friedrich die Kuratel über Herzog Albrecht Friedrich: er war der erste Brandenburger, der die Regierung im Herzogtum Preußen übernahm. Dort traf er jedoch auf die starke Opposition der Partei der *Querulanten*, die eine engere Bindung des Herzogtums an Polen, die Garantie der Ständefreiheiten nach dem Vorbild des polnischen Adels und die Nichtzulassung einer brandenburgischen Regierung im Herzogtum anstrebten. Die *Querulanten* artikulierten vor allem die Interessen des masurischen Kleinadels und der freien kölmischen Bauern, die die Stärkung der Herzogsmacht befürchteten. Für die Seite Brandenburgs sprach sich ein Kreis von Magnaten und Adligen aus, die auf eine Karriere hofften.

Die Furcht vor dem Katholizismus wirkte zugunsten der Brandenburger Hohenzollern und gegen engere Bindungen an Polen. Andererseits komplizierte der Übertritt der kurfürstlichen Linie der Hohenzollern zum Kalvinismus die konfessionelle Lage im rein lutherischen Herzogtum Preußen. Zur zusätzlichen Absicherung seiner Ansprüche auf das Herzogtum heiratete Kurfürst Joachim Friedrich (1598-1608) eine Tochter Albrecht Friedrichs und verheiratete seinen eigenen Sohn Johann Sigismund mit dessen zweiter Tochter. Somit war der Kurfürst Schwager seines Sohnes und beide waren Schwiegersöhne des nominell herrschenden kranken Herzogs.

Nach dem Tod Joachim Friedrichs strebten die *Querulanten* vergebens die Angliederung des Herzogtums Preußen an Polen an, übertrug doch Zygmunt III. Kurfürst Johann Sigismund 1609 die Kuratel über den geisteskranken Herzog. Dennoch unterlag das Herzogtum zwischen 1605 und 1618 starken polnischen Einflüssen. Die inneren Konflikte Polens zwischen Herrscher und Adel, insbesondere die Adelsaufstände, schwächten in die Einflußmöglichkeiten Polens auf das Herzogtum Preußen. Wie bedeutend diese Einflüsse und die Abhängigkeit des Herzogtums von der polnischen Oberhoheit auch waren, eröffnete doch der weitere Verlauf der Ereignisse dem brandenburgischen Kurfürsten die gewünschten Chancen: auf dem Sejm des Jahres 1611 erkannte König Zygmunt III. den Kurfürsten und seine Erben als Nachfolger Albrecht Friedrichs an. Nach dem Tod des Herzogs trat der brandenburgische Kurfürst 1618 ohne weiteres die Nachfolge an. Nach dem Tod Johann Sigismunds (1620) konnte allerdings Kurfürst Georg Wilhelm (1619-1640) nach längeren Bemühungen erst 1621 nur unter größten Schwierigkeiten durch die Unterstützung König Zygmunts III. das Lehen in Preußen erhalten. Durch seine lange Herrschaft sicherte er endgültig den Erwerb des wertvollen Territoriums für Brandenburg.

Die preußische Huldigung. Aus: Ch. Hartknoch: Alt- und Neues Preußen. Frankfurt-Leipzig 1654.

# II.
# Zwischen Ständetum und Aufbau des Absolutismus
## Der brandenburgisch-preußische Staat 1618-1701

### 1. Gebiet und Bevölkerung

Mit der Übernahme des Herzogtums Preußen als polnisches Lehen im Jahre 1618 begannen die Hohenzollern den Aufbau des Staates Brandenburg-Preußen, eines typischen dynastischen Staates, in dem der Herrscher aufgrund unterschiedlicher Rechtstitel in seiner Hand zahlreiche Territorien vereinigte, die im Inneren lange Zeit ihr Eigenleben bewahren konnten. Die gemeinsamen Institutionen des Gesamtstaats wurden schrittweise in entschlossenen Auseinandersetzungen mit den Territorialständen geschaffen, die gegenüber dem Herrscher ihre partikularen Interessen vertraten. Die brandenburgischen Kurfürsten herrschten in der Mark Brandenburg als Markgrafen und Kurfürsten von Brandenburg, in Preußen als Herzöge *in Prussia*, dazu in zahlreichen weiteren Gebieten aufgrund unterschiedlicher im Laufe der Jahrhunderte erworbener Rechte. Einzelne Gebiete wurden zwar in die Mark Brandenburg eingegliedert, die wichtigeren wie das Herzogtum Kleve oder die Grafschaften Ravensberg, Mark und Limburg behielten jedoch ihre Institutionen und Privilegien. Nach der Erwerbung des Herzogtums Preußen und der genannten Territorien durch Kurfürst Johann Sigismund umfaßten die kurfürstlichen Besitzungen im Jahre 1619 ein Gebiet von mehr als 81 000 km$^2$. Das Herzogtum Preußen war auch unter territorialen Gesichtspunkten die bedeutendste Erwerbung, war es doch mit einer Fläche von 36 200 km$^2$ nicht viel kleiner als Brandenburg selbst. Die Teilung des Jülich-Klevischen Erbes zwischen Brandenburg und Pfalz-Neuburg im Dortmunder Rezeß vom 10. Juni 1609 hatte zunächst provisorischen Charakter, bis der Xantener Vertrag vom 12. November 1614 unter Vermittlung Englands und Frankreichs Brandenburg Kleve, Mark und Ravensberg zusprach, Jülich und Berg dagegen Pfalz-Neuburg. Die Kurfürsten wollten diese Teilung nicht akzeptieren und erhoben ständig weitergehende Forderungen, bis im Jahre 1651 nach dem mißlungenen Versuch des Großen Kurfürsten, den bestehenden Zustand mit militärischer Gewalt zu ändern, die Teilung endgültig wurde.

An der Schwelle des 17. Jahrhunderts erweiterte sich das Staatsgebiet Brandenburg-Preußens mit dem Herzogtum Preußen in östlicher und in westlicher Richtung bis an die Grenze der Niederlande. Der Westfälische Friede brachte weitere Territorialgewinne. Die ungewöhnlich lebhaften militärischen und diplomatischen Aktivitäten des Großen Kurfürsten, der viele Jahre lang mit jedem gegen jeden kämpfte, zeitigten als größten und folgenreichsten Erfolg die Lösung des Herzogtums Preußen aus der Lehnsbindung an Polen, also die Erringung der Souveränität in einem Territorium, das außerhalb der Grenzen des alten deutschen Reiches lag. Die Territorialgewinne waren vor allem ein Ergebnis des Westfälischen Friedens, insbesondere des mit Schweden geschlossenen Kompromisses bezüglich der Erbfolge im Herzogtum Pommern. Unter der Herrschaft des Großen Kurfürsten erwarb Brandenburg Hinterpommern mit Cammin, dazu Magdeburg, Halberstadt und Minden sowie den zwischen der Neumark und Polen gelegenen Kreis Schwiebus (1686). Der Kurfürst nahm 1657 Lauenburg und Bütow, die bis 1637 polnische Lehen des pommerschen Herzogs gewesen waren, unter seine Herrschaft. Der Friede von St. Germain-en-Laye brachte ihm 1679 den Erwerb des seit dem Westfälischen Frieden schmalen schwedischen Landstreifens in Pommern östlich der Oder, so daß das Staatsterritorium auf mehr als 110 000 $km^2$ erweitert wurde, allerdings nach den Bevölkerungsverlusten im Dreißigjährigen Krieg weniger als 1,5 Millionen Einwohner zählte. Die von den Hohenzollern beherrschten Gebiete reichten vom Rhein und der niederländischen Grenze bis an die Memel, Friedrich Wilhelm wurde zum mächtigsten Herrscher im nordöstlichen Deutschland: *"Mit Hinterpommern erreichte man von der Kurmark aus einen breiten Zugang zur Ostsee und damit unmittelbare Verbindung zur See nach Preußen."*[1]

Gegen Ende der Herrschaft des Großen Kurfürsten stellte Brandenburg zusammen mit dem Herzogtum Preußen ein im alten deutschen Reich bedeutendes Land dar, das - obwohl dünn besiedelt und auf verschiedene, nur lose miteinander verbundene, zum Teil nicht einmal aneinandergrenzende Gebiete verteilt - in kurzer Zeit um die Vorherrschaft unter den protestantischen Fürsten des Reiches wetteifern sollte. Die sächsischen Kurfürsten wurden ihrer protestantischen Mission im Jahre 1697 selbst untreu, als August der Starke für den Preis der Konversion zum Katholizismus als August II. den polnischen Thron bestieg.

Die Regierungszeit Friedrichs III. (1688-1713), der seit 1701 als Friedrich I. erster König in Preußen war, brachte nur geringfügige Grenzveränderungen (unter anderem verzichtete er wieder auf den Kreis Schwiebus zugunsten der Habsburger). Die demographischen Verhältnisse der einzelnen brandenburgisch-preußischen Gebiete im 17. Jahrhundert sind nur unzureichend erforscht.[2] Das eigentliche Brandenburg war wie Pommern einer der Hauptschauplätze des Dreißigjährigen Krieges, der von Hungersnöten und Epidemien begleitet wurde, und erlitt in Stadt und Land bedeutende Verluste. Die gesamte Wirtschaft und das soziale Leben der deutschen Länder in der zweiten Hälfte des 17. Jahrhunderts litten unter den Kriegsfolgen. Allein im Gebiet der Mark Brandenburg wurden 48 Burgen, 60 Städte und 5 000 Dörfer vollständig zerstört. In der Altmark betrugen die Bevölkerungsverluste 40 % auf dem Lande und 52 % in den Städten. Nach den Plagen des Dreißigjährigen Krieges lebten in Berlin, das an der

---

1 M. Braubach: Der Aufstieg Brandenburg-Preußens 1640 bis 1815. In: H. Hantsch: Die Entwicklung Österreich-Ungarns zur Großmacht. (Geschichte der führenden Völker; 15) Freiburg i. Br. 1933, S. 165-382, hier S. 180.

2 Vgl. K. Hintze: Die Bevölkerung Preussens im 17. und 18. Jahrhundert nach Quantität und Qualität. In: Moderne Preussische Geschichte 1648-1947. Eine Anthologie. Hrsg. von O. Büsch und W. Neugebauer. Bd. 1. Berlin-New York 1981, S. 282-315.

Schwelle zum 17. Jahrhundert bereits eine bedeutende Stadt und kurfürstliche Residenz gewesen war, nur noch ca. 6 000 Einwohner. Die westlichen Gebiete und das Herzogtum Preußen blieben unversehrt; im Verlauf des Nordischen Krieges (1655-1660) wurde das Herzogtum allerdings unter anderem durch einen gegen den Kurfürsten gerichteten Vergeltungsfeldzug der polnischen Armee, die, von Tataren unterstützt, große Teile des Herzogtums Preußen ruinierte, stark verwüstet.

Erst die zweite Hälfte des 17. Jahrhunderts brachte eine langsame demographische Erholung. An der Schwelle zum 18. Jahrhundert zählten die Gebiete des entstehenden preußischen Königreiches wahrscheinlich rund 1,65 Millionen Einwohner. Brandenburg kompensierte die Bevölkerungsverluste des 17. Jahrhunderts auch durch den Zustrom von protestantischen Emigranten aus Frankreich und aus den habsburgischen Ländern. Der insgesamt jedoch niedrige Bevölkerungszuwachs von 1660 bis 1701 zeugt von einer großen Bauernflucht, die sich während des Dreißigjährigen Krieges verstärkt hatte. Die wichtigste Gruppe unter den Einwanderern stellten die kalvinistischen Hugenotten aus Frankreich, denen der Kurfürst im Edikt von Potsdam vom 8. November 1685 Schutz in Brandenburg-Preußen zugesichert hatte. Rund 20 000 wanderten ein, davon mehr als 5 000 nach Berlin, das wesentlich diesen Zuwanderern seine der große Entfaltung im 18. Jahrhundert verdankt[3].

## 2. Die sozio-ökonomischen Verhältnisse

***Charakteristik einzelner Territorien.*** - Im Jahre 1618 war das Herzogtum Preußen wirtschaftlich stärker als die Mark Brandenburg, weil es seit dem 15. Jahrhundert den lukrativen Getreideexport über die Ostseehäfen, vor allem über Königsberg, betrieb. Die Wirtschaft des Herzogtums, das gute Handelsbeziehungen nach Holland und England unterhielt, war durch Landwirtschaft und Holzexport sowie die Verbindungen zum polnisch-litauischen Hinterland geprägt. Die Verluste durch die Nordischen Kriege und die großen Epidemien zu Beginn des 18. Jahrhunderts sowie der Konjunkturumschwung bei einigen landwirtschaftlichen Produkten trugen dazu bei, daß das Herzogtum Preußen gegen Ende des 17. Jahrhunderts immer deutlicher hinter die Mehrzahl der anderen Territorien des Hauses Brandenburg zurückfiel. Auch Brandenburg selbst profitierte, wenn auch im geringeren Ausmaß, über längere Zeit von der Getreidekonjunktur des 16. Jahrhunderts. Ähnlich war die Situation in Pommern, wo allerdings durch den Hafen Stettin bessere Ausfuhrbedingungen bestanden. Die Zerstörungen des Dreißigjährigen Krieges wurden in der zweiten Hälfte des 17. Jahrhunderts langsam, aber entschlossen durch staatlichen Einsatz beseitigt. Insgesamt unterschieden sich Brandenburg, Pommern und das Herzogtum Preußen im 17. Jahrhundert in wirtschaftlicher Hinsicht nur unwesentlich. Sie bildeten ein Konglomerat von Territorien mit angeglichener Wirtschafts- und Sozialstruktur. Sie

---

3 Vgl. jetzt *Von Zuwanderern zu Einheimischen*. Hugenotten, Juden, Böhmen, Polen in Berlin. Hrsg. von S. Jersch-Wenzel und Barbara John. Berlin 1990.

blieben typische Agrarländer mit schwach entwickeltem Bürgertum, in denen im 16./17. Jahrhundert nur der Stand der adligen Grundbesitzer, der Junker, volle politische Rechte besaß.

Die westlichen Gebiete der Hohenzollern unterschieden sich grundsätzlich von den ostelbischen. Die niederrheinischen Besitzungen entwickelten sich im 16. und 17. Jahrhundert relativ gut, neben der Entfaltung von Städten und Handel war für sie die Entstehung von Manufakturen charakteristisch. Die Verhältnisse im Herzogtum Kleve ähnelten denen in den benachbarten Niederlanden, was die größere Bedeutung des Bürgertums und die moderne Landwirtschaft betraf, die sich hauptsächlich auf selbständige Bauern, Landpächter, stützte. Diese Territorien erlangten jedoch damals wegen ihrer insgesamt geringen Wirtschaftskraft und ihrer peripheren Lage keine wesentliche soziale oder politische Bedeutung im brandenburgisch-preußischen Staat. Erwähnenswert sind jedoch die Tuch- und Seidenfabrikation in Kleve im 17. Jahrhundert, die Leinenweberei in Ravensberg und die Eisenindustrie in der Grafschaft Mark. Der Hafen Emden wurde Brandenburgs *Fenster zum Meer*. An seine Erwerbung (1683) knüpfte der Große Kurfürst kurzfristige Versuche einer See-, Außenhandels- und Kolonialpolitik. Zur Unterstützung dieser Initiativen fehlte nicht nur ein starkes, am Kolonialhandel interessiertes Bürgertum, sondern vor allem die geographische und ökonomische Einheit der hohenzollernschen Besitzungen sowie die Möglichkeit einer einheitlichen Zoll- und Handelspolitik.

***Die Struktur der Landwirtschaft.*** - Man hat den Staat der Hohenzollern, die klassische Monarchie des 18. Jahrhunderts wie das im 19. Jahrhundert für die preußische Monarchie typische Herrschaftssystem, als *Junkerstaat* bezeichnet. In Brandenburg-Preußen verfestigte sich die spezifische Sozialstruktur endgültig im 17. Jahrhundert. Abgesehen von den westlichen Besitzungen, waren die brandenburgischen Länder und das Herzogtum Preußen vor allem Agrargebiete, arm an Bodenschätzen und fruchtbarem Boden. Die Mark Brandenburg, der Kern der brandenburgisch-preußischen Staatlichkeit, *"besaß weder fruchtbaren Boden noch Schätze in der Erde, kein Zipfel Land reichte bis an die See, um dem Handel Tür und Tor zu öffnen, der Verkehr auf den Flüssen wurde durch Zölle und Anliegerstreitigkeiten belastet. Industrien gab es kaum, und auch das Handwerk war ohne Bedeutung"*.[4]

Die ostelbischen Territorien entwickelten sich nach dem Dreißigjährigen Krieg zu einem typischen Land des grundbesitzenden Adels, des Junkertums, das fast bis ans Ende der Existenz des Staates das politische Schicksal Preußens bestimmte und seine Geschichte prägte. Wer waren die Junker und wie gestalteten sich die Sozialstrukturen der östlichen Gebiete des Hohenzollernstaates im 17. Jahrhundert? Dazu hat der wahrscheinlich beste Kenner der Sozialverhältnisse in der preußischen absoluten Monarchie, Hans Rosenberg, festgestellt, daß *"die Etablierung der* wirtschaftlichen *Hegemonie des Rittergutsadels im Gesellschafts-*

4 G. Oestreich: Friedrich Wilhelm. Der Große Kurfürst. Göttingen 1971, S. 12.

*und Machtgefüge der nordostdeutschen Territorien [...] zu den konstituierenden Wesensmerkmalen des Junkertums als konsolidierte Verkörperung einer einen bestimmten Sozialtypus repräsentierenden Herrschaftselite"*[5] gehört hat: *"Die ostelbischen Junker stellen die Herrschaftsklasse in Deutschland dar, die faktisch den Rekord der ununterbrochenen sozialen und politischen Vormacht in der Neuzeit hielt."*[6]

Die Gutswirtschaft entstand in Brandenburg in der Zeit einer relativ günstigen Getreidekonjunktur im 15. Jahrhundert, in der der Adel die Erhöhung der Leistungen der hörigen Bauern erreichen wollte. Unter den Bedingungen einer schwach entwickelten Waren- und Geldwirtschaft und eines relativen Arbeitskräftemangels auf den Gutswirtschaften war der Adel nicht in der Lage, Lohnarbeit in größerem Ausmaß zu deren Bewirtschaftung heranzuziehen. Da der Adel als Grundherr von den hörigen Bauern keine höheren Abgaben eintreiben konnte, versuchte er nach Möglichkeit, die auf Frondiensten der Bauern beruhende Gutsherrschaft durchzusetzen. Doch erst die Veränderungen infolge des Dreißigjährigen Krieges bestimmten definitiv die Rolle des Gutshofes in der Landwirtschaft.

Das 15. Jahrhundert beendete das Zeitalter der mittelalterlichen Raubritter und Abenteurer. Die Hohenzollern schalteten die ambitionösen großen Ritterfamilien aus und stabilisierten die Grundherrschaft, die wegen der günstigen Agrarkonjunktur vor allem um die Steigerung der Ernteerträge auf den von ihnen selbst bewirtschafteten Gütern bemüht war, die höhere Einkünfte als die bis dahin erhobenen Pachtzinsen erbrachten. In Etappen bildete sich ein charakteristischer Korpsgeist heraus, der mit der Zeit typisch für die Junker in Brandenburg, aber auch in Pommern und im Herzogtum Preußen wurde.

Die adlige Gutsherrschaft weitete ihr ursprünglich bescheidenes Areal bereits vor dem Dreißigjährigen Krieg kontinuierlich aus. Damit verschlechterte sie gleichzeitig Schritt für Schritt die Lage der hörigen Bauern sowie Ausmaß und Grad der Ausbeutung von Fronbauern und Gesinde. Die Kommerzialisierung der Junkergüter war eine Folge der seit dem Ende des 15. Jahrhunderts günstigen Exportkonjunktur für Getreide. Die Agrarkonjunktur des 16. Jahrhunderts schuf die großen Junkergüter und sicherte ihren Besitzern Wohlstand. Die Umgestaltung der Dorfstruktur in vollständig junkerabhängige Frondörfer hatte enorme Bedeutung für die Weiterentwicklung des preußischen Absolutismus und der preußischen Armee. Denn die Notwendigkeit, sich die Hilfe des Staates gegen den Widerstand von Bauern und Gesinde zu sichern, brachte nach den Erfahrungen des Dreißigjährigen Krieges in der Mitte des 17. Jahrhunderts den brandenburgischen Adel dazu, seine politische Stellung zugunsten der Absicherung der uneingeschränkten Freiheit, die untertänigen Bauern ökonomischen auszubeuten, aufzugeben. Die Herrscher honorierten dem landständischen

---

5 H. Rosenberg: Die Ausprägung der Junkerschaft in Brandenburg-Preußen. In: Preußen in der deutschen Geschichte. Hrsg. von D. Blasius. Königstein/Ts. 1980, S. 112.

6 H. Rosenberg: The Rise of the Junkers in Brandenburg-Preußen, 1410-1653. In: The American Historical Review 49 (1943), 1, S. 1.

Adel, der häufig auch wegen der seit der Reformation fehlenden Möglichkeit einer geistlichen Karriere für die Söhne verarmt und in der langwierigen wirtschaftlichen Depression der Jahre 1618-1650 vielfach wirtschaftlich geschwächt war, den Verzicht auf politische Macht durch Vorteile und Chancen in Verwaltung und Armee. Die individuellen Motive der Junker waren also recht unterschiedlich und hingen von der konkreten familiären und finanziellen Lage ab.

Als Kurfürst Friedrich Wilhelm im *Kurmärkischen Landtagsrezeß* 1653 die langfristige Bewilligung von Heeressteuern durchsetzte und den Adel für den Verzicht auf seinen Anteil an der politischen Willensbildung mit der Anerkennung seiner wirtschaftlichen und sozialen Privilegien entschädigte, verband er das Interesse der brandenburgischen und später auch der ostpreußischen Junker mit den Interessen von Dynastie und Staat. Dieser Interessenausgleich ermöglichte die Einführung des Absolutismus in Brandenburg-Preußen. Im Dienst von Staat und Dynastie wurde der Adel im 18. Jahrhundert zur ersten sozialen Gruppe von überregionaler Bedeutung. Indem sie den ständisch-provinziellen Partikularismus durchbrachen, banden die Hohenzollern den Adel an die preußische Staatsidee. Hierbei spielte die Krönung des ersten Hohenzollern zum König in Preußen im Jahre 1701 eine besondere Rolle.

Die Lage der Bauern hatte sich in den ostelbischen Gebieten bereits im 16.Jahrhundert deutlich verschlechtert. Die Bauern wurden in einem kontinuierlichen Prozeß schollenpflichtig, ihre Rechte wurden eingeschränkt, während zugleich vom 15. bis zum 17. Jahrhundert das Ausmaß der Frondienste zunahm. Bereits im Jahre 1538 wurde zum ersten Mal den Bauern verboten, das Dorf ohne Erlaubnis des Feudalherren zu verlassen. Im 16. Jahrhundert schuf die Grundherrschaft über den Bauern die Voraussetzung für die Verwirklichung der Wirtschaftsziele der Gutsherrschaft. Die Reduzierung des Bauern auf die Rolle des hörigen, schollenpflichtigen Fronbauern war der soziale Preis für die Entwicklung der Marktproduktion. Mit diesem stetigen Prozeß ging ein heftiger Klassenkampf auf dem Land einher, den der Dreißigjährige Krieg noch verschärfte. Eben dieser Krieg erwies sich als schwere Bürde für die Lage der Bauern, die, verarmt, zum Objekt der Pression der Junker wurden, deren Ziel die vollkommene Abhängigkeit der Bauern, wenn nicht sogar das *Bauernlegen* war. Mit dem Schicksal der Bauern verschlechterte sich auch die Lage des Gesindes, für das die Staatsmacht spezielle Vorschriften erließ, die es völlig der Gnade des Gutsbesitzers auslieferten.

Das schwere Los trieb die Bauern zur Landflucht und zu anderen, teilweise gewaltsamen Formen des Widerstandes gegen die Feudalherren, die zumeist erst durch Intervention der Staatsmacht erstickt werden konnten. Nach dem Dreißigjährigen Krieg waren auch für die Gutsbesitzer die ökonomischen Bedingungen hart. Die Verschuldung der Landgüter wuchs ständig an, was die sozialen Beziehungen auf dem Land verschärfte und die steigende Ausbeutung der Bauern mitbedingte. Die lange Zeit wenig wirksame Schollenpflichtigkeit wurde nach dem Dreißigjährigen Krieg durch die Beschlüsse von 1653 sanktioniert, die den Grundbesitzern die volle Gewalt über die schollenpflichtigen Bauern garantierten. Der Große Kurfürst lieferte sie auf Gnade und Verderb vollkommen den Grundherren aus.

Wenn das gedungene Gesinde durch zahlreiche Vorschriften persönlich an den Gutsherrn gebunden war, so war die Lage des hörigen Bauern noch schlimmer, dessen Kinder selbst als Feldarbeiter in der Hörigkeit verblieben. Später wurde die rechtliche Lage des hörigen Bauern in Brandenburg zwar offiziell als *Erbuntertänigkeit* beschrieben, im Grunde genommen unterschied sich aber in den meisten Fällen diese Form praktisch nicht von der persönlichen Abhängigkeit in ihrer schärfsten Form, der *Leibeigenschaft*. Besonders Pommern und das an Brandenburg grenzende Mecklenburg waren in Deutschland wegen der rechtlich und faktisch schlechtesten Lage der Bauern berüchtigt. In der Praxis hing gewiß viel von der Art der Machtausübung ab. Der offiziell verkündete Paternalismus, d.h. die Behandlung der gesamten Untertanenschaft eines Junkers als eine Art Hausgemeinschaft, die vom Feudalherren quasi wie ein "Vater" geleitet wurde, mag in einzelnen Fällen die Ausbeutungsformen gemildert haben, indem ihnen der Charakter persönlicher zwischenmenschlicher Bindungen verliehen wurde. Von grundsätzlicher Bedeutung blieb jedoch, daß der Junker gegenüber dem Bauern die Hoheitsrechte von Polizei, Verwaltung und Gerichtsbarkeit ausübte. Gleichzeitig verknüpfte die Gutswirtschaft die Untertänigkeit des Bauern mit der patrimonialen Herrschaft bis in die territorialen Verwaltungsstrukturen und schuf zusammen mit den untertänigen Dörfern bis in die Zeit der Agrarreform zu Beginn des 19. Jahrhunderts eine geschlossene Gesellschaft, die wiederum die Macht der Eigentümer in ganzem Umfang stabilisierte. Diese Macht hatte die Approbation der herrschenden Kirche, konnte doch der Junker als Kirchenpatron unmittelbaren Einfluß auf die örtlichen Kirche nehmen. Auch außerökonomische Zwänge stabilisierten die Herrschaft des Junkers über den Bauern: *"Soziale Kontrolle durch körperliche Bestrafung gehörte zum innersten Wesen des Paternalismus."*[7] Hans Rosenberg hat die Situation treffend charakterisiert: *"Die Symbiose von autokratischer Patrimonialherrschaft und kommerzialisierter feudaler Erwerbswirtschaft in Form der Gutswirtschaft* - das *ist das Hauptmerkmal der östlich der Elbe voll ausgebildeten ostelbischen Gutsherrschaft, der wichtigsten Machtbasis des Junkertums."*[8]

Die Situation der Landwirtschaft in den westlichen Territorien Brandenburg-Preußens unterschied sich grundsätzlich von der Lage in den ostelbischen Gebieten. Die Durchsetzung der auf der Arbeit erbuntertäniger Bauern beruhenden Gutswirtschaft war ein Erfolg der ostelbischen Junker gewesen. Im Westen dagegen kam es nicht zur Bildung großer, vom Eigentümer selbst bewirtschafteter Güter. In der Forschung wird die Rolle des Bauernkrieges von 1525 betont, der den Prozeß der kapitalistischen Entwicklung in der Landwirtschaft beschleunigt und die Bildung einer sekundären *zweiten Leibeigenschaft*, wie sie für die Gebiete östlich der Oder typisch war, nicht zugelassen habe. Die bäuerliche

---

7 R. M. Berdahl: Preußischer Adel. Paternalismus als Herrschaftssystem. In: Preußen im Rückblick. Hrsg. von H. U. Wehler. Göttingen 1980, S. 134.

8 H. Rosenberg: Ausprägung, S. 116.

Wirtschaft nahm hier auch durch die Entwicklung des Systems staatlicher Steuern in größerem Umfang den Charakter von Waren- und Geldwirtschaft an. Die Verpflichtungen aufgrund des feudalen Abhängigkeitsverhältnisses wurden zumeist durch die Zahlung von Pachtzinsen abgelöst, auch diese Abgaben weiterhin eher in Naturalien (Getreide, Wein usw.) als in Geld geleistet wurden. Seit dem 16. Jahrhundert gab es westlich der Elbe mit Ausnahme einiger bayerischer Gebiete im Prinzip keine schollenpflichtigen Bauern.

Neben der Hauptmasse der hörigen und schollenpflichtigen Bevölkerung lebten in einzelnen brandenburgisch-preußischen Gebieten auf dem Lande privilegierte bäuerliche Gruppen, die jedoch nur noch von marginaler Bedeutung waren. Immerhin lebten im 17. Jahrhundert im Herzogtum Preußen zahlenmäßig relativ starke Gruppen freier Bauern wie die freien Pruzzen und die freien Kölmer, deren soziale Lage sich einige Zeit kaum von der Situation des ärmeren Adels unterschied. Auch war die Lage der Bauern auf den Domänen besser als unter der Junkerherrschaft, obwohl es auch hier Ausnahmefälle mit Recht auf Boden auf der Grundlage der Kolonisation nach dem Kulmer Recht gab.

Die Arbeit der erbuntertänigen Bauern reichte nicht aus, um die Möglichkeiten der Gutswirtschaft zu optimieren, weshalb die Gutsherren besonders im Herzogtum Preußen zusätzlich gedungenen Gesinde einsetzten. Durch die Lohnarbeit und die exportorientierte Getreideproduktion kamen die Junkergüter in unmittelbare Beziehung mit der Marktproduktion, was an der Schwelle zum 19. Jahrhundert die kapitalistischen Veränderungen in der Landwirtschaft Ostpreußens erleichterte. Unter dem Großen Kurfürsten verschlechterte sich die Lage der freien Bevölkerungsgruppen im Herzogtum Preußen erheblich. Als Herzog mußte er auf den Adel Rücksicht nehmen und richtete deshalb seine fiskalischen Aktivitäten, insbesondere die Steuererhebung, vor allem gegen die Städte und die nicht privilegierten Gruppen auf dem Lande.

An der Schwelle des 18. Jahrhunderts wurde der preußische Junker, der feudale Grundbesitzer, der als Offizier oder Beamter im königlichen Dienst zugleich die Stütze des preußischen Absolutismus war, zur typischen Gestalt der Gesellschaft in Brandenburg-Preußen. Wie konnte es dazu kommen? Wie konnte die preußische Grundbesitzerklasse zur Stütze des Absolutismus werden, wenn zur selben Zeit in der polnischen Adelsrepublik der Adel die Entstehung einer absoluten Königsmacht nicht zuließ und sogar völlig konträre Phänomene wie die Oligarchie der Magnaten zuließ, die die Schwächung der Königsmacht noch verstärkte? In der ersten Hälfte des 17. Jahrhunderts unterschied sich die Position des Adels im Herzogtum Preußen und in Pommern nach der sozialen Lage wie der Stellung gegenüber den untertänigen Bauern nur unwesentlich von derjenigen des polnischen Adels, doch gab es in Brandenburg-Preußen anders als in Polen keine Adelsdemokratie. Im brandenburgischen Ständestaat dominierte, auch wenn das politische System dualistisch blieb, seit dem 16. Jahrhundert nicht zuletzt in der Folge der Reformation die Stellung des Herrschers. In Polen und in Brandenburg-Preußen reichte der Arm der Staates nur bis an die Schwelle des Gutsbezirks: der Junker herrschte auf seinem Territorium genauso autokratisch wie der polnische Adlige. Das Verhältnis von Ständen und Herrscher und die politischen Einstellungen des Adels unterschieden sich in Brandenburg-Preußen im 17. Jahrhundert nicht wesentlich von Polen: Quietismus und Partikularismus im Denken, Abneigung gegen jede aktive Staatspolitik und die Verteidigung der eigenen Privilegien dominierten. Im 18. Jahrhundert waren jedoch die Unterschiede bereits signifikant. Der Junker lebte unter dem Absolutismus, den er widerstrebend akzeptierte. Für das polnische Adelsmodell war die enorme Schichtung des Adels und die politische Dominanz einer kleine Gruppe von Magnaten kennzeichnend, die sich die Masse des Adels unterordneten und die Herausbildung einer Magnatenoligarchie erreichten. In Brandenburg bestand, nachdem im Spätmittelalter das Raubritterwesen zerschlagen worden war, keine starke Adelsgruppe mehr. Die wenigen bedeutenden Adelsgeschlechter hatten im Vergleich zu den polnischen Magnaten nur eine schmale wirtschaftliche Basis. Zwei sich nach den Sozialverhältnissen zunächst ähnliche Adelsgemeinschaften haben sich also vollkommen unterschiedlich und dementsprechend eine grundsätzlich andere Mentalität und Ideologie ausgebildet: Der polnische Adel bewahrte sein System der Adelsfreiheiten, war am Ausbau von Staatsapparat und Armee desinteressiert und blockierte die Stärkung der Königsmacht, was ohne Armee und starke Exekutive zur Schwächung des Staates führte. In Brandenburg-Preußen entstanden dagegen unter dem Großen Kurfürsten eine starke Armee und ein starker Verwaltungsapparat durch eine Politik der sozialen Disziplinierung nicht nur der nichtprivilegierten Schichten, sondern gerade der Junker selbst, die wiederum, wirtschaftlich in ihren Möglichkeiten relativ begrenzt, immer häufiger den Weg der Karriere im Dienst des Herrschers, in seiner Armee oder Verwaltung, wählten.

***Städte, Merkantilismus und Wirtschaftspolitik.*** - Die Agrarstruktur des Dorfes bestimmt den Charakter des brandenburgisch-preußischen Staates. Die Städte spielten mit Ausnahme Königsbergs, dessen politischer Einfluß jedoch von Kurfürst Friedrich Wilhelm in den sechziger Jahren des 17. Jahrhunderts gebrochen wurde, keine größere Rolle. Auch Berlin hatte nach den Verlusten im Dreißigjährigen Krieg keine größere Bedeutung. Die geringe Bedeutung der brandenburgischen Städte blieb bestehen, obwohl der wachsende Nord-Süd-Handel im 16. Jahrhundert die Bedeutung der Oder- und der Elbniederung erhöhte. Die Entwicklung Brandenburgs nach den Kriegszerstörungen begünstigte vor allem die Junker, nicht die verarmten Städte. Die unter dem Großen Kurfürsten eingeschränkte ständische Landesselbstverwaltung war praktisch nur noch eine Selbstverwaltung des Adels. Die Städte dagegen befanden sich unter strenger Kontrolle und dem fiskalischem Druck der Staatsmacht. Sie verloren unter Friedrich Wilhelm I. im ersten Drittel des 18. Jahrhunderts beinahe vollständig ihre traditionelle, seit dem Mittelalter herausgebildete Selbstverwaltung. Die *commissarii loci* des Großen Kurfürsten, unter Friedrich Wilhelm I. *Steuerräte* genannt, wurden mit der Zeit die tatsächlichen Administratoren der Städte und des Wirtschaftslebens. Sie unterstanden den *Kriegskommissaren*, deren Amt sich aus einer Art Quartiermeister zu Kriegszeiten in der Zeit der Kriege des Großen Kurfürsten im Geiste des Merkantilismus zum wichtigsten Amt der inneren Verwaltung entwickelte.

Unter den Übermacht des Junkertums im Staats- und Wirtschaftsleben und unter der strengen Staatskontrolle über die Städte entwickelte sich das Bürgertum in Brandenburg-Preußen trotz der merkantilistischen Politik des Großen Kurfürsten und seiner Nachfolger nur langsam. Von der Entstehung einer modernen Bourgeoisie kann in dieser Zeit nicht die Rede sein. Im 17. Jahrhundert setzte der Adel - ähnlich wie in Polen - im Bündnis mit dem Herrscher häufig seine gegen städtische Interessen gerichteten ökonomischen Forderungen durch. Die Junker erlangten die Vorherrschaft gegenüber den Städten, indem sie den Getreidehandel unmittelbar über die Ostseehäfen abwickelten. Im Landtagsabschied von 1653 wurde den brandenburgischen Junkern nicht nur Steuerfreiheit, sondern auch Zollfreiheit beim Export von Getreide, Holz und Wolle gewährt, wodurch die Rolle der Städte im Zwischenhandel entscheidend eingeschränkt wurde. Im Herzogtum Preußen z.B. gehörte die profitable Bierproduktion zu den Privilegien der Feudalherren, nicht der Städte.

Die verarmten Städte durchlebten zur selben Zeit eine Krise des Zunfthandwerks. Die Vorherrschaft des alten Patriziats mit seinen oligarchischen Cliquen wurde in der zweiten Hälfte des 17. Jahrhunderts durch wachsende Staatskontrolle und -eingriffe in städtische Finanzangelegenheiten, zu Beginn des 18. Jahrhunderts dann endgültig durch die vollkommene Unterordnung der Städte unter die Staatsverwaltung gebrochen. In Brandenburg und in Preußen fehlte es den Städten an Kapital und Kreditinstituten, dem Bürgertum an Unternehmergeist. Positiv unterschieden sich in dieser Beziehung nur die westlichen, mit den Niederlanden verbundenen Besitzungen. Erst die merkantilistische Politik des 18. Jahrhunderts sollte, indem sie die sozialen und wirtschaftlichen Prozesse dynamisierte, den Übergang zur Frühindustrialisierung beschleunigen. Der Ehrgeiz des reichen und energischen Königsberger Bürgertums, das sich die Stellung Danzigs in der Republik Polen zum Vorbild nahm, wurde unter dem Großen Kurfürsten gebrochen. Dagegen begann für Berlin gegen Ende seiner Regierung eine Blütezeit, was die Epoche seines Nachfolgers Friedrich III. deutlich akzentuierte: im Jahre 1680 zählte die Stadt (einschließlich der Garnison) etwa 10 000 Einwohner, 1697 bereits 22 000, 1703 bereits 37 000. So wurde Berlin an der Schwelle zum 18. Jahrhundert zu einer in Mitteleuropa bedeutenden Stadt.

Die Zentralisierung der staatlichen Macht scheiterte auf der Reichsebene endgültig, wo dem Kaiser nur prestigeträchtige Insignien der Macht verblieben. Auf Landesebene wurde sie verwirklicht: im Heiligen Römischen Reich deutscher Nation zwangen die Fürsten im 17. Jahrhundert dem geschwächten Adelsstand und den Städten ihre Macht auf. So betrachtet, folgte die Politik des Großen Kurfürsten nur der allgemeinen Tendenz nach dem Dreißigjährigen. Mit der Stärkung der Herrschermacht und als deren Voraussetzung brach eine Epoche aktiver staatlicher Wirtschaftspolitik an, die ihren Ausdruck in der Wirtschaftsdoktrin des Merkantilismus fand. Diese Politik unterstützte die Entfaltung von

Handwerk und Handel und zielte auf möglichst günstige Bedingungen für den Warenexport bei gleichzeitigen Importbeschränkungen besonders bei Luxusgütern, die durch heimische Produkte ersetzt werden sollten. Protektionistische Zollpolitik, Steuererleichterungen, Exportprämien, Privilegien und Monopole waren die Methoden dieser Namen von Staat und Herrscher geführten Politik. Sie beschleunigte gleichzeitig die Wirtschaftsentwicklung des Landes, indem sie die Rolle und die Bedeutung der bürgerlichen Elemente belebte und die Entwicklung des Bürgertums und die Produktion in den Städten anregte. Gerade unter den Bedingungen eines schwachen Bürgertums spielte die staatliche Initiative eine bedeutende Rolle.

Das Dogma der merkantilistischen Doktrin, die besonders in England und Holland entwickelt wurde und im Frankreich Ludwigs XIV. und seines Ministers Colbert Bedeutung gewann, war das Streben nach der aktiven Handelsbilanz, das das ökonomische Denken von Wirtschaftstheoretikern und Wirtschaftspolitikern beherrschte.[9] Möglichst viele eigene Rohstoffe im Land zu verarbeiten, eigene Waren zu exportieren und nur so wenig wie nötig - und wenn, eher Rohstoffe als Fertigprodukte - zu importieren, war der Grundsatz des Merkantilismus. In Deutschland entwickelte sich auf der Grundlage dieser ökonomischen Theorie die Schule der *Kameralisten*, die besonders die Theorie und Praxis der öffentlichen Finanzen zum Ausgangspunkt ihrer Überlegungen zur staatlichen Innenpolitik und zur Verwaltungspraxis machten. Jedoch fehlte dem Staat Brandenburg-Preußen eine Grundvoraussetzung erfolgreicher merkantilistischer Politik: das einheitliche, in sich geschlossene Staatsgebiet. Nach den Wirtschafts-, Verkehrs- und Zollverhältnissen teilte sich der brandenburgisch-preußische Staat deutlich in drei Teile, die nicht nur geographisch, sondern auch wirtschaftlich nur wenige gemeinsam hatten: (1.) die westlichen Gebiete, (2.) das eigentliche Brandenburg mit den Erwerbungen aus dem Dreißigjährigen Krieg, vor allem dem verkehrsmäßig und wirtschaftlich unzureichend angebundenen Hinterpommern, sowie (3.) das grundlegend anders wirtschaftlich situierte Herzogtum Preußen.

Bezeichnenderweise richtete sich die merkantilistische Politik Preußens bis fast zum Ende des 18. Jahrhunderts vor allem gegen Sachsen und im 18. Jahrhundert besonders unter Friedrich II. zusätzlich gegen Polen. Der Merkantilismus brachte Brandenburg-Preußen dank eines leistungsfähigen Steuersystems mit entsprechendem Steuerdruck auf die Bevölkerung bedeutende Einkünfte und eröffnete den Herrschern gegen Ende des 17. Jahrhunderts eine relativ große Handlungsfreiheit in der internationalen Politik. Auch wenn die Erfolge des Merkantilismus hinter den Erwartungen zurückblieben, beschleunigten sie besonders im Bereich der Städte und des Handwerks die Überwindung der Folgen des Dreißigjährigen Krieges. Die aktive Bevölkerungspolitik führte bereits in der zweiten Hälfte der Regierungszeit Friedrich Wilhelms zu einen erheblichen natürlichen Bevölkerungswachstum.

---

9 Vgl. H. Mottek: Wirtschaftsgeschichte Deutschlands. Bd. 1. Berlin 1977, S. 226.

In seiner Wirtschaftspolitik förderte der Große Kurfürst vor allem die Manufakturproduktion und den Außenhandel. Nach holländischem Vorbild begann er eine eigene See- und Kolonialpolitik. Obwohl er gewisse Erfolge erzielte, setzten seine Nachfolger sie nicht fort. Im Land selbst konzentrierte sich der Kurfürst auf den Ausbau von Straßen und Kanälen, darunter den in den Jahren 1662-1668 erbauten 23 km langen Oder-Spree-Kanal, der über Berlin Elbe und Oder verband und den Weg zur Bedeutung Berlins im Handel öffnete. Erst gegen Ende der Regierungszeit des Großen Kurfürsten hatte sich die Hauptstadt von den Zerstörungen des Dreißigjährigen Krieges erholt und entwickelte sich zu einer beachtenswerten Barockresidenz: Friedrich Wilhelms Vorliebe für Bauten und sein Interesse an der Gartenbaukunst trugen zur Verschönerung der Stadt und ihrer näheren Umgebung bei.

Als System planvollen Handelns beherrschte die merkantilistische Politik die letzten 20 Regierungsjahre des Großen Kurfürsten; sie war aufs Engste mit dem Zustrom der Hugenotten nach Berlin und Brandenburg verbunden, die zu einem Hauptobjekt und zugleich zu Hauptträgern dieser Politik wurden, deren dynamischer Charakter hervorsticht: *"Es begann eine wahre Flut von Maßnahmen, Bestimmungen, Verordnungen, Genehmigungen, Privilegien, Vergünstigungen, Befreiungen, Monopolen, Geboten, Verboten - und wie es staatliche Reglementierungen so an sich haben, ging vieles daneben, wurde des guten hier zu viel, dort zu wenig getan. Trotz mancher Fehlschläge begann doch ein langsamer Aufschwung."*[10]

Bereits in den ersten Regierungsjahren warben Friedrich Wilhelm und seine Gemahlin Luise von Oranien holländische Kolonisten nach Brandenburg an. Schon 1671 zeigte der Große Kurfürst eine Geste religiöser Toleranz, die sich reichlich bezahlt machen sollte: er siedelte mehrere Dutzend wohlhabender und kultivierter jüdischer Familien an, die durch die intolerante Politik Kaiser Leopolds I. aus Österreich verjagt worden waren. Diese Familien brachten dem weiterhin provinziellen Berlin, das ohne starkes Patriziat war, den Durchbruch, indem sie den Grund für eine plutokratische, aber auch intellektuelle Elite des Berliner Bürgertums legten. Kurz darauf nutzte Friedrich Wilhelm die konfessionellen Spannungen in Europa zur Organisation der großen Emigrations- und Kolonisierungsaktion, die Brandenburg zu einem Land der konfessionellen Toleranz machte. Für den Großen Kurfürsten waren die Religionsflüchtlinge aus Frankreich oder den habsburgischen Ländern ein Geschenk des Himmels. Seine offene, tolerante Haltung in Religionsfragen verdient Beachtung, auch wenn man nicht vergessen darf, daß es sich, von der kleinen wohlhabenden jüdischen Gruppe abgesehen, bei den aufgenommenen Emigranten ausschließlich um Protestanten handelte. Gerade die Hugenotten stellten ein dynamisches Gesellschaftselement dar: unter ihnen überwog neben qualifizierten Handwerkern und Manufakturarbeitern das gebildete, wohlhabende Bürgertum.

Die preußischen Historiker des 19. Jahrhunderts tendierten dazu, beim Lob der *Toleranz* des Großen Kurfürsten die ökonomischer Motive seiner Politik

---

10 G. Oestreich, a.a.O., S. 91; vgl. H. Rachel: Der Merkantilismus in Brandenburg-Preußen. In: Forschungen zur Brandenburgisch-Preußischen Geschichte 40 (1927), S. 221-260.

herunterzuspielen und den Beitrag der Zuwanderer, insbesondere der Franzosen, im Wirtschafts- und Kulturleben Brandenburgs unterzubewerten.[11] Sie betonten die vermeintliche schnelle *Verpreußung* dieser Zuwanderer, obwohl die französische Kolonie in Berlin noch bis ins 19. Jahrhundert ihren eigenen Charakter bewahren konnte. Ihre Arbeitsamkeit, die der neuen kapitalistischen Arbeitsethik kalvinistischer Prägung entsprang, wurde zu Unrecht nur den Einflüssen preußischen Geistes, preußischer Mentalität und preußischer Tugenden zugeschrieben. Die große Bedeutung der Hugenotten gegen Ende des 17. und zu Beginn des 18. Jahrhunderts wurde besonders in Berlin und Halle, aber auch in Magdeburg, Frankfurt an der Oder und anderen Städten deutlich sichtbar. Um 1690 war jeder dritte Einwohner Berlins Franzose[12]; es gab ein hervorragendes französisches Gymnasium, ein Krankenhaus, Kirchen (einschließlich des *Französischen Doms* am Gendarmenmarkt, der 1785 seine große Kuppel erhielt), Heime und Schulen. Die französische Kolonie Berlins erfreute sich besonderer Rechte und Privilegien sowie eigener Gerichte; bis heute besteht die *französische* kalvinistische Gemeinde. In Berlin entstanden französische Kaffeehäuser und Konditoreien, Modehäuser, wurden französische Bücher gedruckt. Die Zuwanderer aus Holland und Frankreich verwandelten das Umland Berlins und Potsdams in blühende Gärten, und der Anbau von Gemüse und Obst erreichte ein sehr hohes Niveau.

An der Schwelle zum 18. Jahrhundert stellten die Hugenotten die Wirtschaftselite Brandenburgs. Durch sie entstanden neue Produktionszweige, z.B. die Fabrikation hochwertigen Leinens, Strumpfindustrie, Hutindustrie, Handschuh- und Seidenwarenmanufakturen, Werkstätten für Bänder und Tapeten, Goldschmiede- und Uhrmacherwerkstätten, Schmelzöfen und Gießereien. Unter anderem entstanden Kerzen-, Papier-, Gobelinmanufakturen, Ölmühlen, Gerbereien, Manufakturen für Spitzen, Seifen und Eisenwaren. Spezialisierung, technischer Fortschritt und Produktivitätsanstieg bestimmten den Fortschritt des produzierenden Gewerbe, das immer öfter außerhalb des Zunftsystems in Heimarbeit oder in ersten, durch den Staat besonders geschützten Manufakturen organisiert wurde. Vom Beginn des 18. Jahrhunderts bis ins 19. Jahrhundert waren die Prinzenerzieher am Preußischen Hof häufig Hugenotten. Das »Lexicon von Berlin und der umliegenden Gegend« schrieb 1806 über die französische Kolonie: *"Durch ihr Schicksal, durch ihren Erwerbefleiß, Arbeitsliebe und Einfachheit ihrer Sitten empfahlen sie sich hier sehr, und sie sind es, von welchen die Industrie sich auf die übrigen Einwohner auszubreiten anfing."*[13]

---

11 Vgl. S. Jersch-Wenzel: Juden und "Franzosen" in der Wirtschaft des Raumes Berlin-Brandenburg zur Zeit des Merkantilismus. Berlin 1978.

12 Vgl. P.P. Sagave: Berlin und Frankreich 1685-1871. Berlin 1980, S. 13f.

13 Zitat nach Bernt Engelmann: Preußen. Das Land der unbegrenzten Möglichkeiten. München 1979, S. 55.

## 3. Die Regierung Kurfürst Georg Wilhelms (1619-1640)

In der Regierungszeit Kurfürst Georg Wilhelms herrschte im Herzogtum Preußen wie in den übrigen hohenzollernschen Besitzungen noch der Ständedualismus. Sein Vorgänger Johann Sigismund war kurz nach dem größten Erfolg seines Lebens, der endgültigen Sicherung der Erbfolge für seine Familie im Lehen Preußen (1618), verstorben. Er hatte außerdem die Hälfte des jülich-klevischen Erbes für das Haus Hohenzollern erkämpft. Von besonderer Bedeutung war der Übertritt der in Brandenburg herrschenden Hohenzollern zum Kalvinismus, den Kurfürst Johann Sigismund gegen den Widerstand der lutherischen märkischen Stände unerwartete im Jahre 1613 vollzog. Dieser Konfessionswechsel, der in Zusammenhang mit der Übernahme Kleves, dessen Stände sich die Toleranz für christliche Bekenntnisse ausbedungen hatten, gebracht worden ist[14], die Herrschaftsübernahme jedenfalls zumindest erleichterte, führte zu zusätzlichen Problemen bei der Übernahme des Herzogtums Preußen, dessen lutherische Stände von der Nachricht des Übertritts der Herrscher zum Kalvinismus entsetzt waren. Während Georg Wilhelm Mühe hatte, die Toleranz für die kalvinistische Religionsausübung in Brandenburg zu sichern, konnte er kaum die deutlichen polnischen Forderungen auf eine zumindest teilweise Tolerierung des katholischen Kultes im Herzogtum Preußen zurückweisen. Wegen des ein Jahrhundert dauernden religiösen Antagonismus zwischen Herrscher und Untertanen mußten die Hohenzollern als erstes Herrscherhaus in Europa den Weg der Religionstoleranz beschreiten: während sie für die konfessionellen Freiheiten der Kalvinisten kämpften, mußten sie im gewissem Grade religiöse Toleranz auch gegen andere christliche Bekenntnisse walten lassen.

Die Folgen dieser Politik waren besonders unter Kurfürst Friedrich Wilhelm (1640-1688) weitreichend und schufen im 17./18. Jahrhundert im Ergebnis die Tradition der Religionstoleranz, die ohne Zweifels im europäischen Vergleich des 17. und 18. Jahrhunderts zum positiven Merkmal des preußischen Staates wurde. Mit dem Übertritt Johann Sigismunds zum Kalvinismus begann der Prozeß zur Stärkung der Herrschermacht. Die an die Ständestruktur gebundene lutherische Kirche unterstand, wie in den protestantischen Staaten üblich, dem kalvinistischen Herrscher als weltlichem Oberhaupt. Der Kalvinismus wurde zum politischen Werkzeug in der Hand der Kurfürsten, die sich gerade in der Phase des absolutistischen Machtausbaus mit nur an ihre Person gebundenen Kalvinisten umgaben.

Wegen Krankheit übergab Kurfürst Johann Sigismund, der am 2. Januar 1620 im Alter von nur 47 Jahren verstarb, bereits im November 1619 die Regierungsgeschäfte seinem Sohn Georg Wilhelm. Der neue Kurfürst übernahm die Regierung im Herzogtum Preußen ohne Widerstand von Seiten der Stände faktisch noch vor dem Tode seines Vaters. Die polnischen Kommissare beschränkten sich in Preußen hauptsächlich auf zusätzliche finanzielle Forderungen an den neuen Herzog, dessen offizielle Investitur im Lehen Preußen 1621 stattfand; den

---

14 Dagegen O. Hintze: Regierung und Verwaltung (= Hintze: Gesammelte Abhandlungen. Bd. 3). 2. Aufl. Göttingen 1964, S. 50.

verlangten Lehnseid als Herzog in Preußen legte der Kurfürst im September in Warschau ab. Er mußte dabei die Unterstützung gegen die Osmanen, die Tolerierung der katholischen Kirche in Preußen sowie die Ablegung des Treueids der herzoglich-preußischen Beamten auf den polnischen König zusagen. Der neue Kurfürst war nach einhelliger Meinung der Zeitgenossen und der Historiker - und besonders seines eigenen Sohnes Friedrich Wilhelm - ein schwacher, kränklicher Herrscher: *"Der Kurfürst Georg Wilhelm (1619-1640) war eine biedere Mittelmäßigkeit in jeder Beziehung."*[15]

Im Jahr 1618 erreichte der Dreißigjährige Krieg schnell die brandenburgischen Gebiete. Das Herzogtum Preußen wurde in den polnisch-schwedischen Konflikt hineingezogen, in dem der mit Schweden konfessionell und familiär verbundene Kurfürst eine für Polen ungünstige Neutralität wahrte. Sie bewahrte das Land jedoch nicht vor Kriegsschäden und -verlusten: solche Kosten trug damals allgemein die Bevölkerung der betroffenen Gebiete. Das Vorgehen der eigenen wie der fremden, der verbündeten wie der feindlichen Truppen machte für die Bevölkerung wenig Unterschied: Kontributionen und Plünderungen, Zerstörungen und Gewalttaten waren in den Kriegen des 17. Jahrhunderts allgemein die Spur, die eine undisziplinierte und zu allen Exzessen fähige Soldateska hinterließ.

Insgesamt brachte die Politik des Kurfürsten, der die Neutralität nicht wahren konnte und, zumeist aus Zwangslagen heraus, wechselnde Bündnisse mit dem Kaiser oder mit den Schweden einging, dem Land keinen Erfolg. Durch die lange Jahre auf brandenburgischem Gebiet ausgetragenen Kriege erfuhr Brandenburg nur schwere Verluste. Nur in Bezug auf Polen konnte der Kurfürst Teilerfolge verbuchen und die Position der brandenburgischen Hohenzollern im Herzogtum Preußen stärken. Die Kodifizierung des preußischen Landrechts im Jahre 1620 im Namen von Kurfürst Johann Sigismund, der während der Drucklegung verstarb, stärkte die Autorität des Herrschers gegenüber den Ständen und war ein bedeutender Fortschritt in der Rechtsentwicklung. Was Polen betraf, nutzte der Kurfürst dessen erfolgloses dreijähriges Ringen mit Schweden (1626-1629) und wurde als Vermittler in den Verhandlungen in Altmark (1629) zum Garanten des dort geschlossenen Vertrages, der bestimmte, daß die kurfürstlichen Häfen Pillau und Memel während des sechsjährigen Waffenstillstands in schwedischer Hand verblieben und Marienburg, Stuhm und das Marienburger Werder zeitweise in den Besitz Georg Wilhelms übergingen.

Der Tod des polnischen Königs Zygmunt III. im Jahre 1632 gab dem Kurfürsten die Chance, das Interregnum zur Erringung von Konzessionen der polnischen Seite zu nutzen: Er wollte künftig die polnische Ingerenz in die inneren Angelegenheiten des Herzogtums Preußen durch Kommissare verhindern, sich zugleich aber auch Mitwirkungsrechte im polnischen Senat und bei der Königswahl sichern und den Lehnseid für Preußen nicht mehr persönlich ablegen müssen, sondern durch Gesandte leisten dürfen. Die finanziellen Zusagen des Kur-

---

15 M. Maurenbrecher: Die Hohenzollern-Legende. Kulturbilder aus der preußischen Geschichte vom 12. bis zum 20. Jahrhundert. Bd. 1. Berlin 1905, S. 207.

fürsten und die ambitiösen außenpolitischen Pläne Władysławs IV. trugen dazu bei, daß die meisten Punkte im Sinne des Brandenburgers erledigt wurden. Die polnische Seite verzichtete unter anderem auf die Möglichkeit größerer Interventionen in Angelegenheiten des Herzogtums und schränkte das Appellationsrecht bezüglich innerer Angelegenheiten an die königlichen Gerichte in Warschau ein. Władysław IV. willigte auch darin ein, daß der preußische Lehnseid künftig durch Gesandte geleistet wurde, was am 21. März 1633 auch geschah. In seiner späteren Politik beschränkte Władysław IV. zwar mehrfach die Rechte der Kurfürsten im Herzogtum Preußen, doch führte die zeitweise Besetzung durch polnische Truppen im Krieg gegen Schweden und die Einsetzung eines polnischen Statthalters im Herzogtum (1635) angesichts des Vertrages von Stuhmsdorf vom 16. September 1635, in dem für 26 Jahre ein Waffenstillstand zwischen Polen und Schweden beschlossen wurde zu keiner grundsätzlichen Lösung des preußisch-polnischen Problems. Der Waffenstillstand stellte die Herrschaft des Kurfürsten im Herzogtum Preußen wieder her: *"Wahrscheinlich war die Inkorporation des Herzogtums Preußen in die Republik Polen nie so realistisch und nah"* wie in der Zeit der Herrschaft des Statthalters Ossoliński in Preußen.[16]

Zur selben Zeit brach Georg Wilhelm außenpolitisch mit Schweden und ging bis an sein Lebensende in das kaiserliche Lager über. Dieser Seitenwechsel brachte ihm allerdings nur die Besetzung Brandenburgs durch schwedische Truppen ein. Die schwedische Politik des Kampfes um das *Dominium Maris Baltici*, insbesondere aber die schwedische Konkurrenz um die Nachfolge der Herzöge von Pommern, lief den Interessen Brandenburg-Preußens so zuwider, daß der Kurfürst konfessionelle Rücksichten zurückstellte. Nach dem Beitritt zum Bündnis gegen Schweden konnte sich Georg Wilhelms, gestützt auf polnische Protektion, nur noch im Herzogtum Preußen an der Macht halten und mußte ratlos den Kriegsverlauf in den anderen Gebieten des brandenburgisch-preußischen Staates verfolgen. Am Lebensende des Kurfürsten wurde die Außenpolitik Brandenburg-Preußens von Graf Adam Schwarzenberg, einem entschiedenen Anhänger des Wiener Hofes, geleitet. Der Sohn des Kurfürsten, Friedrich Wilhelm, der dem brandenburgisch-preußischen Staat einen selbständigen Platz in der europäischen Politik sichern wollte, kritisierte entschieden dessen Politik.

Georg Wilhelm starb am 1. Dezember 1640. Der Dreißigjährige Krieg hatte ihm den direkten Einfluß auf zahlreiche hohenzollernsche Gebiete, vor allem auf die Mark Brandenburg, entzogen. Dagegen war es dem Kurfürsten durch den langen Aufenthalt im Herzogtum Preußen gelungen, die Position als Herzog zu festigen. Nach den heftigen Auseinandersetzungen seiner Vorgänger mit den preußischen Ständen kann man das Jahrzehnt von 1630 bis 1640, was die inneren Verhältnisse des Herzogtums Preußens betrifft, als Periode relativer politischer Ruhe oder gar einer gewissen Stagnation bezeichnen. Nach der Beruhigung der Situation auf dem Landtag 1621 regierte Georg Wilhelm relativ vorsichtig und bemühte sich, die Hauptkräfte des Adels für sich zu gewinnen. Nicht selten ge-

16 M. Bogucka: Hołd pruski [Der preußische Lehnseid]. Warszawa 1982, S. 162.

lang ihm das nur zu Lasten städtischer Interessen. Seit dem Landtag von 1633 kann man sogar von einem Bündnis des Kurfürsten mit dem Adel gegen die Städte sprechen. Indem er die Stände gegeneinander ausspielte, entwickelte der Kurfürst eine eigene Fiskalpolitik, ohne die Zustimmung der Stände für neue Steuern einzuholen. In erster Linie fielen dieser Politik die *freien Kölmer* zum Opfer, die sich deshalb mit zahlreichen Klagen an den ersten Landtag wandten, den Kurfürst Friedrich Wilhelm 1640 abhielt - vergeblich: der Landtag des Herzogtums Preußen nahm diese Klagen nicht an.

In dieser Zeit bestanden im Herzogtum Preußen bedeutende polnische politische und kulturelle Einflüsse. Der ostpreußische Adel orientierte sich, was das Verhältnis zum Herrscher betraf, im hohen Maße am Beispiel seiner polnischen Standesgenossen, auch wenn nicht zu leugnen ist, daß der Höhepunkt des polnischen Einflusses im Herzogtum Preußen bereits überschritten war. Trotz mancher Schwierigkeiten konnte der Kurfürst in dieser Zeit seine Stellung als Herzog in Preußen festigen.

## 4. Der Große Kurfürst oder die Errichtung des Absolutismus

***Die Herrscherpersönlichkeit.*** - Friedrich Wilhelm, Kurfürst von Brandenburg, ging in die Geschichte mit dem Beinamen *der Große* ein, der ihm bereits zu Lebzeiten verliehen wurde und der in der Geschichtsschreibung seit der Mitte des 19. Jahrhunderts voll akzeptiert worden ist. Der durchschnittliche Pole, der die Geschichte des stürmischen 17. Jahrhunderts vor allem aus den suggestiven Beschreibungen der Romane Henryk Sienkiewiczs, vor allem aus »Potop«, *Die Sintflut*, kennt, hat heute zumeist ein, wenn nicht verzerrtes, stark vereinfachtes und von der historischen Realität weit entferntes Bild Friedrich Wilhelms. Ein ähnlich negatives Bild entstand auch in den Köpfen der provinziellen adligen *Statisten*, wie sie im zeitgenössischen Verständnis genannt wurden, hausbackener Staatsmänner, die sich selbst als kluge und tüchtige Köpfe ansahen. Sie waren überrascht, als sich im Verlauf der schwedischen Kriege der ihrer Ansicht nach eher unbedarfte Herrscher Brandenburgs und Vasall Polens als Staatsmann erwies, der ungewöhnlich aktiv in die europäischen Konflikte eingriff, sich in einen Konflikt mit der scheinbar mächtigeren polnisch-litauischen Republik stürzte und - was noch schlimmer war - daraus als Sieger hervorging. Neben der angeborenen Abneigung gegen den Brandenburger kalvinistischen *Häretiker* stand für die *Statisten* zweifelsfrei fest, daß er als polnischer Lehnsmann im Herzogtum Preußen gegen seinen Lehnsherrn, den polnischen König, auftrat. In den späteren diplomatischen Auseinandersetzungen erwies es sich als Meister politischer Täuschung und als eine Art klassischer Vollstrecker machiavellistischer Rezepte, wie sie für den jegliches Streben nach einem *absolutum dominium* ablehnenden polnischen Adel damals völlig inakzeptabel waren.

Der 1620 geborene Friedrich Wilhelm wurde zunächst unter dem starken Einfluß seiner bedeutenden Mutter, Elisabeth Charlotte von der Pfalz, erzogen, die wie ihr Gemahl eine eifrige Kalvinistin war und ihren Sohn im streng kalvinistischen Geiste erzog, der seine Persönlichkeit und seine Politik entscheidend beeinflußte. Friedrich Wilhelm haben die Erfahrungen seiner Jugend stark geprägt, die viele seiner scheinbar unaufhaltsamen Aktivitäten erklären, die ohne Rücksicht auf die Mittel nichts anderes als die Stärkung der Staatsmacht Brandenburg-Preußens bezweckten. Zu den unauslöschlichen Eindrücken seiner Jugend gehört das Bild Brandenburgs im Dreißigjährigen Krieg abgab, als die schwache Außenpolitik Georg Wilhelms, aber auch die Schwäche eines Landes ohne politische und geographische Einheit und ohne starke Armee das eigentliche Brandenburg zu den am rücksichtslosesten geplünderten deutschen Ländern machte. Die Schweden, die katholischen und die protestantischen Armeen plünderten das Land praktisch ohne Unterschied als Invasoren oder als Verbündete. Die rücksichtslose und waghalsige Politik des Großen Kurfürsten war voll überraschender Entscheidungen - ob nun in den Jahren 1655 bis 1660 oder später. Die dritte wichtige Jugenderfahrung war die Entdeckung der Niederlande und der Reichtümer dieses arbeitsamen Landes, das seine Macht auf Seefahrt und Handel gründete und damals wohl in Europa auf dem höchsten kulturellen Niveau stand, eines Landes, das hervorragende Kanäle und Festungen baute und sich zugleich seiner Gelehrten, Philosophen, Theologen rühmte.

Der Thronfolger war seit seiner Jugend umfassend gebildet, unter anderem sprach er lateinisch, französisch und polnisch. In den Jahren 1633/34 weilte er als Gast Herzogs Boguslaw XIV. von Pommern, der ihn nach den bestehenden Verträgen über die Eventualerbfolge bereits als seinen Nachfolger betrachtete, in Stettin. 1634 floh Friedrich Wilhelm vor Krieg und Seuchen nach Holland und verbrachte vier arbeitsame Jahre in der Nähe der Universität Leiden. Lebensphilosophie, religiöse Haltung, Wissen, Kultur, Interessen und Kenntnisse in Fragen der Technik und des Wirtschaftslebens sowie Handel, Finanzen, Militärwesen und Festungsbau wurden im Leben des Kurfürsten von holländischen Vorbildern bestimmt. Seine Freunde und Vertrauten unter Politikern, Militärs und Beamten waren zumeist Zöglinge holländischer Schulen, wenn nicht sogar selbst Holländer. Ein konkretes Beispiel für diese holländischen Einflüsse war das Militär, bei dem sich alles bis zu den Disziplinarvorschriften an den holländischen Lösungen orientierte. Der Vater beteiligte seinen Sohn, der die proösterreichische Richtung entschieden ablehnte, bis an das Ende seiner Tage bewußt nicht an der Politik. Friedrich Wilhelm verzögerte trotz mehrmaliger Aufforderung die Heimkehr und kehrte erst kurz vor Georg Wilhelms Tod an dessen Hof zurück.

Friedrich Wilhelm hat sich in seiner Regierungszeit als Empiriker und nicht als Doktrinär erwiesen, doch waren seine vor allem von dem Neostoizisten Justus Lipsius beeinflußten philosophischen und religiösen Einstellungen für die Zukunft des Staates bedeutsam. Von Lipsius übernahm der neue Kurfürst das Ziel der Verweltlichung des Staates, der über den konfessionellen Unterschieden stehen sollte, und die aktive Staatspolitik, die auf militärischer Macht beruhte und in ihrer Auffassung der Staatsräson, die alle Handlungen des Herrschers lenkte, nicht frei von Einflüssen Machiavellis war.

122. Kurfürst Friedrich Wilhelm als Jüngling

Nach einem zeitgenössischen Kupferstich

Die bekannte Maxime Senecas *Necessitas non habet legem*, einen der Grundsätze des Römischen Rechts, hat Friedrich Wilhelm häufig gebraucht. Sie kennzeichnet sein politisches Denken: das, was in der Politik notwendig war, mußte gegen alle formalen und materiellen Hindernisse durchgesetzt werden. Der Herrscher bestimmte, welche Gestalt die *necessitas* hatte, die prinzipiell mit der Durchsetzung der Staatsräson des brandenburgisch-preußischen Staates im Sinne des Herrschers identisch war. Der in der Politik feststellbare religiöse Einfluß war gering. Er bestand vor allem in dem Aktivismus, der der kalvinistischen Ethik entsprach und die Dynamik des Herangehens an die selbst gestellten Lebensaufgaben bestimmte, sein Pflichtgefühl, seine unerschöpfliche Arbeitskraft und sowie die sowohl religiöse als auch neostoizistische *constantia* - Beharrlichkeit und Geduld bei physischen Leiden, die ihn wie Fußgicht und Asthma lange Jahre plagten. Lipsius selbst hatte die Abhandlung »De constantia« geschrieben. Sie wurde zum moralischen Schlüsselbegriff der Epoche. In der kalvinistischen Variante verband sie die Forderung nach Selbstbeherrschung und moralischer Kontrolle über die eigenen Handlungen mit Disziplin und der Neigung zur Askese, die dieser neostoizistischen Haltung tiefreligiöse Merkmale verliehen. Als Friedrich Wilhelm jung die Macht übernahm war er *"eine mit Energie aufgeladene Persönlichkeit. Leicht aufbrausend und zum Jähzorn neigend, war er doch in seinen Handlungen letzten Endes besonnen und weitblickend, wobei die tiefe Religiösität des strenggläubigen Kalvinisten die Richtschnur gab"*.[17]

***Die Herrschaft des Großen Kurfürsten in den Jahren 1640-1648.*** - Diese dramatische Phase der Geschichte der brandenburgisch-preußische Monarchie hat man als *Rettung für die Zukunft* bezeichnet. Der neue Herrscher fand das Land in alarmierendem Zustand vor: Brandenburg war weiterhin Hauptleidtragender des Dreißigjährigen Krieges. Die Mehrzahl der Besitzungen war verwüstet. Die Autorität des Herrschers verfiel. Seiner Außenpolitik fehlte die militärische Machtbasis. Nur das Herzogtum Preußen stellte unter dem polnisch-schwedischen Waffenstillstand in diesem düsteren Bild eine Insel des Friedens dar, die sich von den schwedischen Zerstörungen und Gewalttaten der späten zwanziger Jahre erfolgreich erholte. Friedrich Wilhelm bestätigte zunächst die wichtigsten Beamten seines Vaters und führte keine grundlegende Neuorientierung in die Außenpolitik ein. Er wollte vor allem zunächst die Angelegenheiten mit Polen und die Lage im Herzogtum Preußen regeln. Er beschwor gegenüber den Ständen die Einhaltung Privilegien und die Achtung der Rechte des Herzogtums und übernahm die Herrschaft offiziell im Jahre 1641, indem er dem polnischen König den Lehnseid leistete, der daraufhin die Investitur vornahm.

Trotz der Zugeständnisse des Kurfürsten waren die preußischen Stände nicht zu Zugeständnissen zugunsten der kalvinistischen Religionsausübung im Herzogtum bereit. Daraufhin berief Friedrich Wilhelm, der zunächst auf neue Steuern verzichtete, in den ersten 15 Jahren seiner Herrschaft nicht ein einziges Mal

---

17 J. Schultze: Die Mark Brandenburg. Bd. 5. Berlin 1969, S. 13; vgl. allgemein E. Opgenoorth: Friedrich Wilhelm, der Große Kurfürst von Brandenburg. Bd. 1-2. Göttingen 1971-1978.

den Landtag ein. Gleichzeitig beschränkte er die Macht der Regimentsräte, der preußischen *Oberräte*, ein, denen nur noch die laufenden Regierungsgeschäfte während seiner Abwesenheit vorbehalten waren. Mit der Stadt Königsberg riskierte der Kurfürst den Konflikt: *"Das Ausmaß der Schwierigkeiten, die Friedrich Wilhelm in den Beziehungen zu Königsberg hatte, offenbart sich in der Tatsache, daß er, als er sich gegen der Stadt nicht durchsetzen konnte, Władysław IV. im Jahre 1645 bat, die Stadt zu ermahnen und ihr Gehorsam gegenüber dem Herzog und Kurfürsten zu befehlen."*[18]

Die Politik des Kurfürsten in diesen ersten Regierungsjahren zielte auf die Konsolidierung der Innenpolitik mit friedlichen Mitteln. Deshalb gab er sich im Herzogtum Preußen mit den Einkünften aus Zöllen und Domänen zufrieden und baute die Armee mit Hilfe von Subsidien auf. Das Hauptproblem blieb die auswärtige Politik. Aus Mangel an Erfahrung riskierte er nicht, Graf Schwarzenberg als Leiter der Außenpolitik und als Statthalter der Kurmark zu entlassen, doch belebte er sofort den Geheimen Rat, der unter der Regierung Schwarzenberg ausgeschaltet worden war, wieder und begrenzte so schrittweise die Macht des Grafen. Im Bewußtsein, bei dem neuen Herrscher in Ungnade gefallen zu sein, erkrankte der stolze Magnat schwer und verstarb im März 1641. Seither hielt Friedrich Wilhelm alle Zügel der Macht in seiner Hand. Nichtsdestoweniger entwickelte er unter seiner Regierung mit der Zeit ein Konsultationsverfahren; die Ratschläge und Meinungen erwog er vor seiner endgültigen Entscheidung gründlich im *Kabinett*, das seither an der tatsächliche Ort der Machtausübung des Kurfürsten wurde.

Die internationale Lage war für den Kurfürsten, der kaum Militär besaß und keine Mittel, um die Armee auszubauen, ungünstig: er befand sich zwischen dem Kaiser, von dem er sich entfernte, und den Schweden, die gar keine Veranlassung sahen, von ihrer Politik des Druckes auf Brandenburg abzugehen und noch im Vertrag von 1643 eine jährliche Kontribution in Höhe von 120 000 Talern sowie beträchtliche Getreidelieferungen erzwangen. Der Kurfürst war entschlossen, um jeden Preis ein starkes stehendes Heer aufzustellen und betrieb seit dem Jahr 1644 in aller Eile den Aufbau neuer Regimenter. In kürzester Zeit hatte er bereits 7 800 Soldaten unter Waffen, die jedoch in drei Gebieten standen: in den westlichen Territorien, in der Kurmark und im Herzogtum Preußen. Stufenweise gelang es ihm, die Lage im Herzogtum Kleve und den angrenzenden Gebieten zu beherrschen. Aber das Hauptproblem blieb das Schicksal des von Schweden besetzten Pommern. Friedrich Wilhelm versuchte vergeblich, seine scheinbar unlösbare Lage durch einen Heiratsantrag an die junge schwedische Königin Christine zu lösen. Er heiratete schließlich 1646 Luise Henriette, Prinzessin von Oranien, die Enkelin Admiral Colignys, und festigte damit seine mannigfachen Verbindungen mit den Niederlanden.

Währenddessen tagte in den westfälischen Städten Münster und Osnabrück bereits seit einigen Jahren der Friedenskongreß. Für den Kurfürsten stellte der

---

18 K. Piwarski: Dzieje polityczne Prus Wschodnich [Politische Geschichte Ostpreußens]. Gdynia 1938, S. 30.

Kampf um Pommern das Hauptproblem dar. Sein vordringliches Ziel war der Gewinn der Hauptstadt Pommerns Stettin mit ihrem großen Ostseehafen, hatte er doch als erster Hohenzoller die Bedeutung eines Zugangs zum Meer, des Überseehandels und sogar die Möglichkeiten von Kolonialerwerbungen erkannten. Rechtlich war die Position des Brandenburgers stark. Er konnte seine Forderung nicht durchsetzen, war aber in dieser Frage durch Vermittlung Frankreichs kompromißbereit. Gleichwohl stellte er zahlreiche Territorialforderungen auf Reichsgebiet, die sich allerdings zum größten Teil als unrealistisch erwiesen. Brandenburg fand nicht die nötige Unterstützung und erhielt letztendlich nur Hinterpommern mit dem Bistum Cammin; als Entschädigung für seine Konzessionen erhielt es zusätzlich die Bistümer Halberstadt und Minden, und, nach dem Tode des Administrators, eines sächsischen Herzogs, im Jahre 1680 das reiche Erzbistum Magdeburg. Im Ergebnis hatte der Kurfürst durch den Verzicht zwar den günstigen Zugang zum Meer über den Stettiner Hafen nicht erhalten, hatte aber als Ausgleich für die Zukunft Brandenburg-Preußens nicht unwichtige Reichsterritorien erwerben können. Die Ausführung der Beschlüsse des Friedenskongresses verzögerte die schwedische Seite bis zum Jahre 1653.

Der Westfälische Frieden brachte also eine bedeutende Vermehrung der kurfürstlichen Besitzungen, wenn sie auch hinter den Erwartungen blieb, die an die Ansprüche auf die Erbfolge in Pommern geknüpft waren. Gleichzeitig führte dieser Friedensschluß im deutschen Reich wichtige Systemveränderungen ein. Insbesondere stärkte er die Position der Reichsfürsten gegenüber dem Kaiser und den eigenen Untertanen und ebnete den Weg zur Errichtung des Absolutismus in den Territorien des Reiches. Die erheblichen Kriegsverluste stärkten zusätzlich in den Territorien des deutschen Reiches stärkten zusätzlich die Fürstenmacht, so daß die Tendenz zum absolutistischen Regime kaum noch aufzuhalten war.

***Das Staatssysten Brandenburg-Preußens.*** - Als Friedrich Wilhelm im Jahre 1640 die Herrschaft in der Mark Brandenburg antrat, war er traditionsgemäß als Kurfürst einer der wichtigsten Fürsten des Reiches, doch war seine Souveränität durch die Reichszugehörigkeit zumindest de jure in vielfacher Hinsicht beschränkt. Im Herzogtum Preußen war er Vasall des polnischen Königs; seine Souveränität war zusätzlich nach außen wie nach innen durch die Mitwirkung der Stände eingeschränkt. Vom 15. Jahrhundert bis in die Zeit des Großen Kurfürsten waren das Herzogtum Preußen und die Mark Brandenburg typische Ständestaaten, die nur durch die Person des gemeinsamen Monarchen verbunden waren. Innerhalb von vier Jahrzehnten erfolgte eine grundlegenden Veränderung: Der Westfälische Friede und die Reichstagsbeschlüsse gaben den Reichsfürsten fast die volle Souveränität; sie erlaubten ihnen, mit der nicht immer beachteten Einschränkung, nicht gegen Kaiser und Reich zu handeln, eine selbständige Außenpolitik. Im Jahre 1660 erhielt der Kurfürst offiziell die Souveränität im endgültig aus der Lehnsbindung an Polen befreiten Herzogtum Preußen.

Die Reichsgesetze wurden seit 1648 zugunsten der Territorialfürsten interpretiert: sie durften Steuern für die Verteidigung des Reiches oder des eigenen Territoriums ohne Mitwirkung der Stände erheben. Das Prinzip ständiger Steuern für die Landesverteidigung wurde im Reichstagsabschied von 1654 offiziell anerkannt, was die Durchsetzung des Absolutismus in den deutschen Ländern erheblich erleichterte. In der Wahlkapitulation Kaiser Leopolds I. von 1658 wurden die Rechte der Territorialfürsten gegenüber ihren Untertanen gestärkt: den Ständen wurde die selbständige Finanzverwaltung entzogen; ihnen war nicht mehr gestattet, aus eigener Initiative ohne Mitwirkung des Landesfürsten, die die Änderungen der Reichsverfassung zu ihren Gunsten auslegten, zusammenzutreten. Der Rechtszug zum Reichshofrat oder zum Reichskammergericht in Streitsachen wegen landesherrlicher Verstöße gegen die Rechte der Stände war jetzt ausgeschlossen. Die Stände konnten im Falle des Widerstands gegen herrscherliche Willkür nicht mehr auf eine - bislang allerdings auch nur theoretische - Intervention von Reichsorganen zu ihren Gunsten hoffen.

Was Brandenburg-Preußen betraf, forderten *"die geographische Lage, die Bodenbeschaffenheit und die wirtschaftlichen Interessen der Territorien [...] keineswegs gebieterisch ihren Zusammenschluß. Ihn konnte vielmehr nur ein politischer Wille schaffen."*[19] Die Entwicklung des brandenburgisch-preußischen Staates von der Epoche des dualistischen Ständestaates, vom der losen Verbindung von Territorien unter dem Zepter eines Herrschers, in der partikulare Einstellungen und Regionalismen überwogen, zum vereinheitlichten, in hohem Maße zentralistisch regierten Staat, der den systembedingten Dualismus von Herrscher und Ständen überwand - führte zur Regierungsform der absoluten Monarchie. In Preußen entsprach sie jedoch nicht dem französischen Modell des 17. Jahrhunderts, nach dem die Monarchie sich auf ein starkes Bürgertum und die politische Neutralisierung der Aristokratie stützte. In Preußen entstand sie als Folge der Krise der Gesellschaft nach dem Dreißigjährigen Krieg wie auch aus der Notwendigkeit, die Position des Staates nach außen zu stärken, durch das vom Herrscher aufgezwungene Bündnis von Herrscher und Adel, den preußischen Junkern. Östlich der Elbe stimmte dieser soziale und politische Stand durch die ihr garantierten gesellschaftlichen Privilegien und die Notwendigkeit, die Sicherheit des von ständigen Kriegen geplagten Landes zu gewährleisten, nicht ohne Widerstand einer grundsätzlichen Einschränkung ihrer Ständerechte und ordnete sich den Organisationsinteressen des Staates unter. Mit der Zeit wurde sie zum Kern der sich dynamisch entwickelnden Bürokratie und zum Rückgrat des stehenden Heeres, in dem sie in kürzester Zeit die Offiziersstellen bis auf wenige Ausnahmen monopolisierte.

Bei der Entwicklung des brandenburgisch-preußischen Staates spielte die Dynastie die entscheidende Rolle. Durch seine schöpferische Rolle und sein Handeln bestimmte der Staat in hohem Maße die Richtung der sozialen und politischen Entwicklung. Der Staat Brandenburg-Preußen war in jener Zeit vor al-

---

19 M. Braubach, a.a.O., S. 171.

lem die Dynastie, die das Staatsinteresse verkörperte. Er erschien damals hauptsächlich als militärische Macht, die Garant der Realisierung der Staatsaufgaben war, gleichzeitig aber stellte gerade die Schaffung und Erhaltung eben dieser Militärmacht das Hauptziel der gesamten Staatspolitik dar. Die geopolitische Lage des künstlichen Gebildes von zufällig in der historischen Entwicklung miteinander verbundener Territorien, die keine geographische Einheit bildeten und keine natürlichen Grenzen hatten, bewirkte, daß im 17. Jahrhundert die starke reguläre Armee im Dienste der Politik der Hohenzollern zum unentbehrlichen Faktor der Sicherung des Gebietsstandes, aber auch zur Voraussetzung einer aktiven, aggressiven Außenpolitik wurde.

Besonders gegen Ende des 19. Jahrhunderts wollten viele deutsche Autoren einem eigenartigen Imperativ der preußischen Geschichte sehen: Preußen mußte - so diese Historiker - seine militärische und politische Macht entfalten, weil es ohne sie im Dschungel der europäischen Machtpolitik keine Überlebenschance gehabt hätte. Wie unbegründet diese Hypothese war, zeigt die Existenz der anderen deutschen Staaten, die wie Sachsen mittlere Staaten innerhalb des deutschen Reiches blieben, sich nach dem Reichsdeputationshauptschluß (1803) konsolidierten und bis zu den preußischen Eroberungen von 1866 oder bis zur Einigung Deutschlands von 1871 überdauerten.

Die sozialen Grundlagen und Ursachen des Absolutismus in Europa sind weiterhin in der historischen Forschung umstritten. Aus den Diskussionen über die Rolle des Absolutismus in der europäischen Geschichte kann man die These ableiten, daß der Absolutismus in den Ländern östlich der Elbe die Feudalstrukturen eher gestärkt hat, statt sie zu überwinden. Nur in den Staaten Westeuropas öffnete er wie in Frankreich den Weg zur schnellen Entwicklung der sozialen und wirtschaftlichen Verhältnisse in Richtung Kapitalismus. Daraus läßt sich aber nicht erklären, warum der Adel in Polen einen schwachen Staat zusammen mit der Fronhofwirtschaft konservierte, was deutlich zeigt, daß ähnliche sozioökonomische Ausgangslagen zu unterschiedlichen Systemen führen können (und viele dieser Probleme bislang in der Historiographie noch nicht genügend erforscht sind).

Die Durchsetzung des Absolutismus erforderte eine neue Ideologie, die Neubestimmung der Rolle des Staates und seiner Aufgaben und die Begründung der Tatsache, daß der Staat Aufgaben übernahm, die bis dahin anderen, feudalen Institutionen und Strukturen überlassen waren oder ganz außerhalb des organisierten sozialen Handelns gelegen hatten. Das Leitbuch der deutschen absolutistischen Herrscher, die wie Kurfürst Friedrich Wilhelm intellektuelle Ambitionen hatten, war Veit Ludwig von Seckendorffs »Teutscher Fürstenstaat« (1656), der die Notwendigkeit der Stärkung der Herrschermacht verkündete. Die Idee der natürlichen Ordnung, deren einziger Wächter der Monarch ist, dem wiederum alle im Staat Gehorsam schulden, hatte tiefe Wurzeln im Luthertum. Samuel Pufendorf (1632-1694) folgte in seiner Staatslehre Seckendorff, aber auch Hugo Grotius und Thomas Hobbes. Er war ein Vertreter des Naturrechts und entwickelte Hobbes' Idee vom *Gesellschaftsvertrag* weiter, betrachte aber, anders als Hobbes, mit einer optimistischen Grundeinstellung das Leben der Gesellschaft positiv und verkündete, daß die moralische Natur des Menschen die ausschließliche Quelle des Rechtes sei. Der Staat war für ihn nicht der reine Ausdruck der Macht, sondern auch eine ethische Struktur.

Pufendorfs politischer Realismus, der auf einem gründlichen historischen Wissen beruhte, aber auch seine Neigung zum Moralisieren, hatten gegen Ende des 17. Jahrhunderts starken Einfluß. Sie stabilisierten die Konzeptionen, die die Notwendigkeit und die Werte der absoluten Herrschaft begründeten: nur der absolute Herrscher konnte die Sicherheit des Staates garantieren. In der Praxis war die *Staatsraison* als Hauptvoraussetzung eines aktiven, von den bisherigen rechtlichen und sogar moralischen Bindungen befreiten Staatshandelns von entscheidender Bedeutung für die Ideologie der absoluten Monarchie. Die Staatsraison wurde vom Herrscher personifiziert, er war ihr ausschließlicher Träger und Interpret. Weder zuvor noch später, sondern gerade in der Zeit nach Beendigung des mörderischen Dreißigjährigen Krieges in Deutschland erschien der Herrscher so unentbehrlich und als der einzige, der in der Lage war, dem Staat Frieden und Sicherheit zu garantieren und insbesondere die Interessen der Kirche oder einzelner Gesellschaftsgruppen den Interessen des überkonfessionellen Staates unterzuordnen.

Der Begriff der *Policey*, der im 16. Jahrhundert gebildet worden war, erhielt seine breite, neuzeitliche Bedeutung erst mit der Entstehung der absoluten Monarchie und bezeichnete ihre konkreten Kompetenzansprüche: *Policey* bezeichnete damals die Sorge des Staates um die Erhaltung und Sicherung der *guten Ordnung* in seinem Inneren. Die Merkantilisten erweiterten den Begriff, indem sie zu den Staatsaufgaben die Sorge um die Entwicklung des *allgemeinen Wohlstands* hinzufügten, also den Schutz der wirtschaftlichen Entwicklung und der Gesellschaft. Der Westfälische Friede erkannte den deutschen Territorialherrschern die freie Ausübung der Polizeirechte auf ihrem Gebiet zu. Die Sorge der Herrscher um ihr Territorium und ihre Untertanen war eine *Policey* im breiten Sinne. Als Staatslehre entstand im 17. Jahrhundert die *prudentia civilis*, eine weiterhin auf antike Muster und die Philosophie der Renaissance gestützte Gesellschaftslehre.[20]

Welchen Einfluß die Ideologie der Epoche auf die Ansichten des Großen Kurfürsten hatte, offenbart sein politisches Testament von 1667, das lange geheimgehalten wurde. Es enthält die traditionellen Elemente der Haltung eines christlichen Herrschers, der für seine Regierung und für die Gewährung der allen zustehenden Gerechtigkeit nur Gott verantwortlich ist, also starke religiöse Strömungen neben der weltlichen Konzeption des absoluten Staates. Dieser wird personifiziert in der Gestalt des Herrschers, der verpflichtet ist, die Regierung selbst auszuüben. Das Interesse des Staates liegt im Streben nach der höchstmöglichen Macht; seine Hauptpfeiler sind neben der militärischen Stärke gut organisierte Finanzen und eine effiziente Verwaltung. Die Idee dieses Staates, der

20 Vgl. S. Skalweit: Das Herrscherbild des 17. Jahrhunderts. In: Historische Zeitschrift 184, 1957, S. 65-80.

bereits, von der Situation der einzelnen Territorien losgelöst, als dem Herrscher untertane Einheit betrachtet wurde, stützte sich nicht nur auf den Willen des Herrschers, sondern auch auf eine einheitliche Armee sowie die ersten gesamtstaatlichen Institutionen, die der Große Kurfürst geschaffen hatte. Seine Idee vom Aufbau eines modernen Staatsapparats, als Instrument des Herrscherwillens verfolgte er konsequent im Laufe seiner langen Regierungszeit.

Keine noch so stringente theoretische Begründung der absoluten Macht des Kurfürsten konnte die fehlenden wirksamen Mittel zu ihrer Realisierung ersetzen. Zu Beginn seiner Regierungszeit konnte der Kurfürst nur in Brandenburg über eine allein von ihm abhängige Regierungsinstitution verfügen, den *Geheimen Rat*. Im Herzogtum Preußen ruhte die Macht dagegen praktisch in den Händen der Ständevertreter. Für die Entfaltung der Staatsmacht war es notwendig, einen ausschließlich dem Herrscher untergeordneten Staatsapparat zu schaffen und auszubauen, also die Bürokratie als Machtfaktor zu institutionalisieren, der gemeinsam mit dem stehenden Heer das Hauptbindeglied in der Außen- und Innenpolitik des Staates bildete.

Der 1604 gegründete *Geheime Rat* setzte sich anfänglich aus neun Geheimen Räten (vier Repräsentanten des Bürgertums und fünf des Adels) zusammen. Seine Bedeutung verfiel gegen Ende der Regierungszeit Georg Wilhelms, als die Regierung im wesentlichen von seinem Günstling Schwarzenberg geführt wurde. Als Statthalter in Brandenburg hatte er besondere Macht, da der Kurfürst sich zu dieser Zeit überwiegend in Königsberg aufhielt. Hauptbestreben des Großen Kurfürsten war die Konzentration der gesamten Macht im Staate, sei es im Rahmen des Geheimen Rates, sei es in anderen Institutionen der Zentralmacht, wobei allerdings in jedem Fall das letzte Entscheidungsrecht in allen wichtigen Fragen ihm selbst vorbehalten bleiben sollte.

Der Kurfürst wurde absoluter Herrscher, wenn auch sein Absolutismus lange Zeit eher via facti aufgezwungen war, als daß die Stände ihn formal anerkannt hätten. Man kann jedoch davon ausgehen, daß sich im Laufe der siebziger Jahre die Stände der kurfürstlichen Länder mit der neuen Situation abgefunden hatten und den Kurfürsten als Herrscher anerkannten, der die legislative, die exekutive, die militärische und die kirchliche Gewalt innehatte. Sie vertraten zwar weiterhin den Standpunkt, daß der Herrscher bestimmte Ständeprivilegien nicht antasten dürfe, aber Fragen der Staatspolitik und der Außenpolitik sowie die Organisation von Verwaltung und Staatsangelegenheiten gehörten ausschließlich in die Kompetenz des Kurfürsten.

Während er die Gesetzgebung frei ausübte, holte er in Angelegenheiten der Rechtsprechung, die sich in den einzelnen Territorien erheblich unterschied, die Meinung der jeweiligen Stände ein. In der Praxis entwickelte er einen persönlichen Regierungsstil und vertraute keinem Würdenträger die Rolle des ersten Ministers an, sondern regierte allein im Kabinett mittels schriftlich fixierten Entscheidungen. Solange die Zusammensetzung der Herrschaftsinstitutionen in den einzelnen Ländern noch unterschiedlich war, garantierten nur der Kurfürst und der an seiner Seite wirkende Geheime Rat die Einheitlichkeit der Regierung.

Die Regierung im Kabinett war die höchste Form der persönlichen Herrschaft, bei der der Monarch fern von seinen Ministern in der Einsamkeit des eigenen Kabinetts Entscheidungen traf, deren Ausführung zu den Aufgaben der Beamten gehörte.[21] Unter dem Großen Kurfürsten, der häufig an den Beratungen der Zentralinstitutionen teilnahm, befand sich die Form der Regierung im Kabinett erst in den Anfängen; König Friedrich Wilhelm I. führte sie zum Höhepunkt.

Die damals in zahlreichen Ländern entstehenden absolutistischen Regierungen favorisierten kollegiale Exekutivorgane, was das Mißtrauen gegenüber Einpersonenämtern widerspiegelt, deren Inhaber in früheren Jahrhunderten oft eine zu mächtige Rolle an der Seite des Herrschers gespielt hatten. Das kollegiale System, die Schaffung von *Ämtern*, die Bildung einer dem Staat und dem Herrscher als einzigem Arbeitgeber der *Beamten* ergebenen Schicht hatte wesentliche Bedeutung für die Sicherung der Entwicklung einer starken und tatkräftigen, dem Herrscher voll und ganz zur Verfügung stehenden Verwaltung. Ein weitere wichtige Neuerung war die Arbeitsteilung durch Spezialisierung von Ämtern und einzelnen Beamten, deren Fachwissen dazu genutzt wurde, um die Verwaltungsabläufe zu rationalisieren. Von wesentlicher Bedeutung war hierbei die Ausbreitung der schriftlichen Amtsführung. Es ist durchaus kennzeichnend, daß der *Geheime Rat* in Brandenburg von Anbeginn an (1604) seine Beratungen protokolliert hat. Die absolutistischen Herrscher waren bemüht, die Beamten an schriftliche Handlungsvorschriften zu binden.[22] Die Entstehung der Bürokratie in Brandenburg kann man bis ins 16. Jahrhundert zurückverfolgen. Im Jahre 1537 gab Kurfürst Joachim II. ein Hofgesetz heraus, das Methoden und Charakter des Verwaltungshandelns beschrieb: Sparsamkeit als Hauptprinzip des Handeln, Schnelligkeit in der Fallbearbeitung, Pünktlichkeit und Fleiß als unabdingbare Eigenschaften jedes Beamten. Im Jahre 1603 zeichnete Joachim Althusius in den 27 Kapiteln seiner »Politica methodice digesta« das Bild des vorbildlichen Beamten mit allen seinen Tugenden. Nach einem geflügelten Wort der Zeit bestand die Klugheit der Herrscher in der Kenntnis ihrer Untertanen: *"Seine Diener gründlich kennen / Mag man Fürsten Weisheit nennen."*

Der Geheime Rat wurde durch die *Geheime Rats-Ordnung* des Kurfürsten vom 4. Dezember 1651 reorganisiert.[23] Dadurch wurde der Rat in 19 Abteilungen mit unterschiedlichen regionalen und fachlichen Zuständigkeitsbereichen aufgeteilt, die die Gesamtheit der Territorien des Kurfürsten umfaßten. Auf diese Weise wurde der Weg zu ihrer Realunion geebnet. Das damals oberste Verwaltungsamt Brandenburgs wurde zum wichtigsten Verwaltungsorgan für alle Territorien des Staates und für fast alle Staatsangelegenheiten. Der Geheime Rat war an der Seite des Kurfürsten ein bürokratisches Beratungs- und Exekutivgremium von Fachleuten und Beamten in Fragen der Innen- und der Außenpolitik, zugleich

21 H. O. Meisner: Die monarchische Regierungsform in Brandenburg-Preußen. In: Forschungen zu Staat und Verfassung. Festgabe für Fritz Hartung. Berlin 1958, S. 235-236.

22 Vgl. Dietmar Willoweit: Allgemeine Merkmale der Verwaltungsorganisation in den Territorien. In: Deutsche Verwaltungsgeschichte. Bd. 1. Stuttgart 1983, S. 299-300.

23 C. Bornhak: Preußische Staats- und Rechtsgeschichte. Berlin 1903, S. 105f.

Kontrollorgan über die gesamte Staatsverwaltung und Regierungsapparat. Im Falle der Absenz des Kurfürsten regierte er das Land in dem ihm anvertrauten Rahmen. Wenn sich der Kurfürst im Herzogtum Preußen aufhielt, stellte er die übrigen Territorien mit Brandenburg bis zu seiner Rückkehr unter die Verwaltung des Rates.

Außen-, Militär- und Finanzpolitik wurden die Haupttätigkeitsfelder des Geheimen Rates. Über längere Zeit verblieben Gerichts-, Kirchen- und Schulangelegenheiten noch im Zuständigkeitsbereich der Territorien. Von 1640 bis 1723 erlebte der Geheime Rat seine goldene Zeit als oberstes zentrales Staatsorgan. Doch leisteten die Stände, gestützt auf ihre bisherigen Machtstrukturen, besonders im Herzogtum Preußen den zentralistischen Bestrebungen Widerstand. Gustav Schmoller hat *"diese neuen Staatsräte"* und ihre Rolle im 17. Jahrhundert als *"Gewissen des absoluten Staates"* charakterisiert.[24] Auch solches Pathos heute befremdet, stellten die Räte mit Sicherheit das Fundament der absolutistischen Herrschaft dar. Die sorgfältige Auswahl der Mitglieder dieses kleinen Kreises, die Stabilität in der Zusammensetzung wie auch die personelle Kontinuität der Gruppe, die unter dem Einfluß eines Herrschers von Format arbeitete - all das trug zur Bildung eines Direktoriums auf höchstem fachlichen Niveau bei, das Herrscher und Staat ergeben und voller Verantwortungsgefühl war. Das Handeln des Geheimen Rates hing von den Entscheidungen des Kurfürsten ab. Weilte der Kurfürst - wie vielfach in Kriegszeiten - außerhalb Berlins, erteilte er dem Rat in unaufschiebbaren Angelegenheiten die Entscheidungsvollmacht. Der Geheime Rat war zugleich Organ des Gesamtstaats und Territorialverwaltung in Brandenburg. Wenn der Kurfürst die Ratssitzungen leitete, entschied er nach Anhörung der anwesenden Räte selbst oder behielt sich die Entscheidung für einen späteren Zeitpunkt nach zusätzlichen Überlegungen oder Beratungen *im Kabinett* vor.

Im Laufe des 17. Jahrhunderts entstanden gleichzeitig weitere Zentralinstitutionen, die den Geheimen Rat ergänzten oder Teile seiner Aufgaben übernahmen. Während die von den Ständevertretungen bewilligten Steuern lange Zeit im Zuständigkeitsbereich der ständischen Finanzorgane verblieben, oblag die Finanzverwaltung der Domänen, Regalien und anderer nichtsteuerlicher Einkünfte der kurfürstlichen Kammer, die nach der Säkularisierung der kirchlichen Güter, die die Domänen des Kurfürsten vervierfachten, als kollegial geführte *Amtskammer* aufgrund einer detaillierten Sonderinstruktion organisiert wurde. Im Jahre 1652 erließ der Kurfürst eine neue Instruktion für die Kammer: aus der brandenburgischen Kammer wurde 1689 als Zentralinstitution die Hofkammer ausgegliedert. Ebenso wurden die Staatsfinanzen und die Finanzen des kurfürstlichen Hofes für die bereits 1673 eine spezielle *Hofkasse* eingerichtet worden war, endgültig getrennt. Damit wurde der Weg zu einer Finanzpolitik beschritten, die sich auf die Etatierung von Ausgaben und Einnahmen stützte; sie wurde aber erst von König Friedrich Wilhelm I. seit 1713 verwirklicht. Im Jahre 1699

---

24 G. Schmoller: Preußische Verfassungs-, Verwaltungs- und Finanzgeschichte [1640-1888]. Berlin 1921, S. 67.

wurde das *Ober-Domänen-Direktorium* als Kontrollorgan über die Hofkammer sowie die territorialen Domänenämter, die *Amtskammern*, eingerichtet. Am 27. März 1713 wurde es zusammen mit der Hofrentei im *General-Finanz-Direktorium* zusammengefaßt, das "*die gesamte Verwaltung der Domänen und Regalien einschließlich der Postsachen an oberster Stelle zu erledigen*" hatte.[25]

Zur Heeresversorgung während der Kriege, aber auch zur Erhebung der Kriegssteuern, die er selbst für den Militärbedarf auferlegte, schuf der Kurfürst für die einzelnen Territorien das Amt des *Kriegskommissars*. In Friedenszeiten wurde es zum ständigen lokalen Verwaltungsorgan, das unmittelbar dem Kurfürsten unterstand und im Grunde das effizienteste Element seiner Verwaltung wurde. In kürzester Zeit schaltete der Kurfürst den ständischen Steuerapparat aus, der somit die Möglichkeit der Kontrolle über die Verwendung dieser Gelder verlor. Ohne die Pflichten für Verwaltung und Versorgung der Armee zu verringern, machte der Kurfürst aus den Kriegskommissaren vor allem einen Steuerapparat sowie ein Instrument der Wirtschaftspolitik und der Kontrolle über die Städte. Nach einiger Zeit traten in den Territorien kollegiale *Kriegs- und Domänenkammern* an die Stelle der Ämter der Kriegskommissare. Das für den gesamten Staat zuständige Amt des *General-Kriegs-Kommissariats*, das seit den fünfziger Jahren bestand, wurde 1713 zum zentralen Kollegium des *Generalkommissariats*, in das auch die *General-Kriegs-Kasse*, die praktisch die Hauptkasse des Staates war, eingegliedert wurde. Das General-Kriegs-Kommissariat blieb auch als oberstes staatliches Verwaltungsamt weiterhin Quartiermeisteramt der Armee. Nach dem Sieg der Reformation im 16. Jahrhundert wurden in den einzelnen Territorien *Konsistorien* als Zentralämter für Kirchenfragen eingerichtet. Mit der Zeit erhielt das Berliner Konsistorium eine übergeordnete Funktion. Das *Kammergericht* in Berlin wurde zur höchsten Gerichtsinstanz für die brandenburgischen Gebiete. Seit 1630 wurden die Militärverwaltung und die Militärgerichtsbarkeit aus dem Geheimen Rat ausgegliedert und erhielt eine eigene Organisation im *Geheimen Kriegs-Rat*. Seit 1648 bestand ein *Geheimer Justiz-Rat*, der die Rechtskompetenzen und die Oberaufsicht in Rechtsfragen übernahm, die zuvor zum Aufgabenbereich des Geheimen Rates gehörten hatten.

Die Einheitlichkeit der Staatsverwaltung wurde dadurch gesichert, daß die Präsidenten der Hauptinstitutionen von amtswegen Mitglieder des Geheimen Rates waren. Sichtbares Zeichen des gesamtstaatlichen Charakters des Geheimen Rates stellte die Einbeziehung der preußischen Oberräte im Jahre 1706, wenige Jahre nach der Krönung des ersten preußischen Königs, dar. Auch die Statthalter der einzelnen Territorien, einzelne Generäle und Diplomaten waren Mitglieder des Geheimen Rates. Unter dem ersten preußischen König, Friedrich I., errangen einige Würdenträger für eine gewisse Zeit die Position eines *Ersten Ministers*. Der Ministertitel stand damals - anders als im 19. Jahrhundert - einem breiten Personenkreis zu, den Inhabern wichtiger Ämter wie den Mitgliedern des Geheimen Rates. Seit Friedrich Wilhelm I. die persönliche Regierung des

25 Bornhak: Preußische Staats- und Rechtsgeschichte, S. 171.

Herrschers vollendete, blieb das Amt eines Premierministers in Preußen bis zum Beginn des 19. Jahrhunderts unbekannt.

An der Schwelle zum 18. Jahrhundert wurde Preußen aufgrund der Entwicklung der zentralen und der lokalen Staatsverwaltung zu einem bürokratischen Staat, der sich - anders als der polnisch-litauische Großstaat in derselben Zeit - auf eine starke Armee und eine starke Verwaltung stützte. Auch der brandenburgisch-preußische Staat stützte sich im wesentlichen auf eine schwache, überwiegend agrarische Wirtschaft, die im 17. Jahrhundert Merkmale der Stagnation aufwies. Jedoch gelang es dem Staat Brandenburg-Preußen, sich durch seinen Fiskalismus eine neue, für sich günstige Verteilung der Einkünfte zu sichern: durch die Begrenzung der Einkünfte der Bauern und besonders der Stadtbevölkerung, aber nur geringfügige Besteuerung des privilegierten Adels, wurde insgesamt ein hohes, dazu ständig wachsendes Staatseinkommen erzielt. In der Anfangsphase des absolutistischen Machtausbaus nutzte der Große Kurfürst häufig die Unterstützung gebildeter Bürger und auswärtiger Adliger, die in den Dienst Brandenburgs traten und an die Person des Herrschers - und nicht an den Staat - besonders gebunden waren. Nach der Begrenzung der politischen Rolle des Adels durch die Entmachtung der Ständevertretungen schufen die preußischen Herrscher für ihren überwiegend armen Adel nach und nach Handlungsfelder und Karrieremöglichkeiten im Staatsdienst: in Heer, Verwaltung und Rechtspflege. Durch diese Einbindung und die daraus resultierende Mentalitätsveränderung des Adels, der - endgültig unter Friedrich Wilhelm I. - in den Dienst des absolutistischen Staates trat, unterschied sich der brandenburgische Adel nach einiger Zeit grundsätzlich vom Adel anderer Länder: er wurde zum aktiven Element des absolutistischen Staates und zu seiner Herrschaftselite, die den Willen der absolutistischen Herrscher voll und ganz respektierte. Die Herrscher wiederum wurden durch dieses Bündnisses konsequente Interessenvertreter des gesellschaftlichen Stands der Junker, was am deutlichsten in der Politik Friedrich des Großen offenbar werden sollte.

Der Aufbau des Absolutismus in den Territorien. - An der Schwelle des 17. Jahrhundert war Brandenburg-Preußen eine monarchische Verbindung von Ständestaaten, die, gestützt auf ihre Privilegien, den Dialog ausschließlich mit dem Monarchen führten und nicht in gesamtstaatlichen Kategorien dachten. Die ältere preußisch-deutsche Geschichtsschreibung hat sich auf die Unterschiede zwischen der politischen Rolle des Großen Kurfürsten gegen Ende seiner langen Regierung und der schwachen Position seines Vaters konzentriert. Ihrer Auffassung nach war der Kurfürst zum unerbittlichen Kampf gegen den Widerstand der Stände historisch berufen. Aus dieser Perspektive billigte sie die durchaus harten Methoden des Kurfürsten in dem Konflikt. Die neuere Historiographie betont dagegen, zwischen den Ständen und dem Kurfürsten hätten dank seines geschickten Taktierens keine grundsätzlichen Konflikte bestanden; Konflikte und Konfrontationen, wie sie substantiell nur im Herzogtum Preußen zu verzeichnen waren, hätten sich mit Kompromissen und Kooperation abgewechselt. Der Kurfürst erkannte das auf der Herschaft des Junkerstandes beruhende Sozialsystem voll und ganz an. Die monarchisch-aristokratische Struktur bestimmte Gesellschaft und Politik des europäischen Barock.

Der Aufbau des Absolutismus in Brandenburg-Preußen begann im Jahre 1644 mit der Aufstellung des stehenden Heeres, das, nur dem Herrscher verbunden, nicht mehr die Armee eines jeweiligen ständisch bestimmten Territoriums, sondern neben dem Herrscher die erste gesamtstaatliche Institution Brandenburg-Preußens war. Vom Beginn seiner Herrschaft an schloß der Kurfürst Eingriffsmöglichkeiten der Stände und ihrer Beamten in Heeresangelegenheiten aus, ähnlich wie er besonders gegen den Protest der preußischen Stände die Ansicht vertrat, daß die Außenpolitik in seine ausschließliche Kompetenz falle. Beim Aufbau der Armee und der Institutionen, die ihre Ausstattung und Finanzen sicherten, und der überregionalen Staatsverwaltung betrachtete der Kurfürst in den fünfziger und sechziger Jahren seine Besitzungen als *membra unius capitis* - Teile eines Hauptes, eines Organismus.

***Die Lage in den westlichen Territorien und in Brandenburg.*** - Die Stände in Kleve und in der Grafschaft Mark, die unter dem Vorgänger des Großen Kurfürsten beinahe uneingeschränkt in ihrem Territorium bestimmt hatten und von den benachbarten Niederlanden unterstützt wurden, waren nicht bereit, der Macht des Kurfürsten nachzugeben. Noch 1649, also nach dem Westfälischen Frieden, sah sich der Kurfürst gezwungen, die Rechte der Stände in diesen Besitzungen feierlich anzuerkennen. Erst als er während des Nordischen Krieges dringend Geld benötigte, begann er, ohne die eigentlich gebotene Rücksichtnahme auf die Stände zu handeln. Der Anführer der ständischen Opposition in Willich wurde festgenommen, dem Territorium wurden ohne Zustimmung der Stände Steuern auferlegt, die von kurfürstlichen Beamten rücksichtslos eingetrieben wurden. Nachdem der Staatsmacht nach dem Frieden von Oliva konsolidiert war, kam der Kurfürst seinen Verpflichtungen aus dem Jahre 1649 nicht nach und sprach in dem Rezeß von 1660 den Ständen das Zustimmungsrecht bei der Erhebung neuer Steuern sowie das Entscheidungsrecht bei der Nominierung von Landesbeamten ab. Unter Androhung militärischer Gewalt zwang er sie, zu kapitulieren und seine Forderungen anzuerkennen. Im Jahre 1661 jedoch mußte der Kurfürst das Versammlungsrecht der Ständevertretung und ihr Zustimmungsrecht bei neuen Steuern anerkennen; seither stimmten sie neuen Heeressteuern ohne Widerstand zu. Insgesamt konnten die Stände in den Westprovinzen ihre Rechte in höherem Maße als in den Ostprovinzen wahren. Durch Zugeständnisse in Steuerfragen gelang es den Ständen der westlichen Territorien, ihre Bedeutung in inneren Angelegenheiten ihrer Gebiete zu erhalten.[26]

Innen- und Außenpolitik des Großen Kurfürsten bedingten sich gegenseitig und bestimmten sein vielseitiges politisches Spiel in den fünfziger und sechziger Jahren des 17. Jahrhunderts. Am deutlichsten wurde das während des Großen

26 Vgl. allgemein Ständetum und Staatsbildung in Brandenburg-Preußen. Hrsg. von P. Baumgart. Berlin-New York 1983.

Nordischen Krieges, als Friedrich Wilhelm den entscheidenden Schritt zur Schwächung der Stände in den Territorien wagte, indem er die Abschaffung von Steuer- und anderen Privilegien gegenüber den Landständen mit dem Finanzbedarf des stehenden Heeres angesichts der Kriegsgefahr begründete. Für den Partikularismus der Territorien ist bezeichnend, daß die Stände der verschiedenen Territorien nicht in der Lage waren, gemeinsam gegen das Vorgehen des Kurfürsten zu handeln, oder - wie der polnische Adel - Generalstände einzuberufen. Diese partikularistische Einstellung leistete der Politik des Kurfürsten vorschub, die er etappenweise und zeitverschoben in den Territorien realisierte. So konnte er das Ausmaß der Konfrontation begrenzen und den jeweils günstigen Zeitpunkt selbst bestimmen.

Das wichtigste Territorium in der hohenzollernschen Politik blieb die Mark Brandenburg, die nach ständischen Institutionen in die Kurmark und die Neumark, die sich erhebliche Eigenständigkeit bewahrt hatte, geteilt war. Sogar in der Mark Brandenburg überwog also der Regionalismus die Gesamtinteressen. Deshalb interessierten sich die brandenburgischen Stände eigentlich nicht für die außerhalb ihres Territoriums geführte Politik der Hohenzollern: die Gesamtinteressen der Dynastie, ihre Besitzungen am Niederrhein oder das herzogliche Preußen blieben dem Standesdenken der Brandenburger noch um die Mitte des 17. Jahrhunderts fremd. Brandenburg war das Erbland der Hohenzollern, die sich selbst zuallererst immer als Brandenburger gefühlt haben, wie der Große Kurfürst selbst betont hat, der seine Abneigung gegen das Herzogtum Preußen, das er als Quelle ständiger Ärgernisse betrachtete, nicht verhehlte.

Die brandenburgischen Stände akzeptierten als erste, wenn auch ohne Begeisterung, das stehende Heer und die generelle Stärkung der Herrschermacht. Am schwierigsten erwies sich dabei das Steuerproblem. Nach langjährigen Konflikten und Verhandlungen erreichte der Kurfürst im Landtagsrezeß vom 26. Juli 1653 eine grundsätzliche Entscheidung, auch wenn das nicht sofort allen Beteiligten bewußt wurde. Der Landtag der Kurmark stimmte nach sechsjährigen Verhandlungen Heeressteuern zu. Der schwedisch-polnische Krieg gab dem Kurfürsten die Möglichkeit, diese Steuern ohne neuerliche Zustimmung der Stände weiter zu erheben. In der Tat berief er seither keinen Landtag mehr ein, sondern verhandelte in wichtigen, vor allem Steuerfragen lediglich mit den ständischen Ausschüssen. Seit 1653 wurde die politischen Rolle der Stände deutlich eingeschränkt und ihr Bedeutungsverlust in Steuerangelegenheiten offensichtlich. Das Prinzip ständiger Steuern für die Armee ist seither nicht mehr in Frage gestellt worden.

Gleichzeitig zahlte der Kurfürst jedoch dem Adel für dessen Zugeständnisse einen hohen Preis. Indem er allgemein die Rechte und Privilegien der Stände anerkannte, bestätigte er zugleich die grundlegenden Befugnisse des Junkertums im sozialen System: die Ausschließlichkeit des Grundbesitzes in Junkerhand, die patrimonialen Herrschaftsrechte über die hörigen, schollenpflichtigen Bauern einschließlich aller administrativ-richterlicher Kompetenzen in ihrer schärfsten Ausprägung, der Patrimonialherrschaft, die in unveränderlicher Form bis zum

Jahre 1807 in Kraft blieb. Der Kurfürst stimmte auch der Befreiung des Adels von Steuern und Zöllen zu. Der Adel bewertete, durchaus zufrieden, die Beschlüsse von 1653 nicht als Verzicht auf die unmittelbare Partizipation an der Staatspolitik. *"Der Rezeß von 1653 wurde fortan von den märkischen Ständen der Kurmark als die Grundlage der Landesverfassung, als das Bollwerk ihrer Privilegien betrachtet. Das hat einen guten Sinn in Hinsicht auf die sozialrechtliche Stellung des Adels, aber politisch bedeutet er das Ende der ständischen Epoche."*[27] Im Prinzip hatte Otto Hintze recht, auch wenn, wie wir heute wissen, daß das ständische Leben in Brandenburg seine Bedeutung auch im 18. Jahrhundert auf vielen Ebenen bewahren konnte. Der Kurfürst postulierte die große Politik als seinen ausschließlichen Kompetenzbereich. Obwohl er sich verpflichtet hatte, in wichtigen Landesangelegenheiten die Meinung der Stände einzuholen, hat er sich nicht an dieses Prinzip gehalten. Ebensowenig befolgte er den aufgezwungenen Erlaß, keine Kalvinisten in den Staatsdienst aufzunehmen, oder die in Brandenburg gegen die Juden gerichteten Vorschriften. Er unterstützte sie ganz im Gegenteil aus ökonomischen Beweggründen, waren sie ihm doch in der Finanzpolitik von besonderem Nutzen.

***Das Herzogtum Preußen.*** - Einen dramatischen Verlauf nahmen die langwierigen Konflikte des Kurfürsten mit den Ständen im Herzogtum Preußen, wo sich die Traditionen der ständischen Teilhabe an der Landesregierung seit Beginn des 17. Jahrhunderts besonders gefestigt hatten und Adel und Städte (vor allem Königsberg) unter dem Einfluß der polnischen Verfassungsinstitutionen standen und jeglichen Versuch, die Macht des Herzogs zu stärken, ablehnten. Selbstverständlich leitete den preußischen und den polnischen Adel derselbe Standesegoismus. Der preußische Adel lehnte zentrale Militärabgaben an den polnisch-litauischen Staates, unter dessen Schutz er stand, ebenso wie an den Kurfürsten ab. Für den grundbesitzenden Adel im Herzogtum Preußen bedeutete die doppelte Einschränkung der Herrschermacht einerseits durch die Oberhoheit Polens, an das man im Falle von Verstößen des Herzogs gegen Ständerechte appellieren konnte, andererseits aufgrund der rechtlichen und faktischen Regierungsteilhabe durch Ständevertreter und Beamte, die sich mehr als Repräsentanten der partikularen Interessen fühlten als Beamte des Herzogs, eine optimale Lösung, als Kurfürst Friedrich Wilhelm 1640 die Herrschaft im Herzogtum Preußen übernahm.

Seine ersten Versuche, in lokale Angelegenheiten einzugreifen und vor allem das Herzogtum Preußen zu Abgaben für das stehende Heer heranzuziehen, trafen auf Widerstand: der preußische Landtag von 1648 lehnte die Bestrebungen des Kurfürsten, wegen der unsicheren Lage in Polen das Heer zu vergrößern, ab; die Stände wollten keine aktive Außenpolitik betreiben und verwarfen den Gedanken, deswegen neue Steuern zu zahlen, registrierten sie doch *"mit gleichsam*

27 O. Hintze: Die Hohenzollern und ihr Werk. Berlin 1915, S. 206.

*seismographischer Empfindlichkeit alle Entwicklungen, die ihre Privilegien tatsächlich oder vermeintlich schmälern konnten"*[28].

Der Beginn des polnisch-schwedischen Krieges veränderte die Lage und veranlaßte den Großen Kurfürsten, ohne Ständeeinwilligung das Heer zu vermehren und dazu Steuern zu erheben sowie andere Abgaben aufzuerlegen. Der Steuerdruck richtete sich vor allem gegen gesellschaftlich schwache und benachteiligte Gruppen: im Prinzip waren der Adel und die Stadt Königsberg ausgenommen, jedoch wurden die Bauern sowie verschiedene mittelbare Bevölkerungsgruppen wie die freien Kölmer, die entgegen den früher erteilten Privilegien besonders mit Staatsabgaben belegt wurden, besonders belastet. Die mit den Steuern belasteten sozialen Gruppen protestierten auf unterschiedliche Weise, doch schreckte der Kurfürst nicht vor der Eintreibung der Abgaben durch Militär zurück. Dieser widerrechtliche Zustand dauerte bis 1660, als der Kurfürst auf der Grundlage der Verträge von Wehlau und Bromberg sowie des Friedensschlusses von Oliva (1660) die Souveränität im Herzogtum Preußen erlangte und der von niemandem abhängige Herrscher des erblichen Herzogtums wurde.

Im Falle der Absenz vom Herzogtum waren bis dahin die die Ständeoligarchie des Herzogtums repräsentierenden, auch *Regenten* oder *Regimentsräte* genannten Oberräte die alleinigen rechtlich regierenden Vertreter des Herzogs gewesen. Während des Krieges ernannte der Kurfürst im Jahre 1657 Fürst Bogusław Radziwiłł zu seinem Statthalter in Preußen und stellte ihn über das Kollegium der Regimentsräte. Im Jahre 1660 ging der Kurfürst weiter und verlangte die Anerkennung seiner Souveränität im Herzogtum Preußen durch die Stände. Seither versuchte er, die Staatsverfassung des Herzogtums selbst in seinem Sinne zu gestalten.

Die preußischen Stände wollten anfänglich den Lehnsverzicht Polens über das Herzogtum Preußen nicht zur Kenntnis nehmen, da sie die Ansicht vertraten, der vom Kurfürsten ohne ihre Zustimmung abgeschlossene Vertrag wäre nichtig und könnte deshalb ihre Rechte nicht antasten. Auf dem Großen Landtag von 1661 bis 1663 eröffneten die Stände die Beratungen *"mit Erklärungen, die die gesammten neuen Errungenschaften der kurfürstlichen Gewalt in Frage stellten"* und lobten die Beziehungen des Herzogtums Preußen zu Polen.[29] Die preußischen Stände verlangten, in Zukunft in Fragen der Außenpolitik beteiligt zu werden; insbesondere Kriegserklärungen, Bündnisverträge und die Aufstellung von Söldnertruppen im Lande dürften nur mit Zustimmung des Landtags erfolgen. Diese Forderungen können als letzte Reminiszenz polnischer Verfassungseinflüsse im Herzogtum Preußen interpretiert werden.

---

28 L. Hüttl: Friedrich Wilhelm von Brandenburg. Der Große Kurfürst 1620-1688. Eine politische Biographie. München 1981, S. 192.

29 Vgl. den Text in Urkunden und Actenstücke zur Geschichte des Kurfürsten Friedrich Wilhelm von Brandenburg. Bd. 15. = Ständische Verhandlungen. Bd. 3. Hrsg. von K. Breysig. Berlin 1894, S. 461.

# RECESSUS LIMITANEUS,

ſeu

# PACTA,

Quibus

inter Sac. Reg. Maj.tem

Sveciæ, &c.

&

Suam Serenitatem Electoralem

Brandenburgicam, &c.

Stetini Anno M. DC. LIII.

conventum eſt.

---

STRALSUNDI,

Literis JOACHIMI REUMANNI,

ANNO M. DC. LXIII.

Der Konflikt mit den Ständen, die mit zahlreichen Klagen und Protesten auftraten, dauerte vor allem deshalb lange, weil Städte und Adel gemeinsam gegen den Kurfürsten auftraten, bis Graf Schwerin das Bündnis zwischen Königsberg und dem Adel im Auftrag des Kurfürsten zerschlug. Am stärksten war der Widerstand in Königsberg, der von dem *Schöppenmeister*, d.h. Gerichtsvorsitzenden Hieronymus Roth, einem reichen Kaufmann, als Vertreter des Bürgertums angeführt wurde. In seinem Widerstand gegen die selbständige Regierung des Kurfürsten in Preußen ging er soweit, daß er dem Herrscher den Gehorsam verweigern und dem polnischen König durch die preußischen Stände einen Eid leisten lassen wollte. Im Januar 1662 reiste Roth heimlich nach Warschau, wo er sich erfolglos um eine Intervention des polnischen Königs in Preußen bemühte. Der Kurfürst entschloß sich nach der polnischen Zusicherung, der Opposition im Herzogtum Preußen keine Unterstützung zu gewähren, den Widerstand Königsbergs zu brechen: am 25. Oktober 1662 befahl er seinen Truppen, in Königsberg einzumarschieren. Roth wurde festgenommen. Die Interventionen Polens zu seinen Gunsten blieben vergeblich und Roths blieb bis zu seinem Tod im Jahre 1678 als unbeugsamer Märtyrer der alten Ständeordnung ohne Gerichtsurteil in Festungshaft. Die Hauptrolle bei den Aktionen gegen die Stadt Königsberg spielte der kurfürstliche Statthalter Radziwiłł.

Der langwährende Landtag war 1661-1663 der politische Schauplatz des Kampfes zwischen Kurfürst und Opposition. Nachdem er den Widerstand der Stadt Königsberg gewaltsam gebrochen hatte, wandte der Kurfürst gegen die adlige Opposition eine flexible Taktik an und erreichte auf diesem Wege einen formellen Kompromiß mit dem Landtag: er erhielt von ihm die geforderte Steuerbewilligung und gab den Städten die *Assekuration* vom 12. März 1663. Dieses Dokument stellte die Stände nicht zufrieden, da sie auf viele Forderungen keine Antwort erhielten. Den Konflikt um die Huldigung entschied letztendlich die Stellungnahme des polnischen Königs Jan Kazimierz vom 20. Juli 1662; schließlich fand am 18. Oktober 1663 in Anwesenheit polnischer Kommissare, die die Stände im Herzogtum Preußen offiziell von der Treueverpflichtung gegenüber der polnischen Krone entbanden, die Huldigungszeremonie statt. Gleichzeitig leisteten die Stände der polnischen Krone ein *homagium eventuale*, einen Eventualeid, für den Fall des Aussterbens der brandenburgischen Linie der Hohenzollern. Nach einer vorübergehenden Beruhigung der Lage kam es zum erneuten Konflikt, als der Kurfürst ohne Zustimmung der Stände seine Fiskalpolitik weiterbetrieb, die allerdings hauptsächlich auf die politisch schwachen Bevölkerungsgruppen zielte. Klagen und Petitionen blieben erfolglos: der Kurfürst schwächte den Widerstand des Adels gegen den Absolutismus, indem er die Lasten mehrheitlich den anderen Bevölkerungsgruppen aufbürdete und gleichzeitig dem Adel den Weg zur Stärkung seiner ökonomischen Lage öffnete - auch durch Beschlagnahmung des Bodens der freien Kölmer, die, verarmt, nicht in der Lage waren, sich ihre Selbständigkeit zu bewahren.

Der ohne Beteiligung und Einverständnis der preußischen Stände geschlossene Vertrag von Oliva veränderte die Verfassungslage, die bis dahin voll den Vorstellungen der preußischen Stände entsprochen hatte: die beschränkte Souveränität des preußischen Herzogs als Lehnsmann der Könige Polens erschien den preußischen Ständen die beste und günstigste Lösung für sich und das Land. Sie verteidigten deshalb die bestehende Ordnung und fürchteten vor allem die Stärkung der Herzogsmacht. Die Stände scheiterten an fehlender Einigkeit insbesondere zwischen Königsberg und der adligen Opposition. Zudem hatte die bereits 20 Jahre währende Regierungszeit des Kurfürsten gewisse Loyalitäten und Treueverpflichtungen ihm gegenüber geschaffen; ein Teil des Adels diente ihm treu ergeben in Heer und Diplomatie. Zudem war das Kräfteverhältnis ungünstig, verfügte der Kurfürst doch im Unterschied zu den Ständen über die militärische Macht. Im Ergebnis ging der Kurfürst deshalb als Sieger hervor, weil er seine Erfolge de facto und de jure zeitlich geschickt plazierte, mal diese, mal jene Zugeständnisse forderte, Schritt für Schritt vollendete Tatsachen schuf und dabei betonte, daß er generell die wichtigsten Privilegien beibehalten wollte. So setzte er den Absolutismus in mehreren Stufen bis in die achtziger Jahre des 17. Jahrhunderts durch.

Der Landtagsbeschluß vom 1. Mai 1663 beendete endgültig die Selbständigkeit der ständischen Verwaltung der Oberräte in Preußen. Er erkannte zugleich die Notwendigkeit der Steuern für das stehende Heer an. Den Ständen selbst erschien dieses Zugeständnis aufgrund der Bestätigung ihrer Privilegien durch den Kurfürsten sowie dessen Verpflichtung, alle drei Jahre einen Landtag einzuberufen, weniger relevant. Sie bewilligten konsequenterweise die Steuer auch nur auf drei Jahre. Der Kurfürst hatte aber gar nicht die Absicht, sich an seine Zusage zu halten. Ganz im Gegenteil begrenzte er sie schon durch den Vorbehalt, daß sie seine Souveränität nicht antasten dürften. Seiner Ansicht nach konnten in Zukunft Ständeprivilegien *"nur noch in den Grenzen erhalten bleiben, die die Anerkennung seiner vollen Souveränität setzte"*.[30] Aus der Sicht des Kurfürsten war seit 1663 die Lage im Herzogtum Preußen geklärt: die Souveränität des Herzogs als höchste Instanz in militärischen und Finanzfragen war anerkannt und die Verwaltung des Herzogtums de facto den brandenburgischen Zentralorganen in Berlin untergeordnet. Der Kurfürst war bestrebt, die Steuern ohne Einberufung der Landtage nach eigenem Beschluß zu erheben. Die Stände setzten ihren Widerstand fort, doch gab diesmal nicht Königsberg, sondern die Adelsopposition um die Familie von Kalckstein den Ton an, die mit dem tragischen Ende Christian Ludwig von Kalckstein-Stolińskis (1630?-1672) zerschlagen wurde. Damit fanden auch die polnischen Verfassungseinflüsse auf den preußischen Adel ein Ende.

Kalckstein entstammte einer Adelsfamilie, die sich mehrfach den absolutistischen Plänen des Großen Kurfürsten entgegengestellt hatte. Er war Oberstleutnant in französischen und in polnischen Diensten gewesen, wo einen großen Freundeskreis besaß.[31] Seit langem in Konflikt mit dem Kurfürsten, mußte

---

30 K. Piwarski, a.a.O., S. 64.

31 Vgl. die Biographie in T. Oracki: Słownik biograficzny Warmii, Prus Książęcych i Ziemi Malborskiej od połowy XV do końca XVIII wieku [Biographisches Wörterbuch Ermlands, des

Kalckstein im Jahre 1670 schließlich aus dem Herzogtum Preußen fliehen und trat auf dem polnischen Sejm in Warschau als Vertreter der preußischen Stände mit dem gegen den Kurfürsten gerichteten Memorandum »Supplicatio nomine Ducatus Prussiae ad Ordinem Equestrem alias Supplex Ducatus Prussiae libellus« auf.[32] Kalckstein war nicht so sehr der Vertreter eines propolnischen, sondern vielmehr eines antiabsolutistisch eingestellten preußischen Adels, der auch noch nach 1660 in Polen Unterstützung gegen den Kurfürsten suchte. Polen fehlten, obwohl es sich eventuell auf den Frieden von Oliva hätte berufen und gegen die Verletzung der Ständefreiheiten durch den Kurfürsten hätte intervenieren können, nach dem Frieden von Oliva die Rechtsgrundlagen, um in die inneren Angelegenheiten des Herzogtums einzugreifen. Dem durch innere Konflikte zerrissenen Polen unter König Michał Korybut Wiśniowiecki (1669-1673) wäre jedoch eine erfolgreichen Intervention in Preußen kaum möglich gewesen, selbst wenn sie im polnischen Staatsinteresse gewesen wäre. Daher wurde Kalckstein, ähnlich wie anderen Vertretern der Opposition gegen den Kurfürsten, in Polen lediglich Asyl gewährt. Er konnte jedenfalls mit keiner nennenswerten Unterstützung rechnen.

Der Große Kurfürst war entschlossen, die Warschauer Aktivitäten Kalcksteins um jeden Preis zu unterbinden, zumal er auf Rache an seinem politischen Gegner sann, dem er Landesverrat vorwerfen konnte. Nachdem Polen die Auslieferung abgelehnt hatte, fiel in Königsberg der Entschluß, Kalckstein zu entführen und nach Preußen zu verschleppen. Diese Aufgabe übernahm der brandenburgische Gesandte in Warschau Eusebius Brandt, der Kalckstein unter dem Vorwand, für ihn die Gunst des Kurfürsten zurückzugewinnen, zu Gesprächen einlud. Am 28. Oktober 1670 ließ er brandenburgische Kavalleristen Kalckstein entführen und aus Warschau verschleppen. Die in Warschau einberufene Untersuchungskommission ermittelte schnell die Wahrheit über das Schicksal Kalcksteins, worauf Brandt sich durch Flucht aus Warschau in Sicherheit brachte. Die polnische Forderung, Kalckstein freizulassen und die Schuldigen zu bestrafen, beschied der Kurfürst negativ. Kalckstein wurde vor Gericht gestellt und in der Festung Memel gefoltert, verriet aber keinen der bei der Aktion gegen den Kurfürsten Beteiligten. Die preußischen Richter verschleppten trotz des vom Kurfürsten ausgeübten Drucks die Verhandlung; erst im Januar 1672 wurde Kalckstein zum Tode verurteilt. An der Gerichtsverhandlung waren widerrechtlich zwei Richter des Berliner Kammergerichts beteiligt. Als das Gericht ebenso unrechtmäßig beschloß, die Folter anzuwenden, wurde *"den preußischen Richtern [...] großzügig gestattet, der brutalen Prozedur fernzubleiben"*.[33]

Als Polen angesichts einer neuen osmanischen Bedrohung nicht mehr an dem Fall interessiert war, gab der Kurfürst die Anweisung, das Urteil an Kalckstein

---

Herzoglichen Preußen und des Marienburger Landes von der Mitte des 15. bis zum Ende des 18. Jahrhunderts]. T. 1. Olsztyn 1984, S. 117-120.

32 Vgl. A. Kamińska: Brandenburg-Prussia and Poland. A Study in Diplomatic History (1669-1672). Marburg 1983, S. 72.

33 B. Beuys: Der Große Kurfürst. Der Mann der Preußen schuf. Reinbek 1979, S. 323.

am 8. November 1672 zu vollstrecken. Kalckstein blieb das einzige Blutopfer des kurfürstlichen Absolutismus im Herzogtum Preußen. Sein Fall war für den ostpreußischen Adel Beispiel und Warnung zugleich. Von da an suchte er nicht mehr die offene Auseinandersetzung mit dem Kurfürsten.

Auch nach der Entführung und Hinrichtung Kalcksteins hatte der Widerstand der preußischen Stände gegen den Kurfürsten eine wechselhafte Geschichte. Die Entscheidung fiel in den Jahren 1679 bis 1682, als der Kurfürst neue Steuern für das Herzogtum Preußen festsetzte und den Ständewiderstand gegen ständige Steuern brach. Nach dem Tode Friedrich Wilhelms versuchte der preußische Landtag mit scharf formulierten Klagen und Beschwerden erfolglos, die Rücknahme dieser Steuern zu erreichen. Kurfürst Friedrich III. gewährte zunächst Zugeständnisse und brachte den preußischen Landtag mehrfach dazu, Steuerbewilligungen zuzustimmen. 1705 gab er einen Erlaß heraus, in dem er die Einberufung des Landtags für die Dauer der Beibehaltung der Höhe der ständigen Steuern suspendierte. Seither wurden nur noch Krönungslandtage einberufen, auf denen die Stände vergeblich versuchten, ihre Forderungen durchzusetzen.

***Hinterpommern.*** - Das in die große Politik der Zeit des Dreißigjährigen Krieges verwickelte Herzogtum stand nach dem Aussterben des Herzogsgeschlechts der Greifen (1637) im brandenburgisch-schwedischen Konflikt hauptsächlich auf der Seite Brandenburgs, was die Entwicklung einer im Prinzip harmonischen Zusammenarbeit zwischen den starken Ständen und dem Kurfürsten in Hinterpommern begünstigte und dort im 17. und 18. Jahrhundert einen hohen Grad an politischer Stabilität ermöglichte. Der Große Kurfürst und sein Nachfolger bemühten sich, ihre Interessen mit denen der lokalen Junker abzustimmen. Sicherlich kamen die Brandenburger auch deshalb den Interessen des grundbesitzenden Adels entgegen, weil im schwedischen Teil Pommerns die Stände ebenfalls ihren großen Einfluß behalten hatten: "*Rechtstraditionsbewußtsein, Herrschaftsinteresse und ökonomische Fundamentalzwänge*" waren "*die wichtigsten Antriebskräfte bei der Perpetuierung ständischen Wesens und Wirkens*."[34] Insgesamt hielt sich das Ständewesen in Hinterpommern stärker als im Herzogtum Preußen oder in Brandenburg. Allerdings zeigten die Junker in Hinterpommern keine Opposition gegen den Machtzuwachs des Kurfürsten.

***Die Verwaltungsstruktur in den Territorien.*** - Mit Ausnahme der Mark Brandenburg, wo die für den Gesamtstaat zuständigen Behörden mit der Zeit die Funktionen der Provinzialverwaltung übernahmen, wurde die Struktur der einzelnen Provinzen des brandenburgisch-preußischen Staates soweit wie möglich vereinheitlicht, wozu wesentlich die Einführung eines einheitlichen Netzes von Domänenverwaltungen und der später durch kollegial geführte Kommissariate ersetzten Kriegskommissare beigetragen hat. An der Spitze der Territorien stan-

34 G. Heinrich: Ständische Korporationen und absolutistische Landesherrschaft in Preussisch-Hinterpommern und Schwedisch-Vorpommern (1637-1816). In: Ständetum und Staatsbildung, S. 161.

den unter Kurfürst Friedrich Wilhelm im Herzogtum Preußen, in Hinterpommern, im Fürstentum Magdeburg, in Kleve-Mark und in Minden die von ihm ernannten *Statthalter*. Neben den Statthaltern setzten die bisherigen ständischen Organe, die in der Regel als *Landesregierung* bezeichnet wurden, ihre Tätigkeit fort. Ihr Aufgabenbereich wurde systematisch von den Statthaltern sowie von den neuen Institutionen der Kriegskommissare und der Amtskammern für Domänen-, Wälder- und Regalienverwaltung beschnitten. Die Statthalter schränkten die Selbständigkeit der Landesregierungen, denen schrittweise administrative Befugnisse entzogen wurden, vor allem dadurch ein, daß die Domänenverwaltung direkt den Behörden in Berlin und die Finanzangelegenheiten den Kriegskommissaren unterstellt wurden. Die *Kriegskommissare* versahen die entscheidenden Funktionen in dem vom Kurfürsten geschaffenen Netz zur Verwaltung der Heeres- und Finanzangelegenheiten. Sie bildeten einen fiskalischen Apparat, der ausschließlich dem Herrscher zur Disposition stand: *"Aus einer Armeebehörde entwickelte sich so der Träger der ungemein aktiven merkantilistischen Politik des preußischen Staates."*[35] An der Schwelle zum 18. Jahrhundert verblieb den der eigentlichen Kompetenzen in der Landesverwaltung beraubten Landesregierungen letztendlich vor allem die Judikative, die Rolle der zweiten und eventuell der obersten Gerichtsinstanz im jeweiligen Territorium. Die Provinzialkonsistorien waren für Kirchen- und Schulfragen zuständig.

Im 17. Jahrhundert wurde die Mark Brandenburg in *Kreise* eingeteilt, an deren Spitze *Kreisdirektoren* standen, die im Jahre 1702 den alten Ehrentitel der ständischen Notablen, *Landrat*, erhielten. Sie vertraten die Interessen der lokalen ständischen Selbstverwaltung und waren zugleich ausführendes Organ der Staatsmacht. Im Laufe der Zeit wurden Kreiseinteilung Landrat nach diesem Vorbild in allen Territorien eingeführt. Lediglich in der Kurmark war der Landrat von Anbeginn an Ausdruck der adligen Selbstverwaltung des Kreises. Die Landräte wurden hier bis ins 19. Jahrhundert von den Kreisständen gewählt oder zur Ernennung durch den Kurfürsten bzw. König nominiert. Die brandenburgischen Landräte wurden ähnlich wie die entsprechenden Lokalbeamten im Herzogtum Preußen den Kriegskommissaren und ihren Weisungsbefugnissen unterstellt. In den Städten übernahmen die den Kriegskommissaren unterstellten Steuerräte die Aufsicht und schließlich auch die Verwaltung. Ebenso wurde das Verwaltungssystem im Herzogtum Preußen im Sinne des Kurfürsten reorganisiert. Formell blieb weiterhin das von vier Würdenträgern des Landes gebildete Kollegium der Regimentsräte die Spitze der Landesverwaltung. Dieses Kollegium war einerseits Beratungsorgan an der Seite des Herzogs, andererseits Aufsichtsorgan über die Stände in dessen Auftrag. Unter Georg Wilhelm regierten praktisch die Regimentsräte das Land, unter dem Großen Kurfürsten war ihnen während dessen Absenz die gesamte Landesverwaltung unterstellt. Im Prinzip bestimmte bis in die vierziger Jahre der ständische Geist das Verhältnis der Regimentsräte und ihres Umfeldes zum Herzog in Preußen.

---

35 G. Oestreich: Verfassungsgeschichte vom Ende des Mittelalters bis zum Ende des alten Reiches. In: Gebhardt: Handbuch der deutschen Geschichte. 9. Aufl. Bd. 2. Stuttgart 1970, S. 416.

Der Große Kurfürst begann, die Kompetenzen dieses Kollegiums zu beschneiden; freiwerdende Stellen vergab er an Vertraute und ordnete die Regimentsräte, die von da an als Oberräte bezeichnet wurden, dem neu geschaffenenen Statthalter, seinem Stellvertreter in Preußen, unter. Der Statthalter, dem alle Landesbehörden unterstellt waren, unterstand direkt dem Kurfürsten. Die Berufung von Brandenburgern in das Kollegium der Oberräte trotz Protesten gegen die Verletzung des Indigenatsrechts ebnete in den sechziger Jahren den Weg zur vollkommenen Unterordnung des Regimentsrates unter den Willen des Kurfürsten. Seit 1655 wurden die Oberräte und der ihnen vorgesetzte Statthalter als *Landesregierung* bezeichnet. Der Statthalter übte gegenüber der Landesregierung die Herrscherrechte aus und führte in Abwesenheit des Herrschers den Vorsitz. Die Institution des Statthalters festigte die Herrschaft der brandenburgischen Hohenzollern über das Herzogtum Preußen.

Die Landesregierung verlor allmählich ihre Befugnisse zugunsten verschiedener Verwaltungs- und Rechtsorgane. Im 18. Jahrhundert unterlagen die preußischen Verwaltungsämter bereits vollkommen den zentralen Staatsorganen Brandenburg-Preußens, die in der Provinz von den Kriegskommissaren und den Domänenverwaltungen vertreten wurden. Der schnelle Bedeutungsverlust der ständischen Finanzverwaltung zugunsten der kurfürstlichen Administration der Kriegskommissare, die seit Ende der sechziger Jahre eine ständige Behörde bildeten, war nur konsequent. Seit 1684 wurde dieses Einpersonenamt als *Kriegskammer* zur territorialen Kollegialbehörde umorganisiert. Mit der Entwicklung der Kriegskammern zur wichtigsten Behörde der Territorialverwaltung ging der Bedeutungsverlust des Statthalteramtes einher, von dem im 18. Jahrhundert nur noch der Titel übrigblieb,.

Seit 1661 war das Land verwaltungsmäßig in 47 *Ämter* eingeteilt, die einem Amtshauptmann unterstanden. Diese hatten nicht nur die Amtsgewalt über Domänen in ihrem Amt, sie verfügten in den Städten mit Ausnahme Königsbergs auch über die allgemeine Polizeigewalt und die Gerichtshoheit über die Bevölkerung, über den Adel allerdings nur in Zivilsachen. Später wurde nach dem Beispiel Brandenburgs die Kreiseinteilung eingeführt, die - mit einem Landrat an der Spitze - eine Stände- und eine Verwaltungsinstitution wurden.

Die Struktur Hinterpommerns zum Zeitpunkt der Übernahme durch den Kurfürsten wurde durch das Staatsverfassungs-Gesetz zur bestimmt, das 1634 der Landtag des Herzogtums Pommern in Stettin beschlossen hatte und vor allem Bestimmungen für den Fall des Todes des letzten Herrschers von Pommern aus dem Geschlecht der Greifen enthielt. Die Landesherrschaft sollte auf einen siebenköpfigen Regentschaftsrat übergehen, der bereits zu Lebzeiten des Pommernherzogs berufen wurde und faktisch das Land in dessen letzten Lebensjahren regierte. Diese Vorschriften sollten allgemein die Rechte der Landstände gegenüber dem neuen Herrscher garantieren, der nach den gültigen Verträgen der Kurfürst von Brandenburg sein sollte. Der im Jahre 1653 von ihm übernommene Teil Pommerns wurde auf der Grundlage eines Kompromisses mit den Landständen organisiert, der unmittelbar an das Gesetz von 1634 anknüpfte. Das vom Kurfürsten erlassene Gesetz, die *Regimentsverfassung*, behielt im Prinzip die bisherigen Ständeinstitutionen bei. Erst im Verlauf der weiteren Ereignisse bemühte sich der Kurfürst konsequent um die Zentralisierung und Konzentration der Macht und die Unterordnung Hinterpommerns unter die in Berlin erlassenen Anweisungen.

Besonderes Merkmal der Verhältnisse in Pommern war lange Zeit die Ernennung eines Statthalters durch den Kurfürsten, der an der Spitze der Provinzialbehörden stand. Pommern besaß seine eigene Obergerichtsbarkeit im Hofgericht mit Sitz zunächst in Kolberg, ab 1669 in Stargard und seit 1721, nach der Übernahme der Stadt durch Preußen, in Stettin. An der Spitze der Behörden in Hinterpommern stand neben dem Statthalter die bis 1723 in Kolberg, danach in Stettin befindliche Landesregierung aus sechs vom Herrscher berufenen Mitgliedern. Für Pommern wurde ein Konsistorium und eine Domänenverwaltung eingerichtet. Die Einteilung des Landes in Kreise hatte den Charakter einer adligen Ständeorganisation. Die Landtage Hinterpommerns traten in Stargard zusammen. Die Lokalverwaltung blieb praktisch in den Händen der örtlichen Junker, die die Tätigkeit der von den Ständen des Kreises kontrollierten Landräte bestimmten. Im Laufe der Zeit übernahmen auch in Hinterpommern Steuerräte die Leitung der städtischen Behörden, und die Kriegskommissare wurden praktisch zur höchsten Behörde der Landesverwaltung.[36]

***Die Grundlagen der absolutistischen Staatsordnung***. - Der Große Kurfürst war ein Praktiker der Macht. In den vierziger und fünfziger Jahren dachte er wahrscheinlich noch nicht in Kategorien eines absoluten Herrschers; diese Position strebte er nach 1660 beharrlich an. Zunächst erschien alles als Folge unvermeidlicher Ereignisse: die internationale Lage, die Erfahrung aus dem noch andauernden Dreißigjährigen Krieg machten die Aufstellung eines wenn auch kleinen, aber stehenden Heeres unumgänglich, das - auf Friedensstärke gehalten - dem Land gewisse Sicherheit bieten und außenpolitische Chancen eröffnen sollte. Zur Kriegsführung, aber auch zur Unterhaltung einer starken Armee in Friedenszeiten war sehr viel Geld notwendig. Friedrich Wilhelm bemühte sich, dieses Geld in gewissen Grenzen und Situationen auf dem verfassungsmäßigen Weg durch entsprechende Bewilligungen der Ständevertretungen in den einzelnen Territorien zu erhalten. Gelang dies nicht, handelte er ohne die Beteiligung der Stände selbständig, um die die Staatseinkünfte im notwendigen Umfang zu vermehren. Brach er das Recht der Stände, betonte er immer wieder die Zwangslage, den *casus necessitatis*. In diesem Kampf verloren die alten Institutionen schrittweise nicht ohne Widerstand und Protest ihre Bedeutung, wurden zu Organen ohne reale politische Funktion. An die Stelle der alten ständischen Selbstverwaltungsinstitutionen traten insbesondere im Steuerwesens nach und nach neue staatliche Einrichtungen, das stehende Heeres und die staatliche Bürokra-

36 Vgl. allgemein W. Vogel: Die Entwicklung der brandenburgischen Verwaltung bis zum Regierungsantritt Friedrich Wilhelms I. (1713). In: Deutsche Verwaltungsgeschichte, Bd. 1, S. 858-889, hier S. 889f.

tie. Der Militär- und Beamtenstaat nahm den ständischen Institutionen allmählich "Licht und Luft".

Den Absolutismus des 17. und sogar des 18. Jahrhunderts darf man selbstverständlich nicht mit den totalitären Regimen des 20. Jahrhunderts gleichsetzen, in denen der Staat in sämtliche Lebensbereiche eingriff. Die absolute Monarchie war in der Zeit des Großen Kurfürsten noch weit von der Realisierung vieler ihrer Ziele entfernt und handelte eher schrittweise *via facti*, als daß sie modellhafte Lösungen suchte. Diese bestanden jedoch - zumindest im politischen Denken der Zeit in der Einführung des absoluten Primats des Herrschers, in der Aufhebung des politischen Dualismus zwischen Ständen und Herrscher, ohne daß die Stände als solche abgeschafft worden oder völlig funktionslos geworden wären. Der absolute Herrscher blieb in seiner Handlungsfreiheit begrenzt. Seine Macht blieb dort, wo seine Beamten wie auf dem adligen Grundbesitz keine unmittelbaren Zugriffsmöglichkeiten hatten, illusorisch.

In den späteren Jahren konzentrierte sich die Politik des Großen Kurfürsten auf den Ausbau eines von den Ständen unabhängigen Steuersystems, das - wenn auch immer noch sehr uneinheitlich - deutlich den Weg zur Schaffung eines einheitlichen gesamtstaatlichen Steuersystems markierte. Von wesentlicher Bedeutung war die definitive Übernahme der zunächst nur umgangenen ständischen Steueradministration unter die Aufsicht und schließlich die Verwaltung des Staates in Brandenburg von 1664 an, im Herzogtum Preußen erst seit 1684. Bereits in den siebziger Jahren hatte der Kurfürst im Verlauf neuer Kriege ohne größeren Widerstand der Stände die Höhe der von den *Kriegskommissaren* eingetriebenen Steuern mehrfach neu festgelegt. Im Herzogtum Preußen wurde der Aufbau eines eigenen Steuersystems in den Jahren 1680-1681 abgeschlossen, als der Kurfürst zunächst die *Separation* der Stände durchführte, indem er das städtische Steuersystem von dem für die Landbevölkerung trennte und danach die Steuern jeweils neu bestimmte und so den ständischen Widerstand gegen die neu aufgelegten Steuern endgültig brach. Seither zahlten die Städte die *Akzise*, den freien Bauern und den Domänenbauern wurden willkürlich vom Kurfürsten bestimmte Lasten auferlegt. Der Adel und seine Untertanen zahlten dagegen nur direkte Steuern wie Vieh-, Kopf- oder Hufensteuer. Der ostpreußische Adel erfreute sich zwar - anders als der brandenburgische - nicht der absoluten Steuerfreiheit, doch blieb seine Belastung minimal. Von da an interpretierte der Kurfürst das geltende Recht in dem Sinne, daß er die Steuerprivilegien der Stände soweit wie möglich schützte, aber im Interesse des Staates und seiner Defension das Recht beanspruchte, notwendige Steuerbelastungen aufzuerlegen. Seit 1666 diente diese Doktrin dem Kurfürsten dazu, die ohne Mitwirkung der Stände selbstherrlich aufgestellten Steuerbescheide zu legitimieren.

Schließlich wurde die Akzise, eine indirekte Konsum- und Umsatzsteuer, die die Einkommen unterer und mittlerer Schichten der Stadtbevölkerung besonders stark belastete, zur einheitlichen städtischen Steuer im gesamten Staat. Das Land wurde durch direkte Steuern wie Kopf-, Hufen- oder Viehsteuern belastet, die in den einzelnen Territorien unterschiedlich hoch waren. Insgesamt schützte das Steuersystem im Sinne der feudalen Tradition die reichen und privilegierten Stände; umso schwerer belastete es die restlichen Bevölkerungsgruppen, die in der ersten Hälfte des 18. Jahrhunderts in der preußischen Monarchie besonders starkem Steuerdruck ausgesetzt waren. Das Steuersystem stellte Stadt und Land in einen Grundwiderspruch, was in der Konsolidierungsphase der absoluten Monarchie dem Herrscherinteresse entgegenkam.

Die Akzise war eine Steuer, die einfach zu erheben war und vom Steuerzahler nicht direkt wahrgenommen wurde, da sie zumeist im Warenpreis enthalten war. Sie wuchs mit dem Anstieg der Bevölkerung, dem Wachsen des Wohlstands und der Steigerung des Konsums. Das neue Steuersystem versetzte der Teilhabe der Städte und der freien Bauern am ständischen Leben im Herzogtum Preußen den letzten Stoß. Da sie gesonderte ständige Steuern zahlten, deren Höhe vom Herrscher und nicht von den Landtagen abhing, hatten beide Gruppen keine gemeinsamen Interessen mehr mit dem Adel. Dies war eine der strukturellen Ursachen dafür, daß an die Stelle der gemeinsamen Landtage der preußischen Stände fast rein adlige Institutionen der territorialen Selbstverwaltung traten: Landesselbstverwaltung und Landeskreditkassen, die *Landschaften*.

Die Entstehung des preußischen Militarismus und seine Durchsetzung im Leben der Gesellschaft wird zumeist erst in das 18. Jahrhundert datiert. Aber bereits in der Zeit des Großen Kurfürsten wurden mit dem starken stehenden Heer die Grundlagen für die spätere Entwicklung gelegt. Im Laufe der Zeit erhielt in keinem deutschen Staat diese Entwicklung solche Bedeutung wie in Brandenburg-Preußen, wo die Verwaltungsstruktur, das Steuersystem und im die Wirtschafts- und Sozialpolitik den militärischen Interessen des Staates untergeordnet wurden. Für den Großen Kurfürsten stellte die Armee einen unverzichtbaren Faktor der aktiven Außenpolitik dar. Damals waren eigentlich Söldnerheere üblich: sie wurden für die Zeit eines Krieges sich aus den unterschiedlichsten sozialen Elementen aufgestellt und unterstanden vor allem der Befehlsgewalt der einzelnen Regimentsführer, die mit dem Herrscher Verträge über die Aufstellung bewaffneter Söldnertruppen für Geld und den Sold für die Soldaten abschlossen.

Es war durchaus kein Zufall, daß die erste gesamtstaatliche Institution in Brandenburg-Preußen die dem Kurfürsten unterstellte Armee war: "*Durch das stehende Heer erhielt Brandenburg-Preußen eine wesentliche Grundlage seiner Staatlichkeit.*"[37] Die Auszahlung des Soldes und die Verpflegung und Unterbringung der vom Kurfürsten für sein stehendes Heer angeworbenen Soldaten (Kasernen im heutigen Sinne gab es damals noch nicht) in Friedens- und in Kriegszeiten gehörte zu den größten Problemen. Von ca. 4 000 Soldaten im Jahre 1644 wuchs die Armee des Kurfürsten nach dem polnisch-schwedischen Krieg bis zum Jahre 1660 auf die Friedensstärke von ca. 11 000 Soldaten. 1688 standen bereits 31 000 Soldaten unter Waffen, was bedeutete, daß Brandenburg in dieser Hinsicht zu den führenden Ländern Europas zählte. Trotz der innenpo-

---

37 G. Oestreich: Verfassungsgeschichte, S. 415.

litischen Erfolge war der Kurfürst nicht in der Lage, die erheblichen Kosten für seine Armee nur aus Steuermitteln des Landes aufzubringen. Deshalb schloß er in der Regel solche außenpolitischen Verträge, die ihm Subsidien für die Unterhaltung der Armee einbrachten. Sein Einsatz als eine Art Söldner der Großmächte führten dazu, daß er nach Kriegsende oft Konferenztisch erniedrigend behandelt und sein auf Subsidien beruhender militärischer Einsatz nicht gewürdigt wurde. Sein Nachfolger, Kurfürst Friedrich III., setzte diese Politik fort. Es gelang ihm in den Jahren 1688-1697, mehr als 6,5 Millionen Reichstaler Subsidien für die brandenburgische Armee zu beschaffen, die - im Widerspruch zu den eigenen langfristigen Interessen - gegen Frankreich kämpfte.[38]

Militarismus und Absolutismus *"waren miteinander verflochten, da sie bereits von Anbeginn ihres Bestehens in Preußen [d.h. seit Mitte des 17. Jahrhunderts] eine unzertrennliche Einheit bildeten"*.[39] In seiner Militärpolitik zielte der Große Kurfürst auf die Schaffung einer ihm direkt unterstellten Armee mit einem ihm vorbehaltlos ergebenen Offizierskorps. Deshalb begann er, anstelle der gedungenen Soldateska ein stabiles, durch Zucht und Ordnung im Sinne der Staatsinteressen diszipliniertes Heer aufzubauen, was allerdings erst unter König Friedrich Wilhelm I. (1713-1740) endgültig gelang. Die Armee wurde spätestens seit seiner Regierungszeit zur Verkörperung des Bündnisses von Monarch und Junkern. Gleichzeitig erzwang die Existenz dieser Armee die Kapitulation der Territorialstände vor den Forderungen des Herrschers. Angesichts des schwachen Bürgertums wurde der Absolutismus den Ständen durch den Ausbau von Armee und Verwaltungsapparat aufgezwungen.

***Die Landstände gegen Ende der Regierungszeit des Großen Kurfürsten.*** - Die Ergebnisse der Konfrontation des Herrschers mit den Ständen der einzelnen Territorien blieben über die Regierungszeit Friedrich Wilhelms hinaus erhalten und stabilisierten sich, doch stellten die Landstände weiterhin einen gesellschaftlichen Faktor dar, der in den niederrheinischen Territorien besonders wesentlich, aber auch in den östlichen Provinzen nicht ohne Bedeutung war. Ähnlich spielten auch in Hinterpommern die Stände weiterhin eine bedeutende Rolle, doch arbeiteten sie in den meisten Fällen mit dem Kurfürsten zusammen. In der Regel wurden die Landtage gar nicht oder nur noch selten einberufen. An ihrer Stelle entwickelten sich besonders in Brandenburg ständische Institutionen wie die - in Brandenburg rein adlige - *Landes-Kredit-Kasse*. Die Ständekomitees der Kreditkassen wirkten faktisch als Beratungsorgane, die - besonders in sozialen und ökonomischen Angelegenheiten Druck auf den Herrscher ausüben konnten. Der *Große Ausschuß* der *Landes-Kredit-Kasse* der Kurmark traf sich regelmäßig zweimal jährlich in Berlin und beratschlagte auch über politische Themen. Als

---

38 Vgl. H. Schnitter: Militarismus und Söldnerheer. In: Evolution und Revolution in der Geschichte. Ernst Engelberg zum 65. Geburtstag. Bd. 2. Berlin 1976, S. 685.

39 J. Topolski: Rozwój absolutnego państwa pruskiego i rola Prus w rozbiorach Polski [Die Entwicklung des absoluten preußischen Staates und die Rolle Preußens in den Teilungen Polens]. In: Węzłowe problemy, S. 42.

Interessengruppe blieb er das gesamte 18. Jahrhundert hindurch aktiv. Eine besondere Rolle spielte die regionale Selbstverwaltung auf der untersten Ebene: die *Kreisversammlungen* oder *Kreistage*. Am deutlichsten war die Macht der Stände im Herzogtum Preußen gebrochen worden, die sich allerdings nicht mit der Regierung des Großen Kurfürsten abfinden wollten. Der erste von seinem Nachfolger einberufene Landtag des Herzogtums Preußen erhob zahlreich Klagen zur Wiederherstellung der alten Privilegien, die allerdings generell ergebnislos blieben. Der allein zur Berufung der Landtage berechtigte Herrscher rief daraufhin keinen weiteren preußischen Landtag mehr ein.

Die lokale Selbstverwaltung und das Kreditsystem, das angesichts der Nichteinberufung von Landtagen gewisse politische Ersatzfunktionen ausfüllte, verdeutlichen die Bedeutung des Adels, dessen Ansichten vom Großen Kurfürsten und von seinen Nachfolgern immer dann berücksichtigt wurden, wenn es um unmittelbare sozioökonomische Interessen der Junker ging. Jedoch mußte der Herrscher die politische Macht im Staat und die Landesverwaltung in den Territorien nicht mehr mit den Ständen teilen. Vor allem war er von den Ständen nicht mehr finanziell abhängig. Wenn auch die Ständevertretungen in Preußen unter dem Dach der absoluten Monarchie formal auf reine Ersatzformen eingeschränkt wurden, blieb die Tradition der ständischen Interessenvertretung des Adels auf der regionalen Ebene lebendig und sollte an der Schwelle zum 19. Jahrhundert sogar an Lebendigkeit gewinnen.

Die Staatsmacht war hier ein Bündnis besonderer Art mit dem Junkertum eingegangen. Es wurde in seiner politischen Rolle nur soweit eingeschränkt, wie es zur Durchsetzung der Machtpolitik des neuen, von militärischen Interessen dominierten Staates notwendig war. Der Kurfürst erkannte die gesellschaftlichen Vorrechte des Adels voll und ganz an und ersetzte nur die politischen Entscheidungsrechte des Adels durch den allgewaltigen, durch den Herrscher personifizierten Staatswillen. Das Bürgertum blieb außerhalb dieses Bündnisses. Im Gegenteil: der habgierige Fiskalismus des Kurfürsten richtete sich von Anfang an gegen politisch und gesellschaftlich schwächere Gruppen. Das Bündnis mit dem Adel richtete sich gegen die Städte, aber auch - insbesondere im Herzogtum Preußen - gegen die nach dem sozialen Stand niedrigsten, abhängigen und marginalen Bevölkerungsgruppen.

***Bilanz der Epoche.*** - Lange Zeit war die Historiographie Preußens eine Historiographie der Hohenzollern, nicht ihrer Gegner. Neuere Forschungen haben das frühere apologetische Bild des Großen Kurfürsten als Schöpfer des Absolutismus in Preußen korrigiert. Friedrich Wilhelm schaffte die Landstände nicht ab, er begrenzte lediglich entscheidend ihre politische Rolle im Staat. Rudimentäre Formen der Ständevertretungen behielt er wie andere Formen der adligen lokalen Selbstverwaltung, z.B. Landeskreditkassen, bei, doch änderte das nichts an der faktischen Entmachtung der Stände. Seither fielen die allgemeine Landespolitik, Außen- und Militärpolitik sowie Angelegenheiten der Staatsverwaltung in die ungeteilte Zuständigkeit des Kurfürsten, doch mußte er stets die

Stärke der Stände im lokalen sozioökonomischen Bereich berücksichtigen, insbesondere die Interessen des Adels, der seit den sechziger und siebziger Jahren des 17. Jahrhundert nach dem vollkommenen Bedeutungsverlust der Städte der dominierende Faktor im ständischen Leben blieb. Überzeugend hat diese Lage ein bedeutender Kenner der Verfassungsgeschichte Preußens, Conrad Bornhak, vor knapp 100 Jahren gesehen: "*Das Ständewesen ist beiseite geschoben, aber nicht vernichtet. Als Gesamtvertretung des Landes kommen die Stände kaum noch in Betracht. Erhalten hat sich dagegen die ständische Gliederung der Gesellschaft, die wirtschaftliche Abhängigkeit der unteren Gesellschaftsklassen von den oberen, hierin ruhte fortan das Schwergewicht der ständischen Privilegien. Erhalten hat sich auch die ständische Ortsverwaltung durch Grundherren und Magistrate, aber nunmehr unter strenger Aufsicht der staatlichen Behörden, der Landräte und Steuerkommissare.*"[40]

Das Amt des Landrats, das im 18. Jahrhundert im gesamten preußischen Staat geschaffen wurde, hatte immer eine doppelte Funktion: der Landrat war Repräsentant der lokalen Interessen und Vertreter der Staatsmacht. Trotz der großen Erfolge Kurfürst Friedrich Wilhelms bei der Zentralisierung der Staatsverwaltung bewahrte jedes einzelne kurfürstliche Territorium, wenn auch stark eingeschränkt, weiterhin seine spezifischen Strukturen und Privilegien. Die endgültige Durchsetzung der zentralistischen Staatsregierung war erst ein Werk der Regierung König Friedrich Wilhelms I.

## 5. Die Außenpolitik des Großen Kurfürsten

***Brandenburg-Preußen im Kampf um die Mitwirkung in der europäischen Politik (1640-1660).*** - Der Bedeutungsverlust Österreichs und Spaniens und der Machtzuwachs Frankreichs und Schwedens kennzeichnen das europäische Staatssystem nach dem Westfälischen Frieden von 1648. Gleichzeitig schwächten die Kosakenkriege und das Interregnum nach König Władysław IV. (1632-1648) die internationale Stellung des polnisch-litauischen Staates. Trotz der bedeutenden Vorteile die der Westfälische Frieden von 1648 Brandenburg brachte, konnte der Kurfürst nicht vergessen, daß im Verlauf des Dreißigjährigen Krieges Brandenburg-Preußen den europäischen Mächten auf Gedeih und Verderb ausgeliefert gewesen war. Die geographische Lage der hohenzollernschen Territorien, ihre lockere Verbindung untereinander und der traurige Zustand, in dem sie sich infolge des Krieges befanden, schränkten die Handlungsmöglichkeiten des Kurfürsten ein. Gleichzeitig bedeutete, was die borussistischen Historiker maßlos glorifiziert haben, die schwierige Lage für den jungen Herrscher eine Herausforderung: Nur entschlossenes Handeln konnte Brandenburg-Preußen aus der erniedrigenden Schwäche befreien und ihm eine gesicherte Führungsrolle unter den europäischen Staaten sichern.

40 Bornhak: Preußische Staats- und Rechtsgeschichte, S. 144.

Da mit dem Westfälischen Frieden im Jahre 1648 auch die Mehrzahl der Souveränitätsbeschränkungen der Reichsfürsten aufgehoben wurden, belasteten den Kurfürsten umso mehr aus Prestige- und aus sachlichen Gründen die Souveränitätsbeschränkungen im Herzogtum Preußen, als dessen Herrscher er weiterhin Vasall der Krone Polens war, hatte Friedrich Wilhelm als Voraussetzung seiner Herrschaft in Preußen dem polnischen König den Lehnseid leisten müssen: *"Der brandenburgische Kurfürst Friedrich Wilhelm leistete Wladyslaw IV. im Jahre 1641 den Lehnseid auf dem Großen Hof. Während der Festlichkeit saß der König auf dem Thron, der auf einem Podest gegenüber dem Tor aufgestellt war, auf beiden Seiten des Thrones hatten die Senatoren nach einer bestimmten Ordnung auf den Stühlen Platz genommen. Die Königin beobachtete die Zeremonie von einem Fenster im zweiten Stock aus. Der Kurfürst befand sich auf den Stufen des Throns und verkündete kniend die Oration auf Latein, worauf der Kanzler antwortete. Dann leistete er den Eid auf das Evangelium und dankte dem König für die Investitur. Während der Feier hielt der Krakauer Bannerträger in Vertretung desjenigen der Krone die Lehnsfahne und der Schwertträger der Krone das Schwert".*[41]

Aus Anlaß dieses - was niemand nicht wissen konnte - letzten Lehnseides des Kurfürsten als Herzog in Preußen gegenüber dem polnischen König feierte der aus in Königsberg wirkende Schlesier Christoph Kaldenbach 1641 in polnischer Sprache unter dem Titel »Huldigende Klio« panegyrisch die Macht des polnischen Königs und den Ruhm des Kurfürsten: *"Nun, Friedrich Wilhelm, du glanzvoller Nachfahre des uralten Geschlechts der Brenni, ist es Zeit, heranzutreten und die glückbringende Herrschaft über das berühmte Preußen mit gebührender Huldigung zu begehren [...]. Der große Władysław selbst zeigt sich Dir geneigt und beglückwünscht sich zu der Ehre einer solchen Untertanenschaft."*[42]

In den Jahren 1648-1655 hatte die Politik des Kurfürsten einen insgesamt friedlichen Charakter. Ihn beschäftigten vor allem zwei Probleme: die Durchsetzung der Beschlüsse des Westfälischen Friedens hinsichtlich der Übernahme Hinterpommerns von Schweden, was die Ostseemacht einige Jahre lang zu verzögern wußte, und im Jahre 1651 der Versuch, erstmals einen Streitfall mit Gewalt zu entscheiden, d.h., die seit 1609/1614 bestehende provisorische Teilung von Jülich-Kleve-Berg auf militärischem Wege zu revidieren. Ungenügende Vorbereitung und fehlende Unterstützung durch die Niederlande führten bereits im Oktober desselben Jahres zum Frieden, der den status quo festschrieb, so daß Kleve und die Grafschaft Mark weiterhin im Besitz des Kurfürsten blieben.

Der Westfälische Friede, der den Hegemoniebestrebungen der Habsburger in Europa und Deutschland ein Ende gesetzt hatte, eröffnete dem Kurfürsten neue politische Chancen. Er konnte durch seine Schlüsselstellung an der Ostsee zwischen Polen, Schweden und Österreich zwar eine bedeutende Rolle spielen, war aber auch von allen Seiten bedroht. Gerade diese unsichere Lage Brandenburgs

---

41 J. Lileyko: Zamek Warszawski 1569-1763 [Das Warschauer Königsschloß]. Wrocław 1984, S. 27.

42 Auszugsweise Wiedergabe mit deutscher Übersetzung in C. Kaldenbach: Auswahl aus dem Werk. Tübingen 1977, S. 3-11, Zitat aus der Übersetzung ebd., S. 9.

ließ den Großen Kurfürsten sein Leben lang eine dynamische Außenpolitik betreiben. Im beständigen Streben, die Position Brandenburg-Preußens zu festigen, bediente er sich des gesamten Fundus der Voraussetzungen und Möglichkeiten, die sich aus der Staatsraison als höchster Handlungsmaxime ableiten ließen. Wenn die Resultate der langen Regierungszeit des Großen Kurfürsten im Verhältnis zu seinen Bemühungen und Plänen besonders in der Zeit nach 1660 relativ bescheiden waren, so lag das an den ungünstigen Kräfteverhältnissen in Europa, die nicht zuließen, daß Brandenburg im Konzert der europäischen Mächte eine Rolle spielte. Trotzdem ging Brandenburg-Preußen aus dieser stürmischen Epoche gestärkt hervor, und die preußische Armee errang zum ersten Mal Anerkennung in Europa.

Nach der Abdankung der schwedischen Königin Christine folgte ihr im Jahre 1654 der junge und kriegerische Karl X. Gustav auf den Thron, dessen Ambitionen vor allem im Bereich der Ostseepolitik lagen, die er mit der Niederwerfung Polens in Angriff nahm. Im Juli 1655 fielen die Schweden in polnisches Land ein und beherrschten, ohne auf größeren Widerstand des polnischen Adels zu treffen, innerhalb weniger Monate fast die gesamte Adelsrepublik. Die Mehrheit der Magnaten und des Adels erkannten Karl X. Gustav als polnischen König an. König Jan II. Kazimierz (1648-1668) floh in das österreichische Schlesien.

Im Jahre 1655 führte Brandenburg vorsichtige Verhandlungen mit allen Seiten: mit Polen, das die Erfüllung der Vasallenpflicht im Kriegsfalle verlangte, mit Schweden und mit dem Kaiser. Friedrich Wilhelm taktierte zunächst abwartend. Seine Haltung teilte zu Beginn des Krieges die Mehrheit des Geheimen Rates, der sich gleichzeitig für die Aufrüstung des brandenburgischen und die Fortführung der Verhandlungen aussprach. In der nächsten Umgebung des damals in Königsberg weilenden Kurfürsten meinte jedoch die Mehrheit der Räte, daß im Entscheidungsfalle Pflicht und Lehnseid den Kurfürsten an die polnische Seite bänden. Nur Friedrich Georg Graf Waldeck sah von Anfang an in diesem Krieg die Chance, die polnische Oberhoheit abzuwerfen, und beeinflußte den Kurfürsten im proschwedischen Sinne. Die schwedischen Siege und die schwedischen Drohungen zeigten Wirkungen: in dem am 17. Januar 1656 in Königsberg geschlossenen Abkommen erklärte sich der Kurfürst für das Herzogtum Preußen als Vasall des schwedischen Königs und gewährte Schweden Zugang zu den Häfen des Herzogtums. Er versprach gegen die Zusicherung Schwedens, den Anschluß Ermlands an das preußische Lehen zuzulassen, ein Hilfskontingent von 1 500 Mann. Weitergehende Forderungen des Kurfürsten auf Großpolen und Kujawien lehnte der schwedische König ab.

Angesichts schwedischer Mißerfolge in Polen erweiterte Friedrich Wilhelm im Vertrag von Marienburg am 25. Juni 1656 das Bündnis mit Schweden, das die Lehnshoheit behielt, dem Kurfürsten allerdings um den Preis der vollen militärischen Unterstützung gegen Polen die Verleihung von vier polnischen Wojewodschaften, darunter Posen und Kalisch, versprach. Die Zusicherung umfaßte jedoch nicht das königliche Preußen, dessen Besitz Schweden selbst anstrebte, und verhinderte damit die vom Kurfürsten angestrebte Landverbindung zwischen der Mark Brandenburg und dem Herzogtum Preußen. In Erfüllung seiner Verpflichtungen schloß sich der Kurfürst an der Spitze der brandenburgischen Truppen der Armee Karl X. Gustavs an, die auf Warschau marschierte.

Bei Warschau fand vom 28. bis 30. Juli 1656 die Entscheidungsschlacht gegen das polnische Heer König Jan Kazimierzs statt. Die dreitägige Schlacht endete einem schwedischen Sieg. An der Seite Karl X. Gustavs von Schweden befehligte der Kurfürst selbst die brandenburgische Kavallerie, die entscheidend zum Sieg beitrug. Daher rührt die verbreitete Meinung, die später in Europa und der Welt berühmte preußische Armee sei in der Schlacht bei Warschau geboren worden. Auch wenn die politischen und strategischen Erfolge der Schlacht bei Warschau minimal waren, ist es aus dieser Perspektive durchaus von Symbolwert, daß der erste bedeutende Einsatz der brandenburgisch-preußischen Armee gegen Polen stattfand, gegen den Staat, der der preußischen Machtausweitung im Sinne des Wortes im Wege stand, dessen Volk im 19. und 20. Jahrhundert im Zentrum der preußischen Unterdrückungspolitik stand. Unmittelbar nach der Schlacht fiel die durch tatarische Hilfstruppen unterstützte leichte polnische Kavallerie in die südlichen Kreise des Herzogtums Preußen ein, verwüstete sie und veranlaßte den Großen Kurfürsten, über die Chancen Schwedens im Kampf gegen Polen nachzudenken. Der durch den Mehrfrontenkrieg geschwächte schwedische König sah sich zu Zugeständnissen an den Kurfürsten gezwungen: Im Vertrag von Labiau verzichtete der geschwächte schwedische König am 20. November 1656 auf die Lehnshoheit über das Herzogtum Preußen und erkannte als Gegenleistung für die Zusage der weiteren Unterstützung im Krieg gegen Polen die Herrschaft des Kurfürsten über Ermland an. Der Vertrag war ein Erfolg des diplomatischen Geschicks des Kurfürsten, der im Prinzip nicht mehr auf Schweden angewiesen war, um seine Ziele durchzusetzen. Wie er sich gegenüber Polen die volle Souveränität im Herzogtum Preußen als Ziel gesetzt hatte, so verfolgte er gegenüber Schweden das Ziel der Übernahme Vorpommerns, auf das er 1648 hatte verzichten müssen. Inzwischen setzte Friedrich Wilhelm jedoch seinen gegen Polen gerichteten Kurs fort: am 6. Dezember 1656 unterschrieb in Radnot in Siebenbürgen Bogusław Radziwiłł als Gesandter des Kurfürsten zusammen mit Schweden, dem siebenbürgischen Fürsten Georg II. Rákoczy, und dem Kosakenhetman Bohdan Chmelnyc'kyj ein Abkommen, das den Versuch darstellte, einen bedeutenden Teil des polnisch-litauischen Territoriums aufzuteilen. Jedoch erkannte der *Fuchs von der Spree*, wie der Kurfürst genannt wurde, nach der schnellen Niederlage des siebenbürgischen Heeres und der Verschlechterung der schwedischen Position sowie der entschlossenen Hilfestellung Österreichs für Polen, daß die Zeit für einen - nicht ohne Gegenleistung zu erreichenden - Frontenwechsel und den Übertritt in das siegreiche Lager gekommen war.

Ähnlich wie Polen fühlte sich Friedrich Wilhelm zu Beginn des polnisch-schwedischen Krieges durch die schwedischen Erfolge bedroht. Eingedenk der geopolitischen Lage Brandenburg-Preußens mußte er zwischen Polen und Schweden lavieren, wobei er auch die allgemeineuropäische Situation, inbesondere die Politik des Wiener und des Pariser Hofes, berücksichtigen mußte. Neben der Notwendigkeit, die eigene Position zu halten und die Besitzungen des Hauses Brandenburg nach Möglichkeit vor Zerstörungen zu schützen, und ein vollständiges *Dominium Maris Baltici* Schwedens zu verhindern, blieb die Souveränität im Herzogtum Preußen das wesentliche Ziel. Die Politik des Großen Kurfürsten kennzeichnete die Anpassung an die sich ändernden Gegebenheiten: sich dem siegreichen Karl Gustav entgegenzustellen, wäre schwierig gewesen; es blieb nur übrig, sich an seiner Seite im Falle militärischer oder politischer Problemlagen Vorteile zu sichern. Angesichts der Schwierigkeiten Schwedens war es wiederum nur selbstverständlich, den Weg ins Lager der Sieger in dem Moment zu suchen, als der siegreiche Gegner ein solches Angebot zu schätzen wußte und bereit war, den Frontenwechsel zu honorieren. Der Nordische Krieg dauerte an; um ihn erfolgreich zu beenden, sah Polen zu seinem späteren Nachteil den als einzigen Ausweg, Brandenburg gegen Zugeständnisse auf die polnische Seite zu ziehen. Der an dieser Lösung interessierte versierte kaiserliche Diplomat François Paul von Lisola übernahm die Vermittlung; danach nahm die energische Königin Maria Ludwika, die als französische Prinzessin nach dem Tode ihres ersten Gemahls König Władysławs IV. dessen Nachfolger Jan II. Kazimierz geheiratet hatte, die Angelegenheit selbst in die Hand. Sie korrespondierte unmittelbar mit dem Kurfürsten, um eine Einigung über die Bedingungen des brandenburgischen Beitritts zum antischwedischen Bündnis zu erzielen. Eine Mehrzahl der polnischen Politikern lehnte die Anerkennung der Souveränität des Kurfürsten in Preußen ebenso entschieden ab, wie sich ihr die Stadt Danzig widersetzte, die sich mit ihrer heldenhaften Verteidigung gegen die schwedische Belagerung besondere Verdienste um König Jan Kazimierz erworben hatte. Schließlich gab die polnische Seite doch in der Frage der Oberhoheit über das Herzogtum Preußen nach, wies aber entschieden alle Ambitionen des Kurfürsten bezüglich Ermlands zurück.

Das Treffen des polnischen Königspaares mit dem Kurfürsten und seiner Gemahlin am 30. Oktober 1657 in Bromberg verlief harmonisch. Der dort weilende französische Diplomat Des Noyers beschrieb damals den siebenunddreißigjährigen Kurfürsten: *"Er ist ein Fürst von stattlicher Figur, groß, mit kühnen Zügen, einnehmendem Äußeren, vollem Gesicht, großer Nase, schönen Augen; sehr höflich und weltgewandt, spricht gut über die öffentlichen Geschäfte und versteht sie trefflich; schnell in seinem ganzen Wesen."*[43]

In Wehlau wurden am 16. September 1657 die Präliminarien des Vertrags unterschrieben; am 6. November 1657 wurde er in Bromberg ratifiziert. Im Vertrag von Wehlau und Bromberg erhielt der Kurfürst außer der Anerkennung der Souveränität im Herzogtum Preußen bis zum eventuellen Aussterben der Hohenzollern, bei dem das Herzogtum Preußen an Polen zurückfallen sollte, das Gebiet von Lauenburg und Bütow als Lehen sowie die Stadt Elbing als Pfandbesitz. Diese Bestimmung löste die polnische Seite nicht ein, sondern versprach anstelle Elbings Braunsberg als Pfand. Der Konflikt um Elbing brach an

43 Martin Philippson: Der Große Kurfürst. Bd. 1. Berlin 1897, S. 281, zit. nach Hüttl, a.a.O., S. 220.

der Schwelle des 18. Jahrhunderts (1699) erneut aus, als Kurfürst Friedrich III. Elbing im stillen Einvernehmen mit August II. besetzte. Die preußischen Truppen verließen die Stadt aber bereits im Jahre 1700, nachdem die alte Schuld teilweise bezahlt worden war. Die Stadt Elbing verblieb bis zur ersten Teilung (1772) in der Polnischen Republik.

Der Vertrag von Wehlau und Bromberg sah anstelle des aufgehobenen Lehnsverhältnisses ein *ewiges Bündnis* zwischen Polen und dem Herzogtum Preußen vor, das die Verpflichtung zum gegenseitigen militärischen Beistand im Bedrohungsfalle einbeschloß; darüber hinaus garantierte er auf Wunsch der polnischen Seite die Religionsfreiheit für Katholiken im Herzogtum Preußen. Die preußischen Stände wurden, ohne daß eine vorherige Verständigung in der Sache mit ihnen erzielt worden war, von der Verpflichtung des Lehnseides gegen Polen befreit, und am 30. August 1658 verlieh Jan Kazimierz in Vollzug des Vertrags von Wehlau und Bromberg Friedrich Wilhelm durch ein besonderes Diplom die Souveränität im Herzogtum Preußen.

Die Bedeutung des Jahres 1657 für die weitere Entwicklung Brandenburg-Preußens und Polens kann nicht hoch genug eingeschätzt werden. Wie bis zum Jahre 1618 und später keine konsequente und einheitliche polnische Politik in der preußischen Lehnsfrage existiert hatte und die starke Adelsopposition gegen die Herrschaft des Kurfürsten im Herzogtum während der ersten beiden Jahrzehnte des 17. Jahrhunderts nicht für die polnischen Interessen genutzt worden war, so stellte das Jahr 1657 den entscheidenden Schritt auf dem Wege zur Stärkung der internationalen Stellung Brandenburg-Preußens und des Kurfürsten dar, der seither ein formal gleichgestellter Nachbarn der polnisch-litauischen Republik war. Ohne Zweifel stellten die Entscheidungen des Jahres 1657 auf dem Wege des brandenburgisch-preußischen Staates zur europäischen Großmacht den entscheidenden Schritt zur *preußischen Krönung* des Jahres 1701 dar.

Nach dem Frontenwechsel durch das Bündnis mit Polen und Österreich vom 1. Februar 1658 wollte der Kurfürst den Krieg gegen Schweden engagiert fortführen, da er auf die Einnahme Vorpommerns hoffte. Jedoch wurden bald Friedensverhandlungen aufgenommen, die unter dem Druck Frankreichs, das den schwedischen Besitzstand gesichert wissen wollte, nach dem Tode Karl X. Gustavs zum Frieden von Oliva vom 3. Mai 1660 führten. Dieser Friedensvertrag brachte dem Kurfürsten keine neuen Territorialerwerbungen, bestätigte aber die Bestimmungen des Vertrages von Wehlau und Bromberg.

Im polnischen historischen Bewußtsein gilt der Große Kurfürst als Diplomat, der es verstanden hat, die Sachverhalte zugunsten Brandenburg-Preußens - und zu Lasten Polens - zu verdrehen. Verfolgen wir die mäandrierenden diplomatischen Wege Friedrich Wilhelms, so ist dieses Bild durchaus korrekt, doch entspricht ein moralisierendes Urteil, wie es den Meinungen der unerfahrenen polnischen Politiker der Zeit entsprach, kaum den politischen Standards der Zeit: Friedrich Wilhelm handelte wie die meisten anderen deutschen Herrscher Länder des 17. Jahrhunderts im Interesse der Staatsraison. Immerhin bemühten sich die deutschen Fürsten (und das gilt auch für die protestantischen Reichsfürsten nach

1648), nicht offen gegen die Interessen von Kaiser und Reiches aufzutreten. Ähnlich verhielt es sich mit den Lehnsverpflichtungen des brandenburgischen Kurfürsten als Herzog von Preußen - und damit als polnischer Vasall: im Lichte des Lehnsrechts bedeutete die Handlungsweise Friedrich Wilhelms gegen die polnische Krone *Felonie*, den vorsätzlichen Bruch des Treueverhältnisses zwischen Lehnsherr und Lehnsträger, doch setzt sich in der Politik bekanntlich nur die verlierende Seite diesem Vorwurf aus... Auf ein nicht unwesentliches Faktum berief sich schließlich auch die brandenburgische Seite: die Schwäche Polens, die zum ersten Mal während der schwedischen *Sintflut* offenbar wurde, nahm dem preußischen Vasallen das Vertrauen auf einen effizienten Schutz seines Territoriums durch die polnische Seite; deshalb fühlte er sich berechtigt, einen Ausweg zu suchen.

Das 17. Jahrhundert - die Epoche Richelieus, Mazarins und Ludwigs XIV. - war die Epoche der Geheimdiplomatie par exellence, einer Diplomatie, bei der nur das Staatsinteresse, die Staatsraison, die Entscheidungen lenkte. Die Ratschläge Machiavellis an den Fürsten beherrschten erst im 17. Jahrhundert die diplomatischen Kanzleien Europas. In dieser Hinsicht war der Kurfürst ein Kind der Epoche, betrieb er doch von Jugend an die Kunst des politischen Lavierens zwischen den Mächten. Zu seiner Rechtfertigung muß, falls dieses Wort hier benutzt werden darf, gesagt werden, daß Brandenburg-Preußen weiterhin ein schwacher Staat von unter europäischem Aspekt zweitrangiger Bedeutung. Nur durch ständiges geschicktes Lavieren zwischen den Interessen der Großmächte Frankreich, Österreich, den Seemächten England und Holland, Schweden und Dänemark sowie Polen und Rußland konnte es vor den zahlreichen äußeren Gefahren geschützt werden. Der Große Kurfürst betonte immer wieder, daß *necessitas omnem legem frangit*, "die Notwendigkeit jedes Gesetz bricht". Er suchte nicht nur Sicherheit für seinen Staat, sondern ebenso ständig trotz aller Risiken und häufigeren Scheiterns den politischen Erfolg. In der Außenpolitik war er zu allem fähig, und nicht immer *"brach [er] das Recht nur in der äußersten Not und um der höchsten Gesichtspunkte willen"*[44].

Seine Diplomatie, die voll komplizierter Manöver, politischer List und Richtungswechsel war und feierlich übernommene Verpflichtungen nicht nur einmal brach, ist oft als skrupellos beurteilt worden. Diese Skrupellosigkeit verband der Kurfürst mit der quasireligiösen Überzeugung, in allem, was er tat, die ihm von Gott anvertraute Aufgabe des Herrschers zu erfüllen. Er dachte ähnlich wie Ludwig XIV. von Frankreich, *Der Staat bin ich*, und ähnlich wie der französische König stellte er das Staatsinteresse über alle anderen Motive. Die einzige Richtschnur für die Billigkeit des Handelns war der Erfolg. Der Kurfürst war eifriger Kalvinist und sah auf der Grundlage dieser religiösen Überzeugung den Lebenserfolg als Ausdruck der Gnade Gottes an. Für ihn zählte in der Endabrechnung allein der Erfolg. Er war kein Zyniker, nur ein typischer Staatsmann des Barock.

---

44 Schmoller, a.a.O., S. 122.

***Die Außenpolitik in den Jahren 1660-1688.*** - In den sechziger Jahren stand Polenpolitik im Mittelpunkt des außenpolitischen Interesses des Kurfürsten. Im Inneren konzentrierte er sein Politik auf die Konsolidierung von Staat und Gesellschaft und wollte vor allem den Widerstand der Stände im Herzogtum Preußen, die sich noch immer zur Verteidigung ihrer Freiheiten an Polen wandten, endgültig brechen. Deshalb nahm der Kurfürst aktives Interesse an der polnischen Innenpolitik und versuchte, sie in seinem Sinne zu beeinflussen. Dazu ließ er nicht nur Kalckstein aus Warschau entführen[45], sondern bekämpfte entschieden alle Versuche, die Adelsrepublik zu reformieren und zu modernisieren, insbesondere die Pläne der Thronfolgerwahl *vivente rege*, zu Lebzeiten von Jan Kazimierz, um die vor allem Königin Maria Ludwika kämpfte, was zum Bruch der bis dahin guten Beziehungen zwischen dem Kurfürsten und der Königin führte. Der polnische Oppositionsführer, Fürst Jerzy Lubomirski, setzte sich für die Kandidatur des Kurfürsten auf den polnischen Thron ein, doch konnte der sonst in Fragen der Staatspolitik so flexible Friedrich Wilhelm sich nicht zum unerläßlichen Übertritt zum Katholizismus entschließen. Nicht nur religiöse Rücksichten, sondern auch die Überzeugung, der polnische Adel sei nicht so autoritär wie der brandenburgische zu regieren, haben den Brandenburger wohl zu dieser realistischen Einschätzung der Chancen auf den polnischen Thron geführt.

Im Mai 1667 schrieb der Große Kurfürst sein Politisches Testament nieder, streng geheime Weisungen für seinen Nachfolger bezüglich der Außen- und der Innenpolitik.[46] Das Problem der Politik Brandenburgs bestand damals hauptsächlich darin, daß Brandenburg durch das Herzogtum Preußen in den polnisch-schwedisch-russischen Einflußbereich einbezogen wurde. Er umriß die Interessen Brandenburgs in der pommerschen Angelegenheit, skizzierte seine Position gegenüber den Seemächten, Dänemark und Schweden, das als der gefährlichste potentielle Gegner Vorpommern besaß. Abgesehen von einem Teil Schlesiens, der in habsburgischem Besitz war, und dem "königlich polnischen" Preußen war Vorpommern das am entschiedensten von den Brandenburgern beanspruchte Gebiet. Bezüglich der niederrheinischen Besitzungen waren die Hohenzollern, so Friedrich Wilhelm, zu einer aktiven Politik in Konkurrenz mit den Niederlanden, England, dem Kaiser und Frankreich gezwungen. Hinzu kam die wirtschaftliche Rivalität mit Sachsen, aber auch die Rivalität mit dem sächsischen Kurfürsten um die Führung unter den protestantischen Fürsten des Reiches. Das Bild der Außenbeziehungen des brandenburgisch-preußischen Staates war ungewöhnlich kompliziert, was in hohem Maße die verwickelte und unstet scheinende Politik des Großen Kurfürsten erklärt, der stets eine doppelte Absicherung und die Anpassung an den veränderlichen Lauf der Dinge gewahrt wissen wollte. Deshalb hat kein Hohenzoller so viele Verträge und Bündnisse geschlossen - und gebrochen - wie Kurfürst Friedrich Wilhelm. In seinem politischen Testament brachte er ohne Umschweife seine territorialen Expansionspläne zum Ausdruck. Er ver-

---

45 Vgl. oben S. 85-86.

46 Die politischen Testamente der Hohenzollern. Bearb. von R. Dietrich. Köln-Wien 1986, S. 179-204.

deutlichte seinen Nachfolgern die bestehenden Erbansprüche und die Hauptexpansionsziele der brandenburgisch-preußischen Politik: die Beherrschung der Odermündung, die Landverbindung zwischen Brandenburg und dem Herzogtum Preußen durch die Einverleibung Pommerellens und Ermlands sowie Schlesiens.

Bis 1673 verfolgte der Kurfürst im Prinzip eine den österreichischen Interessen konforme Politik, sah er doch in Schweden den Hauptgegner des brandenburgisch-preußischen Staates. Die wirtschaftliche Schwäche Brandenburgs bedingte, daß der Kurfürst in seiner Außen- und Militärpolitik auf Subsidien für die Unterhaltung des Militärs angewiesen war. Die Annahme fremder Subsidien machte ihn aber von fremden Interessen abhängig, so daß die brandenburgische Armee häufig für unrealistische Ziele der Außenpolitik ihr Blut vergießen mußte: Die Machtgier des Kurfürsten war größer als die Möglichkeiten ihrer Realisierung. Ohne in die Details der komplizierten Diplomatie des Kurfürsten in den Jahren 1673-1688 einzugehen, kann man feststellen, daß seine wechselhafte Politik keine größeren Erfolge, insbesondere nicht die gewünschten Territorialgewinne einbrachte. Der Große Kurfürst war ein unzuverlässiger Bündnispartner, der im Konzert der europäischen Mächte weiterhin als zweitrangig galt: Man bezahlte den Brandenburger, setzte sich aber nicht in der Sache für ihn ein und war in keinem Falle bereit, seinen überhöhten Forderungen nachzukommen. Diese Feststellung kann jedoch das Faktum nicht in Zweifel, daß in der Ära Friedrich Wilhelms, dessen Maxime es war, sich an jedem europäischen Krieg zu beteiligen, der für den Staat Vorteile versprach, seine aktive Diplomatie und seine militärischen Erfolge erreichten, daß der Stellenwert Brandenburgs in der europäischen Diplomatie anstieg. Friedrich Wilhelm legte die Grundlagen für die spätere Machtpolitik Preußens. Während seiner Herrschaft baute er einen hervorragenden diplomatischen Dienst auf. Das kleine Brandenburg unterhielt damals 14 diplomatische Vertretungen in Europa.

Im Jahre 1673 schloß der Kurfürst einen Separatfrieden mit Frankreich, trat jedoch bald darauf erneut gegen Frankreich an und beschwor dadurch einen neuen Konflikt mit Schweden herauf. In diesem Krieg errang die brandenburgisch-preußische Armee bei Fehrbellin im Jahre 1678 gegen Schweden den ersten großen Sieg ihrer Geschichte. Nach dem Einfall der Schweden in Brandenburg warf der Kurfürst überraschend in großer Eile seine Armee von der gegen Frankreich gerichteten Westfront in die Gegend Berlins. Die von Waldemar Freiherr von Wrangel geführten schwedischen Truppen gerieten beim Rückzug nahe der Ortschaft Fehrbellin in die Havelsümpfe. Der Kurfürst schnitt ihnen den Rückzug ab und zwang sie zur Schlacht, in der die schwedischen trotz zahlenmäßiger Überlegenheit den brandenburgischen Truppen unterlagen. Der Erfolg über die Schweden, die als beste Soldaten Europas galten, ließ den Kurfürsten und seine Armee im Glanz des Sieges erstrahlen. Nach dieser Schlacht wurde Friedrich Wilhelm in einer in Straßburg gedruckten Flugschrift zum ersten Mal als der *Große Kurfürst* bezeichnet.

Die Ostseepolitik des polnischen Königs Jan III. Sobieski (1673-1696) stand in engem Zusammenhang mit den schwedisch-brandenburgischen Kriegen. Sie war der letzte ernsthafte Versuch, die Polen durch den Machtzuwachs Brandenburg-Preußens drohende potentielle Gefahr zu neutralisieren. Jan III. hoffte, durch die Geheimverträge mit Frankreich vom 11. Juni 1675 und mit Schweden vom 4. August 1677 eine günstige internationale Stimmung für eine mögliche Annexion des Herzogtums Preußen durch Polen zu erreichen. Doch machte die Adelsopposition in Polen, die jede Stärkung der Königsmacht und alle finanziellen Aufwendungen für eine aktive Außenpolitik ablehnte, diese Pläne zunichte. Die einzige konkrete Folge der Politik Sobieskis war eine gewisse Neigung des Kurfürsten, wegen der potentiellen Gefährdung durch Polen Schweden Zugeständnisse zu machen.

In seinen letzten Lebensjahren führte der schwer an Asthma und Fußgicht leidende Kurfürst Krieg gegen Schweden. Aus eigener Kraft konnte er kein Pferd mehr besteigen, selbst Treppensteigen bereitete ihm große Schwierigkeiten. Dennoch führte er die Armee häufig persönlich und zeichnete sich besonders durch Schnelligkeit im Truppenmarsch als Überraschungsmoment für den Gegner aus. Besonders der Winterfeldzug, damals ein äußerst seltenes Ereignis, zu Beginn des Jahres 1679 gegen Schweden, das das Herzogtum Preußen von Livland aus besetzt hatte, war keine geringe Leistung. Im Dezember 1678 brach der Kurfürst mit eilig zusammengestellten Verbänden von Hinterpommern ins Herzogtum Preußen auf. Am 20. Januar überquerte er die Weichsel bei Marienwerder. Die schwedische Armee begann den Rückzug aus dem Herzogtum Preußen. In wilder Verfolgung erreichte der Kurfürst bei Tilsit die schwedische Nachhut und verfolgte sie weiter über die Kurische Nehrung bis nach Polnisch-Livland, obwohl die Temperatur bis auf minus 26 Grad fiel. Danach marschierten die brandenburgischen Truppen in Livland ein und erreichten Riga. Die schwedischen Verluste durch Rückzugsgefechte und durch Erschöpfung trafen die Mehrzahl der Soldaten. Der Sieg Brandenburgs über die Schweden brachte jedoch nicht den erstrebten Erfolg, weil das mächtige Frankreich Schweden vor dem Verlust Vorpommerns bewahrte. Der am 29. Juni 1679 in St. Germain-en-Laye geschlossene Friede war eine empfindliche politische Niederlage für den Kurfürsten, der damals resigniert Vergil zitiert haben soll: *Exoriare aliquis nostris ex ossibus ultor*, "aus unserer Asche wird der Rächer geboren". Folgen wir den Geschichtsschreibern der borussischen Schule, hat sich diese Weissagung, die hauptsächlich gegen die Politik des Wiener Hofes, die die Ambitionen Brandenburg-Preußens, vor allem die Erbrechte der Hohenzollern auf die schlesischen Fürstentümer Liegnitz, Brieg und Wohlau, ignorierte, gerichtet war, im Jahre 1740 erfüllt, als der junge Friedrich II. die zahlreichen Demütigungen Brandenburgs durch die überraschende Eroberung des habsburgischen Schlesien rächte.

Die letzten Lebensjahre des Großen Kurfürsten brachten ihm keine außenpolitischen Erfolge mehr. Eine eine Zeit lang bemühte er sich um Frankreich, mit dem er im Oktober 1679 ein Geheimbündnis abschloß. Seine strikt profranzösische Politik stand in den Jahren 1679-1684 im offenen Widerspruch zu den Interessen des durch die französische Expansion bedrohten deutschen Reiches. Der

Kurfürst war der einzige bedeutende Reichsfürst, der im Jahre 1683 beim Entsatz Wiens gegen die osmanische Belagerung keine Hilfe leistete. Von Frankreich enttäuscht, näherte er sich 1684 noch einmal England und Österreich an, um eine große antifranzösische Koalition zusammenzubringen.

## 6. Der Große Kurfürst in seiner Zeit

Friedrich Wilhelm war ein Kind seiner Epoche, ein Zeitgenosse des französischen Kardinals und Politikers Jules Mazarin (1602-1661), Ludwigs XIV. von Frankreich und Karl X. Gustavs von Schweden. Das zu seinem Gedenken im Jahre 1700 errichtete Reiterstandbild Andreas Schlüters stellte seine ungewöhnliche Herrschergestalt als nach Art eines römischen Kaiser gekleideten Helden dar, aber auch seinen geistigen Elan und seine Willensstärke.[47] Mit kraftvollem Pathos versinnbildlicht Schlüters Darstellung des Kurfürsten den Herrschergedanken des Absolutismus. In diesem großartigen Denkmal der europäischen Kunst an der Wende zum 18. Jahrhundert verband Schlüter barocke Pracht mit dem Ernst der römischen Antike. Die preußische und die deutsche Geschichtsschreibung des 19. und 20. Jahrhunderts haben die Gestalt des ersten wirklich bedeutenden Hohenzollerns unangemessen glorifiziert.

*"Der stärkste, der imponierendste Zug in Friedrich Wilhelm ist unleugbar sein massiver Wille, der sich vornehmlich im Streben nach Macht bekundet"*, beschrieb ihn Hermann von Petersdorff 1926 als "deutschen Führer".[48] Heute sind wir in unseren Urteilen vorsichtiger, wissen wir doch, wie viele Ideen und wie viele Erfolge auch dieser Herrscher seiner Umwelt und den Idealen seiner Epoche verdankt. Bei keinem Historiker können heute noch der Erfolg des Kurfürsten über die ständische Opposition und Vorfälle wie die Hinrichtung Kalcksteins oder die Rache an Hieronymus Roth[49] naive Begeisterung wecken. Doch wird trotzdem niemand Kurfürst Friedrich Wilhelm deshalb Größe und Bedeutung für die Geschichte Brandenburg-Preußens absprechen. Er hat schließlich im brandenburgisch-preußischen Staat die Grundlagen für die absolutistische Monarchie gelegt und die Rolle der Stände auf die engen Interessen der adligen Gesellschaft begrenzt. Aus einem Konglomerat von Territorien schuf er einen Staat mit gemeinsamen Institutionen, vor allem einem starken stehenden Heer. Wenn auch seine Außenpolitik außer der Übernahme Hinterpommerns und der Erringung der Souveränität im Herzogtum Preußen nicht die erwarteten Erfolge brachte, so spielte er innenpolitisch eine bedeutende und unter dem Aspekt der Modernisierung des Staates positive Rolle. Er fühlte sich weiterhin vor allem als Hohenzoller, dynastische Interessen stellte er oft über staatliche. Er war in erster Linie Brandenburger, der, auch wenn er sich zeitweise auf Interessen des Reiches berief, selten geneigt war, dem Kaiser ohne entsprechende Gegenleistung zu dienen.

---

47 Vgl. Oestreich: Friedrich Wilhelm, S. 11.

48 H. von Petersdorff: Der Große Kurfürst. Gotha 1926, S. 43.

49 Vgl. oben S. 84.

In der Innenpolitik schuf der Kurfürst die Voraussetzungen für die militärische Stärke - und damit für seine Außenpolitik. In seiner langen Regierungszeit war das auf der europäischen Bühne geführte große diplomatische Spiel sein Hauptätigkeitsfeld. Eigentümlicherweise brachte sie ihm in der Zeit nach dem Frieden von Oliva keine größeren Erfolge, sondern ermöglichte ihm lediglich eine aktive, manches Mal - wie im Fälle der Schlacht von Fehrbellin - sehr ruhmvolle Teilnahme an der europäischen Politik, so daß das kleine Land des Großen Kurfürsten gegen Ende seiner Herrschaft ein zu berücksichtigender Faktor in der politischen Landkarte Europas geworden war, wenn auch noch nicht so stark, um seine Territorialansprüche im gewünschten Umfang zu verwirklichen.

Was Polen betraf, war Friedrich Wilhelm, als er im Jahre 1640 die Macht in Brandenburg-Preußen übernahm, in den Augen des polnischen Adels nur der Herrscher des armen Brandenburg und des von Polen abhängigen preußischen Lehens. Polen stand unter Władysław IV. bis etwa 1648 auf dem Höhepunkt seiner Macht. Wie anders war die Situation dagegen beim Tode Friedrich Wilhelms im Jahre 1688. Der polnisch-litauische Staat hatte nach den Kriegen des 17. Jahrhunderts deutlich an Bedeutung verloren. Der polnische Adel hatte erfolgreich die Initiativen des letzten Wasa Jan II. Kazimierz unterbunden und dem von ihm gewählten Michał Korybut Wiśniowiecki (1669-1673) den ihm eigenen Quietismus aufgezwungen. Diesem Quietismus des polnischen Adels stellte der Kurfürst seinen dynamischen Neostoizismus der Tat entgegen. Er war in der Lage, mit seiner Energie die Kräfte seines kleinen Landes in einem für seine Zeit ungewöhnlichen zu mobilisieren. Deshalb kehrte sich als Ergebnis seiner langjährigen Herrschaft an der Schwelle des 18. Jahrhunderts das europäische Kräfteverhältnis zugunsten des absolutistisch regierten Preußen um.

Friedrich Wilhelm war ein Barockherrscher. Er herrschte mit Leib und Seele. Er liebte sein erfülltes Leben, war ein leidenschaftlicher Jäger, aß und trank gut, unter anderem jeden Tag reichlich Gläser des geliebten Tees, war auch dem Kartenspiel nicht abgeneigt. Aus zwei Ehen gingen 13 Kinder hervor. Sein sich verschlechternder Gesundheitszustand zwang ihn im Frühjahr 1688, die Staatsgeschäfte an den Thronfolger zu übergeben. Er wollte jedoch weiterhin über die wichtigsten Angelegenheiten informiert werden. Am 7. Mai 1688 verabschiedete er sich von seinen Ratgebern und erwartete stoisch seinen Tod, der am 9. Mai 1688 im Schloß von Potsdam eintrat. Seinen Tod hat Johann Gustav Droysen, einer der bedeutenden deutschen Historiker des 19. Jahrhunderts, plastisch und dramatisch beschrieben: Der Kurfürst starb bewußt, ruhig und ertrug die Schmerzen mit Würde. Beigesetzt wurde er im alten Berliner Dom.

In der zweiten Hälfte des 17. Jahrhunderts war Deutschland arm an großen Herrscherpersönlichkeiten. Friedrich Wilhelm hinterließ schon durch seine lange Regierungszeit und die Dynamik seiner Politik unübersehbare historische Spuren. Er bleibt in der Erinnerung ein großer Herrscher, auch wenn der Schwung seiner Pläne oft in der energisch angegangenen Realisierung scheiterte. Doch half ihm oft der Glauben an die eigene Kraft und ein glückliches Schicksal.

Kurfürst Friedrich III. auf dem Weg zur königlichen Salbung

## 7. Kurfürst Friedrich III. und "die preußische Krönung" 1701

Kurfürst Friedrich III. regierte, seit 1701 als preußischer König *Friedrich I.*, von 1688 bis 1713. Höhepunkt seines Lebens war die Krönung zum *König in Preußen* im Jahre 1701, ein Erfolg langjähriger Anstrengungen, denen er seine Außenpolitik untergeordnet hatte. Gleich zu Beginn seiner Regierungszeit erklärte Friedrich, unterstützt vom *Geheimen Rat*, das Testament seines Vaters aus dem Jahre 1686, der unter dem Einfluß seiner zweiten Ehefrau, um auch die Kinder aus dieser Ehe zu versorgen, das Prinzip der Unteilbarkeit des Staatsterritoriums verletzt hatte, für ungültig, widersprach doch dieses Testament den Erbvorschriften des Hauses Hohenzollern widersprach. Das war der endgültige Sieg der Primogenitur und des Prinzips der Unteilbarkeit des Staatsterritoriums in Brandenburg-Preußen, das als Einheit betrachtet wurde und nicht als Konglomerat unterschiedlicher Territorien, über die der Herrscher im dynastischen Sinne frei verfügen konnte. Gleichzeitig kam der Kurfürst mit seinen Geschwistern nach langen Verhandlungen zu einer Übereinkunft, die ihnen auf privatrechtlicher Grundlage Nutzungsrechte und Großgrundbesitz sicherte.

Im allgemeinen führte der neue Kurfürst die Regierungslinie seines Vaters fort, doch fehlten ihm dessen Energie, Entschlossenheit, Arbeitsamkeit und Kenntnisse, besonders aber der Sinn für Sparsamkeit, an dessen Stelle die ihm eigene Vorliebe für barocke Repräsentation trat. Alles in allem war Friedrich III. ein typischer Herrscher des ausgehenden Barock. Ihm fehlte der Eifer für die persönliche effiziente Machtausübung, was letztendlich zur jahrelangen Regierung durch seinen Vertrauten Eberhard von Danckelmann, seinen ehemaligen Erzieher, führte, des führenden brandenburgischen Politikers dieser Zeit. Er führte die Regierung von 1688 bis 1697 als *erster Minister*, seit 1695 mit dem Titel *Oberpräsident des Geheimen Rates*. Im Inneren setzte Danckelmann die merkantilistische Wirtschaftspolitik fort und schützte weiter die ins Land gerufenen Immigranten. In der Außenpolitik unterstützte er Österreich in seinen Kriegen gegen Frankreich. Preußen stellte weiterhin seine Hilfstruppen gegen die Zahlung von Subsidien zur Verfügung, und wieder fühlte es sich beim Friedensschluß in Rijswijk vom 20. November 1697 um Territorialgewinn betrogen. Die Unzufriedenheit des Kurfürsten führte, nicht ohne den Einfluß seiner Frau Sophie Charlotte, deren Beziehung zum allmächtigen Minister seit langem gestört war, nicht nur zum Sturz Danckelmanns, sondern auch zu dessen Haft, aus der er trotz fehlender rechtlicher Grundlagen für einen Prozeß erst nach dem Tode der Königin im Jahre 1708 entlassen wurde.

Nach Danckelmann übernahm Johann Kasimir Kolbe von Wartenberg als Favorit des Kurfürsten die Position ersten Ministers, der faktisch die Regierungsgeschäfte führte und die Politik, die zur Krönung Friedrichs III. führte, realisierte. Zugleich verfolgte er aber seine eigenen Interessen, so daß Ordnung und Sparsamkeit aus der Landesverwaltung verbannt wurden. Der Kurfürst suchte die internationale Unterstützung für seine Pläne und bemühte sich noch vor der Krönung um eine angemessen prächtige Ausstattung des Berliner Hofes.

Wahrscheinlich war die Idee der Krönung eine schon lange verfolgte Eingebung Friedrichs, der sich am Lauf der Ereignisse in Europa orientierte: der Herzog von Oranien bestieg den englischen Thron, im Jahre 1692 erwarb der Herzog von Hannover die 9. Kurwürde ("Kurbraunschweig") im Reich, und schließlich wurde im Jahre 1697 - ein empfindlicher Stoß für die Eitelkeit des Kurfürsten - sein Hauptrivale unter den protestantischen Reichsfürsten, der Kurfürst von Sachsen, als August II. König von Polen. Danckelmann teilte den heißen Wunsch seines Herrschers auf die Königswürde nicht, dessen Verwirklichung viele Bemühungen und Geld kostete; also mußte er gehen. Seitdem verfolgte der Kurfürst selbst fieberhaft die Realisierung seines großen Plans.

Die Erhebung eines souveränen Staates wie des Herzogtums Preußen in den Rang eines Königtums konnte durch den eigenen Entschluß des Herrschers erfolgen. Wesentlicher war das Problem der internationalen Anerkennung des neuen Titels, am wichtigsten war jedoch - auch mit Rücksicht auf die traditionelle Schlüsselrolle des Kaisers unter den europäischen Herrschern - die Zustimmung des Kaisers, der an der Spitze des deutschen Reiches stand, dessen Kurfürst Friedrich war. Gegner der der Königskrönung war der Deutsche Orden. Ihn unterstützten die Habsburger, die erst gegen Ende des 17. Jahrhunderts die Souveränität des Kurfürsten im Herzogtum Preußen anerkannt hatten. Friedrich III., der den Kaiser treu militärisch unterstützte, rechnete mit dessen Versprechen, die preußische Krönung anzuerkennen. Gleichzeitig führte er in dieser Angelegenheit Verhandlungen und Sondierungen in fast allen europäischen Ländern. In Erfüllung seines geheimen Versprechens aus seiner Zeit als Thronfolger übertrug Friedrich im Jahre 1695 den Habsburgern den Kreis Schwiebus. Doch bestand in Wien aus konfessionellen Gründen wie auch aus Rücksicht auf die zu erwartenden Proteste des Deutschen Ordens sowie im Hinblick auf das Gleichgewichts der Kräfte im nordöstlichen Europa wenig Interesse, die Pläne des Kurfürsten zu unterstützen.

Interessanterweise unterstützte die Gesellschaft Jesu die Bemühungen des Kurfürsten und versprach, im Falle des Entgegenkommens des Kurfürsten bezüglich des Katholizismus in Brandenburg-Preußen die päpstliche Kurie für den Plan zu gewinnen. Pater Carlo M. Vota, der zuvor eine bedeutende Rolle bei Sobieski gespielt hatte, setzte sich 1700 mit einem Memorandum für die Königskrönung ein. Man träumte in Verbindung mit dem Wirken von Leibniz und der Gemahlin des Kurfürsten, Sophie Charlotte, von einem Plan zur Versöhnung der christlichen Konfessionen. Die kriegerische Zuspitzung des Konflikts zwischen den Habsburgern und den Bourbonen um die spanische Erbfolge und der fast gleichzeitige Ausbruch des zweiten Nordischen Krieges machten Brandenburg-Preußen zu einem gesuchten Bündnispartner, so daß der Kaiser im Jahre 1700 zusagte, den preußischen Königstitel anzuerkennen. Als am 1. November 1700 König Karl II. von Spanien starb und der Spanische Erbfolgebeginn begann, wartete der Kurfürst nicht länger und organisierte in Königsberg seine Krönung.

Zur Vorbereitung der preußischen Krönung erließ Friedrich eine spezielle Krönungssteuer, die der Schatulle des Herrschers rund eine halbe Million

Reichstaler einbrachte. Allein die von jüdischen Hoflieferanten gelieferten beiden Krondiamanten kosteten jedoch bereits 180 000 Reichstaler, jeder der beiden Diamantknöpfe des Krönungsmantels 30 000 Reichstaler. Das Programm der Feierlichkeiten in Königsberg bestimmte bis in die Details Friedrich selbst. Am Vortag der Feierlichkeiten verkündeten berittene Herolde in Königsberg die Erhebung des Herzogtums Preußen zum Königreich. Dann überreichte der König die Insignien des von ihm neu gestifteten *Ordens vom Schwarzen Adler*, zum Ende der preußischen Monarchie ihre höchste Auszeichnung, den ersten Auserwählten. Die Devise *Suumcuique*, "Jedem das Seine", hatte der König selbst ausgewählt.

Die Krönungszeremonie fand am 18. Januar 1701 in barockem Prunk statt. Johannes von Besser, der Zeremonienmeister, hat ausführlich über den Ablauf der Feierlichkeiten berichtet: *"Im feierlichen Zuge begab sich der König nach dem großen Saal des Schlosses. Er trug ein scharlachfarbenes Kleid mit kostbarer Stickerei und Brillantknöpfen, rote Strümpfe, einen langen Purpurmantel, der mit Hermelin ausgeschlagen war und durch eine Spange mit drei großen Diamanten zusammengehalten wurde. Als er auf dem Thron Platz genommen hatte, setzte er sich die Krone mit eigenen Händen aufs Haupt und ergriff das Szepter mit der rechten, den Reichsapfel mit der linken Hand. Hierauf begab er sich in die Gemächer der Königin und setzte ihr die Krone aufs Haupt. Dann zog das Königspaar mit großem Gefolge in die Kirche."*[50] In diesem entscheidenden Moment hat also der König die Oberhoheit der weltlichen über die kirchliche Macht deutlich gemacht. Erst in der Kirche salbten zwei aus diesem Anlaß zu Bischöfen ernannte Geistliche, ein Lutheraner und ein Kalvinist, den Herrscher. Ein Gottesdienst und ein Fest beendeten den ersten Tag der Feierlichkeiten. Die Feiern in Königsberg dauerten zwei Monate und nach dem Einzug des Königs in Berlin am 6. Mai nochmals mehrere Monate im gesamten Land.

Um nicht die polnischen Rechte hinsichtlich Pommerellens, des *königlichen Preußen*, anzutasten, krönte sich Friedrich I. zum König *in* Preußen, *in Prussia*, d.h. nur zum König in dem Teil Preußens, in dem er souverän regierte. Aufgrund der diplomatischen Bemühungen Friedrichs I. erkannten fast alle bedeutenden europäischen Herrscher und Staaten die Rangerhöhung an: der Kaiser, England, Rußland, die Niederlande, Dänemark, Schweden, Sachsen und die anderen protestantischen deutschen Länder, Frankreich und Spanien erst 1713. Polen erkannte trotz einer Geheimzusage König Augusts II. erst im Jahre 1764 den Königstitel an. Erst Friedrich II. begann unter Ausnutzung der Schwäche der polnisch-litauischen Republik, den Titel *König von Preußen* zu tragen. Nachdem sich nach der ersten Teilung Polens im Jahre 1772 beide Teile Preußens - und damit das frühere Territorium des Ordensstaates - unter der Herrschaft Preußens befanden, erkannte auch Polen den Titel des *Königs von Preußen* an. Die päpstliche Kurie, die die preußische Königswürde erst 1787 unter Papst Benedikt XIV. anerkannte, protestierte gegen die Statuserhöhung. Am längsten wider-

50 Zitiert nach H. J. Schoeps: Preußen. Geschichte eines Staates. Frankfurt-Berlin 1981, S. 43.

setzte sich der Königskrönung der Deutsche Orden, der in zahlreichen katholischen Gebieten weiterbestand und sich der kaiserlichen Unterstützung erfreute. In seiner Antwort auf die Proteste des Ordens, die 1703 veröffentlicht wurde, betonte der preußische Jurist Johann P. Ludewig, der Deutsche Orden sei niemals rechtmäßiger Eigentümer Preußens gewesen, hätte er doch den Vertrag mit Konrad von Masowien verletzt. Indem er die Abhängigkeit des Herzogtums Preußen von Polen grundsätzlich anerkannte, konnte Ludewig elegant erklären, daß seit den Verträgen der Jahre 1657 bis 1660 die polnischen Könige auf die Herrschaft über Preußen verzichtet hätten und der Kurfürst deshalb wegen seiner Souveränität in Preußen das Recht hätte, sich zum König zu erklären.

Die Königskrönung war zunächst ein prestigeträchtiger Schritt, der die Selbständigkeit Preußens in Europa festigte. Seither rückten die Bezeichnung *Preußen* für den Gesamtstaat und der Königstitel in den Vordergrund. Der *König in Preußen* wurde gewöhnlich als *preußischer König* bezeichnet; in Europa sprach man nicht mehr vom Kurfürsten, sondern vom *preußischen König*. Da nun aber Friedrich I. als Herrscher der Gesamtheit der Länder, die zur Kurlinie der Hohenzollern gehörten, als *preußischer König* betrachtet wurde, wurden seine Länder bald als *preußische* und nicht mehr als *brandenburgische* bezeichnet: *"Man sprach man fortan von einer Königlich preußischen Armee; in allen Provinzen hießen die Regierungen und die übrigen Behörden 'Königliche'."*[51] Auf diese Weise wurde der Integrationsprozeß der Landesteile Brandenburg-Preußens enorm beschleunigt. Die Nachfolger Friedrichs I. bezeichneten nicht mehr nur ihre Beamten, sondern auch ihre Untertanen allgemein als *Preußen*. Die Staatsteile wurden häufiger bereits als *Provinzen* bezeichnet, das Staatsganze teilweise noch als *königlich-preußische Staaten*, im Laufe des 18. Jahrhunderts teilweise aber auch als *die preußische Monarchie* oder *der preußische Staat*.[52]

Für Polen bedeutete die preußische Krönung einen verhängnisvollen Schritt, gewissermaßen die Ouvertüre zur Teilung Polens. Eine seiner reichsten Provinzen, das königliche Preußen, geriet lag bildlich gesehen zwischen den Zangen des preußischen Staats, der durchaus nicht verborgen hielt, daß er den Besitz des polnischen königlichen Preußen als Teil des Erbes des Deutschen Ordens anstrebte. Obwohl sich die preußische Politik formal aus verständlichen Gründen von der Ordenstradition distanzierte, so waren doch die geopolitischen und historischen Implikationen der Situation eindeutig. Bereits Albert Waddington, der beste französische Kenner der preußischen Geschichte Ende des 19. Jahrhunderts, vertrat die Ansicht, die preußische Krönung sei Ausgangspunkt für die Teilungen Polen gewesen.[53] Der Dualismus zwischen Preußen und Österreich, der die deutsche Geschichte von 1740 bis 1866 bestimmte, endete mit dem Sieg Preußens, doch entstand die Idee der Einigung Deutschlands unter preußischer Hegemonie erst relativ spät. Das politische Handeln der preußischen Könige be-

51 O. Hintze: Die Hohenzollern, S. 264.

52 Vgl. F. Giese: Preußische Rechtsgeschichte. Berlin-Leipzig 1920, S. 76.

53 A. Waddington: L'Acquisition de la Couronne Royale de Prussie par les Hohenzollern. Thèse. Paris 1888, S. 396f.

stimmte sie erst seit der Mitte des 19. Jahrhunderts. Weder Friedrich II., noch seine Vorgänger dachten in Kategorien eines allgemeindeutschen nationalen Interesses. Friedrich Wilhelm I. war der letzte preußische Herrscher, der noch eine gewisse Solidarität gegenüber Kaiser und Reich empfand.

Das Jahr 1701 stellt ein Eckdatum in der Entwicklung des preußischen Staates dar. Die wenig heroische Gestalt des ersten preußischen Königs fand bei den Bewunderern Friedrichs des Großen oder des Großen Kurfürsten keine positive Beurteilung. Friedrich I. war ein kränkelnder, fauler, wenig entschlossener Herrscher, der den Einflüssen seiner Umgebung erlag. Die Eitelkeit, zweifelsohne ein wesentlicher Bestandteil seiner Persönlichkeit, wurde zum Hauptmotor seines Handelns. Schon Friedrich II. urteilte über die Königskrönung seines Großvaters: *"Das, was seinem Ursprung nach ein Werk der Eitelkeit war, erwies sich in der Folgezeit als ein politisches Meisterstück."*[54] Und ähnlich schrieb noch vor kurzem Bernt Engelmann über den ersten preußischen König, die Krönung des Jahres 1701 sie sei *"ein reines Produkt seiner törichten Eitelkeit [gewesen], auch wenn es sich schon bald als Politikum ersten Ranges erweisen sollte"*.[55]

Wer die Mechanismen des barocken Staates, die Rolle der Hofpolitik und des höfischen Prunks bei der endgültigen Unterwerfung der Aristokratie und des Adels unter den Staat etwa im "goldenen Käfig Versailles" Ludwigs XIV. von Frankreich kennt, kann diesem Urteil nicht ohne weiteres zustimmen. Es scheint, daß Friedrich I. eine gute Intuition für die Vorteile hatte, die sich aus der Erhebung des Kurfürsten in den Königsrang für die Integration des Staates der Hohenzollern ergaben. Er bewies in seiner Außenpolitik erhebliche Ausdauer und Geschick. Auch sein kulturelles Mäzenatentum verdient, wenn man die Frage vernachlässigt, ob es nicht die finanziellen Möglichkeiten seines Staates überstiegen hat, Beachtung: *"Spötter sagten, daß Friedrich, wenn er jeden Tag um 3 Uhr morgens aufstand, das nur deshalb tat, um sich länger an der Annehmlichkeit, König zu sein, zu erfreuen."*[56] Die dunkelste Seite der Regierung Friedrichs I. stellt jedoch die Verwaltung der inneren Angelegenheiten dar, scheute er doch die tagtägliche Mühe des Umgangs mit Verwaltung und Bürokratie und überließ sie seinen Ratgebern und Favoriten, bei deren Auswahl er keine glückliche Hand hatte.

Innenpolitisch setzte Friedrich I. die Politik seines Vaters fort, was die weitere Stärkung des Absolutismus, die Entwicklung der Armee und den Ausbau der Verwaltung und des Fiskalapparats betraf. Der Unterschied bestand wesentlich darin, daß unter den ersten preußischen König es in den Finanzen an Ordnung fehlte und die Regierungsmethoden weniger resolut waren, als unter dem Großen Kurfürsten. Insgesamt stärkte Friedrich I. jedoch deutlich den preußi-

---

54 Oeuvres de Frédéric le Grand, hrsg. von J. D. E. Preuss. Bd. 1. Berlin 1846, S. 102; Übersetzung nach J. Ziechmann in Panorama der Fridericianischen Zeit. Hrsg. von J. Ziechmann. Bremen 1985, S. 693.

55 B. Engelmann, a.a.O., S. 67.

56 L. Mermoz: Les Hohenzollern. Lausanne 1969, S. 193.

schen Absolutismus.[57] Die Herrschaft der Favoriten und die Unterschlagung öffentlicher Gelder erschöpften jedoch den Staatsschatz ebenso wie die Kosten des königlichen Mäzenatentums im kulturellen Bereich und vor allem die verschwenderische Hofhaltung auf einem Niveau, das sich an den großen Königshöfen Europas maß. Daher befand sich der Staat am Ende der Regierung Friedrichs I. trotz der hohen Subsidien, die Preußen für die Kriegsteilnahme erhielt, in einer schwierigen finanziellen Lage. Doch war es gerade der erste König, der in Fortführung der künstlerischen und kulturellen Interessen seines Vaters den Staat Preußen aus der Provinzialität herausriß und aus Berlin ein Zentrum des Kulturlebens im europäischen Maßstab machte.

Obwohl darin auch zeittypische herrscherliche Selbstdarstellung zum Lob der eigenen Größe lag, verdient ein Herrscher Beachtung, der die Philosophen Samuel Pufendorf und Gottfried Wilhelm Leibniz und den Bildhauer und Architekten Andreas Schlüter um sich scharte, selbst wenn ein bedeutender Teil der kulturellen Leistungen Ergebnis der Aktivitäten seiner Gemahlin Sophie Charlotte war, der *Intellektuellen auf dem Thron*. Sie führte philosophische Gespräche mit Leibniz und korrespondierte und kommunizierte mit den führenden Köpfen der Epoche wie Bayle, Toland und Fenelon. Neben ihren philosophischen Neigungen pflegte sie Musik und Theater. Als in Königsberg die Krönungsfeierlichkeiten stattfanden, schrieb sie Leibniz aus der Pregelstadt, sie stelle den Reiz der mit ihm in Schloß Charlottenburg geführten philosophischen Gespräche über alle Ehrungen und Huldigungen.

Im Berlin jener Jahre kam es auch in kirchlichen Kreisen zu einer intellektuellen Belebung. Die Entstehung des Pietismus um Philipp Jakob Spener (1635-1705) in Berlin und August Hermann Francke in Halle, das Wirken des Theologen und Anhängers der Religionstoleranz Daniel Ernst Jablonski, der, ein Enkel des großen tschechischen Philosophen und Pädagogen Jan Amos Comenius, der lange Jahre im polnischen Lissa im Exil gelebt hatte, aus Polen stammte. Zu den Aufklärern kamen in Berlin zahlreiche gebildete Hugenotten, so daß Berlin um 1700 zum kulturellen Zentrum des deutschen Protestantismus wurde. Unter den positiven Seiten Friedrichs I. muß besonders seine Politik der religiösen Toleranz, mit dem er die von seinem Vaters begonnene Linie fortführte, erwähnt werden. Die preußische Toleranz gegen in fast allen anderen Staaten verfolgte Religionsgemeinschaft wie die Mennoniten oder die Juden verdient, hervorgehoben zu werden. Noch immer kamen nach Preußen aus Glaubensgründen vertriebene Menschen aus vielen europäischen Ländern, vor allem Protestanten, die vor Verfolgungen katholischer Herrscher Schutz suchten. In dieser Zeit entstand die Redewendung: *Niemand wird zum Preußen, es sei denn aus Not, und wenn er es wurde, dankt er Gott*.

Ausdruck des toleranten Geistes Friedrichs I. war seine Unterstützung für den Pietisten Spener und die Gründung der neuen Universität in Halle, die jeder protestantischen Orthodoxie fernstehend, die Vorläufer der Frühaufklärung

57 O. Hintze: Staat und Gesellschaft unter dem ersten König. In: Hintze, Regierung und Verwaltung, S. 351f.

prägte. An ihr lehrten damals führende deutsche Gelehrte wie der Jurist und Philosoph Christian Thomasius (1655-1728) und dessen Schüler Christian Wolff (1679-1754), der wichtigste deutsche Philosoph der Frühaufklärung. Friedrich I., der ständig Probleme mit der orthodoxen lutherischen Geistlichkeit hatte, begrüßte die religiöse Erneuerungsbewegung des Luthertums, die im Pietismus anstelle des Dogmatismus die ethischen und sozialen Interessen betonte. Deshalb wurde Spener im Jahre 1691 zum Pfarrer der Nikolaikirche in Berlin berufen; den Skeptiker und in seiner »Unpartheischen Kirchen und Ketzerhistorie« (1699-1700) Toleranz auch für Häretiker fordernden Pastor Gottfried Arnold (1666-1714) ernannte der König zum Superintendenten der lutherischen Kirche.

## 8. Die Barockkultur in Brandenburg-Preußen

Brandenburgs kultureller Beitrag war im Mittelalter relativ bescheiden gewesen. Den Leistungen des Zisterzienserordens in Brandenburg waren die Bau- und Architekturleistungen des Deutschen Ordens in Preußen ebenbürtig gewesen. Das 16. Jahrhundert, die Epoche von Humanismus und Reformation, brachte unter Herzog Albrecht von Hohenzollern, der Wissenschaft und Bildung mäzenatisch förderte, dem fernen Königsberg mehr kulturelle Glanzlichter, als sie in der Mark Brandenburg zu finden waren. Deren 1506 gegründete einzige Universität in Frankfurt an der Oder spielte in der deutschen Kultur des 16. Jahrhunderts zumindest eine gewisse Rolle. Die Königsberger Universität, die von Bedeutung für die Verbreitung der Reformation in Polen war, gründete Herzog Albrecht mit einem Privileg des polnischen Königs im Jahre 1544. Im 17. Jahrhundert hatte die Königsberger Lehrstätte jedoch keine größere Bedeutung.

Den wesentlichen Bruch in der Entwicklung von Kultur und Gesellschaft in Brandenburg und im Herzogtum Preußen bewirkte die Reformation, die die Masse der Bevölkerung tief beeinflußte. Jedoch setzte sich seit dem 17. Jahrhundert in der lutherischen Kirche der Mark Brandenburg und des Herzogtums Preußen eine unflexible, intolerante und dogmatische Einstellung durch, was in zahlreichen Konflikten mit den Kalvinisten, deren Bekenntnis die brandenburgischen Hohenzollern 1613 angenommen hatten, zum Ausdruck kam. Der Kampf gegen die lutherische Landeskirche für die Religionsfreiheit des eigenen kalvinistischen Bekenntnisses beeinflußte entscheidend die Herausbildung der religiösen Toleranz der brandenburgischen Kurfürsten seit Kurfürst Friedrich Wilhelm. Für die Hartnäckigkeit der Lutheraner im Herzogtum Preußen war kennzeichnend, daß erst durch eine Intervention des polnischen Königs Władysław IV. im Jahre 1645, die König Jan Kazimierz im Jahre 1648 bestätigte, den Kalvinisten die ungehinderte Ausübung ihres Kultes in Königsberg garantiert wurde.

Im 17. Jahrhundert und in den ersten Jahrzehnten des 18. Jahrhunderts dominierte in Brandenburg und im Herzogtum Preußen die Kultur des Barock. Die Portraits Kurfürst Friedrich Wilhelms in Perücke, voller Würde und Majestät, zeigen einen typischen Herrscher des Barock, den Zeitgenossen Ludwigs XIV. von Frankreich und Jan III. Sobieskis in Polen. Die Welt des Barock war dem ersten Augenschein nach vor allem die höfische Welt der Residenzen, der Aristokratie, eine Welt der rauschenden, mit großem theatralischen Elan organisierten Feste, des permanenten Feierns.[58] Das Barock war wie selten jemals eine Kultur der Elite, der Privilegierten: die Masse der Bevölkerung nahm daran lediglich als Beobachter oder als untergeordnete Diener der Mächtigen teil. Brandenburg erlebte den Höhepunkt dieser höfischen Barockkultur erst unter Kurfürst Friedrich III. Seine Krönung in Königsberg zum König in Preußen war das herrlichste Barockfest, das in Brandenburg-Preußen damals veranstaltet wurde. Weder seine Vorgänger, noch seine Nachfolger besaßen eine solche barocke Vorliebe für Etikette und Repräsentation. Die Jagd, ein Zeitvertreib der Herrscher par excellence, Ritterturniere, höfisches Ballett, Theater und Kapelle, feierliche Einzüge, dynastische und kirchliche Feiertage - all das diente zur Darstellung der Größe des Monarchen und hatte seine tiefe gesellschaftliche Begründung: es schuf den Mythos des Staates, der Dynastie, des Herrschers. Die höfische Etikette isolierte den Herrscher von seiner Umgebung, sie umgab ihn mit einem Nimbus. Das von Parkanlagen umgebene Barockschloß wurde zur Vorbild der neuen Herrscherresidenzen: *"Das 17. Jahrhundert erst schafft einen Gebäudetyp, dessen eigentlicher Zweck weder das Wohnen noch das Wirtschaften ist, sondern das Fest, und dessen Kern der Festsaal bildet: das barocke Schloß."*[59]

Der Große Kurfürst war ein Mäzen der Wissenschaften und Künste. Trotz seiner begrenzten finanziellen Ressourcen baute er viel, baute um, modernisierte. Erst unter seiner Herrschaft wurde Berlin eine sehenswerte Residenz, wenn auch nicht im selben Ausmaß wie damals Dresden oder München. Die wissenschaftlichen und künstlerischen Interessen des Großen Kurfürsten konnten sich in Friedenszeiten voll entfalten. Seine Büchersammlungen und die *Kunstkammer* - Sammlungen von Raritäten und Kunstwerken - waren beachtenswert; in vier Abteilungen umfaßten sie Werke der Antike, ein numismatisches Kabinett, Kunstwerke und Raritäten unterschiedlichster Art, vor allem aus der Welt der Mineralien und der Tiere. Die hervorragende Bibliothek Friedrich Wilhelms wurde zum Grundstock der *Königlichen Bibliothek*, der späteren *Preußischen Staatsbibliothek* in Berlin. Im Jahre 1688 umfaßte sie 90 000 Bücher und zahlreiche Handschriften.

In der Regierungszeit des Großen Kurfürsten verblieben die von ihm beherrschten Territorien weiterhin am Rande des Hauptstroms der deutschen Kunst- und Literaturentwicklung. Doch wuchs zeitweise die Rolle der Königsberger Universität, die in den zahlreichen Kriegen keinen Schaden nahm; die beiden anderen Universitäten, Frankfurt an der Oder, weniger lutherisch orthodox und deshalb vom Kurfürsten unterstützt, und die 1655 in Duisburg gegründete kalvinistische Universität dienten den Bedürfnissen des Hochschulschulwesens im Lande. Berlin selbst besaß damals keine Universität, aber drei große Gymnasien: ein kalvinistisches und zwei lutherische. Das Wirken der fran-

58 R. Alewyn / K. Sälzle: Das Große Welttheater. Die Epoche der höfischen Feste in Dokument und Deutung. Hamburg 1959, S. 9.

59 Ibid., S. 31.

zösischen Hugenotten belebte bereits unter Friedrich III. wesentlich Schulwesen und Schrifttum; neben Berlin verdankten ihnen Halle und Magdeburg besonders viel.

Das Geistesleben der Mark Brandenburg wurde unter den Großen Kurfürsten vom niederländischen Spähumanismus, vom Kalvinismus und allgemein barocker Gelehrsamkeit beeinflußt. Die Entfaltung der Wissenschaften schuf die Voraussetzungen für die Entwicklung der Frühaufklärung, deren Vorläufer unter Friedrich III. zu wirken begannen. Das künstlerische Klima in Berlin wurde von der Kunst des italienischen Barock und starken holländischen Einflüssen bestimmt; gegen Ende der Lebenszeit des Kurfürsten machten sich auch französische Einflüsse bemerkbar. Die Attraktivität des Hofes Ludwigs XIV. und der französischen Kunst seiner Zeit öffnete Brandenburg-Preußen den französischen Einflüsse, die fast das ganze 18. Jahrhundert hindurch dominieren sollten.

Friedrich Wilhelm war ein großer Liebhaber der Gartenkunst und des Festungsbaus. Beides betrieb er nach holländischem Vorbild. Er warb holländische Ingenieure und Gärtner an, die im damaligen Europa berühmt waren. In seiner letzten Lebensphase profitierte am meisten Berlin von seiner Regierung, wo sich in großer Zahl Zuwanderer aus anderen Ländern niederließen, die durch die Toleranz des Herrschers, aber auch den wirtschaftlichen Aufschwung des Landes angezogen wurden: *"Aus der einstigen Doppelstadt Berlin-Kölln, einem traurigen Provinznest mit schmutzigen, ungepflasterten, nachts stockfinsteren Straßen, in die Haustierställe ragten und die Nachtgeschirre geleert wurden, war eine gepflegte, ansehnliche, aus fünf selbständigen Stadtgemeinden bestehende märkische Metropole geworden, aus ihrer sumpfigen und sandigen Umgebung ein großer Obst- und Gemüsegarten."*[60]

Gegen Ende seines Lebens ließ der Kurfürst Berlin auf damals moderne Weise befestigen. Die Stadt Berlin bestand damals aus fünf Gemeinden mit jeweils eigener Verwaltung, Berlin, Cölln und Friedrichswerder als die drei älteren Teile sowie die Kolonie der französischen Hugenotten, die 1676 gegründete Dorotheenstadt, und die seit 1688 ausgebaute Friedrichstadt. Die Holländer wohnten hauptsächlich in Friedrichswerder; sie behielten ähnlich wie Hugenotten und Juden ihren wirtschaftlich günstigen rechtlichen Sonderstatus bei. Vor allem die französischen Zuwanderer trugen zu zivilisatorischen Fortschritt ihrer neuen Heimat bei: *"Auch die gesellschaftlichen Umgangsformen wurden positiv beeinflußt. Die vornehme Haltung, der äußere Anstand, die sorgfältige Kleidung, die Höflichkeit im persönlichen Gespräch, die Reinlichkeit im Haushalt wurden als vorbildlich und nachahmenswert empfunden. [...] Zahlreiche Hugenotten haben den Geist des brandenburgisch-preußischen Heeres und einer vorbildlichen, streng nach ethischen Normen ausgerichteten Beamtenschaft mitgeprägt."*[61]

Zunächst leiteten hauptsächlich Holländer den Ausbau Berlins. Aus dieser Bauperiode stammen die Lange Brücke und das Zeughaus in der Prachtstraße

60 B. Engelmann, a.a.O., S. 61.
61 L. Hüttl, a.a.O., S. 457.

*Unter den Linden*, das erste Bauprojekt überhaupt. In dieser Zeit entstanden zukunftsträchtige Initiativen wie die erste Porzellanfabrik und die Anfänge der Berliner Kristall- und Glasproduktion. Friedrich III. (I.) verwirklichte am vollkommensten die Ideale der barocken Repräsentation. Seine finanziellen Möglichkeiten bei weitem überschreitend, orientierte er sich wie andere Herrscher des damaligen Europa am Hof von Versailles, übernahm die französische Mode und das französische höfische Leben. An der Schwelle des 18. Jahrhunderts führte damals in Wien Kaiser Joseph I. mit Hilfe des genialen Johann Bernhard Fischer von Erlach eine neue Synthese des Barock, den *Reichsstil*, in den habsburgischen deutschen Ländern ein, eine Verbindung des französischen barocken Klassizismus Ludwigs XIV. mit den mutigsten Errungenschaften des italienischen Barock. Der führende Berliner Architekt und Bildhauer unter Friedrich war der aus Danzig stammende Andreas Schlüter, der den eigenständigen Versuch einer monumentalen Synthese französischer und italienischer Elemente wagte.[62] Seine Kunst versuchte, die von Brandenburg-Preußen in der europäischen Politik beanspruchte Position zu versinnbildlichen, doch konnte die monumentalen Pläne wie der nach den Vorstellungen des Königs in Konkurrenz zu Versailles entworfene Plan eines monumentalen Palastes außerhalb der Stadt, wegen finanzieller Schwierigkeiten nicht verwirklicht werden.

Die künstlerischen Leistungen der Ära Friedrichs III. (I.) führten Brandenburg-Preußen endgültig aus der provinziellen Mittelmäßigkeit. Manchmal wird unter Bezug auf die Leistungen von Künstlern wie Schlüter (1660-1714) oder Johann Eosander (1669-1728) in Berlin von *preußischem Barock* gesprochen, dessen besonderes Verdienst die Übertragung römischer Monumentalität in die nördliche Welt sein soll. Im Jahre 1696 gründete Friedrich III. in Berlin die Kunstakademie. Vor allem durch seine Gemahlin Sophie Charlotte wurde Berlin zu einem bedeutenden kulturellen Zentrum.[63] Friedrich I. selbst förderte Kunst, Musik und Wissenschaft, um das Prestige seiner Monarchie zu heben.

Auf den barocken Prunk des Großen Kurfürsten Friedrich Wilhelm und seines Sohnes Friedrich III. (I.) folgte die sparsame, pedantische und bürokratische Monarchie Friedrich Wilhelms I. und Friedrichs II. Den Gegensatz zwischen den beiden ersten absolutistischen Herrschern Brandenburg-Preußens und ihren Nachfolgern verdeutlicht die äußere Form der Bestattung: die herrlichen Sarkophage der beiden älteren Hohenzollern, insbesondere den Sarkophag Friedrichs I., ein Werk Schlüters voll Vergoldung, Draperien, Allegorien, Wappen und Medaillions, verband nichts mit den einfachen, schmucklosen, anonymen in der Krypta unter der Kanzel der Potsdamer Garnisonskirche bestatteten Särgen Friedrich Wilhelms I. und seines Sohnes. Nichts belegt besser die Veränderungen, die das Leben im preußischen Staat unter Friedrich Wilhelm I. erfuhr als dieser Gegensatz in den äußeren Formen.

In der zweiten Hälfte des 17. Jahrhunderts begann Brandenburg in der europäischen Wissenschaft eine gewisse Bedeutung zu erlangen. Unter dem

---

62 Vgl. H. Börsch-Supan: Die Kunst in Brandenburg-Preußen. Berlin 1980, S. 54f.
63 Vgl. oben S. 109, 113.

Großen Kurfürsten trat einer der damals führenden deutschen Gelehrten, der Philosoph, Jurist und Historiker Samuel Pufendorf (1632-1694) in den Dienst Brandenburgs; zum brandenburgischen Historiographen ernannt, schrieb er das erste bedeutende Werk der brandenburgischen Historiographie, die Geschichte des Lebens und Wirkens des Großen Kurfürsten »De rebus gestis Friderici Wilhelmi Magni electoris Brandenburgici« (1695). Der Große Kurfürst interessierte sich lebhaft für das damals im protestantischen Europa bekannte Wirken des Philosophen Jan Amos Comenius und befaßte sich im Jahre 1667 unter dem Einfluß Benedict Skyttes mit der Idee, in Brandenburg ein *studium generale*, eine Universität von europäischer Bedeutung nach den Empfehlungen des Comenius in Tangermünde zu gründen. Die Idee blieb auf dem Papier, aber ihre Propagierung in ganz Europa brachte dem Kurfürsten als Initiator dieses ungewöhnlichen Unternehmens erheblichen Ruhm. Pufendorf war vor allem ein Philosoph des Naturrechts; er setzte die Naturrechtsdoktrin von Hugo Grotius fort. Sein »De jure naturae et gentium« (1672), ein Handbuch der brandenburgischen Auffassung von Staat und Ethik des öffentlichen Lebens, begründete die Regierungsprinzipien der absoluten Monarchie. Pufendorf verweltlichte die Staatsidee und trennte sie von konfessionellen Elementen, so daß sein Werk zusammen mit der Toleranzpolitik des Kurfürsten beitrug, die Loyalität des Untertanen zum Staat auf eine breitere Grundlage zu stellen, als es die konfessionellen Bindungen sein konnten.

Die Bedeutung des Übertritts der Hohenzollern zum Kalvinismus illustriert die Geschichte der Universität Frankfurt an der Oder zeigen, die in der ersten Hälfte des 17. Jahrhunderts zu einer in hohem Maße kalvinistischen Universität wurde und in der zweiten Jahrhunderthälfte ihre Blütezeit erlebte: Unter den Einflüssen der kalvinistischen Wissenschaftsverbindungen vor allem zu den Niederlanden, aber auch dank der nach Frankfurt zugewanderten Hugenotten wurde die *Viadrina* zum führenden Zentrum der Barockgelehrsamkeit und der philosophischen Reflexion der Frühaufklärung, das *östliche Amsterdam*. Im Geistesleben der Stadt spielten auch die vor Verfolgungen aus Polen emigrierten Arianer eine bedeutende Rolle.[64] Die 1594 in Halle gegründete Universität sollte Beamte und Pastoren ausbilden; Rechtswissenschaften und Theologie waren deshalb ihre Hauptfächer. Sie sollte unmittelbar dem preußischen Staat dienen, für den sie seit Beginn des 18. Jahrhunderts zur wichtigsten Universität wurde. Die große Karriere der preußischen Universität Halle begann bezeichnenderweise unter Friedrich III., ähnlich wie die Aktivitäten des hallensischen Zentrums des Pietismus um August Hermann Francke. Dort begann unter Friedrich Wilhelm I. der Siegeszug des Pietismus im preußischen Staat. In Berlin wurde auf Initiative von Leibniz im Jahre 1700 die *Kürfürstlich-Brandenburgische Societät der Wissenschaften*, die spätere Akademie der Wissenschaften, gegründet. Seither war Berlin, obwohl es keine Universität besaß, ein Zentrum der wissenschaftlicher Forschung.

---

64 G. Mühlpfordt: Die Oderuniversität Frankfurt (1506-1811). Frankfurt a.O. 1981, S. 33-34.

Königin Sophie Charlotte

Die Kultur entwickelte sich in Brandenburg-Preußen regional differenziert. In der ersten Hälfte des 17. Jahrhunderts, als in Brandenburg und in Pommern Dreißigjährige Krieg wütete, blühte sie besonders in den niederrheinischen Besitzungen und im Herzogtum Preußen. Der Wiederaufbau des Landes stand, besonders sichtbar seit den sechziger Jahren, vor allem unter den von Friedrich Wilhelm unterstützten holländischen zivilisatorischen Einflüssen. Auf sie folgten die französischen Einflüsse, die die hugenottischen Zuwanderer mitbrachten: *"Der Geist der holländischen Provinzen, der Geist der neu eingewanderten Hugenotten und der Geist der bodenständigen Kultur Brandenburg-Preußens bildeten während der kommenden Jahrzehnte eine Synthese, die wesentlich Weise zur Entstehung des spezifisch preußischen Charakters beitrug. Gottesfurcht, religiöser Ernst, Pflichterfüllung, Fleiß, Arbeitsamkeit, Disziplin, Anerkennung der hierarchisch geordneten und gegliederten Gesellschaft zählten zu den markanten Charaktereigenschaften, die bereits Friedrich Wilhelm in besonderem Maße auszeichneten und die er auch von seiner Umgebung erwartete".*[65]

65 L. Hüttl, a.a.O., S. 457.

# III.
# Die preußische absolute Monarchie
1701-1806

## 1. Der Aufgeklärte Absolutimus

Das 18. Jahrhundert war die klassische Zeit des preußischen Staates. Er erreichte für lange Zeit sichere Grenzen und entwickelte die Merkmale der politischen und sozialen Entwicklung, die die *preußische Mentalität* prägten. Es war ein langes Jahrhundert voll dynamischer Veränderungen. Während bis 1713 unter dem ersten *König in Preußen* Friedrich I. in vielem noch die typisch barocken Muster und Traditionen des höfischen Absolutismus gepflegt wurden, bildeten sich unter Friedrich Wilhelm I. (1713-1740) und Friedrich II. (1740-1786) die klassischen preußischen Lebens- und Mentalitätsformen heraus. Preußen wurde unter diesen Herrschern endgültig zur europäischen Großmacht. Unter Friedrich Wilhelm II. (1786-1797) und in den ersten Regierungsjahren Friedrich Wilhelms III. (1797-1840) kam es im Jahre 1806 zur ersten großen Krise des preußischen Staates. Sie war über den unmittelbaren Anlaß der militärischen Niederlage hinaus auch ein Ergebnis längerfristiger Trends. Als Friedrich Wilhelm I. die barocke Pracht der Regierungszeit seines Vaters abgeschafft hatte, betrat Preußen den Weg der auf die persönliche Regierung des Herrschers gestützten bürokratischen absoluten Monarchie. Die gesamte Macht wurde in einem in Europa bis dahin unbekannten Ausmaß in den Händen des durch einen bürokratischen Apparats regierenden Monarchen zentralisiert.

Durch die Verbindung von strukturellen Merkmalen der weiterhin feudalen absoluten Monarchie mit der Ideologie der Aufklärung war der aufgeklärte Absolutismus ein widersprüchliches, durchaus konträr bewertetes Phänomen.[1] Er stellt eine Entwicklungsphase der absoluten Monarchie in den unterentwickelten Ländern Mittel- und Südeuropas dar, in der mit Ideologie und Phraseologie der Aufklärung Programme zur Reform des Staates und - teilweise - der Gesellschaft unter Beibehaltung der Grundlagen des Feudalsystems verwirklicht wurden. Unter dem aufgeklärten Absolutismus erfolgte 1. eine Rationalisierung und Laizisierung der Staatstheorie. Transzendale, theokratische Begründungen wurden verworfen, der Staat war seither ein weltliches Gebilde mit ausschließlich oder hauptsächlich weltlichen Merkmalen sowie rationalen und utilitaristischen Zielen, die letzthin dem Glück der Untertanen zu dienen hatten, wie es der Herrscher verstand (Eudämonismus). Konsequenterweise war 2. der Herrscher eines Staates nicht mehr der Repräsentant Gottes auf Erden, sondern schöpfte seine Macht aus der Konstruktion des (seinem Wesen nach künstlichen) Gesellschaftsvertrages. Der Herrscher hatte in der Auffassung Friedrichs II.

1 Der aufgeklärte Absolutismus gehört zu den umstrittenen Problemen der Geschichtswissenschaft. Zu den älteren Diskussionen vgl. Absolutismus. Hrsg. von W. Hubatsch. Darmstadt 1973; Aufgeklärter Absolutismus. Hrsg. von K. O. Aretin Köln 1974; Absolutismus. Hrsg. von Ernst Hinrichs. Frankfurt a.M. 1986.

ähnlich wie in der Philosophie Hobbes' die vollständige Herrschaft über die Gesellschaft mit ihrer vorausgesetzten Zustimmung, jedoch unterlag die einmal übernommene Herrschaft übereinstimmend mit Hobbes (jedoch nicht mit Locke und anderen liberalen und demokratischen Repräsentanten des Naturrechts) nicht der Rückgabe oder Kontrolle oder formalen Beschränkungen. Die Untertanen hatten kein Recht, vom Herrscher Rechenschaft über seine Regierung zu fordern. Der Herrscher regierte - auch wenn er sich als *Staatsdiener* bezeichnete - weiterhin praktisch uneingeschränkt.[2] Wenn wir die theoretischen Quellen für die Herrschaftsauffassung Friedrichs II. suchen, so ist besonders auf die Ergebnisse der Naturrechtslehre des 17. Jahrhunderts hinzuweisen, vor allem auf die Schriften des großen Pessimisten und Theoretikers einer starken Staatsmacht Hobbes, aber auch auf einzelne Stränge des Spinozismus, die Auffassungen Lockes, Gedanken der englischen und französischen Frühaufklärung und die protestantische Staatstradition. Diese entstand im Kreis der Ideen von Pufendorf und Thomasius, und fand ihre Vollendung im Theoretiker des aufgeklärten Absolutismus, Christian Wolff, dem Philosophen des nach Vernunftgesetzen geordneten Rechtsstaats, der nicht ohne Grund lange Zeit einer der wenigen Vertreter der deutschen Kultur war, den Friedrich II. schätzte.

Die Grundlagen der Theorie des aufgeklärten Absolutismus entwickelte Christian Wolff in den »Vernünfftigen Gedancken von dem gesellschaftlichen Leben des Menschen und insonderheit dem gemeinen Wesen. Zu Beförderung der Glückseligkeit des menschlichen Geschlechtes mitgetheilet« (1725). Man kann von einer naturrechtlich begründeten Herrschaftsethik sprechen, die von der protestantischen, vor allem preußischen Schule der Politik und des Rechts im 18. Jahrhundert entwickelt wurde und mit deren Ansichten Friedrich II. verbunden war.[3] Die Schule Wolffs verknüpfte stark die Lehre von den Pflichten mit den sozialen Rechten, was zur Formel vom Gesellschaftsvertrag als Grundlage der Herrschaft des Monarchen führte. Jedoch sollte der Herrscher in jedem Falle über dem Volk stehen, man konnte ihn über seine Pflichten aufklären, durfte ihn aber nicht angreifen. Verkürzt kann man sagen, daß zwischen der klassischen absoluten Monarchie des 17. Jahrhunderts, der Monarchie Ludwigs XIV. von Frankreich, und der aufgeklärten absoluten Monarchie Friedrichs II. ein Unterschied wie zwischen dem Ausspruch Ludwigs XIV. *Der Staat bin ich* und der friderizianischen Formel *Der Herrscher ist der erste Diener des Staates* bestand. Viele Historiker haben diesen Unterschied vielleicht zu sehr minimiert. Franz Mehring hat betont, daß sich in der friderizianischen Auffassung des Monarchen als erstem Diener des Staates vor allem die Ansicht über die persönliche Regierung des Herrschers verbarg, über seine ausschließliche, absolute, mit niemandem zu teilende Kompetenz bei der Entscheidungsfindung.

---

2 Vgl. Friedrich II., König von Preußen: Die Werke Friedrichs des Großen. Hrsg. von C. B. Volz. Bd. 7. Berlin 1914, S. 225-237; zur Auffassung Friedrichs II. vgl. unten S. 180f.

3 Vgl. P. Baumgart: Naturrechtliche Vorstellungen in der Staatsauffassung Friedrichs des Großen. In: Humanismus und Naturrecht in Brandenburg-Preußen. Berlin 1979, S. 146f.

Das Ideal der Epoche war eine gut organisierte Verwaltung mit umfassenden Kompetenzen, die leistungsfähig, sachkundig und schnell Vorschriften und Anordnungen ausführte und wirtschaftlich dachte und arbeitete. Staaten wie das Preußen Friedrich II. oder das Österreich Maria Theresias und Josephs II. vollbrachten enorme Leistungen bei der Modernisierung von Staat und Gesellschaft, um die Distanz zu den im 18. Jahrhundert gesellschaftlich und wirtschaftliche führenden westeuropäischen Ländern England, Holland und Frankreich zu verringern. Die Modernisierung der Strukturen beschleunigte in den Ländern des aufgeklärten Absolutismus die kapitalistische Entwicklung, zugleich ermöglichte er die Überwindung der Krise des Feudalismus und die Beibehaltung der Grundstrukturen der Feudalgesellschaft in modernisierter Form - ohne Revolution. Der aufgeklärte Absolutismus war, so Karl Otmar von Aretin, die *"deutsche Form der Revolution"*.[4]

Der Tod Friedrichs II. und die Französische Revolution markieren das Ende des aufgeklärten Absolutismus in Preußen. Unter den schwachen Nachfolgern des *alten Fritz* war die preußische Monarchie vor allem ein Beamtenstaat. Zwischen 1786 und 1806 fand als Reaktion auf die Französische Revolution und ihre Wirkungen in Europa ein Kampf zwischen reaktionären Tendenzen und von Kreisen der Beamtenschaft getragenen Reformbewegungen statt, die dem Programm des aufgeklärten Absolutismus treu bleiben oder es unter dem Eindruck der Ereignisse der Französischen Revolution weiterentwickeln wollten. Die Niederlage Preußens im Jahre 1806 zwang erneut zur Staatsreform. So kam es zu den Reformen von Stein und Hardenberg.

## 2. Gebiet und Bevölkerung

Nach der Übernahme eines Teils des oranischen Erbes, des Fürstentums Mors-Neuchâtel [Neuenburg] in der Schweiz mit der Herrschaft Valangin sowie der Grafschaften Lingen und Tecklenburg, im Frieden von Utrecht und nach der Rückgabe des Kreises Schwiebus durch Kurfürst Friedrich III. an Österreich umfaßte das preußische Königreich 1713 etwa 112 524 km$^2$ und rund 1 650 000 Einwohner. Friedrich Wilhelm I. vergrößerte 1720 den Staat um einen Teil Vorpommerns mit Stettin und die Inseln Usedom und Wollin. Das Staatsterritorium wuchs dadurch auf 118 926 km$^2$ an, die Bevölkerungszahl auf im Jahre 1740 ca. 2 240 000 Menschen. Von grundlegender Bedeutung für die territoriale Entwicklung des preußischen Staates war die Regierungszeit Friedrichs II. (1740-1786) und seines Nachfolgers, Friedrich Wilhelms II. (1786-1797).

Friedrich II. gliederte Preußen nach den schlesischen Kriegen Niederschlesien, die Grafschaft Glatz, einen Teil Oberschlesiens sowie im Westen das Fürstentum Ostfriesland ein. Geopolitisch waren für ihn die Gebietserwerbungen aus der ersten Teilung Polens (1772) am wichtigsten: Pommerellen (mit Ausnahme Thorns

4 K. O. Freiherr v. Aretin: Heiliges Römisches Reich 1776-1807. Reichsverfassung und Staatssouveränität. T. 1. Wiesbaden 1967, S. 108; vgl. I. Mittenzwei: Theorie und Praxis des aufgeklärten Absolutismus in Brandenburg-Preußen. In: Jahrbuch für Geschichte 6 (1972), S. 55.

und Danzigs), im preußischen Staat als *Westpreußen* bezeichnet, und der *Netzedistrikt* mit Bromberg brachten einen Territorialgewinn von 36 300 $km^2$ mit etwa einer halben Million Einwohnern. Die Angliederung Pommerellens sicherte die unmittelbare Landverbindung Ostpreußens[5] mit den übrigen Territorien des preußischen Staates. Insgesamt hatte Preußen im Jahre 1786 eine Ausdehnung von 194 891 $km^2$ und zählte ca. 5 430 000 Untertanen mit einem in Schlesien und Ost- und Westpreußen hohen polnischen Bevölkerungsanteil. Im preußischen Schlesien lebten gegen Ende des 18. Jahrhunderts 1 747 600 Menschen: 1 303 300 Deutsche, 401 900 Polen, 32 600 Tschechen, 8 900 Juden, 900 Sorben.[6] Bei sich ständig ändernden Grenzen stieg die Bevölkerungzahl des Königreichs Preußen von 3,5 Millionen im Jahre 1748 über 4,2 Millionen im Jahr der ersten Teilung Polens (1772) auf 6,2 Millionen im Jahr 1800.[7]

Unter Friedrich Wilhelm II. verlor Preußen 1794 einen Teil seiner linksrheinischen Gebiete, deren Verlust jedoch durch die Erwerbungen aus der zweiten und der dritten Teilung Polens mehr als kompensiert wurde. In der zweiten Teilung erhielt Preußen Großpolen, Thorn, Danzig sowie Teile der Wojewodschaften Krakau, Rawa und Płock, insgesamt 57 100 $km^2$ mit mehr als einer Million Menschen. In der dritten Teilung erhielt Preußen weitere Gebietsteile der Wojewodschaft Krakau sowie die Wojewodschaften Rawa, Masowien mit Warschau, Podlachien (Podlasie), Brest-Litovsk sowie Teile der Wojewodschaften Troki und Żmudż (Schamaiten), zusammen 48 000 $km^2$ und 1 Million Menschen. So wuchs Preußen in den drei Teilungen um 141 000 $km^2$. Durch das territoriale Ausmaß der Erwerbungen und wegen ihrer geopolitischen Bedeutung wurde Preußen durch die Teilungen Polens zu einer europäischen Großmacht.

Nach den Gebietserwerburgen aus den drei Teilungen Polens war an der Schwelle des 19. Jahrhunderts wahrscheinlich jeder dritte preußische Untertan Pole. Die ehemals polnischen Gebiete machten zusammen mit Schlesien ca. 70 % des preußischen Staatsgebiets aus. Preußen, das damals auch die Herzogtümer Ansbach und Bayreuth erhielt, besaß im Jahre 1797 ein Gebiet von 305 669 $km^2$. Aus den annektierten polnischen Gebieten wurden drei neue Provinzen geschaffen: *Südpreußen* (mit der Hauptstadt Posen bzw. nach der dritten Teilung Warschau), *Neu-Ostpreußen* (mit der Hauptstadt Białystok) sowie *Neu-Schlesien* (die Gebiete westlich von Krakau). Bis zur Niederlage von 1806 erweiterte Preußen durch die Übernahme säkularisierter deutscher geistlicher Territorien wie der Bistümer Hildesheim, Paderborn und Münster und der freien Reichsstädte Goslar (bis 1815), Mühlhausen und Essen im Reichsdeputationshauptschluß 1803 sowie einige kleinere Erwerbungen sein Territorium auf 346 908 $km^2$.

---

5 Der Begriff *Ostpreußen* bürgerte sich erst nach der Ersten Teilung Polens (1772) im Unterschied zu *Westpreußen* ein. Er wird hier passim für den östlichen, unter der Herrschaft des Hauses Hohenzollern befindlichen Teil des alten *Preußen* verwendet, um den Unterschied zum Gesamtstaat Preußen zu verdeutlichen.

6 Nach T. Ładogórski, in Historia Śląska, T. 2, 1. Wrocław 1966, S. 59.

7 W. Köllmann: Bevölkerung und Raum in Neuerer und Neuster Zeit (Raum und Bevölkerung in der Weltgeschichte, Bevölkerungs-Ploetz, Bd. 4). 3. Aufl. Würzburg 1978, S. 19.

Im ganzen 18. Jahrhundert wuchs die Gesamtbevölkerung des preußischen Staates trotz der erheblichen Bevölkerungsverluste von schätzungsweise 400 000 Opfern durch die große Pestepidemie von 1709/10 in Ostpreußen und vor allem den Siebenjährigen Krieg dynamisch. Dieser Anstieg der absoluten Bevölkerungszahl war weniger auf natürliches Bevölkerungswachstum zurückzuführen als auf die Eingliederung der neu erworbenen Gebiete und die innere Kolonisation, die unter Friedrich Wilhelm I. und Friedrich II. mit großem staatlichen Engagement durchgeführt wurde. Die größte Leistung Friedrich Wilhelms I. war die Aufnahme der aus Salzburg vertriebenen Protestanten: In den Jahren 1731 bis 1732 wurden im entvölkerten Ostpreußen 18 000 Kolonisten überwiegend auf dem Lande angesiedelt. Als Ergebnis der friderizianischen Kolonisation wird allgemein - sicherlich zu optimistisch - die Ansiedlung von rund 280 000 Menschen, davon 75 000 in den Städten, angenommen.

Das zahlenmäßige Verhältnis zwischen Stadt- und Landbevölkerung blieb in Preußen in dieser Zeit insgesamt konstant, durch die Einbeziehung der in der dritten Teilung Polens erworbenen Gebiete mit niedrigem Verstädterungsgrad sank der Anteil der Stadtbevölkerung (ohne Militärpersonen) von ca. 27 % im Jahre 1748 geringfügig auf ca. 26,1 % im Jahre 1800. Mit den Garnisonen, die wegen ihrer wirtschaftlichen Rolle oft zur Stadtbevölkerung gezählt werden, erreichte der städtische Bevölkerungsanteil damals etwa 30 %. Durch die bäuerliche Kolonisation stieg in den meisten preußischen Provinzen der Anteil der Landbevölkerung zu Lasten der Stadtbevölkerung.

Besonders in West- und in Ostpreußen betrieb die Staatsverwaltung mit Nachdruck aktive Peuplierungspolitik, waren doch die preußischen Könige überzeugt, daß der Reichtum eines Landes entscheidend von der Bevölkerungszahl abhing. Das militärische Denken unterstützte die Siedlungspolitik aus dem Kalkül, daß mit dem Wachstum der Bevölkerung auch die Zahl der Soldaten - manchmal stärker als die Bevölkerung - wuchs. Bereits 1752 wollte Friedrich II. seine Armee auf 180 000 Soldaten vermehren. Nach den bedeutenden Bevölkerungsverlusten im Siebenjährigen Krieg hielt er 1768 seine für jene Zeit riesige Armee auf der Friedensstärke von 154 000 Mann. Die Bevölkerung wuchs in der Mark Brandenburg am stärksten: die Stadtbevölkerung der Kurmark stieg zwischen 1688 und 1740 vor allem durch Einwanderung um 230 %, allein in Berlin einschließlich der unter Friedrich Wilhelm I. dynamisch wachsenden Garnison um 425 %. Im Jahre 1740 zählte die aus fünf unterschiedlichen Rechtsbezirken zusammengesetzte Stadtgemeinde Berlin 98 000 Einwohner, darunter mehr als 5 000 französische Kolonisten und 3 000 Juden. Im Todesjahr Friedrichs II. (1786) zählte Berlin bereits 150 000 Einwohner und gehörte damit zu den europäischen Großstädten.

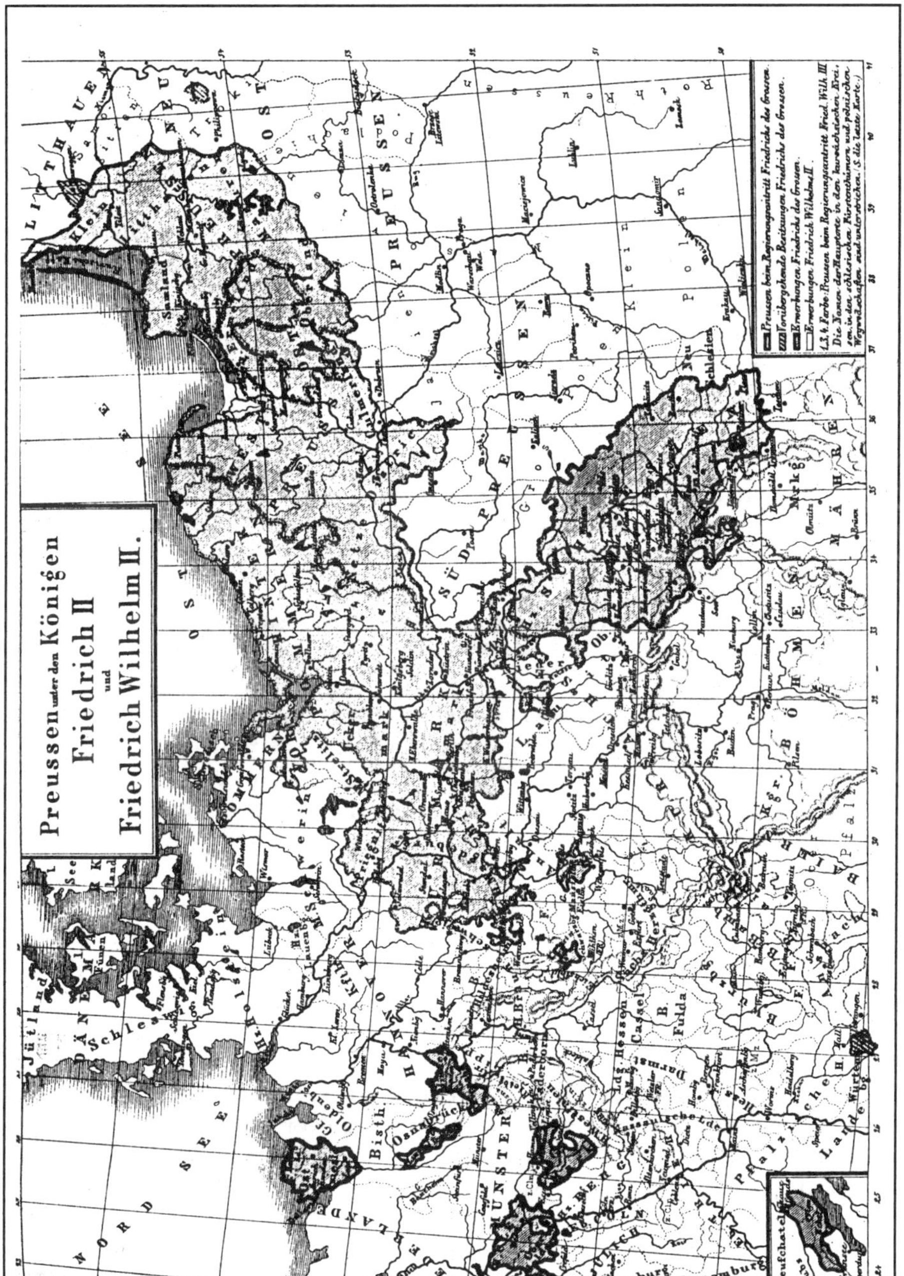
Preussen unter den Königen
Friedrich II
und
Friedrich Wilhelm II.

## 3. Wirtschaft und Gesellschaft

Die politische Geschichte dieser Epoche läßt sich, vernachlässigt man die Regierungsjahre Friedrichs I. als König in Preußen, in drei Phasen einteilen: bürokratischer Absolutismus und Aufbau des preußischen Militarismus in der Regierungszeit Friedrich Wilhelms I., aufgeklärter Absolutismus Friedrichs II. sowie die Herrschaft seiner Nachfolger bis zur großen Niederlage von 1806. Wirtschaftliche und gesellschaftliche Entwicklungsprozesse haben langfristigen Charakter. Sie unterlagen während des 18. Jahrhunderts keinen grundsätzlichen Veränderungen, die eine Unterteilung unter sozioökonomischen Gesichtspunkten erforderlich machte. Einzeluntersuchungen zeigen, daß Friedrich II. in wirtschaftlichen und gesellschaftlichen Grundfragen die Hauptentwicklungslinien seines Vaters modifiziert fortgeführt hat. Ähnlich verlief die Entwicklung in den beiden Jahrzehnten nach seinem Tod: Die zahlreichen neuen Tendenzen in der staatlichen Wirtschaftspolitik führten bis zum Jahre 1806 zu keinem grundsätzlichen Wechsel. Die gesellschaftliche Entwicklung folgte den die Epoche leitenden Tendenzen wie der schnellen Entwicklung des Bürgertums und dem Fortschritt der Industrieproduktion und führte im ganzen Land allmählich zu einer neuen Gesellschaftsstruktur. Ähnlich offenbarte die Krise der feudalen Landwirtschaft immer deutlicher die trotz aller Fortschritte unter Friedrich II. grundsätzliche Strukturkrise der auf bäuerliche Erbuntertänigkeit basierenden Gutswirtschaft und die Notwendigkeit, die Sozialverhältnisse auf dem Lande von Grund auf zu reformieren.

Die Dynamik der wirtschaftlichen und gesellschaftlichen Entwicklung Preußens im 18. Jahrhundert ist bislang nur ungenügend erforscht. Viele der in der deutschen Geschichtsschreibung so beliebten statistischen Zusammenstellungen und Überlegungen können leicht irreleiten, da das Preußen von 1740 mit dem von 1800 weder territorial, noch nach der Bevölkerung identisch war: Die Eroberung Schlesiens, die Anteile aus den drei Teilungen Polens und kleinere Territorialerwerbungen hatten aus Preußen an der Schwelle des 19. Jahrhunderts einen vollkommen neuen Staat mit neuen Bevölkerungsteilen gemacht, die bis dahin außerhalb seiner Grenzen gelebt und häufig keine Gemeinsamkeiten mit der bislang in Preußen dominierenden deutschen und protestantischen Bevölkerung hatten. Die Eingliederung Schlesiens, das die im 18. Jahrhundert wirtschaftlich wichtigste preußische Provinz werden sollte, veränderte grundsätzlich die Kräfte und die Landkarte der preußischen Wirtschaft. Die schlesischen Rohstoffe und die schlesische Industrie waren die Grundvoraussetzung der frühindustriellen Entwicklung der zweiten Hälfte des 18. Jahrhunderts. Die bis zu den Teilungen polnischen Gebiete brachten wiederum sehr fruchtbare Agrarregionen in den preußischen Staat ein. Besonders die wirtschaftlich rückständigen Gebieten aus der dritten Teilung Polens verstärkten den agrarischen Charakter des preußischen Staates. Insgesamt erfuhr Preußen gegen Ende des 18. Jahrhunderts nicht zuletzt durch die Gebietserwerbungen eine sehr dynamische Entwicklung.

Besonders dynamisch und erfolgreich war die Wirtschaftspolitik Friedrich Wilhelms I. (1713-1740). In den engeren Grenzen der älteren preußischen Länder nutzte sie die Vorteile der merkantilistischen Politik und der Staatsintervention in alle Bereiche des Wirtschaftslebens. Der König schuf in gewissem Grade das moderne preußische Bürgertum, indem er die Städte von überholten Strukturen und Zuständen befreite. Mit großem Elan setzte er die merkantilistische Politik des Großen Kurfürsten fort. In der Regierungszeit Friedrichs II. belasteten dagegen die großen Kriege zeitweise das Wirtschaftspotential des Landes; besonders in den siebziger und achtziger Jahren des 18. Jahrhunderts stellte sich immer häufiger heraus, daß die an alten Mustern orientierte Wirtschaftspolitik der neuen ökonomischen und sozialen Lage nicht mehr angemessen war.[8] Daher kann man, wenn man die realen Zuwächse der wirtschaftlichen Entwicklung Preußens bereinigt um die Folgen der Territorialerwerbungen berechnet, durchaus zu dem Schluß kommen, daß sich die Wirtschaftsentwicklung damals deutlich abgeschwächt hat.

Die Jahre 1786-1806 zeigten im sozialen Bereich immer deutlicher, daß das System der Staatskontrolle über die Wirtschaft und die sich weiterhin auf bäuerliche Frondienste stützende Landwirtschaft den neuen Bedingungen nicht mehr angemessen war. Das sich in der friderizianischen Ära entscheidend weiterentwickelnde Bürgertum strebte seine freie und ungehinderte wirtschaftliche Entfaltung an und lehnte die bürokratische Wirtschaftslenkung ab, die einige Zeit erfolgreich die frühindustrielle Entwicklung begünstigt hatte, bis sie immer mehr zum Hemmschuh der weiteren Entwicklung wurde. Die Versuche der achtziger und neunziger Jahren des 18. Jahrhunderts, diese Wirtschaftspolitik zu verändern, waren allerdings zu inkonsequent, um erfolgreich zu sein.

***Das Dorf.*** - Die Grundlagen der Feudalstruktur der Landwirtschaft wurden in Preußen bis zum Beginn des 19. Jahrhunderts nicht angetastet. Von fundamentaler Bedeutung blieb das Verhältnis zwischen Gutsbesitzer und untertänigem Bauern. Die Stärkung des Absolutismus unter Friedrich Wilhelm I. und Friedrich II. beeinflußte das Ausmaß staatlicher Eingriffe in die Dorfstrukturen kaum, auch wenn für die Entwicklung der Landwirtschaft in Preußen im 18. Jahrhundert die aktive Wirtschaftspolitik des Staates von eminenter Bedeutung war. Die Staatsintervention tastete trotz wichtiger Elemente der staatlichen Finanzpolitik, der Entwicklung des preußischen Militarismus und einer generellen Politik der Landwirtschaftsförderung durch innere Kolonisation, Verbesserung der Infrastruktur, Hebung der Bodenkultur und die Einflußnahme auf Produktivität und die Agrarstruktur das Prinzip der vollkommenen Unterordnung des erbuntertänigen Bauern unter die Grundherrschaft nicht an: *"Und der König absolut, wenn er unseren Willen tut"*, gibt ein alter Junkerspruch die Situation vortrefflich wider. Die preußische Militärpolitik verstärkte das System der allseitigen sozialen Abhängigkeit des Bauern vom Junker, der in der Beziehung des adligen Gutsbesit-

8 Vgl. I. Mittenzwei: Preußen nach dem Siebenjährigen Krieg. Auseinandersetzungen zwischen Bürgertum und Staat um die Wirtschaftspolitik. Berlin 1979.

zers zum untertänigen Bauern nicht nur alle Fäden der Macht in seiner Hand hielt, sondern durch sein Patronatsrecht auch die Situation der lokalen Kirche, ob sie lutherisch oder katholisch war, bestimmte. Darüber hinaus war seit der Zeit Friedrich Wilhelms I. der Junker auch als Offizier gegenüber den sich überwiegend aus der Bauernschaft rekrutierenden Soldaten ein Vertreter der Staatsmacht, so daß sich der Kreis der Disziplinierung der Dorfgemeinschaft schloß: *"In der preußischen Armee des 18. Jahrhunderts spiegelten sich die Agrarverhältnisse des Landes wider [...]. Die scharfe Disziplin des Gutshofs oder Vorwerks reproduzierte sich in der Armee."*[9]

Preußen blieb unter Friedrich Wilhelm I. ein rückständiger Staat, dünn besiedelt, mit einer typisch feudalen Ständestruktur: wegen der Schwäche des Bürgertums spielte der mittlere grundbesitzende Adel, die über die erbuntertänigen Bauern herrschenden preußischen *Junker*, die Hauptrolle. Der Bauer blieb weiterhin überwiegend untertäniger Fronbauer. Abgesehen von den eher marginalen Gruppen persönlich freier Bauern, war die Landbevölkerung untertänig, schollenpflichtig und den Gutsherren dienstverpflichtet. Zwischen den einzelnen Provinzen bestanden, was die Gesamtsituation der Landbevölkerung betraf, gewisse Unterschiede, doch war die Lage der untertänigen Bauern auf den staatlichen Domänen in der Regel günstiger als auf den Junkergütern. Im Jahre 1710 lebte immerhin jeder vierte Bauer auf einer Domäne, später allerdings sank der Anteil. Besonders in Ostpreußen hatten die Domänen große Bedeutung. Deshalb hatte dort die Verbesserung der Lage der dort lebenden Domänenbauern einen gewissen Einfluß auf die allgemeinen Verhältnisse. Am bedrückendsten war die Lage der untertänigen Bauern in Hinterpommern und auf den ostpreußischenen Adelsgütern.

Die konkrete Lage des Bauern hing nicht nur von den rechtlichen Bedingungen seiner sozialen Stellung, sondern vor allem von der Art und Weise der Machtausübung durch den Grundherrn und den Allgemeinbedingungen wie der Agrarkonjunktur, dem Steuerdruck oder Kriegen ab. Obwohl der Paternalismus der Grundbesitzer nicht selten die Lage der Bauern milderte, gehörten soziale Spannungen und bis zu bäuerlichem Widerstand, Bauernflucht und Sabotage zur Tagesordnung.[10] Der Staat sicherte dem Junker die uneingeschränkte Herrschaft über den Bauern, soweit sie nicht mit seinen fiskalischen Interessen und seiner aktiven Peuplierungspolitik kollidierte. In der Praxis war die Junkerherrschaft rücksichtslos, insbesondere wenn sie sich gegen das dem Grundherrn vollkommen ausgelieferte Gesinde oder gedungene Kräfte richtete. Der Staat sanktionierte in Fällen bäuerlichen Widerstands vielfach die Rücksichtslosigkeit der Gutsherrschaft durch entschlossene Polizei- oder Militäraktionen. Nur in Extremfällen ging der Staat gegen die Gutsherrschaft vor. So verurteilte Friedrich II. die Gräfin von Gessler, die einen ihrer Diener zu Tode peitschen ließ, zu sechs Jahren Hausarrest.

---

9 F. L. Carsten: Die Entstehung der brandenburgisch-preußischen Monarchie. In: Das Preußenbild in der Geschichte. Hrsg. von Otto Büsch. Berlin-New York 1981, S. 57.

10 Vgl. M. Berdahl, a.a.O., S. 130.

Friedrich Wilhelm I. war grundsätzlich bestrebt, das bestehende Feudalsystem und die soziale Stellung der Junker zu erhalten. Zu Beginn seiner Herrschaft traf er bei der Durchsetzung des Absolutismus noch vielfach auf adligen Widerstand, der jedoch nur seine entschlossene Haltung verstärkte, jeden auch nur vermuteten Versuch eines Widerspruchs gegen seine Politik zu brechen. Generell traf die Politik Friedrich Wilhelms I. die Bevölkerung härter als die Politik Friedrichs II. Der Eindruck mancher Historiker, Friedrich Wilhelm I. hätte im Unterschied zu Friedrich II. eine gegen die Junker gerichtete Politik betrieben, ist falsch. Friedrich Wilhem I. setzte zwar in der Zivilverwaltung gerne fachlich qualifizierte Bürger ein und schätzte besonders ihre Verwendbarkeit in der Wirtschafts- und Finanzpolitik, auch handelte er in seiner Steuerpolitik vielfach gegen die Adelsinteressen, doch entwickelte er bei der Durchsetzung des Absolutismus vor allem in der Armee in großem Maße neue Tätigkeitsbereiche für Junker. Das Offizierkorps setzte sich fast ausschließlich aus Junkern zusammen, wodurch mit der Zeit das Einvernehmen zwischen Herrscher und Adel wuchs.

Friedrich II. hatte bereits ein ganz anderes Verhältnis zum Adel: In der zweiten Hälfte des 18. Jahrhunderts stellte der Adel die Macht des preußischen Königs nicht mehr in Frage, er hatte sich an den Dienst für die Monarchie gewöhnt. Friedrich II. würdigte diese Einstellung und baute seine Gesellschaftspolitik wesentlich auf der Integration des Adels in den Staatsdienst auf. Sein Gesellschaftsbild war statisch und gründete sich vor allem auf das Prinzip, die bestehende Ständeverfassung nicht anzutasten, was mit der Zeit mit den Ergebnissen seiner dynamischen Politik des Wirtschaftswachstums kollidieren mußte. Das Ständesystem wurde weiterhin als eine Art natürlicher Arbeitsteilung angesehen: der Adel stellte die politische Basis des Systems, die soziale Elite des Landes und gleichzeitig den wichtigsten Faktor im Militär- und Staatsdienst; das Bürgertum sollte sich auf Handel, Industrie und intellektuelle Berufe konzentrieren und die sozialen Schranken, die es vom Adel trennte, nicht überschreiten. Daher rührten die wenig aufgeklärten Aktionen Friedrichs II. gegen bürgerlich-adlige Mischehen, daher sein Unwille, Bürger in höheren Verwaltungspositionen zu dulden, und der grundsätzliche Ausschluß Bürgerlicher vom Offizierskorps, daher kam schließlich der entschlossene Kampf gegen den Aufkauf von Landgütern durch Bürger und der Widerwille, die bürgerliche Elite zu nobilitieren.[11] Friedrich II. war ein König der Junker im Sinne des Wortes. Er unterstützte sie und gab ihrem Widerstand nach, wenn sie meinten, königliche Entscheidungen schadeten ihren Interessen.[12] Die aristokratische Haltung Friedrichs II. näherte ihn der Mentalität der Junker an, und die auf den blutigen Schlachtfeldern geknüpften Bindungen an das Offizierskorps intensivierten dieses Bündnis. Wenn man den Kleinadel der polnischen Gebiete aus der ersten Teilung nicht berücksichtigt,

---

11 Vgl. Acta Borussica. Die Behördenorganisation und die allgemeine Staatsverwaltung Preußens im 18. Jahrhundert. Bd. 16, T. 2. Bearb. von P. Baumgart und G. Heinrich. Hamburg-Berlin 1982, S. 126, 150, 282, 384, 592, 895 [Weiter zitiert als Acta Borussica: Behördenorganisation].

12 G. Corni: Stato assuluto e societá agraria in Prussia nell'etá di Federico II. Bologna 1982, S. 207f.

gab es in den preußischen Provinzen etwa 9 000 Adelsgüter, deren Erhaltung der Herrscher auch aus militärischen Gründen als notwendig ansah. Am 24. April 1777 entschied der König gegen den Übergang von Adelsgütern in Bürgerhand: *"Nein, das geht nicht an, es sind schon so viele in bürgerlichen Händen, und wenn ich das wollte zugeben, so würden alle Jahr etliche 100 Güter in bürgerliche Hände kommen, und darum kann ich das nicht accordiren."*[13] Obwohl Friedrich generell die Adelsgüter schützte, stimmte er in Westpreußen dem Ankauf von Gütern des polnischen Adels durch deutsche Bürger zu. Das politische Ziel war hier eindeutig, ähnlich wie die offene Abneigung des Königs gegenüber Polen.[14]

Friedrich II. hat sich oft negativ über das Bürgertum ausgelassen. Seine beinahe unverhohlene Verachtung war nur schwer mit seinem lebhaften Interesse an der Entwicklung von Handel und Industrie oder mit seinen konsequenten Bemühungen, das Bürgertum in die Zusammenarbeit mit der Staatsverwaltung einzubeziehen, vereinbar. Möglicherweise beeinflußte die weiterhin offensichtliche Schwäche des preußischen Bürgertums, das Fehlen von Initiative und Mut, Einstellungen und Verhaltensweisen, die in hohem Maße aus der patriarchalischen Staatsaufsicht über die Städte resultierten, die Haltung des Herrschers. Indem der Staat den Städten einen Schutzraum schuf, raubte er ihnen den Geist der Initiative.

Die aufklärerischen Züge der Persönlichkeit Friedrichs II. verdeckten oftmals seine sehr konservative Denkweise. Ehrgefühl besaß für ihn nur der Adel. Das war das Fundament seines Denkens, mit dem er an die These Montesquieus anknüpfte, das Ehrgefühl sei die Basis der Monarchie. Auf einen Nenner gebracht, *"fand der preußische Geist für Friedrich seine Verkörperung im adligen Offizier"*[15]. Und der eines übermäßigen Kritizismus gegenüber dem Haus Hollenzollern unverdächtige Otto Hintze stellte zu Friedrich II. fest: *"Der Adel galt ihm als eine Kriegerkaste, die in seinem Militärstaat eine bevorzugte Stellung verdiente."*[16]

Für die erbuntertänigen Bauern initiierte Friedrich Wilhelm I. aus militärischen und bevölkerungspolitischen Überlegungen einen *Bauernschutz*, der das *Bauernlegen*, die Liquidierung bäuerlicher Wirtschaften und die Einverleibung bäuerlichen Grund und Bodens in Junkergüter verbot.[17] Das fiskalische und militärische Staatsziel war hier eindeutig. Während die Anordnungen Friedrich Wilhelms I. im großen und ganzen respektiert wurden, blieb dieselbe Politik unter Friedrich II. erfolglos. Besonders in Ostpreußen führten die kapitalistischen Veränderungen der Landwirtschaft in der zweiten Jahrhunderthälfte zur Ausweitung der unmittelbar von Junkern bewirtschafteten landwirtschaftlichen Flächen. Die Junker nutzten anstelle der Frondienste untertäniger Bauer in steigendem Umfang Gesinde- und Lohnarbeit. Von großer ökonomischer Bedeutung für die Landgebiete und für die Städte war die von Friedrich Wilhelm I. einge-

---

13 Acta Borussica: Behördenorganisation, XVI/1, S. 384.
14 Acta Borussica: Behördenorganisation, XVI/2, S. 281-282, 866, 870, 927.
15 J. Meyer: Noblesses et pouvoirs dans l'Europe d'ancien régime. Paris 1973, S. 215.
16 O. Hintze: Friedrich der Große nach dem Siebenjährigen Krieg. In: Hintze: Regierung und Verwaltung, S. 495.
17 Corni, a.a.O., S. 323f.

führte *Getreidepolitik*, die in erster Linie dem Heeresbedarf, gleichzeitig aber auch der Regulierung der Getreidepreise diente und eine Lebensmittelreserve bei Mißernten sicherte. Diese Politik der großen Speicher zur Getreidebevorratung und der ständigen Getreideaufkäufe durch den Staat führte zur Steigerung der Getreideproduktion für die wachsende Bevölkerung.[18]

Die Aktivitäten und Initiativen Friedrich Wilhelms I. in Ostpreußen nach der großen Pestepidemie der Jahre 1708-1710 sowie seine Politik des Ausbaus der wirtschaftlichen Infrastruktur wirkten sich auf die Entwicklung der Landwirtschaft, insbesondere ihren Übergang zur Marktproduktion, positiv aus. Preußen hatte seit dem Dreißigjährigen Krieg besonderes Geschick bei der inneren Kolonisation gezeigt. Friedrich Wilhelm I. setzte die Kolonisationspolitik des Großen Kurfürsten fort. Sein extremer Drang zur *Peuplierung* ließ den König alle Maßnahmen, die die Bevölkerungszahl des Landes steigern konnten, fördern. Preußen nahm gerne Einwanderer auf, gleichzeitig strebte es die Schließung der eigenen Grenzen für die Auswanderung an. So gab es Vorschriften, die Frauen bei einer Heirat ins nichtpreußische Ausland Erbrechte versagten. Diese Politik setzte der "humanitäre" Friedrich II. fort: Er milderte zum Beispiel die Lage lediger Mütter keineswegs aus humanitären, sondern aus bevölkerungspolitischen Gründen. Das Preußen Friedrich Wilhelms I. warb, wo es möglich war, überall in Europa nicht nur mit Gewalt und List Rekruten an, sondern auch Kolonisten.

Der militärisch-agrarische Interessenkomplex von Herrscher und Junker, der die Lage auf dem Land unter Friedrich II. bestimmte, entschied auch über die Bauernpolitik des Königs. Es hat nicht an Versuchen gefehlt nachzuweisen, Friedrich II. habe im Sinne der Parolen des *Jahrhunderts der Aufklärung* eine grundlegende Reform der Agrarverfassung angestrebt. Ohne Zweifel war er im Sinne eines wohlverstandenen Staatsinteresses bemüht, die Bauern wirtschaftlich und kulturell zu fördern und ihnen bessere Arbeits- und Lebensbedingungen zu sichern. In der damaligen Situation ging es zum einen darum, die persönliche Untertänigkeit und andere Abhängigkeiten der Bauern von der Gutsherrschaft zu mildern und das Anrecht des Bauern auf das von ihm bestellte Land sicherzustellen, zum anderen aber auch darum, die Lebensbedingungen der Bauern allgemein zu verbessern und ihre Ausbeutung vor allem durch Einschränkung der Hand- und Spanndienste zu mildern. Hier war unter Friedrich II. der Fortschritt in Preußen gering und kann nicht mit der Dynamik der Reformen Josephs II. in der Habsburger Monarchie während seiner Alleinregierung (1780-1790) verglichen werden, die allerdings auf solchen Widerstand beim grundbesitzenden Adel stießen, daß er sie teilweise noch auf dem Sterbebett widerrufen mußte.

Wenn auch in Preußen der Rechtsschutz für Bauern besonders in Fällen schlechter Behandlung durch den Grundherrn gewisse Wirkungen zeigte, so waren die Versuche, die Frondienste zu begrenzen und neu zu ordnen und so ihre schädlichsten und schwersten Formen zu beseitigen, praktisch erfolglos. Friedrich II. setzte sich häufiger persönlich dafür ein, daß Bauern vor Gericht Ge-

---

18 Corni, a.a.O., S. 155f.

rechtigkeit widerfuhr.[19] Die notwendige Rücksichtnahme auf die Interessen der Junker schränkte die Möglichkeiten staatlicher Aktivität auf dem Lande stark ein. Nur auf den Domänen konnte Friedrich II. weitergehende Maßnahmen einleiten. Versuche einer radikalen Verbesserung der Lage der Bauern auf den Junkergütern scheiterten am Widerstand der Feudalherren. So trat z.B. die Instruktion vom 23. Mai 1763, die in Pommern die persönliche Erbuntertänigkeit aufhob, wegen des Widerstands der lokalen Grundherren faktisch nicht in Kraft. Andere Entscheidungen des Königs, die die Lage der Bauern verbessern sollten, wurden nur gegen Schwierigkeiten durchgesetzt oder hatten nur begrenzte lokale Bedeutung. Wesentlichere Ergebnisse wurden nur in Schlesien und in den 1772 annektierten polnischen Gebieten erzielt. Hier verwirklichte Friedrich II. mit der Verbesserung der Lage der Bauern ein politisches Ziel: die Entmachtung des polnischen Adels und die Anbindung des Bauern an die neue preußische Administration.

Strittig bleibt die tatsächliche Bedeutung des »Notifikationspatents betreffend die Einrichtung des geistlichen und weltlichen Justizwesens« vom 28. September 1772, das auf den Domänen die Beseitigung der Leibeigenschaft vorsah. In Pommerellen konnte diese Entscheidung keine größere Bedeutung haben. Auf den Privatgütern milderten die königlichen Beschlüsse von November 1773 die persönliche Abhängigkeit, behielten allerdings die Schollenpflichtigkeit bei. Vom generellen Mißerfolg dieser halbherzigen und inkonsequenten Bauernpolitik, aber auch vom Selbstbewußtsein der Bauern und ihrer Hoffnung auf die Durchsetzbarkeit der Rechtsnormen, zeugen die zahlreichen Eingaben von Bauern gegen den feudalen Druck in Schlesien gegen Ende des 18. Jahrhunderts. Der sonst gegenüber Friedrich II. eher unkritische Walther Hubatsch bewertete die Hindernisse auf dem Weg zur Verbesserung der Lage der Bauern ähnlich skeptisch: *"Wohl auf keinem anderen Gebiet der friderizianischen Verwaltungsgeschichte ist der Weg von der Initiative des Königs durch die Kabinettsorder über die Instruktion an Generaldirektorium und Kammern bis hin zur Befolgung der königlichen Befehle durch Landräte und Domänenbeamte so weit, lang, mühselig und voller Abweichungen gewesen wie auf dem Gebiete der Agrarreformen."*[20]

Wenn auch von großen Aktivitäten der friderizianischen Monarchie bei der Umgestaltung der Sozialverhältnisse auf dem Lande schwerlich die Rede sein kann, so bewirkte der Staat doch viel für die allgemeine Entwicklung der Landwirtschaft. Neben die Kolonisationsaktionen und den Ausbau der Infrastruktur auf dem Lande traten die Politik der Entwicklung der Agrarkultur, die Einführung neuer Anbaumethoden und neuer Feldfrüchte und die Ausweitung der landwirtschaftlich genutzten Flächen durch Rodung von Ödland, Trockenlegung von Sümpfen, Meliorationsarbeiten usw. Die Regulierung des unteren Oderlaufs ermöglichte die Erschließung von fruchtbaren Marschen im trockengelegten Überschwemmungsgebiet und die Gründung von fast 30 neuen Dörfern. Erst im

19 Acta Borussica: Behördenorganisation, XVI/2, S. 430, 576, 615; bekannt ist der Fall des Müllers Arnold, vgl. unten S. 188-189.

20 W. Hubatsch: Friedrich der Große und die preußische Verwaltung. Köln-Berlin 1973, S. 178.

19. Jahrhundert wurden die Arbeiten an der unteren Oder abgeschlossen. Friedrich II. verfolgte aufmerksam die damals führende englische Landwirtschaft und führte technische und andere Innovationen in die preußische Landwirtschaft ein und förderte z.B. die Verbesserung der Viehzucht unter anderem durch die Einführung von Merinoschafen. Solche Aktivitäten waren damals in vielen europäischen Ländern anzutreffen, doch war die Landwirtschaftspolitik Friedrichs II. durch ihre besondere Dynamik gekennzeichnet, der allerdings die Begeisterung der betroffenen weiterhin untertänigen Bauern nicht folgen wollte. Vielfach trafen seine Initiativen wie der Kartoffelanbau auf Widerstand. Einen wesentlichen Einfluß auf die Verbreitung der Kartoffel seit 1772 hatten die Mißernten der Jahre 1770-1771, doch stellte die vorherrschende Dreifelderwirtschaft eine schwer überwindbare Hürde dar, so daß die Kartoffel bis zum Jahrhundertende vorwiegend eine Gartenfrucht blieb.

Der Breslauer Philosophieprofessor Christian Garve unterstrich in der Schrift »Über den Charakter der Bauern und ihr Verhältnis gegen den Gutsherren und gegen die Regierung« (1786) nachdrücklich, daß die Rückständigkeit der bäuerlichen Wirtschaft und das niedrige Kulturniveau der Bauern Schuld des von den Grundbesitzern dominierten Sozialsystems war: erst wenn der Bauer vollberechtigtes Mitglied der Gesellschaft sei und Zugang zur Bildung habe, könne er Fortschritte in der Landwirtschaft erzielen. Flußregulierungen und Kanalbauten waren auch für die Entwicklung der Landwirtschaft von großer Bedeutung. Die friderizianische Kolonisierungsaktionen, die mit großem Elan durchgeführt wurden, aber offensichtlich weit hinter den erhofften Zielen zurück blieben, bleiben ein strittiges Forschungsproblem. Das beharrliche Interesse des Königs und seine ständige Aufsicht brachten nicht die erwarteten Erfolge: viele Berichte und Statistiken wurden nur erstellt, um den Herrscher zufriedenzustellen. Das gilt insbesondere für die nach der ersten Teilung Polens intensiv propagierten Aktionen zur Ansiedlung von fast ausschließlich deutscher Bevölkerung in den polnischen Gebieten des königlichen Preußen. Der König hatte nicht nur ökonomische Ziele, er wollte nicht nur das Niveau der Landwirtschaft heben, indem er Mustersiedlungen mit vorbildlicher Agrarorganisation initiierte, sondern vor allem die preußischen Herrschaft in der neu erworbenen Provinz mit überwiegend polnischer Landbevölkerung durch die Stärkung des deutschen Bevölkerungselements festigen. Um den Einfluß des polnischen Umfelds zu minimalisieren, wurden in Westpreußen die Kolonisten in der Regel in geschlossenen Dörfern angesiedelt. Hauptziel der Kolonisierungsmaßnahmen in den 1772 annektierten polnischen Gebiete war deren wirtschaftliche Entwicklung, um sie stärker in den preußischen Gesamtstaat zu integrieren und für diesen zu sichern.

Der sonst äußerst sparsame preußische König verausgabte schätzungsweise mehr als 50 Millionen Taler für die Kolonisierungsmaßnahmen. Die Hauptphasen der friderizianischen Kolonisation lagen in den Jahren nach den Schlesischen Kriegen sowie nach den Gebietserwerbungen aus der Ersten Teilung Polens 1772. Um Kolonisten zu gewinnen, scheute Friedrich II. keine Anstrengung und schreckte auch nicht vor Gewalt zurück. Intensiv bemühte er sich um die Kolonisation in Schlesien nach den Verwüstungen des Siebenjährigen Krieges. Zwischen 1747 und 1786 wurden dort überwiegend auf dem Lande ca. 60 000 Kolonisten angesiedelt, hauptsächlich Protestanten aus den österreichischen Ländern und aus Polen. Man zog die Kolonisten mit dem Versprechen der Landverpachtung an. In der Gründungsphase wurden Befreiung von Pacht- und Steuerleistungen, Unterstützungszahlungen, Darlehen und Kostenerstattung gewährt: die gesamte Skala zur Ansiedlung und Bewirtschaftung von Einöden wurde genutzt. Die Erfolge waren sehr unterschiedlich, und die amtlichen Statistiken sagten in der Regel nichts über den Mißerfolg der Kolonisten aus, die nach einiger Zeit die ihnen zugewiesenen Höfe verließen. Insgesamt wurden unter Friedrich II. rund 250 000 Menschen neu angesiedelt, darunter auch Zuwanderer aus anderen Gebieten Preußens, davon 12 000 in den Jahren 1772-1786 in Westpreußen.[21]

***Die Merkantilistische Politik des Staates.*** - Die Peuplierungsmaßnahmen und der Merkantilismus Friedrich Wilhelms I. und Friedrichs II. basierten auf den Grundlagen der staatlichen Wirtschaftpolitik, die bereits im 17. Jahrhundert unter dem Großen Kurfürsten formuliert worden waren. Hauptprämisse dieser Politik war die Ansicht, der Hauptindikator des Wirtschaftswachstums eines Staates sei die Bevölkerungszahl und die Wirtschaftslenkung diene vor allem der Steigerung des Steueraufkommens, also dem Staatsschatz. Friedrich Wilhelm I., ein Herrscher, der in manchem primitiv dachte, dem höfisches Benehmen und höfliche Umgangsformen fremd waren, was schon sein Beiname *Der Soldatenkönig* ausdrückt, war in seiner Art ein Verwaltungs- und Finanzgenie unter den Herrschern seiner Epoche. Seine allgemeine Parole bezuglich der großen Wirtschafts- und Finanzprobleme des Staates war das berühmte *Plus machen.* Hauptmerkmal einer positiven Wirtschaftsentwicklung war für ihn die Erhöhung der Einnahmen des Staatsschatzes. Die dynamische Entwicklung der Staatseinnahmen in den Jahren 1713-1786 illustriert folgende Tabelle[22]:

Einnahmen und Ausgaben und Truppenstärke

| Jahr | Domäneneinkünfte | Steuern | Gesamtes Staatseinkommen | Militärausgaben | Staatsreserven | Armeestärke | Bevölkerungven |
|---|---|---|---|---|---|---|---|
| | Millionen Reichstaler | | | | | Tsd. | Mill. |
| 1713 | 1,6 | 2,4 | 3,4 | 2,5 | -- | 38 | 1,6 |
| 1740 | 3,3 | 3,7 | 7 | 5- 6 | 10 | 72 | 1,2 |
| 1786 | 6 - 77 | 10-11 | 23 | 12-13 | 54 | 195 | 5,4 |

Auffällig ist der Einnahmeanstieg gegen Ende der Herrschaft Friedrich Wilhelms I. Die enorme Erhöhung der Staatseinnahmen unter Friedrich II. war da-

21 Hubatsch, a.a.O., S. 107-108.

22 Tabelle nach H. Bechtel: Wirtschaftsgeschichte Deutschlands. Bd. 2. München 1952, S. 167; vgl. W. Treue: Wirtschafts- und Technikgeschichte Preußens. Berlin-New York 1984, S. 26.

gegen überwiegend das Ergebnis der Territorialgewinne des preußischen Staates, vor allem des reichen Schlesien.

Die absolute Monarchie Friedrich Wilhelms I. war durch die allgegenwärtigen Eingriffe des Staates in das Gesellschafts-, Wirtschafts- und sogar das Privatleben seiner Untertanen gekennzeichnet. Die Entwicklung der Manufakturen blieb - nicht nur bei unmittelbarer Beteiligung von Staatskapital - unter dem Schutz, aber zugleich auch unter der starken Kontrolle des Staates. Der Staat griff aktiv in den Arbeitsmarkt ein, bestimmte die Preise, die Richtung des Handels und durch seine protektionistische Zoll- und Steuerpolitik die gesamte Entwicklung der städtischen und industriellen Wirtschaft. Wenn auch die Kontrolle und der Einfluß des Staates auf die Entwicklung der Landwirtschaft wegen der beschränkten Einflußmöglichkeiten des Staates in Fragen der Gutsherrschaft der Junker über die Bauern geringer waren, so unternahm der preußische Staat unter Friedrich Wilhelm I. doch eine großangelegte Aktion, um den Getreidemarkt zu stabilisieren und die ständige preiswerte Versorgung des Heeres und der Städte zu sichern und den Staat vor schweren Hungersnöten zu bewahren. Die zentrale Rolle spielte die Staatsinitiative auch bei der Entwicklung der ökonomischen Infrastruktur und in den breit angelegten Aktivitäten der Verwaltung im Bereich der *Polizey* im weitesten Sinne des Wortes: Erweiterung der Aufgaben der Ordnungspolizei, Entstehung des öffentlichen Gesundheitswesens und der staatlichen Sanitätspolizei, Entwicklung der Städtebaupolizei, der Feuerwehr wie auch der Sozialfürsorge aus öffentlichen Mitteln.[23]

Produktivitätssteigerung durch den Anstieg der produktiven Bevölkerung und Sicherung der Wirtschaftsentwicklung auf dem Wege der wirtschaftlichen Unabhängigkeit (Autarkie) waren die Leitgrundsätze der Wirtschaftspolitik Friedrich Wilhelms I. Das Streben nach einer positiven Außenhandelsbilanz durch die Exportförderung und die Erhebung hoher Einfuhrzölle sowie die Steuerpolitik führten zur Erhöhung der Staatseinnahmen. Sie wurden in Gold und Silber als Staatsreserve vor allem für den Kriegsfall gehortet. Eingedenk der lange währenden erniedrigenden Abhängigkeit des Staates von Subsidien wollte Friedrich Wilhelm I. sich als Herrscher vom Ausland unabhängig machen.

Wesentlich waren die Interessen des Staatsschatzes und des Militärs. Das Militär war das höchste Ziel der Politik des Herrschers, es verschlang den größten Teil der Staatsausgaben, stellte aber zugleich einen Wirtschaftsfaktor ersten Ranges dar: Die Produktion für die Armee stimulierte die Entwicklung des Landes, was wiederum durch die Erhöhung der Staatseinnahmen Friedrich Wilhelm I. - und ähnlich nach ihm Friedrich II. - die Heeresvermehrung ermöglichte. Letztendlich bestimmten Militärangelegenheiten beinahe die gesamte staatliche Wirtschaftspolitik, vor allem die Beschaffungs- und Vertriebspolitik, Lagerhaltung und Preispolitik bei landwirtschaftlichen Produkten und die Entwicklung von Manufakturen. Die Politik der Lagerhaltung bei Getreide und die damit verbundene Möglichkeit, die Getreidepreise stets auf niedrigem Niveau zu halten,

---

23 Vgl. allgemein R. A. Dorwart: The Prussian Welfare State before 1740. Cambridge Mass. 1971.

garantierten relativ niedrige Lebenshaltungskosten für die Arbeiterklasse, was die Konkurrenzfähigkeit der Manufakturen mit dem Ausland und den relativ bedeutenden Absatz billiger Industrieerzeugnisse im Inland ermöglichte.

Friedrich Wilhelm I. legte besonderen Wert auf die Entwicklung von Manufaktur, Handwerk und Handel. Die wichtigste, im ganzen Land einheitliche preußische städtische Steuer, die *Akzise*, brachte dank der Städtepolitik des Königs, die sich auf die Übernahme der Kontrolle und Verwaltung der bisherigen städtischen Behörden durch die Steuerräte stützte, dem Staatsschatz beträchtliche Einnahmen. Als Vertreter der Kammern retteten die Steuerräte zugleich die Städte vor dem Niedergang, trugen zur Gesundung der städtischen Wirtschaft bei und zerschlugen die alten oligarchischen Strukturen. Die Kontrolle und Reglementierung umfaßte auch die Zünfte, die in gewissen Grenzen durch die Beseitigung von Beschränkungen und eingefahrenen Verhaltensweisen modernisiert wurden. Die Beamten Friedrich Wilhelms I. griffen überall ein: in die Kontrolle und Reglementierung des Handels, in Angelegenheiten der Zünfte, in Probleme der Baupolizei, besonders aber in Angelegenheiten der öffentlichen Ordnung und in das öffentliche Gesundheitswesen. Bereits seit 1685 wirkte zur medizinischen Betreuung der Bevölkerung das *Collegium Medicum* als Verwaltungsorgan zur Kontrolle des öffentlichen Gesundheitswesens. Seit 1724 wurde eines solche Gesundheitskontrollverwaltung in jedem dem preußischen König unterstehenden Territorium eingerichtet.

Friedrich Wilhelm I. unterstützte die Herstellung neuer Produkte im Lande. Er hielt einen Staat ohne Manufakturen für ein "totes Land". Bei der Belebung der Wirtschaft spielte die Versorgung und Aufrüstung der ständig wachsenden Armee unter anderem durch die eigene Textil- und Rüstungsmanufakturen eine besondere Rolle. Ein Beispiel typischer merkantilistischer Politik stellt die Entwicklung der Wollmanufaktur dar, die allseits vom Staat unterstützt wurde: Die Einfuhr ausländischer Wollprodukte nach Preußen wurde eingeschränkt oder allgemein verboten, gleichzeitig schuf das Exportverbot für Wolle eine günstige und billige Rohstoffbasis für die eigenen Manufakturen. In der Konkurrenz mit der zuvor blühenden sächsischen Wollindustrie trug die preußische Politik einen bedeutenden Erfolg davon: die sächsische Tuchindustrie hatte große Einbußen und zahlreiche Tuchmacher verlegten ihre Werkstätten von Sachsen nach Brandenburg, wo ihnen günstige Ansiedlungsbedingungen gewährt wurden. Ein bezeichnendes Beispiel war die staatliche Wollwarenmanufaktur in Berlin, das *Königliche Lagerhaus*, das die Uniformen für die gesamte Armee lieferte, über ein Produktionsmonopol im Lande verfügte und zusätzlich durch Zölle geschützt wurde. Es beschäftigte vom Dienst befreite Soldaten sowie Heimarbeiter in anderen Garnisonsstädten. Der Reingewinn wurde zum Unterhalt des großen Militärwaisenhauses in Potsdam verwandt, wo die Waisen zu Soldaten erzogen wurden.

Beim Regierungsantritt Friedrich Wilhelms I. waren die Städte mit Ausnahme Berlins und Königsbergs schwach, das Bürgertum rückständig und passiv. Dieser Zustand änderte sich in wenigen Jahrzehnten wesentlich. Besonders entwickelten sich vor allem Potsdam, die Lieblingsresidenz des Königs, Magdeburg, Halle und Frankfurt an der Oder. Die Wirkungen der Städte- und der Industriepolitik lassen sich am stetigen Anstieg des Steueraufkommens ablesen.

Friedrich II. trat seine Herrschaft 1740 im Zeichen eines pragmatischen Merkantilismus an und wich von dieser Politik bis an sein Lebensende nicht ab. Die neuen Konzepte der Physiokraten, der englischen Nationalökonomen oder der jüngeren Generation der Kameralisten nahm er nicht zur Kenntnis. Friedrich blieb den Ansichten und Methoden seiner Jugendzeit treu; auch in diesem Bereich wird die Verbundenheit seiner Aktivitäten mit der Politik seines Vaters deutlich. Zu den Methoden der das Wirtschaftsleben oft bis an die äußersten Grenzen reglementierenden friderizianischen Wirtschaftspolitik gehörten weiterhin Protektionismus und Staatsinterventionismus. Trotz großer Anstrengungen und der Fähigkeit zu einer - wenn auch manchmal engen und kurzfristigen - praktischen Betrachtungsweise ökonomischer Probleme verfügte Friedrich II. über keine tieferen ökonomischen Kenntnisse; den gesamten Komplex der Ökonomie betrachtete er durch das Prisma einiger weniger Dogmen. Sein Interesse für die Staatsfinanzen stellte den militärischen Bedarf in den Vordergrund: *"Er übersah, daß dieser besondere Merkantilismus eben die ideologische Wirtschaftsform dieses besonderen Militärstaats war und sein mußte."*[24]

Die Prämissen des Merkantilismus, wie ihn Friedrich II. auffaßte, waren nicht neu, *"neu war allerdings die systematische Konsequenz, mit der Friedrich sie in die Praxis seiner Wirtschaftspolitik umzusetzen suchte"*.[25] Der damals praktizierte Merkantilismus beruhte weniger auf der Befolgung der einzelnen theoretischen Grundsätze als auf dem Bestreben, die politische und die ökonomische Macht des Staates zu integrieren; der Staatsapparat sollte der dynamische Faktor im Leben des Landes werden und die positive Wirtschaftsentwicklung als Fundament von Macht und Sicherheit des Staates beschleunigen. Die Hauptmaximen Friedrichs im praktischen Handeln waren ein ausgeglichener Staatsetat, bei dem die Einnahmen nach Möglichkeit die Ausgaben überstiegen und die Reservenhortung zuließ und die aktive Außenhandelsbilanz. Den Reichtum des Staates bestimmten seine Produktionskräfte, Produktivitätssteigerungen waren vor allem durch die Steigerung der Zahl der arbeitenden und warenproduzierenden Bevölkerung zu erreichen. Diese produktive Bevölkerung sicherte durch ihre Aktivität die Einkünfte des Staatsschatzes; ihr zahlenmäßiges Anwachsen vergrößerte den Bedarf auf dem Binnenmarkt, ermöglichte zugleich aber auch die erhöhte Produktion von Artikeln für den Export, so daß der Import auf ein Minimum beschränkt und Außenhandelsbilanz wesentlich verbessert werden konnte. Praktischer Ausdruck dieser Wirtschaftsauffassung war unter Friedrich II. die extreme staatliche Peuplierungspolitik.

Die Stadtbevölkerung war in dieser Zeit sehr uneinheitlich. Die Grenze zwischen Bürgertum und städtischen Unterschichten waren relativ fließend. Über

---

24 F. Mehring: Die Lessing-Legende. 8. Aufl. Stuttgart-Berlin 1922, S. 130.

25 K. H. Kaufhold: Leistungen und Grenzen der Staatswirtschaft. In: Preußen. Versuch einer Bilanz. Katalog. Bd. 2. Reinbek 1981, S. 111.

die Zugehörigkeit zum Bürgertum entschieden Vermögen, Beruf, und ständische Herkunft. Die niederen Beamten (die höheren gehörten damals fast ausschließlich dem Adel an) und die protestantischen Pastoren bildeten eine Gruppe der Stadtbevölkerung, die einzuordnen schwierig ist. Nach dem Beruf und dem bürgerlichem Stand standen an der Spitze der städtischen Sozialhierarchie Honoratioren und Träger öffentlicher Funktionen (Beamte, Geistliche, Rentiers aus dem Patriziat, Gelehrte, Ärzte und Juristen) sowie reiche Kaufleute und Unternehmer. Ihnen folgten mittlere Kaufleute und Zunftmeister. Die unteren Stufen der sozialen Leiter besetzten nichtzüftige Handwerker, Gesellen, Manufakturarbeiter und Dienstboten.

Das Bürgertum hatte in Preußen in städtischen Angelegenheiten kein Mitspracherecht, sofern nicht einzelne Städte Reste der alten städtischen Freiheiten bewahrt hatten. Seit Friedrich Wilhelm I. waren Aufsicht, Kontrolle und Verwaltung der Städte vollständig in die Hände staatlicher Behörden übergegangen. Niemals zuvor hatte das städtische Leben in Preußen so unmittelbar unter Druck und Kontrolle des Staates gestanden. Sicherlich spielte dabei auch der Mangel an Weitsicht und Möglichkeiten des preußischen Bürgertums eine Rolle. Fehlende Selbständigkeit und Ängstlichkeit des Kapitals, traditionelle Gewinnanlagen in Immobilien anstelle produktiver Investitionen, patriarchalisches Gehabe und Fehlen solider ökonomischer Kenntnisse kennzeichneten das preußische Bürgertum jener Zeit.

Die Wirtschaftspolitik Friedrichs II. stimulierte und hemmte zugleich die Entwicklung von Handel, Städten, Industrie und Bürgertum. Sie verband die übernommenen merkantilistischen Prämissen, die sich gegen Ende der Regierungszeit Friedrichs immer deutlicher als Wirtschaftshemmnis erwiesen, und die absolutistische Regierungsweise, bei der die Interessen der Armee in der ständisch-konservativen Politik des Königs im Vordergrund standen. Die offizielle Präferenz der Interessen von Heer und Adel vor den begründeten Hoffnungen und Forderungen der Bürger mußte sich auf das Selbstbewußtsein des preußischen Bürgertums negativ auswirken. Bekannt wurde der Fall des Schriftstellers Johann George Scheffner, der aus Protest sein Amt als Kammerrat von Marienwerder niederlegte, als Friedrich II. brutal alle Beschwerden und Proteste der städtischen Behörden gegen die Gewalttätigkeiten der in der Stadt stationierten Garnison abwies. Verächtliche Behandlung der Zivilbevölkerung durch Soldaten und Gewalttaten der Soldateska hatten in Preußen Tradition seit der Zeit Friedrich Wilhelms I.[26] Diese Tradition sollte zu einem charakteristischen Element des preußischen Militarismus im 19. und 20. Jahrhundert werden.

Ausgangspunkt für die Entfaltung des Manufakturwesens war die Produktion für den Heeresbedarf, ein Erbe Friedrich Wilhelms I., das weiter entwickelt wurde. Für Friedrich II. war die Bekämpfung der Einfuhr von Luxusgütern von großer Bedeutung. Ihr folgten weitere, den Produktionsbereich betreffende Maßnahmen, die der König aus der Sicht des Bedarfs des Binnenmarktes sowie

26 H. Kathe: Der "Soldatenkönig" Friedrich Wilhelm I. 1688-1740. König in Preußen. 2. Aufl. Berlin 1978, S. 41f., 53f.

der Möglichkeiten der Ausfuhr fertiger Waren für wesentlich erachtete. Vorrang hatten bevölkerungspolitische Erwägungen: bis ans Ende seiner Herrschaft weigerte sich Friedrich II., die Mechanisierung der Manufakturen zu unterstützen, lag ihm doch an der Ausweitung der Beschäftigung als Element seiner Peuplierungspolitik. Bevölkerungspolitische Erwägungen bestimmten häufig den Standort neuer Investitionen.

Abgesehen von der Militärindustrie, vermied Friedrich II., die Staatsbeteiligung in der Manufakturentwicklung auszuweiten, sondern strebte eher Protektion, Schutz und Kontrolle von Privatunternehmern an. Zur Förderung der Industrialisierung ergriff der preußische Staat oft die Organisationsinitiative; er gewährte Subsidien und Privilegien an Unternehmer, die neue Manufakturen gründeten, ließ fremde Fachleute anwerben, gewährte steuerliche und andere Erleichterungen. Der Staat regulierte und reglementierte den Arbeitsmarkt, um günstige Bedingungen für die Rekrutierung von Arbeitern zu schaffen. Er beaufsichtigte die Entwicklung der Manufakturen, sicherte den Absatzmarkt über die Zollpolitik und unterstützte die Marktaktivitäten der *Entreprenneurs*. Das Einfrieren der Getreidepreise auf niedrigem Niveau bewirkte relativ niedrigen Lohn- und dadurch niedrige Produktionskosten. Gegenüber dem nichtpreußischen Ausland sorgte der Staat für den Schutz der eigenen Waren. Er verhinderte den Import billigerer oder besserer ausländischer Erzeugnisse oder belegte sie mit hohen Zöllen, was Konkurrenzvorteile nivellierte. Privilegien ermöglichten Monopole. Im Endeffekt stützten sich Aufsicht und Kontrolle der Entwicklung der Manufakturen eher auf ein System von Verboten, Geboten und Begrenzungen als auf Subventionen, wenn sich nicht der Staat selbst - besonders in der RÜstungsindustrie - unmittelbar als Unternehmer engagierte. Der preußische Unternehmer blieb bis ans Ende der Regierungszeit Friedrichs II. eng mit dem preußischen Staat verbunden und von seinem Schutz abhängig.

Der ständig intervenierende Staat griff oft nicht gezielt genug ein. Die preußische Statistik wurde erst in der zweiten Hälfte der Regierungszeit Friedrichs II. systematisch entwickelt; die stürmische territoriale Ausdehnung und die zahlreichen Kriege führten dazu, daß ständig geordnete Vergleichzahlen fehlten. Daher vertraute z.B. Friedrich II. bei seinen Entscheidungen am häufigsten den eigenen Informationen und Eindrücken aus Inspektionen vor Ort. Die Daten zur Entwicklung im Handwerks- und Manufakturwesen trug nach dem Stand von Ende des Jahres 1769 der General-Handelskomissar im V. Departement des Generaldirektoriums, Dodo Heinrich Freiherr zu Inn und Knyphausen, zusammen.[27]

Die Industrialisierung Preußens war in der Überzeugung Friedrichs nicht nur ein besonders wertvolles Instrument zur allgemeinen Wirtschaftsentwicklung des Landes, sondern vor allem zur Vermehrung der Staatseinnahmen. Also war die Einrichtung des V. Departements des Generaldirektoriums, das für Wirtschafts- und Handelspolitik, Ausbau der Verkehrsverbindungen und vor allem für die Entwicklung des Manufakturwesens zuständig war, nicht zufällig die erste orga-

27 Vgl. H. Hoffmann: Handwerk und Manufaktur in Preußen 1769. (Das Taschenbuch Knyphausen). Berlin 1969.

nisatorische Veränderung der Zentralbehörden unter seiner Regierung. Die Instruktion vom 27. Juni 1740 bestimmte klar die Hauptziele der merkantilistischen Politik des Staates im Bereich von Handel und Industrie: Ausbau der Produktion, Anwerbung ausländischer Fachleute und ausländischen Kapitals, importvermeidende, exportorientierte Produktion.

Der Aufbau der Industrie war ein schwieriger und langsamer Prozeß. Es fehlte an Unternehmern, Kapital und besonders an qualifizierten Arbeitskräften. Unfähigkeit und Ineffizienz war bei den subventionierten Unternehmen eine häufige Erscheinung, ebenso die niedrige Arbeitsleistung und die mangelnde Qualität der Produkte neugegründeter Manufakturen. Die vom Staat aufgezwungene forcierte Industrialisierung mit Manufakturen, die gegen alle Rentabilitätsgesichtspunkte betrieben wurden, schuf für diese Unternehmungen häufig künstliche Bedingungen. Bis heute ist die Höhe der aus dem Staatsschatz für die Entwicklung der preußischen Industrie verausgabten Summe nicht genau bekannt. Allein die großzügig subventionierte Seidenfabrikation hat aber zum Beispiel über verschiedene Wege insgesamt ca. 2 Millionen Taler erhalten. Die Politik des Staates stellte mit großen Verlusten für den Handel den gesamten Binnenmarkt in den Dienst der Industrialisierung. Das besondere Interesse des Herrschers galt neben der Militärproduktion und der Seidenherstellung der in Berlin gegründeten Porzellanmanufaktur, deren Existenz und Absatz lange Zeit durch strenge Reglementierung gesichert werden mußte.

Die Manufakturen stellten damals die modernste Produktionstechnik und -organisation dar. Ihre Entwicklung bestimmte die wirtschaftliche Stellung eines Landes in Europa. Als Indikator für den Produktionsfortschritt und den Reichtum des Landes galt der Entwicklungsstand der Seidenfabrikation, die deshalb besonders gefördert wurde, allerdings auch dem Staatsschatz hohe Einnahmen lieferte. Zwei Drittel der direkten Wirtschaftssubventionen erhielt unter Friedrich II. die Seidenindustrie.[28] Die erste Seidenmanufaktur in Berlin gründete im Jahre 1746 ein aktiver Unternehmer polnischer Herkunft, Johann Gotzkowski (auch: Gotzkowsky, 1710-1775), der aus Lyon Maschinen einführte und die Erfahrungen der französischen hugenottischen Spezialisten nutzte. Gotzkowski, der während des Siebenjährigen Krieges ein großes Vermögen erwarb, wurde zur führenden Gestalt des Berliner Bürgertums und leistete Friedrich II. zahlreiche finanzielle Dienste. Aufgrund der Wirtschaftskrise nach dem Siebenjährigen Krieg und durch die eigenen weit verzweigten unsteten Interessen wurde er Opfer eines skandalösen Bankrotts. Einen Teil seiner Unternehmen übernahm der preußische König. Gotzkowski, der seine über viele Jahre erfolgreichen Wirtschaftsunternehmen nahezu aus dem Nichts aufgebaut hatte, war durch Elan, Risikobereitschaft und mutigen Initiativen der herausragende Berliner Unternehmer der friderizianischen Zeit.

In einer späteren Phase übernahm die schlesische Industrie, insbesondere das Berg- und Hüttenwesen, die wirtschaftliche Führungsposition in Preußen. Die

---

28 Vgl. G. Rachel, a.a.O., S. 240f.

schnelle Industrieentwicklung ist typisch für die preußische Herrschaft in Schlesien, das in Preußen die wirtschaftliche Schlüsselposition erlangte, die es in der Habsburger Monarchie nie besessen hatte.[29] Handel und Kaufmannschaft betrachtete Friedrich als unselbständige und weniger wesentliche Faktoren. Am meisten interessierten ihn der Außenhandel und dessen Konsequenzen für die Handelsbilanz. Einige Zeit beabsichtigte er, den Außenhandel zu verstaatlichen, was jedoch am Widerstand der Kaufleute scheiterte. Seine Außenhandelspolitik führte Friedrich aggressiv unter Einsatz aller Mittel gegen tatsächliche oder potentielle Konkurrenten, vor allem gegen Sachsen und Polen. Abgesehen von militärischer Gewalt war seine Hauptwaffe, auch wenn die Handelsinteressen Preußens nicht direkt berührt wurden, der Handelskrieg in allen Variationen, vor allem Spekulation im Münzwesen und wirtschaftliche Schädigung, nur um die konkurrierenden Staaten wirtschaftlich zu schädigen. Das langfristige Ziel blieb der wirtschaftliche Ruin Sachsens und Polens als Voraussetzung ihres politischen Machtverlustes. Polen sollte für Friedrich das Terrain für eine kolonialistische Wirtschaftsexpansion werden und zugleich der Lieferant von Rohstoffen und Getreide. Seine Ziele bezüglich Polens verwirklichte Friedrich II. nach der ersten Teilung voll und ganz. Sachsen erreichte nach den Plagen des Siebenjährigen Krieges und den planvollen Zerstörungen durch preußisches Militär niemals mehr die frühere Bedeutung und Prosperität. Preußen übernahm in hohem Maße die traditionelle Rolle Sachsens als Produzent und Vermittler im Handel mit Osteuropa.[30]

Der König war vor allem ein Mann der Finanzen. Als er die Herrschaft antrat, behielt er wider Erwarten das drakonische Fiskalsystem seines Vaters bei. Besonders in der Zeit der vielen Kriege bewies er ungewöhnliches finanzielles Geschick und zeigte keine Skrupel, wenn es um das Auffüllen der Staatskasse ging. Die oft gerühmte Rechenkunst der Hohenzollern erstrahlte im vollen Glanz, als Friedrich II. nach der Übernahme der Herrschaft in den Kellern des Berliner Schlosses 10 Millionen Reichstaler in Fässern aus Gold vorfand. Aus diesem Schatz wurden die Schlesischen Kriege finanziert: Als die Erzherzogin von Österreich und Königin von Böhmen Maria Theresia die letzten Staatsreserven gegen das siegreiche Heer Friedrichs mobilisieren mußte, hatte der preußische König im Verlauf des ersten Schlesischen Krieges nur zwei Drittel der Reserven verbraucht. Beide Schlesischen Kriege kosteten Friedrich insgesamt 12 Millionen Reichstaler; diese hohen Kosten glich er schnell durch Kriegsentschädigungen, Einkünfte aus der neuen Provinz und die normalen, regelmäßig dem Staatsschatz zufließenden Einkünfte aus. So konnte Friedrich trotz hoher Ausgaben in nur 11 Jahren bis zum Beginn des Siebenjährigen Krieges den damals schwindelerregenden Überschuß von beinahe 20 Millionen Talern erwirtschaften, der in den Kellern des Berliner Schlosses gehortet wurde. Mit dieser

---

29 Vgl. K. Fuchs: Vom Dirigismus zum Liberalismus. Die Entwicklung Oberschlesiens als preußisches Berg- und Hüttenrevier. Wiesbaden 1970, S. 35f.

30 Vgl. W. O. Henderson: Studies in the Economic Policy of Frederick the Great. London 1963, S. 115-122.

Reserve zog er in den Siebenjährigen Krieg (1756-1763). Neben anderen finanziellen Aktivitäten von eher zweifelhaftem Ruf und englischen Subsidien erlaubte sie ihm das siegreiche Durchhalten in den langen Kriegsjahren. Die Finanzen Friedrichs II. sind nicht nur deshalb bis heute in manchem ein Geheimnis, weil der König weder zu Lebzeiten, noch für seine Nachkommen die Quellen seiner Einkünfte nennen wollte. Die friderizianischen Buchführung beruhte geradezu darauf, daß außer dem König und seinen Kabinettsräten niemand in den zentralen Machtorganen einen vollständigen Überblick besaß, eine Folge der bewußten Dezentralisierung der Finanzbehörden und der Aufspaltung des zentralen Rechnungswesens auf getrennte Verwaltungen.

Wenn die preußische Monarchie, sehen wir von Kriegen und anderen eher destruktive Praktiken ab, vergleichsweise hohe Einkünfte für den Staatsschatz erzielte, so war das außer auf den sparsamen und rationalen Umgang mit diesen Finanzmitteln vor allem folgende Ursachen zurückzuführen: Die preußische absolute Monarchie war (1.) in der Lage, durch das funktionierendes Steuersystem die gesamte Bevölkerung zu erfassen und sich so eine solide Einkommensbasis zu schaffen. Dieses System privilegierte weiterhin deutlich den Adel. Deshalb kann keine Rede von einer relativen Gleichheit bei der Verteilung der Steuerlast sein. Insgesamt mobilisierte die preußische Monarchie in bedeutenderem Maße als andere Feudalstaaten die Einkommen der Bevölkerung im Dienst der Staatsfinanzen und vermied zugleich die negativen Seiten der damaligen Finanzsysteme in anderen Staaten, z.B. des Systems der Steuerpächter in Frankreich. Es war (2.) hohenzollernsche Tradition, einen hohen Anteil der Staatseinkünfte aus den Domänen zu erwirtschaften, deren Verwaltung eines der wichtigsten Wirtschaftsziele des Staates war. Die Haupteinkünfte des Staates kamen aus den Domänen (im Jahre 1747 annähernd die Hälfte, im Jahre 1786 ein Drittel der allgemeinen Einkünfte) sowie aus indirekten und direkten Steuern. Die ökonomische Entwicklung des Landes brachte (3.) zahlreiche zusätzliche Einkünfte. Vor allem die spezielle Handelspolitik der Zölle und Monopole und die forcierte Industriealisierung auch durch staatliche Unternehmen brachten oft kurzfristige Erfolge, standen allerdings ebenso oft im Widerspruch zum Interesse des Fiskus an der langfristigen Sicherung der wirtschaftlichen Entwicklung des Staates.

Wenn auch allgemein die Initiativen Friedrichs und die Entwicklungstendenzen von Manufaktur, Handel und Landwirtschaft im Laufe seiner Herrschaft unverändert blieben, verdienen doch viele Probleme aus der Zeit vom Ende des Siebenjährigen Krieges 1763 bis zum Tode des Königs 1786 besondere Hervorhebung, vor allem die ungeheure Anstrengung und Dynamik der staatlichen Aktivitäten zur Behebung der Kriegsschäden, das *Retablissement*, aber auch die zahlreichen für das Ende der Regierungszeit Friedrichs II. typischen Tendenzen, die immer deutlicher zur Erstarrung des merkantilistischen Systems führten, das sich überlebt hatte, bevor die lange Herrschaft Friedrichs II. zu Ende ging.

Das persönliche Regiment des Königs erstrahlte mit seinen für Wirtschaft und Verwaltung guten wie schlechten Seiten damals in hellem Licht. Die Beamten hatten zu informieren und auszuführen, nicht zu raisonieren oder zu beraten und Vorschläge zu machen, da der König seiner Überzeugung nach sowieso besser als sie wußte, was das Land brauchte: *"Der König herrschte mit allem allein, er achtete weder höhere noch niedere Beamte, nahm ihnen die Initiative durch Strafen und Spott und zwang sie somit, mehr an ihre Sicherheit, denn an die optimale Erfüllung ihrer Pflichten für das Land zu denken, wie auch mehr an das Verbergen, denn an die Beseitigung der Mängel des Systems oder der eigenen Fehler."*[31]

Vieles war also Improvisation, jedoch war die Verwaltung nicht langsam. Die meisten seiner Entscheidungen traf der König während der sofort nach Beendigung des Krieges unternommenen zahlreichen Inspektionsreisen an Ort und Stelle. Bei Beendigung der langjährigen kriegerischen Auseinandersetzungen besaß Friedrich eine gewisse Finanzreserve im Staatsschatz, die er als Soforthilfe zur Überwindung der unmittelbaren Not und zur Belebung des Marktes einsetzte. Mit dem Ziel, die Wirtschaft wieder auf das Friedensniveau zu bringen, waren auch die von den Zeitgenossen kritisierten hohen Repräsentationsausgaben verbunden, die der Bau des *Neuen Palais* in Potsdam nach sich zog, des unweit von Friedrichs 1745-1747 erbauten Sommerschloß *Sanssouci* gelegenen Repräsentationssitzes, dessen Innenräume voller Geschmack und Eleganz bis heute die Bewunderung der Besucher wecken und die siegreiche Beendigung des Siebenjährigen Krieges durch Preußen versinnbildlichen sollten.

Die wichtigsten Elemente des Wiederaufbaus des Landes, des *Retablissements*, waren: 1. die Soforthilfe für die Bevölkerung durch Lebensmittel, Saatgut, Vieh, materielle Unterstützung und die Abgabe von Holz zum Wiederaufbau von Gebäuden; 2. Hilfen beim Wiederaufbau von Städten und Dörfern in Form unterschiedlicher Subventionen, Unterstützungen und Kredite; 3. zeitliche befristete Erleichterungen, Befreiungen und Privilegien für die Bevölkerungsteile, die im Kriegsverlauf besonders gelitten hatten; 4. weitgestreute Investitionen zur Entfaltung von Handel und Industrie, zur allgemeinen Belebung der Wirtschaft und zur Schaffung neuer Arbeitsplätze; 5. die über die kurzfristigen Ziele des Retablissements hinausgehende Politik der inneren Kolonisation als Mittel nicht nur zur Behebung der Kriegsschäden, sondern auch zur weiteren demographischen und ökonomischen Entwicklung des Landes.

Im Herbst 1763 wurde das Werk des Wiederaufbaus durch einer schwere europäische Finanz- und Kreditkrise erschwert, vor allem holländische und Hamburger Bankhäuser erfaßte und besonders viele Berliner Firmen traf, darunter die des größten Berliner Unternehmers Gotzkowski. Neben den allgemeinen Schwierigkeiten des europäischen Geldmarktes beim Übergang zur Friedenswirtschaft nach dem langen Krieg hatte insbesondere die Geldpolitik Friedrichs II. zum wirtschaftlichen Zusammenbruch beigetragen: seine extreme Deflationspolitik, die die Folgen der eigenen Geldpolitik, die auf der *Münzverschlechterung*, der ständigen Minderung des Münzwerts während der Kriegsjahre basierte, zu beseitigen. Sein Entschluß, die im Umlauf befindlichen minderwertigen Münzen

31 Meisner: Die monarchische Regierungsform, S. 232f.

durch vollwertige umzutauschen, um den Geldwert zu stabilisieren, brachte er das Bankensystem von Amsterdam bis Hamburg ins Wanken.

Auf europäischer Ebene wirkte sich auch das Ende der Kriegskonjunktur und der starken Getreidespekulation an der Amsterdamer Börse aus. Wegen des plötzlichen Geldmangels hingen viele breit angelegte Projekte in der Luft, was eine Lawine von Bankrotten auslöste. Friedrich II. bemühte sich im Gegenzug, die Konjunktur anzukurbeln, und kehrte zur unflexiblen merkantilistischen Politik der Monopole und des Protektionismus zurück. Zugleich unternahm er - trotz Widerspruchs seiner Minister und konservativer Berliner Kaufmannskreise - Schritte zur Stabilisierung des Kreditwesens durch die Gründung der *königlich Preußischen Bank* als Giro- und Kreditbank in Berlin im Jahre 1765 mit einem veranschlagten Gründungskapital von 8 Millionen Reichstalern und der *Preußischen Seehandlung* als Geld- und Handelsinstitut 1772. Die Anfänge der Preußischen Bank waren schwierig, das Gründungskapital war erst nach einigen Jahren voll eingezahlt, und die preußischen Geschäftskreise mißtrauten dieser Initiative.

Friedrich blieb bis an sein Lebensende in seiner Wirtschaftspolitik Merkantilist, was die ausführliche Instruktion zur Handels- und Industriepolitik an den Minister Friedrich von Goerne aus dem Jahre 1777 belegt. Die liberalen Historiker des 19. Jahrhunderts haben den friderizianische Fiskalismus in der Regel abgelehnt. Lästig und in manchem konservativ, war er doch methodisch durchdacht, denn das Hauptziel der gesamten Wirtschaftspolitik jener Jahre war neben der Finanzierung der regelmäßigen Staatsaufgaben (Staatsverwaltung, Militärkosten, Staatsreserven bzw. Kriegsschatz) die Sicherung des Wiederaufbaus im Retablissement und die Stabilisierung von Landwirtschaft und Industrie.

Das wichtigste Vorhaben der zweiten Hälfte der Regierungszeit Friedrichs II. war die radikale Veränderung des Systems der indirekten Steuern und der Zollorganisation sowie die Einführung neuer Staatsmonopole. Friedrich II. gliederte unter Berufung auf französischen Steuerspezialisten Zölle und Akzisen aus der allgemeinen Organisation des Generaldirektoriums aus und schuf die *Administration générale des Accises et Péages,* eine Generalverwaltung für Zölle und Akzisen, die *Regie*, die ihre Tätigkeit am 1. Juli 1769 mit einem großen Stab französischer Beamter aufnahm. Bereits im Jahre 1765 war in Preußen ein Tabakmonopol mit einer von der Regie unabhängigen Verwaltung geschaffen worden. Im Jahre 1781 schuf Friedrich das staatliche Kaffeemonopol und erhöhte die Kaffeepreise wesentlich, was - ähnlich wie frühere Steuerentscheidungen - allgemeine Unzufriedenheit hervorrief. Die Beschränkung des Konsums von Luxusgütern - nach Friedrichs Meinung war Kaffee gesundheitsschädlich - hemmte die Entwicklung des Binnen- und Außenhandels.

In der ausführlichen Instruktion für den die Regie leitenden Minister ließ sich Friedrich über Zölle, Bedingungen und Methoden der Wirtschaftspolitik aus, die er wegen der notwendigen positiven Außenhandelsbilanz in direkter Abhängigkeit von den Bedürfnissen und Möglichkeiten des Landes sah. In dieser Wirtschaftskonzeption vertrat er einen extremen Merkantilismus: Um eine positive Handelsbilanz zu erreichen, mußte das an Waren arme, schwach industrialisierte

Preußen den Weg strenger Reglementierungen, von Verboten, Zöllen und Monopolen, beschreiten, um den Konsum von Importwaren zu beschränken und die Landesproduktion zu erhöhen. Friedrich ignorierte die häufigen Klagen über das Wirtschaftssystem; er zählte auf die Ordnung und die gute Organisation seines Systems und die Erhöhung der Staatseinkünfte. Jedoch verschlangen die Kosten für das zur Bekämpfung von Schmuggel und Steuerbetrug notwendige Personal einen großen Teil der erwarteten zusätzlichen Einkünfte. Kein Beschluß Friedrichs war so unpopulär wie die Verwaltung der Zölle und Akzise nach dem französischen Vorbild, die der gesamten Bevölkerung, vor allem den Berlinern, verhaßt war.[32] Der König gab jedoch nicht nach: der Geheime Finanzrat Erhard Ursinus (ca. 1706-1785), der schriftlich Fehler und Schäden des monopolistischen Systems kritisiert hatte, wurde für seinen ungebetenen Rat in der Festung Spandau festgesetzt, wo er Gelegenheit hatte, über die Folgen des staatlichen Machtmonopols nachzudenken.[33]

Die Industrialisierungspolitik wurde nach den Kriegsjahren besonders in Schlesien forciert fortgesetzt, wo das Berg- und Hüttenwesen, vor allem Kohle- und Kupfergruben, aber auch Salzbergwerke, ausgebaut wurde. Im Bereich der Manufakturen wurde neben dem Wiederaufbau und dem Ausbau der alten Industriezweige vor allem die Produktion von Glas, Keramik, Tabak, Silberwaren und Porzellan ausgebaut und entwickelt. Gegen Ende der Regierungszeit Friedrichs wurde in Schlesien die erste Dampfmaschine im Bergbau eingeführt. Im Jahre 1785 arbeiteten in Berlin 65 Textilmanufakturen, die einschließlich Heimarbeitern rund 15 000 Arbeiter beschäftigten. Der Ausbau der Berliner Industrie beruhte in hohem Maße auf staatlicher Unterstützung: der Staat investierte in den Jahren 1763-1786 in der Hauptstadt 9 Millionen Reichstaler. Im Jahre 1786 kam ein Drittel des Wertes der gesamten Industrieproduktion des Staates aus Berlin.

Die Politik des Königs erreichte keine einheitliche Wirtschaftsentwicklung: Neben den privilegierten Regionen von Berlin und Potsdam sowie Schlesien und dem bei bestimmten Investitionen bevorzugten Westpreußen gab es Gebiete wie Ostpreußen, die bei der Investitionspolitik deutlich vom König übergangen wurden. Dagegen bekam Ostpreußen die gesamte Last zu spüren, alle Nachteile der königlichen Handelspolitik, die den Wohlstand des vor allem mit dem polnischen Wirtschaftssystem verbundenen Königsberg beschnitt, zugleich aber ungünstige Bedingungen für die Entwicklung der Landwirtschaft in Ostpreußen schuf: *"In keiner preußischen Provinz sind die inneren Spannungen, die das fridericianische Merkantilsystem erzeugte, so spürbar gewesen wie in Ostpreußen."*[34]

Unzweifelhaft hat Friedrich II., der sich pragmatisch an die merkantilistischen Grundsätze hielt, im Bereich der Wirtschaft viel erreicht. Seine Energie, die Dynamik seines Handeln, die er viele Jahre entschlossen der Staatsverwaltung auf-

---

32 Vgl. Henderson, a.a.O., S. 35.

33 Acta Borussica: Behördernorganisation, XVI/1, S. 125, 186; vgl. Mittenzwei: Preußen nach dem Siebenjährigen Krieg, S. 39-51.

34 W. Mertineit: Ostpreußische Manufaktur- und Merkantilpolitik im 18. Jahrhundert. In: Zeitschrift für Ostforschung 9 (1960), S. 489.

zwang, konnten nicht ohne Resultate bleiben. Doch wurde bereits nach Beendigung der dringendsten, vielfach als Notmaßnahmen durchgeführten Arbeiten zur Beseitigung der Kriegsfolgen sichtbar, daß der weitere ökonomische Fortschritt des Landes von der Beseitigung der Beschränkungen und Fesseln abhing, die die Politik Friedrichs II. der Wirtschaft des Landes aufgezwungen hatte. Einige dieser Maßnahmen waren in der Anfangsphase, der Frühindustrialisierung, durchaus angemessen gewesen, verloren aber in der weiteren Entwicklung schnell ihren Wert und erwiesen sich sogar als kontraproduktiv. Gegen Ende der Herrschaft Friedrichs II. zeichneten sich in der Wirtschaftsentwicklung die ungünstigen Tendenzen immer deutlicher ab. Umstritten bleibt, ob die von dem fiskalischen und dem militärischen Staatsinteresse diktierte friderizianische Städte-, Handels- und Industriepolitik die Entwicklung des Kapitalismus und des Bürgertums in Preußen begünstigt bzw. seit wann sie an Wirksamkeit verloren hat. Es wird durchaus die Ansicht vertreten, daß die Politik Friedrichs II. die Entwicklung der Städte aktiviert hätte, obwohl ihre Methoden veraltet und unzureichend waren.[35] Immerhin nahm Preußen im Jahre 1800 in der industriellen Entwicklung nach England, Frankreich und den Niederlanden die vierte Stelle im damaligen Europa ein.[36] Zu den größten Erfolgen Friedrichs II. in der Wirtschaftspolitik gehören der Fortschritt bei der Gewinnung von Bodenschätzen, die Anfänge der Schwerindustrie, die Entwicklung der Manufakturproduktion und die Bevölkerungspolitik. Die Zuwachsraten waren allerdings vor allem der Wirtschaftskraft der von Friedrich II. erworbenen beiden neuen reichen Provinzen Schlesien und Westpreußen zu verdanken.

Der strenge, starre, exploitorische und in Methoden und Mitteln traditionelle Protektionismus des preußischen Staates bewirkte, daß sich bereits zum Lebensende Friedrichs II. die - wenn auch zumeist nicht öffentlichen - Kritik an seiner Wirtschaftspolitik mehrte. Obwohl sich die hohen sozialen Kosten des erzielten Fortschritts immer deutlicher abzeichneten, wurden ihr Ausmaß und ihre Konsequenzen geleugnet. Neuere Forschungen haben die Sozial- und vor allem die Wirtschaftspolitik des Königs in der Zeit nach dem Siebenjährigen Krieg negativ beurteilt. Die Erfolge in der Außenpolitik, der Gebiets- und der Bevölkerungszuwachs verdeckten die inneren Schwächen und die Entwicklungshemmnisse; sie führten zu dem Anschein ökonomischer Dynamik.

Friedrich II. war gegen Ende seines Lebens insofern konservativ, als er sich in einer Zeit allgemeinen Interesses an Landwirtschaft im Zeichen des Physiokratismus und deren fortschreitender Entwicklung gegen den Zeittrend mehr für Handels- und Industriefragen interessierte und sich stärker um die Steuerinteressen des Staates als um die allgemeine wirtschaftliche Entwicklung des Landes kümmerte. Als Friedrich II. starb, hinterließ er eine wahrhaft merkantilistische

35 G. Heinrich: Der preußische Spätmerkantilismus und die Manufakturstädte in den mittleren und östlichen Staatsprovinzen (1740-1786). In: Städtewesen und Merkantilismus in Mitteleuropa. Hrsg. von V. Press. Köln-Wien 1983, S. 302-303.

36 Vgl. W. Treue: Wirtschaft, Gesellschaft und Technik in Deutschland vom 16. bis zum 18. Jahrhundert. In: Gebhardt. Handbuch der deutschen Geschichte. 9. Aufl. Bd. 2. Stuttgart 1970, S. 532.

Handelsbilanz mit einem Überschuß von 3 bis 4 Millionen Reichstalern - ein Ergebnis der Konsumbeschränkungen im Inland und des extremen staatlichen Fiskalismus: Von Offizieren und Beamten bis zum städtischen und ländlichen Proletariat hat in der Regierungszeit Friedrichs II. eigentlich keine Bevölkerungsgruppe in Preußen eine bemerkenswerte Steigerung des Lebensstandards erzielen können.

Seine Nachfolger begannen, wenn auch nicht konsequent genug, von dieser Wirtschaftspolitik abzurücken. Der Bruch mit der friderizianischen Tradition der übermächtigen Staatsingerenz in das Wirtschaftsleben wurde erst in der Reformperiode nach 1807 vollzogen. Die wechselhafte und kostspielige Politik König Friedrich Wilhelms II. vergeudete den Staatsschatz schnell und unproduktiv. Die Regierung seines Ratgebers, des Ministers Johann Christoph von Wöllner, erwies sich im Bereich der Staatsfinanzen als katastrophal. Preußen übernahm ohne Geschick die Verwaltung und Bewirtschaftung der in der zweiten und dritten Teilung Polens erworbenen polnischen Gebiete. Erst König Friedrich Wilhelm III. ordnete seit 1797 die Staatsfinanzen und führte eine Sparpolitik ein. In dieser Zeit verbesserte die Belebung der landwirtschaftlichen Konjunktur auch die allgemeine Situation. Obwohl es in der Umgebung Friedrich Wilhelms III. nicht an jungen fortschrittlichen Beamten fehlte, brachten deren zahlreiche Reformpläne und Aktionen bis zum Jahre 1806 keine größeren Ergebnisse. Im Jahre 1806 war Preußen weiterhin vor allem ein Agrarland, doch bildeten sich bereits in Schlesien, Berlin, Magdeburg und in den rheinischen Gebieten deutlich die Vorbedingungen für die industrielle Revolution heraus.

Die Jahre von 1786 bis 1806 waren für die Entwicklung der Städte, des Handels und der Industrie in Preußen relativ schwierig. In der friderizianischen Ära hing das wirtschaftliche Wachstum vor allem von der Kontrolle und dem Programm des Staates ab. Die Abschwächung der protektionistischen und monopolistischen Politik nach dem Tode Friedrichs II. ging jedoch mit der Schwächung und Verknöcherung der von der aktiven Politik des Staates abhängenden Wirtschaftsstruktur einher. Der wechselhafte Verlauf von Außenpolitik und Außenhandel begünstigten ebenfalls nicht das Wirtschaftswachstum. Bis 1806 führte die Wirtschaftspolitik die bisherigen Handlungslinien, wenn auch weniger konsequent, fort, erwies sich allerdings immer eindeutiger als anachronistisch. Als wesentlich erwies sich, daß sich das vom Staat abhängige Bürgertum in Preußen im 18. Jahrhundert nur langsam entwickelt hatte: *"Einbindung in ständische Sozialstrukturen, traditionelles Denken, wirtschaftliche Schwäche und politische Ohnmacht kennzeichnen die Situation des preußischen Bürgertums während des gesamten 18. Jahrhunderts."*[37]

---

37 K. Schwieger: Das Bürgertum in Preußen vor der Französischen Revolution. Phil. Diss. Kiel 1971, S. 453.

Das Berliner Schloß (1702)

## 4. Das Ende der Regierungszeit Friedrichs I.

Nachdem er seinen Lebenstraum mit der preußischen Krönung verwirklicht hatte, schien König Friedrich I. sich auf seinen Lorbeeren auszuruhen. Die eigentlichen Regierungsgeschäfte übernahm Johann Kasimir Kolbe von Wartenberg, ein Adliger aus der Pfalz, der sich um die endgültige Absicherung der Krönung verdient gemacht hatte und als erster Ordensträger nichtfürstlichen Blutes den *Schwarzen Adler-Orden* erhielt. Seit 1702 war er der Leitende Minister, während sich der König hauptsächlich für Prestigeangelegenheiten interessierte. Deshalb kam es in den Jahren 1701-1711 zur Herrschaft Kolbe von Wartenbergs, seiner abenteuerlichen Ehefrau, die als offizielle Mätresse des Königs auftrat, und des mit Wartenberg verbundenen Feldmarschalls Alexander Graf von Wartensleben sowie des Hofmarschalls August Reichsgraf von Sayn-Wittgenstein. Die Berliner charakterisierten die Regierung dieser Troika der unredlichen Favoriten nach den Anfangsbuchstaben der Namen als "dreifaches Weh".

Im Jahre 1711 war es vor allem der Thronfolger, der den bereits kranken König zu einer Untersuchung der trostlosen finanziellen Lage zwang, die zum Fall der kompromittierten königlichen Favoriten führte. Ihre Raubwirtschaft erreichte ihren Höhepunkt in der Zeit der großen Pestepidemie in Ostpreußen im Jahre 1709. Vor dem König wurde die Wahrheit über die Situation im Lande, in dem Hunger und Elend herrschten, verborgen. Wie streng er unter dem Einfluß seiner Frau gegenüber seinem früheren Erzieher Danckelmann auch gewesen war, gegenüber dem Kolbe von Wartenberg und dessen Komplizen erwies er sich ungewöhnlich großzügig: Er erlaubte ihnen, mit dem zusammengerafften Vermögen Preußen zu verlassen.

Obwohl der Zustand der Staatsfinanzen nach der Regierung der Favoriten trostlos war, wurden in den Jahren 1702-1713 weitere Erfolge bei der Vereinheitlichung der preußischen absoluten Monarchie erzielt. König Friedrich I., der bis 1705 regelmäßig den preußischen Landtag einberief und ihn zu weiteren Steuerbewilligungen bewegen konnte, rief danach dem Landtag nicht mehr ein. Die zentralen Staatsorgane wurden weiter entwickelt, auch wenn die Institution des *ersten Ministers* nur Übergangscharakter hatte. Einen wichtigen Schritt bedeutete die offizielle Eingliederung des Kollegiums der preußischen Regierungsräte in den Geheimen Rat in Berlin im Jahre 1706, was die Einheit des Staates symbolisierte und zugleich die Selbständigkeit dieser Institution in Ostpreußen beendete.

Zur positiven Seite der Regierungszeit Friedrichs I. gehören die kulturellen Errungenschaften.[38] Im Jahre 1700 wurde in Berlin die *Societät der Wissenschaften* gegründet. Auch die großen architektonische und künstlerischen Vorhaben wurden fortgeführt, hauptsächlich unter der Leitung Andreas Schlüters: Der barocke Umbau des Berliner Stadtschlosses und der Bau des Zeughauses wurden abgeschlossen, das Schlütersche Reiterstandbild des Großen Kurfürsten

---

38 Vgl. oben S. 117.

auf der Langen Brücke aufgestellt. Kunst und Kultur verliehen dem Hof des ersten Preußenkönigs Glanz. Vom Eroberer und Militaristen hatte er nichts an sich. An seiner Seite wirkte viele Jahre Königin Sophie Charlotte (1668-1715), eine hannoversche Prinzessin, die zu den gebildetsten Frauen der Zeit zählte. Daher muß die Kritik der Borussisten am ersten preußischen König mit gewisser Vorsicht betrachtet werden. Die zivilisatorischen Leistungen aus der Regierungszeit Friedrichs I. verdienten eine neue, vertiefte Darstellung.

Im Jahre 1701 verfügte Friedrich I. über ein stehendes Heer von 30 000 Soldaten, was Preußen in die Reihe der wichtigsten europäischen Mächte stellte. Die borussischen Historiker haben seine Außenpolitik in der Regel negativ bewertet. Er hatte sich bemüht, die Politik des Großen Kurfürsten unter den schwierigen Bedingungen der großen europäischen Kriege an der Wende vom 17. zum 18. Jahrhundert fortzuführen, wobei ihm die Geschicklichkeit, vielleicht auch die Fähigkeit zu den skrupellosen Manövern des Großen Kurfürsten fehlte. Im Spanischen Erbfolgekrieg hatte Friedrich I. seine Truppen hauptsächlich gegen Frankreich gerichtet, was ihm angesichts der neuen Situation bei Ausbruch des Zweiten Nordischen Krieges nicht erlaubte, in Osteuropa eine aktive Politik zu führen. Das Engagement auf Seiten Österreichs und der Niederlande gegen Frankreich brachte Preußen keine wesentlichen Vorteile, kostete aber große Anstrengungen. Im Frieden von Utrecht erkannte Frankreich 1713 den preußischen Königstitel an; Preußen erhielt einige kleinere Territorien aus der oranischen Erbschaft. Währenddessen brachte der Nordische Krieg, der hauptsächlich auf polnisch-litauischem Gebiet geführt wurde, Preußen keine Gewinne: Friedrich I., durch Ausgaben und Einsätze seiner Armee an anderen Fronten geschwächt, bewahrte in diesem Krieg Neutralität, ohne diese geschickt auszuspielen. Er war auch nicht in der Lage, sein Territorium gegen Einfälle beider kriegführenden Parteien zu schützen. Und das war wahrscheinlich der schwerste Vorwurf, den Friedrich Wilhelm I. gegen seinen Vater erhob: daß er die politische Konjunktur jener Jahre im Ostseeraum nicht ausgenutzt hat. Es fehlte zwar nicht an Projekten, um von Polen Danzig und das königliche Preußen zu erhalten, aber sie wurden nicht realisiert.

Friedrich I. war nach dem Tode seiner ersten Frau Sophie Charlotte noch zweimal verheiratet. Die letzten Regierungsjahre verliefen im Zeichen finanzieller Sorgen sowie der wachsenden Bedeutung des Thronfolgers. Kronprinz Friedrich Wilhelm betrachtete die Herrschaft seines Vaters voller Mißbilligung, vor allem dessen kostspielige künstlerischen und kulturellen Interessen. Unter seiner Herrschaft verschwanden die Einflüsse des Hofes von Versailles, und es kamen spartanische Umgangsformen auf.[39]

---

39 H. Koch: A History of Prussia. London-New York 1978, S. 77.

## 5. Die Herrschaft Friedrich Wilhelms I.

*Die alte Zeit war tot und begraben; viel Schönes ging mit ihr zu Ende.*
*Ein neues, eisernes Zeitalter begann.*
F. Oppeln-Bronikowski[40]

Die Darstellung der Persönlichkeit Friedrich Wilhelms I. bereitet den Historikern mehr Schwierigkeiten als die Biographie anderer Preußenkönige. Über ihn existieren nämlich zwei historische Wahrheiten. Auf der einen Seite ist Friedrich Wilhelm I. als *der Soldatenkönig*, als Schöpfer des preußischen Militarismus, in die Geschichte eingegangen, als primitiver geradezu Mensch von einfacher Lebensart, als jähzornig, prosaisch, geizig, als Feind von Kultur, Wissenschaft und Kunst, als Tyrann seiner Familie und des gesamten Landes. Auf der anderen Seite verlieh ihm Theodor von Schön, damals gerade Oberpräsident der Provinz Westpreußen, bereits im Jahre 1816 den Titel *Größter König Preußens in der Innenpolitik*, und vor allem im 20. Jahrhundert begann ein großer Kreis von Historikern, die ihrer Meinung nach wahrhaft preußischen Tugenden dieses Königs zu verherrlichen: sein organisatorisches und finanzielles Genie, seine Arbeitsamkeit, Ausdauer, seinen praktischen Verstand und seine äußerst effiziente Regierungsweise. Seine Loyalität, Wahrhaftigkeit, Unmittelbarkeit und seine spartanische Lebensführung wurden zum Modell des preußischen Prinzips des *Mehr Sein als Schein* erhoben.

Anders als viele Darstellungen glauben machen, vereinigte Friedrich Wilhelm I. zahlreiche Widersprüche in seiner psychisch komplexen Persönlichkeit. Harte, oft rücksichtslose Herrschaft und Willensstärke gehörten zum Herrschermodell seiner Zeit. Doch liebte dieser eifrige Protestant, der als ungehobelter Mensch ohne höhere kulturelle Interessen und als Feind jeglicher Abstraktion galt, zur selben Zeit die Musik Händels. Malerei, die vielleicht weniger vom künstlerischen Talent des Herrschers als von seinem widersprüchlichen Charakter zeugt, war bei psychischer Erschöpfung sein Zeitvertreib.[41] Für seine Apologeten war Friedrich Wilhelm I. der Herrscher, der mit der künstlichen, vom falschen Schein erfüllten Barockatmosphäre des Hofes seines Vaters brach, und an deren Stelle Einfachheit und Natürlichkeit eines bescheidenen, mit eiserner Hand geführten Hofes einführte. Aus der Feder des konservativen und monarchistischen Schriftstellers Reinhold Schneider (1903-1951), stammt die folgende charakteristische Bewertung des Königs: *"Die Frische seines Gesichts, die helle Leuchtkraft seiner Augen, der Klang seiner klaren Stimme sind spürbar in allen seinen Gesetzen und Verordnungen, Marginalien und Briefen."*[42] Soldatenmentalität, Denken in rein pragmatischen Kategorien, Zurückdrängung der Welt der Geisteskultur an den Rand der Interessen von Herrscher und Staat waren jedoch Merkmale dieses Herrschers, die in den Quellen zahlreich belegt sind. Der beste Kenner der

---

40 F. von Oppeln-Bronikowski: Der Baumeister des preußischen Staates. Leben und Wirken des Soldatenkönigs Friedrich Wilhelms I. Jena 1934, S. 71.

41 Vgl. In tormentis pinxit. Briefe und Bilder des Soldatenkönigs. Hrsg. von Jochen Klepper. Stuttgart 1938.

42 R. Schneider: Die Hohenzollern. Tragik und Königtum. Leipzig 1933, S. 75.

Persönlichkeit des Königs, Gerhard Oestreich, hat ihn folgendermaßen charakterisiert: "*Er war eine starke Persönlichkeit, ein fanatisch arbeitender und dämonisch fordernder Autokrat, im Laufe der Zeit ein Fachmann des Militärs, der Bürokratie und der Ökonomie ohne Beispiel, der das individuelle Glück seiner Familie, seiner Beamten und seiner Untertanen der staatlichen Macht und Wohlfahrt unterordnete.*"[43]

Viele Errungenschaften im Bereich von Militär, Verwaltung und Wirtschaft, die lange Friedrich II. als klassische Leistungen zugeschrieben worden sind, waren ganz oder teilweise Ergebnisse der Regierungszeit seines Vaters. Die historische Forschung hat deshalb versucht, beide Persönlichkeiten in engere Beziehung zu setzen und die Kontinuitätslinien zwischen Vater und Sohn betonen, die schließlich - das ist unstrittig - Preußen in das Konzert der europäischen Mächte geführt haben.

Friedrich Wilhelm I. übernahm die Regierungsgeschäfte nach dem Tode Friedrichs I. im Jahre 1713. Die letzten Regierungsjahre seines Vaters standen bereits unter dem Einfluß des Thronfolgers, der immer stärker in Verwaltungsangelegenheiten eingriff und Entscheidungen in Heeresangelegenheiten sogar ganz übernahm. Die vollkommene Umgestaltung der Regimentsorganisation fand jedoch erst 1713 statt. In der Geschichtsschreibung ist umstritten, ob die Krönung des Jahres 1701 oder der Herrscherwechsel von 1713, der den endgültigen Übergang vom höfischen Absolutismus der Kurfürsten Friedrich Wilhelm und Friedrich III. (I.) zur bürokratischen Monarchie Friedrich Wilhelms I., die von deutschen Historikern als Militär-, Finanz- und Verwaltungsstaat charakterisiert worden ist[44], markiert, als entscheidende Zäsur in der preußischen Geschichte anzusehen ist. Die heute allgemein akzeptierte Zäsur des Jahres 1701 interpretiert die letzten Regierungsjahre Friedrichs I. vor allem als Übergang zur energischen Herrschaft seines Sohnes Friedrich Wilhelm I., der seit langem ungeduldig darauf wartete, den Staat zu verändern und zu modernisieren.

Friedrich Wilhelm I. übernahm die Regierung im Alter von 25 Jahren als in seiner Persönlichkeit gefestigter Herrscher. Im Gegensatz zu seinen Eltern standen ihm seit frühester Jugend kulturelle, intellektuelle oder theoretische Interessen fern: Ihn interessierte die Macht und deren adäquate Realisierung durch Finanzwesen, Militär und Verwaltung. Er übernahm die starke religiöse Fundierung seiner Berufung als Herrscher, doch dominierte die aus kalvinistischen und lutheranischen Quellen gespeiste asketisch-puritanische Denkungsart seine Auffassung der Herrscherpflichten als Art heroisches Arbeitsethos für den Staat. Sofort schaffte er die zeremonielle Hofhaltung seines Vaters ab. Das Begräbnis Friedrichs I. war, Ausdruck der Achtung Friedrich Wilhelms I. für seinen Vater, die letzte barocke Festlichkeit in Berlin. Drei Viertel der Ausgaben strich er ei-

43 G. Oestreich: Friedrich Wilhelm I. Preußischer Absolutismus, Merkantilismus, Militarismus. Göttingen 1977, S. 49-50.

44 Vgl. P. Baumgart: Grundzüge des preußischen Absolutismus. In: Preußen-Ploetz. Eine historische Bilanz in Daten und Deutungen. Grsg. von M. Schlenke. Freiburg-Würzburg 1983, S. 149f.

genhändig von der Repräsentationsliste. Die Ausgaben der Zentralverwaltung reduzierte er mit dem Geschick eines Geizhalses.

Der König war ein Genie im Sparen, was seine Tochter Wilhelmine oft mit bitteren und bissigen Worte in ihren Tagebüchern notierte. Seit er König war, ließ er in der Sparpolitik bei Ausgaben für Hofes, Diplomatie und Verwaltung nicht nach. Er war ein Gegner jeglicher Repräsentationskosten und ersetzte Prestigeaktionen durch konkrete Staatspolitik. Friedrich Wilhelms I. war wahrscheinlich der einzige deutsche Herrscher des beginnenden 18. Jahrhunderts, der nicht versuchte, das kostspielige Beispiel von Versailles nachzuahmen, sondern seinen Hofstaat den bescheidenen Möglichkeiten seines Landes anpaßte. Mit eiserner Konsequenz zwang der junge König den Hof zum Sparen und zu bescheideneren Umgangsformen. Die Sparmaßnahmen waren drakonisch: Die Anzahl der Pferde im königlichen Marstall wurde von 6200 auf einige hundert reduziert; 300 Stallmeister wurden in die Kavallerie eingegliedert, Pferde und überflüssige Kutschen auf Frankfurter Messen verkauft. Die Hofkapelle wurde aufgelöst. Ihre Musiker kamen jedoch in der privaten Kapelle des Markgrafen Christian, eines Sohnes Friedrichs I. aus der zweiten Ehe, unter. Für diese Kapelle - nicht für den preußischen König - schrieb Johann Sebastian Bach im Jahre 1721 sechs seiner berühmten *Brandenburgischen Konzerte*. Von den Künstlern konnte sich nur - mit Schwierigkeiten - der Hofmaler Antoine Pesne am Hofe halten, dem wir zahlreiche Portraits der königlichen Familie verdanken. Johann Michael von Loën beschrieb 1717-1718 seine Eindrücke am Berliner Hof: *"Ich sehe hier einen königlichen Hof, der nicht glänzendes und nichts prächtiges als seine Soldaten hat. Es ist also möglich, daß man ein großer König seyn kan, ohne die Majestät in dem äusserlichen Pomp und in einem Schweiff bundfärbigter, mit Gold und Silber beschlagenen Creaturen zu suchen. Hier ist die hohe Schule der Ordnung und der Haushaltungskunst, wo große und kleine Dinge sich nach dem Exempel ihres Oberhaupts mustern lernen. [...] Die Zucht macht Leute, die preußische ist herrlich."*[45]

Den im barocken Hofzeremoniell aufgewachsenen Aristokraten mußte die Atmosphäre am Berliner Hof Friedrich Wilhelm I. als ungewöhnlich, ja kritikwürdig empfinden. Der alltägliche Lebensstil des Königs unterschied sich nicht vom dem eines vermögenden Bürgers, der ein großes Unternehmen leitete; ähnlich wie dieser Bürger arbeitete der König den ganzen Tag. Ähnlich wie die Bürger, die in strengem lutheranischen Arbeitsethos erzogen worden waren, schätzte er Pünktlichkeit, Ordnung und Arbeitsamkeit über alles. Einfachheit bis zur Grobheit, Formlosigkeit und Sachlichkeit herrschten am preußischen Hofe, an dem Offiziere dominierten, die der König für die vertraulichsten Aufgaben einsetzte. Zeremonien und leere Komplimente wurden abgeschafft. Der König war in seiner Art stets sachlich und korrekt. Er war der erste Beamte des Staates, der klar und ohne unnötige Verzögerungen regierte.

Der Tatmensch Friedrich Wilhelm I. erwies sich als ausgezeichneter Verwaltungsfachmann, als der vielleicht hervorragendste praktische Kameralist seiner

---

45 von Loen: Kleine Schriften. Bd. 1. Frankfurt-Leipzig 1749, III. Abschnitt, S. 22.

Zeit in Europa. Sparsamkeit und Sachlichkeit waren, wie schon Zeitgenossen bemerkten, begleitet von Kleinlichkeit, einer gewissen Begrenzung des Intellekts und dem Fehlen von Zweifeln und Selbstkritik, was zwar dem Handeln die geforderte Effizienz verlieh, aber doch häufiger die Durchführung hinter der eigentlichen Qualität der Entscheidung zurückstehen ließ. Man hat von ihm gesagt, er habe die Welt durch das Kasernenfenster wahrgenommen und sei kleinlichste Hohenzoller überhaupt gewesen, doch hat nach ihm auch Friedrich II. den Kult des Details gepflegt. Ergebnis der Regierung Friedrich Wilhelms I. *"war das Preußentum, eine Haltung und Mentalität, die sich auf die Länge der Zeit als Sozialdisziplinierung eines ganzen Volkes ausdrückte. Auch äußerlich zeigte sich der große Wandel: Der Zopf trat an die Stelle der aufwendigen barocken Allongeperücke in Militär und Zivil, die schlichte Uniform und einfache Kleidung ersetzte die prächtigen gold- und silberbestickten Gewänder von Adel und Bürgertum."*[46]

Der bürokratische Absolutismus erreichte gegen Ende der Regierungszeit Friedrich Wilhelms I. einen damals wohl nirgends in Europa erreichten Grad der Zentralisierung der Entscheidungswege und der Staatsingerenz in das Sozial- und Wirtschaftsleben. Trotz allem blieb der so stabilisierte Absolutismus in Theorie und Herrschaftspraxis in seinen Wirkungen auf den eingegrenzten staatlichen Raum beschränkt, neben dem der ständische Faktor des Adels - mit seiner weitgehend staatsfreien Grundherrschaft - weiterhin eine wesentliche Rolle spielte. Das Hausgesetz vom 13. August 1713 legte endgültig die Unteilbarkeit des preußischen Staates und die Unantastbarkeit des Staatsbesitzes fest. Bei der Regierungsübernahme war Friedrich Wilhelm I. bereit, die Existenz adliger Institutionen in gewissen Grenzen anzuerkennen und deren Meinung besonders in Gebieten wie Kleve oder Hinterpommern zu berücksichtigen. Dort jedoch, wo die Stände wie in Ostpreußen auf dem Krönungslandtag von 1714 ihre frühere politische Bedeutung zurückforderten, stießen sie auf den entschiedensten Widerspruch des Königs, der fest entschlossen war, alle Versuche des Adels, Einfluß auf die Staatspolitik auszuüben, zu unterdrücken. Friedrich Wilhelm I. zwang den ostpreußischen Adel, dessen Opposition er nicht ohne Grund durch die Erinnerung an die Zeit ständischer Libertät im Lehnsverband der polnischen Krone beeinflußt wähnte, auf die Bestätigung seiner Privilegien zu verzichten, und ließ alle Beschwerden unbeantwortet. Als er sich im September 1714 in Königsberg krönte, organisierte er die gesamte Zeremonie so bescheiden, daß sie ihn nur 2547 Reichstaler kostete, was dem sparsamen Herrscher schon als zuviel erschien.

Kleve-Mark ausgenommen, berief Friedrich Wilhelm I. einige Jahre lang in seinen Ländern die Stände nicht ein. Seine Adelspolitik führte in den folgenden Jahren zur deutlichen Unterordnung der Junker unter das Interesse der absoluten Monarchie. *"ich komme zu meinen zweg und stabilisiere die suverenität und setze die krohne fest wie ein Rocher von Bronse"*, empörte er sich über den Widerstand der ostpreußischen *"herren Juncker"*, die noch immer für das *"polnische ich*

46 Oestreich: Friedrich Wilhelm I., S. 59.

*erlaube nicht"* schwärmten, gegen die Steuerveranlagung des Jahres 1716.[47] Noch im politischen Testament des Jahres 1722 wies der König darauf hin, daß die Familien des ostpreußischen Hochadels gefährlich und daher aufmerksam zu beobachten seien, vor allem die von Dohna und die Finck von Finckenstein, *"die beide fammilien die alte Preussische Polnische Privilegia noch im hertzen hegen"*[48]. Allgemein jedoch stellte der König in diesem politischen Testament mit Befriedigung fest, daß sein Nachfolger den Vorteil haben würde, daß der gesamte Adel von Jugend auf so erzogen würde, daß er keinen anderen Herrn kenne, als Gott im Himmel und den preußischen König auf Erden. Friedrich Wilhelm I. war der Ansicht, daß seine Untertanen die Devise verpflichtete: *"Die Seele for Gott, alles andere for mir."*[49]

An die Stelle der nicht einberufenen Landtage traten andere Formen adliger Selbstverwaltung wie *Landschaften* (Landeskreditkassen), Komitees der nicht einberufenen Landtage, und auf Kreisebene die Kreistage: *"Die Stände blieben auf mehreren Ebenen existent. Sie waren Teil der politischen Landesordnung, und garantierten diese."*[50] Das Kreditwesen des Junkertums und die adelige Selbstverwaltung wurden so zur gesellschaftlichen Plattform für die Zusammenarbeit der gesellschaftlichen Repräsentation des Adels mit dem Herrscher und seinen Beamten. Schließlich verband auch das wichtigste Amtes der Territorialverwaltung, der Landrat, in seiner Kompetenz die staatliche Macht mit der ursprünglichen Aufgabe der Interessenvertretung des Adels des jeweiligen Kreises. Nach der politischen Entmachtung der Stände sicherte diese spezifische Doppelfunktion des Landratsamtes die Klasseninteressen der Junker der für den Adel in der Praxis wichtigsten, der lokalen Ebene.

Obwohl Friedrich Wilhelm I. selbst in seinem Leben nur wenige Kriege führte, gilt er vielen als der Schöpfer des preußischen Militarismus. In einer Zeit, in der die Herrscher in der Regel die Kriege nicht mehr persönlich leiteten, war er der erste Monarch, der den militärischen Angelegenheiten offen Vorrang unter den Staatsaufgaben gab. Als sichtbares Zeichen dafür begann Friedrich Wilhelm I. als erster europäischer Herrscher, im Alltag die Militäruniform zu tragen. Diese Mode übernahm nach dem Siebenjährigen Krieg Friedrich II., und ihr folgte vor allem Kaiser Joseph II. Sie überdauerte vor allem in Deutschland und Rußland das Ende des 19. Jahrhunderts.

***Das Staatssystem.*** - Unter der Regierung Friedrich Wilhelms I. entstand in Preußen der Machtapparat der absoluten Monarchie. Die in dieser Zeit geschaffenen Institutionen und Strukturen der Staatsverwaltung blieben ohne größere Verän-

---

47 Friedrich Wilhelms I. in einem Brief vom 23.-24. April 1716, nach P. Baumgart: Erscheinungsformen des preußischen Absolutismus. Verfassung und Verwaltung. Germerting 1966, S. 31-32, nach Acta Borussica: Behördenorganisation, II, S. 350.

48 Zit. nach Die politischen Testamente der Hohenzollern, S. 228.

49 Zit. nach K. Obermann: Soldaten - Bürger - Militaristen. Militär und Demokratie in Deutschland. Stuttgart 1958, S. 18.

50 G. Heinrich: Ständische Korporationen, S. 165.

derungen bis zu den Reformen der Jahre 1807-1815 in Kraft.[51] Die Umorganisation begann 1713 mit der Umgestaltung der *Hofkammer*, des höchsten Verwaltungsorgans für die Domänen, in das *General-Finanz-Direktorium*. Das gleichzeitig als kollegiale Verwaltungsinstitution reorganisierte *General-Kriegskommissariat* konzentrierte neben der Verwaltung und Versorgung der Armee die Kompetenzen für Steuern, Städte, Handel und Industrie und wurde dadurch zum Hauptinstrument der einheitlichen Staatsverwaltung. Die ausführliche Instruktion für das *General-Kriegskommissariat*, die bereits unter dem Einfluß des damaligen Thronfolgers entstand, wurde am 6. März 1712 herausgegeben.[52]

Im Jahre 1714 entstand mit Sitz in Potsdam die *Oberrechnungskammer*, die direkt dem König unterstand und die Abrechnungen der beiden anderen obersten Verwaltungsorgane prüfte. Jedoch bedingte besonders im Finanzbereich der Dualismus der Verwaltung verschiedene strukturelle Schwierigkeiten und Kompetenzstreitigkeiten. Die Politik zur Förderung der Landwirtschaft traf auf den Widerstand der Merkantilisten, die im Rahmen des General-Kriegskommissariats die Angelegenheiten der Städte unterstützten. Schließlich führte König Friedrich Wilhelm I. in den Jahren 1722-1723 eine Reorganisation der Zentralinstitutionen durch und vereinigte die beiden Oberorgane der Zentralverwaltung in dem *General-Ober-Finanz-Kriegs- und Domänen-Direktorium*, kurz *Generaldirektorium* genannt. Dessen vom König selbst erlassene Instruktion ist als *"Verfassungsurkunde des absoluten Beamtenstaates"* bezeichnet worden.[53] So entstand neben dem weiterhin bestehenden Geheimen Rat, dessen Bedeutung sich sukzessiv verringerte, ein einheitliches kollektives Exekutivorgan, das unmittelbar dem König unterstand und die gesamte Staatsverwaltung umfaßte. Zusammen mit der in mehreren Etappen durchgeführten Finanzreform erreichte der preußische König auf diese Weise eine bedeutende Vereinheitlichung der administrativen Strukturen des preußischen Staates.

Der Vorsitz im Generaldirektorium stand dem König zu, doch nutzte der König selten dieses Recht, wollte er sich doch nicht den Druck der Umgebung oder auch den eigenen, oft vorschnell im Zorn gefaßten Entscheidungen nachgeben. Deshalb regierte er im Kabinett: *"Das Kabinett war die ausschließliche königliche Befehlszentrale, besetzt nur mit Kabinettssekretären und deren Schreibhilfen."*[54] Die Kabinettsentscheidung des Königs in Form einer Notiz oder eines in erster oder auch dritter Person verfaßten und vom König eigenhändig unterzeichneten Schreibens war der unmittelbare Ausdruck seines Willens, dessen sofortige Ausführung entsprechenden Ämter sicherzustellen hatten.

Das Generaldirektorium leitete ein Minister. Die wichtigsten Angelegenheiten, vor allem Fragen der Staatseinnahmen und -ausgaben des Folgejahres, wurden

---

51 Vgl. allgemein O. Hintze: Einleitende Darstellung der Behördenorganisation und allgemeine Verwaltung in Preußen beim Regierungsanbtritt Friedrichs II. In: Acta Borussica: Behördenorganisation, VI/1 (Berlin 1901), S. 60f.

52 Text in Ausgewählte Urkunden zur brandenburgisch-preußischen Verfassungs- und Verwaltungsgeschichte. Hrsg. von W. Altmann. Bd. 1. Berlin 1897, S. 85.

53 Bornhak: Preußische Staats- und Rechtsgeschichte, S. 151.

54 Meisner: Die monarchische Regierungsform, S. 231.

im Plenum des Generaldirektoriums erledigt. Der preußische Staat war der erste in Europa, in dem hinsichtlich der Staatsausgaben und -einnahmen Klarheit herrschte. Das Generaldirektorium setzte sich aus vier Departements zusammen, an deren Spitze Minister standen. Die Departements hatten gemischte Kompetenzen, denn ihnen unterstanden einerseits Landesprovinzen (Territorialressorts) und andererseits Sachressorts[55]:

| Departement | Territorialressort | Fachressort |
|---|---|---|
| I. | Ostpreußen<br>Pommern<br>Neumark | Grenz- und<br>Rodungsangelegenheiten |
| II. | Kurmark Brandenburg<br>Magdeburg | Proviantwesen und<br>Militärökonomie<br>12-13 54 195 |
| III. | Kleve<br>Mark<br>Moers<br>Geldern<br>Neuchâtel | Salz- und Postwesen |
| IV. | Minden-Ravensberg<br>Tecklenburg<br>Lingen<br>Halberstadt | Münzwesen, Invaliden-<br>versorgung, Kassen-<br>und Rechnungs-<br>angelegenheiten |

Als fünftes Departement fungierte einige Zeit das Justizdepartement; seit 1737 wurden diese Angelegenheiten ausgegliedert und das Justizdepartement faktisch aufgehoben. Friedrich II. berief im Jahre 1740 ein V. Departement mit ausschließlich sachlichen Kompetenzen für Handel, Städte, Post, Industrie und Wirtschaftspolitik; 1746 wurde das VI. Departement ausschließlich für die Verwaltung und Versorgung des Heeres eingerichtet, 1768 ein VII. Departement für Bergbau und Hüttenwesen.[56] An der Spitze eines jeden Departements stand ein Beamter mit Ministertitel. In der Regel gab es in jedem Departement zwei oder drei leitende Beamte mit Ministertitel, an deren Seite Geheimräte und nachgeordnetes Personal wirkten. Im allgemeinen wachte die Autokratie des Königs über die Entwicklung der Bürokratie, doch hatte der Kollegialismus den Fehler, daß er die individuelle Verantwortung minderte. Das Bestreben des Königs, anstehende Probleme möglichst schnell zu erledigen, führte zu der Vorschrift, daß für den Fall, daß das Generaldirektorium nicht innerhalb von 6 Minuten [!] zu einer Einigung kam, die Angelegenheit sofort dem König zur Entscheidung vorzulegen waren.

Das Generaldirektorium übernahm mit der Zeit alle Geschäftsbereiche der Exekutive mit Ausnahme 1. der Außenpolitik, die der König seit 1728 durch das *Kabinettsministerium* leitete, in dem mehrere Beamte mit Ministerrang arbeite-

---

55 Hubatsch: Grundlinien, S. 32f.; K.-J. Matz / H. Karch: Ereignisse und Entwicklungen 1618-1740. In: Preußen-Ploetz, S. 143.

56 Hintze: Einleitende Darstellung, S. 147-182.

ten. Die Minister trugen - Ausdruck der Geheimdiplomatie - ihre Angelegenheiten dem König *im Kabinett* vor, 2. das Justizwesen, für das zusammen mit den Religionsfragen seit 1737 ein eigenes *Justizministerium* zuständig war, an dessen Spitze Minister Samuel von Cocceji mit dem Titel eines Kanzlers stand, sowie 3. der Militärangelegenheiten, die der König persönlich leitete. Nur der Herrscher vereinigte in seiner Person die Gesamtheit der staatlichen Belange. An seiner Seite wirkte weiterhin der Geheime Rat, der von allen Beamten im Ministerrang gebildet wurde und das Bindeglied zwischen den zentralen Staatsorganen sowie den den König beratenden Körperschaften darstellte. Von den Zuständigkeitsbereichen verblieb dem Geheimen Rat lediglich die Gerichtsbarkeit. Weitere Zentralorgane waren vor allem das *Generalpostamt*, das oberste *Medizinalkollegium* und die Geheime Kriegskanzlei.

Zwischen 1713 und 1723 vereinheitlichte Friedrich Wilhelm I. etappenweise die Staatsverwaltung auf der Ebene der Provinzen, die er in *Kammerdepartements* einteilte, auf deren Ebene die Domänenkammern und die Kriegskommissariate getrennt waren, bis sie 1723 in *Kriegs- und Domänenkammern* vereinigt wurden. In der Regel bestand für eins Provinz nur eine Kammer, Ostpreußen aber z.B. wurde in zwei Kammerbezirke unterteilt: *Litauen* mit der Hauptstadt Gumbinnen und *Preußen* mit der Hauptstadt Königsberg. Die Kammern waren unter *Kammerpräsidenten* kollegial organisiert und Berlin untergeordnet. In der Beamtenschaft überwog das Bürgertum, nur die Kammerpräsidenten, die obersten Staatsbeamten in dem jeweiligen Territorium, waren ausschließlich Adlige.

Die *Kriegs- und Domänenkammern* wurden zum eigentlichen Regierungsorgan im Lande. Zu ihren konkreten Aufgaben der Kammern gehörte vor allem die Finanzverwaltung und die Regierung der Städte. Sie waren nicht nur mit Militärangelegenheiten im engeren Sinne wie Verpflegung und Unterkunft der Armee, Rekrutierungsfragen, Logistik oder Nachschub befaßt, sondern kümmerten sich vor allem um die wirtschaftliche Entwickung des Landes. So wurde entsprechend den Grundsätzen des Merkantilismus die Förderung von Landwirtschaft, Handwerk, Handel und Manufakturen zum Hauptziel der Kammern.

Die *Regierungen* der einzelnen brandenburgischen Länder wurden im 18. Jahrhundert zu Justizorganen der zweiten und eventuell dritten Instanz für das jeweilige Gebiet. Darüber hinaus übten sie die Oberaufsicht in Kirchen- und Schulfragen aus.[57] Die Lokalverwaltung auf der untersten Ebene übernahmen fast im gesamten Staat schrittweise die Landräte. Dieses Amt wurde seit 1713 an außerhalb Brandenburgs eingerichtet: seit 1716 in Hinterpommern und seit 1753, d.h. erst unter Friedrich II., in Ostpreußen. Die Landräte waren in den Kreisen die oberste Verwaltungsinstanz und verbanden in ihrem Amt staatlichen Aufgaben mit ständischen Elementen und wurden in der Regel aus dem im Kreis ansässigen Adel berufen. Die königlichen Städte unterstanden den *commissarii loci* oder *Steuerräten*, die sich die städtischen Behörden in der Gestalt von ernannten Magistraten vollständig unterordneten, selbst aber unmittelbar den

57 Zum Gerichtswesen in Ostpreußen vgl. Hintze: Einleitende Darstellung, S. 301f.

Kammern unterstanden. Lediglich große Städte wie Berlin und Königsberg hatten an ihrer Spitze einen vom König ernannten Präsidenten. Wirtschaft und Finanzen der Städte wurden der Staatverwaltung unterstellt, die im Sinne der Politik Friedrich Wilhelms I. bemüht war, die städtische Wirtschaft zu ordnen und die Städte wirtschaftlich zu beleben. Nur in den westlichen Gebieten wurde anstelle des Amtes des Landrats die traditionelle Aufteilung in Ämter, an deren Spitze die Amtshauptleute standen, beibehalten.

Im preußischen Staat bestand kein einheitliches Justizsystem; die Rechtsverfassung wies zahlreiche regionale Besonderheiten auf. Die Besitzungen der Hohenzollern innerhalb des Heiligen Römischen Reiches deutscher Nation unterlagen generell demselben Recht wie auch die anderen Teile des Reiches. Dieses Recht schloß allerdings die Existenz partikularen Landes- oder Stadtrechts ebensowenig aus wie die seit Beginn des 18. Jahrhunderts wachsenden legislativen Aktivitäten der preußischen Könige. Für die Besitzungen der Hohenzollern innerhalb des alten Reiches blieb das Reichskammergericht das höchste Appellationsgericht, ausgenommen die Mark Brandenburg, in der das den Kurfürsten gewährte *privilegium de non appellando*, das Vorrecht der deutschen Reichsfürsten, Appellationen ihrer Untertanen an das Reichskammergericht und den Reichshofrat zu untersagen, galt. Dieses Appellationsprivileg wurde 1746 auf das gesamte preußische Staatsgebiet innerhalb des Reiches ausgedehnt. Seither war für die Mehrzahl der hohenzollernschen Gebiete das Kammergericht in Berlin die letzte Rechtsinstanz, gegen dessen Urteil in bestimmten Fällen die Berufung an den dem *Geheimen Justizrat* Brandenburgs möglich war. Der Gerichtszug für Ostpreußen endete nach dem Ende der Oberhoheit Polens in Königsberg.

Auf den unteren Ebenen war das Gerichtssystem kompliziert und undurchsichtig. In der Regel besaßen die Städte eine eigene Gerichtshierarchie. Für die Masse der Bevölkerung auf dem Lande waren in erster Instanz die Patrimonialgerichte zuständig. Der Adel unterstand in wichtigeren Rechtsangelegenheiten in der Regel den Obergerichten der jeweiligen Provinz. Hinterpommern hatte eine eigene Rechtsorganisation. Das ostpreußische Recht erlebte gegenüber den zum deutschen Reich gehörenden Territorien eine Sonderentwicklung, die in den drei Kodifikationen des Landrechts in den Jahren 1620, 1685 und 1721 ihren Ausdruck fand. Zuletzt wurde 1721 unter Friedrich Wilhelm I. das umfassende »Preußische Verbesserte Landrecht« erlassen wurde.

Die einzige Rechtskodifikation von gesamtstaatlicher Bedeutung war die Kriminalordnung von 1717, die ausführlich die bei Strafprozessen verbindlichen Vorschriften regelte.[58] Friedrich Wilhelm I. hatte kein Verständnis für die Rechtswissenschaft und erst recht nicht für juristische Verwicklungen. Der Gerichtsbarkeit schenkte er nicht allzuviel Aufmerksamkeit. Sie sollte unbestechlich und unabhängig sein; die Richter sollten über eine juristische Ausbildung verfügen und das Recht schnell und ohne unnötige Formalitäten anwenden. Daher rührte die Abneigung des Königs gegen Advokaten, deren Rolle im Prozeß er

58 Vgl. allgemein S. Salmonowicz: Ostpreußische Kodifikationen. Probe eines allgemeinen Grundrisses. In: Archivum Iuridicum Cracoviense 16 (1983), S. 39-64.

nicht verstand. In den ersten Jahre seiner Herrschaft erwog er eine Rechtskodifikation für den Gesamtstaat, die römisches Recht, Naturrecht und gesunden Menschenverstand verbinden und im allgemein verständlichen Deutsch geschrieben werden sollte. Diese Kodifikation kam jedoch nicht zustande.

***Die Innenpolitik.*** - Friedrich Wilhelm I. war der Begründer der preußischen Beamtenstaats und als solcher ein harter und unterbittlicher Exekutor der neuen Steuerpolitik, die die Staatseinkünfte deutlich vermehren sollte. Er bekämpfte Mißbrauch, Verschwendung und Unordnung in der Staatsverwaltung und besoldete zugleich seine Beamten schlecht. Für die hergestellte Ordnung und für die Protektionspolitik im Wirtschaftsbereich forderte er von allen Geld, doch war seine Finanzpolitik war rational, ein harter, konsequenter Fiskalismus, nicht aber eine Form willkürlicher Ausplünderung der Untertanen wie z.B. zur selben Zeit die hohen Steuerforderungen der französischen absoluten Monarchie.

Der König erwies sich als hervorragender Verwaltungsfachmann, vielleicht sogar als der hervorragendste Verwaltungspraktiker seiner Epoche. Nicht ohne Grund wurden damals die preußischen Universitäten Frankfurt an der Oder und Halle zu Hauptzentren der deutschen Kameralistik. Bei der Besetzung des ersten preußischen Lehrstuhls für Kameralwissenschaften in Halle 1727 feierte der erste Lehrstuhlinhaber Johann P. Ludewig in einer Abhandlung die Bedeutung der Kameralistik in einer Lobeshymne auf Herrscher und Staat, die mit allen Mitteln das allgemeine Glück förderten. Wenn der Merkantilismus eine allgemeine Wirtschaftstheorie war, aus der sich die Wirtschaftspolitik der absoluten Monarchie ableitete, dann bot die Kameralistik der der Regierung Staates ein ganzes Ensemble von Möglichkeiten von der allgemeinen Verwaltungswissenschaft über ökonomisches und statistisches Wissen bis zu dem für die Praxis wichtigsten Teilgebiet, der Finanzwissenschaft. Die Entwicklungselemente des absoluten Herrschaftssystems waren miteinander stark verzahnt, und der Aufbau der Macht in den Territorien und des absolutistischen Herrschaftsystems implizierten unvermeidlich den Aufbau einer starken stehenden Berufsarmee. Die Armee konnte nur dank des ausgebauten staatlichen Finanzsystems bestehen. Der Staat wiederum konnte seinen Finanzbedarf nur decken, wenn die Staatsverwaltung so weiterentwickelt und modernisiert wurde, daß aktiv Einfluß auf die Wirtschaftsentwicklung nehmen konnte. Die Kameralistik sollte die Wissenschaft von der modernen Administration und deren Aufgaben sein.

Friedrich Wilhelm I. verfügte nach der Lösung der aus der Regierungszeit seines Vaters übernommenen Finanzprobleme über einen stabilen, ausgeglichenen Staatshaushalt, der den Staatsschatz nicht mit Schulden belastete und die Kredite im In- und Ausland offenlegte. Der Etat verzeichnete - anders als moderne Haushaltspläne - allerdings nur die Ausgabenplanung. Während Österreich von seinen umfangreichen Einnahmen bis zu 6 % für die kaiserliche Hofhaltung und 50 % für die Armee vorsah, bestimmte das kleine, militaristische Preußen Friedrich Wilhelms I. 2 % der Ausgaben für den Hof und 80 % für die Armee.

Friedrich Wilhelm I. behielt sich die meisten Entscheidungen selbst vor. Nach der Abschaffung des barocken Hofzeremoniells verfügte er - wie nach ihm Friedrich II. - über ausreichend Zeit für die persönliche Regierung. Man hat den König ist als den Erzieher des klassischen preußischen Offiziers und Beamten bezeichnet, doch war diese Erziehung ausgesprochen drakonisch: Die später berühmten *preußischen Tugenden* wurden aus der Angst geboren. Das religiöse Verhältnis zur Ausführung der königlichen Anweisungen schuf eine moralische Bequemlichkeit, es befreite von der Pflicht des selbständigen Denkens. Die Redewendung *travailler pour le Roi de Prusse* bedeutete unter diesem König für den Beamten große Pflichten, geringe Rechte und miserable Besoldung[59], doch hatte sie damals in Preußen noch nicht den späteren ironischen Nebensinn. Das Ethos des preußischen Beamten war das eines Staatsdienstes ohne Glanz, Ehre, Geld und Ruhm. Der Dienst war leise, anonym und undankbar. Der König zahlte wenig, erwartete aber von seinen Beamten unerhört viel und verlangte unbedingten, soldatischen Gehorsam. Seine Regierungsmethoden können keine Sympathien wecken, doch muß man konzedieren, daß sie erfolgreich waren: Die preußische Verwaltung erhielt ihre Gestalt buchstäblich durch den Terror des Herrschers, der mit Gewalt die feudalen Gewohnheiten brach. So wie er im Heer die für ihn unersetzlichen Junker vorzog, so forderte er in den Amtsstuben von allen bürgerliche Tugenden: Arbeitsamkeit, Pünktlichkeit und Sachkompetenz. Von seinen Untergebenen erwartete er mit seinem großen praktischen Sinn weder den gelehrten Diskurs, noch die juristische Verklausulierung: *"Ich will nicht wissen, was Aristoteles gesagt hat, sondern was ihr selber von der Sache, um die ich euch frage, für eine eigenen Meinung habt."*[60]

Die oft inhumane Disziplin härtete die Gesellschaft ebenso wie - wenn nicht sogar mehr als - das harte nördliche Klima der meisten preußischen Besitzungen. Wenn in der Habsburger Monarchie Kaiser Joseph II. gegen Ende des 18. Jahrhunderts mit ähnlichen Initiativen für eine entschieden bürokratische Herrschaft erfolglos blieb, so war in den geringen Ausdehnungen der brandenburgisch-preußischen Territorien die genauere Kontrolle und schnellere Verwirklichung der Entscheidungen des Königs möglich. Schnelles Handeln - jenes berühmte handgeschriebene *"cito, cito"* des Königs am Rand der Berichte - war die Lebensdevise Friedrich Wilhelms I. Der Exekutive mißtraute er und ließ sie durch Sondergesandte und Zuträger aus den Provinzen überprüfen, wenn er sie nicht auf Reisen durch das Land selbst kontrollierte. Carl Hinrichs, der beste deutsche Kenner dieser Zeit, bilanzierte die Regierungen Friedrich Wilhelms I. und Friedrichs II.: *"Das Emporkommen des preußischen Staates ist mit einer Unsumme von Opfern an menschlichem Glück erkauft worden, und um diese Opfer*

---

59 *"Für den preußischen König arbeiten."* Nach H. Hattenhauer: Geschichte des Beamtentums. Köln-Berlin 1980, S. 91f.

60 Zit. nach W. Pierson: Preußische Geschichte. Bd. 1. Berlin 1894, S. 256.

*sind die damaligen Generationen nicht, sondern sie sind ihnen von der Härte der beiden großen Herrscher aufgezwungen worden."*[61]

Friedrich Wilhelm I. stützte seine Personalpolitik auf strenge Aufsicht, ausführliche Bewertung und ein System von Disziplinarmaßnahmen und Beförderungen. Religiös motivierte Strenge verband er mit Mißtrauen gegenüber den Menschen, die, wie er meinte, nur Zwang zur Pflichterfüllung bewegen konnte. Der König überschüttete seine Hauptämter mit eigenhändigen Organisationsinstruktionen und ausführlichen Handlungsvorschriften. Mit der Zeit entwickelte er im Staatsdienst ein System von Prüfungen. Sein hervorragendes Gedächtnis ermöglichte es ihm, persönlich alle höheren Würdenträger, Beamten und Offiziere zu beurteilen. Das Recht auf Irrtümer und willkürliche, häufig autokratische Entscheidungen hatte nur der König. Die Ausschaltung von Beamtenwillkür und Launen von Ministern und Mätressen, der königlichen Familie oder Aristokraten unterschied Preußen wesentlich von anderen Staaten: Die für die Zeit ungewöhnliche relative Freiheit des Untertanen beruhte darauf, daß er nur seinen König fürchten und unverzüglich dessen Anordnungen ausführen mußte. Handelte er danach, drohte ihm in der Regel keine Gewalt von Subalternen.

Die Umgestaltung des Feudaladels in eine moderne Beamtenschaft, die nur vom Herrscher abhängig war und gewissenhaft ihre Pflicht erfüllte, war ein schwieriger Prozeß. Zweifelsohne wurde in Preußen in der ersten Hälfte des 18. Jahrhunderts erstaunlich viel geleistet. Kein Land des damaligen Europa kam, was die Entschiedenheit des Handelns und die Erfolge der Administration betraf, in der friderizianischen Ära Preußen gleich. Doch ist das Bild Preußens in dieser Zeit selbstverständlich nicht ohne Schatten. Die apologetischen Aussagen unterschlagen in der Regel die unter Friedrich II. häufigen Fälle von Korruption oder nicht gewissenhafter Pflichterfüllung z.B. durch die Abfassung geschönter Berichte. Selbst unter der Regierung des sonst so gestrengen Friedrich Wilhelm I. erhielten manche seiner für die Außenpolitik verantwortlichen Minister von fremden Höfen, so aus Wien oder Hannover, finanzielle Zuwendungen. Der König wußte davon, griff aber nicht ein, da er in diesen Korruptionsfällen keinen Einfluß auf seine Politik sah und meinte, auf diese Weise bei den Ministergehältern sparen zu können!

Der im 19. Jahrhundert entstandene Mythos des preußischen Zivildienstes als einer über den Interessen der privilegierten Klassen stehenden, sich unparteiisch um das Wohl des Landes kümmernden Verwaltung stimmte mit der Realität nicht im geringsten überein. Nicht erst im 19. Jahrhundert, als die Junker im Staatsapparat offen ihre Interessen verfolgten, sondern bereits im 18. Jahrhundert nahm auf der unteren Verwaltungsebene der Landrat eher die Klasseninteressen des Junkertums war, als daß er den die Interessen aller Gesellschaftsgruppen gleich achtenden Staat repräsentierte. Der Klassencharakter der preußischen Verwaltung seit dem 18. Jahrhundert muß deutlich betont werden. Vereinzelte Beispiele radikaler sozialer Initiativen einzelner aufgeklärter Repräsen-

---

61 C. Hinrichs: Preußen als historisches Problem. Gesammelte Abhandlungen. Hrsg. von G. Oestreich. Berlin 1964, S. 56.

tanten des Beamtenstands blieben in der zweiten Hälfte des 18. Jahrhunderts die Ausnahme.

Das Bild der Herrschaft Friedrich Wilhelms I. wäre unvollständig ohne die konfessionelle Frage. Friedrich Wilhelm I. setzte die kalvinistische Tradition der Hohenzollern fort, war aber zugleich bestrebt, unter dem als Staatsreligion herrschenden Luthertum die konfessionelle Toleranz gegenüber den anderen protestantischen Glaubensgemeinschaften wie auch den zahlenmäßig wenigen katholischen Untertanen zu garantieren. Dem König selbst waren theologische Fragen im Grunde fremd, was jedoch seinen religiösen Eifer und strenge, rigorose ethische Ansichten nicht ausschloß. Er wurde zum Protektor der religiösen Erneuerungsbewegung des Luthertums, des sich in Preußen vom Zentrum in Halle (Saale) her seit Ende des 17. Jahrhunderts ausbreitenden Pietismus. Moralischer Rigorismus, eine gewisse religiöse Empfindsamkeit, die Betonung praktischer Probleme des sozialen Lebens und der Verzicht auf dogmatische Interessen kamen dem Herrscher entgegen, der mit Wohlwollen die Bildungs-, Erziehungs-, ökonomische und philantropische Rolle des Pietismus und seine praktischen Ergebnisse im Rahmen der effizienten Organisation der pietistischen Franckeschen Stiftungen in Halle beobachtete.[62] Gewisse Befürchtungen weckten einige Zeit bei Friedrich Wilhelm I. die engen Bindungen des Pietismus zu den Vertretern einer radikalen Aufklärung wie Christian Thomasius und Christian Wolff. Der König überlegte, ob der Pietismus nicht für das Militär, den Kampfgeist und die Heeresdisziplin schädlich wäre. Diese Befürchtungen zerstreuten führenden Pietisten, die sich ohne Vorbehalt dem Dienst am preußischen Staat verschrieben, mit Wolff brachen, seine Vertreibung aus Preußen wegen "Determinismus" und Religionsfeindlichkeit im Jahre 1723 herbeiführten und sich dem König im großen Aufbauwerk der preußischen Sozialdisziplin annäherten.[63] Der Unterschied zur Haltung des Königs bestand darin, daß die Pietisten diese Disziplin mit religiösen Mitteln, durch die Gestaltung von Formen des moralischen Rigorismus und Pflichtbewußtsein aufbauen wollten, der König und seine Generäle dagegen weiterhin eher auf Methoden brutalen Zwanges und militärischen Drills setzten. Es kam jedoch zu einem festen Bündnis zwischen König und den Pietisten, und der König gewährte von da an trotz gewisser Angriffe auf den Pietisten Francke aus Kreisen der lutherischen Orthodoxie den Pietisten ständige Unterstützung. Ihre Anhänger überwogen schließlich sogar unter der Militärgeistlichkeit innerhalb der Armee, in die sie die besten Zöglinge des Seminars in Halle schickten. So wurden Militarismus und Pietismus in Preußen unter der Herrschaft Friedrich Wilhelms I. vereint und übten einen ständigen Einfluß auf die Herausbildung der traditionellen *preußischen Mentalität*, der Mentalität des Offiziers und des preußischen Berufssoldaten aus.

Bilanzieren wir die Herrschaft Friedrich Wilhelms I., so kristallisierte sich in seiner Regierungszeit mit ihren unermüdlichen Aktivitäten, auch wenn sie oft

62 Vgl. C. Hinrichs: Preußentum und Pietismus. Der Pietismus in Brandenburg-Preußen als religiös-soziale Reformbewegung. Göttingen 1971.

63 Vgl. J. Klepper: Der Soldatenkönig und die Stillen im Lande. Berlin 1938, S. 18f.

ohne langen Atem und weiterführende Perspektiven blieben, durch Regierungsstil und persönliches Beispiel, durch die den Untertanen aufgezwungene Disziplin und die Reglementierung des öffentlichen und privaten Lebens das Modell des Preußentums heraus. In Mentalität und Lebensstil setzten sich mit spezifischen Merkmalen der Tradition des kalvinistischen und des lutherischen ethischen Rigorismus die für den sich herausbildenden preußischen Militarismus typischen Haltungen, die Tugenden des Berufssoldaten, durch. Die Devise der Regierung Friedrich Wilhelms I. blieb *Obedieren nicht raisonnieren!* Kleinlichkeit, Brutalität und Jähzorn waren Charaktereigenschaften Friedrich Wilhelms I., der keine Form des Widerspruchs selbst gegen absurdeste Entscheidungen duldete. Ebenso oft betont wurden die Lücken in seiner Bildung, seine Ignoranz in kulturellen Angelegenheiten und seine Unkenntnis der internationalen Politik. Trotzdem hat er als Herrscher eines kleinen und geographisch schwierigen Landes, wie es das damalige Preußen darstellte, vieles erreicht. Er hat sich als Herrscher mit gesundem Menschenverstand, als hervorragender Hausherr und Organisator einer für jene Zeit ungewöhnlich leistungsfähigen Verwaltung erwiesen. Er erwarb keine neuen Territorien für den preußischen Staat, sondern schuf dadurch, daß er dem Land eine Reihe von Friedensjahren sicherte, eine starke, hervorragend ausgebildete und ausgerüstete Armee sowie bedeutende finanzielle Staatsreserven. Die große Innovation, die er in die öffentliche Verwaltung einführte, war das Prinzip, daß die Ausgaben den Einnahmen angepaßt werden mußten: Der preußische Staat hatte - beispiellos im damaligen Europa - keine Schulden.

Friedrich Wilhelm I. war ein idealer Herrscher für seine Zeit, er repräsentierte das Ideal eines kleinbürgerlichen Königs im Dienste der Interessen des Junkerstaates. Er war so kleinlich, wie man es sich nur vorstellen kann. Der Geist des kapitalistischen Genf wurde in die schmalen Gassen Potsdams getragen und mit dem Geist des sich bildenden preußischen Militarismus verknüpft. Der preußische König vollzog die Synthese frühkapitalistisch-protestantischen Geistes, wie ihn der Pietismus darstellte, mit den militärischen Traditionen des preußischen Staates, die sich seit der Zeit des Großen Kurfürsten herauskristallisiert hatten. In dem bescheidenen Rahmen des kleinen Staates Preußen wurde seine Bedeutung besonders deutlich: *"Die absolute Monarchie schuf einen leistungsfähigen Staatsapparat, was in Preußen besonders deutlich zutage trat, wo die Effektivität und Sparsamkeit die schmale materielle Basis des Landes im Interesse der Machtentfaltung kompensierten."*[64] Die Regierung Friedrich Wilhelms I., die den Grund für die spätere Macht des preußischen Staates legte, basierte auf dem Primat des Staatsinteresses über das Interesse des Individuums. Die harte, sachorientierte und strenge Regierungsweise ohne Rücksichtsnahme verstrickten den Einzelnen unausweichlich in das Räderwerk des Staates, dessen Gedeihen wichtiger war als die Interessen der Untertanen.

---

64 Kathe: Der "Soldatenkönig", S. 63.

König Friedrich Wilhelm I.

***Die Entstehung des preußischen Militarismus.*** - Wenn das system- und politikbestimmende Hauptelement eines Staates seine Armee ist, dann befindet sich dieser Staat auf dem Weg zum Militarismus, zur ideologischen, politischen und sozialen Beherrschung der Gesellschaft durch das Militär. Von *Militarismus* kann man sprechen, wenn das Militär Hauptziel der Politik des Staates ist und zugleich deren Hauptinstrument zur Durchsetzung einer aggressiven Außen- und einer repressiven Innenpolitik darstellt. Dieser Militarismus erfaßt alle Lebensbereiche und bestimmt die Mentalität der Gesellschaft und die Qualität der Sozialbeziehungen.

Seit Beginn des 18. Jahrhunderts unterschied sich Preußen vor allem durch seinen spezifischen Militarismus von den anderen deutschen Staaten. In Preußen drang "*das militärische System in alle Zellen des sozialen Lebens ein [...]: Vor allem griff es Adel und Bauern unentrinnbar mit seine Klauen, allerdings mit dem Unterschied, daß der Adel, die Seite war, die Vorteile daraus zog, die Bauern aber - die Seite, die das System erlitt*".[65] Das preußische Militärsystem bestimmte Verfassung und Wirtschaft des Landes und bildete ein spezifisches ökonomisches System aus, das die Gesamtheit der Wirtschaftsbeziehungen im Lande beeinflußte. Gleichzeitig schuf der preußische Militarismus die Voraussetzungen für die Politik der Annexion und Aggression gegenüber den Nachbarn sowie, nachdem Preußen eine Macht von europäischer Bedeutung geworden war, für den Kampf um die Vorherrschaft in Deutschland.

Der preußische Militarismus entstand im 18. Jahrhundert, als der junge preußische Absolutismus das gesamte Leben des Landes und den Bedürfnissen des Militärs unterordnete: Die Armee war das Grundelement der eingeführten absolutistischen Ordnung und zugleich deren höchstes Ziel. In der Praxis wurden Ziel und Mittel identifiziert und die Interessen des Staates den Interessen des Militärs untergeordnet. Kriege waren im 18. Jahrhundert eine "normale" Erscheinung. Die Großmächte verfügten mit Ausnahme Englands in Friedenszeiten über starke Armeen: "*Nirgendwo jedoch erreichte die Konzentration der Potenzen und Mittel des Landes auf das Heer und seine Bedürfnisse einen solchen Grad wie in Brandenburg-Preußen im 18. Jahrhundert, und nirgends nahm die Armee mit ihrem Offizierkorps eine solche beherrschende Stellung ein, wie gerade hier.*"[66]

Die Durchsetzung des Militarismus hatte weitreichende Folgen für die weitere Entwicklung der preußischen Gesellschaft und die Zukunft Deutschlands und Europas: "*Ein einzigartiges Beispiel dafür, wie das Militär seit dem frühen 18. Jahrhundert eine extreme Bedeutungssteigerung erfuhr, bildet Preußen, das sich in dieser Hinsicht von allen anderen deutschen Staaten scharf unterschied und bis zur Hitlerschen Kriegsrüstung seit 1933 [...] die folgenreichste Weichenstellung in Europa vorgenommen hat. Die Entscheidungen, die in jenem Säkulum dort getroffen wurden,*

---

65 J. Topolski, a.a.O., S. 46. Vgl. allgemein O. Büsch: Militärsystem und Sozialleben im alten Preußen 1713-1807. Die Anfänge der sozialen Militarisierung der preußisch-deutschen Gesellschaft. 2. Aufl. Frankfurt a.M.-Berlin 1981.

66 H. Schnitter: Zur Funktion und Stellung des Heeres im feudalabsolutistischen Militarismus in Brandenburg-Preußen (17./18. Jahrhundert). In: Zeitschrift für Militärgeschichte 10 (1971), S. 307.

*haben über 1807, 1871 und 1918 hinaus auf den Gang der deutschen Geschichte fatal eingewirkt."*[67] Den Anfang setzte der Große Kurfürst, als er als erster Herrscher ein stehendes Heer in Brandenburg organisierte. Die Armee wurde mit der Zeit das Band, das die bis dahin locker verbundenen brandenburgisch-preußischen Territorien fest zusammenhielt, indem sie die absolute Herrschaft des Kurfürsten im Gesamtstaat ermöglichte und sicherte. Was die Regierungszeit des Großen Kurfürsten und Friedrichs I. (III.) betrifft, kann man noch nicht von *Militarismus* sprechen, auch wenn die wachsende Rolle der Armee und des vor allem militärischen Interessen dienenden Steuer- und Verwaltungsapparats den unter Friedrich Wilhelm I. offensichtlich werdenden Militarismus vorbereitete. Im Jahre 1724 gab Friedrich Wilhelm I. seinem Sohn, dem jungen Thronfolger, den Ratschlag: *"Fritz, denk an meine Worte: halte dir immer eine große, tüchtige Armee. Einen besseren Freund kannst du nicht haben, und ohne diesen Freund wirst du nicht bestehen können [...]. Glaub mir, du darfst nicht an Schwärmereien hängen; halte dich an das Reelle. Sorge für Geld und eine gute Armee, sie garantieren einem Fürsten Ruhm und Sicherheit."*[68]

Friedrich Wilhelm I. wandte sich nach der Regierungsübernahme an die von seinem Vater übernommenen Minister: *"Mein Vater fand Freude an prächtigen Gebäuden, großen Mengen Juwelen, Silber, Gold und Möbeln und äußerlicher Magnifizenz - erlauben Sie, daß ich auch mein Vergnügen habe, das hauptsächlich in einer Menge guter Truppen besteht."*[69] Preußen nahm unter seiner Regierung in Europa den 13. Rang nach der Bevölkerungszahl ein, den 10. nach der Größe des Territoriums, aber den 4. Rang nach der Größe der Armee. Der preußische Militarismus entstand durch die Verknüpfung des Aufbaus des Absolutismus mit der Schaffung eines stehenden Heeres, das die politische Einheit der territorial getrennten Gebiete der Hohenzollern garantieren sollte, zugleich aber auch die ökonomische und die soziale Basis für die Armee im Bündnis von Königsmacht und Junkern verband, indem es diese durch den Verwaltungs- und vor allem den Militärdienst in den absolutistischen Staat einband. Die große Armee in Friedenszeiten wurde ein wesentliches Element im Leben der Junkerklasse; sie ermöglichte ihr Junkern die sozialen Nutzbarmachung von Staatsmitteln und eine wesentlich aus ihnen finanzierte gesellschaftliche Existenz. Ein ähnliches Phänomen vergleichbaren Ausmaßes war damals in keinem anderen europäischen Land zu verzeichnen.

Friedrich Wilhelm I. übernahm von seinem Vater eine Armee vom Typ des 17. Jahrhunderts, die in der Tradition der Söldnerheere aus der Zeit der schwedischen Kriege verharrte. Er stellte deren Rekrutierung auf eine neue Grundlage: Jedes Kavallerie- oder Infanterieregiment erhielt im Lande einen *Kanton*, einen Kreis, in dem es die Rekrutierungen durchführen konnte. Grundsätzlich lastete

67 H.-U. Wehler: Deutsche Gesellschaftsgeschichte. Bd. 1, S. 246.

68 Zitiert nach G.A. Craig: Die preußisch-deutsche Armee 1640-1945. Staat im Staate. Düsseldorf 1960, S. 26.

69 Zitiert nach C. Hinrichs: Der Regierungsantritt Friedrich Wilhelms I. In: Jahrbuch für Geschichte Mittel- und Ostdeutschlands 5 (1956), S. 186-187.

die Militärdienstpflicht auf den Bauern und der ärmeren städtischen Bevölkerung, jedoch war der König aus wirtschaftlichen Gründen bestrebt, daß ein bedeutender Teil seiner Soldaten über Anwerbung - in nicht geringem Maße mit Anwendung von Gewalt - im Ausland rekrutiert wurde. Die gewaltsamen Übergriffe der preußischen Werber waren im 18. Jahrhundert in ganz Europa berüchtigt; unter ihnen litten gerade die polnischen Grenzgebiete schwer.

Insbesondere die ersten Regierungsjahre Friedrich Wilhelms I. waren durch brutalste Rekrutierungsmethoden bis zum Menschenraub für die Armee gekennzeichnet: Das preußische Heer entstand aus tausenden individueller Tragödien von Menschen, die gegen ihren Willen aus ihren Berufen, ihren Familien, Vorlieben und Wünschen gerissen und dem brutalen Drill halbroher preußischer Unteroffiziere unterworfen wurden. Entführt wurden Studenten und Gesellen, Kaufmannssöhne und Angehörige von Intelligenzberufen. Es genügten eine gute äußere Erscheinung und jugendliches Alter, um gefährdet zu sein. Großgewachsene junge Männer mußten besonders auf der Hut sein. Zur Armee konnte man auch zur Strafe eingezogen werden. Die Härte, die lange Dauer und das Fehlen jeglicher Perspektive bewirkten, daß der Militärdienst als Lebensunglück galt. Deshalb nur eiserne Disziplin die unterschiedlichen Elemente, aus denen die preußische Armee zusammengewürfelt war, zusammenhalten und Massendesertation verhindern. Zusammen mit Fürst Leopold von Anhalt Dessau, dem *Alten Dessauer*, dem eigentlichen Schöpfer des Ausbildungssystems der preußischen Armee, schuf der preußische König damals Jahren den berüchtigten preußischen Drill und die eiserne, brutale Armeedisziplin. In den langen Dienstjahren impften Offiziere und Unteroffiziere den abhängigen Soldaten die Eigenschaften ein, die in die Geschichte als Kennzeichen des preußischen Militarismus - und als Tugenden des Preußentums - eingegangen sind. Die Armee stellte die Lieblingsbeschäftigung Friedrich Wilhelms I. dar, der stundenlang mit seinen blau uniformierten Soldaten auf den Exerzierplätzen Potsdams übte. Potsdam war die "hohe Schule" der preußischen Armee. Das in ganz Europa berühmte Garde-Grenadierregiment der *langen Kerls* stellte den einzigen Luxus im Leben Friedrich Wilhelms I. dar. Die Unterhaltungskosten standen mit 200 000 Reichstalern jährlich in keinem Verhältnis zu dem eventuellen Nutzen dieses Regiments von Riesen im Kriegsfall. Von grundsätzlicher Bedeutung für die Entwicklung der preußischen Armee waren nicht nur die Erfolge in der Ausbildung, der Ausrüstung und der Uniformierung der Soldaten, sondern vor allem die Schaffung eines professionellen Offiziers- und Unteroffizierskorps. Die preußische Unteroffiziere unterstanden - wie die deutschen Unteroffiziere bis in den Zweiten Weltkrieg hinein - derselben extrem harten Armeedisziplin, die sie an die Soldaten weitergaben. Auch die die Soldaten ausbildenden und im Kriegsfall führenden Offiziere, die Friedrich Wilhelm I. aus dem preußischen Adel, den Junkern, formte, waren derselben eisernen Disziplin verpflichtet.

Auch wenn das System *Soldat = Bauer* und *Offizier = Junker* die Grundordnung des Feudalsystems fortsetzte und die Kompaniewirtschaft den Offizieren in der Armee weiterhin erhebliche Gewinne einbrachte, so war die preußische Armee insgesamt ein diszipliniertes, sicheres Instrument in der Hand der preußischen Herrscher: eine wahrhaft moderne Armee. Daraus läßt sich die These ableiten, daß die preußische Staatsidee und die preußische Staatstradition, also der preußische *Staatspatriotismus*, im preußischen Offizierskorps entstanden ist. Die Grundlagen dafür entstanden ohne Zweifel unter Friedrich Wilhelm I.: *"Die Militarisierung des täglichen Lebens fand ihre Krönung in der Monopolisierung des Sozialprestiges durch das Militär."*[70]

Die Forderung nach der Heroisierung des Militärdienstes als höchstem Wert war das wesentliche Novum der Epoche: Der Kriegsknecht war in der Zeit des Dreißigjährigen Krieges kein geachteter oder gar ehrenwerter Beruf gewesen; der plündernde Söldner des 17. Jahrhunderts wandelte sich zum Soldaten im Staatsdienst , der mit dem Staat vielfach eng verbunden war, auch durch Prestige und Ehre. Als Friedrich Wilhelm I. im Jahre 1713 eine neue Hierarchie der Staatsämter aufstellte, setzte er an die erste Stelle den Generalfeldmarschall und die Generäle und Obristen. So initiierte seine Regierungszeit einen großen Wandel: *"Aus den beiden Bestandteilen des herrschaftsgewohnten preußischen Feudaladels und der militärischen Lebensform des Dienstes bildete sich ein neuer menschlicher Typus. Generationenlang geübter Befehlston erzeugt den notwendigen Takt im Blut, den Charakter, um anfänglich durch Zwang, dann durch Dienst, Ehre, Ruhm und Prestige eine neue Formung des Menschseins zu erzeugen."*[71] Ein fälschlich oft Mirabeau zugeschriebenes Bonmot des Adjutanten Friedrichs II., Georg Heinrich von Berenhorst, beschreibt treffend die Rolle der Armee in Preußen: *"Die preußische Monarchie ist nicht ein Land, das eine Armee, sondern eine Armee, die ein Land hat, in welchem sie gleichsam nur einquartiert steht."*[72] Gegen Ende der Regierungszeit Friedrich Wilhelms I. pflegte man ironisch zu bemerken, Preußen hätte nur drei Volksstände: Infanterie, Kavallerie und Artillerie.

Die Armee des 18. Jahrhunderts war nach den militärischen Doktrinen der Zeit, aber auch aus den Notwendigkeiten des sozialen und politischen Systems heraus ein zahlenmäßig relativ kleines stehendes Heer. Durch die langjährige Ausbildung der Soldaten und ihre Unterhaltung in Friedenszeiten war es sehr kostspielig. Friedrich Wilhelm I. setzte einerseits die damals üblichen Praktiken wie die Anwerbung im Ausland und die damaligen Traditionen fort, andererseits initiierte er eine Reihe wichtiger Neuerungen: Er regelte die Versorgung und die Finanzierung der Armee und ordnete einheitlich Organisation, Uniformierung und Bewaffnung der Armee. Der brandenburgisch-preußische Staat war weiterhin agrarisch struktuiert, und das Dorf trug die Hauptlast des Militärs: die Städte sollten Geld liefern, das Dorf Verpflegung und Rekruten. Die Armee wurde von Friedrich Wilhelm I. etappenweise in den Jahren 1721-1733 in das Sozialgefüge des Landes integriert.

---

70 Zit. nach C. Hinrichs: Preußen als historisches Problem, S. 38.
71 E. Obermann, a.a.O., S. 25.
72 Zit. nach H.J. Schoeps, a.a.O., S. 98.

Das Kantonsystem zur Rekrutierung der Soldaten war ohne Zweifel ein Vorstufe zur damals in Europa noch unbekannten Vorstellung einer allgemeinen Wehrpflicht. Die in die Kantonslisten eingetragenen jungen Männer verblieben außer von amtswegen bestimmten Ausnahmen auf diesen bis zum reifen Alter und mußten jederzeit mit der willkürlichen Entscheidung des Werbeoffiziers des zuständigen Regiments rechnen. Ohne Erlaubnis des Regiments konnte der junge Mann weder den Kreis verlassen, noch eine berufliche Tätigkeit aufnehmen oder heiraten. Abhängig vom Bedarf während der Rekrutierungsphase fiel erst im entsprechenden Moment die Entscheidung über die Einziehung ins Heer auf unbestimmte Zeit - oder aber die Befreiung vom Militärdienst, die allerdings noch nach Jahren widerrufen werden konnte. Die Rekrutierung der Soldaten blieb trotz aller Reglementierungsversuche in der Praxis eine Domäne von Willkür, Gewalt und Zwang. Bestechung der Werbeoffiziere war üblich. Während die Wehrpflicht praktisch auf den Bauern lastete, die das Hauptkontingent der Rekruten der preußischen Armee stellten, wurden zeitweise auch die ärmeren städtischen Bevölkerungsschichten stark belastet. Sporadisch konnten Gewaltakte oder Willkürentscheidungen, privilegierte Kreise ausgenommen, beinahe jeden preußischen Untertan treffen, ebenso den Ausländer, der durch Gewalt oder Hinterlist der Werbungsoffiziere in die Armee einverleibt wurde: *"Bey allen diesen Umständen wurde der preußische Kriegsstand für das größtes Unglück gehalten, das einem Menschen von Bildung und einigem Gefühl begegnen konnte, und Jeder, der es irgend vermogte, suchte sich und seine Kinder vor demselben zu retten,"* erinnerte sich Christian Wilhelm von Dohm 1819.[73]

Junge Männer retteten sich durch Flucht ins Ausland, vor allem nach Polen, in das benachbarte Sachsen, wenn nicht in fernere Länder, in denen sie wirklich sicher sein konnten. Da ein sehr großer Prozentsatz der Soldaten gegen ihren Willen diente, gehörten Fahnenflucht und Selbstmord zu den Hauptproblemen der Armee. Nach offiziellen Angaben deckte die preußische Armee in den Jahren von 1713 bis 1763 mehr als 70 000 Fälle von Fahnenflucht auf.

Die Disziplin der preußischen Armee ist zu Recht als *eisern* gekennzeichnet worden. Sie war notwendig, weil der in den Militärdienst gezwungene Soldat so unzuverlässig war, daß er in blinder Angst vor dem Unteroffizier und dem Offizier gehalten werden mußte, die er sprichwörtlich mehr als den Feind auf dem Schlachtfeld fürchten mußte. Diese Form von Disziplin war aber auch aus rein militärischen Gründen notwendig. Nach der Gefechtstaktik der Zeit operierte die Infanterie in komplizierten Manövern in geschlossenen Formationen von mehreren Gliedern, die abwechselnd feuerten, aber auch den Infanteriesalven der Gegenseite ausweichen mußten: *"Nur der kompakte Einsatz unter der direkten Kontrolle schußbereiter Vorgesetzter bot die Gewähr, daß die Truppe auch im Feuer einigermaßen zusammengehalten werden konnte, während aufgelockerte Schützenreihen zwar die Verluste gemindert und die Beweglichkeit erhöht, aber auch die Zahl der Deserteure unabsehbar gesteigert hätten."*[74] Der einzelne Soldat mußte

73 C. W. von Dohm: Denkwürdigkeiten meiner Zeit. Bd. 4. Lemgo-Hannover 1819, S. 297.
74 Wehler, a.a.O., Bd. 1, S. 251.

seine Aktionen blind und automatisch beherrschen, was nur durch drakonischen Drill der Rekruten erreicht wurde: *"Mit monotonem Drill und härtesten Körperstrafen sollte aus derartigen Soldaten eine kampffähige Truppe gemacht werden."*[75] Insgesamt gelang es dem preußischen Militärsystem besser als den Militärapparaten anderer Staaten, die Abrichtung der Soldaten zu rationalisieren.[76]

Finanzielle Ursachen, psychologische Gründe und wirtschaftliche Notwendigkeiten gestalteten das ganz und gar eigentümliche System des Militärdienstes. Der Soldat durchlief zunächst eine Phase intensiver Ausbildung, anschließend entschied sich weiteres Schicksal je nachdem, ob er Sohn eines Bauern, Ausländer oder bürgerlicher Herkunft war, unterschiedlich. In jedem Regiment blieb ein Teil der Mannschaft ständig kaserniert oder wohnte ständig in den Quartieren der Garnisonsstadt (Kasernen als Sitz aller Soldaten des Regiments wurden erst nach dem Siebenjährigen Krieg zum allgemeinverbindlichen Prinzip). Bauernsöhne wurden vom Militärdienst für die Feldarbeit beurlaubt; andere Soldaten arbeiteten in den Städten und kehrten zeitweise die Reihen des Heeres zu Ausbildung und Manövern zurück. So führten sie das Leben von Reservisten zugunsten des Staatsschatzes, ihrer Kommandeure, die Einsparungen durch die Beurlaubung ihrer Soldaten in die eigene Tasche fließen ließen, der Grundbesitzer und schließlich der Betroffenen selbst. So entstand ein neuer Typ des Dörflers, der *Kantonist*, der zeitweise Bauer, zeitweise Soldat war: *"Das 'Kantonsystem' von 1733 schaffte unter den Bedingungen des preußischen Militärstaats eine Art Ausgleich zwischen Landwirtschaft und Armee."*[77] Auf diese Weise blieb der untertänige Bauer und Soldat sein ganzes Leben unter Kuratel des Offiziers und Grundbesitzers. Der Grundbesitzer war meistens ein ehemaliger Offizier, sein Landpfarrer ein ehemaliger Feldgeistlicher. Der Kreis der Sozialdisziplinierung schloß sich, und zumindest auf dem Lande gelang es niemandem, dieser scheinbar ausweglosen engen Geflecht von Militär- und Zivilstrukturen zu entgehen. Die tiefgreifende psychologische Militarisierung des preußischen Lebens und die Herausbildung einer Gesellschaft mit quasimilitärischem Sozialdisziplin war damit auf den Weg gebracht.

In der friderizianische Zeit entstand der Mythos des preußischen Offiziers, der der ideale Sozialtypus der Zeit werden sollte. Die ökonomische Schwäche vieler Junkerfamilien begünstigte den Prozeß der festen sozialen und ökonomischen Integration des Adels über die Offizierskarriere in die militärische Organisation des Staates. War der Soldat oft ein angeworbener Ausländer, so war der Offizier zumeist ein adliger Untertan des preußischen Königs. Im Offizierkorps entwikkelte sich endgültig unter Friedrich II. *"eine kastenartige Exklusivität, die jeden ausländischen Adelsgenossen dem Bürgerlichen, der nur als technischer Spezialist tragbar schien, vorzog"*.[78] Dieselbe soziale Herkunft, die traditionelle Treue zur

75 Wehler, a.a.O., Bd. 1, S. 251.

76 P. Bachmann / K. Zeissler: Der deutsche Militarismus. Bd. 1. Berlin 1971, S. 54.

77 M. Messerschmidt: Militär in seinem gesellschaftlichen Umfeld. In: Preußen im Rückblick, S. 48.

78 Wehler, a.a.O., Bd. 1, S. 250, mit Zahlenangaben.

Dynastie, ähnliche Erziehungstandards und ähnliche Mentalität schufen zusammen mit den materiellen und politischen Interessen letztendlich den in zahlreichen Kriegen zementierten Korpsgeist des preußischen Offiziers und preußischen Junkers. Friedrich Wilhelm I. hatte den Adel gezwungen, seine Söhne in die Kadettenanstalten zu schicken; Friedrich II. germanisierte den polnischen Adel, indem er dessen Söhne in der speziell für diesen Zweck gegründete Kadettenanstalt Kulm in Westpreußen drillen ließ.[79] Das häusliche Milieu, die protestantische Kirche, die von Friedrich Wilhelm I. und Friedrich II. gegründeten Kadettenanstalten und schließlich der Militärdienst formten Mentalität und Ethos des preußischen Offiziers, in dem sich soldatische und - stark pietistsich beeinflußte - protestantische Tugenden mit der Lebensform der adligen Grundbesitzer mischten. Sein Kastengeist zementierte das Ehrgefühl, dem Friedrich II. so hohes Gewicht beimaß.

Das Bündnis von Monarchie und Pietismus trug Früchte in der Militarisierung der Gesellschaft: Der Pietismus wurde zu einer Art Religion des Gehorsams gegenüber dem Herrscher. Die Pietisten, in deren Händen die geistliche Betreuung der Soldaten lutheranischen Bekenntnisses lag, legitimierten die brutal eindressierte militärische Disziplin transzendental. General Karl D. von Natzmer, der erste bekennende Pietist in einer militärischen Führungsposition, wollte die Brutalität im Militärdienst durch bewußtere Disziplin mildern und dazu im Heer Verantwortungsgefühl und Fachkompetenz entwickeln. Die Pietisten traten jedoch nicht öffentlich gegen Akte militärischer Brutalität auf, sondern vermieden alles, was ihr Bündnis mit der Monarchie gefährden konnte. In jedem Fall stärkte der Pietismus durch die Bekämpfung des Analphabetismus die Moral in der Armee, durch Schulen für Soldatenkinder und Sozialbetreuung festigte er deutlich das gesamte Militärsystem. Diesem gab der Pietismus einen weniger seelenlosen Charakter und steigerte dadurch seine Effizienz.

***Die Außenpolitik.*** - Friedrich Wilhelm I. hatte in der Außenpolitik kein besonderes Glück, wenn man darunter ausschließlich Territorialerwerb versteht. Die borussistischen Geschichtsschreiber haben ihn deshalb kritisiert. In der Diplomatie war er, anders als nach ihm der seinen Zynismus wohl zu verbergen wissende Friedrich II., der Typ des *honnête homme*. Friedrich Wilhelm I. war bemüht, zwischenstaatliche Verträge einzuhalten und nur "gerechte" Kriege zu führen. Er vermied die Annahme fremder Subsidien und ließ die Zerstückelung seiner Armee als Hilfskorps in fremden Kriegen nicht zu. Grundsätzlich war er nicht zu teuren und riskanten Feldzügen bereit: *"Er scheint seine Truppen betrachtet zu haben, wie ein Filz sein Geld betrachtet. Es war seine Lust, Soldaten zu sammeln, zu zählen, zu vermehren, aber in diese kostbare Sammlung eine Lücke zu*

79 J. K. Zabel: Das preußische Kadettenkorps. Militärische Jugenderziehung als Herrschaftsmittel im preußischen Militärsystem. Frankfurt a.M. 1978, S. 65-68.

*machen, brachte er nicht über's Herz,"*[80] charakterisierte ihn der englische Schriftsteller Thomas Babington Macaulay (1800-1859).

In der Außenpolitik beeinflußten den König seine Jugenderfahrungen gegen Frankreich und England; er neigte eher zur Verständigung mit Rußland und Österreich. Wie sein Vater fühlte er sich durchaus dem Heiligen Römischen Reich deutscher Nation verbunden und empfand dem Kaiser gegenüber die Loyalitätspflicht, die für Friedrich II. bereits keinen Sinn mehr machen sollte. In der Praxis folgte er trotz häufig begründeter tiefer Abneigung gegen Österreich oft den Wünschen des Kaiserhofes, hoffte er doch, daraus Nutzen für Preußen zu ziehen. Ein Leitziel seiner Außenpolitik waren die hohenzollernschen Erbansprüche. Der Gedanke an Eroberungen aus rein machtpolitischem Kalkül ohne Rechtsgrundlage war Friedrich Wilhelm I. noch fremd. Gegen Ende seines Lebens war er von den Erfolgen seiner außenpolitischen Bemühungen enttäuscht und warnte seinen Nachfolger am 28. Mai 1740, er wüßte *"aus eigener Erfahrung, wie leicht ein großer Herr hintergangen und betrogen würde, wenn er mit frembden Ministris immediate tractiren wollte."*[81]

In Fortsetzung der politischen Linie seines Vaters schloß Friedrich Wilhelm I. an der Seite Frankreich den Frieden zu Utrecht (1713), der den Spanischen Erbfolgekrieg beendete und den Hohenzollern das Gebiet von Ober-Geldern am Niederrhein und mit Moers, Lingen und Neuchâtel (Neuenburg) Teile des oranischen Hausbesitzes einbrachte, ihm aber vor allem freie Hand im Zweiten Nordischen Krieg (1700-1721) gab. Alsdann schloß Preußen ein Bündnis mit Rußland und besetzte das schwedische Pommern von Stettin bis zur Peene. Im Jahre 1715 begannen die militärischen Auseinandersetzungen mit Schweden: Preußen trat in die antischwedische Koalition ein und beteiligte sich an der Belagerung Stralsunds. Unter englisch-österreichischem Druck schloß Friedrich Wilhelm I. jedoch am 21. Januar 1720 in Stockholm einen Separatfrieden mit Schweden, durch den er gegen eine Entschädigung von 2 Millionen Reichstalern Stettin und Schwedisch-Pommern bis zur Peene erhielt. Rußland schloß mit Schweden erst am 10. September den Frieden von Nystadt, der die schwedische Herrschaft im Baltikum beendete.

Friedrich Wilhelm I. war der erste preußische Herrscher, der sich in seiner Polenpolitik auch an der Großmacht Rußland, die durch die Erfolge Zar Peters des Großen (1682-1725) über Schweden entstand, orientierte. Seine Haltung gegenüber Polen war zweideutig. Vor allem lag Preußen wie schon unter dem Großen Kurfürsten daran, die "Adelsanarchie" im polnischen Staat aufrechtzuerhalten und eine aktive polnische Außenpolitik durch Einmischung in die inneren Angelegenheiten des östlichen Nachbarn zu verhindern. In seinem politischen Testament aus dem Jahre 1722 wies Friedrich Wilhelm I. auf den Wert gutnachbarlicher Beziehungen zu Polen hin, doch sei es ebenso wichtig, dort Anhänger zu haben, mit deren Hilfe man bei Bedarf den Sejm sprengen und eine

---

80 Th. B. Macaulay: Friedrich der Große. In: Ders.: Ausgewählte Schriften geschichtlichen und literarischen Inhalts. Deutsch von Fr. Steger und A. Schmidt. Bd. 9. Braunschweig 1858, S. 7-8.

81 Die politischen Testamente, S. 245.

Stärkung der Königsmacht verhindern könnte.[82] Noch in seiner *Letzten Aussprache an den Kronprinzen* vom 28. Mai 1740 analysierte der König die Schwäche der Adelsrepublik und den eventuell daraus zu ziehenden Nutzen.[83]

Bereits Friedrich Wilhelm I. erkannte, daß die polnische Frage umso mehr ein Problem der polnisch-russischen Beziehungen wurde, als Rußland unter Peter dem Großen begann, Polen immer deutlicher als seinen Einflußbereich zu betrachten. Bereits in dem 1720 in Potsdam geschlossenen Vertrag waren Preußen und Rußland sich einig, keine Stärkung der Königsmacht in Polen zuzulassen. Grundlegende Bedeutung für die Entstehung dieser internationalen Konstellation hatte der Vertrag von Nystadt im Jahre 1721, der Schweden aus der Reihe der Großmächte ausschloß und die Position Rußlands, das seit 1717 Polen seinen Willen offen aufzwang, sanktionierte.[84] Und so kam es zur preußisch-russisch-österreichischen Annäherung, deren Hauptbestandteil der Beschluß dieser drei Großmächte war, die Rückkehr Polens zu einer selbständigen Politik zu verhindern. Damit begann die *negative Polenpolitik* Preußens, die angefangen mit Friedrich Wilhelm I. über die Verständigung der drei späteren Teilungsmächte trotz zeitweiliger Konflikte untereinander von den ersten Jahrzehnten des 18. Jahrhunderts trotz wechselhafter politischer Konstellationen in Europa bis in die achtziger Jahre des 19. Jahrhunderts überdauerte.

Seit dem Wiener Vertrag vom 6. August 1726 war die russisch-österreichische Annäherung ein Faktor der europäischen Politik. Beide Staaten waren besonders daran interessiert, die nach König August II. (1697-1733) mögliche sächsische Thronfolge in Polen zu verhindern. Auch Preußen, das immer die Annexion Pommerellens oder Kurlands angestrebt hatte, war an der polnischen Krone lebhaft interessiert. Vor diesem Hintergrund kam es zum Abschluß des von dem preußischen Diplomaten Karl G. von Löwenwold zustandegebrachten *Vertrags der drei schwarzen Adler*, des *Löwenwoldischen Traktats* vom 13. September 1732, in dem sich Rußland, Österreich und Preußen verpflichteten, auf dem polnischen Thron weder den sächsischen Kurfürsten, noch Stanisław Leszczyński zuzulassen. Dieser Vertrag desorientierte zwar Preußen, was die letztendlichen Absichten der Partner hinsichtlich des Interregnums betraf, öffnete aber die Option auf die spätere Zusammenarbeit in der polnischen Frage. Österreich und Rußland unterstützten in der Folge zur Unzufriedenheit Friedrich Wilhelms I. die sächsische Kandidatur auf die polnische Königswürde, doch gewährte er Österreich die vereinbarte Hilfe im Krieg gegen Frankreich und beschränkte sich gegenüber Stanisław Leszczyński, der in den Jahren 1704-1709 und 1733-1735 König von Polen war, auf wohlwollenden Neutralität, die Gewährung von Asyl in Königsberg und seinen Empfang in Berlin. Leszczyński beeindruckte als Mensch von Kultur und Welterfahrung den jungen Friedrich II.

82 Ebd., S. 239-240.

83 Ebd., S. 248.

84 Vgl. K. Zernack: Das preußische Königtum und die polnische Republik im europäischen Machtsystem des 18. Jahrhunderts (1701-1763). In: Jahrbuch für die Geschichte Mittel- und Ostdeutschlands 30 (1981), S. 4-20.

In den letzten Lebensjahren erlebte Friedrich Wilhelm I. eine Reihe außenpolitischer Enttäuschungen durch die österreichische Politik, die die preußischen Ansprüche vor allem auf Jülich-Berg trotz gegenteiliger Versicherungen unterstützte. Tief verbittert über diese Mißerfolge, verstarb Friedrich Wilhelm I. nach langer und schwerer Krankheit am 31. Mai 1740.

## 6. Die friderizianische Monarchie

*Der aufgeklärte Herrscher ist kein Pedant auf dem Thron, sondern kämpft wie eine Held und denkt wie ein wahrer Gelehrter.*
Voltaire an Friedrich II.

*Nur ihn allein sollte man beobachten, um die Geschicke seines Staates vorauszusehen, denn der gesamte Staat ruht einzig auf ihm.*
Der französische Gesandte de Nivernais im Jahre 1756

***Preußen unter Friedrich II.*** - Der 1712 geborene Kronprinz Friedrich, der als *Friedrich der Große* in die Geschichte eingegangen ist, hatte vor der Thronbesteigung seine eigenen Lebenserfahrungen machen können. Er wuchs in blindem Widerstand gegen den bodenständigen Vater auf. Im Kreis der eleganten französischen Kultur bildete er sich philosophisch und literarisch zu einem typischen Vertreter der europäischen Aufklärung. Hochintelligent, interessierte er sich von Jugend auf für Kultur und Kunst. Früh griff er selbst zur Feder und begann die für seine Bildung wichtige Korrespondenz mit Voltaire, dem berühmtesten Geist des aufgeklärten Europa.[85] Der Konflikt mit dem Vater, der vom Sohn forderte, die "Hirngespinste" aufzugeben und sich in das schwierige Verwaltungs- und Militärgeschäft einzuarbeiten, eskalierte August 1730 im Fluchtversuch des Thronfolgers ins Ausland. Die Flucht mißlang, und der König befahl, wahnsinnig vor Wut, den an der Flucht beteiligten Freund Hans Hermann von Katte hinzurichten. Den Sohn ließ er in der Festung Küstrin als Gefangenen festsetzen und legte ihm ein strenges Praktikum der preußischen Administration und Finanzen auf: Seit Dezember 1730 arbeitete der Thronfolger als Kriegsrat bei der Kriegs- und Domänenkammer in Küstrin. Was er dort lernte, beherzigte Friedrich II. als Regeln des Kameralismus sein ganzes Leben lang. In Gnaden wieder aufgenommen, entdeckte er nach und nach die Neigung zum Militärdienst, der Hauptbeschäftigung des Vaters in den letzten Lebensjahren. Aus dem Schöngeist, der weiterhin geistige Genüsse nicht verachtete, wurde ein realistisch denkender Thronfolger. Das Denken in Kategorien der Staatsraison und das Abwägen von Machtverhältnissen und Erfolgschancen in der Außenpolitik wurden zu seinem Lebensinhalt. Mit wachsender Ungeduld erwartete er die Regierungsübernahme, um die Pläne seiner Jugendjahre verwirklichen zu können.

Bis an sein Lebensende blieb Friedrich II. eine ambivalente Gestalt: ein Repräsentant der europäischen Aufklärung, ein bezaubernder Mensch voller Witz und Charme im Kontakt mit den Pariser Philosophen, aber auch der entschiedene

---

85 Vgl. S. Salmonowicz: Fryderyk II. [Friedrich II.]. Wrocław 1981; Th. Schieder: Friedrich der Große. Ein Königtum der Widersprüche. Frankfurt a.M. 1983.

Fortsetzer der Innenpolitik seines Vaters. Neu war das Ziel, das sein Vater noch nicht zu formulieren gewagt hatte, Preußen *per fas et nefas*, auf friedlichem oder kriegerischem Wege, in den Kreis der europäischen Großmächte zu führen. Der aufgeklärte Absolutismus Friedrichs II. hatte ein Janusgesicht: Dem Streben nach Reformen im Geiste der Aufklärung wurde nur soviel Platz gelassen, wie er mit den Plänen, Preußen zur europäischen Großmacht zu machen, vereinbar war. Alle Ebenen politischen Handelns, also auch das Gesellschaftssystem, betrachtete der König unter diesem Gesichtspunkt instrumental. Im Mittelpunkt seines Interesses stand das preußische Militärsystem, denn nur eine starke Armee konnte die Machtansprüche und Träume Friedrichs verwirklichen. Deshalb verkörperte Friedrich II. als großer Heerführer und geschickter Politiker aus der Sicht späterer Generationen den klassischen preußischen Militarismus. Friedrich II. war der erste und bekannteste Herrscher des aufgeklärten Absolutismus in Europa und zugleich derjenige, der selbst im politischen Diskurs seine Ansichten über die Rolle von Herrscher und Staat offenlegte.[86] Im Jahre 1777 stellte Friedrich in dem »Essai sur les formes du gouvernement et sur les devoirs des souverains« seine programmatischen Ansichten über den aufgeklärten Herrscher vor, die auf seinen langen Regierungserfahrungen beruhten.[87]

Für Friedrich II. war die persönliche Regierung des Herrschers seine moralische Pflicht. Der König hatte Pflichten und Aufgaben zu erfüllen: Das war in der Ära Ludwigs XV. und Augusts des Starken neu und hart; die Rede von den Pflichten - konkret im Geiste der Aufklärung gemeint, nicht in einem nebulösen theologischen Gewand - hinterließ einen tiefen Eindruck. Auch wenn er von niemanden kontrolliert wurde, war der Herrscher - nach Ansicht Friedrich II. und der Gesellschaftsphilosophen der Zeit - in der Sache dadurch eingeschränkt, daß er nur durch die Natur seiner Herrschaft die Staatsziele realisieren konnte. Das war das Existenzrecht und der Ursprung des Gesellschaftsvertrags, in dem die Allgemeinheit auf ihre Rechte aus der Zeit der ursprünglichen Freiheit zu Gunsten des Herrschers verzichtet hatte. Staatsziel war dabei gemäß der Philosophie der Aufklärung das großmöglichste Wohl der Untertanen, das mit dem Wohl des Staates als Ganzes identifiziert wurde. Friedrich II. schrieb am 26. September 1770 aus Potsdam an Voltaire: *"Meine Hauptbeschäftigung ist die Bekämpfung von Ignoranz und Aberglauben in dem Land, in dem mir das Schicksal der Geburt die Regierung anvertraute, um den Geist aufzuklären, gute Sitten zu ver-*

86 Vgl. P. Baumgart: Epochen der preußischen Monarchie im 18. Jahrhundert. In: Das Preußenbild in der Geschichte, S. 81.

87 Vgl. S. Salmonowicz: Fryderyk Wielki - władca oświeconego absolutyzmu? [Friedrich der Große - ein Herrscher des aufgeklärten Absolutismus?]. In: Przegład Zachodni 36 (1980), Nr. 4, S. 35-49; V. Sellin: Friedrich der Große und der aufgeklärte Absolutismus. In: Soziale Bewegung und politische Verfassung. Beiträge zur Geschichte der modernen Welt. Hrsg. von W. Engelhard u.a. Stuttgart 1976, S. 99f. - Zu Friedrichs II. Auffassung des Herrschers vgl. oben S. 121.

*breiten und die Menschen insofern glücklich zu machen, inwieweit es die Natur des Menschen und die Mittel, die ich anwenden kann, erlauben."*[88]

Friedrich II. betonte, seiner Persönlichkeit gemäß, die Pflichten des Herrschers, das Ethos der Pflicht, die Mission: Die persönliche Regierung des Königs war seine moralische Pflicht. So verschwand die Mystik des Herrschers von Gottes Gnaden und erschien stattdessen der Mythos von der Omnipotenz des Staates, des neuzeitlichen Leviathan, dem von jetzt an alle dienen sollten. Otto Hintze schrieb über Friedrich II.: *"Der Staat war für ihm alles, er ersetzte ihm Familie, Freundschaft, selbst die Religion."*[89] In seinem politischen Testament aus dem Jahre 1752 formulierte er die Staatsraison Preußens: Das Ziel war Macht und Größe des Staates, alles mußte diesem Ziel dienen; für Friedrich war Gott ausschließlich die Größe Preußens.[90] Das Recht des Menschen auf Glück gehörte zu den stolzen Parolen, die voller Optimismus im *Jahrhundert des Lichts* verkündet wurden. Die Theoretiker und Praktiker des aufgeklärten Absolutismus waren sich mit Preußens Friedrich II. einig, daß der Staat, und damit der aufgeklärte Monarch, seinen Untertanen das Glück zu garantieren hatte.

Gleich nach der Regierungsübernahme erklärte Friedrich II. den in Schloß Charlottenburg versammelten Ministern, sie hätten bislang zwischen dem Herrscherinteresse und dem Landesinteresse unterschieden und sich vor allem verpflichtet gefühlt, dem König und dessen Interessen zu dienen. Unterscheidungen dieser Art dürften in Zukunft nicht mehr gemacht werden. Von nun an sei das Interesse des Herrschers das Interesse des Staates, denn Glück und Wohlergehen der Untertanen seien das einzige Ziel des Herrschers. Die Konsequenz der Überlegungen Friedrichs über seine Stellung als Herrscher war die von ihm später übernommene Formel *rex Borussorum* - König der Preußen - und nicht *rex Borussiae* - König Preußens.

Für das damalige und das spätere Europa blieb Friedrich II. als großer König, Feldherr und Diplomat im Gedächtnis. Obwohl die Kriege das Schicksal Preußens und Europas so stark beeinflußten, nahmen sie mit knapp 12 Jahren nur einen Teil seiner gut 46 Regierungsjahre ein; also blieben ihm für die *Friedensarbeit* fast 35 Jahre. Sie läßt sich, abgesehen von den ersten Monaten seiner Herrschaft, die dem Ersten Schlesischen Kriegs vorausgingen, in die reiche und interessante Zeit der Jahre zwischen den Schlesischen Kriegen und dem Siebenjährigen Krieg (1745-1756), die Zeit der fieberhaften Aktivitäten nach Beendigung des Siebenjährigen Krieges und in den ersten Jahren nach der Annektierung polnischer Landesteile durch Preußen (1763-1777) und schließlich die letzten Jahre der Herrschaft (1778-1786) einteilen. Die große Rolle Friedrichs in der inneren Geschichte der preußischen Monarchie waren ein Ergebnis derselben Grundeigenschaften seines Charakters und seiner Regierungsmethoden, die er

88 Brief Friedrichs II. an Voltaire vom 26. September 1770 in Briefwechsel Friedrichs des Großen mit Voltaire. T. 3 (= Publikationen aus den königlich Preußischen Staatsarchiven, Bd. 86, T. 3). Leipzig 1911, S. 189.

89 O. Hintze: Das politische Testament Friedrichs des Großen von 1752. In: Regierung und Verwaltung, S. 447.

90 Hintze, a.a.O., S. 446f.

so deutlich als Feldherr und Diplomat zeigte. Friedrich war in den Regierungsmethoden ein Despot, der das Prinzip der persönlichen, formal durch nichts eingeschränkten Regierung zur Vollkommenheit entwickelte.

Die persönliche Regierung Friedrichs II. führte bei seiner ungewöhnlichen, peinlich genauen Arbeitsamkeit und ebensolchen Amtsausübung, seines königlichen Metiers, mit geradezu religiöser Ehrfurcht dazu, daß der König bewußt zu dem ersten Beamten seines Landes wurde, der die wichtigsten Details der Exekutive im gesamten Staat kannte und sich mit einem besessenen und oft schädlichem Eifer nicht frei von der für die Hohenzollern typischen Kleinlichkeit persönlich in Angelegenheiten drängte, die er besser den ihm unterstellten Behörden zur Erledigung hätte überlassen sollen. Deshalb ist die innere Geschichte Preußens in dieser Zeit mit ihren Aktiva und Passiva ein Spiegelbild der Vorzüge und Fehler Friedrichs II. als Herrscher. Die Bilanz seiner Regierungszeit muß auf das Konto des Herrschers geschrieben werden, der sogar die höchsten Staatsämter auf blinde Exekutivorgane reduzierte.

Als Friedrich II. den Thron bestieg, wurde er von der aufgeklärten öffentlichen Meinung in Preußen ungewöhnlich positiv aufgenommen. Der junge Herrscher, den eine leicht romantische Legende umgab und dessen Konflikte mit dem Vater, dessen strenge Herrschaft und dessen soldatische Umgangsformen allgemeine Unzufriedenheit geweckt hatten, die breite Allgemeinheit nur ungenau kannte, galt als dessen vollkommenes Gegenteil. Man erwartete, daß der neue König eher an die gütigen und bequemen Regierungsformen seines Großvaters anknüpfen und mit der Regierungsform seines Vaters brechen würde. Es sollte sich bald zeigen, daß trotz der grundsätzlichen Gegensätzlichkeit beider Charaktere, trotz ihrer vollkommen unterschiedlichen intellektuellen Prägung und gänzlich verschiedener Vorlieben Friedrich II. in den Regierungsgrundsätzen und vielen wichtigen Fragen das Werk seines Vaters fortführen sollte. Die Veränderungen sollte zur allgemeinen Verwunderung eher den Regierungsstil als grundsätzliche Fragen betreffen. Friedrich II. vermied soldatische Manieren, führte, schon physisch unfähig zum Aufbrausen, sein Amt eher ruhig, zeigte aber, erst einmal im Amt, wenn es um den Kern seiner absoluten Macht oder um die bedingungslose Disziplin von Untergebenen und Untertanen ging, daß erst er den Absolutismus seines Vaters zur Vollendung führte. Er beseitigte den Einfluß Dritter, der Familie, von Favoriten, von Ministern und Höflingen, auf die Regierung.

Das 18. Jahrhundert war das Jahrhundert der Geheimdiplomatie und Geheimpolitik, doch selbst vor dem Hintergrund dieser allgemeinen Tendenz war die friderizianische Vorliebe zur strikten Geheimhaltung ungewöhnlich. Die Mehrzahl der Politischen Angelegenheiten, darunter alle Fragen von Militär- und Außenpolitik, konzentrierten sich auf der Seite des Königs in seinem Kabinett. Der Hauptvertraute Friedrichs, der außergewöhnlich arbeitsame Sekretär August F. Eichel, hielt die gesamte Korrespondenz in geheimen Angelegenheiten und die gesamte Außenpolitik in seinen Händen.[91] Er war jedoch nur die technische Kraft zur exakten Ausführung der Aufträge Friedrichs - ohne Orientierung über die gesamte Maschinerie der Aktivitäten, die durch seine Hände gingen. Im Kabinett führte Friedrich II. ein pedantisches, streng befolgtes Verfahren zur Geheimhaltung des Inhalts von Briefen und Schriften von der Öffnung der Briefschaften bis zum Referat des Inhalts ein. Bestimmte Kategorien von Depeschen und Berichten wurden dem König unmittelbar und persönlich vorgelegt; mit dem Inhalt machte er sich unter Ausschluß jeder anderen Person bekannt.

***Staatssystem und Politik.*** - Friedrich II. ist, was die Staatsorganisation Preußens betraf, allgemein eher den Spuren seines Vaters gefolgt, als daß er innovativ gewesen wäre. Er änderte weniger die Strukturen als den Regierungsstil. Formal blieb das Generaldirektorium weiterhin das Hauptorgan des Staatsapparates. Die erste Veränderung in der Verwaltungsstruktur war die Schaffung eines V. Departements für Handels-, Gewerbe- und Verkehrsangelegenheiten durch Friedrich II. Die dafür am 27. Juni 1740 erlassene Instruktion bestimmte klar die Ziele der merkantilistischen Staatspolitik.[92] Im Jahre 1746 schuf Friedrich II. ein VI. Departement, das die Gesamtheit des Proviant-, Einquartierungswesen und andere Heeresangelegenheiten übernahm; danach reorganisierte bzw. organisierte er weitere Departements mit bereits strikten Sachressorts: Zoll- und Akzisewesen (Regie, 1766), Bergbau- und Hüttenwesen im Jahre 1768 und 1770 Forstwesen. Auf diese Weise entwickelte sich der Umgestaltungsprozeß der Departements mit gemischten Kompetenzen in Organe mit strikt allgemeinpreußischen Sachkompetenzen. Doch blieb diese Umstrukturierung insofern nicht ganz konsequent, als Friedrich II. im Jahre 1742 ein gesondertes Ministerium für Schlesien schuf, das ihm unmittelbar unterstellt war und noch bis in den Anfang des 19. Jahrhunderts existierte. Die Instruktion für das Generaldirektorium aus dem Jahre 1748 übernahm noch sehr viel aus den alten Vorschriften, die bereits von Friedrich Wilhelm I. herausgegeben worden waren: *"Wie die ganze innere Verwaltung Friedrichs des Großen, so ruht auch diese Instruktion von 1748 auf dem Werk des Vaters."*[93]

Neben dem Generaldirektorium bestanden weitere Zentralorgane: das *Kabinettsministerium* für die Außenpolitik und das *Justizministerium*, dem auch die geistlichen Angelegenheiten unterstanden. Die Einheit der Staatsregierung wurde in der komplizierten und undurchsichtigen Herrschaftsstruktur nur durch den König selbst gewahrt, die "Minister" führten nur ihre Angelegenheiten im genau abgesteckten Rahmen aus. Wenn Friedrich Wilhelm I. trotz seiner despotischen Art zusammen mit seinen Ministern regierte und in gewissem Maße kollegial agierte, so sah Friedrich II. in den Ministern Beamte wie andere Beamte auch. In Heeresangelegenheiten und in der Außenpolitik entschied er alles

---

91 Vgl. Hubatsch: Friedrich der Große und die preußische Verwaltung, S. 224-225.

92 Text der Instruktion in Acta Borusica: Behördenorganisation, VI/2, S. 26-32.

93 F. Hartung: Studien zur Geschichte der preußischen Verwaltung (= Abhandlungen der Akademie der Wissenschaften zu Berlin, Phil.-hist. Klasse, Jg. 1941, Nr. 17). Berlin 1941, S. 21.

persönlich und überließ den Ministern lediglich die strikte Ausführung seiner Anweisungen. In anderen Fragen ließ er besonders in Kriegszeiten einzelnen Ministern größere Selbständigkeit, jedoch suchte er niemals die Gelegenheit zu Diskussion oder Gesprächen mit ihnen, sondern beschränkte sich auf schriftlichen Kontakt: In seinem Arbeitskabinett erließ der König Anweisungen und empfing Berichte von den in Berlin amtierenden Ministern. Im allgemeinen verfuhr Friedrich II. mit seiner Verwaltung schlimmer als sein Vater. Die Zornesausbrüche Friedrich Wilhelms I. wurden durch die kalte Ironie und die überlegte Rücksichtslosigkeit des Sohnes ersetzt. Er brachte seinen Ministern nur geringe Wertschätzung entgegen und schwächte die Bedeutung des Generaldirektoriums; in seinem Kabinett konzentrierte er die gesamte Zivil- und Militärverwaltung des Landes.

Durch die Regierung mit Hilfe der zahlreichen Beamten seines Kabinetts sparte Friedrich II. Zeit und Geld. Hofzeremonien, persönliche Höflichkeitsaudienzen und kollegiale Beratungen schaffte er ab. Nur einmal im Jahr reisten die Minister als Gremium wegen Haushaltsangelegenheiten nach Potsdam und hatten Gelegenheit zur Aussprache mit dem König über Verwaltungsangelegenheiten. Die Institutionen ersetzten das Genie des Königs, doch ein Genie kann man nicht institutionalisieren. Dieser außergewöhnliche Herrscher verwarf den gesamten Glanz der Herrschaft, war ein Feind aller Leerformeln und lehnte alle äußerliche Zeichen von Schmeichelei und Unterwürfigkeit ab. Rationalismus, Sachlichkeit, Utilitarismus, die ostentative Zurückweisung aller Elemente der Königswürde, die zur Machterhaltung nebensächlich und unwichtig schienen, bestimmten die Herrschaft Friedrichs II.

Der Staatsdienst, der Staat, der von allen unersättlich ständig Götzenopfer verlangte, war das mit eiserner Konsequenz realisierte Leitmotiv des Herrschers, der danach strebte, daß jeder Untertan sich dem Staat in den Grenzen seiner sozialen Funktion verbunden fühlte, daß er dem Staatsinteresse, dessen Qualität selbstverständlich der König definierte, nützlich war. Jurist, Pastor und Volksschullehrer leisteten - fast wie der Offizier - dem Staat Friedrichs II. große Dienste. Er entlohnte sie alle miserabel; Juristen - besonders Advokaten - konnte er nicht ausstehen, Pastoren verachtete er aus der Tiefe seines Herzens; sie waren für ihn - auch wenn er ihren sozialen Nutzen anerkannte - Dummköpfe. Volksschullehrer interessierten ihn nicht näher, obwohl sie es waren, die gegen Ende seiner Herrschaft die friderizianische Legende, wie sie im 19. Jahrhundert wiederbelebt wurde, entwickelten und popularisierten.

Die von Friedrich Wilhelm I. übernommene und ausgebaute preußische Verwaltung, die sich in ihren höheren Rängen weiterhin vor allem aus der Junkerschaft rekrutierte, aber in bedeutendem Maße auch durch das bürgerliche Element gestärkt wurde, stellte ein wichtiges Element der friderizianischen Regierung dar. Unter seinen Nachfolgern wurden die Beamten eine politische Gruppe von selbständiger Bedeutung im Staate. Bereits unter Friedrich II. wuchs ihr Gruppenbewußtsein, stieg die Bedeutung festgelegter Rekrutierungs- und Aufstiegswege und erwarben sie als Korporation eine gewisse Unabhängigkeit, ja sogar Exklusivität. Sachkompetenz und hohes Organisationsniveau garantierten ihre Bedeutung und zugleich auch die Gruppenidentität.[94]

Friedrich II. behandelte seine Beamten streng und entschlossen. Ständiges Mißtrauen ihnen gegenüber plagte den Herrscher, der auf jede eigenständige Entscheidung, die ohne sein Wissen getroffen worden war, geradezu eifersüchtig reagierte: Er mochte solche Entscheidungen nicht, was im Resultat zu einer absurden Behinderung der Selbständigkeit aller Verwaltungsbereiche führte. Eine ebenfalls beliebte Methode Friedrichs, ein gewisses Chaos in die Verwaltung zu verursachen, war besonders während seiner *Revuereisen* durch das Land die unmittelbare Verbindungsaufnahme mit unteren Instanzen über die Köpfe der höheren Instanzen hinweg - und meistens ohne deren Wissen. Mit der Zeit bevorzugte Friedrich auf Verwaltungsstellen ehemalige Offiziere. Am 29. September 1779 schrieb er, daß man sehen sollte, *"gute Officiers, die nicht mehr bei der Armee in Diensten sind und den Abschied haben, zu Landräthen zu kriegen, weil die schon besser verstehen, was zur Ordnung gehöret"*.[95]

Die beiden klassischen Regierungsstile, Kabinettsbefehle und handgeschriebene *Marginalresolutionen*, übernahm Friedrich II. vom Vater. Die Kabinettsbefehle waren kurz und direkt im Ton: Friedrich achtete nicht auf Konventionen und erteilte ihnen im Kasernenhofton entschiedene Belehrungen, denen es nicht an boshaften Bemerkungen an die Adresse der Beamten fehlte. Zur Sorge Anlaß gab, daß Friedrich II. sich als unfehlbar betrachtete und niemals Befehle änderte oder irgendwelche Kritik annahm.

Ohne Zweifel wurde in keinem anderen Land des feudalen Europa von den Beamten so viel verlangt und ihnen so wenig gegeben, wurde Achtung, Titel, feudale Gewohnheiten zugunsten ausdauernder Arbeit in einem solchen Maße verworfen wie in Preußen, sollte die geregelte der graue Büroarbeit in solchem Umfang mit Initiative, Gewandtheit, Energie und Schnelligkeit im Handeln, Orientierung im Arbeitsgebiet, mit der Aufopferung für König und Staat, Menschlichkeit gegenüber den Untertanen harmonischer verbunden werden, soweit das überhaupt möglich war. Die Marginalien des Königs zeugen von vielen ehrenwerten Zielsetzungen und sein Handlungs- und Regierungsstil prägte gewisse Muster. Die Verwirklichung seiner Grundsätze in der Praxis bleibt aber in vielen Fällen ein offenes Problem: Wir wissen jedenfalls, wenn wir die schönen Allgemeinplätze verwerfen und stattdessen quantitative Vergleiche suchen, bislang wenig über die tatsächliche Effizienz der Regierung Friedrichs II. im Land.[96]

Wie erwähnt, hatte der Absolutismus Friedrichs II., so spektakulär und fühlbar er auch war, seine deutliche Grenze in der Notwendigkeit, die Interessen des Junkertums zu respektieren. In der zweiten Hälfte des 18. Jahrhunderts trat in Preußen in Ostpreußen, in Pommern und in der Neumark eine gewisse Bele-

---

94 Vgl. allgemein H. C. Johnson: Frederic the Great and His Office. New Haven, London 1975, S. 243f.

95 Acta Borussica: Behördenorganisation, XVI/2, S. 516.

96 P. Baumgart: Tendenzen der spätfriderizianischen Verwaltung im Spiegel der Acta Borussica. In: Acta Borussica: Behördenorganisation, XVI/2, S. XXIII.

bung im Standesleben des Adels ein, was bei Friedrich II. jedenfalls keine Unzufriedenheit hervorrief. Inbesondere wurde jetzt die Doppelfunktion der Landräte hervorgehoben, die unter Friedrich II. zu einer Art Mittlerinstanz zwischen Junkern und König wurden. In den allgemeinen Verwaltungsangelegenheiten verlangte er zwar von den Landräten die vollständige Ausführung seiner Befehle, aber in Situationen, in denen die Interessen des Junkertums ins Spiel kamen, trat der absolute Herrscher vorsichtig auf und gab häufiger dem Druck lokaler Faktoren nach.[97]

Staatsorganisation und Regierungsmethode Friedrichs II. änderten sich, sehen wir davon ab, daß die Tendenz zur vollständigen autokratischen Herrschaft und die Abneigung gegen jede Kollegialität sich vertieften und rücksichtsloses Handeln ein charakteristisches Merkmal zahlreicher persönlicher Interventionen des Königs in Staatsangelegenheiten wurde, nach dem Siebenjährigen Krieg kaum. Das Kollegialitätsprinzip des Generaldirektoriums existierte praktisch nicht mehr; Friedrich II. regierte über die einzelnen Minister hinweg. Die langen Jahre des blutigen Krieges machten ihn, was persönliche Auslassungen Friedrichs II. belegen, ihn definitiv zu einem Herrscher, der - unempfindlich gegenüber dem Schicksal des Einzelnen - in Fortführung der pessimistischen Gedankengänge von Hobbes' berühmten *Homo homini lupus est*, "Der Mensch ist des Menschen Feind" - den Menschen voll Pessimismus betrachtete, der nur mit strengsten Disziplinierungsmaßnahmen zu behandeln war. Mit den Jahren schätzte Friedrich Ehrlichkeit und Treue im Staatsdienst und sich als König gegenüber mehr als Intelligenz. Verbunden damit war die zunehmende Militarisierung der Zivilverwaltung und sogar der Lehrerschaft. Der König zog es vor, ehemalige Offiziere mit Aufgaben in den Provinzen zu betrauen, auf deren militärischen Gehorsam und Ehrgefühl er eher vertrauen zu können glaubte. Bürgerliches Räsonnement stieß den Herrscher mit dem Lauf der Regierungsjahre immer stärker ab.

Obwohl die Organisation der preußischen Zentralorgane veraltet, kaum transparent und unzulänglich entwickelt war, konnte der König sie geschickt lenken. Er war ein Pragmatiker der Herrschaft und wollte kein reines Prinzip unbedingt durchsetzen, wie es Kaiser Joseph II. in der Habsburger Monarchie zum Schaden seiner Reformen in der Phase seiner Alleinherrschaft nach 1780 versuchte. Für den König war der pragmatische Regierungsstil, den er der gesamten Verwaltung aufzwang, von grundsätzlicher Bedeutung. Dieser friderizianische Stil stützte sich auf die Schnelligkeit der Entscheidung, wie sie später Napoleon Bonaparte kennzeichnen sollte, und auf das ununterbrochene dynamische Handeln der Verwaltungsorgane unter dem permanenten Druck von oben. Die Auswirkungen des langjährigen Krieges sowie des langjährigen übermäßigen Drucks auf die Beamtenschaft waren zu spüren: Nach dem Siebenjährigen Krieg vermehrten sich die Anzeichen von Erschlaffung, Chaos und Bestechlichkeit in der Verwaltung, und längere Zeit blieben selbst Zornesausbrüche Friedrichs II.

97 Vgl. G. Birtsch: Der preußische Hochabsolutismus und die Stände. In: Ständetum und Staatsbildung, S. 396f.

wirkungslos. Die Skandalaffaire des Ministers Hans Friedrich Christian von Goerne, der Gelder der Preußischen Seehandlung zum privaten Gütererwerb in Polen unterschlagen hatte, im Jahre 1782 bezeugt, daß die Korruption bis in die höchsten Ämter reichte. Ähnlich schwierig erwies sich das Problem der Unzufriedenheit zahlreicher Beamtengruppen, bei denen zusammen mit dem Anstieg des fachlichen und intellektuellen Niveaus insbesondere der jüngeren, bereits in der Ära der friderizianischen Aufklärung erzogenen Beamtengeneration das Gruppenbewußtsein wuchs. Bei ihr weckten die Regierungsmethoden Unzufriedenheit und ließen sie anfällig werden für heimliche Selbständigkeit, aber auch für Manipulationen in der Berichterstattung, um drohenden königlichen Zorn abzuwenden. Von großer sozialer und politischer Bedeutung für die Zukunft sollte sich erweisen, daß hier vor allem als Resultat der systematisierten und verbesserten Ausbildung eine geschlossene Gruppe aufgeklärter Staatsbeamter entstand, die eher dazu neigte, sich mit dem Staat zu identifizieren, als dem jeweiligen Herrscher blind zu gehorchen. Obwohl gegen Ende der Herrschaft Friedrichs überwiegend aus Adligen zusammengesetzt, entwickelte sich diese Gruppe zu einer Aristokratie von Leistung und Ausbildung und paßte sich so an die entstehende bürgerliche Gesellschaft an.

Als das Generaldirektorium sich 1765 nicht in der Lage sah, die vom König geforderte Steuerung der Akzise- und Zolleinnahmen zu realisieren, entzog Friedrich II. ihm zum 1. Juni 1766 die Verwaltung der *accises* und *douanes* und übertrug sie der Generalkriegskasse bzw. einer neuen, aus französischen Beamten gebildeten Zollverwaltung, bis sie 1769 die *Generaladministration der königlichen Gefälle* bzw. die *Regie* übernahm.[98] Ebenso verlor das Generaldirektorium auch die Kontrolle über die gesamten Finanzen und über den tatsächlichen Kassenstand, verfügte der König doch über eine Dispositionskasse, über deren Einnahmen und Bestände kein Minister näheres wußte. Diese Kasse wurde vor allem durch geheime Einkünfte wie Subventionen von anderen Staaten, Währungsmanipulationen, Kontributionen und andere Einkünfte in Kriegszeiten gefüllt. Das Generaldirektorium wurde dabei zu einem schwerfälligen bürokratischen Apparat: Während ihm im Jahre 1740 nur 5 Minister, 19 Geheimräte und 15 Sekretäre angehört hatten, setzte es sich im Jahre 1780 aus 6 Ministern, 24 Geheimräten und 80 Sekretären zusammen.[99]

Nach der Behebung der unmittelbaren Schäden des Siebenjährigen Krieges interessierten Friedrich II. neben den allgemeinen Finanzen hauptsächlich die Wirtschaft und die Kolonisation der neuen Provinzen Schlesien und Westpreußen. Die direkte Herrschaft des Königs in Schlesien durch einen besonderen Minister und durch seine ständigen Reisen erwies sich als dynamischer Entwicklungsfaktor. Gleichzeitig führten jedoch die Ungeduld des Königs und seine ständige Forderung nach Ergebnissen des Verwaltungshandelns dazu, daß häufig Beamte dazu tendierten, in ihren Berichten die Realität zu beschönigen, so daß

98 Bornhak, a.a.O., S. 223; vgl. oben S. 144.
99 Hubatsch, a.a.O., S. 226.

der tatsächliche Erfolg der inneren Politik Friedrichs II. heute unklar ist, während die borussischen Apologeten der friderizianischen Politik den Aussagen der Berichten - besonders, was die Erfolge der inneren Kolonisation betrifft - aufs Wort geglaubt haben. Heute wissen wir, daß sie einer sorgfältigen Quellenkritik bedürfen. Das persönliche Regiment wirkte sich in den letzten Regierungsjahren des alten und kranken Friedrich II. immer negativer auf das Verwaltungshandeln aus: *"Mit den Jahren wurden die Spuren der Erlahmung und Erstarrung immer deutlicher."*[100]

***Friedrich II. und die Justizreform.*** - Die Reform des Rechts und des Rechtswesens gilt in der historischen Literatur vielfach als unbedingt positive persönliche Leistung Friedrichs II. Was die Wirkungsbreite der Reformen, ihre Interpretation und ihre Bewertung betrifft, bleiben bei einer nüchternen Nachprüfung jedoch viele Zweifel.[101] Der König hatte ein großes und, entsprechend den Tendenzen der Aufklärung, ein tatsächliches Interesse an Fragen der Justizreform, insbesondere an Reform der Gerichtsorganisation, des Gerichtsverfahrens und an der Strafrechtsreform, verfügte jedoch über kein tiefergreifendes Verständnis der eigentlichen juristischen Problematik. Er teilte vielmehr die verbreiteten sterotypen Urteile juristischer Laien, die der komplizierten Rechtsmaschinerie mißtrauten. Als juristischer Laie konnte der König nicht zwischen den Erscheinungen, die er zu recht als schikanöse Verfahren und Prozeßwut brandmarkte, und den zur Wahrung der Rechtsordnung notwendigen Beachtung formalen Kriterien des Gerichtsverfahrens unterscheiden. Daher rührten seine zahlreichen zornigen und emotional verständlichen Äußerungen, denen der subjektive Wille zur Verbesserung der Rechtssprechung nicht abzusprechen ist, und manche unrealistischen, unsachlichen und geradezu naiven Auftritte wie Belehrungen, daß selbst der komplizierteste Gerichtsprozeß nicht länger als ein Jahr dauern dürfte oder daß Advokaten eine Plage der Rechtssprechung seien.

Die Reform der Gerichtsorganisation ging auf den Justizministers Samuel von Cocceji (1679-1755) zurück, den Friedrich II. am 8. März 1747 zum *Großkanzler* ernannte und ihm am 21. August desselben Jahres den *"Befehl"* erteilte, *"auch Tribunal und Kammergericht zu revidieren, die schwebenden Prozesse abzutun und das Justizwesen zu verbessern"*.[102] Im Laufe seiner langjährigen Arbeit vereinheitlichte und vereinfachte von Cocceji das Gerichtswesen, reformierte das Gerichtsverfahren und schuf einen Stamm von Berufsrichtern als personale Grundlage des Rechtswesens, das in allen Instanzen seinen Standescharakter verlor und zum auf fachlich kompetente, unbestechliche und unabhängige Richter gestützten staatlichen Rechtswesen wurde. In Befolgung der Anweisungen des Königs standen im Mittelpunkt der Reformen die Garantie eines schnellen Gerichts-

100 F. Hartung: Studien zur Geschichte, S. 27.

101 Vgl. allgemein S. Salmonowicz: Prawo karne oświeconego absolutyzmu. Z dziejów kodyfikacji karnych przełomu XVIII/XIX w. [Das Strafrecht des Aufgeklärten Absolutismus. Aus der Geschichte der Strafrechtskodifikation der Wende von 18. zum 19. Jahrhundert]. Toruń 1966, S. 191f.

102 Bornhak, a.a.O., S. 239.

verfahrens und die Abschaffung juristischer Unklarheiten, von Schikanen und von überflüssigen Formalien, die den Zivilprozeß belasteten. Wenn sich auch auf der untersten Stufe der Rechtssprechung die Patrimonialgerichtsbarkeit unvermeidlich weiterhin hielt, so bewirkte die allgemeine Umgestaltung des preußischen Rechtswesens doch, daß es in der zweiten Hälfte des 18. Jahrhunderts zu den modernsten in Europa gehörte. Die juristische Kompetenz der Gerichte durch die Einführung einer Fachprüfung als Voraussetzung für die Zulassung zum Richteramt, die Vereinfachung der Verfahren, die Abschaffung schriftlicher Verfahrensformen, die Vereinfachung und Ordnung der Kompetenzen und Instanzen, die Beseitigung von Korruption bei den Richtern und unterschiedlicher Gerichtsgebühren sowie eine vergleichsweise hohe Besoldung des Justizpersonals waren Errungenschaften des reformierten preußischen Rechtswesens, in dem das bürgerliche Element eine bedeutende Rolle spielte.

Persönlich interessiert war Friedrichs II. vor allem an der Strafrechtsproblematik. Die Idee einer humanitären Strafrechtsreform, deren Vorläufer Locke und Montesquieu und deren Vordenker Beccaria und Voltaire waren, fand in Preußen, wo Thomasius in Halle bereits an der Schwelle des 18. Jahrhundert für die Humanisierung der Strafprozeßordnung eingetreten war, dank des persönlichen Engagements des Königs im europäischen Vergleich einen sehr frühen Ausdruck. Die aufklärerische Seite Friedrichs zeigte sich besonders bei der Reform von Strafprozeß und Strafrecht. Bereits am 3. Juni 1740 schaffte der König durch ein Edikt die Folter als Beweismittel im Strafprozeß ab, ausgenommen die schwersten Verbrechen der Majestätsbeleidigung, des Landesverrates und des Massenmordes, bei denen die Tortur erst 1754 abgeschafft wurde. *"Eine umfassende Reform des gesamten Strafprozresses auf der Grundlage freier Beweisführung, die bei der Abschaffung der Tortur notwendig geboten gewesen wäre, lag aber noch in weitem Felde. So half man sich vorläufig mit außerordentlichen Strafen wegen dringenden Verdachtes [...], auch mit Prügeln des Beschuldigten nicht etwa, um ein Geständnis zu erzwingen, sondern als Strafe hartnäckigen Leugnens."*[103] Utilitarismus und gleichzeitig rationale Strenge bestimmten die Strafrechtspolitik Friedrichs. Obwohl er die verbindlichen Vorschriften nur partiell revidierte, veränderte Friedrich durch seine Politik von Urteilsmilderung und Begnadigung entscheidend das äußere Bild des preußischen Strafrechts. Da er sich als König für seine Person bis an sein Lebensende die letztinstanzliche Entscheidung vorbehielt, bestimmte er die Richtlinien der Strafrechtspolitik im Staat. In seiner ersten Regierungszeit überwogen auf diesem Tätigkeitsfeld zweifelsohne die positiven Elemente.

Die Abschaffung der in der Rechtspraxis auffällig brutalen oder absurden besonders Institutionen des feudalen Strafrechts bedeutete einen wesentlichen Fortschritt: Friedrich II. ließ sich in der Strafrechtspolitik vor allem durch utilitäre Gesichtspunkte leiten; er wog den Zweck der Strenge ab, führte die Verhältnismäßigkeit von Vergehen und Strafe ein, legte Nachdruck nicht nur auf die

---

103 Bornhak, a.a.O., S. 236.

Abschreckung des potentiellen Täters, sondern auch auf das Prinzip der Spezialprävention, der Besserung des Straftäters; er forschte nach den Ursachen des Verbrechens und strebte die deren Beseitigung an. In der Kabinettsordre vom 6. September 1750 befahl der König, ihm alle auf Todes- oder Leibesstrafe lautenden Urteile zur Bestätigung vorzulegen, und erreichte so die Vereinheitlichung der Rechtssprechung im gesamten Land. Friedrichs II. Programm der Humanisierung und der Rationalisierung der Strafrechtspolitik schloß große Strenge in Entscheidungen vor allem dann nicht aus, wenn er sie aus Rücksicht auf das Staatsinteresse für notwendig hielt, denken wir nur an die barbarische Strenge der Militärdisziplin. Der König überwachte - eine interessante Facette seiner Psyche - oft persönlich die Exekution von Leibesstrafen in der Potsdamer Garnison. In der Zeit des Siebenjährigen Krieges war jede Menschlichkeit den königlichen Entscheidungen fremd.[104]

Das 18. Jahrhundert war in der Rechtsgeschichte das Jahrhundert der Kodifikation. Auch Friedrich II. war ein Anhänger der Kodifizierung des Rechts, jedoch wurden zu seinen Lebzeiten die Arbeiten an dem allgemeinen Gesetzbuch in Preußen nicht zu Ende geführt. Die erste Phase war mit dem Wirken Coccejis verbunden und erreichte nur teilweise positive Ergebnisse auf dem Wege der Reform des Prozeßrechts sowie der Kodifikation des Personen- und Sachenrechts im »Corpus Iuris Fridericiani« (1749-1751). Diese Reform trat jedoch nicht als allgemeinpreußisches Gesetzbuch in Kraft und erfüllte nicht die in die unter der Leitung des Großkanzlers initiierten Arbeiten gesetzten Hoffnungen. Weitere Arbeiten, die bereits unter der Regierung seiner Nachfolger, besonders unter Großkanzler Johann Heinrich Casimir Graf von Carmer, aufgenommen wurden, führten im Jahre 1781 zu einer allgemein verbindlichen Zivilprozeßordnung (die revidierte Ausgabe entstand 1793) und im Jahre 1783 zur Depositalund zur Hypothekenordnung. Die Arbeit an dem allgemeinen Gesetzbuch führte bereits gegen Ende der Regierung Friedrichs II. der für seine Zeit fortschrittliche Jurist Carl Gottlieb Svarez erfolgreich zu Ende. In den Jahren 1784-1788 wurde der Entwurf des Gesetzbuches in 6 dicken Bänden gedruckt und zur öffentlichen Diskussion gestellt. Der Kompromißcharakter bewahrte den Entwurf, der sich einerseits am Ziel einer modernen Staatsbürgergesellschaft orientierte, andererseits aus Gründen der Rechtssicherheit die altständische Gesellschafts- und Eigentumsordnung bestätigte, in der weiteren Beratung nicht vor zahlreichen Komplikationen, die mit dem politischen Kampf in Preußen nach dem Tode Friedrichs II. und mit dem Ausbruch der Französischen Revolution verbunden waren. Schließlich trat der überarbeitete Entwurf, der in seinen positiven Seiten wie auch in den halbherzigen Lösungen eine Art Bilanz der friderizianischen Ära war, »Allgemeines Landrecht für die preußischen Staaten« im Jahre 1794 in Kraft.[105]

---

104 Vgl. O. Klopp: König Friedrich II. von Preußen und seine Politik. 2. Aufl. Schaffhausen 1867, S. 469-470.

105 Vgl. S. Salmonowicz: Das Strafgesetz des preußischen Landrechts vom Jahre 1794. Versuch einer allgemeinen Bewertung. In: Archivum Iuridicum Cracoviense 13 (1980), S. 76-98.

König Friedrich II. unter den Fürsten seiner Zeit (Zeichnung von Adolph von Menzel)

Das Bürgertums, das im 18. Jahrhundert nach der Macht über Wirtschaft und Kultur griff und auch von politischer Partizipation zu träumen begann, strebte nach rechtlicher und die politischer Sicherheit im Staat, die es durch die Beseitigung feudaler Willkür und Eigenmächtigkeit zu erreichen hoffte. In ihren Konsequenzen führte diese Forderung zur im 19. Jahrhundert geläufigen Konstruktion des *Rechtsstaats*. Die Apologeten Friedrichs haben bereits das Preußen des 18. Jahrhunderts als Rechtsstaat deklariert.[106] Zwar wird niemand die sich ständig verbessernden Rahmenbedingungen für den Aufbau eines Rechtsstaates durch die Bildung eines modernen, geordneten Verwaltungsapparates mit einer ständig wachsenden Zahl von Vorschriften unter der Herrschaft Friedrichs II. negieren wollen, doch konnte in einer feudalen absoluten Monarchie des 18. Jahrhunderts, die auf der uneingeschränkten persönlichen Macht des Herrschers basierte, von der Verwirklichung des Rechtsstaatsprinzips noch keine Rede sein. Von großer Bedeutung für die Qualität der Gesetzgebung war die Einrichtung der *Gesetzkommission* durch das Patent vom 29. Mai 1781, die - ausgenommen von Finanzfragen und innere Verwaltungsangelegenheiten - die Gesetze vorbereiten und in streitigen Rechtsfragen eine authentische Interpretation geben sollte. Jedoch kann von einer vollkommenen Ordnung und Vereinheitlichung des Entstehungsprozesses der Gesetzesnormen wie auch ihrer Veröffentlichung noch keine Rede sein.

Grundlegend war das Problem des Verhältnisses zwischen Judikative und Exekutive. Die Rechtstheorie der postulierte das Ziel, daß der Apparat der Exekutive und der Monarch nicht unmittelbar in die Angelegenheiten der Judikative eingreifen dürften, damit für das unabhängige Wirken der Gerichte garantiert würde. Die preußischen Herrscher waren stets der Meinung, daß sie das Recht hatten, kraft ihrer Machtansprüche jede Entscheidung im Bereich der Rechtsprechung zu treffen. Cocceji kämpfte für eine klare Trennung der Gerichts- von den Verwaltungskompetenzen, um jede Einmischungsmöglichkeit der Machtorgane einschließlich des Königs in Gerichtsangelegenheiten auszuschließen. In der Praxis muß man hier die Strafrechtspflege von der Zivilgerichtsbarkeit unterscheiden. Friedrich II. hat niemals auf das Kontroll- und das Gnadenrecht in Strafverfahren verzichtet, erklärte jedoch bereits in seinem Politischen Testament aus dem Jahre 1752 die Absicht, in Zivilverfahren nicht mehr intervenieren zu wollen.

Die immer stärker werdende Entwicklung zu einem unabhängigen Gerichtswesen wurde im Jahre 1779 abrupt durch den bekannten Fall des Müllers Arnold aus Pommerzig im Kreis Crossen in der Neumark unterbrochen. Ohne auf die komplizierte inhaltliche Seite des Rechtsfalls[107] einzugehen, ist festzuhalten, daß Arnold den Prozeß gegen einen Grafen Schmettau führte, bei dem er 1771 mit der Mühlpacht in Rückstand geblieben war, weil der benachbarte Grundbesitzer das Mühlwasser abgeleitet hätte, worauf Schmettau den Müller Arnold schließlich 1779 des Besitzes der Mühle entsetzte, nachdem er diese anderweitig dem

106 Vgl. E. Schmidt: Beiträge zur Geschichte des preußischen Rechtsstaates. Berlin 1980.
107 Vgl. bereits Bornhak, a.a.O., S. 251-257.

Meistbietenden in Pacht gegeben hatte. Obwohl eine gewisse Lebenserfahrung für die Klage des Müllers sprach, setzte der Grundherr seine formalrechtlich korrekte Position in mehreren Gerichts- und Verwaltungsinstanzen durch, worauf Arnold sich mit einem Bittgesuch, in dem er die Richtern der Parteilichkeit beschuldigte, an den König wandte. Dieser beauftragte einen ihm vertrauten Offizier, keinen Juristen, mit der Untersuchung des Falles, der ihn in dem Verdacht möglicher Parteilichkeit der Richter bestärkte. Friedrich II. verwies den Fall zur endgültigen Prüfung an das Berliner Kammergericht als zuständiges Obergericht, das in Übereinstimmung mit dem Buchstaben des Gesetzes gegen Arnold urteilte. In einem vollkommen unberechenbaren Wutausbruch gab der Königs durch eigene willkürliche Entscheidung dem Müller recht. Den in dieser Angelegenheit vorgeladenen Großkanzler Karl J. von Fürst entließ er auf der Stelle, die zuständigen Richter des Kammergerichts ließ er zu Festungshaft von mindestens einem Jahr verurteilen, weitere mit dem Fall befaßte Beamte wurden verhaftet oder entlassen - trotz des mutigen Protestes des neuen Justizministers von Zedlitz, daß es keine Rechtsgrundlage für eine Bestrafung gäbe.

Diese Entscheidung, die durchaus einen sozialen Aspekt hatte, bedeutete den Sieg eines Querulanten durch den schlecht informierten König. Sie erschütterte das Gebäude der preußischen Rechtssprechung, stellte sie doch die Rückkehr zu Eigenmächtigkeit und Willkür in den Entscheidungen des Herrschers dar und führte ein Element der Unsicherheit in die Rechtsabläufe ein. Nach dem Tode Friedrichs ordnete sein Nachfolger sofort die Revision des Arnold-Prozesses an, und amtliche Nachforschungen erbrachten die volle Rehabilitation der Richter, die in Übereinstimmung mit den Vorschriften gehandelt hatten.

Ein Beispiel für positives Eingreifen des Königs war die Kabinettsorder vom 7. August 1780. Darin empfahl er die Herausgabe eines Rundschreibens an die Gerichte über die Pflicht, einfache Leute vor juristischen Schikanen und vor von Advokaten geführten kostspieligen Prozessen zu schützen. Der bei dieser Gelegenheit ausgeübte Druck zugunsten formaler Gleichheit beider Seiten vor dem Gesetz in den staatlichen Gerichten war zweifelsohne bemerkenswert; er belegt, daß Friedrich II. durchaus befürchtete, daß die weiterhin hauptsächlich in den Händen der Junker verbliebene Rechtssprechung für Minderprivilegierte nicht ausreichend zugänglich und objektiv war.[108]

***Außenpolitik.*** - In den dreißiger Jahren des 18. Jahrhundert schien das europäische Gleichgewicht, das 1713 im Frieden von Utrecht beschlossen worden war, beständig. Der Zusammenbruch der französischen Hegemonie, die Erschöpfung der Habsburger Monarchie durch die langjährige Kriege, der Verfall Schwedens und Spaniens und die englische Friedenspolitik auf dem Kontinent schienen lange Friedensjahre zu versprechen. Zündstoff für einen neuen großen Krieg wurde jedoch die Frage der Nachfolge Kaiser Karls VI. (1711-1740) in den habsburgischen Ländern, der, da er ohne männliche Nachkommen geblieben war,

108 Acta Borussica: Behördenorganisation, XVI/2, S. 865f.

sich in der Außenpolitik darauf konzentrierte, daß die in der *Pragmatischen Sanktion* 1713 festgelegte Unteilbarkeit der habsburgischen Länder und die Möglichkeit der weiblichen Erfolge im Falle des Aussterbens des Hauses Habsburg im Mannesstamm, d.h. die Sicherung der Thronfolge für seine Tochter Maria Theresia, von den anderen europäischen Regierungen anerkannt wurde. Nach dem Tod des Kaisers (1740) sollte sich jedoch die Brüchigkeit der ihm gegenüber gemachten Zusagen zeigen. Es war auch unerwartet, daß es gerade Preußen war, das über die Frage der österreichischen Erbfolge große europäische Wirren entfesselte.

Der gerade gekrönte König in Preußen wollte zu Beginn seiner Herrschaft ein Mann der Tat sein, kein Philosoph auf dem Königsthron. Mit dem Tod des Kaisers schlug für ihn die Stunde der Entscheidung. Friedrich schrieb damals, seine Pläne seien fertig, sämtliche Eventualitäten wären vorgesehen und man müsse jetzt zur Ausführung des seit langen gehegten Plans antreten. Er dachte an die Eroberung Schlesiens, das damals als Nebenland der böhmischen Krone zur Habsburger Monarchie gehörte. Der König rechnete zunächst damit, von Maria Theresia, an die als Erzherzogin von Österreich und Königin von Böhmen und von Ungarn[109] die Nachfolge übergegangen war, durch eine Teilung Schlesiens die Übergabe des Gebiets, auf das Preußen berechtigte Rechtsansprüche hatte, erzwingen zu können. Maria Theresia jedoch war sich, obwohl ohne Geld, Armee, Kredit und Bündnispartner, in dem in Wien herrschenden Chaos des Ernstes der Lage nicht bewußt und wollte den Ansprüchen des preußischen Königs nicht nachgeben. Am 16. Dezember 1740 überschritt Friedrich II. unerwartet an der Spitze seines Heeres die Grenze Schlesiens, wobei er sich auf einen Plan zur Eroberung dieses Nebenlands der böhmischen Krone aus der Zeit Kurfürst Friedrich Wilhelms stützen konnte. Als er das erste Mal die Führung der Armee im Felde übernahm, war Friedrich II. theoretisch auf die neuen Pflichten vorbereitet: Er hatte lange die Beschreibungen der Schlachten Karls XII. von Schweden studiert, die berühmten Feldzüge Prinz Eugens von Savoyen beobachtet, kannte die Werke französischer Militärtheoretiker ebensogut wie die einschlägigen antiken Werke. Es fehlte ihm jedoch an praktischer Kriegserfahrung, so daß sich sein unbezweifelbares militärisches Talent in den ersten Jahren der Schlesischen bzw. der Österreichischen Erbfolgekriege nicht ganz zeigen konnte.

Am 1. Juli 1740 zählt die von dem jungen König übernommene Armee insgesamt ca. 80 000 Mann. Eine der ersten Entscheidungen war die Vermehrung des Heeres um 16 Bataillone Infanterie, 5 Schwadronen Husaren sowie eine Schwadron Garde. Gleichzeitig löste Friedrich II. das Potsdamer Leibregiment der *langen Kerls* auf. Österreich war auf den Krieg vollkommen unvorbereitet, und die Masse seiner Armeen war an entfernten Grenzen in Ungarn, Italien oder Belgien stationiert. Die Konzentration der schwachen österreichischen Kräfte an der Neisse konnte nicht verhindern, daß bis Ende Januar 1741 Preußen beinahe das gesamte habsburgische Schlesien mit Ausnahme der Festungen Glogau,

---

109 *Kaiserin* wurde Maria Theresia nur in dem Sinne, daß sie Gemahlin des römisch-deutschen Kaisers Franz I. Stephan (1745-1765) war.

Brieg und Neisse besetzt hatte. Die diplomatischen Bemühungen Friedrichs II. um eine Verständigung mit Maria Theresia unter der Bedingung der Anerkennung seiner schlesischen Eroberungen waren vergeblich, und im Frühjahr 1741 nahmen beide Seiten die Kriegshandlungen wieder auf.

Anfänglich stärkte Friedrich II. seine Position in Schlesien durch die Erzwingung der Kapitulation Glogaus am 9. März 1741. Danach stand er jedoch vor der Notwendigkeit der Auseinandersetzung mit der Armee des Feldmarschalls Neipperg, der zum Entsatz der Verteidiger von Neisse und Brieg heraneilte. Die preußische Armee wurde durch den Aufmarsch Neippergs vor dem belagerten Neisse überrascht. Friedrich entschloß sich, gegen Neipperg die Entscheidungsschlacht zu suchen, um dessen Armee, der er zahlenmäßig überlegen war, zu zerschlagen. Am 10. April 1741, einem sonnigen, klaren Tag, erreichten die Preußen gegen Mittag das Quartier des Gegners, der keine Schlacht erwartet hatte. Neipperg machte mit seiner Kavallerie beim Dorfe Mollwitz, nach dem die Schlacht benannt worden ist, Station. Der König nutzte das Überraschungsmoment nicht aus und erlaubte den Österreichern, sich zur Schlacht aufzustellen, die dann gegen 2 Uhr nachmittags mit dem gezielten Feuer der preußischen Artillerie begann. Zu diesem Zeitpunkt rückte General Römer an der Spitze von 36 österreichischen Schwadronen zu einer plötzlichen Attacke an; sie überraschte den rechten preußischen Flügel, durchbrach seine Kavallerie und rief Panik hervor. Friedrich II. glaubte voreilig, daß er geschlagen wäre. Feldmarschall von Schwerin zwang den König, zu seiner eigenen Sicherheit das Schlachtfeld zu verlassen und führte selbst letztendlich dank der guten Haltung der preußischen Infanterie den Sieg herbei. Auf dem Feld bei Mollwitz wurde noch nicht die Legende des Kriegshelden Friedrich II. geboren, aber es entstand zweifelsohne der Keim der Legende von der Unvergleichlichkeit der preußischen Armee.[110]

Nach dem preußischen Sieg gewann die Diplomatie wieder die Oberhand. Der Eintritt Frankreichs, das am 5. Juni 1741 in Breslau ein Bündnis mit Preußen unterschrieb, in den Erbfolgekrieg, eröffnete Friedrich Aussichten auf den vollen Erfolg: Die Situation Maria Theresias, die verzweifelt ihr Erbe zu verteidigen suchte, schien fatal. Friedrich II. nutzte jedoch die Situation, verriet seine Bündnispartner und schloß am 9. Oktober 1741 einen geheimen Waffenstillstandsvertrag mit Feldmarschall von Neipperg. Der Vertrag sah vor, daß Preußen für die Übergabe der Festung Neisse und das Versprechen, Niederschlesien abzutreten, die Kriegsverhandlungen kurzfristig einstellte. Den Waffenstillstand jedoch brach Friedrich II. bald und besiegte in der Entscheidungsschlacht in der Nähe des mittelböhmischen Chotositz am 17. Mai 1742 den Gegner, was zur Unterzeichnung des Breslauer Separatfriedens zwischen Preußen und Österreich am 11. Juni 1742, der am 28. Juni 1742 ratifiziert wurde. Für den Verzicht Maria Theresias auf Schlesien erklärte Friedrich die Neutralität Preußens im weiteren Verlauf des Österreichischen Erbfolgekriegs. Nicht nur der Gedanke des europäischen Gleichgewichts leitete die komplizierten Linien der damaligen Politik

110 Vgl. allgemein O. Groehler: Die Kriege Friedrichs II. Berlin 1966.

Friedrichs II. (er wollte unter der Bedingung, daß es die Annexion Schlesiens anerkannte, keine übermäßige Schwächung Österreichs), sondern auch die fehlende Sympathie für die französische Politik. Eines aber hatte Friedrich nicht vorausgesehen: die Hartnäckigkeit Maria Theresias im Kampf um Schlesien.

Die Annexion Schlesiens durch Preußen bedeutete eine ernstliche Bedrohung Polens und untergrub zugleich die Ambitionen des unter König August III. (1733-1763) in Personalunion mit der Adelsrepublik verbundenen Sachsen bezüglich seiner Stellung im römisch-deutschen Reich. Die sächsische Außenpolitik war ungeschickt und inkonsequent. In Polen, wo "fürsorgliche" Nachbarn und innere Zwistigkeiten die systembedingte "Anarchie" aufrechterhielten, konnte sich niemand zu eigenständigem Handeln entschließen. Der in dieser Frage entscheidende Sejm von Grodno wurde 1744 nach Einflußnahme Preußens durch die Opposition gesprengt. Friedrich II., der ein neues österreichisch-sächsisches Bündnis befürchtete, entschloß sich, noch einmal auf das Schlachtfeld zurückzukehren, und begann nach dem Abschluß einer neuen Allianz mit Frankreich am 5. Juni 1744 den zweiten Schlesischen Krieg gegen Österreich.

Diesmal brachte der Marsch durch böhmisches Gebiet Preußen keinen Erfolg: Die blitzartige Verlegung der Armee Herzog Karls von Lothringen vom Rhein nach Böhmen stellte Friedrich vor einen starken Gegner. Friedrich II. wollte verhindern, daß Sachsen an der Seite Österreichs in den Krieg eintrat. Als er jedoch Anfang Oktober von der Kriegserklärung Sachsens an Preußen erfuhr, erfolgte der eilige Rückzug aus Böhmen, der den Feldzug des Jahres 1744 beendete. Nach diesem Mißerfolg bereitete sich Friedrich II. umsichtig auf einen neuen, entscheidenden Versuch vor, und als am 28. Mai 1745 die sächsisch-österreichische Hauptarmee unter Führung des Lothringers in Schlesien einmarschierte, beschloß er, gegen sie die Entscheidungsschlacht zu führen. So kam es auf Initiative des preußischen Königs zum Treffen der Hauptkräfte beider Armeen bei Hohenfriedberg am 4. Juni 1745. Die Schlacht, in der es Friedrich gelang, den Gegner in eine ungünstige Situation hineinzumanövrieren, verlief in mehreren Phasen. Der König selbst bewies persönlich größte Tapferkeit, indem er drei Grenadierbataillone gegen die befestigten österreichischen Stellungen zum Angriff führte, deren Feuer die Angreifer dezimierte. Insgesamt blieben die preußischen Verluste bei der Erbeutung von 66 Geschützen und 76 Fahnen mit ca. 5 000 Soldaten vergleichsweise unbedeutend; die Verluste der Österreicher betrugen, die Gefangenen eingerechnet, ca. 14.000 Soldaten. Im Enthusiasmus des Sieges komponierte der gekrönte Dichter und Musiker nach der Schlacht für seine Soldaten den *Hohenfriedberger Marsch*, der den Bayreuther Dragonern gewidmet wurde und bis ins 20. Jahrhundert zum Repertoire der preußischen Militärmusik gehörte.

Die österreichische Armee war geschlagen, aber nicht zerschlagen, doch führte der Sieg bei Hohenfriedberg angesichts des Widerstandes Maria Theresias noch nicht zum Frieden. Im weiteren Kriegsverlauf konnte die unter den winterlichen Bedingungen eigentlich nicht zu erwartende österreichisch-sächsische Offensive auf Leipzig nach dem Kriegseintritt Sachsens den durch Spionage gut informierten Friedrich nicht überraschen. Das preußische Korps des alten Leopold von Anhalt-Dessau führte bei Kesselsdorf in der Nähe von Dresden die Entscheidungsschlacht und zerschlug die Armee des sächsischen Generals Rutkowski, eines leiblichen Sohnes Augusts II., des Starken, dem es nicht gelang, seine Truppen mit den österreichischen zu vereinigen. Die Niederlage der Sachsen, die über mehr als 32 000 Mann verfügten, war vollkommen und wurde zur Trumpfkarte für Friedrich II., sobald Österreich durch die Siege an anderen Fronten erschöpft war.

Als Folge der sächsischen Niederlage kam es zum Kompromiß der kriegsmüden Gegner, und Friedrich schloß am 25. Dezember 1745 den Dresdner Frieden mit Österreich zu den Bedingungen des status quo ante. Sachsen mußte auf mögliche Ansprüche in Schlesien verzichten und eine hohe Kriegsentschädigung zahlen. Als Friedrich nach dem Friedensschluß am 28. Dezember 1745 in Berlin eintraf, bejubelte ihn das Volk als *Großen*. Dasselbe Attribut erkannte ihm der "Papst der Philosophen" Voltaire zu. Es war eine doppelte Krönung: durch die Meinung des aufgeklärten Europa und die öffentliche Meinung des eigenen Landes.

***Der Siebenjährige Krieg.*** - Die Friedensjahre nach den Schlesischen Kriegen bedeuteten für Friedrich II. keine ruhige Phase der Außenpolitik. Er lebte in der ständigen Überzeugung, daß Preußen trotz - oder wegen - der Annexion Schlesiens weiterhin im Kreise der Großmächte als Parvenü galt und ihm ständig von Seiten Österreichs Gefahr drohte. Die Angst vor Österreich und seinen möglichen Verbündeten überwog auch in den geheimen *politischen Testamenten* Friedrichs aus den Jahren 1752 und 1768, in denen er vertraulich Situation und die Perspektiven des preußischen Staates analysierte. Die Angst vor den Nachbarn schloß Appetit nicht aus: Friedrich träumte in diesen "Testamenten" von der Eroberung von Teilen Sachsens, von Schwedisch-Pommern und von polnischen Gebieten, vor allem des königlichen Preußen und Danzigs.

Die Geschichte des Siebenjährigen Krieges, besonders die Geschichte seiner Ursachen und die Frage nach der Kriegsschuld, hat ganze Historikergenerationen beschäftigt. Heute sind die Emotionen in dieser Frage eher erloschen, und die diplomatischen Geheimnisse scheinen aufgeklärt zu sein. Nun mangelte es eingedenk der dynamischen Politik des internationalen Kräftegleichgewichts, der Auffassung des Krieges als Mittel der Politik und den verwickelten dynastischen und politischen Peripetien nicht an Ursachen für den Konflikte, die durch Bündnisse und diplomatische Verbindungen leicht allgemeineuropäischen Charakter annehmen konnten. Von grundsätzlicher Bedeutung war die französisch-englische Konkurrenz auf dem Weltmarkt, die damals besonders die englische Seite auf militärischem Wege zu entscheiden suchte. Die Kriege seit 1740 hatte vor allem einen schwelenden Konflikt zurückgelassen: das österreichische Bestreben, Schlesien um jeden Preis zurückzugewinnen. In Wien wurden damals die diplomatischen und die politischen Entscheidungen von Personen entschieden, die eine aktiv gegen Preußen gerichtete als Hauptziel der Außenpolitik bestimmt hatten: Kaiserin Maria Theresia und der die Außenpolitik leitende Staatskanzler Wenzel Anton Graf Kaunitz. Er war der eigentliche Initiator und subtile Realisator einer in der Geschichte des 18. Jahrhunderts ungewöhnlichen "diplomatischen Revolution": Die Habsburger Monarchie sollte zum ersten Mal seit Jahrhunderten auf der Seite Frankreichs gegen Preußen stehen.

In den Friedensjahren unterliefen Friedrich in der Außenpolitik viele Fehler, insbesondere verschlechterte er durch einen persönlichen Konflikt mit Kaiserin Elisabeth leichtsinnig die Beziehungen zu Rußland. Er unterschätzte den englischen Einfluß auf Rußland und strebte, von der französischen Politik enttäuscht, die Annäherung an England an, eröffnete aber dadurch der geschickten österreichischen Diplomatie den Weg zur *Umkehr der Bündnisse*. Friedrich II., der die Gefahren eines gemeinsamen russisch-österreichischen Angriffs erkannte, kam zu dem Schluß, daß die Allianz mit Frankreich Preußen in der gegebenen Situation nicht retten konnte und nahm Geheimverhandlungen mit England auf: Für Neutralität im Falle eines französisch-englischen Krieges verlangte er von London die Zusage, in St. Petersburg den notwendigen Einfluß auszuüben, damit Rußland nicht gegen Preußen intervenierte.

Am 16. Januar 1756 wurde in Westminster der Geheimvertrag unterzeichnet, in dem Friedrich II. garantierte, daß er die hannoveranischen Besitzungen Englands nicht angreifen würde, während England zusagte, nicht zuzulassen, daß die aufgrund des Vertrages von 1755 durch England subventionierte russische Armee gegen Preußen eingesetzt würde. Die *Konvention von Westminster* rief eine Kettenreaktion hervor, die tatsächlich zur *Umkehrung der Bündnisse* führte.[111] Dieser Vertrag, dessen verschiedene Aspekte unklar waren, wurde in Paris mit tiefer Mißbilligung aufgenommen und eröffnete den Weg zum erfolgreichen Abschluß der bereits lange Zeit dauernden Verhandlungen mit Österreich. Am 1. Mai 1756 wurden in Versailles drei französisch-österreichische Konventionen unterschrieben, die - formal kein antipreußisches und auf keinen Fall ein antienglisches Bündnis - die Neutralität der Niederlande und den territorialen Besitzstand garantierten und im geheimen Teil die Hilfszusage für den Fall des Angriffs einer dritten Macht enthielten.

Obwohl die Geheimverträge beider Seiten nicht genau oder gar nicht bekannt waren, zeichnete sich immer klarer die neue Kräftekonstellation in Europa ab. Ihr folgten die militärischen Vorbereitungen der einzelnen Staaten: Das Pulver war angehäuft, offen blieb nur die Frage, wer es anzünden würde. Noch einmal war Friedrich II. der Brandstifter. In Wien, das von St. Petersburg zum aktiven Vorgehen gegen Preußen überredet wurde, dachte man ernsthaft an Krieg und führte auch mit Sachsen Verhandlungen, dessen Minister Brühl ein engagierter Gegner Friedrichs II. war. Insgesamt bestand ohne Zweifel eine Gefährdung Preußens, jedoch befand sich alles noch im Zustand von Verhandlungen. Allerdings beschloß Friedrich, der möglicherweise irrtümlich annahm, die Entscheidungen seien bereits gefallen, zu handeln und nicht die diplomatische Klärung

111 Vgl. E. Rostworowski: Historia Powszechna. Wiek XVIII. [Allgemeine Geschichte. Das 18. Jahrhundert.] Warszawa 1977, S. 511.

der Situation oder eine englische Initiative, die den Krieg hätte verhindern können, abzuwarten.[112] Sein aggressives Vorgehen im Siebenjährigen Krieg begründete er mit der Notwendigkeit, Schlesien vor einem Überfall zu schützen, und überfiel deshalb Sachsen und Österreich. Damit provozierte er einen Krieg an drei Fronten, wie er ihn auf den Tod fürchtete, so daß er keine andere Möglichkeit sah, ihn zu vermeiden, als selbst die Initiative zu ergreifen: *"Der Präventivangriff Preußens bewirkte eben das, was Friedrich eigentlich verhindern wollte."*[113]

Friedrich II. war der erste moderne Heerführer, für den die Militärführung vor allem eine Sache der Reflexion war; seiner konzeptionellen und organisatorischen Tätigkeit, die er aus seinem Kabinett, seinem Hauptquartier, lenkte, schrieb er grundlegende Bedeutung zu. Die Einsatzführung auf dem Schlachtfeld, der "vom Pferd aus" geführte Krieg, sollte nur noch die Konkretisierung der von vornherein vorgesehenen und geplanten Situation sein. Hierin war Friedrich II. ein Vorläufer der modernen militärischen Stabsarbeit, allerdings mit der Einschränkung, daß er - ohne die Institution eines Generalstabs an seiner Seite - sein eigener Stabschef und Hauptquartiermeister war. Erst im Jahre 1761 ernannte der König einen Kriegsminister. Stabshelfer des Königs waren die Generäle als Adjutanten sowie in Fragen der Heeresversorgung der Generalquartiermeister. Zweifelsohne war dies unter den damaligen Kriegsbedingungen noch möglich, aber vor allem brachte es das für Friedrich II. charakteristische Mißtrauen auch seiner nächsten Umgebung gegenüber, was die Möglichkeit der Geheimhaltung von Operationsplänen anbetraf, zum Ausdruck. Friedrich, der sehr umfassend die Dienste gut informierter Spione aus Wien und Warschau, Dresden und Paris nutzte, bemühte sich während seiner gesamten Regierungszeit besonders in der Außenpolitik und Kriegsfragen, alle prinzipiellen Angelegenheiten in seiner ausschließlichen Kenntnis zu behalten. Die Offiziere, Minister und Generäle in seiner Umgebung spielten lediglich die Rolle von Subalternen, denen er - in der Regel sogar ohne Bekanntgabe der Ausgangslage - nur konkrete Adhoc-Entscheidungen zur Vorbereitung, Durchführung und Prüfung überließ. Friedrich II. faßte seine Grundsatzentscheidungen vollkommen einsam, ohne jemanden um Rat zu fragen. Die Bitte um einen Ratschlag oder eine Meinung hätte bedeutet, den Ratgeber in seine Pläne und Hypothesen einzuführen, was der König um jeden Preis vermeiden wollte.

So hatte die Ausbildungs-, Organisations-, Planungs- und Quartiermeistertätigkeit Friedrichs II. in den Jahren 1746-1756 für den die öffentliche Meinung Europas überraschenden Verlauf des Siebenjährigen Krieges enorme Bedeutung. Diese zehn Friedensjahre waren mit mühseliger Arbeit ausgefüllt, die unter dem Eindruck der Erfahrungen und der Analyse des Verlaufs beider Schlesischen Kriege den Ausgleich der erlittenen Verluste und die Modernisierung und Reorganisierung der Armee zum Ziel hatte. Unmittelbar vor der neuen Militäraktion erreichte die Armee Friedrich II. ihr höchstes Niveau. Die Qualität der

---

112 Vgl. H. Butterfield: The Reconstruction of an Historical Episode. The History of the Enquiry into the Origins of the Seven Years' War. Glasgow 1951.

113 T. Schieder, a.a.O., S. 120.

Führungskader und das Ausbildungsniveau der Soldaten waren in Europa unerreicht. Friedrich II., der die Hoffnung nicht aufgab, den Krieg zu Lasten des Gegners führen zu können, hatte über Jahre hindurch ein umfassenden System der militärischen Logistik aufgebaut und sich Verpflegungsreserven gesichert, die ihn unabhängig von den veränderlichen Kriegslagen machten und die Möglichkeit schufen, schnelle Bewegungskriege ohne Rücksicht auf eventuelle lokale Reserven zu führen.

In den letzten Jahren vor dem Beginn des Siebenjährigen Krieges führte der König in die Ausbildung der preußischen Armee eine zukunftsträchtige Innovation ein: die großen Herbstmanöver, also militärische Übungen, an denen sich gleichzeitig Einheiten der verschiedenen Truppenteile und Waffengattungen, von Infanterie, Artillerie und Kavallerie, beteiligten. In ihren Verlauf wurden - anders als auf den Exerzierplätzen - nicht mehr Einzelelemente der Ausbildung überprüft, sondern die komplizierten Bewegungen der verschiedenen Waffengattungen geübt und vom König gestellte militärtaktische Aufgaben gelöst. Nach dem preußischen Militärschriftsteller Georg Heinrich von Berenhorst soll es, seit die Kriegskunst bestand, nichts gegeben habe, was sich mit der Schönheit der Herbstmanöver auf den Potsdamer Feldern vergleichen ließ.

Im August 1756 hatte Friedrich II. 156 000 Soldaten unter Waffen, verfügte über 122 schwere Geschütze (ohne Festungsgeschütze) und 252 leichte Feldkanonen. In den Krieg zog er an der Spitze von 127 000 Soldaten, einer hervorragende Armee, die der König Gegnern gegenüberstellte, mit denen er in Hinsicht auf die Human-, Material- und Finanzressourcen eigentlich nicht konkurrieren konnte. Selbst wenn Friedrich II. eine mögliche militärische Auseinandersetzung mit Frankreich vermeiden und die schwach geführte und nicht optimal organisierte sächsische Armee durch den unerwarteten Angriff ganz aus dem Krieg ausschalten konnte, stand er auf dem Schlachtfeld zwei gegnerischen Großmächten gegenüber: der Habsburger Monarchie und Rußland. Österreich verfügte damals insgesamt an allen Fronten der weit gestreuten habsburgischen Besitzungen über ca. 175 000 Soldaten aufstellen, konnte jedoch, vom Gegner überrascht, in der Anfangsphase eines Krieges nicht einmal 100 000 Soldaten auf dem Kriegsschauplatz versammeln. Ebenso eindeutig waren die Ressourcen und die militärischen Möglichkeiten Rußlands bedeutend, jedoch mußte deren notwendig langsame Konzentrierung an der russischen Westgrenze und deren Inmarschsetzung in Richtung auf die preußischen Gebiete einige Monate in Anspruch nehmen. Immerhin war Rußland, womit Friedrich II. hätte rechnen müssen, damals aber in der Lage, bei großen organisatorischen und finanziellen Anstrengungen sogar 200 000 Soldaten aufzustellen.

Am 29. August 1756 überschritten die preußischen Marschkolonnen die Grenze zu Sachsen. Wenn auch die langsame Konzentration der preußischen Truppen in Sachsen und in Österreich, das durch den Austausch ultimativer diplomatischer Noten gewarnt war, nicht vollkommen unbemerkt bleiben konnte, so wurden in dem vom Lauf der Ereignisse überraschten Sachsen bis kurz vor dem Angriff keine Verteidigungsvorbereitungen getroffen. Die Erklärung, die vor Europa den Krieg und den Überfall auf Sachsen begründen sollte, schrieb Friedrich eigenhändig und überarbeitete sie sechs Mal. Er trat als Verteidiger der Freiheiten des römisch-deutschen Reiches auf und als Verteidiger des Protestantismus gegen das katholische Österreich. Als ihm nach der Einnahme Dresdens sächsischen Geheimdokumente über die antipreußische Geheimpolitik Brühls in die Hände fielen, kam Friedrich als erster Politiker in der Geschichte überhaupt auf die Idee, eine Art diplomatisches Weißbuch herauszugeben, das der Welt offenbaren sollte, daß die Gegner an allem schuld wären und Preußen lediglich zur eigenen Verteidigung gezwungen war, in Sachsen einzumarschieren. So fand die Idee des Präventivkrieges als Argumentationsmuster Eingang in die preußische Diplomatie.

Die effektiv geführten preußischen Streitkräfte nahmen beinahe ohne einen Schuß Dresden und einen Großteil des sächsischen Gebiets ein. Die sächsische Armee, die im letzten Moment bei Pirna in einem befestigten Lager mit hervorragenden militärtopographischen Bedingungen konzentriert worden war, verfügte über keine gesicherte Versorgung, was Friedrich II. sofort ausnutzte, der das Lager bei Pirna einkreisen ließ und versuchte, Sachsen ohne Kampf zur Kapitulation zu zwingen. Währenddessen eilte die eiligst zusammengefaßte österreichische Armee zum Entsatz herbei. Sie machte den ersten und entscheidenden Fehler, als es ihr nicht gelang, zwischen den belagerten sächsischen Truppen, die schnell an Kampfgeist verloren, und dem Entsatzheer Verbindung aufzunehmen. Friedrich II. ließ eine kleine Truppe bei Pirna zurück und bewegte sich mit der Hauptarmee in Eilmärschen den Österreichern entgegen. Am 1. Oktober traf er bei Lobositz in Nordböhmen mit ca. 30 000 Mann auf das österreichische Hauptkorps, das mehr als 34 000 Soldaten zählte. Die Österreicher, die sich nach der Niederlage zurückzogen, um ihre Reihen zu ergänzen, konnten die Kapitulation der tapferen, aber schlecht geführten und ohne Nachschub gelassenen sächsischen Soldaten im Lager bei Pirna am 16. Oktober nicht mehr aufhalten.

Die großen Erfolge des Herbstes 1756 brachten Friedrich II. keinen günstigen Frieden. Die Kampagne des Jahres 1757 begann für ihn unter negativen Vorzeichen: Frankreich und Rußland konzentrierten Truppen, die den Österreichern zur Hilfe eilen sollten. Der Überfall auf Sachsen hatte einen bedeutenden Teil der öffentlichen Meinung Europas gegen Friedrich II. gewendet, der allgemein als Friedensbrecher angesehen wurde. Am 29. Januar 1757 erklärte der Regensburger Reichstag unter großem Kriegsenthusiasmus einer großen Zahl der dort vertretenen deutschen Herrscher den Krieg des Reiches gegen Preußen wegen des Überfalls auf den Kaiser und auf Sachsen. So konnten die österreichischen Truppen unabhängig von den langsam auf das Schlachtfeld vorrückenden russischen Verbänden nicht nur auf entlastende Aktionen des französischen Korps rechnen, sondern auch auf die Unterstützung vieler deutscher Länder bei ihrer Versorgung.

Die in dieser komplizierten Lage von Friedrich II. vorbereiteten Pläne für den neuen Feldzug gingen von der Annahme aus, daß die entscheidenden Siege gegen Österreich errungen werden mußten. Die in vier selbständig operierende Korps aufgeteilte preußische Hauptarmee marschierte in einer Stärke von insgesamt nahezu 140 000 ausgezeichneten Soldaten in Böhmen ein. Friedrich II. erreichte in Eilmärschen mit ca. 64 000 Mann unter seinem persönlichen Oberbefehl die Mauern Prags. Erst vor Prag nahmen die etwa 61 000 österreichischen Soldaten unter dem Herzog von Lothringen den Kampf auf, um die Einnahme der Hauptstadt Böhmens zu verhindern. Die Österreicher hatten zwar die in der befestigten Stadt einquartierte Prager Garnison mit ca. 13 000 Mann im Rücken, jedoch hatte dies keinen Einfluß auf den Verlauf der nur fünfstündigen Schlacht am 6. Mai 1757. In ihrem blutigen Verlauf fielen viele hervorragende preußische Offiziere mit dem alten, erfahrenen Feldmarschall Schwerin an der Spitze im Kampf. Insgesamt verlor Friedrich - auch aufgrund zahlreicher Desertionen - an Verwundeten, Getöteten und Vermißten nahezu 15 000 Mann; die Verluste der geschlagenen Österreicher waren nur unwesentlich geringer. Obwohl geschlagen, zogen sich die Österreicher geordnet von Prag zurück, und die durch die versprengte Soldaten verstärkte Besatzung Prags verwarf alle Aufforderungen zur Kapitulation. Was Friedrich zunächst als entscheidender Sieg erschien, erwies sich als nur vorübergehender Erfolg, als einige Wochen später, am 18. Juni, der österreichische Feldmarschall Leopold Graf von Daun mit einer 54 000 Mann starken Armee und 154 Kanonen Friedrich II., der versuchte, die Prag belagernden Truppen zu decken, zu einer riskanten Schlacht bei Kolin zwang. Die blutige Schlacht hätte vom preußischen König gewonnen werden können, aber er konnte den sich abzeichnenden Erfolg nicht nutzen. Vor Prag und Kolin verlor Friedrich die Elite der preußischen Infanterie. Nur seine großen organisatorischen Fähigkeiten und die hervorragende preußische Ausbildungsmaschinerie erlaubten ihm längerfristig, die in den ersten zwei Kriegsjahren stark gelichteten preußischen Regimenter mit militärisch gut ausgebildeten Soldaten zu ergänzen. Als Konsequenz der Niederlage bei Kolin zog Friedrich II. seine Truppen aus Böhmen zurück und organisierte die defensive Deckung Sachsens und Schlesiens.

Im Sommer des Jahres 1757 verschlechterte sich die politische und militärische Lage Preußens entscheidend. Der antipreußischen Koalition, die nach Waffen und Ausrüstung um vieles stärker war als Preußen, dessen König sich lediglich auf die schützenden englischen Aktivitäten in und außerhalb Europas stützen konnte, trat Schweden bei, das mit schwachen Kräften in Pommern militärische Aktionen begann. Diese wurden von dem in Pommern operierenden preußischen Beobachtungskorps erfolgreich zurückgedrängt, was jedoch die Chance verringerte, Ostpreußen zu verteidigen, das lediglich durch das schwachte Korps des Feldmarschalls Lehwaldt mit 28 000 Mann gedeckt wurde, gegen das die starke russische Armee unter Führung Apraksins mit 55 000 Mann und einer starken Artillerie anrückte. Lehwaldt wurde in der blutigen Schlacht bei Groß-Jägersdorf am 30. August geschlagen, jedoch nutzten die Russen den Sieg nicht aus und setzten ihren Marsch auf das schutzlose Königsberg nicht fort. Wegen Kommunikations- und Nachschubschwierigkeiten schwenkte Apraksin seine

Truppen in Richtung Tilsit um, um sich in Tauroggen das Winterlager einzurichten. Das Geheimnis der wenig effektiven russischen Aktionen, der langsamen und vorsichtigen Manöver der Truppen Apraksins fand seine Erklärung in der russischen innenpolitischen Situation: Der Krieg war größtenteils eine persönliche Angelegenheit der Kaiserin Elisabeth, deren Gesundheitszustand bereits damals zu Befürchtungen Anlaß gab. Der russische Thronfolger Peter war ein entschiedener Bewunderer Friedrichs II. und verbarg seine Abneigung gegen den von der Mutter geführten Krieg nicht.

Zur Hauptbedrohung wurde für Friedrich der neue Gegner: die vereinigten Heere des deutschen Reiches und Frankreichs. Starke französische Kräfte hatten Hannover und das englische Expeditionskorps neutralisiert; Marschall Charles de Rohan de Soubise rückte mit 44 000 Mann ins Herz der strategisch wichtigen Gebiete des Gegners - gegen Halle und Berlin - vor, um Preußen den - seiner Meinung nach entscheidenden - Stoß zu versetzen. Das ihm unterstellte Heer war uneinheitlich, schlecht geführt und schlecht ausgebildet. In der aus unterschiedlichen Teilen zusammengesetzten Armee fehlte es an Disziplin und Ordnung. Friedrich II., der von diesen Mängeln wußte, beschloß, entschieden offensiv vorzugehen. Er ließ die Mehrzahl seiner Kräfte verstreut zur Bewachung der Österreicher zurück, rückte in Gewaltmärschen an der Spitze von 22 000 Mann vor und stand am 5. November 1757 vor dem doppelt so starken Gegner im Saaletal unweit von Naumburg bei dem Dorf Roßbach. Das Ungleichgewicht der Kräfte beider Seiten, der französische Kriegsruhm, die Selbstsicherheit und Großsprecherei der Franzosen im Vergleich mit den Ergebnissen der Begegnung bewirkten, daß Roßbach eine der bekanntesten Schlachten des 18. Jahrhunderts wurde. Es war der berühmteste Sieg Friedrichs II., besungen und beschrieben in ganz Europa. Friedrich attackierte die feindlichen Heere aus einer für ihn günstigen topographischen Lage so unvermutet, daß der Gegner sich aus der Marschordnung nicht mehr in Schlachtordnung aufstellen konnte. Die Attacke der französischen Kavallerie, die bei Roßbach die Situation zu retten versuchte, endete mit ihrer Niederlage. Die durch die flüchtenden Kavallerieverbände hervorgerufene Panik löste den Rückzug der ganzen Armee Marschall Soubises aus, der in wenigen Stunden einen peinlichen Mißerfolg in eine kompromittierende Katastrophe verwandelte. Selten wurde in der Kriegsgeschichte dieser Zeit ein so grundlegender Sieg so leicht errungen. Die preußischen Truppen verloren auf dem Schlachtfeld nur 548 Mann, machten 7 000 Gefangene und erbeuteten 72 Geschütze und anderes Gerät sowie zahlreiche Fahnen.

Obwohl die meisten der gegeneinander kämpfenden Soldaten Deutsche waren, bewirkte die Schlacht bei Roßbach, die die Stärke der historischen antifranzösischen Ressentiments offenbarte, in den deutschen Ländern eine Welle des Enthusiasmus für Friedrich II. mit deutlich patriotischem Charakter. Friedrich II. benutzte in der Mitte des 18. Jahrhunderts nicht als einziger mehrfach den Begriff *deutsche Nation*. In der Regel ging es dabei vor allem um den propagandistischen Effekt gegen Frankreich und gegen Rußland. Es hatte wenig mit einem tatsächlich existierenden deutschen Nationalgefühl zu tun und schon gar nichts mit einem "gesamtdeutschen" Interesse, wie wir es aus dem 19. Jahrhundert kennen: Für Friedrich existierte nur ein übergeordnetes Interesse: die Macht des preußischen Staates. Es läßt sich allerdings nicht bestreiten, daß sich im Laufe des Siebenjährigen Krieges Ansätze zu einem deutschen Nationalgefühl, die vor allem Ausdruck antifranzösischer und antirussischer Stimmungen waren, artikuliertee.

Unvermögen und Ungeschicklichkeit der gegen Preußen verbündeten Mächte sowie ihre Abneigung gegen wirklich koordinierte Aktionen begünstigten in den Jahren des Siebenjährigen Krieges das militärische und organisatorische Talent Friedrichs II., seine mutigen, oft erfolgreichen kriegerischen Aktivitäten.[114] Die Nachricht vom Fall Breslaus, das im November 1757 von den Österreichern eingenommen worden war, löste einen Sturm im preußischen Hauptquartier aus: Friedrich II. rückte mit allen verfügbaren Truppen in Gewaltmärschen nach Schlesien vor. Zum entscheidenden Treffen der Hauptarmeen beider Seiten kam es am 5. Dezember 1757 bei Leuthen. So wie das Schlachtdatum für die Kriegsführung jener Zeit untypisch war, so führte Friedrich II. mit seinem Talent und militärischem Wissen eine untypische Schlacht, die, was die preußische Seite betraf, noch Napoleon als Meisterwerk der Bewegung, der Manövriergeschicklichkeit und des entschlossenen Handeln lobte. Die Kräfte waren wie in den früheren Schlachten dieses Krieges ungleich: den 39 000 preußischen Soldaten mit 78 schweren und 94 leichten Geschützen standen ca. 65 000 Österreicher mit 210 Geschützen gegenüber. Die Verluste waren auf beiden Seiten empfindlich: Preußen verlor 223 Offiziere, mehr als 6 000 Mann wurden verwundet oder getötet; die geschlagenen Österreicher verloren neben 10 000 Mann, die auf dem Felde zurückblieben, beim Rückzug nahezu 12 000 Gefangene und 131 Geschütze.

Der Sieg war ein wahrer Triumph für Friedrich II. Die geschlagenen Österreicher zogen sich eiligst aus Schlesien zurück. Roßbach und Leuthen brachten jedoch nicht den ersehnten Frieden: Die antipreußische Koalition war weiterhin der Ansicht, daß die Zerschlagung Preußens lediglich eine Frage der Zeit sei, und begann energisch die Vorbereitungen für den Feldzug des Jahres 1758. Als erste ergriffen diesmal noch während des Winters die Russen die Initiative. Kaiserin Elisabeth hatte den zu langsamen Apraksin als Oberbefehlshaber der russischen Armee abgesetzt; der neue Oberkommandierende, General Fermor, eröffnete bereits im Januar 1758 die Offensive, besetzte trotz des Winters das gesamte Ostpreußen und begann im Februar, auf dem Gebiet des neutralen Polen Stützpunkte einzurichten; russische Garnisonen standen in Thorn, Graudenz und Elbing. Die geographischen und politischen Voraussetzungen erlaubten Friedrich II. die weiterhin entfernte russische Front als zweitrangig zu betrachten und vorübergehend die preußische Hauptanstrengung auf die böhmischen Länder zu konzentrieren: Durch Böhmen führte der Sieg über Österreich. Feldmarschall

---

114 Vgl. J. Kunisch: Das Mirakel des Hauses Brandenburg. Studien zum Verhältnis von Kabinettspolitik und Kriegsführung im Zeitalter des Siebenjährigen Krieges. München-Wien 1978, S. 55f.

Daun erwartete den Vormarsch der preußischen Truppen auf Prag und konzentrierte seine Hauptkräfte in dieser Richtung. Friedrich jedoch versuchte nochmals, die wichtige Festung Olmütz in Mähren zu erobern, gegen die er mit seiner Hauptarmee von mehr als 55 000 Soldaten marschierte. Die Belagerung von Olmütz brachte keinen schnellen Erfolg; der zum Entsatz herbeigeeilte Daun manövrierte geschickt, vermied einen Entscheidungskampf, schränkte die Bewegungs- und Handlungsfreiheit der preußischen Seite ein und führte einen Abnutzungskrieg.

Friedrich II. ging davon aus, daß die russische Armee im wesentlichen passiv bleiben würde und beließ die Masse seiner Armee in den sächsisch-schlesischen Verteidigungspositionen. Die Russen begannen jedoch im Juni 1758 ihren Marsch nach Westen und legten im polnischen Posen ihren Hauptstütz- und Versorgungspunkt an. Ende Juli stand der auch unter Fermor langsam marschierende Troß in Meseritz, doch anstatt gemeinsame Aktionen mit den Österreichern zu versuchen, bewegte er sich weiter auf die Oder bei Küstrin zu. Friedrich zog mit einem kleinen Korps in Eilmärschen dem neuen Gegner entgegen, mit denen er sich zum ersten Mal messen sollte und von dessen militärischen Fähigkeiten er keine hohe Meinung hatte. Als die Russen in langsamen Marsch die Oderlinie erreichten, kam es bei Zorndorf am 25. August 1758 zu einer der blutigsten Schlachten des 18. Jahrhunderts Nach einem sehr verbissenen Verlauf blieb sie unentschieden: die preußische Seite verlor an Verwundeten und Getöteten 12 000 Mann, die russischen Verluste waren mit 19 000 Mann noch höher. Fermor beschloß nach der Schlacht den Rückzug und zog sich in die Winterlager in Großpolen zurück. Friedrich II. agierte an den zahlreichen inneren Linien des bedrohten Operationsfeldes, was ihm bei entsprechender Schnelligkeit erlaubte, den schlecht koordinierten Aktionen der Gegner die Stirn zu bieten. Jedoch ließ sich Friedrich bei der militärischen Deckung Sachsens von dem Anmarsch Dauns überraschen und verlor am 14. Oktober 1758 bei Hochkirch eine der größten Schlachten der Epoche. Die Lage Preußens schien fatal. Jedoch verstanden die Österreicher es nicht, den Erfolg zu nutzen, und Friedrich II. war in der Lage, sich mit neuen Streitkräften auf den Feldzug 1759 vorzubereiten.

Friedrich war entschlossen, Schlesien um jeden Preis zu verteidigen. Als das österreichische Korps unter Gideon Ernst Freiherr von Laudon aufbrach, um sich mit den russischen Truppen an der mittleren Oder zu vereinigen, kam es am 12. August 1759 zur Schlacht bei Kunersdorf, in der Friedrich II. an der Spitze von ca. 50 000 Soldaten gegen etwa 79 000 vereinigte russische und österreichische Streitkräfte kämpfen mußte. Die mörderische Schlacht endete mit einer empfindlichen Niederlage des preußischen Königs; er selbst wäre beinahe in die Hände der Kosaken gefallen: Der Kampfplatz und der größte Teil der Artillerie blieben in den Händen der Sieger. Nach einem vorübergehenden militärischen Zusammenbruch setzte Friedrich II. jedoch den Kampf fort. Hoffnung gab ihm die Tatsache, daß Feldmarschall Saltykov auf Nachricht aus der Hauptstadt des russischen Kaisertums wartete und sich weder für einen Marsch auf Berlin noch für ein effektives Zusammengehen mit den Österreichern entschied. Finanzprobleme, die allseitige Erschöpfung der Kampftruppen und die Unfähigkeit zur Konzentration der Kräfte und Mittel zur Erringung des entscheidenden Sieges waren für die Aktionen der Verbündeten in der Kampagne des Jahres 1760 charakteristisch.

Bei Liegnitz gelang es am 15. August 1760 den Österreichern nicht, Friedrich II. zu schlagen, und Prinz Heinrich hielt den russischen Versuch auf, die Oder zu überqueren. Doch marschierte ein anderes russisches Korps auf Berlin, das ohne Kampf erobert wurde. Seine Bevölkerung wurde nach friderizianischer Sitte mit hohen Kontributionen belegt. Die zahlreichen auf Befehl Friedrichs II. in der Kriegsphase durchgeführten rücksichtslosen Aktionen, Gewalttaten und Plünderungen erwiderte die Gegenseite immer häufiger durch entsprechende Aktionen gegen die preußische Bevölkerung. Bezeichnend ist jedoch, daß die Gewalttaten und Gemetzel von der Seite der Verbündeten Taten irregulärer oder undisziplinierter Verbände waren, nicht Folge von Befehlen von oben, wie es häufig auf der preußischen Seite zu beobachten war. Die Jahre 1759 bis 1761 brachten zahlreiche Kriegsszenen, die an die Gemälde Goyas erinnern: der Siebenjährige Krieg zeigte der Welt des 18. Jahrhunderts hinter der Fassade von Siegesfanfaren und Heldentaten immer häufiger sein unmenschliches Antlitz.

Ein Geheimnis Friedrichs II. blieb die Finanzierung des Siebenjährigen Krieges. Wir kennen seine persönlichen Einkünfte, wir wissen, wie hoch die englischen Subsidien waren, wieviel er offiziell an Kontributionen in Sachsen, Schwedisch Pommern und Mecklenburg erzwang, aber weder diese Einnahmen noch seine das ganze Land bedrückende drakonische Sparsamkeit können ausgereicht haben, um seine Feldzüge zu finanzieren. Die restlichen Mittel, die nie genau ermittelt worden sind, kamen aus zwei Quellen: aus betrügerischen Manipulationen durch Münzverschlechterung zum Schaden des eigenen Landes und anderer Länder und besonders durch Münzfälschung vor allem zu Lasten des neutralen Nachbarn Polen, in dem nach neueren Untersuchungen ein Schaden von rund 100 Millionen Złoty entstand.[115] Eine andere wichtige Einnahmequelle waren gewaltsame Requirierungen vor allem im polnischen Grenzgebiet. Der geschwächte polnisch-litauische Staat, der am Siebenjährigen Krieg nicht teilnehmen wollte, trug wesentlich zu seinen Kosten bei.

Die Nachricht vom Eilmarsch Friedrichs II. zum Entsatz von Berlin bewirkte, daß das zahlenmäßig schwaches russische Korps Berlin eiligst verließ. Hinter Friedrich II. wiederum hatte Daun mit den österreichischen Hauptkräften die Verfolgung aufgenommen. Friedrich II. versammelte das Masse seiner Streitkräfte in der Nähe Berlins, vernachlässigte die russische Gefahr an der Oder und wandte sich mit seiner Hauptarmee gegen Daun; so kam es am 3. November 1760 zur Schlacht bei Torgau. Die preußischen Streitkräfte waren diesmal beinahe ebenso stark wie die österreichischen: fast 48 000 Preußen standen gegen etwa 50 000 Österreicher. Der Schlachtplan Friedrichs II., der in die Ge-

115 Vgl. M. Drozdowski: Osiemnastowieczne źródła antagonizmu między Polską a Prusami [Quellen des 18. Jahrhunderts zum Antagonismus zwischen Polen und Preußen]. In: Przegląd Zachodni 36 (1980), 4, S. 75; Rhode: Geschichte Polens, S. 304.

schichte der Kriegskunst einging, brachte ihm auch diesmal - einen jedoch teuer erkauften - Erfolg.

Die Kampagne des Jahres 1761 blieb ohne wichtige Ereignisse. Friedrich II. vermied bereits definitiv Entscheidungsschlachten. Die Zeit jedoch arbeitete jedoch, wie sich zeigen sollte, gegen allen Anschein für ihn: Am 5. Januar 1762 starb nach langer Krankheit Kaiserin Elisabeth von Rußland, die unerbittliche Gegnerin Friedrichs. Das war das *Wunder des Hauses Brandenburg*: Ihr Nachfolger Peter III. schloß nicht nur sofort mit Friedrich II. einen für Rußland ungünstigen und alle bisherigen Kriegsgewinne zunichtemachenden Frieden: Er erklärte sich als sein Verbündeter und bot ihm ein russisches Hilfskorps gegen die Österreicher in Schlesien an. Dem Beispiel Peters III. folgte Schweden, das mit Friedrich Frieden schloß, der, dadurch ermutigt, offensiv in Schlesien und Sachsen operierte und die Österreicher zum Rückzug zwang.

Auf dem Schlachtfeld standen sich nur noch zwei große Gegner gegenüber: Österreich und Preußen. Maria Theresia, die hartnäckige Gegnerin Friedrich II., die mehr Kampfgeist hatte als ihre Feldmarschälle, mußte resigniert den Gedanken an den Sieg über Preußen aufgeben. Am 3. November 1762 wurden in Fontainebleau bei Paris die französisch-englischen Friedenspräliminiarien unterzeichnet, am 29. November wurden auf sächsische Initiative erste diplomatische Gespräche zwischen Österreich und Preußen aufgenommen, deren brachten, die mit der Unterzeichnung des Friedensschlusses am 15. Februar 1763 in Hubertusburg beendet wurden, der die Rückkehr zu den Besitzverhältnissen vor dem Kriege vorsah. Er war ein großer, jedoch teuer erkaufter Erfolg Preußens.

***Die erste Teilung Polens.*** - Das nach dem Ende des Siebenjährigen Krieges für die Zukunft wichtigste Ereignis war die Aufnahme enger Beziehungen zwischen Preußen und Rußland, das jetzt von Kaiserin Katharina II. regiert wurde. Diese Zusammenarbeit ermöglichte die Realisierung des alten preußischen Plans, den Friedrich II. bereits 1731 und dann im *Politischen Testament* von 1756 aufgegriffen hatte, Pommerellen bzw. das königliche Preußen dem Staat Preußen einzugliedern. Über die Republik Polen und die polnische Adelsnation hatte Friedrich II. von Jugend auf die schlechteste Meinung; er erörterte oft die Möglichkeit von Territorialgewinnen zu Lasten Polens. Im Jahre 1740 verbot Friedrich II. den preußischen Ständen die im Vertrag von 1657 vorgesehene Eventualhuldigung an die Krone Polens. Die negative Polenpolitik Friedrichs II. begann also nicht erst während der letzten polnischen Königswahl im Jahre 1764: Hier sind die Gewalttätigkeiten gegen Polen während der Schlesischen Kriege, besonders in der Zeit des Siebenjährigen Krieges zu nennen, aber auch die Politik ständiger Intervention in seine inneren Angelegenheiten. Friedrich II. war der Ansicht, daß alle Reformen, die den polnischen Staat stärken konnten, verhindert werden mußten.[116]

---

116 Vgl. S. Salmonowicz: Fryderyka Wielkiego opinie o Polakach [Die Meinung Friedrichs II. über die Polen]. In: Przegląd Humanistyczny 22 (1978), 3, S. 103-111.

*Die Lage des Königreichs Polen im Jahr 1773*, zeitgenössischer Kupferstich

Die Regierungszeit von Kaiserin Elisabeth (1741-1762) ausgenommen, *"erwies sich die Entente der drei schwarzen Adler als die eigentlich dauerhafte neue Konstellation des osteuropäischen Staatensystems, in der sich - über die 'Episode' der Jahre 1740 bis 1762 hinweg - das gemeinsame Interesse der östlichen Großmächte an der Steuerung der polnischen Frage durchsetzte"*.[117] Im Jahre 1764 unterstützte Friedrich II., wenn auch widerwillig, die Polenpolitik Rußlands, trat aber dann als erster gegen die von König Stanisław August durchgeführten Reformen auf und trug wesentlich zur Verschärfung des Konflikts um die Benachteiligung der *Dissidenten* bei, was letztlich zum Zusammenbruch der Reformpolitik in Polen, zu russischen Übergriffen und im Gegenzug des polnischen katholischen Adels zur Unabhängigkeitsbewegung in der *Konföderation von Bar* (1768) führte.[118] Bereits zuvor hatte Friedrich II. einen erbarmungslosen Kampf gegen die polnischen Versuche einer Wirtschafts- und Zollreform durch starken Druck auf den polnischen Handel geführt, vor allem aber durch die Errichtung einer Zollkammer in Marienwerder, die gegen den Grundsatz der freien Weichselschiffahrt Zoll auf polnische Waren erhob.[119] Schon 1766 hatte Friedrich II. bemerkt, daß sich in Polen die Interessen Preußens und Rußlands trafen.[120] Der Bürgerkrieg und gleichzeitige Krieg gegen Rußland durch die *Konföderation von Bar* fand vor dem Hintergrund des türkisch-russischen Krieges (1768-1774) statt. Die russischen Erfolge in Polen und im Krieg gegen das Osmanische Reich ließen das politische Gleichgewicht im östlichen Europa bedroht erscheinen. Österreich war deshalb beunruhigt und zur Erhaltung des Gleichgewichts der Kräfte durchaus kriegsbereit.[121]

So führte die *Orientalische Frage* mittelbar zur ersten Teilung Polens. Anfang 1769 sondierte Friedrich II. als erster auf diplomatischem Wege die Lage, indem er das *Projekt* des Grafen Rochus F. von Lynar über die Möglichkeit eines Interessenausgleichs der drei Mächte durch die Aufteilung polnischer Gebiete nach St. Petersburg sandte. Der Sondierungsversuch ergab jedoch keine klaren und zufriedenstellend Resultate. Währenddessen wurden auch in Wien verschiedene Pläne zur Wiederherstellung des zuungunsten Österreichs verschobenen Gleichgewichts erwogen. In den Hauptstädten der drei noch vom Siebenjährigen Krieg erschöpften Länder war man vor allem bemüht, einen neuen Krieg zu vermeiden. Die Lösung, die sich in Form der Teilung Polens fand, schien aus der Sicht Preußens hervorragend, für Österreich günstig und scheinbar günstig für Rußland.

Die ersten Schritte gegen die Integrität des polnischen Territoriums unternahm Österreich, das unter dem Vorwand des Schutzes der eigenen Grenzen im

---

117 M.G. Müller: Polen zwischen Preußen und Rußland. Souveränitätskrise und Reformpolitik 1736-1754. Berlin 1983, S. 109.

118 Rhode, a.a.O., S. 308-310: J. K. Hoensch: Geschichte Polens. Stuttgart 1983, S. 162-164.

119 Vgl. J. K. Hoensch: Der Streit um den polnischen Generalzoll 1764-1766. In: Jahrbücher für Geschichte Osteuropas 18 (1970), S. 355-358.

120 Politische Correspondenz Friedrichs des Großen. T. 25. Berlin 1899, S. 104.

121 Vgl. S. Salmonowicz: Friedrich der Große und Polen. In: Acta Poloniae Historica 46, 1982, S. 73-95.

Februar 1769 die seit 1412 von Ungarn an Polen verpfändeten 16 "Zipser Städte" besetzte und im Dezember 1770 deren entschädigungslose Annexion verkündete. Nach dem Beispiel Österreichs unternahm Friedrich II. unter verschiedenen Vorwänden militärische Schritte zur Besetzung von Teilen des nordwestlichen Polen. In den Jahren 1770-1771, also noch vor der offiziellen Bekanntgabe des Teilungsbeschlusses, befand sich ein Teil Großpolens und Pommerellens faktisch in preußischer Hand.[122]

Im August 1770 traf sich Friedrich II. mit dem römisch-deutschen Kaiser Joseph II. in Neisse. Die Annäherung des Berliner und des Wiener Hofes ermöglichte Friedrich, auf seinen Einfluß auf den österreichischen Hof beim Kompromiß in der polnischen und in der "türkischen" Frage zu zählen. 1771 reiste der Bruder Friedrichs II., Prinz Heinrich von Preußen, der gute Beziehungen zu Kaiserin Katharina II. von Rußland (1762-1796) unterhielt, zu einer Visite nach St. Petersburg. In der deutschen Geschichtsschreibung ist er mehrfach als Urheber des Plans zur ersten Teilung Polens bezeichnet worden, wobei allerdings die Tatsache vergessen wurde, daß Prinz Heinrich bestenfalls der intelligenter Umsetzer der allgemeinen Grundsätze der preußischen Politik sein konnte, die ausschließlich Friedrich II. bestimmte.[123] Tatsache ist, daß es ohne Einverständnis Rußlands nicht zur Teilung Polens kommen konnte, jedoch lagen Initiative und Hauptinteresse unstrittig auf der Seite Preußens: *"Die polnische Historiographie ist sich heute darin einig, daß nicht Rußland und Österreich die Haupttriebkräfte bei dem Gedanken einer Teilung des altpolnischen Staates gewesen sind. Die Seele dieser Konzeption war Friedrich der Große."*[124] Allerdings agierte Friedrich II. aus Furcht vor einer militärischen Auseinandersetzung sehr vorsichtig,[125] weshalb Heinrich sich wegen seiner persönlichen Initiative immer selbst als eigentlicher Initiator der Teilung Polens ansah,[126] was auch Friedrich II. zumindest zeitweise anerkannte.[127]

Die Sondierungen Prinz Heinrichs in St. Petersburg dauerten recht lange. Ihr Inhalt ist nicht genau bekannt. Jedenfalls fand das entscheidende Gespräch mit Katharina II. über die Teilung Polens am 8. Januar 1771 statt. Die Kaiserin von Rußland knüpfte unter Einfluß früherer Vorschläge an den Gedanken an, unter den Großmächten die strittigen Fragen durch die Kompensation mit polnischen Gebieten zu lösen. Prinz Heinrich setzte ihren Gedanken sofort in konkrete Vorschläge um und arbeitete nach der Rückkehr nach Berlin zusammen mit dem König detaillierte preußische Vorschläge aus. Die weiteren Verhandlungen dauerten nicht nur aus Rücksicht auf die Stellung Österreichs, sondern auch, weil

---

122 Vgl. W. Konopczyński: Fryderyk Wielki a Polska [Friedrich der Große und Polen]. 2e wyd. Poznań 1981, S. 144f.

123 Zur Rolle des Prinzen Heinrich vgl. C. V. Easum: Prinz Heinrich von Preußen, Bruder Friedrichs des Großen. Göttingen-Berlin 1958, S. 371f.

124 M. Biskup: Preußen und Polen. Grundlinien und Reflexionen. In: Jahrbücher für Geschichte Osteuropas 31 (1981), S. 8-9.

125 Vgl. Easum, a.a.O., S. 381f.

126 Vgl. Easum, a.a.O., S. 390-392.

127 Brief Friedrich II. vom 12. Juni 1772, in: Politische Correspondenz Friedrichs des Großen. T. 32 (1908), S. 117.

der Appetit Preußens die russischen Erwartungen übertraf, recht lange. Friedrich II. strebt nicht nur die Annexion des gesamten königlichen Preußen, Ermlands, Thorns und Danzigs an, sonder auch den Erwerb eines großen Teils von Großpolen. Rußland eröffnete durch Zurückhaltung bei den Eroberungen zu Lasten des Osmanischen Reiches den Weg zur endgültigen Verständigung mit Österreich, widersetzte sich aber Preußen bezüglich einer Annexion Thorns und Danzigs. Schließlich wurde am 17. Februar 1772 der auf den 15. Januar 1772 rückdatierte Teilungsvertrag zwischen Rußland und Preußen und, nachdem die beanspruchten Gebiete bereits im März/April 1772 besetzt worden waren, nach überzogenen Forderungen der habsburgischen Seite am 5. August 1772 zwischen Rußland, Preußen und Österreich der Teilungsvertrag unterzeichnet. Preußen erhielt das königliche Preußen mit Ermland, aber ohne Thorn und Danzig, sowie den Netzedistrikt mit Bromberg - flächenmäßig im Vergleich zu den Territorialgewinnen der anderen beiden Teilungsmächte zwar kein so großes Gebiet, jedoch von prinzipieller geopolitischer, wirtschaftlicher und bevölkerungspolitischer Bedeutung.

August Graf Neithardt von Gneisenau, damals Oberbefehlshaber der zur Beobachtung des polnischen Novemberaufstands in Posen bereitgestellten preußischen Truppen, bewertete 1831 die Ergebnisse der ersten Teilung Polens derart, daß der Territorialgewinn für Rußland keine übermäßige Relevanz gehabt hätte, ähnlich wie der österreichische sei er eher ein Luxusartikel gewesen als ein Artikel des dringenden Bedarfs. Seiner Meinung nach hatte nur der preußische Territiorialgewinn grundsätzliche Bedeutung gehabt, indem er die weitere Entwicklung des preußischen Staates ermöglichte. Aus der Sicht des preußischen Großmachtinteresses hatte Gneisenau zweifelsohne Recht: Für Polen stellten der Verlust des Zugangs zur Ostsee und die Übernahme der Kontrolle über die Weichselmündung durch Preußen eine politische und ökonomische Katastrophe - mit aus der Retrospektive durchaus tragisch zu nennenden Folgen - dar. Friedrich II. selbst schrieb kurz nach der ersten Teilung an den preußischen Geschäftsträger in St. Petersburg: *"Die Unterzeichnung unserer Konvention hat mir unendliches Vergnügen bereitet. Ich habe sie immer als eine neue Bindung gesehen, die eine unzertrennliche Freundschaft und Verständigung zwischen unseren beiden Höfen bewirken soll, und es fällt mir schwer, Ihnen die große Befriedigung zu schildern, die ich durch den Abschluß des für beide Reiche so segensreichen Werkes empfinde."*[128]

Der preußische Appetit war jedoch noch nicht gestillt. Friedrich II. konnte es nicht verschmerzen, daß er Danzig nicht erhalten hatte, und betrieb gegen die Stadt eine Politik ökonomischer Repression und Gewalt. Das am 31. Januar 1771 gebildete *Westpreußen* und den *Netzedistrikt* erweiterte er im Verlauf der vorgeblich der Grenzmarkierung dienenden Arbeiten in den Jahren 1773 bis 1776 durch die willkürliche Einvernahme weiterer polnischer Gebietsteile: Bis zum Jahre 1776 annektierte er 52 Städte und etwa 1 300 Dörfer. Im Grenzberichti-

128 Ebd., T. 31 (1906), S. 805, Brief vom 1. März 1772 an den Gesandten Victor Friedrich Graf Solms nach St. Petersburg.

gungsvertrag vom 22. August 1776 erhielt Polen lediglich etwa ein Fünftel der angeeigneten Gebiete zurück. Weitere Grenzverletzungen fanden auch danach noch statt.[129]

Polen - damals ein schwaches Land - unterlag dem Bündnis der drei Großmächte, die die Teilung organisiert hatten. Die durch die *Teilungsmächte* geführte negative Polenpolitik sollte im hohen Maße die preußische Geschichte des 19. Jahrhunderts bestimmen. Friedrich II. stabilisierte letztendlich den Vorrang der Macht vor dem Recht in der preußischen Staatsidee. Nachdem er die polnischen Schriften zur Verteidigung der Rechte Polens gegen die Teilungsmächte gelesen hatte, schrieb er, alle diese Überlegungen seien hervorragend; wenn der Verfasser zu ihrer Durchsetzung 200 000 Soldaten hätte, müßte man darüber nachdenken.[130] Friedrich betonte für Propagandazwecke mehrfach die Rückständigkeit der polnischen Gebiete, doch war er sich durchaus ihres Wertes bewußt. An seinen Bruder Heinrich schrieb er am 12. Juni 1772: *"Ich habe mir das [königliche] Preußen, das ich zu einem gewissen Grade aus deiner Hand erhielt, angesehen. Dies ist ein sehr guter und günstiger Erwerb im Hinblick auf die politische Lage des Staates wie von der finanziellen Seite. Aber um weniger Neid zu wecken, sage ich jedem, der es hören will, daß ich während meiner Reise nur Sandböden, Fichten, Einöden und Juden gesehen hätte."*[131]

***Das Ende der Regierungszeit Friedrichs II.*** - Die erste Teilung Polens stärkte ebenso wie die Erfolge in der Orientalischen Frage das Ansehen des russischen Staates in Europa sehr; sie verdeutlichte die Stärke der preußisch-russischen Verbindung und minderte in gewissem Maße den österreichisch-russischen und preußisch-österreichischen Antagonismus. In der Zeit, in der die nordamerikanischen Ereignisse für viele Jahre die Hauptaufmerksamkeit Englands und Frankreichs absorbierten, unternahm Kaiser Joseph II. Schritte zur weiteren territorialen Expansion. Im Jahre 1775 annektierte Österreich die Bukowina. Friedrich II. wollte damals Frieden, aber nur unter der Bedingung, daß das Gleichgewicht der Kräfte in Mitteleuropa nicht zum Nachteil Preußens verschoben wurde, fürchtete er doch den Verlust Schlesiens.

Eine für Preußen bedrohliche neue Situation entstand im Jahre 1777, als der bayerische Kurfürst Maximilian Joseph starb, mit dem die bayerische Linie der Wittelsbacher erlosch. Die Pläne Josephs II. führten, gestützt auf diplomatischen Verträge mit dem letzten Wittelsbacher, zur Übernahme bedeutender Teile ihres Erbes durch Österreich. Unter Berufung auf österreichische Ansprüche besetzte Joseph II. im Januar 1778 mit österreichischen Truppen das Gebiet Bayerns. In die diplomatischen Verhandlungen der europäischen Kanzleien über

129 Vgl. J. Topolski: La formation de la frontière polono-prussienne à l'époque du premier partage de la Pologne (1772-1777). In: La Pologne et les Affaires Occidentales 5 (1969), 1, S. 96-127.

130 Politische Correspondenz Friedrichs des Großen, T. 33, S. 597.

131 Ebd., T. 32, S. 117. Vgl. G. Labuda: Nowe spojrzenie na przeszłość i teraźniejszość stosunków polsko-niemieckich [Eine neue Sicht der Vergangenheit und Gegenwart der deutsch-polnischen Beziehungen]. In: Przegląd Zachodni 23 (1967), 5, S. 179.

den Umfang der von Österreich beanspruchten Gebietserwerbungen in Bayern und eventuelle Kompensationen für andere interessierte Seiten mischte sich die friderizianische Diplomatie mit ganzer Kraft ein; ihr Ziel war eindeutig die Verhinderung der Stärkung Österreichs. So kam es noch einmal zum Krieg. Die feindlichen Armeen, die an der böhmischen Grenze aufmarschiert waren, nahmen im Sommer 1778 die Kriegshandlungen auf. Friedrich II. zeigte sich noch einmal als Meister der Mobilisierung und Konzentration seiner Truppen sowie logistischer Fähigkeiten und führte bis zu 154 000 Mann ins Feld, während die eiligst und mit Verspätung zusammengezogenen Österreicher lediglich 142 000 Soldaten aufbringen konnten. Während Friedrich auf die mittelbare Unterstützung Rußlands zählen konnte, sahen sich die Österreicher in der Hoffnung auf französische Hilfe getäuscht. Beide Seiten waren in diesem Feldzug noch von den blutigen Schlachten des Siebenjährigen Krieges erschöpft und manövrierten fleißig nach allen Regeln der klassischen Strategie. Nur Kartoffelmieten retteten die ausgehungerten Truppen. Letztendlich wurde die Versorgung zum Hauptproblem des Feldzugs, und der Krieg ging als *Kartoffelkrieg* in die Geschichte ein. Nach der Erschöpfung ihrer Proviantreserven in der böhmischen Grenzregion zogen sich die preußischen Truppen auf ihre Ausgangspositionen an der Grenze zurück. Insgesamt war der Krieg ein militärischer Erfolg der Österreicher, die in der Defensive blieben. Gleichzeitig war die friderizianische Diplomatie jedoch nicht müßig, und Österreich machte unter dem Einfluß der russischen Vermittlung große Zugeständnisse.

Der unter Druck Maria Theresias auf Kaiser Joseph II. im Mai 1779 geschlossene Frieden von Teschen durchkreuzte für nur minimale österreichische Territorialgewinne die weitreichenden Pläne Kaiser Josephs II., der auf die besetzten bayerischen Gebiete verzichten mußte. In Teschen entschied letztendlich die russische Diplomatie, der tatsächliche Sieger dieses Krieges, der unter dem Aspekt der preußischen Finanzen kostspielig gewesen war, war jedoch Friedrich II. Bis an das Ende seines Lebens beobachtete er aufmerksam die österreichische Politik und durchkreuzte geschickt alle Pläne des ungeduldigen und dynamischen Joseph II.

Nach dem Tode Maria Theresias (1780) griff der endlich von der Vorherrschaft seiner Mutter und des Kanzlers Kaunitz befreite Kaiser nach der ungeteilten Macht und versuchte, durch eine Schwächung der Position Preußens in der europäischen Politik die alte Position der Habsburger im römisch-deutschen Reich zurückzugewinnen. Indem er die für Preußen taktisch günstige Fahne der Verteidigung der Rechte des Reiches und seiner kleineren Fürstentümer und Herrschaften vor dem Imperialismus Wiens hochhielt, stellte sich Friedrich als Verteidiger eines allgemeindeutschen Interesses dar, was ihm ermöglichte, die phantastischen Pläne Josephs II. für einen Austausch der österreichischen Besitzungen in den Niederlanden gegen das nochmals ersehnte Bayern zu verhindern.

Als König Friedrich II. am 17. August 1786 in Potsdam starb, schien die internationale Position Preußens, das in Europa über die stärkste Armee in Friedensstärke verfügte, solide gefestigt. Der zweite *Türkenkrieg*, den Rußland 1787-1792 gegen das Osmanische Reich sollte zu einem polnischen Versuch, die russischen Einflüsse abzustreifen und durch dessen Mißerfolg zur zweiten Teilung Polens führen. Zu dieser Zeit hatte die Französische Revolution des Jahres 1789 bereits eine neue Epoche in der Geschichte Europas eingeleitet.

***Fazit.*** - Friedrich II. litt in seinen letzten Lebensjahren an zahlreichen Beschwerden, erfüllte jedoch bis zum Ende die Pflichten seines Berufes, als den er die Ausübung der königlichen Macht ansah. Er starb in der Nacht des 17. August 1786. Mit seinem Tode endete in der Geschichte Preußens eine Epoche, die er durch seine Legende so erstrahlen ließ, daß erst sehr spät kritische Studien über die Geschichte der preußischen Gesellschaft, Wirtschaft und des Militarismus in der Zeit seiner Herrschaft begonnen wurden, die frei vom apologetischen Tendenzen waren. Friedrich II. gehörte ohne Zweifel zu den herausragenden Herrschern des 18. Jahrhunderts. Mirabeau, der die letzten Monate der Herrschaft Friedrichs II. in Preußen beobachtet hatte, sah voraus, daß sich ohne diesen Herrscher sein - in vielen Elementen verknöchertes - Herrschaftssystem nicht halten würde. In »De la monarchie prussienne sous Frederic le Grand« (1788) übte Mirabeau aus einem neuen, aufgeklärten, aber auch liberalen, antiabsolutistischen Blickwinkel scharfe Kritik an der Wirtschaft und am Staatssystem: Rechtssprechung, Finanzen und preußische Armee verdienten Bewunderung, Staatssystem und Regierungsmethoden - Kritik.[132]

Die friderizianische Monarchie in Preußen weist in ihrer Bilanz interessante Aktiva und gravierende Passiva auf. Friedrich II. war ein Erneuerer, aber auch ein Konservativer, er wollte die bestehenden Gesellschaftsverhältnisse erhalten, auch wenn seine Wirtschaftspolitik manchmal in entgegengesetzter Richtung wirkte: "*Als Politiker, der in einer Zeit des Übergangs Bestehendes konservieren wollte, errichtete er Barrieren gegen das neue Zeitalter. Aber die Dialektik der Geschichte bewirkte, daß sich Bestehendes nicht mehr ohne Anpassungsfähigkeit und Flexibilität konservieren ließ.*"[133] Einige Passiva resultieren eindeutig aus spezifischen Wesenszügen des preußischen Staates, wie er sich seit 1701 herausgebildet hatte. Der preußische aufgeklärte Absolutismus war ein wichtiger Impuls für den preußischen Weg zum Kapitalismus, der - im Interesse der weiterhin politisch dominierenden Junker - sehr langsam verlief. Der friderizianische Absolutismus war einerseits ein klassischer Despotismus des *ancien régime*, nach außen gestützt auf Geheimdiplomatie und Kriegszüge, im Inneren auf Steuer- und Polizeidruck. Andererseits war dieses Preußen auch ein aufgeklärter *Wohlfahrtsstaat*. Auch wenn die durch Friedrich II. nach dem Vorbild des *Zeitalters des Lichts* dekorierten Fassaden, Worte und Gesten für ein anderes Gesicht des preußischen Staates sprachen, wurde die autoritär-obrigkeitsstaatliche Seite für die weitere preußische Geschichte fundamental. Friedrich II. war ein aufgeklärter Aristokrat

132 Vgl. K. R. Wenger: Preußen in der öffentlichen Meinung Frankreichs 1815-1870. Politische Aspekte des französischen Preußenbildes. Göttingen-Frankfurt a.M. 1979, S. 36f.

133 I. Mittenzwei: Friedrich II. von Preußen. Eine Biographie. 5. Aufl. Berlin 1990, S. 231.

des Geistes, jedoch konservativ, wenn es um soziale Fragen ging, ein Skeptiker hinsichtlich weitreichender Pläne zur Umgestaltung der Welt, in der er lebte.

Friedrich II. war weder der deutsche Patriot, noch der Schöpfer der Idee der Vereinigung Deutschlands, als den ihn spätere Generationen verherrlicht haben. Man muß den preußischen Staatspatriotismus, den zu formen er sich bemühte, von deutschen nationalen Ambitionen, die sich erst im 19. Jahrhundert auf Preußen stützen sollten, unterscheiden. Die preußische Staatsidee, wie sie vom 18. Jahrhundert geprägt worden war, blieb weiterhin lebendig. Friedrich II. hat nach eigener Aussage immer danach gestrebt, daß seine Offiziere sich nicht als Brandenburger, Magdeburger oder Ostpreußen identifizierten, sondern daß sie sich alle dem preußischen Staat verpflichtet fühlten. Sein Ziel, dem Staat der Hohenzollern zum Rang einer europäischen Großmacht zu verhelfen, formte endgültig das Land zu einem auf die Armee gestützten und für die Armee lebenden Staat. Friedrich liebte die Worte Senecas: *Vivere, mi Lucillii, militare est.*

Das die Zukunft belastende preußische Erbe des 18. Jahrhunderts war der preußische Militarismus. Bereits 1792 verteidigte die »Berlinische Monatsschrift«, das Organ aufgeklärter Intellektueller, Preußen gegen den Militarismusvorwurf und setzte ihm die These entgegen, der preußische Weg zur Militärmacht schließe die Sicherung der Freiheit des Individuums nicht aus und sei notwendig angesichts der Tatsache, daß Preußen von feindlichen Nachbarn umgeben sei; die Großmachtspolitik Preußens sei notwendig für die Erhaltung seiner Position in Europa. Die Ironie des Dichters des klassischen Weimar, Christoph Martin Wieland, traf wohl eher die Stimmung der Zeitgenossen: *"König Friedrich ist zwar ein großer Mann, aber vor dem Glück, unter seinem Stock sive Szepter zu stehen, bewahre uns der liebe Gott!"*[134]

## 7. Die Jahre 1786-1806

*Das Prinzip der Unifizierung und Bevormundung hat der friderizianische Staat überspannt. Die Bürger und Bauern blieben unselbständig. [...] Der Zusammenbruch des Staates beweist keine innere Fäulnis desselben.*
Gustav Schmoller[135]

Vom Tode Friedrichs II. bis zu den beispiellosen Niederlagen der preußischen Armee in den Schlachten gegen die Napoleonischen Armeen sollten 20 Jahre vergehen. Die Kosten des schnellen Aufstiegs Preußens zu einer Großmachtposition wurden nach dem Tode des das Land streng regierenden Friedrich in der Krise der Gesellschafts- und Machtstrukturen offensichtlich. Wie Mirabeau schrieb, kam die Fäulnis schneller als die Reife. Das Regierungssystem Friedrichs II., das sich auf die unvergleichliche persönliche Machtausübung durch den Herrscher selbst gestützt hatte, lag unser seinem schwachen Nachfolger Friedrich Wilhelm II. in Trümmern: Als nach dem Tode Friedrichs II. das dynamische Regierungszentrum fehlte, zeigte sich, daß die Grundstrukturen des Staates -

134 Zit. nach H. Holborn: Deutsche Geschichte in der Neuzeit. Bd. 1. München 1970, S. 617.
135 Schmoller: Preußische Staats- und Rechtsgeschichte, S. 170.

Verwaltung und Armee - verknöchert waren und von dem Moment an ineffizient wurden, als niemand sie mehr ausreichend kontrollierte und ihnen Anweisungen gab. Die Macht Preußens in Europa war gegen Ende der Herrschaft Friedrichs II. Ausdruck einer die realen Möglichkeiten des Landes übersteigenden Anstrengung, ein persönlicher Erfolg des Herrschers und ein Ergebnis günstiger Umstände. Von großer, in der deutschen Historiographie unterschätzter Bedeutung war die Übernahme großer Gebiete aus der ersten und zweiten Teilung Polens. Die organische Verbindung dieser Gebiete mit Preußen verlangte enorme Anstrengungen: *"Erstaunlich ist, daß die Historiker so wenig die Verbindung zwischen der Rolle Preußens und ihrer Gewinne aus den Teilungen Polens und der späteren Niederlage des friderizianischen Staates untersucht haben."*[136]

Der durch die Französischen Revolution von 1789 eingeleitete große Wandel in Deutschland und Europa legte die Krise des übereilten Wachstums, das die gesellschaftlichen Grundprobleme Preußens nicht gelöst hatte, offen. Deshalb sind gerade an der Schwelle des 19. Jahrhunderts, besonders nach der Niederlage 1806 zahlreiche kritische Aussagen bezüglich der friderizianischen Zeit, unter anderem von Adam Müller, Novalis und Ernst Moritz Arndt, überliefert. Aus der Sicht der Funktionsfähigkeit des Staates war die Tatsache am gravierendsten, daß Friedrich II. die Gesellschaft vom selbständigen Handeln entwöhnt und das Beamtentum, das er hinterließ, die Fähigkeit, eigene Entscheidungen zu treffen, verlernt hatte: *"Müde Resignation bestimmte den Geist des Staates und der Verwaltung"*.[137]

Friedrich Wilhelm II. (1786-1797) gab, korpulent, gutmütig, sinnlich, keineswegs arbeitsam, seinem Umfeld nach. Er verband die Neigung zu Religiösität und Mystizismus mit einem vollkommen ungeordneten Privatleben mit Mätressen, morganatischen Ehen und zahlreichen außerehelichen Kindern.[138] Er war beinahe in allem das genaue Gegenteil seines großen Onkels, lediglich in einem wesentlichen Bereich setzte er, die sich ergebende Gelegenheit nutzend, die Traditionen des Hauses Hohenzollern fort: In der Außenpolitik führte er die Politik Friedrichs II. weiter und erzielte in den Jahren 1793-1795 durch Beteiligung an der zweiten und dritten Teilung Polens bedeutende Territorialgewinne für Preußen,[139] doch litt auch hier sein Ansehen durch seine schwankende Politik.

Zu Beginn seiner Herrschaft war der neue König populär. Er milderte den Druck der Regierung, hob vor allem die in der Gesellschaft verhaßten Tabak- und Kaffemonopole auf und führte den freien Getreidehandel ein. In kurzer Zeit gewannen jedoch an seiner Seite Stimmen Einfluß, die die Gegenaufklärung repräsentierten, die sich mit der entschlossenen Reaktion auf die Ereignisse der Französischen Revolution in Preußen verbanden. Friedrich Wilhelm II. regierte

---

136 W. W. Hagen: The Partitions of Poland and the Crisis of the Old Regime in Prussia 1772-1806. In: Central European History 9 (1976), 2, S. 116.

137 Hattenhauer, a.a.O., S. 193.

138 Vgl. A. Scheurig: Das galante Preußen gegen Ende des XVIII. Jahrhunderts. Berlin-Leipzig 1910.

139 Über seine Rolle bei der Zweiten und der Dritten Teilung Polens vgl. Michael G. Müller: Die Teilungen Polens 1772-1793-1795. München 1985, S. 51f.

vor allem mit Unterstützung seiner Favoriten, des Ministers Johann Christoph von Wöllner, eines ehemaligen Pastors, der eine Politik der kirchlichen und kulturellen Reaktion gegen die Ideale der Aufklärung entwickelte, und des aus der sächsischen Armee kommenden Generals Johann Rudolf von Bischoffwerder, der - ebenfalls Rosenkreuzer - ähnlich wie Wöllner die antiaufklärerische Reaktion der lutheranischen Kreise repräsentierte, die an Elemente von Mystik und Okkultismus anknüpften. Eine besondere Rolle am Hofe spielte über die gesamte Regierungszeit Friedrich Wilhelm II. die *schöne Wilhelmine* Enke, die Mätresse, der König zur "Gräfin Lichtenau" ernannte.

Die persönliche Regierung des Herrschers war eine Fiktion. Friedrich Wilhelm II. versuchte, die Situation zu retten, indem er die Kollegialität im Handeln der wichtigsten staatlichen Verwaltungsorgane wiederherstellte, doch konnte er dadurch die Einheitlichkeit des Regierungshandelns der Zentralorgane, die Friedrich II. persönlich durch die Zentralisierung der Macht in seinen Händen in Form des Königlichen Kabinetts sichergestellt hatte, nicht erhalten. In dieser Krisensituation entwickelten sich in Preußen liberale Ideen: Das Bürgertum sah in steigendem Maße den Staat mit seinen alles reglementierenden Traditionen als eine das soziale Leben einengende Institution. Im Jahre 1792 veröffentlichte der Wilhelm von Humboldt (1767-1835), später der führende Reformer des preußischen Staates, »Ideen zu einem Versuch, die Grenzen der Wirksamkeit des Staates zu bestimmen«, in der er, den Ansichten des englischen liberalen Ökonomen Adam Smith folgend, forderte, den Staat auf seine Ordnungsfunktionen zu reduzieren und seine Rolle im Bereich von Wirtschaft und Gesellschaft einzuschränken. So lehnten sich die neuen Kräfte auf *"gegen den Despotismus des Staates, gegen die tyrannische Fürstenmacht, gegen die Starrheit des bürokratischen Systems und der militärischen Apparatur, gegen die polizei- und wohlfahrtsstaatliche Bevormundung des individuellen und sozialen Daseins"* durch den Staat.[140]

Die Kritik des aufgeklärten Berlin und der Liberalen richtete sich gegen Schritte Friedrich Wilhelms II., der unter dem Einfluß Wöllners am 9. Juli 1788 das äußerst intolerante *Religionsedikt* erließ und - irritiert durch die Ereignisse der Französischen Revolution von 1789 - drakonische Zensurvorschriften einführte. Bigotterie, Ausschweifung, Verschwendung und Terror gegen die Aufklärung gingen während der kurzen Herrschaft Friedrich Wilhelms II. Hand in Hand. Positiv erscheint im Rückblick nur sein Interesse an Kunst, Theater und Kultur, weshalb es kein Zufall war, daß sich zum Ende des 18. Jahrhunderts in Berlin Musik, Theater und Architektur entfalteten.

Unter dem Nachfolgern Friedrichs II. wurde vieles, was er begonnen hatte, wenn auch in mancher Hinsicht modifiziert, fortgeführt. Insbesondere wurde nach jahrelanger Kodifikationsarbeit - nach längerem Zögern wegen des dem Umkreis Friedrich Wilhelms II. zu aufgeklärt scheinenden Inhalts einiger Vor-

140 E. R. Huber: Deutsche Verfassungsgeschichte seit 1789. Bd. 1. Stuttgart 1957, S. 98. Vgl. allgemein H. Brunschvig: La crise de l'Etat prussien à la fin du XVIIIe siècle et la génèse de la mentalité romantique. Paris 1947.

schriften - im Jahre 1794 die noch zu Lebzeiten Friedrichs II. vorbereitete Kodifizierung des »Allgemeinen Preußischen Landrechts« in Kraft gesetzt, auch um in den annektierten polnischen Gebieten das bisherige Recht aufzuheben und durch den Kodex zu ersetzen. Die unifizierende Rolle des Landrechts erwies sich als enorm. Daher rührt die große Bedeutung dieses Kodex, der - obwohl er das Ständesystem und zahlreiche typische Merkmale des damaligen Rechtssystems beibehielt - in hohem Maße das gültige Recht ordnete und vereinheitlichte und dabei viele Postulate der Epoche der Aufklärung realisierte. An der Schwelle zum 19. Jahrhundert schrieb Achim von Arnim: *"Das Landrecht war für unser Volk in rechtlicher Hinsicht so wichtig wie Luthers Bibelübersetzung."*[141]

Das Verwaltungs- und insbesondere das Justizhandeln in Preußen waren seither auf genaue und ausführliche Vorschriften gestützt. Ergänzungen des Landrechts waren die 1793 veröffentlichte »Allgemeine Gerichtsordnung für die preußischen Staaten«, die die Gerichtsordnung von 1781 ersetzte, 1794 Vorschriften für die freiwillige Gerichtsbarkeit und 1795 eine neue Ordnung des Gerichtsverfahrens. Für die bürokratische preußische Monarchie bezeichnend war die umfangreiche Kodifizierung des Beamtenrechts (Landrecht, Titel X, Teil II), das die von Friedrich II. nicht respektieren Rechte der Beamten regelte. Seither bildete *"das preußische Beamtentum [...] einen Berufsstand für sich, eine in sich geschlossene neue, und zwar herrschende Klasse im Staate"*.[142]

Friedrich Wilhelm II. starb am 16. November 1797. Auf ihn folgte sein Sohn, Friedrich Wilhelm III., der 43 Jahre lang von 1797 bis 1840 herrschte. Er zeichnete sich in der ersten Phase seiner Regierung nicht besonders aus, besaß jedoch die typischen hohenzollernschen Tugenden: Er war pedantisch, sparsam, arbeitsam, pünktlich und sehr pflichtbewußt. In seiner Jugend war er unter der persönlichen Kontrolle Friedrichs II. erzogen worden und führte bei Hofe wieder die preußischen Tugenden ein. Sein Lebensstil war einfach, aber auch bürgerlich tugendhaft, so am Beginn seiner Herrschaft der vollkommene Bruch mit dem skandalösen Hofleben seines Vaters stand. *"In kritischen Situationen"* fehlten ihm jedoch *"immer wieder die nötige Entschlußkraft, die Härte und der Mut zu selbständigem Handeln"*.[143] In dieser Situation spielte seine energische Ehefrau, Königin Luise (1776-1810), eine mecklenburgische Prinzessin, eine große Rolle.

Die Entfernung Wöllners und Bischoffwerders aus ihren Machtpositionen sollte den Einfluß der Gruppe befähigter Beamter steigern, doch fanden die Projekte notwendiger Reformen bis 1806 nicht die Anerkennung des Königs. Sogar die im Jahre 1798 eingesetzte spezielle *Immediat-Finanzkommission*, die Pläne einer Finanz- und Verwaltungsreform, die auch im Hinblick auf die Probleme der Verwaltung der großen polnischen Territorien aus der dritten Teilung

141 Zit. bei S. Salmonowicz: Prawo karne, S. 247, nach H. Thieme: Die preußische Kodifikation. In: Zeitschrift der Savigny-Gesellschaft für Rechtsgeschichte: Germanistische Abteilung 57 (1937), 407.

142 Giese, a.a.O., S. 88.

143 Schoeps, a.a.O., S. 107.

und deren Integration in den preußischen Staat notwendig war, vorbereitete, bewirkte nicht viel. Die 1798 eingesetzte Kommission zur Aufhebung der Erbuntertänigkeit blieb wegen des entschiedenen Widerstand des Junkertums ergebnislos. In den Jahren 1795-1806 wurde immerhin versucht, bestimmte Verwaltungsreformen in den Gebieten, die Preußen in der dritten Teilung Polens übernommen hatte, zu verwirklichen.[144] Erst in der Zeit nach der großen Niederlage von 1806 wurde Friedrich Wilhelm III. unter dem Einfluß seiner Umgebung zum Reformmonarchen werden. Die gebildeten und aufgeklärten Kräfte, die aus der friderizianischen Zeit in der preußischen Verwaltung verblieben waren oder das Erbe der Reformideen übernommen hatten, kamen im Staat erst nach der Niederlage von 1806 zu Wort.[145]

Angesichts der schwachen Nachfolger Friedrichs II. belebte der Adel seinen politischen Ehrgeiz wieder. Insbesondere die Stände Ostpreußens traten mit zahlreichen Klagen auf den Krönungslandtagen 1787 und 1798 an den Thron heran. Die Schwäche der Nachfolger Friedrichs II. belegt die Einrichtung des Oberkriegskollegiums, einer neuen kollegialen Institution, die den König von der unmittelbaren Leitung der Militärangelegenheiten entlasten sollte. Unter der Regierung der Nachfolger Friedrichs II. nahm das Königliche Kabinett, das bislang eine reine Bürofunktion gehabt hatte, nahm Merkmale einer Institution an, in der die dort an der Seite des Königs tätigen Geheimräte manches Mal eine eigene Politik über die Minister hinweg betrieben.

Die Außenpolitik der beiden nachfriderizianischen Jahrzehnte war sehr dynamisch und kompliziert. Anfänglich führte Preußen auf Initiative des Außenministers Ewald Friedrich Graf von Hertzberg eine scharf antiösterreichische Politik, die zum Konflikt mit Österreich und Rußland führte und sich insbesondere auf die englische Politik, aber auch auf das 1790 geschlossene polnisch-preußische Bündnis stützte. Die Ereignisse der Französischen Revolution veränderten jedoch die Lage, und die für Polen günstige internationale Konjunktur änderte sich, noch bevor die langsamen Beratungen des *Vierjährigen Sejm* 1791 zur Verabschiedung der *Verfassung des 3. Mai 1791* führten. Bereits vorher hatte Preußen mißbilligend festgestellt, daß sein Forderung auf polnische Gebiete - Abtrennung Thorns und Danzigs und eventuell eines Teils von Großpolen - keine Erfolgsaussichten hatte. Gleichzeitig kam Österreich in den Verhandlungen in Reichenbach 1790 und Pillnitz 1791 Preußen entgegen und schloß mit ihm ein Bündnis gegen das revolutionäre Frankreich. In dieser Situation war die Realisierung der früheren komplizierten Pläne Hertzbergs unmöglich. Er wurde am 5. Juli 1791 entlassen, und Preußen versagte Polen im Konflikt mit Rußland die Unterstützung. So endete das einzige polnisch-preußische Bündnis im 18. Jahrhundert mit einem vollkommenen Mißerfolg für die polnischen Kreise, die mit der Hilfe Preußens gegen Rußland gerechnet hatten. Preußen dagegen ging auf

---

144 Vgl. J. Wąsicki: Wpływ zaboru ziem polskich na reformy ustrojowe w Prusach do roku 1806 [Die Einflüsse der polnischen Teilungsgebiete auf die Verfassungsreformen in Preußen bis 1806]. In: Ders.: Ziemie polskie pod zaborem pruskim. Fragmenty dziejów. Zielona Góra 1978.

145 Vgl. unten S. 230ff.

die Seite Rußlands über und wollte durch eine Übereinkunft mit ihm die angestrebten Territorialerwerbungen in Polen erreichen. So kam es zur zweiten Teilung Polens.

Der Interventionskrieg in Frankreich, der von Österreich und Preußen mit dem Einverständnis anderer deutscher Fürsten aufgenommen wurde, brachte in der Kampagne von 1792 keinen Erfolg, da die junge französische Armee bei Valmy am 20. September 1792 den preußischen Marsch ins Innere Frankreichs aufhielt. Die durch fehlende Erfolge verdrossenen Preußen nahmen seither wenig engagiert und wenig erfolgreich an diesem Krieg teil und schlossen am 5. April 1795 in Basel einen Separatfrieden mit der französischen Republik. Die freie Hand nutzte Preußen 1794 zur Teilnahme an der Niederschlagung des Aufstands Tadeusz Kościuszkos und liquidierte mit Österreich und Rußland in der dritten Teilung Polens 1795 endgültig die polnische Staatlichkeit. Als Ergebnis der drei Teilungen Polens lebten in Preußen - ohne Schlesien und Ostpreußen - ca. 2,7 Millionen Polen. Insgesamt zählte der polnische Bevölkerungsteil Preußens damals wahrscheinlich mehr als 3 Millionen Menschen, d.h. ca. 38 % der Gesamtbevölkerung. Ein bedeutender Prozentsatz dieser Bevölkerung sollte in der ersten Hälfte des 19. Jahrhunderts den Germanisierungsprozessen unterliegen. Kurze befand sich der Hohenzollernstaat auf dem Wege zum Staat zweier Nationalitäten: der polnischen und deutschen. Diese Situation änderte teilweise der Erwerb deutscher geistlicher Territorien im Reichsdeputationshauptschluß 1803. Die preußische Politik war in den neuen Provinzen auf das Ziel der Integration in den Gesamtstaat und auf Einnahmen für den Staatsschatz - und nicht auf die Entwicklung der Provinzen - gerichtet.[146]

In den folgenden Jahren vermied Preußen vor allem den Konflikt mit Frankreich, die Parole Friedrich Wilhelms III. lautete *Neutralitätspolitik*. Mehrmals hatte Preußen Pläne zur Zusammenarbeit mit Rußland und Österreich gegen Napoleon verworfen, was zum mutigen diplomatischen Plan des Fürsten Adam Czartoryski führte, der den antipreußischen Plan mit dem antinapoleonischen verband, um die polnische Gebiete unter dem russischen Zepter Kaiser Alexanders I. zu versammeln. Dieser entschied sich jedoch für die Erneuerung des traditionellen preußisch-russischen Bündnisses und verlieh bei seinem überraschenden Besuch in Berlin in der Nacht vom 4. zum 5. November 1805 am Grabe Friedrichs II. in Potsdam in Anwesenheit Königin Luises dem von Preußen, Österreich und Rußland am 3. November 1805 unterzeichneten antifranzösischen Vertrag feierlichen Nachdruck. Preußen kam zwar seinen Bündnisverpflichtungen nicht nach, indem es das preußische Vorgehen gegen Napoleon bis zum Moment des entscheidenden französischen Sieges über die verbündeten österreichischen und russischen Armeen in der *Dreikaiserschlacht* bei Austerlitz am 2. Dezember 1805 verzögerte, der Preußen zur Wahrung der Neutralität veranlaßte. Napoleon wußte jedoch zu gut von der potentiellen Bedrohung von dieser Seite. Die preußische Kriegsentscheidung nach einer erneuten Verständi-

146 Vgl. A. Simsch: Die Wirtschaftspolitik des preußischen Staates in der Provinz Südpreußen 1793-1806/7. Berlin 1983, S. 248f.

gung mit Rußland wurde von der Kriegspartei in der Umgebung des Königs erkämpft, der in einem für Preußen ungünstigen Moment Frankreich am 26. September 1806 ein Ultimatum stellte und am 9. Oktober 1806, unterstützt nur von deutschen Klein- und Mittelstaaten, militärisch unvorbereitet den Krieg erklärte.

In seiner unentschlossenen und gefährlich wechselhaften Außenpolitik zählte Friedrich Wilhelm III. auf die Reputation der preußischen Armee, obwohl die Ereignisse der Jahre 1792-1794 gezeigt hatten, daß sie viel von ihrem früheren Leistungskraft verloren hatte. Preußen blieb beim friderizianischen Militärmodell, das von anderen Ländern nicht nur adaptiert, sondern unter dem Eindruck der Erfahrungen des amerikanischen Unabhängigkeitskrieges und der mit ungewöhnlichem Elan durch das revolutionäre Frankreich geführten Kriege transformiert worden war. Die preußische Armee war dagegen unter der Führung von Generälen, die ihre Offiziersausbildung in den Jahren nach dem Siebenjährigen Krieg erhalten hatten und ihre Führungsqualitäten nie in einem großen Krieges hatten überprüfen müssen, verknöchert. Die Reformpläne, die vor 1806 vor allem von Knesebeck, Scharnhorst und von Courbière entwickelt hatten, blieben ergebnislos. Der preußischen Armee, die eine typische Armee des *ancien régime* geblieben war, stand die Napoleonische Armee gegenüber, die, national und revolutionär, sich durch bewußte Disziplin und neue Militärtechnik auszeichnete: *"Die schlimmsten Wirkungen der überlebten Junkerherrschaft zeigten sich gerade auf dem Gebiet, auf dem sich der preußische Adel unfehlbar und unbesiegbar wähnte, auf dem Gebiet des Heerwesens."*[147]

Insgesamt war der Feldzug von 1806 gegen Frankreich schlecht vorbereitet und schlecht geführt. Der preußische Oberbefehlshaber, der greise Herzog Karl Wilhelm Ferdinand von Braunschweig, war den Anforderungen nicht mehr gewachsen, so daß Napoleon die preußische Armee, die in völliger Desorganisation widerstandslos auseinanderbrach, in der Doppelschlacht bei Jena und Auerstedt am 14. Oktober 1806 leicht schlagen konnte. Der preußische Rückzug wurde zur panischen Flucht, und das unverteidigte Berlin fiel in französische Hände. Der Gouverneur von Berlin, von Schulenburg, ermahnte beim Einmarsch der französischen Truppen die Einwohner: *"Ruhe ist die erste Bürgerpflicht!"* Der weitere Feldzug fand bereits unter Beteiligung starker russischer Hilfstruppen hauptsächlich auf dem Gebiet Ostpreußens im Winter 1807 statt und endete trotz hoher Verluste mit einem französischen Sieg, was den Weg zu diplomatischen Verhandlungen eröffnete, die am 9. Dezember 1807 mit dem Frieden von Tilsit abgeschlossen wurden. Königin Luise schrieb damals, Preußen sei auf dem Lorbeerkranz Friedrichs des Großen eingeschlafen.

---

147 J. Streisand: Deutschland von 1789 bis 1815. (Lehrbuch der deutschen Geschichte; 5). 4. Aufl. Berlin 1977, S. 134.

## 8. Im Zeichen der Aufklärung:
Die Kultur Preußens im 18. Jahrhundert

Auch wenn sich bestimmte barocker Prägungen noch längere Zeit hielten, geriet die Geisteskultur Preußens im 18. Jahrhundert relativ schnell unter den Einfluß der deutschen Frühaufklärung, deren Hauptzentrum damals neben dem sächsischen Leipzig das preußische Halle und Berlin wurden, in der Jugendzeit Friedrichs II. besonders das Berlin der französischen Hugenottenkolonie. Mit der Herrschaft Friedrichs II. können wir in Preußen von der Zeit der entfalteten Aufklärung sprechen. Sie wirkte bis an das Ende des 18. Jahrhunderts, auch wenn sich bereits nach dem Tode des Königs (1786) die Reaktion gegen die Ideen der Aufklärung artikulieren konnte, aus der um die Jahrhundertwende die preußische Romantik mit deutlich gegenaufklärerischem Charakter hervorging. Die sechziger und siebziger Jahre des 18. Jahrhunderts waren die Zeit der vollen Blüte und Dynamik des Geistes der Aufklärung in Preußen dar.

Die letzten Regierungsjahre Friedrichs I. begünstigten die Entwicklung von Geisteskultur und Kunst in Preußen. Die unter der Leitung von Leibniz gegründete Akademie der Wissenschaften entwickelte sich, die Universität Halle erlebte eine Blüte unter den noch verbündeten Kräften von Aufklärung und Pietismus, während in Berlin die *Kolonie* der Hugenotten die Ideen der französischen und holländischen Frühaufklärung verbreitete. Die von Leibniz vertretene optimistische Philosophie des Menschen trug entscheidend zur Emanzipation der Philosophie von der Vorherrschaft der Theologie bei, und Thomasius betonte die Notwendigkeit, nach dem Glück der Menschen zu streben, begründete den Utilitarismus und zeigte die Rolle der Praxis bei der Verifikation wissenschaftlicher Theorien. Zu den besonderen Merkmalen der deutschen Frühaufklärung muß man auch in Preußen ihren starken theologisch-philosophischen Charakter rechnen, der mit bedeutenden pädagogischen Interessen verbunden war. Der Utilitarismus der Aufklärung sollte in Preußen zur Betonung des Reformweges - und nicht der Revolution - führen und ihm den gemäßigt fortschrittlichen Charakter verleihen, der so gut der preußischen Monarchie Friedrich Wilhelms I., dem rein ideologische Fragen völlig fremd waren, und Friedrichs II., der persönlich durch Wort und Tat die Ideen seiner Epoche beeinflußte, entsprach.[148]

Friedrich Wilhelm I. hatte fast völlig auf die Möglichkeiten staatlicher Kulturförderung und königlichen Mäzenatentums verzichtet, so daß die Kultur seiner Epoche vor allem ein Werk und eine Angelegenheit bürgerlicher Kreise wurde: das Bürgertum, das das ganze 18. Jahrhundert lang wenig im Staat zu sagen hatte, betrachtete seine Kultur als Umweg zum Aufbau einer eigenständigen Position im Leben der Gesellschaft. In diesem Sinne waren die Geisteskultur und ihre Entwicklung Waffen der Politik, und die kulturelle Rolle des preußischen Bürgertums kompensierte und verdeckte vielfach seine Schwäche im politischen und gesellschaftlichen Leben der Epoche. Trotz - und wegen - des fehlenden Interesses des Herrschers an der Entwicklung der intellektuellen Kultur und der

---

148 Vgl. allgemein *Aufklärung in Deutschland*. Hrsg. von Paul Raabe. Bonn 1979.

Kunst seiner Zeit entwickelte sich unter der Regierung Friedrich Wilhelms I. die Kultur des bürgerlichen Berlin ähnlich wie das intellektuelle Leben der Zentren der Frühaufklärung in Halle und Königsberg langsam, aber systematisch.

Vorläufer der preußischen Aufklärung waren Gelehrte wie Leibniz und Pufendorf. Ein großer Denker und Vorkämpfer der Frühaufklärung war Christian Thomasius, der Philosoph und Jurist, Professor in Halle und Lehrer des hervorragendsten Philosophen der deutschen Aufklärung, Christian Wolff. Thomasius brach als erster in Deutschland 1687 in Leipzig mit der Tradition der Universitätsvorlesungen in lateinischer Sprache. Wolff veröffentlichte das erste philosophische Werk in deutscher Sprache. Sicherlich kann man im 18. Jahrhundert schwerlich von einer spezifisch preußischen Kultur sprechen, wenn man an die Entwicklung der Strömungen des geistigen Lebens der Epoche denkt, in der ein mächtiger kosmopolitischer Geist herrschte, der sich in ganz Europa vor allem auf den enormen Einfluß der französischen Kultur ("l'Europe française") stützte. Die deutsche Kultur, die sich durch die Grenzen innerhalb des Heiligen Römischen Reiches deutscher Nation nicht einengen ließ, wurde weiterhin durch einem starken Polyzentrismus, aber auch einen hohen Grad an Regionalismus charakterisiert.

Die Hauptlinien der Kulturentwicklung im preußischen Staat des 18. Jahrhunderts betrafen selbstverständlich die deutschsprachige Bevölkerungsmehrheit. In welchem Maße die preußische Kulturentwicklung die nichtdeutschen Untertanen, z.B. die Polen in den polnischen Teilungsgebieten oder litauische Minderheit in Ostpreußen beeinflußt hat, kann an dieser Stelle nicht untersucht werden. Friedrich II. war mißtrauisch gegen alle von der Mehrheit abweichenden Entwicklungen, sah er doch in ihnen einen den Staat desintegrierenden Faktor. Er hoffte, das preußische Staatsbewußtseins durch die Erziehung in deutscher Sprache festigen zu können, und schränkte der Rolle der katholischen Kirche in den polnischen Gebieten aus Angst, sie könnte polnische politische und nationale Ambitionen fördern. So wirkte die Politik Friedrichs II., auch wenn er noch nicht die Ziele des deutschen Nationalismus des 19. Jahrhunderts, sondern die zivilisatorische Mission des preußischen Staates verfolgte, in der Praxis besonders in Schlesien und in Westpreußen germanisierend.

Die Kultur Preußens konnte sich in der Zeit Friedrich Wilhelms I. nicht der Kreativität rühmen. Wenn der König in gewissem Umfang - aber ohne finanziellen Aufwand - die Entwicklung der Erziehung, insbesondere der Volksbildung, unterstützte, wenn sich die Universität in Halle entwickelte, die Medizin und andere praxisbezogene, utilitär aufgefaßte Wissenschaften, so kann in derselben Zeit schwerlich die Rede von einer Entwicklung von Literatur, Kunst oder Theaters in Preußen sein. Die Literatur befand sich bis Mitte des 18. Jahrhunderts im vollkommenen Verfall. Das Theater wurde aus puritanischen Gründen bekämpft; es waren lediglich Opernvorstellungen italienischer Ensembles zugelassen. Auch die Musik entwickelte sich ohne königliches Mäzenatentum sehr langsam. Insgesamt war Berlin vor 1740 eine künstlerische Ödnis: Künstler wurden nicht unterstützt, Kunstwerke nicht gekauft. Lediglich die französische Kolonie in Berlin entwickelte in größerem Umfang ein kulturelles Interesse. Mit der Zeit jedoch, begann sich auch in Berlin Schritt für Schritt die intellektuelle Kultur - vor allem im Dienste des Bürgertums und seiner Ideale - zu entwickeln. Medium des Ausdrucks dieser Ideale wurden die *moralischen Wochenschriften*, die eine Welt der bürgerlichen Tugenden entwarfen und die *Botschaft der Tugend* verkündeten.[149]

Friedrich II. war künstlerisch und literarisch sehr interessiert. Er liebte es, die Flöte zu spielen, komponierte und war vor allem ein sehr fruchtbarer und vielseitiger Schriftsteller, der zahlreiche Schriften zu Philosophie, Politik und Geschichte, aber auch literarische Werke hinterlassen hat. Literarische Bewertung und philosophischer Gehalt dieser Werke mögen umstritten sein, doch verdient der König, der sich in seinem Sommerschloß *Sanssouci* mit einem ausgewählten Kreis zu intellektueller Unterhaltung umgab, vor dem Hintergrund seiner Epoche auch als schaffender Künstler und Intellektueller Beachtung. In dem Kreis des Königs hielten sich zu unterschiedlichen Zeiten so bekannte Persönlichkeiten wie Voltaire oder der Fürstbischof von Ermland und polnische Dichter Ignacy Krasicki auf; den König besuchten besonders in der Zeit nach Beendigung des Siebenjährigen Krieges prominente Gäste aus ganz Europa. In seinem literarischen Schaffen verblieb Friedrichs II. ausschließlichen im Schatten der französischen Kultur, so wie auch die Sprache seines Alltags und seiner Schriften die französische war: *"Friedrichs Vorliebe für die französische Aufklärung [hatte] den unschätzbaren Vorteil, daß sich die Aufklärung in Preußen vom König relativ unreglementiert entwickeln konnte."*[150]

Trotz der relativen Bedeutung von provinziellen Zentren wie Königsberg kann man die preußische Aufklärung mit der Berliner Aufklärung identifizieren. Die kulturelle Entwicklung der Hauptstadt Preußens bestimmte das Bild und den Ertrag der Kultur im friderizianischen Staat. Für die deutsche Kultur war das Berlin jener Zeit ein bedeutendes Zentrum der Verbreitung der Ideen der Aufklärung mit einer breit gefächerten Publizistik und einem ausgeprägten Zeitschriftenwesen, ein Zentrum der Verbreitung deutscher und fremder Bücher. Dieses Zentrum von Bildung und Wissenschaft brachte ein dynamisches, wenn auch nicht durch große Namen beeindruckendes intellektuelles Milieu hervor, doch sind bei der Charakterisierung der Berliner Aufklärung zwei Männer zu nennen: der Schriftsteller, Publizist und Herausgeber Friedrich Nicolai (1733-1811) und der Philosoph und Schriftsteller Moses Mendelssohn (1729-1786).[151]

Nicolai war als Mensch eine Institution, ein reger Kaufmann, Verleger und Buchhändler, ein Intellektueller mit Sinn für das Geschäft, was viele seiner bedeutenden kulturellen Initiativen wesentlich bestimmte. Seit 1765 war die von ihm herausgegebene »Allgemeine deutsche Bibliothek« die wichtigste Zeitschrift

149 Vgl. W. Martens: Die Botschaft der Tugend. Stuttgart 1971.

150 H. Möller: Königliche und bürgerliche Aufklärung. In: Preußen. Versuch einer Bilanz, Bd. 2, S. 129.

151 Vgl. allgemein H. Möller: Aufklärung in Preußen. Der Verleger, Publizist und Geschichtsschreiber Friedrich Nicolai. Berlin 1974.

der deutschen Aufklärung. Nicolai verkörperte den Geist der Zeit: die Ideale der religiösen Toleranz, Menschlichkeit, Rationalismus. Er verkündete die Notwendigkeit der Entwicklung einer allgemeinen Erziehung und der Entwicklung der Wissenschaften und kämpfte gegen Vorurteile. Um seine Zeitschrift versammelte er kämpferisch antiklerikale (vor allem antikatholische), kritische Stimmen mit spitzer Feder. Höhepunkt der Berliner Aufklärung waren die fünfziger und sechziger Jahre, als Lessing 1748-1767 mit Unterbrechungen einige Jahre lang in Berlin wirkte. Um ihn, Nicolai, Mendelssohn und dem Dichter Karl Wilhelm Ramler entwickelte sich ein lebhaftes intellektuelles Leben. Der Philosoph Moses Mendelssohn, der erste große jüdische Intellektuelle in der deutschen Kultur, wirkte seit 1743 in Berlin. Das Vorbild *Nathans des Weisen*, ein enger Freund Lessings, war ein hervorragender Schriftsteller, Ästhet, Schöpfer einer eleganten deutschen philosophischen Wissenschaftsprosa. Er war vielleicht nicht so sehr Philosoph, sondern vielmehr ein origineller Popularisator der philosophischen Problematik und führte die Philosophie in die schöngeistige Literatur ein.

Friedrich II. ging in die Geschichte als Initiator der Politik religiöser Toleranz und Fürsprecher der Pressefreiheit ein. Eine solche Darstellung ist nicht unbegründet, auch wenn eine detaillierte Überprüfung den mit ihr verbundenen Enthusiasmus vieler Apologeten Friedrichs wesentlich einschränken muß. Wie erwähnt, führte Preußen seit der Zeit des Großen Kurfürsten eine Politik der Religionstoleranz, was die Diskriminierung der katholischen Kirche, der Staatskirche fernstehender protestantischer Gruppen oder der Juden als konfessionelle Gruppe nicht ausschloß. Friedrich II., der die soziale Rolle der Religion zu schätzen wußte, war konfessionell höchst indifferent und orientierte sich in seiner Toleranzpolitik ausschließlich am von ihm selbst bestimmten Interesse des Staates. Trotzdem bedeutete die religiöse Toleranz in Preußen in der Mitte des 18. Jahrhunderts, als das katholische Österreich noch die - von Preußen aufgenommenen - protestantischen Salzburger und Zillertaler vertrieb, im Vergleich mit anderen Staaten des damaligen Europa eine große Errungenschaft. Ohne Zweifel hat diese Politik der religiösen Toleranz eine positive Rolle in der deutschen Kulturgeschichte gespielt.

Komplizierter war das Problem der Zensurfreiheit für Druckschriften, insbesondere der Pressefreiheit, unter der friderizianischen Herrschaft. Bei seinem Regierungsantritt proklamierte Friedrich II. öffentlich die Pressefreiheit: Zeitungsredakteure sollten das Recht haben, ihre Schriften ohne Vorzensur zu drucken. Im Prinzip blieb die milde Zensur und eine Art Pressefreiheit nur in den Jahren 1740-1743 erhalten. Seit 1743 wurde die friderizianische Zensur besonders für Tagesschriften erneut allgemeine Vorschrift. Sie wurde insbesondere in politischen Fragen Bereich streng gehandhabt und mit der Zeit - insbesondere während des Siebenjährigen Krieges - sogar noch verschärft. Dagegen blieb unter Friedrich II. die beinahe unbeschränkte Freiheit der wissenschaftlichen und religiös-philosophischen Diskussion erhalten.

An der Schwelle der achtziger Jahre wurde der alternde Nicolai - ähnlich wie Friedrich II. - Zeuge einer Krise der deutschen Kultur der Aufklärung, die wesentlich eine Krise ihres Berliner Zentrums war. Neue Tendenzen mit anderer ästhetischer und philosophischer Programmatik waren nicht mehr zu übersehen. Eng verbunden mit spezifischen literarischen Haltungen verdeutlichten sich zwei konträre sozio-politische Reaktionen auf die friderizianische Ära: die reaktionäre Strömung der Gegenaufklärung und radikal-revolutionäre Tendenzen, die nach 1789 voll zutagetreten sollten.

Die Berliner intellektuellen Salons höherer friderizianischer Beamter und Freimaurer, Clubs, offene und halböffentliche Gesellschaften wie der *Montags-Club* bestimmten die lebendige Entwicklung der Berliner Kultur in der friderizianischen Zeit und schufen die Bedingungen für ihre freiere Entwicklung. Erst nach dem Tode Friedrichs II. entwickelte sich in Berlin die Blüte der deutschen Kultur; erst jetzt bildete sich hier eine breitere intellektuelle Elite heraus. In Berlin hielten sich die Gebrüder Schlegel und Chamisso auf, Wissenschaft und Philosophie repräsentierten Wilhelm und Alexander von Humboldt, Schleiermacher und Novalis. Diese jüdisch-französisch-deutsche intellektuelle Gesellschaft der Frühromantik und Spätaufklärung versammelte sich in den Salons von Henriette Herz und von Rahel Levin, später verehelichter Varnhagen von Ense.[152]

Die lange Herrschaft Friedrichs II. fiel in der Geschichte der deutschen Kultur mit einer Phase besonders schneller Veränderungen zusammen. Wohl nirgends waren sie deutlicher als in der schöngeistigen Literatur. Die Jugendjahre Friedrichs fielen in die bis etwa 1725 dauernde erste, zögernde Phase der deutschen Literatur der Aufklärung, die nur mit Mühe die barocken höfischen Traditionen abstreifen konnte. Bis etwa 1750 dominierte danach in der Literatur der deutschen Länder die mit dem in Leipzig wirkenden Reformer der deutschen Poetik, des deutschen Theaters und der deutschen Sprache im neoklassischen Geist Johann Christoph Gottsched (1700-1766) verbundene Richtung vor. Er vertrat in Kunst und Leben die Leitsätze der bürgerlichen Aufklärung und blieb ein Künstler von mittlerem Rang; sein literarischer Dogmatismus führte zu einer schnellen Erstarrung seiner Richtung, die jedoch bei der Überwindung der Rückständigkeit der deutschen Literatur und insbesondere in der Entwicklung der deutschen Sprache eine wichtige Rolle spielte.

In der Regierungszeit Friedrichs entwickelte sich in der Blütezeit der deutschen Aufklärung (1750-1770) eine richtungsweisende Gruppe von Schriftstellern: Lessing, Klopstock, Wieland, Winckelmann und Nicolai. Sie stellen in der deutschen Literatur und Kultur die besten Errungenschaften der friderizianischen Zeit vor, auch wenn man sie insgesamt weniger mit der Geisteskultur Preußens in Verbindung bringen kann als mit der allgemeinen Kulturentwicklung in den komplizierten und manchmal sonderbaren politischen Grenzen der deutschen Länder. Gegen Ende der Regierung Friedrichs II. begann in der deutschen Literatur die Zeit des *Sturms und Drangs* - mit den jungen Goethe, Herder

152 Vgl. I. Drewitz: Berliner Salons. Gesellschaft und Literatur zwischen Aufklärung und Industriezeitalter. Berlin 1979.

und Schiller. Keine der anerkannten literarischen Größen der Zeit wie Wieland, Klopstock, Lessing, Herder oder Winckelmann und niemand aus der aufkommenden neuen literarischen Generation eines Goethe oder Schiller war mit dem preußischen Staat und seiner Kultur näher verbunden. Der in Königsberg wirkende Immanuel Kant blieb am Rande des offiziellen Kulturlebens: Friedrich II. persönlich verwarf 1765 seine Kandidatur auf einen Lehrstuhl an der preußischen Hauptuniversität Halle mit der Begründung, seine Verdienste und Gelehrsamkeit reichten nicht aus...

Erlebte die deutsche Literatur in der Lebenszeit Friedrichs II. große, zum Teil heftige Veränderungen, so blieb die allgemeine Kulturentwicklung in der friderizianischen Zeit eher kontinuierlich, seit dem zweiten Viertel des 18. Jahrhunderts bis zur Zeit der Gegenaufklärung nach dem Tode Friedrichs vor allem eine Formation des *Jahrhunderts des Lichts*. Friedrich II. verachtete die deutschsprachige Literatur und die deutsche Sprache sein Leben lang. Er hielt die Sprache für grob, unklar, wenig anmutig und wenig bildhaft und die Literatur für ein Werk langweiliger Menschen, von Pastoren und Pedanten. Die Vorstellung einiger Schriftsteller, die deutsche Literatur könnte sich auf irgendeiner Ebene mit der französischen messen, amüsierte ihn geradezu: Die zivilisatorische Nachrangigkeit der deutschen Kultur blieb für ihn bis ans Lebensende ein Dogma.

Die Siege Friedrichs im Siebenjährigen Krieg enthusiasmierten - Vorstufe eines allgemeindeutschen Nationalbewußtseins - die Öffentlichkeit in den meisten deutschen Territorien für Friedrich II. Diese Begeisterung profitierte von der Faszination großer Taten und der allgemeinmenschlichen Tendenz, Sieger und andere Günstlinge des Schicksals zu preisen, aber auch von dem Bedürfnis, das Defizit an "Helden" in der deutschen Politik der Zeit auszufüllen. Neben die preußischen Literaten und die authentischen Sänger der friderizianischen Schlachten wie Gleim und Ewald Christian von Kleist traten zahlreiche nichtpreußische Dichter und Schriftsteller. Das preußische Gefühl des Staatspatriotismus brachte im Jahre 1761 Thomas Abbt in seinem poetischen Werk »Vom Tode fürs Vaterland« zum Ausdruck.

Die Monarchie des aufgeklärten Absolutismus förderte die Erziehung aus ideologischen Gründen, als Methode des ideologischen Drucks auf den Untertan und vor allem als Element der Wirtschaftsentwicklung. An der Wende vom 17. zum 18. Jahrhundert entstand in Deutschland innerhalb des Pietismus eine neue pädagogische Doktrin: die Theorie der Volksschule und die damit verbundene Theorie der Realschule, die in Richtung eines utilitaristischen und lebensnahen Schulwesens ging. Johann Julius Hecker (1708-1768), ein Schüler des Pietisten Francke, gründete 1747 in Berlin die erste *ökonomisch-mathematische Realschule* und schuf damit in der ersten Hälfte des 18. Jahrhunderts den Ausgangspunkt für viele preußische Bildungsreformen. Weniger entscheidend als der Wechsel der Ziele und der pädagogischen Methoden war dabei die Einsicht in die Notwendigkeit, zumindest eine elementare Bildung in der gesamten Bevölkerung zu verbreiten.

Preußen war der erste Staat in Europa, der ernsthaft das Prinzip der öffentlichen Erziehung der Bevölkerung aufgriff. Begonnen hatte damit Friedrich Wilhelm I., der in seiner Schulordnung erstmals - zumindest programmatisch, wenn auch nicht als reales Prinzip - den Begriff einer allgemeinen Elementarschulpflicht benutzte. In seinen letzten Regierungsjahren Friedrich Wilhelms I. wurden dank der in Halle entwickelten pietistischen Konzeption und der dort im Pädagogium Franckes ausgebildeten Lehrer bedeutende Erfolge bei der Entwicklung der Volksschule in den Ostprovinzen erzielt. Die in der friderizianischen Zeit entwickelten Grundsätze der öffentlichen Erziehung stellten den Staat vor ein Bündel schwieriger Probleme wie das Verhältnis von Staat und Kirche in der Erziehung, die Einstellung der Grundbesitzer zur Volksbildung, die Finanzierung von Schulgebäuden, Lehrern und Lehrbüchern. Bereits damals wurde für die Schule der Auftrag formuliert, sie solle lesen und schreiben lehren und dabei die Untertanen zum Wehrdienst vorbereiten, wobei das Grundelement der Erziehung die Religion und die Erziehung zur Treue zum preußischen Staat sein sollte, wie der Minister Karl Abraham von Zedlitz-Leipe (1731-1793), der 1787 eine umfassende Schul- und Bildungsreform im aufgeklärten Geist initiierte, es ausdrückte: *"Patriotismus muß, nach meinen Begriffen, wie die Religion gelehrt werden"*.[153]

In den Attacken auf die Politik der Förderung von Bildung und Erziehung entstand ein Bündnis sozialkonservativer Elemente mit der lutherischen Orthodoxie, die den Pietismus als Bewegung zur religiösen Wiederbelebung bekämpfte. Während der Schlesischen Kriege genoß Bildung keine Priorität, standen auch keine Finanzen für Bildungsinvestitionen zur Verfügung, so daß die Anfänge der Herrschaft Friedrichs II. eher die Entwicklung des Schulwesens hemmten, sie zumindest stagnieren ließen. Mit Fragen der Erziehung beschäftige sich Friedrich ernsthaft erst nach Beendigung des Siebenjährigen Krieges. Ohne Zweifel strebte er ein großes Ziel an, die allgemeine Schulpflicht im ganzen Land. Auf seine Anweisung hin erarbeitete Hecker nach Empfehlungen des Berliner *Oberkonsistoriums* eine allgemeine Instruktion, die der König am 23. September 1763 als *Generallandschulreglement* verkünden ließ. Es dekretierte die allgemeine Schulpflicht für Kinder im Alter von 5 bis 13/14 Jahren, ermahnte die Grundherren, den Dorfkindern den Schulbesuch zu ermöglichen und sah Sanktionen für die Vernachlässigung der Schulpflicht vor. Es wurde nur teilweise in die Praxis umgesetzt, war aber richtungsweisend für die weitere Entwicklung. Die Haushaltsansätze für das preußische Erziehungswesen blieben in den Jahren 1764-1786 insgesamt recht bescheiden, was nicht ohne Einfluß auf die allgemein unbefriedigende Entwicklung bleiben konnte, sollte doch der größte Teil der Ausgaben für das Schulwesen ausschließlich von den lokalen Budgets bestritten werden. Deshalb unterschied sich das friderizianischen Schulwesens sehr stark lokal und regional.

153 Zit. nach Die Volksschule des Obrigkeitsstaates und ihre Kritiker. Texte zur politischen Funktion der Volksbildung im 18. und 19. Jahrhundert. Hrsg. von L. Fertig. Darmstadt 1979, S. 9.

Das katholische Volksschulwesen in Schlesien entwickelte sich dank der Energie des Abtes Johann Ignaz von Felbiger aus Sagan. Das Hauptinteresse Friedrichs II. richtete sich seit 1772 auf Westpreußen und den Netzedistrikt, doch blieben dort, gemessen am persönlichen Engagement des Königs, der aus propagandistischen und politischen Gründen dort die Elementarerziehung der gesamten Bevölkerung in deutscher Sprache einführen wollte, die tatsächlichen Ergebnisse gering, ausgenommen die protestantische Volksschule, die eng mit der Entwicklung der deutschen Kolonisation in den durch Preußen in der ersten Teilung Polens annektierten Gebiete verbunden war. Für die katholischen Schulen für Polen fehlte es an Lehrern, und der Widerstand des polnischen Klerus und der Bevölkerung gegen den deutschsprachigen Unterricht entschied schließlich die Angelegenheit, zumal die Kosten den Bauern und den lokalen Behörden aufgebürdet wurden.

Wenn sich das preußische Schulwesen gegen Ende der Herrschaft Friedrichs II. hinsichtlich neuer Konzeptionen zur Entwicklung der Gymnasien, auf dem Gebiet der Unterrichtsmethodik und bei den Lehrbüchern positiv zu entwickeln begann, war dies das Verdienst des 1771 zum Minister für Kirchen und Schulfragen ernannten Karl Abraham von Zedlitz-Leipe, eines der herausragenden preußischen Bildungsreformer des 18. Jahrhunderts. Gegen Ende der Regierung Friedrichs II. sammelte er um sich eine Gruppe fortschrittlicher Pädagogen wie Gedike, Meierotto und Biester, die das Erziehungswesens an der Wende vom 18. zum 19. Jahrhundert weiterentwickelten. Zedlitz konnte den König auch bewegen, die Reform der wenigen und rückständigen Gymnasien in Preußen, hauptsächlich städtische lutherische Gymnasien mit veraltetem humanistischen Profil oder katholische Klosterschulen, in Angriff zu nehmen.

In seiner programmatischen Kabinettsorder vom 5. September 1779 blieb Friedrich II. seiner Neigung zur Antike treu und forderte einen gründlichen Unterricht in der lateinischen Sprache und in der antiken Literatur. Inhaltlich waren seine Anmerkungen dem Neohumanismus nahe, wie sie in den programmatischen Konzeptionen von Professoren der Universität Göttingen formuliert worden waren, die seit den siebziger Jahren auch von preußischen Pädagogen rezipiert wurden. Klassische und moderne Sprachen, Logik, Philosophie, Geschichte, Bildung von Charakter und Denkfähigkeit - und nicht mechanisches Einpauken von Wissen - und der nachgeordnete zweitrangige Platz des naturwissenschaftlich-mathematischen Unterrichts waren die Empfehlungen Friedrichs II., die die Richtung der preußischen Gymnasialreform bestimmten. Die Reform der Gymnasien verlief langsam und in Stufen, zumal es von Zedlitz erst 1787 gelang, mit dem *Oberschulkollegium* ein eigenständiges Zentralamt für Schulangelegenheiten zu schaffen. In der Zeit nach der zweiten und dritten Teilung Polens lernten die preußischen Schulreformer im *Oberschulkollegium* die Erfolge der polnischen *Nationalen Edukationskommission* in den bis dahin polnischen Gebieten kennen. Sie blieben nicht ohne gewissen Einfluß auf die Bemühungen um das preußische Erziehungswesen an der Schwelle des 19. Jahrhunderts. Die reaktionäre Politik Wöllners führte jedoch dazu, daß in den Jahren 1793-1797 -

ähnlich wie auch später - die organisatorischen und programmatischen Konzepte zur Entwicklung des Erziehungswesens in Preußen ständig wechselten.

Die Lage der Wissenschaften in Preußen war beim Regierungsantritt Friedrichs II. desolat: die Akademie der Wissenschaften hatte Friedrich Wilhelm I. zugrundegerichtet, die Universitäten Königsberg und Frankfurt an der Oder verfielen, die Universität Halle befand sich unter einer allzu rigorosen Kontrolle bigotter Pietisten. Im Lande fehlte es an Atmosphäre und Möglichkeiten für die Entwicklung der Wissenschaften, es fehlte an ausgebildeten Hochschulabsolventen, und wer die Universität abgeschlossen hatte, suchte sich oft eine Stellung unter für Gelehrte günstigeren Bedingungen in anderen deutschen Ländern, vor allem in Sachsen. Die erste mit der Person Friedrichs II. verknüpfte große Aktion war die vollständige Erneuerung der Berliner *Societät der Wissenschaften*, der späteren Akademie, die zu Beginn des Jahres 1744 gründlich im Geist der Aufklärung reformiert wurde. Die den Wünschen des Königs entsprechende Organisation erhielt sie erst, als der brillante Mathematiker und Physiker Pierre Louis Moreau Maupertuis zu ihrem Präsidenten berufen worden war und ihre Statuten verfaßt hatte. Indem er ihr einen neuen französischen offiziellen Namen verlieh, ihr Programm, die Forschungsziele und die Zusammensetzung bestimmte sowie sein ganzes Leben lang eifrig über ihre Arbeit wachte, Finanzmittel zur Verfügung stellte und schließlich sogar aktiv an den Arbeiten seiner Akademie teilnahm, war Friedrich ihr eigentlicher Schöpfer und Leiter. Erstaunlicherweise bestimmte der preußische König bei der Ausgestaltung seiner Akademie der Wissenschaften die Forschungstätigkeit als Hauptziel; er verlieh ihr in den Statuten vom 10. Mai 1746 offiziell den Charakter einer wissenschaftlichen Gesellschaft, in der die französische Sprache als Beratungs- und Publikationssprache verpflichtend war.

Unter Mitgliedern überwogen bis ans Lebensende Friedrichs französische Gelehrte, die der König mit großen Mühen nach Berlin holte. Daneben nahmen damals Schweizer eine führende Position im Wissenschaftsleben Preußens ein, darunter der geniale Mathematiker Leonard Euler (1707-1784), der in den Jahren 1741-1766 in Berlin wirkte, bis er es nach einem Streit mit Friedrich verließ. Erster Akademiepräsident wurde 1741 für lange Jahre der renommierte französische Gelehrtee F. L. Moreau de Maupertuis (1698-1759), der sich des vollen Vertrauens und der Sympathie des Königs erfreute. Viele der Akademiemitglieder kamen allerdings - besonders in der Klasse der schönen Künste und der Philologie, in der Franzosen überwogen - über das geschätzte Mittelmaß nicht hinaus.

Aufsehen erregte gleich in den ersten Tagen seiner Regierung die - sicherlich ostentative - Aufforderung Friedrichs II. an den von seinem Vater aus Halle vertriebenen Philosophen Christian Wolff, nach Preußen zurückzukehren. Die Einladung nach Berlin nahm Wolff nicht an und zog es vor, als Professor nach Halle zurückzukehren, wo er ein hohes Gehalt bezog. Auf diese Weise band Friedrich erneut den damals führenden deutschen Philosophen an seinen Staat und führte die Universität Halle aus der drohenden Verkrustung unter den allzu einseitigen Einflüssen der Pietisten heraus. Trotz des Interesses des Königs entwickelten sich die Universitäten nicht allzu positiv, doch lehrte immerhin seit 1755 mit Immanuel Kant (1724-1804) der herausragende Vertreter der klassischen deutschen idealistischen Philosophie an der Königsberger Universität.

Auf die bildende Kunst seiner Zeit übte Friedrich II. keinen großen Einfluß aus. Berlin wurde - und sei es aus Sparsamkeit - kein Zentrum der bildenden Kunst. Zwei Künstler werden vor allem mit Friedrich verbunden: Antoine Pesne und Georg Wenzeslaus von Knobelsdorff. Pesne (1683-1757), seit 1711 in Berlin, porträtierte als Hofmaler beinahe die gesamte Umgebung Friedrichs II. und schuf außerdem dekorative Wandkompositionen in seinen Schlössern. Knobelsdorff (1699-1753), der sich seit 1729 in Berlin aufhielt, war vor allem Architekt. Als Zeichner und Maler illustrierte er die Sonderausgabe der »Henriade« Voltaires für Friedrich II. Nach der zuendegehenden Barockarchitektur entwickelte er das *friderizianische Rokoko*, nach dem sich erst der Klassizismus als Baustil in den deutschen Ländern durchsetzte. Die Architektur der Zeit entwickelte sich nicht ohne persönlichen Einfluß des Königs auf spezifische Weise. Der militärisch-praktische preußische Geist blieb nicht ohne Einfluß auf die Entwicklung des Klassizismus beim Bau staatlicher Gebäude. Friedrich war nach eigener Aussage in die vornehme Einfachheit der griechischen Architektur verliebt und glaube, daß gerade Knobelsdorff sie vor seinen Augen erneuerte.

Neben Knobelsdorff war Daniel Chodowiecki (1726-1801) der wesentliche Künstler der friderizianischen Ära in Berlin. Der Danziger, väterlicherseits polnischer sowie französischer und deutscher Herkunft, wirkte von 1743 bis zu seinem Tode in Berlin, wo er sich der französischen Kolonie, in der er Verwandte hatte, anschloß. Der Schüler Le Pesnes stand künstlerisch unter französischem Einfluß und brachte vor allem als ausgezeichneter Zeichner, Kupferstecher und genialer Illustrator die Tendenzen des Bürgertums in der Zeit der Berliner Aufklärung zum Ausdruck. Sein Realismus, die Schärfe seiner Gesellschaftsbeobachtung, satirische Neigungen, subtile Ironie und Moralisierung drückten den Geist der Epoche künstlerisch aus. Auch wenn er nicht über die Aggressivität eines Hogarth oder die Radikalität mancher französischer Graphiker der Zeit verfügte, war Chodowiecki relativ weit von der eleganten Welt Sanssoucis entfernt. Friedrich II. interessierte sich nicht näher für den Künstler, der in hunderten von Stichen und Zeichnungen den Alltag der friderizianischen Zeit vielleicht am besten festgehalten hat.

Das relativ lebhafte Theaterinteresse des jungen Friedrichs konzentrierte sich auf das französische Theater und die italienische Oper. In der friderizianischen Ära entwickelte sich auch in Preußen das deutsche Theaterleben zunächst unter den Leipziger Reformeinflüssen der Neuberin und Gottscheds. In der zweiten Jahrhunderthälfte setzte sich das deutsche Drama durch: Lessings »Emilia Galotti« wurde 1781 zu seinen Ehren in Berlin aufgeführt, zwei Jahre feierte das Berliner Publikum die Aufführung von Schillers »Räubern«, die - nicht ohne Proteste konservativer Kreise - 15 Aufführungen erlebten. Der Bau des Opern-

A. Menzel, Illustration zu F. Kugler: Geschichte Friedrichs des Großen (vgl. S. 382f.)

hauses *Unter den Linden* wurde 1741 begonnen; am 7. Dezember 1742 fand dort bereits die erste Aufführung statt. Akustik, Beleuchtung, Sicherheitsvorkehrungen waren ausgezeichnet. Im Sommer spielte die Oper gelegentlich für Friedrich in Potsdam. Der König entschied alle Theaterangelegenheiten persönlich, warb Künstler aus ganz Europa an, achtete allerdings dabei stets auf Sparsamkeit.

Unter Friedrich Wilhelm II. begann in Berlin die Blüte der Architektur und der bildenden Künste, der Musik und des Theaters. Mozart und Beethoven weilten damals neben anderen zeitweise in Berlin. Hier hatte endlich die Zeichenkunst Chodowieckis Erfolg: Im Jahre 1786 fand die erste öffentliche Ausstellung seiner Arbeiten in der Berliner Akademie der Künste statt. Nach englischem Vorbild entwickelte sich in sentimentaler und vorromantischer Atmosphäre die Gartenkunst und der Landhausstil. Unter den Architekten am Ende des Jahrhunderts ist vor allem Carl Gotthard Langhans (1732-1808) zu nennen, unter den Bildhauern Johann Gottfried Schadow (die *Prinzessinnengruppe* von 1796 ist sein Werk). Das *Brandenburger Tor*, bis heute Symbol für die Stadt Berlin, wurde von Langhans in den Jahren 1789-1791 ausgeführt. Die in vielen Städten Preußens zu findenden klassizistischen Denkmäler Gottfried Schadows waren Ausdruck des strengen, zugleich aber auch dynamischen Klassizismus der Zeit. Die bahnbrechenden Projekte eines anderen Architekten der Zeit, Friedrich Gilly (1771-1800), wurden dagegen im wesentlichen nicht realisiert.

# IV.
# Reformzeit, Restauration und Revolution
1807-1850

## 1. Zur Periodisierung

Nach der Niederlage von 1806 und dem Frieden von Tilsit, der das Staatsterritorium erheblich verkleinerte und das Land unter schwerem napoleonischen Druck beließ, begann in Preußen die Zeit der großen Reformen. Es entstand eine Gruppe von Reformern, die Teile der Gesellschaft, insbesondere aus Intelligenz, Bürokratie und Bürgertum, mit sich zog und der es gegen Hindernisse gelang, die sozialen und politischen Reformen der Jahre 1807-1813 zu initiieren, die nach den beiden wichtigsten Reformern als *Stein-Hardenbergsche Reformen* bezeichnet werden. Der Krieg gegen Frankreich nach Napoleons Niederlage vor Moskau 1812 bremste die Reformpolitik, und die veränderten Bedingungen nach der Unterzeichnung der Wiener Kongreßakte 1815 machten die Verwirklichung geplanter Reformen unmöglich und führten dazu, daß die sich bereits in der Durchführung befindenden Reformen wie die Agrarreform im Sinne der konservativen Politik verändert wurden. Gleichzeitig blieb jedoch Staatskanzler Karl August Fürst von Hardenberg (1750-1822) an der Macht, der sich auch nach 1815 noch zu gemäßigten Reformen im Inneren bekannte. Auf grundlegende Reformen wie die Einführung eines konstitutionellen Systems, zu der sich Friedrich Wilhelm III. mehrfach feierlich verpflichtete, mußten die Bürger Preußens noch lange warten.

Strittig ist, ob die Stein-Hardenbergschen Reformen bis 1819 wirksam waren, als nach Preußens Bindung an die vom österreichischen Staatskanzler Metternich initiierten *Karlsbader Beschlüsse* vom 20. September 1819 und nach der darauf folgenden *Kabinettskrise* durch den Rücktritt des Heerresreformers Hermann von Boyen (1771-1848) als Kriegsminister und des Bildungsreformers Wilhelm von Humboldt (1767-1835) als Minister für ständische und kommunale Angelegenheiten im Innenministerium Preußen den Weg reaktionärer Politik betrat, oder aber bis 1821, als die Verfassungspläne Hardenbergs endgültig scheiterten und er seinen politischen Einfluß verlor. Die Reformära im eigentlichen Sinne dauerte von 1807 bis 1815, danach vermischten sich ihre Linien mit den deutlichen Restaurationstendenzen des Bündnisses der *Heiligen Allianz*, das die auf dem Wiener Kongreß festgelegte Ordnung zementieren wollte und jeglichen Versuch, an Ziele und Errungenschaften der Französischen Revolution anzuknüpfen, rücksichtslos bekämpfte. Läßt sich die politische und soziale Entwicklung in die Reformzeit 1807-1815, in Restauration und Vormärz 1815-1848 und in Revolution und Entstehung des Verfassungsstaates in Preußen (1848-1850) einteilen, so werden die Probleme der geistigen Kultur als langfristige Prozesse für den Gesamtzeitraum 1806-1871, also von Romantik und Biedermeier bis zur Vereinigung Deutschlands 1871, in Kapitel V skizziert.

## 2. Die Stein-Hardenbergschen Reformen

Nach der Niederlage des Jahres 1806 suchte die preußische Regierung mit König und Hofstaat in Ostpreußen Schutz vor den napoleonischen Truppen, um dort die von Rußland zugesagte Hilfe abzuwarten. Der Winterfeldzug 1807 brachte blutige Verluste auf französischer und russischer Seite und endete schließlich am 9. Juli 1807 im Kompromißfrieden zwischen Kaiser Alexander I. und Napoleon Bonaparte in Tilsit, dessen Kosten Preußen in hohem Maße zu tragen hatte. Nur die Diplomatie der Königin Luise erwirkte eine Milderung der Preußen auferlegten Bedingungen: Das preußische Königreich verlor mehr als die Hälfte des bisherigen Territoriums von 346 908 $km^2$ und umfaßte jetzt nur noch 158 000 $km^2$. Die Besitzungen westlich der Elbe gingen einschließlich Magdeburgs verloren, ebenso die polnischen Gebiete aus der zweiten und dritten Teilung sowie einen Teil des Netzedistrikts mit Bromberg, die zum napoleonischen *Herzogtum Warschau* geschlagen wurden, aber auch einige kleinere Besitzungen wie die Herzogtümer Ansbach und Bayreuth. Das Königreich Preußen wurde im wesentlichen auf seine vier Hauptprovinzen Brandenburg, Pommern, Schlesien und Ostpreußen einschließlich eines bedeutenden Teils Westpreußens reduziert. Danzig wurde Freie Stadt unter strenger französischer Kontrolle. Preußen mußte seine Armee auf die Hälfte des Standes von 1740 verringern und eine hohe Kriegskontribution zahlen, bis zu deren Zahlung französische Besatzungstruppen auf preußischen Territorium verblieben.

Die Niederlage offenbarte nicht nur die politische Unfähigkeit der herrschenden Eliten, die Verkrustung der Armee und die Schwäche der Diplomatie, sondern auch eine tiefe Krise des Staates, mit dem sich ein großer Teil der Untertanen nicht mehr identifizierte, was der begeisterte Empfang der französischen Truppen in vielen preußischen Städten, angeführt von Berlin, bezeugt - ganz zu schweigen von den polnischen Gebieten, wo sie als "Befreier" aufgenommen wurden. Die Reformer, die Preußen nach der beispiellosen Niederlage wieder aufbauen wollten, waren der Ansicht, daß die Erneuerung des Staates Preußen nicht ohne tiefgreifende soziale, rechtliche und politische Reformen zu verwirklichen wäre; sie wollten die Untertanen des preußischen Königs zu am Schicksal ihres Staates und an dessen Verteidigung interessierten Staatsbürgern machen. Dazu waren nach ihrer Meinung der Umbau der feudalen in kapitalistische Verhältnisse nötig, war die Verbesserung der Lage des Bürgertums und insbesondere der erbuntertänigen Bauern unabdingbar. Organisatoren der preußischen Staats- und Gesellschaftsreform waren vor allem die Kreise der Beamtenschaft, die die Traditionen des aufgeklärten Absolutismus in einem im neuen - besonders im ökonomischen Bereich - liberalen Geist fortführten. Es waren liberale Politiker adeliger Herkunft, Junker, und besonders die intellektuelle Elite des Bürgertums im Dienste des preußischen Staates. Angesichts der Schwäche des Bürgertums in Preußen spielten *"agrargesellschaftliche Führungsschichten und die mit ihr verflochtene Bürokratie [...] in der Entstehungsgeschichte der bürgerlichen Gesellschaft die Rolle von Entwicklungshelfern"*.[1]

Nach der Abtretung der Westgebiete im Jahre 1806 war der unter der Regierung des Königs verbliebene Teil frei von revolutionären Gruppierungen. Die Reformer waren fast ausschließlich mit dem Staatsapparat verbunden oder unterstützten ihn, die Reformgegner waren reaktionär oder konservativ; Anhänger eine radikalen Umgestaltung des Gesellschaftssystems nach französischem Vorbild gab es nicht. Die preußischen Reformen hat man als *Revolution von oben* bezeichnet, die für den preußischen Staat die Rolle der die nicht stattgefundenen Revolution übernahm. Ideologie und Aktivitäten der Reformergruppe, die sich zunächst um den Reichsfreiherrn vom und zum Stein und danach um Hardenberg scharte, sind lange Zeit im nationalistischen Sinne interpretiert worden; die Reformer wurden nicht nur als Preußen, sondern auch als deutsche Patrioten bezeichnet, die Preußens Niedergang abwenden und Deutschland vom "französischen Joch" befreien wollten.

In den letzten Jahren vor der Niederlage von 1806 gab der *im Kabinett* regierende Friedrich Wilhelm III. gab zumeist dem Einfluß seiner Kabinettsräte nach, die unter seiner Regierung eine weit größere Rolle spielten als die Minister. Die Niederlage führte zu einer Welle offener und verborgener Kritik und zu der Forderung, auf die mehrfach vorbereiteten Reformplänen aus der Zeit vor 1806 zurückzugreifen. Die mit den Reformen der Jahre 1807-1813 eröffnete Epoche formte endgültig den Geist des Beamtentums und dessen moralisches Klima, das auf die Ethik der Pflicht in der Tradition der Lehre Kants und auf die Glorifizierung des Staates im Sinne der Philosophie Hegels gestützt war. Letztendlich wurden die Beamten *"zu Priestern des Staates geworden und beanspruchten den höchsten Rang, den das Jahrhundert ihnen verleihen konnte"*.[2] Die führenden Reformer sahen darin das vollkommenste Instrument, um den preußischen Staat in ihren Sinne zu verwirklichen: *Freiheit durch Verwaltung* - so lautete ihre Parole, die die alte paternalistische Behandlung der Untertanen mit dem neuen Geist des Liberalismus verband, wie er durch Kraus in Königsberg verbreitet wurde.

Die Idee der Erneuerung ging von Kreisen innerhalb der Verwaltung aus. Am 10. Juli 1807 wurde mit dem aus Nassau stammenden Heinrich Friedrich Karl Reichsfreiherr vom und zum Stein (1751-1831) ein Beamter zum leitenden Minister des gesamten Ministeriums berufen, der seit langem die Notwendigkeit von Reformen in Preußen vertreten hatte. Ihm vor allem war es zuzuschreiben, daß *"in den Jahren 1806-1813 [...] das Preußen des 19. Jahrhunderts entstanden"* ist.[3] Stein verband in seiner Konzeption französische Erfahrungen mit der Traditionen deutscher ständischer Institutionen. Die faßte er jedoch keineswegs im altständischen Sinne, sondern modern im Sinne einer an englischen Vorbildern

---

1 D. Blasius: Kriminalität und Alltag. Zur Konfliktgeschichte des Alltagslebens im 19. Jahrhundert. Göttingen 1978, S. 10; vgl. allgemein *Preußische Reformen 1807-1820*. Hrsg. v. B. Vogel. Königstein/Ts. 1980.

2 H. Hattenhauer, a.a.O., S. 204.

3 H.J. Schoeps, a.a.O., S. 117.

orientierten Selbstverwaltungskonzeption auf, die die Beteiligung der Staatsbürger am politischen Leben des Landes sichern sollte. Zugleich war er bestrebt, die Kabinettsregierung durch die Zusammenfassung der Regierungstätigkeit in einem dem König verantwortlichen Ministerrat zu ersetzen. Diesen neuen Regierungsstil hatte bereits Minister Karl August von Hardenberg eingeführt, der in der kurzen Übergangszeit von April bis Juli 1807 die Regierung geleitet hatte und auf Druck Napoleons vom König entlassen worden war.

Die Königsberger Mitarbeiter Steins, die die Philosophie Kants mit dem ökonomischen Denken des Königsberger Professors Christian Jacob Kraus, der die Ansätze von Adam Smith fortführte, verbanden, waren häufig radikaler als Stein selbst und übten wesentlichen Einfluß auf die endgültige Form vieler Entscheidungen dieser Jahre aus. Walther Hubatsch hat einen biographischen Überblick der nach Stein und Hardenberg über 40 wichtigsten Reformer dieser Jahre erstellt, von denen die Hälfte aus dem Bürgertum stammte. Die wichtigsten Mitarbeiter Steins kamen aus Ostpreußen, der Provinz mit den am wenigsten rückständigen Agrarverhältnissen Restpreußens, und waren überwiegend mit den wichtigen Städten verbunden, mit Königsberg in Ostpreußen und mit Danzig in Westpreußen.[4]

In der *Königsberger Reformergruppe* überwog die Tradition der Aufklärung. Zur selben Zeit setzte sich in Deutschland die Romantik durch, die nicht nur mit religiöser Erneuerung und der Reaktion gegen die Aufklärung (auch in der Philosophie) verbunden war, sondern vor allem aber mit der Entstehung der modernen deutschen Nationalidee, der Geburt des deutschen Nationalismus. Vorläufer waren Johann Gottfried Herder und Johann Gottlieb Fichte. Nationalismus und Romantik verbanden sich sehr oft mit Traditionalismus und führten zu konservativen, ja reaktionären Gesellschaftsentwürfen. In Preußen jedoch erforderte das Ziel der *Wiedergeburt* des Staates, den Nationalismus mit den Kräften des Volkes zu verbinden - und folglich den Weg sozialer und politischer Reformen. Die Konzepte, Haltungen und Aktionen der preußischen Reformer waren nicht einheitlich, verbanden sie doch die Reformtraditionen der Aufklärung und die Haltung des aufgeklärten Absolutismus mit den neuen Ansichten der Romantik, die sich vielfach auf ihre Weise auf die Vergangenheit beriefen. Stein selbst verband in seiner Person die Widersprüche in den Auffassungen und in den Anregungen, die die preußischen Reformer kennzeichneten.[5] Man kann ihn in jener Zeit als gemäßigten Liberalen charakterisieren, der stark der Tradition verbunden war und, obwohl seine Tätigkeit sich praktisch ausschließlich auf den Dienst im Interesse Preußens konzentrierte, dazu tendierte, in allgemeindeutschen Kategorien zu denken. Später nahm Stein eindeutig konservativere Positionen ein, bei denen jedoch weiterhin liberale Sympathien durchschienen.[6]

---

4 Vgl. W. Hubatsch: Die Stein-Hardenbergschen Reformen. Darmstadt 1977, S. 97-130.

5 Vgl. H. Bock: Karl Freiherr vom und zum Stein. Soziale und nationale Ziele seiner preußischen Reformministerien zur Zeit des napoleonischen Hegemonialsystems. In: Preußische Reformen - Wirkungen und Grenzen (= Sitzungsberichte der Akademie der Wissenschaften der DDR, Jg. 1982, Nr. 1/G), Berlin 1982, S. 5-43.

6 Vgl. J. Droz: Le romantisme allemand et l'état. Paris 1966, S. 179-182.

Die Reformregierung Steins dauerte 14 Monate vom September 1807 bis zur durch Napoleon erzwungenen Entlassung im November 1808. Seine Konzeption hatte Stein im Juni 1807 in dem als *Nassauer Denkschrift* bekannten Memorandum »Über die zweckmäßige Bildung der Obersten und der Provinzial-, Finanz- und Polizeibehörden in der preußischen Monarchie« zusammengefaßt. Stein wollte die Sozialstruktur reformieren, die Mehrzahl der feudalen Privilegien beseitigen und gleichzeitig - im Sinne der Konzeption einer neuständischen Gesellschaft - die gesellschaftliche Bedeutung der einzelnen Stände weiterhin bewahren. Sein Memorandum von 1807 *"umreißt ein Reformprogramm, das den Übergang vom feudalen Absolutismus zum bürgerlichen Verfassungsstaat durch den stufenförmigen Ausbau der auf Eigentum basierenden Vertretungskörperschaften einleiten will"*.[7] Es war das Programm einer gemäßigten konstitutionellen Monarchie, die auf den Konsens der Besitzenden gestützt sein sollte. Hauptziele der Reformer waren die Reorganisation des Staates und die Überwindung der Folgen des verlorenen Krieges, um Preußen die Rückkehr in den Kreis der europäischen Großmächte zu ermöglichen und zugleich durch die Reform der Sozialverhältnisse ohne Revolution den Weg zur modernen Gesellschaft zu eröffnen. Zuallererst waren dazu die Finanzfragen zu lösen, insbesondere die Staatsschulden zu decken und die Kosten der durch Napoleon erzwungenen Kontributionen aufzubringen.

Im der kurzen Wirkenszeit Steins bedeutete das *Oktoberedikt* vom 9. Oktober 1807 den ersten wesentlichen Schritt im Bereich der Agrarreform; ebenso trat die Städteordnung vom 19. November 1808 in Kraft. Gleichzeitig wurden erste Reformen im Bereich von Heer, Bildung und Kultur eingeleitet. Unter der Leitung Steins wurde auch die neue Organisationsstruktur der preußischen Verwaltung entwickelt, die - mit Änderungen - durch die Beschlüsse vom 16. und 26. Dezember 1808 eingeführt wurde. Nach der Entlassung Steins am 24. November 1808 wurde kein Minister als sein unmittelbarer Nachfolger berufen. Bis Juni 1810 war das Kabinett der Minister Dohna und Altenstein im Amt; es setzte - wenn auch weit weniger energisch - die Intentionen Hardenbergs und die von Stein aufgezeigte Reformlinie fort. Unter dieser Regierung wurde, nachdem Wilhelm von Humboldt Sektionschef der Unterrichtsabteilung geworden war, durch Kabinettsorder vom 16. August 1809 die Berliner Universität gegründet.

Die Regierung Dohna-Altenstein konnte das Finanzproblem nicht lösen, weshalb der König 4. Juni 1810 Hardenberg als *Staatskanzler* die Leitung des Ministerrates übertrug. Hauptziel Hardenbergs war zunächst die Reform der preußischen Finanzen, die mit weitreichenden Folgen für Gesellschaft und Wirtschaft verwirklicht wurde. Er reformierte das Steuersystem und liberalisierte unter anderem durch die Aufhebung des Zunftzwangs Handel, Gewerbe und Industrie. Zahlreiche Gesetze beseitigten feudale Relikte; vor allem führte das Gesetz vom 11. März 1812 gleiche bürgerliche Rechte für Juden ein. Hardenberg sagte damals: *"Ich stimme für kein Gesetz der Juden, das mehr als vier Wörter enthält:*

---

7 H. Bock, a.a.O., S. 24.

*'gleiche Pflichten, gleiche Rechte'.*"[8] Das Edikt von 1812 galt allerdings nur für die Provinzen Mark Brandenburg, Schlesien, Pommern und Ostpreußen. In den 1815 neu erworbenen Gebieten, d.h. in großen Teilen der Provinz Westfalen und im Großherzogtum Posen galt das Edikt nicht. Dort "*waren die Juden [...] auf einen Status der Rechtlosigkeit zurückgeworfen*", bis 1833 ein Gesetz die Posener Juden "*in Naturalisierte (eine Zwitterstellung aus Emanzipierten und Schutzverwandten) und nicht Naturalisierte (bloß Tolerierte) einteilte*".[9]

Die von Hardenberg angegangenen Reformen der Lokalverwaltung und der Rechtsverhältnisse der erbuntertänigen Bauern trafen auf entschiedenen Widerstand der Grundbesitzer, der bewirkte, daß die faktisch durchgeführten Reformen Kompromißcharakter hatten und weit hinter dem ursprünglichen Reformprogramm zurückbleiben mußten. Zahlreiche Elemente der Reform konnten bis 1815 nicht verwirklicht wurden, nach 1815 erwies sich ihre Durchsetzung in den meisten Fällen unmöglich. Hardenberg, der den Kompromiß der Konfrontation vorzog, blieb bis zu seinem Tode im Jahre 1822 in seinem Amt, doch hatte seine Regierung nach 1815 notgedrungen einen völlig anderen Charakter als in der Zeit bis zum Wiener Kongreß.

Viele Historiker, darunter mehrfach Friedrich Meinecke, haben die Ansicht vertreten , daß das Jahr 1819 das Wendejahr war, das endgültig die Reformära beendet hat. Allerdings wurde Hardenberg, der auch nach 1819 die Bildung einer *Nationalvertretung* anstrebte, erst kurz vor seinem Tode im Jahre 1822 entmachtet.[10] Sein Tod beendete den Kampf der beiden Richtungen. Von da an blieben lediglich in einzelnen Provinzen Vertreter des alten Reformkurses an der Macht, darunter der Oberpräsident von Schön, ein Liberaler und früherer Mitarbeiter vom Steins, als Oberpräsident der aus Ost- und Westpreußen vereinigten Provinz Preußen.

***Bauernbefreiung und Agrarreform.*** - Gegen Ende des 18. Jahrhunderts waren die Anzeichen einer Krise der feudalen Landwirtschaft und der Position der Junker nicht mehr zu übersehen gewesen. Als Folge der Krise der Fronwirtschaft und der weiterhin bestehenden absoluten Macht des Herren über dem Bauern entstanden soziale Spannungen. Die Verschuldung der Junker stieg an, und insbesondere nach den Teilungen Polens wuchs die Verarmung mit der größer werdenden Zahl der Grundbesitzer, in deren Sphäre unaufhaltsam reiche Bürger als Gutsbesitzer, vor allem aber als Gläubiger als Gläubiger der Junker vordrangen. Der Staat schützte den Junkerbesitz bei weitem nicht mehr in dem Maße wie noch im 18. Jahrhundert. In dieser komplizierten, vor allem durch die Krise der Feudalbeziehungen auf dem Lande bestimmten Situation hing das Weiterbestehen der Junkerklasse allein von der Anpassung an die Erfordernisse

8 Zitiert nach P. Rieger: Zur Jahrhundertfeier des Judenedikts am 11. März 1812. Berlin 1912, S. 24.

9 A. A. Bruer: Geschichte der Juden in Preußen (1750-1820). Frankfurt/Main 1991, S. 325-326.

10 Vgl. H. Obenaus: Anfänge, S. 136-148.

der kapitalistischen Wirtschaftsweise ab.[11] Im Grunde bedeutete die in den Jahren 1807-1813 begonnenen Agrarreform in Preußen die Neuentwicklung des landwirtschaftlichen Großgrundbesitzes auf der Grundlage kapitalistischer Prinzipien. Daß es im wohlverstandenen Eigeninteresse des Junkers war, auf die unrentable Fronwirtschaft verzichten und zur kapitalistischen Wirtschaftsweise überzugehen, verdeutlichte der beste Kenner der damaligen preußischen Landwirtschaft, Albrecht Thaer, vor allem in den »Grundsätzen der rationellen Landwirtschaft« (4 Bände, 1809-1812). Der Vertreter einer liberalen Wirtschaftsweise nach dem Vorbild der englischen Landwirtschaft wurde mehrfach von rückständigen Junkerkreisen angegriffen.

Den Wandel auf dem Lande eröffnete das *Oktoberedikt* vom 9. Oktober 1807, das die Erbuntertänigkeit der Bauern aufhob, die persönliche Freiheit des Bauern und des dörflichen Gesindes mit dem Recht, die Scholle zu verlassen, einführte: *"Mit dem Martini-Tage Eintausend Achthundert und Zehn (1810) hört das bisherige Unterthänigkeitsverhältnis in Unsern fürstlichen Staaten auf. Nach dem Martini-Tage 1810 giebt es nur freie Leute [...]."*[12] Stadtbürger durften jetzt erstmals Landgüter erwerben. Mit einem Wort: der Grundbesitz wurde frei von feudalen Fesseln. Jedoch: *"Beseitigt wurde mit Aufhebung der Erbuntertänigkeit nur die persönliche Seite des gutsherrlich-bäuerlichen Verhältnisses [...]. Unberührt blieb dagegen die dingliche Seite des Verhältnisses, das vielfach schlechte Besitzrecht des Bauern, vermöge dessen er jederzeit vom Gutsherrn seines Hofes entsetzt werden konnte, die Verpflichtung zur Leistung der auf dem Gute ruhenden Hand- und Spanndienste und Geldabgaben für den Gutsherrn."*[13] Die Entschädigung für den bisherigen und die Grundentlastung blieben das zentrale Problem: Welches Recht sollte der Bauer an dem Land erhalten, das er bis gegen Sach- oder Geldleistung sowie gegen Fron- und andere Dienste für den Grundherrn bewirtschaftet hatte. In dieser für die Junker zentralen Frage entbrannte ein langer Kampf: Die Beseitigung der patriarchalischen Fesseln, die Bauer und Herrn verbanden, war gleichzeitig die Reduzierung aller Beziehungen für die Zukunft auf die Frage der Entschädigung der Grundbesitzer für die verlorenen Rechte.

Die Eigentumsfrage des von den Bauern bewirtschafteten Bodens wurde durch die spätere Gesetzgebung im Interesse einer schnellen Entwicklung des Kapitalismus in der Landwirtschaft zuungunsten des Bauern entschieden. Stein, der ein Anhänger eines starken bäuerlichen Besitzes war, gab hier seinen Mitarbeitern nach, die Nachdruck auf die Schaffung liberal-kapitalistischer Rahmenbedingungen für die Entwicklung der Landwirtschaft legten. Das *Oktoberedikt* tastete die bisherige Verwaltungs- und Polizeimacht des Grundherren und seine Patrimonialgerichtsbarkeit nicht an, doch rief seine Verkündung Empörung in reaktionären und konservativen Adelskreisen hervor, also bei der überwiegenden

---

11 Vgl. H. Harnisch: Die kapitalistische Agrarreform. Ihre Bedeutung für die Herausbildung des inneren Marktes und die industrielle Revolution in den östlichen Provinzen Preußens in der ersten Hälfte des 19. Jahrhunderts. In: Preußische Reformen, S. 111-131.

12 § 12, zitiert nach R. Stadelmann: Preußens Könige in ihrer Thätigkeit für die Landeskultur. Th. 4: Friedrich Wilhelm IV. Leipzig 1887, S. 332-333.

13 Bornhak, a.a.O., S. 329.

Mehrheit der Junker. Im Namen des reaktionären brandenburgischen Adels stellte General Friedrich August Ludwig von der Marwitz fest, Stein, den man als Verräter bezeichnen müsse, habe *"die Revolutionierung des Vaterlandes"* begonnen, *"den Krieg der Besitzlosen gegen das Eigentum, der Industrie gegen den Ackerbau, des Beweglichen gegen das Stabile, des krassen Materialismus gegen die von Gott eingeführte Ordnung, des (eingebildeten) Nutzens gegen das Recht, des Augenblicks gegen die Vergangenheit und Zukunft, des Individuums gegen die Familie, der Spekulanten und Comtoire gegen die Felder und Gewerbe, der Bureaus gegen aus der Geschichte des Landes hervorgegangene Verhältnisse, des Wissens und eingebildeten Talents gegen Tugend und ehrenwerten Charakter."*[14]

Der Widerstand besonders der brandenburgischen und pommerschen Junker gegen die gesamte Reformpolitik Steins und Hardenbergs war sehr stark, obwohl die Mehrheit des Adels vor allem dort, wo sie bereits die Vorteile der kapitalistischen Wirtschaftsweise wahrnahmen, mit den unvermeidlichen Zugeständnissen einverstanden war. Kernpunkt blieb im Zusammenhang der Aufhebung der Erbuntertänigkeit eine für die Grundbesitzer günstige Lösung der Eigentumsfrage des sich in bäuerlichem Besitz befindlichen Landes.[15] Minister von Karl Friedrich von Beyme stellte damals zur Haltung der pommerschen Junker fest: *"Man resigniert vor dem Geist der neuen Zeit und beklagt ihn. Weil man den Thron stützt, verlangt man aber, an den Beratungen über die zukünftige Provinzialverfassung beteiligt zu sein, um an adligen Vorrechten retten, was zu retten ist."*[16]

Die vom Schock der Niederlage erholten Stände Brandenburgs und Ostpreußens begannen über die Ständekomitees gegen die Reformpolitik aufzutreten und bewirkten auch durch Druck seitens der Hofkreise um Friedrich Wilhelm III., daß die Reformbürokratie Zugeständnisse machte und die ursprünglichen Lösungensprojekte in der Agrarfrage entschärfte. Von der Marwitz und von Finckenstein saßen zwar wegen ihrer öffentlichen Angriffe auf Veranlassung des Königs für kurze Zeit in der Festung Spandau ein[17], allgemein jedoch folgten die Regierungspläne in ihren Zugeständnissen deutlich den Junkerinteressen. Im Gegensatz zu Stein befürwortete Hardenberg bewußt die Lenkung des Großgrundbesitzes auf den Weg der kapitalistischen Entwicklung, indem er sicherstellte, daß der Gutsbesitz zu Lasten der Bauern erweitert wurde und die billige Arbeitskraft der Kleinbauern, die ihre bäuerliche Selbständigkeit nicht bewahren konnten und Landarbeiter werden mußten, ausgebeutet werden konnte. Eine große Rolle spielte dabei die die Grundbesitzer begünstigende neue *Gesindeordnung* vom 8. November 1811, welche unter Beibehaltung der patriarchalischen Grundlagen eines familienrechtlichen Verhältnisses und der polizeilichen Beauf-

---

14 Zitiert nach F. Meusel: Friedrich August Ludwig von der Marwitz. Bd. 1. Berlin 1898, S. 492; vgl. allgemein K. Spiess: Gutsherr und Untertan in der Mittelmark Brandenburg zu Beginn der Bauernbefreiung. Berlin 1972.

15 Vgl. K. Vetter: Kurmärkischer Adel und preußische Reformen. Weimar 1979.

16 Zitiert nach O. Eggert: Stände und Staat in Pommern im Anfang des 19. Jahrhunderts. Köln-Graz 1964, S. 409.

17 Vgl. M. von Buttlar: Die politischen Vorstellungen des F. A. L. von der Marwitz. Ein Beitrag zur Genesis und Gestalt konservativen Denkens in Preußen. Frankfurt a.M.-Bern 1980, S. 64f.

sichtigung des Gesindewesens nach der Aufhebung des Dienstzwanges der Untertanen das Gesindeverhältnis nach den Grundsätzen privatrechtlicher Freiheit neu regelte. Die *Gesindeordnung* sollte die übermäßige Abwanderung von Arbeitskräften vom Land in die Stadt verhindern und den Grundbesitzern billige Arbeitskraft sichern.

Die Bedingungen, die das Verhältnis zwischen den bisherigen Herren und den erbuntertänigen Bauern regelten, wurden im Regierungsedikt von 1811 festgelegt. Allgemein betrachtet, begünstigten die Bedingungen, zu denen die Bauern den bisher bewirtschafteten Boden als Eigentum erwerben konnten, die Junker. Lediglich die Bauern, die in Erbpacht Land bewirtschafteten, konnten es als Eigentum erwerben, wenn sie ein Drittel dem bisherigen Feudalherren als Entschädigung abtraten. Diejenigen jedoch, die nicht Erbpächter waren, konnten Eigentum erst nach Abgabe der Hälfte des Landes erhalten. Bestimmte Kategorien von Bauern wie Einlieger, Gesinde, Dorfhandwerker oder *Gärtner* befanden sich außerhalb der Regulierungsvorschriften. Sie verloren durch die Entscheidung, bei der Aufteilung des Gemeindebodens nur landwirtschaftliche Betriebe zu berücksichtigen. Mit der Regulierung sollte die Zusammenlegung und die Neuaufteilung des Bodens erfolgen. Dabei verloren wiederum die bis dahin wirtschaftlich starken Bauern relativ wenig, zogen sie doch Vorteile aus der Aufteilung des Gemeindebodens und aus der Flurbereinigung. Die ärmste Schicht des Dorfes stand dagegen nur noch vor der Alternative, entweder Arbeit außerhalb des Dorfes zu suchen oder Lohnarbeit auf den Gütern des Junkers anzunehmen.

Weitere Einzelvorschriften - ganz zu schweigen von der Praxis vieler mit der Agrarreform befaßter Verwaltungsinstanzen - berücksichtigten noch stärker die Junkerinteressen. Insgesamt verlor ein großer Teil der Bauern im Verlauf des viele Jahre - oft bis in die dreißiger Jahre, in manchen Fällen sogar bis 1848 und darüber hinaus - dauernden Regulierungsprozesses einen bedeutenden Teil, wenn nicht sogar den gesamten bislang von ihnen bewirtschafteten Boden an die ihre Gutswirtschaften ausbauenden Junker. Zwar richtete sich die Reformen in der Praxis gegen die Bauern, doch darf nicht übersehen werden, daß die Reformen ökonomisch ein Erfolg waren, *"wenn auch ein äußerst langwieriger Vorgang"*.[18] Der schwierige und komplexe Prozeß der Regulierung wurde erst nach der Jahrhundertmitte abgeschlossen. Im Ergebnis waren die Veränderungen in der Landwirtschaft enorm: Es entstand das reiche preußische Dorf, und die großen Besitzungen zogen Vorteile aus der Reform, die letztendlich den Sieg des Kapitalismus in der Landwirtschaft bedeutete. Wenn auch die Agrarkrise der zwanziger Jahre viele Junkerwirtschaften ruinierte und zur Übernahme ihrer Gutswirtschaften durch bürgerliche Besitzer führte, so fanden diejenigen, die diese Krise wirtschaftlich überstanden, danach günstige Entwicklungsbedingungen vor.

---

18 H. Schissler: Agrarreform und politischer Wandel in Preußen. In: Preußische Reformen, S. 90.

Besonders bezeichnend für das erneute Bündnis von Junkertum und Thron war, daß der Eintritt des Kapitalismus in die Landwirtschaft nicht die feudalen Privilegien der bisherigen Feudalherren antastete: Die persönliche Freiheit des Bauern vom Feudalherrn bedeutete nicht viel, solange der Junker als Gutsbesitzer weiterhin die Patrimonialgerichtsbarkeit und die lokale Polizeimacht ausübte, die ihm, unterstützt durch den Landrat - weiter der Kontrolle über den jetzt formal freien Bauern sicherte: *"Politisch wurde durch die inhaltlichen Bestimmungen und die zeitliche Dosierung der Agrarreform der Kompromiß des 18. Jahrhunderts zwischen Krone und Adel durch den Kompromiß zwischen <absoluter Bürokratie> und der sich im Verlauf dieses Prozesses herausbildenden Klasse adliger und bürgerlicher Agrarkapitalisten abgelöst."*[19]

***Die Städteordnung***. - Auf der Suche nach Möglichkeiten, den Staat zu erneuern, befaßten sich die Reformer besonders mit der Lage der Städte: Das schwache preußische Bürgertum schien in der neuen Situation die einzige Kraft zu sein, deren materielle Lage und vor allem deren immaterielles Kapital an Ausbildung und Kultur bislang vom Staat noch nicht genügend genutzt worden war. So kam es zur *Städteordnung* vom 19. November 1808, die die Grundlagen für die Entwicklung der städtischen Selbstverwaltung in Deutschland im 19. Jahrhunderts legte. Französische Erfahrungen, englische Selbstverwaltungseinrichtungen, aber auch deutsche Traditionen spielten eine bedeutende Rolle bei der Gestaltung dieser vollkommen neuen Konzeption der städtischen Selbstverwaltung, die mit dem System der Städteverwaltung durch den absolutistischen Staat brach. Bei der Entstehung der Städteordnung spielten übrigens auch die Traditionen der freien Ständeverfassung Danzigs eine gewisse Rolle, die die preußischen Beamten bei der Einführung der preußischen Verwaltung nach der zweiten Teilung Polens kennengelernt hatten. Nicht zuletzt wurde auch das Königsberger Bürgertum auf diesem Gebiet initiativ.

In der Reform von 1808 wurde die bisherige Stadtverfassung aufgehoben, ebenso die Formen ständischen Lebens und des alten städtischen Korporationswesens, und so der Weg zu einer einheitlichen Städteverfassung im Gesamtstaat eröffnet. Während die Städte umfassende Befugnisse hinsichtlich innerstädtischer Angelegenheiten erhielten, verloren sie im Zuge der allgemein durchgeführten Trennung von Verwaltungs- und Rechtsangelegenheiten die Kompetenzen in der Jurisdiktion. Die Stadt wurde als städtische Gemeinde zur von der Gesamtheit ihrer Bürger gebildeten juristischen Person. Die Stadtbevölkerung wurde weiterhin in *Bürger* und *Schutzverwandte*, Stadtbewohner ohne volle Rechte, unterteilt, neben denen noch eine weitere Kategorie von vom Bürgerrecht ausgeschlossenen Personen bestand. Zur Teilnahme am politischen Leben der Stadt, zum Erwerb von Grundeigentum und zur Ausübung städtischer Gewerbe auf ihrem Gebiet waren lediglich die Bürger berechtigt. Das Wahlrecht war jedoch noch von zusätzlichen Bedingungen abhängig, wobei die Möglichkeit,

19 H. Schissler: Preußische Agrargesellschaft im Wandel. Wirtschaftliche, gesellschaftliche und politische Transformationsprozesse von 1763 bis 1847. Göttingen 1978, S. 134.

das Bürgerrecht zu erwerben, vor allem nach 1815 u.a. für Juden, Mennoniten und Soldaten eingeschränkt wurde. Die Bürgergemeinde wählte den Stadtrat oder die Stadtverordnetenversammlung als Regierungs- und Kontrollorgan der Gemeindeexekutive, des vom Stadtrat berufenen *Magistrats*. In Abhängigkeit von der Größe einer Stadt existierten genaue Vorschriften bezüglich der Organisation der städtischen Organe. An der Spitze kleinerer Städte standen *Bürgermeister*; der Magistrat umfaßte besoldete und ehrenamtliche Mitglieder. Die Verwaltung großer Städte wurde durch Oberbürgermeister geleitet, die vom König unter drei vorgeschlagenen Kandidaten ausgewählt und ernannt wurden. Der Magistrat übte die Exekutive im Kompetenzbereich der Stadtgemeinde aus, erfüllte zugleich aber auch im Rahmen der Auftragsverwaltung z.B. im Bereich der Polizeigewalt staatliche Aufgaben. Insgesamt eröffnete die neue Städteordnung der städtischen Selbstverwaltung ungewohnt große Handlungsspielräume. Die Möglichkeiten konnten vor allem in den Kleinstädten der Ostprovinzem wegen fehlender Voraussetzungen gar nicht ausgeschöpft werden.

Mit der Reform der Städteordnung wurde durch drei Steuergesetze im Jahre 1810 eine über mehrere Etappen durchgeführte Steuerreform begonnen, die von der Gleichheit der Besteuerung ohne Unterschied der Standeszugehörigkeit des Steuerpflichtigen ausging und ein einheitliches Steuersystem anstrebte und dazu vor allem die Steuerprivilegien des Adels aufhob. In Verbindung damit wurden die Handels- und die Gewerbefreiheit und ein neues Zollsystem eingeführt. An die Stelle der bisherigen Politik von Reglementierung und Staatsaufsicht trat die Freiheit der Berufsausübung, die zahlreiche für den Feudalismus typische Beschränkungen beseitigte: An die Stelle des Merkantilismus der Zeit Friedrichs II. trat die liberale Politik der kapitalistischen Entwicklung. Die neuen Entscheidungen riefen zahlreiche Widerstände und Sorgen hervor, bedeuteten aber - neben der Reform der Agrarverhältnisse - den entscheidenden Schritt auf dem preußischen Weg zum Kapitalismus dar: *"Die Liberalisierung des Gewerbelebens war eine Dominante der Reformpolitik. Auf keinem anderen Gebiet hat die Verwaltung so lange und so hartnäckig ihre Position gegen eine nur allmählich nachlassende Flut von Protesten, Eingaben und Beschwerden verteidigt."*[20] Der Staat beschränkte sich bei der Förderung der Industrie hauptsächlich auf Hilfen technischer und pädagogischer Natur. Die schnelle Entwicklung der Industrie in Preußen nach 1815 beweist, daß der beschrittene Weg allgemein richtig war. Die Emanzipation des Bürgertums und der Juden eröffnete den Weg zur Realisierung des *Laisser faire, laisser passer*, der Parole der um Stein und Hardenberg versammelten preußischen liberalen Beamtenschaft.

***Staat und Verwaltung***. - Hauptziel vom Steins war die Verwaltungsreform, die er mit der Beseitigung des bis dahin wichtigsten, in seiner Struktur veralteten zentralen Verwaltungsorgans, des *Generaldirektoriums*, begann. An seiner Stelle und anstelle des Kabinettsministeriums für auswärtige Angelegenheiten und des

---

20 I. Mieck: Zielsetzungen und Ertrag der preußischen Reformen. In: Preußen - Versuch einer Bilanz. Bd. 2: Beiträge zu einer politischen Kultur. Reinbek 1981. S. 193.

Großkanzlers für Justiz führte er durch die - bereits nach seiner Entlassung verkündeten - Gesetze vom 16. und 26. Dezember 1808 als Hauptorgan der Exekutive an der Seite des Königs eine Regierung von fünf Ministern ein, die an der Spitze der entsprechenden Fachministerien für Inneres, Finanzen, des Auswärtigen, für Justiz bzw. des Kriegsministeriums standen. Seit 1814 bildeten die Minister einen Ministerrat[21], wobei nach seiner erneuten Amtsübernahme (1810) Hardenberg an der Spitze des Ministerrats als *Staatskanzler* die Aufgaben eines Premierministers erfüllte. Von grundsätzlicher Bedeutung war, daß die *Regierung* tatsächlich die Exekutive übernahm und das königliche *Kabinett* zu einem Nebensekretariat des Königs degradierte, das keine Grundsatzkompetenzen besaß, sollte doch nach Meinung Steins die absolute Königsmacht nur noch durch dem Herrscher verantwortliche Minister ausgeübt werden.

Die endgültige Trennung von Justiz und Verwaltung und die - in Gänze erst 1815 realisierte - territoriale Neugliederung des Staates in *Provinzen* und - anstelle der *Kriegs- und Domänenkammern* - *Regierungsbezirke* bestimmten die weiteren Schritte zur Modernisierung der Staatsverwaltung. Hardenbergs Ziel war die Reform der Lokalverwaltung durch die Sicherung der Durchsetzung der Staatsmacht besonders im Bereich der Polizei auf der Kreisebene. Das *Gendarmerieedikt* vom 30. Juli 1812 regelte demgemäß die Bildung der Gendarmerie und die neue Landgemeinde- und Kreisverfassung. Anstelle des Landrats führte sie das Amt des Kreisdirektors ein, das unmittelbar mit der Staatsverwaltung - und nicht mehr mit der adeligen Selbstverwaltung - verbunden war und den Weg zur Abschaffung der Patrimonialmacht der Gutsbesitzer öffnete. Die Geschichte dieses Edikts, eigentlich die Geschichte des letztendlich ergebnislosen Versuches seiner vollständigen Umsetzung, illustriert den Prozeß des Kampfes um den Erhalt der Macht der Junker über das Dorf. Gegen dieses Gesetz traten die Stände der Ostprovinzen Preußens offen auf, und die Versuche, es in Kraft zu setzen, wurden besonders auf der untersten Ebene sabotiert. Die Grundbesitzer verteidigten ihre Polizei- und Gerichtsgewalt mit aller Kraft.[22] Letztendlich wurde im Januar 1814 das *Gendarmerieedikt* offiziell suspendiert. Nach 1815 wurden bei der Neuorganisation der Kreisexekutive und der Kreisselbstverwaltung in den Ostprovinzen des preußischen Staates die Junkerinteressen voll berücksichtigt.

***Die Heeresreform.*** - Zu den wichtigsten Bereichen gehörte die Heeresreform. Dank hervorragender Persönlichkeiten wie Scharnhorst, Gneisenau oder von Boyen wurde von 1807 bis 1815 das friderizianische Söldnerheer durch eine auf der allgemeinen Wehrpflicht beruhende Armee ersetzt, in der die grausamen Körperstrafen beseitigt waren und als Rekrutierungs- und Aufstiegsprinzip zum Offizierskorps nicht mehr die ständische Zugehörigkeit, sondern Ausbildung, Dienstalter und Leistung eingeführt wurden. Nach der Erfahrung der Niederlage von 1806, die der durchschnittliche preußische Untertan nicht als seine Nieder-

21 Allerhöchste Kabinettsorder vom 3ten Juni 1814 / wegen Ernennung der Minister. In: Gesetz-Sammlung für die Königlichen Preußischen Staaten [5.] 1814, Nr. 8, S. 40-44.

22 K. Vetter, a.a.O., S. 94f.

lage empfunden, da er sich weder mit der Armee noch mit dem Staat identifizierte, ging es um die Schaffung eines staatsbürgerlichen Bewußtsein, das den Dienst am Staat und für den Staat als Wert erkannte. Die Reform der Agrarverfassung und die Städtereform mußten eine Reform des bisherigen Rekrutierungssystems der Soldaten nach sich ziehen. Die Armee sollte zur staatsbürgerlichen Schule der Nation werden. Diese Pläne wurden nicht sofort verwirklicht, da Frankreich im Vertrag vom 8. September 1808 die zahlenmäßige Stärke der preußischen Armee auf 42 000 Mann beschränkt hatte und die Bildung einer *Nationalmiliz* oder *Landwehr* neben der ständigen Armee in Preußen ausdrücklich untersagte. Der König selbst lehnte die allgemeine Wehrpflicht ab. Noch größeren Widerstand rief die Personalpolitik der neuen Armeeführung hervor, die Offizieren aus Bürgerkreisen breite Chancen einer militärischen Karriere eröffnete. Das seit 1808 bestehende Kriegsministerium leitete Gerhard Johann David von Scharnhorst (1755-1813) als Abteilungschef und Chef des Generalstabs (einen Kriegsminister hatte der König nicht ernannt, fürchtete er doch, einem Kriegsminister eine zu große Macht in die Hand zu geben). Im Rahmen des Kriegsministeriums wurde die Verwaltung der Militärangelegenheiten zentralisiert.

Im Jahre 1813 wurden mit Verordnung vom 9. Februar alle von der Kantonspflicht befreiten wehrfähigen Männer zum Militärdienst in der *Landwehr* verpflichtet; damit wurde praktisch die allgemeine Wehrpflicht in Preußen eingeführt.[23] Schöpfer der Konzeption der Landwehr neben dem Berufsheer war General Hermann von Boyen. Als ständige Institution wurde sie durch das *Gesetz über die Verpflichtung zum Kriegsdienste* vom 3. September 1814 anerkannt[24], das endgültig die Angelegenheiten des Militärdienstes regelte. Diese Reform von Organisation, Ausbildung und Disziplin der preußischen Armee griff vor allem auf die Erfahrungen der französischen Revolutionsarmee zurück. Im Ergebnis war die preußische Armee, die in den Jahren 1813-1815 am Krieg gegen Napoleon teilnahm, eine vollkommen andere Armee als die friderizianische. Beinahe demokratischer Geist und Enthusiasmus bestimmten die Haltung nicht nur der Freiwilligen, sondern auch der bedeutenden Gruppe reformorientierter Offiziere meist bürgerlicher Herkunft: *"Die Reformen des militärischen Systems bewährten sich während des Befreiungskrieges 1813/1814, als der reorganisierten preußischen Armee, konkret der umgestalteten Landwehr, ein bedeutender Anteil am Sieg über Napoleon zukam."*[25] Der Weg der preußischen Armee zu Demokratisierung und Humanisierung des Militärdienstes konnte sich jedoch langfristig nicht durchsetzen; der preußische Militarismus und seine Mentalität siegten erneut in den zwanziger und dreißiger Jahren des 19. Jahrhunderts. Von

---

23 Verordnung über die Aufhebung der bisherigen Exemtion von der Kantonpflichtigkeit für die Dauer des Krieges. Vom 9ten Februar 1813. In: Gesetz-Sammlung für die Königlich Preußischen Staaten [4.] 1813, Nr. 3, S. 13-14.

24 Gesetz-Sammlung für die Königlichen Preußischen Staaten [5.] 1814, Nr. 14, S. 79-82.

25 H. Schnitter: W kwestii miejsca pruskich reformatorów systemu wojskiego w historiografii NRD [Zur Frage des Stellenwerts der preußischen Heeresreformer in der Historiographie der BRD]. In: Przegląd Zachodni 36 (1980), 4, S. 69.

entscheidender Bedeutung war der Rücktritt von Boyens, des Kriegsministers und vielleicht radikalsten Heeresreformers, im Jahre 1819.

***Die Bildungsreform.*** - Die intellektuelle Bewegung, die sich in Preußen der Reformjahre seit 1807 entwickelte, legte großen Nachdruck auf die Notwendigkeit von Reform und Ausbau der Bildung durch den Staat und auf die Erziehungsfunktion des Staates. Schöpfer der Schulreform in Preußen war der liberale Intellektuelle und Politiker Wilhelm von Humboldt, den vom Stein zum Direktor für Religions- und Bildungsfragen in das Innenministerium berufen hatte. Er leitete die Arbeiten in diesem Bereich bis 1810 und legte die Grundlagen für die Bildungsreform, die seine Nachfolger einschließlich des ersten Ministers für Kultus, Unterricht und Medizinalwesen Karl Freiherr von Stein zum Altenstein (1817-1838) fortsetzten. Humboldt vertrat den preußischen Neuhumanismus als Antriebskraft der geistigen Erneuerung Preußens durch Bildung. Er war der Schöpfer der preußischen Universitätsidee, die wesentlich zur herausragenden Entwicklung der preußischen Universitäten im 19. Jahrhunderts führte. Die Universität sah er als höchste Organisationsform der Gesamtheit der Wissenschaften in Lehre und Forschung an. Die Universalität der Universität sollte einhergehen mit der Freiheit der Forschung und der Lehre und mit der Beschränkung der Rolle des Staates in diesem Bereich, auch wenn der Kompetenzbereich der korporativen Universitätsorgane begrenzt blieb und die Professoren durch Staatsorgane berufen wurden.

Die große Ära der deutschen Wissenschaft begann mit der Eröffnung der Berliner Universität, zu deren ersten Professoren der Theologe und Philosoph Friedrich Schleiermacher, der Jurist und Begründer der Historischen Rechtsschule Friedrich Karl von Savigny, der Philosoph Johann Gottlieb Fichte, der klassische Philologe Friedrich August Wolf und der Historiker Barthold Georg Niebuhr gehörten; die Agrarwissenschaft vertrat Albrecht Thaer. Seit 1815 hatte die Berliner Universität bereits eine feste Position in der Entwicklung der deutschen Wissenschaft. Zu den wichtigsten Leistungen dieser Zeit im Bildungsbereich gehörte neben der Eröffnung der ersten modernen Universität die Schaffung eines ganzheitlichen dreigliedrigen Schulsystems mit Volksschulen, Gymnasien und Universitäten. In diesen Jahren wurden die Grundlagen des klassischen preußischen Gymnasiums gelegt, in dessen Ausbildung bis zum Jahre 1918 die klassisch-humanistischen Bildungsziele dominierten. Die Gymnasialbildung mit dem Schulabschluß des Abiturs stellte eine Art Nobilitierung des Bürgertums dar: Das Abitur öffnete dem gebildeten Bürgertum der Weg in den Staatsdienst und zur Karriere als Beamter oder im Militärdienst. Es ist erstaunlich, daß das preußische Gymnasium sich bewußt von realen und beruflichen Interessen fernhielt, obwohl es überwiegend der Ausbildung der Söhne des Bürgertums diente, die im wesentlichen praktische Berufe ausüben sollten: *"Die beiden klassischen Sprachen wurden zum Rückgrat des Bildungssystems, das die gesellschaftliche wie die staatliche Führungsschicht des 19. Jahrhunderts bestimmte."*[26] Schulen mit "realen" Bildungszielen wurden lange marginalisiert. Erst 1890 wurde die lateinfreie mathematisch-naturwissenschaftliche *Oberrealschule*, erst 1900 das neusprachliche *Realgymnasium* als mit dem Gymnasium gleichberechtigt anerkannt. Der preußische Staat engagierte sich ebenfalls für die Verwirklichung der allgemeinen Schulpflicht. Doch sollte für die Bevölkerungsmehrheit weiterhin eine ein- oder zweiklassige Dorfschule genügen, die sich wesentlich von den städtischen Volksschulen unterschied.

***Verfassungsreform.*** - Die Krönung der Staatskonzeption vom Steins und auch Hardenbergs sollte es sein, wie Friedrich Wilhelm III. es am 27. Oktober 1810 im *Finanzedikt* zusagte, *"der Nation eine zweckmäßig eingerichtete Repräsentation, sowohl für die Provinzen als für das Ganze zu geben".*[27] Zwar tendierten die Reformer, besonders Hardenberg, mehr zu Reformen von oben als zu einer tatsächlichen Demokratisierung des Herrschaftssystems, doch die Einsicht in die Notwendigkeit gesellschaftlicher Akzeptanz für die grundsätzlichen Regierungsaktivitäten im Bereich der Finanzpolitik, zu der die verzweifelte Lage des Staatsschatzes zwang, auf dem die Kosten des verlorenen Krieges, die französischen Forderungen und die wirtschaftlichen Folgen der Kontinentalsperre lasteten[28], erzwang die Rücksicht auf die Meinung der Gesellschaft. Vom Stein unternahm in seiner kurzen Amtszeit keine Schritte hinsichtlich einer Landesrepräsentation. Hardenberg trat unter dem Zwang der Finanzsituation nach dem Versprechen Friedrich Wilhelms III. im Finanzedikt erstmals Ende 1810 mit der Initiative zur Einberufung einer allgemeinpreußischen Notabelnversammlung hervor, zu der er Vertreter der lokalen Staatsverwaltung und Repräsentanten von Adel und Städten berief.

Hardenberg versprach den seit dem 23. Februar 1811 versammelten 64 Notabeln, unter ihnen 30 Junker, eine Nationalvertretung einzuberufen, forderte von ihnen jedoch die Zustimmung zur Erledigung der unaufschiebbaren Finanzangelegenheiten. Diese Beratungen nutzte die altständisch-feudalaristokratisch orientierte Junkermehrheit, die partikular, nicht gesamtgesellschaftlich dachte, ihren Einfluß zur Lösung der Agrarfrage in ihrem Sinne zu nutzen. Das Problem der Kriegsschulden zwang Hardenberg im April 1812 zur Einberufung der *Interimistischen Nationalrepräsentation* aus 28 Vertretern des adligen Grundbesitzes, 12 (später 14) Vertretern des grundbesitzenden städtischen Bürgertums und 9 Vertretern des "Bauernstandes" zusammensetzte und sich nur wenig von der Notabelnversammlung von 1811 unterschied. In den Beratungen zeigte sich deutlich die konservative Mehrheit, die vor allem weitere für die Bauern ungünstige Änderungen der Agrarreform veranlaßte, so in der *Deklaration* vom 29.

---

26 Huber, a.a.O., Bd. 1, S. 284.

27 Abgedruckt in *Dokumente zur deutschen Verfassungsgeschichte.* Hrsg. von E. R. Huber. 3. Aufl. Bd. 1. Stuttgart-Berlin 1978, S. 46.

28 Dazu ausführlicher E. Fehrenbach: Vom Ancien Régime zum Wiener Kongreß. (= Oldenbourg Grundriß der Geschichte; 12) München-Wien 1981, S. 89ff.

Mai 1816. Kompetenzen und Rechte der *Nationalrepräsentation* waren nicht klar definiert. Als sie nach der Unterbrechung ihrer Beratungen durch den Ausbruch des Krieges im Jahre 1813 im Jahre 1814 erneut einberufen wurde, empfahl Friedrich Wilhelm III., in Zukunft die Bezeichnung *Nationalrepräsentation* nicht mehr zu benutzen. Gleichzeitig sagten Hardenberg und der König in den Jahren 1813 bis 1815 mehrfach formell zu, eine *Repräsentation des Volks*[29] einzuberufen. Als sich am 10. Juli 1815 die *Interimistische Landespräsentation* zu ihrer letzten Sitzung versammelte, eröffnete Hardenberg, daß die Versammlung aufgelöst würde, da sie ihre Aufgabe erfüllt hätte; zukünftig gäbe es eine Nationalvertretung. So führten die Aktivitäten der Jahre 1807-1813 nicht zur Entstehung einer parlamentarischen Repräsentation für den Gesamtstaat, öffnete sich Preußens auch nicht für den Weg zum Übergang zum Verfassungsstaat. Die weitere Entwicklung sollte zeigen, daß Friedrich Wilhelm III. entschlossen war, das Verfassungsversprechen nicht einzuhalten: In Preußen hielt sich der bürokratische Absolutismus als Staatsform bis zur Revolution von 1848.[30] Anstelle eines parlamentarischen Repräsentativsystems wurden in Preußen im Sinne der Wiener Schlußakte von 1820 auf der Kreis- und - durch das Gesetz wegen Anordnung der Provinzialstände vom 5. Juni 1823 - Provinzialebene nur neuständische Vertretungen mit beschränkten, von der Genehmigung durch den König abhängigen Kompetenzen eingerichtet.[31]

Das Scheitern der Verfassungspläne von 1819-1822 hatte weitreichende Folgen für die weitere Entwicklung der preußischen Monarchie, die sich bis 1918 auf das Prinzip der Herrschaft des Monarchen stützte, der auch im konstitutionellen System seine starke Position bewahren konnte. Letzter Ausdruck der Reformpolitik Hardenbergs war sein Gesetz über die Staatsschulden vom 17. Januar 1820, nach dem nur eine Entscheidung der Landesrepräsentation Staatsanleihen beschließen durfte, die solche Anleihen auch garantierte.[32]

Die preußischen Reformen der Jahre 1807-1813 waren Ausdruck und zugleich stimulierender Faktor der Widerstandsbewegung gegen das in vielen Teilen Deutschlands schmerzhaft empfundene napoleonische System. Daher waren die 1813 begonnenen *Freiheitskriege* oder *Befreiungskriege* war zumindest in seiner Anfangsphase ein *Volkskrieg*, in dem Freiwillige aus Adels- und aus Bürgerkreisen für Preußen kämpften. Man trat aus unterschiedlichen Motiven gegen Napoleon an: Neben den konservativen Junkern, die für den Erhalt des *ancien régime* gegen den Erben der Revolution, Napoleon Bonaparte, fochten, kämpften romantische Freiwilligen, die den nationalen Protest gegen Frankreich mit demokratischen Idealen verbanden. Der Dichter Ernst Moritz Arndt, eine Zeitlang eine Art Chef der geheimen antifranzösischen Propaganda an der Seite des Mi-

29 Verordnung über die zu bildende Repräsentation des Volks vom 22. Mai 1815, ebd., S. 61.

30 Vgl. H. Obenaus: Anfänge des Parlamentarismus in Preußen bis 1848. Düsseldorf 1984.

31 Vgl. Obenaus, a.a.O.

32 Vgl. H. Obenaus: Die Immediatskommission für die ständischen Angelegenheiten als Instrument der preußischen Reaktion im Vormärz. In: Festschrift für Hermann Heimpel. Göttingen 1971, S. 410-466.

nisters vom Stein, war Romantiker und deutscher Nationalist, jedoch verband er seinen Nationalismus mit radikalen Aussagen gegen die feudale Unterdrückung. Ähnlich verband auch der Initiator der deutschen *Turnbewegung*, *Turnvater* Friedrich Ludwig Jahn, den romantisch übertriebenen deutschen Nationalismus mit einer demokratischen Haltung und rief vor allem zum Kampf gegen "die Franzosen" auf. So stellten die *Befreiungskriege* - ähnlich wie die Rolle Napoleons in der Welt der europäischen Nationen - ein vielschichtiges Phänomen dar, da in der Koalition sowohl Vertreter der feudalen Welt als auch Demokraten und Liberale der unterdrückten Länder auftraten, die gegen Napoleon dieselben Parolen richteten, die vor kurzem noch auf den Fahnen der Französischen Revolution verkündet worden waren.

Die preußische Außenpolitik verlief in diesen Jahren unter dem ständigen Druck Napoleons, der spürbar die Politik diktierte, die die Entstehung einer Bedrohung von der Seite Preußens verhindern sollte. Daher gab erst die Niederlage Napoleons im Feldzug gegen Rußland, an dem Preußen formal als Verbündeter teilnahm, Friedrich Wilhelm III. freie Hand. Einige Zeit fürchtete der König weiterhin Napoleon und faßte trotz des Drucks von allen Seiten keine verbindlichen Entschlüsse: Der entstehende allgemeindeutsche Widerstandsgeistes gab Preußen die Chance, sich an die Spitze der antinapoleonischen Kräfte zu stellen. Politiker, Dichter und Offiziere riefen zur "Befreiung" auf. Damals entschied sich General Yorck von Wartenburg, eigentlich Traditionalist und Reformgegner, dessen preußisches Hilfskorps unweit von Tauroggen nahe der preußisch-russischen Grenze Manöver abhielt, zu eigenständigem Handeln: Am 30. Dezember 1812 unterschrieb er ohne Ermächtigung durch den König mit dem russischen General Diebitsch in Tauroggen eine Konvention, die die Neutralität Preußens im Krieg gegen Frankreich erklärte, also die Annullierung des Bündnisses mit Frankreich. Diese Entscheidung wurde zum Signal zum *Befreiungskrieg* gegen Frankreich, obwohl der preußische König weiterhin zögerte und Hardenberg eine zu frühe Kompromittierung vor den Franzosen befürchtete, deren Garnisonen noch in einem großen Teil des Preußens standen. Schließlich unterzeichnete Preußen am 28. Februar 1813 in Kalisch einen Bündnisvertrag mit dem russischen Kaiser Alexander I., der die Rückkehr zu den Positionen von 1806 zusicherte, und am 17. März 1813 wurde der Text des berühmten Aufrufes des Königs *An mein Volk* veröffentlicht, der überall zur Bildung von Landwehr und Landsturm aufrief. Offiziell erklärte Preußen am 29. März 1813 Frankreich der Krieg. Im Kriegsverlauf spielte die preußische Armee, die von neuen, später berühmten Generälen wie Scharnhorst, Blücher und Gneisenau geführt wurde, in der *Völkerschlacht* bei Leipzig vom 16. bis 19. Oktober 1813 und im Feldzug von 1813/1814 eine bedeutende Rolle. Das Ansehen der erneuerten preußischen Armee wurde endgültig durch die Einsatz der preußischen Armee Marschall Blüchers in der Schlacht bei Waterloo, die zum Sieg über Napoleon führte und die napoleonische Ära definitiv beendete, verbessert.

Die preußischen Reformen der Jahre von 1807 bis 1815 rissen Preußen aus dem nachfriderizianischen Kräfteverfall heraus und bedeuteten einen grundsätzlichen Schritt nach vorn, der in Preußen den Weg für die moderne kapitalistische Wirtschaftsentwicklung öffnete, die auch dann nicht mehr aufgehalten werden konnten, als in der Restaurationsära die sozio-politischen Strukturen Veränderungen eher bremsten. Nicht nur die Niederlage von 1806 bewirkte als Katalysator diese Veränderungen; sie wurden auch durch die sozialen Spannungen ausgelöst, die sich durch die Wirkungen der Französischen Revolution verstärkten und auf die deutschen Verhältnisse einwirkten. Parolen und Leistungen der Revolution und der Napoleonischen Zeit beeinflußten wesentlich Handlungen und Pläne der preußischen Reformer. Frankreich war ein ständiger Bezugs- und Widerspruchspunkt, im Verlauf der preußischen Reformen bildete es den dialektischen Widerpart. Hervorgehoben werden muß die aktive Rolle des Staates bei den Veränderungen der preußischen Gesellschaft in dieser Zeit und besonders die selbständige und geradezu ungewöhnliche Rolle, die damals die zahlenmäßig kleine Reformergruppe aus der Staatsbürokratie zwischen dem Widerstand der Junkerklasse einerseits und der weiterhin relativen Schwäche des Bürgertums in Preußen andererseits spielte.

Nicht alle Junker waren Reformgegner. Bestimmte Gruppen besonders des ostpreußischen Adels nahmen durchaus die für sie günstigsten Konzeptionen, die Landwirtschaft auf die neuen kapitalistische Wirtschaftsweise umzustellen, an. Die Veränderungen, die die preußische Reformära mit sich brachte, dürfen nicht unter-, aber auch nicht überschätzt werden. Man unternahm viel, jedoch der durch sie eröffnete Weg bürgerlich-kapitalistischer Veränderungen in Wirtschaft und Gesellschaft sollte lang und mühsam sein, blieben doch zahlreiche Adelsprivilegien unangetastet und sicherten Patrimonialgerichte, Polizeimacht, die Position des Landrats und der Einfluß auf die Provinziallandtage den Junkern weiterhin eine Schlüsselposition in der Gesellschaft. Ebenso beeinflußte das Ausbleiben einer "richtigen" Revolution den Charakter Preußens durch das gesamte 19. Jahrhundert hindurch, teilweise sogar noch im 20. Jahrhundert. Trotz allem hat der Staat Preußen sich nach der Niederlage erneuert; dasselbe Preußen wurde ein halbes Jahrhundert später die entscheidende Kraft in Deutschland. Unter diesem Gesichtspunkt war nicht nur die Modernisierung des Staates von grundsätzlicher Bedeutung, sondern auch die Modernisierung der Wirtschaft: die Landgüter, die auf Kosten der Bauern vergrößert wurden und sich nun auf Lohnarbeit stützten, wurden nach einiger Zeit rentabel und sicherten die Entwicklung der Landwirtschaft bis in die zweite Hälfte des 19. Jahrhunderts. Gleichzeitig bildete die soziale Mobilität, die durch die Beseitigung der feudalen Fesseln in den Dörfern und Städten freigesetzt wurde, eine der Vorbedingungen für die Industrialisierung. Der preußische Staat blieb allerdings weiterhin eine bürokratische Monarchie, die mit absolutistischen Methoden regiert wurde. Als wesentliches Ergebnis der Reformen bestand in der Zeit von 1815 bis 1848 die Dualität der alten und der neuen Strukturen: neben den noch feudalen Verhältnissen entwickelten sich immer schneller kapitalistische Wirtschafts- und Gesellschaftsbeziehungen. Die soziale und politische Übermacht des grundbesitzenden Adels, der Junker, blieb jedoch erhalten.

# Schlesische privilegirte Zeitung.

No. 34. Sonnabends den 20. März 1813.

## Se. Majestät der König haben mit Sr. Majestät dem Kaiser aller Reußen ein Off- und Defensiv-Bündniß abgeschlossen.

## An Mein Volk.

So wenig für Mein treues Volk als für Deutsche, bedarf es einer Rechenschaft, über die Ursachen des Kriegs welcher jetzt beginnt. Klar liegen sie dem unverblendeten Europa vor Augen.

Wir erlagen unter der Uebermacht Frankreichs. Der Frieden, der die Hälfte Meiner Unterthanen Mir entriß, gab uns seine Segnungen nicht; denn er schlug uns tiefere Wunden, als selbst der Krieg. Das Mark des Landes ward ausgesogen, die Hauptfestungen blieben vom Feinde besetzt, der Ackerbau ward gelähmt so wie der sonst so hoch gebrachte Kunstfleiß unserer Städte. Die Freiheit des Handels ward gehemmt, und dadurch die Quelle des Erwerbs und des Wohlstands verstopft. Das Land ward ein Raub der Verarmung.

Durch die strengste Erfüllung eingegangener Verbindlichkeiten hoffte Ich Meinem Volke Erleichterung zu bereiten und den französischen Kaiser endlich zu überzeugen, daß es sein eigener Vortheil sey, Preußen seine Unabhängigkeit zu lassen. Aber Meine reinsten Absichten wurden durch Uebermuth und Treulosigkeit vereitelt, und nur zu deutlich sahen wir, daß des Kaisers Verträge mehr noch wie seine Kriege uns langsam verderben mußten. Jetzt ist der Augenblick gekommen, wo alle Täuschung über unsern Zustand aufhört.

Brandenburger, Preußen, Schlesier, Pommern, Litthauer! Ihr wißt was Ihr seit fast sieben Jahren erduldet habt, Ihr wißt was euer trauriges Loos ist, wenn wir den beginnenden Kampf nicht ehrenvoll enden. Erinnert Euch an die Vorzeit, an den großen Kurfürsten, den großen Friedrich. Bleibt eingedenk der Güter, die unter

Aufruf »An mein Volk« (1813), vgl. S. 245

## 3. Preußen in der Restaurationszeit: 1815-1848

***Territorium und Bevölkerung.*** - Nach den Erschütterungen der Napoleonischen Ära legte der Wiener Kongreß 1815 die Landkarte Europas neu fest. Grundlage war das Legitimitätsprinzip: jedem Staat sollte die ihm zustehenden, insbesondere die an Frankreich verlorenen Gebiete zurückgegeben werden. In der Praxis setzten jedoch die Siegermächte ihre Ansprüche zu Lasten derjenigen, die bis zuletzt mit Napoleon verbündet gewesen waren, durch. Preußen gewann im Ergebnis viel, obwohl seine Ansprüche und Hoffnungen keineswegs in vollem Umfang zufriedengestellt wurden. Preußen erhielt den größten Teil der polnischen Gebiete zurück, die sich vor 1806 unter seiner Herrschaft befunden hatten: an die Provinz Westpreußen wurden erneut Danzig und Thorn zusammen mit dem Kulmer Land angegliedert, was im Widerspruch zu der in der Wiener Kongreßakte eingegangenen Verpflichtung, die Gebiete mit überwiegend polnischer Bevölkerung an das *Großherzogtum Posen* anzuschließen, stand. Die Provinz *Großherzogtum Posen* wurde aus Großpolen und dem Netzedistrikt mit Stadt und Kreis Bromberg gebildet; sie sollte insofern eine Sonderstellung im preußischen Staat einnehmen sollte, als ihrer polnischen Bevölkerung *Nationalrechte* zugestanden wurden, die Kaiser Alexander I. von Rußland in der Wiener Kongreßakte Preußen gegenüber durchgesetzt hatte. Insgesamt machten die jetzt unter der Herrschaft Preußens befindlichen ehemals polnischen Gebiete allerdings nur noch ein Fünftel seines Territoriums und nur noch 15 % seiner Bevölkerung aus, da Preußen auf die Eroberungen aus der dritten und teilweise auch der zweiten Teilung Polens mit Warschau, die dem in Personalunion mit Rußland verbundenen *Königreich Polen* zugeschlagen wurden, verzichten mußte und gleichzeitig im Westen vor allem dank der Unterstützung Englands, dem an einer preußischen *Wacht am Rhein* gelegen war, sein Gebiet auf Kosten anderer deutscher Staaten wesentlich erweitern konnte.

Neben Ansbach, Bayreuth, Hildesheim und Ostfriesland erhielt Preußen alle westelbischen Besitzungen zurück, dazu vor allem *Neuvorpommern* mit Stralsund, Greifswald und der Insel Rügen, d.h. das seit 1648 schwedische Pommern, einen bedeutenden Teil Sachsens, der in der *Provinz Sachsen* mit der Hauptstadt Magdeburg mit früher angegliederten sächsischen Territorien zusammengefaßt wurde, sowie zahlreiche kleinere Erwerbungen durch die Übernahme aufgelöster Fürstentümer und Reichsstädte hauptsächlich im westlichen Deutschland. Insbesondere konnte Preußen die Herzogtümer Jülich und Berg sowie das Territorium des Kölner Erzbistums erwerben. Preußen bestand weiterhin aus zwei geographisch getrennten Territorialblöcken, den Westgebieten an Rhein, Lippe und Ruhr und den Ostprovinzen Brandenburg, Sachsen, Schlesien, Pommern, Posen sowie Ost- und Westpreußen. Im Jahre 1815 zählte dieser Staat insgesamt 278 042 $km^2$ mit 10,4 Millionen Einwohnern. In der Zeit bis 1866 unterlag das preußische Territorium nur geringen Veränderungen: Kleinere Gebiete wurden durch Kauf erworben, in der Schweiz wurden die Neuchâtel und Valangin abgetreten. 1866 umfaßte Preußen 279 030 $km^2$ mit einer Bevölkerung von 19.6 Millionen im Jahre 1861. Der enorme Bevölkerungszuwachs von 1815 bis 1861 war vor allem ein Ergebnis der schnellen ökonomischen Entwicklung und günstiger demographischer Trends vor allem durch Verbesserungen in der Hygiene und den medizinischen Fortschritt.

*Wirtschaft und Gesellschaft.* - Während die preußischen Gebiete, die in den Jahren 1807-1815 zum preußischen Staat gehört hatten, eine weitreichende Modernisierung durchliefen und den Weg der beschleunigten kapitalistischen Entwicklung in der Landwirtschaft und in der Industrie beschritten, erlebten die Länder, die unmittelbar unter napoleonische Einflüsse gerieten, insbesondere die rheinisch-westfälischen Gebiete, aber auch das Herzogtum Warschau, einen ungewöhnlich schnellen Modernisierungsprozeß im Bereich der Sozial- und Rechtsstrukturen, der wesentlich weitreichender war als die sozialen und rechtlichen Reformen im damaligen Preußen.

Die Phase der intensiven Industrialisierung begann in der Rheinprovinz, die frei von den für die Ostprovinzen typischen halbfeudalen Belastungen war. Die Verhältnisse in dieser Provinz wurden immer stärker von der lokalen Bourgeoisie gestaltet - und nicht durch die eher wenigen, in ihrer ökonomischen Bedeutung depravierten lokalen Adligen. Die unter der napoleonischen Herrschaft eingeführten fortschrittlichen Institutionen und Rechtsvorschriften konnten nach 1815 nicht mehr rückgängig gemacht werden und gelten teilweise zivilrechtlich bis heute, woraus sich der wesentliche Unterschied zwischen der Rheinprovinz und den übrigen preußischen Provinzen erklärt.[33]

Auch die Provinz *Großherzogtum Posen* befand sich in einer Sonderstellung. Sie sollte - in Übereinstimmung mit den Beschlüssen des Wiener Vertrages - ein Gebiet darstellen, in dem in gewissen Grenzen die polnischen nationalen Traditionen anerkannt werden sollten. Diese Regelung galt nicht für die Provinzen mit polnischen Bevölkerungsteilen, die schon länger Teil des preußischen Staates waren, wie Schlesien, Westpreußen oder Ostpreußen. In diesen Gebieten fehlten, das erst seit 1772 zum preußischen Staat gehörende Westpreußen ausgenommen, polnische Wirtschafts- und Bildungseliten. Deshalb nahmen die preußischen Behörden auch die bestenfalls erst schwach artikulierten nationalen Bestrebungen der polnischen Bevölkerung auch nicht in ihr Kalkül, zumal Schlesien nur im Mittelalter zu einem polnischen Staat gehört hatte und in Ostpreußen die polnische Bevölkerung zugewandert war und schon wegen der konfessionellen Unterschiede keine engeren Bindungen an Polen oder an die polnischen Gesellschaft in Posen und Westpreußen besaß und in der deutschen Umgebung isoliert blieb. Im Großherzogtum Posen lebten dagegen im Jahre 1816 auf einem Gebiet von knapp 29 000 $km^2$ etwa 820 000 Menschen, davon zwei Drittel Polen.[34]

Neben der Rheinprovinz und Westfalen, in denen der Industrialisierungsprozeß am frühesten begonnen hatte besaß Preußen zwei weitere Provinzen mit be-

---

33 E. Fehrenbach: Traditionelle Gesellschaft und revolutionäres Recht. Die Einführung des Code Napoleon in den Rheinbundstaaten. 2. Aufl. Göttingen 1978.

34 F. Paprocki: Wielkie Księstwo Poznańskie w okresie rządów Flottwella (1830-1841) [8Das Großherzogtum Posen unter der Regierung Flottwell 1830-1841]. Poznań 1970, S. 21.

deutendem Industriepotential, Schlesien und die Provinz Sachsen, dazu die typisch landwirtschaftlichen Ostprovinzen: West- und Ostpreußen, Pommern, Brandenburg und Posen. Die moderne Statistik entwickelte sich in Preußen erst in der ersten Hälfte des 19. Jahrhunderts, was gewisse Datenabweichungen in den zeitgenössischen Quellen erklärt. Insgesamt entwickelte sich die Bevölkerungszahl in den deutschen Ländern (ohne Österreich), in Preußen und in Bayern, dem nach Preußen größten deutschen Staat, in den Jahren 1815-1865 in folgendermaßen:[35]

| Jahr | Deutschland | Preußen | Bayern |
|---|---|---|---|
| 1815 | 24 833 000 | 10 319 993 | 3 707 966 |
| 1835 | 30 802 000 | 13 692 889 | 4 251 118 |
| 1845 | 34 290 000 | --- | --- |
| 1855 | 36 138 000 | 17 202 637 | 4 547 239 |
| 1865 | 39 548 000 | 19 254 649 | 4 807 192 |

Die Bevölkerung Preußens wird für das Jahr 1815 auf knapp 10,4 Millionen Menschen geschätzt, 1816 betrug sie nach den Zahlen der ersten Volkszählung 10,5 Millionen (1817: 10 535 571). Die preußischen Ostprovinzen Ost- und Westpreußen und Großherzogtum Posen, die nicht zum 1815 gegründeten Deutschen Bund gehörten, zählten im Jahre 1816 zusammen 2 226 352 Einwohner:

| | 1816 | 1865 | Zuwachs |
|---|---|---|---|
| Preußen insgesamt | 10,4 | 19,445 | 87 % |
| Provinz Posen | 0,820 | 1,532 | 87 % |
| Prov. Westpreußen | 0,571 | 1,261 | 121 % |
| Prov. Ostpreußen | 0,886 | 1,775 | 100 % |
| Berlin | 0,198 | 0,646 | 226 % |
| Prov. Schlesien | 1,942 | 3.532 | 82 % |
| Prov. Westfalen | 1,066 | 1,679 | 57 % |
| Rheinprovinz | 1,871 | 3,379 | 81 % |

In dieser Zeit verzeichnete Bayern - der nach Österreich und Preußen bevölkerungsreichste Staat des Deutschen Bundes - einen Bevölkerungszuwachs von nur 35 %. Die Hauptregion der ersten Industrialisierungsphase in Preußen, die Provinz Westfalen und die Rheinprovinz, zählten 1816 zusammen 2 937 178 Einwohner, also fast 30 % der Gesamtbevölkerung Preußens. In der weiteren Bevölkerungsentwicklung lagen jedoch die landwirtschaftlichen Ostprovinzen vorn, so daß das demographische Übergewicht der Westprovinzen geringer wurde.[36]

Das schnelle natürliche Bevölkerungswachstum, dessen Tempo bei weitem das der ökonomischen Entwicklung übertraf, war ein vielschichtiges Problem. Es ist umstritten, inwieweit tatsächlich das Gesundheitswesens und die Ernährungslage

35 E. J. Passant, W.O. Henderson: A Short History of Germany 1815-1945. Cambridge 1969, S. 80; Zahlen für Deutschland ohne Österreich.

36 Vgl. W. Köllmann: Bevölkerung in der industriellen Revolution. Studien zur Bevölkerungsgeschichte Deutschlands. Göttingen 1974, S. 227.

der Bevölkerung verbessert worden sind. Ohne Zweifel hat das 19. Jahrhundert nicht mehr demographische Tragödien vom Ausmaß früherer Epochen erlebt; auch die Sterblichkeitsrate sank, besonders bei Kindern. Am ehesten ist der Bevölkerungszuwachs daraus zu erklären, daß sich in der langen Friedensperiode der Lebensstandard der Bevölkerungsmehrheit, wenn auch auf sehr niedrigem Existenzniveau, stabilisiert hat, und gleichzeitig die Beseitigung der feudaler Beschränkungen, vor allem der Ehehindernisse bewirkte, daß die Zahl der Eheschließungen enorm anstieg, das Durchschnittsalter der Eheleute sank und damit die Geburtenzahl stark zunahm. Bezeichnenderweise war der hohe natürliche Bevölkerungszuwachs vor allem in Kreisen mit typisch landwirtschaftlichem Charakter zu verzeichnen. So verstärkte die nachwachsende Bevölkerung die sich in der Ära der Agrarreformen dynamisch entwickelnde Landwirtschaft. Der Altersdurchschnitt der preußischen Bevölkerung lag in der ersten Hälfte des 19. Jahrhunderts sehr niedrig: 1868 waren sich 45 % jünger als 20 Jahre.

Bezogen auf den Gesamtstaat, wuchs die Bevölkerungsdichte von 49 Einwohnern pro $km^2$ im Jahre 1816 auf 71 Einwohner im Jahre 1865. Besonders dicht besiedelt waren das Rheinland und Oberschlesien. In der Provinz Posen stieg die Bevölkerungsdichte in den Jahren 1816-1865 von 28 auf 43 Einwohner pro $km^2$, in Westpreußen von 22 auf 36. In derselben Zeit wuchs die Bevölkerungsdichte im Rheinland von 69 auf 96 Personen pro $km^2$. Unter den Faktoren, die im gewissem Umfang den Bevölkerungszuwachs verringerten, ist vor allem die Massenauswanderung aus den deutschen Ländern und hauptsächlich aus Preußen seit den vierziger Jahren - besonders stark angesichts der Krise der Jahre 1845-1847 und der Revolutionsereignisse 1848/49 - nach Übersee, vor allem in die Vereinigten Staaten, zu nennen. Zwischen 1841 und 1850 wurden 469 300 Auswanderer aus den deutschen Staaten gezählt, 1851-1860 waren es 1 075 000, in den Jahren 1861-1870 nur noch 832 700.[37]

Vor 1871 spielten die innerdeutsche Binnenwanderungen und die Wanderungsbewegung zwischen den einzelnen Provinzen Preußens keine wesentliche Rolle, die Zuwanderung in das dynamisch wachsende Berlins ausgenommen. Die Abwanderung aus der Ostprovinzen in die mittel- und die westdeutschen Industriegebiete, die *Ostflucht*, wurde erst in der zweiten Hälfte des 19. Jahrhunderts ein mit der großindustriellen Entwicklung zusammenhängendes Migrationsphänomen. Die demographische Situation Preußens schuf gute Bedingungen für die Entwicklung der Landwirtschaft und lieferte der sich bildenden Großindustrie eine ausreichende Zahl an Arbeitskräften. Der schnelle demographische Zugewinn drückte den Lebensstandard der Masse der Bevölkerung und führte zu Prozessen lokaler Überbevölkerung. Besonders stark wurde der soziale Druck in Phasen wirtschaftlicher Konjunktureinbrüche und in der Zeit von Agrarkrisen Mißernten, die sich besonders stark in den Jahren 1845-1847 auswirkten.

Die schnelle industrielle Entwicklung Preußens und besonders seiner Westprovinzen begann erst in den dreißiger Jahren des 19. Jahrhunderts. Insgesamt

37 Vgl. E. Klein: Geschichte der deutschen Landwirtschaft im Industriezeitalter. Wiesbaden 1973, S. 48.

blieb Preußen weiterhin vor allem ein Agrarland: Im Jahre 1816 betrug der Anteil der Stadtbevölkerung 26,5 %; noch 1855 lebten 72,12 % der Einwohner auf dem Lande, 1858 nur noch 70,4 %. In der Zeit vor 1840 wuchs die Stadtbevölkerung relativ langsam an; der erhebliche demographische Zugewinn bezog seinen Lebensunterhalt besonders in den Ostprovinzen vor allem aus der Landwirtschaft. Der Urbanisierungsprozeß erfaßte zunächst neben Berlin die Provinz Sachsen mit Magdeburg sowie die Westprovinzen. Im Jahre 1870 waren neben Berlin Breslau, Magdeburg, Königsberg (Pr.) und Köln Großstädte mit mehr als 100 000 Einwohnern.[38]

Der preußische Staat der *Restaurationszeit*, wie die Zeit der reaktionären Herrschaft, die unter der Führung der *Heiligen Allianz* 1815-1848 auf Mitteleuropa lastete, war durch die Dualität der alten altständisch-adligen und der in der Folge der Reformen der Jahre 1807-1815 neuen bürgerlich-kapitalistischen Strukturen[39] ein eigentümlicher Staat. Wenn Preußen nach 1815 einen relativ schnellen Weg der kapitalistischen Entwicklung beschritt, so geschah das vor allem im Bereich der Wirtschaft, die sich jetzt auf die Prinzipien der freien Konkurrenz, der Freiheit des Warenumsatzes und der ökonomischen Freiheit des Individuums stützte. Zur selben Zeit belasteten das politische und rechtliche System - aber in bedeutendem Maße auch den Alltag der Gesellschaft - weiterhin starke feudale Relikte. Insbesondere gingen die preußischen Junker in den ostelbischen Provinzen nur langsam zur kapitalistischen Wirtschaftsweise über und bewahrten zumindest bis 1848 ihre dominante Position im Dorf. Zugleich festigten sie das traditionelle Bündnis zwischen Staatsmacht und Junkertum zur Hauptstütze der konservativen und vor allem in den Jahren 1822 bis 1840 geradezu reaktionären Politik und entwickelten es in neuen Formen weiter. Wenn auch innerhalb der Beamtenschaft seit 1815 durchaus differenzierte Haltungen und Zielsetzungen existierten, so war der Staatsapparat insgesamt nach der stürmischen Reformära doch immer deutlicher geneigt, die Wünsche der Junker zu erfüllen, aus deren Kreisen sich die seit den zwanziger Jahren vermehrt die ständig wachsende Gruppe der höheren Beamten rekrutierte.[40] Insgesamt *"erfolgte hier kein radikaler Bruch mit den alten feudalen Zuständen und Einrichtungen, sondern deren allmähliche Umwandlung. [...] Die ungeteilte politische Herrschaft des Junkertums muß als die Hauptvoraussetzung für die Sicherung des preußischen Weges der agrarkapitalistischen Entwicklung angesehen werden"*.[41]

Die preußische Gesellschaft schüttelte seit 1808 Schritt für Schritt die sie behindernden ständischen Fesseln ab. Die Jahren zwischen 1815 und 1848 waren eine Zeit großer sozialer Veränderungen und hoher vertikaler wie horizontaler Mobilität anstelle der statischen Gesellschaft der feudalen Epoche: Ein Vergleich der typischen sozialen Konfigurationen 1815 und 1848 würde die Ent-

38 Vgl. den Hinweis von Nipperdey, a.a.O., S. 113.

39 Vgl. oben S. 234-238.

40 Vgl. J. R. Gillis: Aristokratie und Bürokratie im Preußen des 19. Jahrhunderts. In: Preußische Reformen, S. 188-206.

41 H. Bleiber: Staat und bürgerliche Umwälzung in Preußen. Zum Charakter des Staates in der ersten Hälfte des 19. Jahrhunderts. In: Preußische Reformen, S. 68, 71.

wicklungsdynamik verdeutlichen, doch fehlen ausreichende Untersuchungen der Sozialstruktur, sind selbst die statistischen Angaben bezüglich der sozialen Zusammensetzung der Bevölkerung und ihrer Differenzierung unklar und strittig. Die preußischen Junker blieben weiterhin in sozialer, wirtschaftlicher und politischer Hinsicht die herrschende Klasse. Ihre Fähigkeit, sich das gesamte 19. Jahrhundert hindurch gesellschaftlich und politisch "oben" zu halten, kann durchaus eine gewisse Art von Bewunderung hervorrufen.

Die Bauernbefreiung und die Beseitigung der feudalen Rechte des Adels verlief äußerst langsam und in für die Gutsbesitzer vorteilhafter Weise, die durch den Übergang zur großkapitalistischen Wirtschaftsweise in der Landwirtschaft ihrer Position auf lange Sicht stärken konnten. Freilich verlor in derselben Zeit ein Teil des ökonomisch schwächeren Adels, der sich nicht auf die Bedingungen des freien Marktes einstellen konnte, in der Zeit bis 1848 seine Besitzungen. An seine Stelle trat besonders in Ost- und Westpreußen eine starke Gruppe bürgerlicher Gutsbesitzer, die sich - auch durch Nobilitierung - relativ schnell den Standards und der Mentalität der Junker anpaßte und sich nach einigen Generationen in der Regel durch nichts vom alten Adel unterschied, deren Interessen, Vorurteile und Ansichten sie als die ihren übernahmen. *"Der Adel also behauptete sich als Lebensform und als politische Elite"*[42]: als höhere Beamten und als Offiziere.

Unter den Junkern der Restaurationszeit kann man nach ihrer politischen Haltungen drei Gruppen unterscheiden: (1.) die Verteidiger der Vergangenheit mit rein reaktionärer Einstellung, die die kapitalistischen Veränderungen in der Landwirtschaft nicht aufhalten konnten, obwohl sie mehrfach einen verhängnisvollen Einfluß auf den Verlauf der Politik und durch die Verzögerung der notwendigen Gesellschaftsreformen im Staat ausübten; (2.) die liberalen Junker, die hauptsächlich in Ostpreußen wirkten und - meistens unter dem Einfluß englischer Konzeptionen und Verhältnisse - die Bejahung einer schnellen Einführung kapitalistischer Verhältnisse in Landwirtschaft und Wirtschaft mit einer relativ liberalen politischen Haltung verbanden; (3.) die die Mehrzahl der Junker mit ihrer typischen konservativen Haltung, die den Wunsch nach einem möglichst günstigen und langsamen Übergang zu den neuen kapitalistischen Verhältnissen mit der Verteidigung des bisherigen Staatssystems und der politischen Stellung des Adels verbanden.

In der nachfriderizianischen Ära gewann die preußische Bürokratie besonders in der Reformperiode an der Seite schwacher Herrscher eine zentrale Stellung im Staat und verselbständigte sich im gewissen Maße gesellschaftlich und mental. Diese besondere und starke Position der Bürokratie hielt sich auch in der Restaurationszeit, obwohl die Rolle der Verwaltung und auch ihr politisches Profil nicht einheitlich waren: Ein Teil der Beamten leistete besonders in den Provinzialverwaltungen zumindest bis 1830 den reaktionären Tendenzen der Restaurationszeit Widerstand und bemühte sich in seinem Einflußbereich, weiterhin die

42 Nipperdey, a.a.O., S. 258.

Ziele der Reformer zu verfolgen. Weil das *"Preußen der Restauration [...] in erster Linie ein Beamtenstaat"* war[43], war die soziale Rolle der Bürokratie und ihr Sozialprestige beträchtlich. *Fachverwaltung* hieß die Parole für die gemäßigten Reformer, die die Ansicht vertraten, daß eine gute Administration für das Volk wichtiger sei als konstitutionelle Freiheiten.[44] Der Beamtenstand war seit den Vorschriften des *Preußischen Landrechts* von 1794 und weiterer Vorschriften über den preußischen Staatsdienst eine Korporation mit gesonderter rechtlicher und sozialer Stellung.

Der spezifische Korpsgeist erlaubte keine Abweichung von den herausgebildeten moralischen Mustern und keine zu einseitige Identifizierung mit nur klassenspezifischen Motiven des Staatshandelns. Doch darf die Beamtenschaft in keiner Weise idealisiert werden: In den dreißiger Jahren des 19. Jahrhunderts waren Krisenerscheinungen innerhalb der Bürokratie hervor, und unter der Herrschaft Friedrich Wilhelms IV., der - auf extrem konservative Kreise gestützt - selbst regieren wollte, verlor sie entscheidend an Bedeutung. Eine Art Symbol der Niederlage liberaler Tendenzen in der Bürokratie war die Demission des Oberpräsidenten der Provinz Preußen, Theodor von Schön (1773-1856), der als letzter aus der Reformergruppe um vom Stein 1842 sein Amt aufgab. In der weiteren Entwicklung setzte sich der konservative Geist innerhalb der Verwaltung durch, gestützt vor allem auf die nachwachsenden Beamtenkader adliger Herkunft.

Neben den Junkern, der Bürokratie und dem Offizierskorps war das gebildete und wohlhabende Bürgertum eine wichtige gesellschaftliche Kraft. Neben der akademisch gebildeten Intelligenz, den Honoratioren, war hier vor allem die reiche Bourgeoisie von Bedeutung: Bankiers, Fabrikanten, Kaufleute, Unternehmer sowie Besitzer von Ländereien und Immobilien. Das Bürgertum, das in den Westprovinzen so stark war, hatte in den Ostprovinzen Preußens wenig Einfluß, die starken städtischen Zentren Berlin, Magdeburg, Breslau, Stettin, Danzig und Königsberg ausgenommen. Wegen fehlender detaillierter Statistiken wäre schwierig, eine genaue Grenze zwischen dem wohlhabenden Bürgertum und den aus dem Kleinbürgertum aufsteigenden bürgerlichen Elementen zu ziehen. Zum mittleren Bürgertum wären die unteren Beamtengruppen hinzuzählen, deren Sozialstatus höher war als ihr Lebensstandard. Die zahlenmäßig bedeutende Entwicklung des preußischen Bürgertums dieser Zeit kann nicht ihre Entwicklungsschwächen verbergen, die in hohem Maße aus seiner Entstehung durch die staatliche Protektionspolitik im 18. Jahrhundert resultierten, aus seiner geringen ökonomischen Selbständigkeit und besonders aus dem Fehlen einer eigenständigen politischen Haltung. Diese Schwächen sollten sich besonders kraß in der Krisenpolitik der Jahre 1848-1849 zeigen, als die liberale bürgerliche Opposition

---

43 H. Heffter. Die deutsche Selbstverwaltung im 19. Jahrhundert. Stuttgart 1950, S. 207.

44 Vgl. S. Salmonowicz: Uwagi o biurokracji pruskiej na Pomorzu (1815-1850) [Bemerkungen über die preußische Bürokratie in Pommerellen 1815-1850]. In: Zapiski Historyczne 47 (1982), 4, S. 239-248.

gemäßigt und inkonsequent war, ihr der revolutionäre Geist fehlte und sie stattdessen mit den Regierungskreisen den Kompromiß um jeden Preis suchte.

Vor 1848 artikulierte sich die bürgerliche Opposition hauptsächlich in Appellen und Manifestationen. Die stärkste Gruppe der Bourgeoisie, die Industriekreise im Rheinland und in Westfalen und in Schlesien, wurden bei ihren industriellen Aktivitäten früh mit dem Widerstand der erbarmungslos ausgebeuteten Fabrikarbeiter und der städtischer Armen konfrontiert; deshalb suchte sie, auch aus Furcht vor revolutionären Sozialbewegungen, die Verständigung mit der Königsmacht selbst um den hohen des Verzichts auf wesentliche eigene Forderungen. Wenn revolutionäre Ideale, radikale Parolen und demokratische Hoffnungen einen größeren Widerhall vor den vierziger Jahren fanden, so geschah dies innerhalb der in Preußen nach 1815 aufblühenden studentischen Bewegung, die in den zwanziger und dreißiger Jahren mit brutaler Polizeirepression unterdrückt wurde.

Nach der Emanzipation der preußischen Juden 1813 wuchs die jüdische Bevölkerung in Preußen schnell: Etwa die Hälfte aller deutschen Juden lebte 1817 in Preußen. Die Assimilation gewann schnell Kraft. Der jüdische Beitrag zur Entwicklung in der Wirtschaft, aber auch der Kultur, in Preußen dieser Zeit war beachtlich. Schlechter war die Stellung der Juden hauptsächlich polnischer Herkunft im Großherzogtum Posen und in Westpreußen. Solange sie nicht assimiliert waren, wurden bei ihnen Sondervorschriften angewandt, die die Gleichberechtigung vom Grad der Assimilation abhängig machten. In der Praxis führte diese Sonderpolitik der preußischen Behörden zur Germanisierung dieses Teil der jüdischen Bevölkerung, die sich in der Provinz Posen in der zweiten Hälfte des 19. Jahrhunderts allgemein mit der deutschen Nationalität identifizierte.

Im Jahre 1846 zählte die preußische Statistik unter den Männern über 14 Jahre 45 % Arbeiter ohne eigene Werkstatt. 50 bis 60 % der Bevölkerung lebten in dieser Krisenzeit nach statistischen Kriterien in Armut. Während Handwerker allgemein zum Kleinbürgertum gehörten, bildeten die übrigen ärmeren Schichten der Stadtbevölkerung verschiedene Gruppen des damaligen Proletariats: Handwerksgesellen, Dienstboten, Tagelöhner und die soziale Randgruppe der Armen.[45] Die Pauperisierung breiter städtischer Schichten und Berufe war sowohl in der ersten, schwierigen Phase der Reorganisation von Staat und Wirtschaft (1815-1825) als auch in der Phase der ersten Industrialisierungswelle in den dreißiger und vierziger Jahren des 19. Jahrhunderts beachtlich. Der schnelle Anstieg der Bevölkerungszahl blieb auch nicht ohne Einfluß auf die konjunkturelle Verschlechterung ihrer Lage, die von den Preisschwankungen auf dem Lebensmittelmarkt abhing und auf jede Krise wie temporäre Arbeitslosigkeit, Mißernten usw. empfindlich reagierte.

Das tägliche Leben der ärmeren, nichtprivilegierten Bevölkerungsgruppen im preußischen Staat war während der Restaurationszeit nicht beneidenswert. Der starke Staat prägte als Garant der Interessen vor allem der Besitzenden - der

45 Vgl. Nipperdey, a.a.O., S. 221.

Junker und der Kapitalisten - durch seine Polizeiaufsicht, durch die harte Disziplinierung der Bevölkerung und bei Bedarf auch durch militärische Intervention das politisch-gesellschaftliche Klima der Zeit des Vormärz. Die Armen, Arbeiter, das Dorfgesinde, die Kleinhändler und Dienstboten bildeten die Bevölkerungsgruppe, auf denen die Kontrolle der Besitzenden und die staatliche Kontrolle durch Polizei und Verwaltung lastete. Vollkommene Willkür bei der Unterbringung von Armen ohne feste Tätigkeit in Armenhäusern gehörte zum System der Disziplinierung. Besonders hart gingen die preußischen Behörden gegen Ausländer vor, Immigranten, die Arbeit, Schutz oder Niederlassungsmöglichkeit in Preußen suchten. Demographische Interessen des Staates waren Vergangenheit, und im von revolutionären Komplotten erschütterten Europa wurden Ausländer, die nichtprivilegierten Bevölkerungsgruppen angehörten, in der Regel als verdächtiges Element betrachtet. Die Anwendung von physischer Gewalt und Körperstrafen gegen sie gehörte zur Tagesordnung.[46]

***Die Landwirtschaft.*** - Die preußische Agrarreform ist seit dem ersten Reformdekret umstritten. Die Begrenzung der Reform für die Bauern und die für sie ungünstigen Lösungen werden allgemein akzeptiert, doch fehlt in den Bewertungen der Vergleichspunkt, der allein eine solide Grundlage für eine allgemeine historische Bewertungen bilden kann. Die preußischen Reformen gehörten, lassen wir die Gebiete mit direkter französischer Einflußnahme in der Napoleonischen Ära außer Betracht, zu den weitreichendsten in den deutschen Ländern: *"Nirgendwo im übrigen Deutschland haben die Reformen so tiefgreifende Umwälzungen verursacht, wurde die ländliche Verfassung so schnell auf neue Grundlagen gestellt, trat die Verbindung von Bauernbefreiung und großer Politik so sichtbar in Erscheinung, wurde gleichzeitig eine so große Menge von Menschen unmittelbar und mittelbar betroffen."*[47] Festgehalten zu werden verdient, auch wenn wir das ungenügende Wissen über quantitativen sozialen und ökonomischen Folgen der Reformen in die Überlegungen einbeziehen, daß 1. die Reform relativ langsam durchgeführt wurde und die Gutsbesitzer begünstigt hat, daß 2. ihre Durchführung gegen die Interessen der Masse der Bauern einen schnellen Übergang der preußischen Landwirtschaft zum Kapitalismus, zur freien Konkurrenzwirtschaft, die sich vor allem auf Latifundien mit der Ausbeutung von Lohnarbeitern sowie auf relativ große selbständige bäuerliche Betriebe stützte, ermöglicht hat. Der reiche Bauer war neben dem Junker der Hauptnutznießer der Reform: Die für die Masse der Landbevölkerung gnadenlose Reform erzielte schuf in den preußischen Ostprovinzen im Ergebnis eine ökonomisch gesunde Agrarstruktur.

Von wesentlichen Veränderungen in der Landwirtschaft in Preußen waren damals lediglich die Ostprovinzen betroffen. Die im Rheinland und teilweise in Westfalen unter der napoleonischen Herrschaft eingeführten Veränderungen

46 Vgl. A. Lüdtke: "Gemeinwohl". Polizei und "Festungspraxis". Staatliche Gewaltsamkeit und innere Verwaltung in Preußen 1815-1850. Göttingen 1982, S. 221f.

47 W. Treue: Gesellschaft, Wirtschaft und Technik Deutschlands im 19. Jahrhundert. In. Gebhardt, Handbuch der deutschen Geschichte, 9. Aufl. Bd. 3. Stuttgart 1970, S. 387.

der Agrarstruktur waren unumkehrbar, und die großen adligen Besitzungen waren dabei, zu verschwinden, oder befanden sich bereits in den Händen des Bürgertums, das bereits eine rein kapitalistische Landwirtschaft betrieb. Die Restauration in der Landwirtschaft wurde mit der Deklaration von 1816 eröffnet, die unter dem Vorwand, die Vorschriften des Regulationsedikts von 1811 zu erläutern und weiterzuentwickeln, das Edikt im wesentlichen zum Vorteil der Grundbesitzer und zum Nachteil der schwächeren dörflichen Bevölkerungsgruppen einschränkte. Anders verlief die Entwicklung nur im Großherzogtum Posen, wo das Gesetz von 1823 - Ausdruck der antiadligen, weil gegen den polnischen Adel gerichteten, Haltung der preußischen Behörden - etwas bessere allgemeine Bedingungen der Bauernbefreiung brachte. Der größte Erfolg der Grundbesitzer war die erhebliche Verzögerung in der Eigentumsfrage.

Die Umkehrung der Reformtendenzen war ein Ergebnis der allgemeinen Proteste des Adels, der behauptete, durch die Aufhebung der Frondienste wirtschaftlich ruiniert zu werden. Auf der Grundlage der bis 1831 durchgeführten Regulierungen erhielten in den preußischen Ostprovinzen rund 48 % der interessierten Bauern Grundbesitz. Die meisten Regulierungen erfolgten in Ostpreußen, da Junker dieser Provinz ein größeres Interesse an der Modernisierung ihrer Wirtschaft hatten als ihre Standeskollegen in der Mark Brandenburg oder die besonders rückständigen pommerschen Junker. Der weitere Regulierungsprozeß dauerte großenteils bis 1848, endgültig abgeschlossen wurde er erst in den fünfziger Jahren. Die Agrarreform schuf in Preußen eine neue soziale Lage, indem sie neben den Grundbesitzer und den ökonomisch starken selbständigen Bauern den gesamten Rest des Gesindes und der Landarbeiter stellte. Die demographische Situation und das Fehlen von Industrie in der ostpreußischen Provinz machte den Grundbesitzern damals billige Arbeitskraft verfügbar und erleichterte so den Übergangsprozeß des Dorfes zur kapitalistischen Wirtschaftsweise. Während die selbständigen Bauern in der Regulierung nur 2,7 % des Besitzstandes von 1816 verloren, verschwanden in den Ostprovinzen etwa 100 000 landwirtschaftliche Kleinbetriebe. Gewinner der Politik der Entschädigung mit Bauernland waren die Rittergüter durch die Regulierung, die Zuteilung eines Teils des Gemeindebodens, die Angliederung des Bodens von Kleinbauern, die kein Anrecht auf Regulierung hatten, und schließlich durch Zukauf zu niedrigen Bodenpreisen. Insgesamt vergrößerte sich der Anteil der Rittergüter an der landwirtschaftlichen Nutzfläche in den Jahren 1816-1859 um 18 %, sofern die Daten der verfügbaren Statistiken und Untersuchungen richtig sind. Nach neueren Feststellungen ging in Preußen etwa ein Viertel des zuvor von Bauern bewirtschafteten Bodens in die Hände des Adels über, und im Ergebnis verfügten im Jahre 1869 die Großgrundbesitzer mit einem Besitz von mehr als 100 Hektar in den Ostprovinzen über 45 % des gesamten Bodens.[48] Das bedeutet, daß in den Ostprovinzen in kurzer Zeit mehr als eine Million Hektar landwirtschaftlicher Flächen in Junkerhand übergegangen war.[49]

48 Vgl. Nipperdey, a.a.O., S. 280.
49 E. Klein, a.a.O., S. 89.

Eine Summe der Ergebnisse von Bauernbefreiung und Agrarreform zu ziehen, ist nicht leicht. Die offiziellen Angaben von 1848 und 1865 sind unvollständig. Ein kleinerer Teil der Bauern erhielt die Befreiung nicht durch die Abtretung eines Teils des von ihnen bewirtschafteten Bodens, sondern beglich die Grundablösung durch eine einmalige Geldzahlung, durch eine Geldrente an den früheren Grundherrn oder Leistungen in Naturalien. Der Beginn der kapitalistischen Veränderungen in der preußischen Landwirtschaft fiel in die Zeit der schwachen Agrarkonjunktur von 1817 bis Ende der zwanziger Jahre. Erst danach bestanden wieder günstige Exportbedingungen und wuchs die Inlandsnachfrage. Angesichts des niedrigen Lohnniveaus waren die Preise für Agrarprodukte und für Lebensmittel allgemein damals überhöht, was die Lebensbedingungen der städtischen Armen wesentlich erschwerte.

Trotz des Übergangsprozesses und der Konjunkturkrisen verdoppelte sich die preußische Agrarproduktion in der ersten Hälfte des 19. Jahrhunderts. Bei den Problemen durch den Regulierungsprozeß unterstützte der Staat nicht die Bauern, sondern half den Großgrundbesitzern durch Stundung von Schulden, Kredite und Subventionen. Gleichzeitig förderte der Staat die Landwirtschaft durch Meliorationen, Kanal- und Wegebau, Flußregulierung, Unterstützung von Feuerversicherungen und Bauernverbänden, Landwirtschaftsschulen, Agrartechnik sowie den Betrieb von Mustergütern. Diese Agrarpolitik war erfolgreich: In der Zeit von 1816 bis 1864 wurde die landwirtschaftliche Nutzfläche in Preußen um rund 6,5 Millionen ha (94 %) erweitert, und das vor allem in den Ostprovinzen, wo vor allem Brachen unter den Pflug genommen und Wälder gerodet wurden. Der große demographische Sprung war in Preußen allein dank der rasanten Entwicklung des Kartoffelanbaus möglich. Die Erträge bei Kartoffeln und Getreide stiegen - umgerechnet in Getreideeinheiten - folgendermaßen an:[50]

| Jahr | in 1000 t | Jahr | in 1000 t |
|---|---|---|---|
| 1800 | 4800 | 1840 | 7661 |
| 1820 | 5411 | 1860 | 8923 |

Beinahe der gesamte Produktionsanstieg resultierte aus dem Zuwachs des Kartoffelanbaus. Ähnlich dynamisch entwickelte sich der Zuckerrübenanbau - und im Zusammenhang damit seit den vierziger Jahren besonders in den Provinzen Posen und Westpreußen die Zuckerfabrikation.

Die kapitalistische Entwicklung in der Landwirtschaft verlief vor dem Hintergrund der teilweise weiterbestehenden feudalen Adelsprivilegien: *"Feudale und kapitalistische Überlegenheit und die entsprechenden Gewinnchancen verbanden sich."*[51] Der Grundbesitzer behielt bis 1848 die Gerichtshoheit über die Bauern und das Jagdprivileg, bis 1872 die administrative und die Polizeigewalt über die Bauern sowie das Patronatsrecht über die Ortskirche. So blieb der freie preußische Bauer weit entfernt von der staatsbürgerlichem Gleichberechtigung mit sei-

50 E. Klein, a.a.O., S. 116.
51 Nipperdey, a.a.O., S. 163.

nem Nachbarn, dem Junker. Diese Abhängigkeit, die die Bauern auch psychisch belastete, sollte die Entwicklung der gesellschaftlichen Mentalität bis ins 20. Jahrhundert entscheidend beeinflussen. Während in den übrigen preußischen Ostprovinzen die Junker die Einflußmöglichkeiten auf die Auswahl des Landrates und auf dessen Verwaltungstätigkeit bewahren konnten, entzog die Regierung den - mehrheitlich polnischen - adligen Grundbesitzern im Großherzogtum Posen seit 1831 die Polizeigewalt und das Recht der Landratswahl. Hier Weise verband sich nicht das Staatsinteresse mit den Standesinteressen.

***Die Wirtschaftspolitik des Staates und die Entwicklung von Handel und Handwerk.*** - Die preußische Verwaltung, die die Richtung der Wirtschaftspolitik des Staates bestimmte, mußte die Realitäten der differenzierten Wirtschafts- und Sozialstruktur Preußens berücksichtigen. Neben dem Schutz der Interessen der Junker in den Ostprovinzen durfte sie die Interessen der reichen Westprovinzen nicht vernachlässigen. Daher *"festigte die Sorge der Bürokratie um die ökonomische Aktivierung der Gesellschaft vor allem die Klasse der Junker, nichtsdestoweniger wurde die Administration zum Träger der staatlichen Sorge um die Interessen des Bürgertums, indem sie seine wirtschaftliche und geistige Emanzipation beschleunigte"*.[52]

Für die Bourgeoisie stand im Jahre 1815 die Frage der wirtschaftlichen Einheit Deutschlands durch die die Schaffung eines gesamtdeutschen Marktes im Vordergrund. Die Vielfalt der preußischen Gebiete, die verstreut inmitten kleiner deutscher Territorien lagen, gebot, eine globale Lösung zu suchen: Diese Lösung war das Gesetz vom 26. Mai 1818, das die Politik des Freihandels dekretierte[53], von der Preußen bzw. das Deutsche Reich erst 1876 zugunsten protektionistischer Maßnahmen abging. Friedrich Engels schrieb: *"Dies preußische Zollgesetz von 1818 war die erste offizielle Anerkennung der Bourgeoisie durch die Regierung. Man gestand ein - freilich schweren Herzens und widerwillig genug - daß die Bourgeoisie eine für das Land unentbehrliche Klasse geworden war."*[54] Gleichzeitig eröffnete das Zollgesetz den Weg zur besseren Zusammenarbeit mit den anderen deutschen Staaten mit dem Ziel, sie in das preußische Zollgebiet einzubeziehen. Das Gesetz verursachte in der ersten Phase seiner Gültigkeit vor allem bis 1825 der preußischen Industrie und insbesondere dem Handwerk durch die starke Konkurrenz der englischen Industrie gravierende Schwierigkeiten und Anpassungsprobleme.[55] Längerfristig sollte sich jedoch zeigen, daß die preußischen liberalen Anhänger der Lehre von Adam Smith innerhalb der preußischen Ver-

---

52 W. Stępiński: Pruska biurokracja prowincjonalna wobec gospodarczej działalności Szczecina w latach 1815-1860 [Die Haltung der preußischen Provinzialbürokratie zur wirtschaftlichen Tätigkeit Stettins 1805-1860]. In: Zapiski historyczne 48 (1963), H. 1-2, S. 133.

53 Gesetz über den Zoll und die Verbrauchs-Steuer von ausländischen Waaren und über den Verkehr zwischen den Provinzen des Staats. Vom 26sten Mai 1818. In: Gesetz-Sammlung für die Königlich Preußischen Staaten [9.] 1818, Nr. 9, S. 64-69.

54 F. Engels: Der Status quo in Deutschland [1847]. In: K. Marx / F. Engels: Werke und Schriften von Mai 1846 bis März 1848 (= Marx/Engels: Gesamtausgabe, Abt. 1, Bd. 6). Moskau-Leningrad 1933, S. 237.

55 Treue: Wirtschafts- und Technikgeschichte Preußens, S. 285f.

waltung wie Ludwig von Vincke, Theodor von Schön, Peter Kaspar Wilhelm Beuth und Ludwig Friedrich Viktor Hans Graf von Bülow mit der Anwendung des Freihandelsprinzips recht gehabt und gleichzeitig einen ersten Schritt in Richtung einer Vereinigung des deutschen Wirtschaftsraums unter preußischer Vormacht vollzogen hatten. Der weitere Weg führte über Einzelverhandlungen mit den anderen deutschen Staaten. Hauptfeind dieser preußischen Politik war Österreich, das die wirtschaftliche Vereinigung Deutschlands unter der Führung Preußens ablehnte.

Das Gesetz von 1818 war nach den Kriegen von 1813/15 und der *Deutschen Bundesakte* vom 8. Juni 1815 Preußens erster Schritt auf dem Weg zu einer Vereinigung Deutschlands. Auf diese Weise wurde Preußen zum Hoffnungsträger der deutschen Patrioten. Die Wirtschaftspolitik führte über die Vereinheitlichung der Maße und Gewichte in Preußen (1816), die Steuerreform (1820) zur Münzvereinheitlichung (1821) und integrierte dadurch die preußischen Westprovinzen in den Gesamtorganismus des Staates. Krönung dieser wirtschaftlichen Anstrengungen war die nach zahlreichen Verhandlungen und Bemühungen unterschriebene Übereinkunft, aus der der Deutsche Zollverein am 1. Januar 1834 hervorging, dessen die Beitrittsstaaten das preußische Zollrecht übernahmen. Wenig später sahen sich - zur Unzufriedenheit Österreichs - das Preußen feindliche Bayern, Württemberg und der einstige Hauptfeind Preußens, Sachsen, zum Beitritt gezwungen.

So war es ein Paradoxon der Restaurationszeit, daß der preußische Staat mit seiner reaktionären Außen- und Innenpolitik gleichzeitig Fürsprecher einer Wirtschaftspolitik war, die vor allem die Interessen des entstehenden Kapitalismus ausdrückte. Entgegen der bereits in der Zeit der Reichseinigung von 1871 von Historikern verbreiteten Legende waren die preußischen Junker- und Militärkreise zumeist weit von dem Gedanken an eine Vereinigung Deutschlands entfernt, befürchteten sie doch, daß eine Vereinigung Deutschlands die gesellschaftlichen und politischen Machtverhältnisse zuungunsten der Preußen herrschenden Eliten verändern könnte. Die preußischen Junker erkannten immer deutlicher, daß die Bewahrung der Stellung, die sie in Preußen innehatten, die Erhaltung der bisherigen politischen Struktur verlangte. Die Furcht vor Machtverlust ließ auch in späteren Jahren die hochkonservativen preußischen Junker auch dann selbst gegen Pläne zur Vereinigung Deutschlands unter der Hegemonie Preußens opponieren, waren sie sich doch nicht sicher, ob sie ihre Vormachtstellung bewahren könnten. Erst der geschickten Politik Otto von Bismarcks gelang es, beiden Ziele gleichzeitig zu realisieren: die Bewahrung der politischen und gesellschaftlichen Stellung des preußischen Junkertums und die Führung Preußens im durch ihn von oben undemokratisch vereinigten Deutschland.

In den Städten erforderte der Übergang vom halbfeudalen zum kapitalistischen System nicht nur die Entwicklung einer modernen Industrie, sondern auch die Anpassung des Handwerks an das System der freien Konkurrenz - ein schwieriger Prozeß, zumal gleichzeitig die Konkurrenz der Fabrikproduktion das

Handwerk bedrohte. Die Gewerbefreiheit und die Aufhebung der Zünfte weckten im Handwerkermilieu, das der vorindustriellen, typisch kleinbürgerlichen Mentalität verhaftet blieb, keine Begeisterung. Das Handwerk blieb bis in die zweite Hälfte des 19. Jahrhunderts ein wichtiger Bestandteil des Wirtschaftslebens, obwohl die Krisensymptome bei den kleinen Handwerksbetrieben seit den dreißiger Jahren offenbarten, daß sie den Bedingungen der kapitalistischen Entwicklung langfristig nicht standhalten konnten. Die Gewerbeordnung von 1845 und ihre Novellierung vom 9. Februar 1849 brachte die Interessen des traditionellen Handwerks zum Ausdruck und erneuerten gewisse Grundsätze des Zunftwesens, ohne jedoch das Prinzip der Gewerbefreiheit anzutasten.

Das 19. Jahrhundert war vor allem das Jahrhundert der Industrie. In Preußen setzte die erste starke Industrialisierungsphase zu Beginn der dreißiger Jahre ein.[56] Die Parole des Bürgertums war in dieser Zeit: *Verfassung und Maschine*. Die Wiege der preußischen Industrie befand sich in der Rheinprovinz und in Westfalen, von besonderer Bedeutung war die zeitlich etwas spätere Entwicklung des Industriegebietes an der Ruhr. Eine große Rolle in der Industrieentwicklung spielte der Fortschritt in Technik und Wissenschaft, aber auch das in Preußen in der ersten Hälfte des 19. Jahrhunderts generell entscheidende englische Vorbild. In der Zeit bis 1850 wurden die Grundlagen für die schnelle Industrialisierung des Landes gelegt, die in der zweiten Hälfte des Jahrhunderts, der Phase der beschleunigten Industrialisierung, Preußens und Deutschlands voll ausgenutzt wurden. In den preußischen Westprovinzen bildete sich eine moderne, dynamische Gruppe von Industrieunternehmern und Bankiers, profitorientierte bürgerliche Eliten, die entschieden ihre Interessen gegen die unteren Bevölkerungsschichten verteidigten. Sie waren weit von jedem Enthusiasmus für die Junker und die preußischen militärischen Traditionen entfernt, erwarteten jedoch vom Staat, daß er ihren Forderungen nachkam. Die Industriezentren lagen außer in den Westprovinzen in Berlin, Magdeburg, in der Provinz Sachsen und in Schlesien. Dadurch wuchs der Abstand zwischen den agrarischen Ostprovinzen und den wirtschaftlich führenden Westprovinzen immer deutlicher.

Von grundsätzlicher Bedeutung für die Wirtschaftsentwicklung war der Ausbau der Verkehrsverbindungen. Preußen trat relativ spät in das Eisenbahnzeitalter ein. Der Staat überließ den Eisenbahnbau über längere Zeit zunächst privaten Aktiengesellschaften. Noch Friedrich Wilhelm III. hatte gesagt, daß die Verkürzung der Fahrt von Berlin nach Potsdam um einige Stunden nicht soviel wert sei wie die Ruhe und Gemütlichkeit, die die Eisenbahn vernichten würde. Eine lebhafte Entwicklung des Eisenbahnwesens begann in Preußen erst in den vierziger Jahren: 1838 wurde die erste Eisenbahnlinie Preußens zwischen Berlin und Potsdam eröffnet, 1843 die Strecke Breslau-Oppeln. Im Jahre 1848 gab es in ganz Preußen 2 363 km Eisenbahnstrecken, davon in Schlesien 690 km, in den Westprovinzen 835 km, in Brandenburg und in der Provinz Sachsen sogar 1 440 km, doch in Pommern und in der Provinz Großherzogtum Posen nur 210 km.

56 Vgl. Untersuchungen zur Geschichte der frühen Industrialisierung, vornehmlich im Wirtschaftsraum Berlin-Brandenburg. Hrsg. von O. Büsch. Berlin 1971.

Die Provinz Preußen besaß dagegen noch gar keine Eisenbahnstrecke. In den vierziger Jahren wuchs das preußische Eisenbahnnetz jährlich um 20 %. Die Eisenbahn verband die immer noch keine territoriale Einheit bildenden Provinzen des Hohenzollernstaates nicht nur untereinander, sondern auch mit den anderen deutschen Staaten. Politisch bedeutete die Anbindung der preußischen Eisenbahn an deren Eisenbahnstrecken einen gewaltigen Schritt in Richtung der wirtschaftlichen und politischen Vereinigung Deutschlands. Außerhalb des preußischen Eisenbahnnetzes blieben für längere Zeit West- und Ostpreußen und in gewisser Weise auch die Provinz Posen, die in dieser Zeit wirtschaftlich unter der Abtrennung von den anderen polnischen Gebieten unter russischer Herrschaft durch die Zollgrenze litt, deren Errichtung den Export der Provinz Posen in den Osten beinahe zum Erliegen gebracht hatte.

In der industriellen Entwicklung traten die Hauptzweige der Schwerindustrie an die Spitze: Kohlegewinnung, Produktion von Eisen-, Stahl- und Kupferprodution, Maschinenbau. Die moderne Eisenverhüttung setzte sich in Preußen unaufhaltsam durch:[57]

| Jahr | Verhüttung mit Holz (in 1000 t) | Verhüttung mit Koks (in 1000 t) |
|---|---|---|
| 1850 | 95 | 33 |
| 1855 | 123 | 158 |
| 1860 | 96 | 399 |
| 1866 | 54 | 756 |

In den vierziger Jahren begann die preußische Industrie, die französische und belgische einzuholen, doch blieb sie hinter der englischen zurück. Im Jahre 1830 wurden in ganz Preußen nur 245 Dampfmaschinen von überwiegend nur geringerer Leistung in Hüttenwerken, in Bergbau und Schiffahrt eingesetzt, was die Schwäche der Industrialisierung zu diesem Zeitpunkt belegt. Regional erfaßte die Entwicklung der Technik neben den Westprovinzen anfänglich nur Berlin und Schlesien. Ausdruck des Fortschritts der preußischen Technik und der preußischen Wirtschaft waren die Berliner Gewerbeausstellungen der Jahre 1822, 1827 und 1844. An der ersten nahmen nur 176 Firmen teil, an der dritten bereits 3 040. Von Bedeutung war auch die Entwicklung der technischen Ausbildung und der Wissenschaft. Wirtschaftliche, wissenschaftliche und technische Gesellschaften wurden ein wichtiges Element der Vereinheitlichung der preußischen Eliten mit den Eliten anderer deutscher Länder.

Die Industrie entwickelte sich unter den Bedingungen der erbarmungslosen Ausbeutung der Arbeiter. Erst Ende der vierziger Jahre verringerte sich in Zusammenhang mit dem Eisenbahnbau und der Überseeauswanderung aus Preußen das Angebot billiger Arbeitskräfte auf dem Arbeitsmarkt. Vom Elend besonders in Krisenzeiten, am schlimmsten in den Jahren 1845-1847, zeugen nicht nur Statistiken und amtliche Berichte, sondern auch die soziale Publizistik und

57 Vgl. die Übersichten bei Nipperdey, a.a.O., S. 196.

die schöngeistige Literatur der Zeit. Niedriger Verdienst, temporäre Arbeitslosigkeit, Kurzarbeit, Krankheiten und Kinderreichtum bei miserablen Wohnbedingungen bestimmten das Elend der Arbeiterklasse. Durch große Mobilität, vor allem durch die Zuwanderung nach Berlin, erhoffte sich der Strom der Arbeitssuchenden die Verbesserung der sozialen Lage.

Das Elend in Arbeiterkreisen nahm in den vierziger Jahren solche Ausmaße an, daß es bei den patriarchalisch eingestellten konservativ-protestantischen Junkern Entsetzen hervorrief. Im Jahre 1839 intervenierte die preußische Regierung zum ersten Mal: Sie verbot die Arbeit von Kindern unter 9 Jahren und beschränkte die Arbeitszeit Jugendlicher auf 10 Stunden täglich.[58] Lange Zeit wurden diese Regelungen, die auch Ausdruck der Besorgnis des Militärs über den schlechten körperlichen Zustand der Rekruten städtischer Herkunft waren, nicht konsequent eingehalten. Die weitere Entwicklung veranlaßte, wenn auch nur langsam, den Staat zur weiteren Intervention zur Verbesserung der Arbeitsverhältnisse vor allem im Bergbau und im Eisenbahnwesen. Der *schlesische Weberaufstand* vom 4. bis 6. Juni 1844 in Langenbielau und Peterswaldau im Kreis Reichenbach war allerdings weniger ein Maschinensturm oder eine antikapitalistische Aktion als eine spontane Hungerrevolte. Die durch den Einsatz mechanischer Webstühle verelendeten Heimweber bedrohten die Fabrikanten und zerstörten vor allem die Maschinen. Das Militär, das zum Schutz des Eigentums der Fabrikanten das Feuer eröffnete und 11 Demonstranten erschoß, wurde Herr der Lage. Rund 150 Männer wurden zu hohen Gefängnisstrafen verurteilt. Das damals entstandene *Weberlied* kritisierte entschieden die sozialen Verhältnisse. Die Schwierigkeiten des Jahres 1844 und die Krisenjahre 1845-1847 trugen verschärften in Preußen die sozialen Spannungen, die in den Ereignissen der Revolution von 1848, die in der polnischen historischen Tradition *Völkerfrühling* genannt wird, kulminierten.

***Außenpolitik.*** - In der außenpolitischen Geschichte der langen Restaurationsära, die häufig als *Vormärz* bezeichnet wird, auch wenn der Begriff eigentlich nur auf Zeit von der Thronbesteigung König Friedrich Wilhelms IV. (1840) bis zur Märzrevolution in Berlin angewandt werden sollte, hatten die Jahre von 1815 bis zum Tode Hardenbergs (1822) einen eigenständigen Charakter: Sie waren eine Phase widersprüchlicher Trends zwischen Versuchen vor allem der Staatsverwaltung, das Reformwerk zu verteidigen und fortzuführen und den wachsenden konservativen bis reaktionären Tendenzen in der preußischen Politik. In den zwanziger Jahre und noch mehr - nach dem Scheitern des Novemberaufstands im Königreich Polen (1830/31) - in den dreißiger Jahren bestimmten die sozial konservativen Grundsätze der Heiligen Allianz die preußische Politik, wurde alle Reformkräfte, seien sie national, liberal, demokratisch oder auch nur unabhängig gewesen, verfolgt und stagnierte das politische System - nicht allerdings die Wirtschaft. Seit 1840 wuchs, was bereits die Reaktion auf den polnischen No-

58 Vgl. E. Schüttpelz: Staat und Kinderfürsorge in Preußen in der ersten Hälfte des 19. Jahrhunderts. Berlin 1936.

vemberaufstand angedeutet hatte, die politische und gesellschaftliche Potenz des liberalen Bürgertums und der demokratischen Kräfte in der preußischen Gesellschaft. In der Konfrontation mit dieser neuen Situation mußte sich widerspruchsvolle Politik des neuen Herrschers, Friedrich Wilhelms IV., des *Romantikers auf dem Königsthron*, herausbilden.

Der Wiener Kongreß hatte nicht nur die Grundlagen der territorialen Ordnung in Europa beschlossen, er drückte auch der gesamten Epoche bis zum Jahre 1848 vor allem durch das Bündnissystem der konservativen Hauptmächte Kontinentaleuropas in der *Heiligen Allianz* seinen Stempel auf. Der österreichische Staatskanzler Fürst Metternich hatte die nebulösen Pläne Kaiser Alexanders I. von Rußland in einem europäischen Bündnis der konservativen Kräfte konkretisiert, die vor allem über die *Restauration* und die Erhaltung der bestehenden Ordnung, die Europa nach der Niederlage Napoleons aufgezwungen worden war, wachen sollten. Der Begriff der *Restauration* als Bezeichnung der Epoche und ihrer politischen Ziele entstammt dem Werk »Restauration der Staatswissenschaften« (1816-1834) des restaurativen Theoretikers eines patrimonial-christlichen neuständischen Staates, eines entschiedenen Karl Ludwig von Haller (1768-1854), dessen ideologische und Verfassungskonzeption, die von der Zusammenarbeit des absoluten Herrschers mit dem privilegierten Ständen ausging, die Ansichten preußischer Konservativer dieser Zeit bestimmten.

Am 26. September 1815 unterschrieben die drei Teilungsmächte Polens das Bündnis der *Heiligen Allianz*, das in Europa auf der Grundlage des in Wien festgelegten status quo den Frieden garantieren und - auf den Ruinen der napoleonischen Ordnung - die Herrschaft der *alten Ordnung* sichern sollte. In der Praxis sollte sich die Heilige Allianz als ein Druckmittel der drei Großmächte zur Erhaltung einer antirevolutionären und antiliberalen Politik erweisen, zu deren Durchsetzung sie auch vor bewaffneter Intervention gegen revolutionäre Bewegungen nicht zurückschreckten: So intervenierte sie in den italienischen Ländern und in Spanien, wurden revolutionäre Bewegungen in den deutschen Ländern erstickt. Den letzten Versuch, die Grundlagen dieser Politik in großen Zusammenhängen durchzusetzen, stellte die Bestrebung Rußlands dar, nach Möglichkeit in Absprache mit Preußen 1830 die durch die Revolutionen in Frankreich und Belgien veränderte Situation wieder umzukehren. Der polnische Novemberaufstand störte diese Pläne, seine Niederschlagung ermöglichte jedoch die Fortsetzung dieser Politik, deren unermüdlicher Wortführer bis 1848 Metternich blieb. Da die Hauptmächte des Kontinents ihre Außenpolitik führten auf den Kampfes gegen revolutionäre Bewegungen stützten, sich also hauptsächlich an innenpolitischen und nicht an internationalen Vorgaben orientierten, entstand in der ersten Hälfte des 19. Jahrhunderts kein größerer bewaffneter Konflikt unter den europäischen Hauptmächten und herrschte in Europa Frieden. Besonders für Preußen waren die Jahre 1815 bis 1848 eine Zeit der Konsolidierung der Territorialerwerbungen unter vorübergehendem Verzicht auf die weitere Expansion.

Der Wiener Kongreß schuf ein neues, insgesamt beständiges System des europäischen Gleichgewichts auf dem Kontinent, das auf der Existenz der *Pentarchie* der fünf europäischen Großmächte Österreich, Frankreich, England, Preußen und Rußland basierte. An die Stelle des alten deutschen Reiches trat unter Führung Österreichs ein Bund der deutschen Fürsten in dessen territorialem Umfang, der *Deutsche Bund*, der am 8. Juni 1815 die erste geschriebene Verfassung in der Geschichte Deutschlands erhielt, die von 39 deutschen Staaten unterzeichnet worden war. Preußen trat unter Ausklammerung der Provinzen West- und Ostpreußen sowie des Großherzogtums Posen dem Deutschen Bund bei, der - ähnlich wie die Zugehörigkeit des brandenburgischen Kurfürstentum zum alten Reich - allerdings eher theoretisch als in der praktischen Politik seine Souveränität einschränkte. Tatsächlich bestimmte Österreich unter der Führung Metternichs die in den zwischenstaatlichen Beziehungen außergewöhnlich ruhige europäische Politik der Zeit von 1815 bis 1848 und wurde dabei durch die besonders nach der Machtübernahme durch Kaiser Nikolaus I. und der Zerschlagung der Verschwörung der *Dekabristen* in Rußland immer deutlicher reaktionäre russische Politik unterstützt. Den Leitgedanken der gesamten preußischen Politik dieser Zeit brachte Friedrich Wilhelm III. in seinem politischen Testament vom 1. Dezember 1827 gegenüber dem Thronfolger zum Ausdruck: *"Verabsäume nicht, die Eintracht der europäischen Mächten, so viel in Deinen Kräften, zu befördern. Vor allem mögen Preußen, Rußland und Österreich sich nie voneinander trennen; ihr Zusammenhalten ist als der Schlußstein der großen europäischen Allianz zu betrachten."*[59]

Die Stabilisierung des Gleichgewichts der Kräfte in Europa im System der *Pentarchie* der fünf Großmächte auf der Grundlage der Erhaltung des aktiv antirevolutionären und legitimistischen Bündnisses der *Heiligen Allianz* in den Jahren von 1815 bis 1850 stützte sich und zielte auf die Aufrechterhaltung des in ganz Europa wiederhergestellten feudale oder halbfeudale System und die Niederhaltung revolutionärer und liberaler Bewegungen, aber auch entsprechender einzelstaatlicher Politik notfalls durch Intervention von außen. Trotz der Erschütterungen dieses Systems in den Jahren 1830-1831 hatte es bis zur Revolution von 1848 Bestand und bestimmte sogar im hohen Maße den Teilsieg der Reaktion in den Jahren 1848-1850. In diesem System war die preußische Politik den genauen Vorgaben und dem Druck Rußlands und Österreichs untergeordnet. Infolge der territorialen Entscheidungen des Wiener Kongresses wurde Preußen in höherem Maße als zuvor ein deutscher Staat und verzichtete bis zum Ende der Regierung Bismarcks auf eine Expansion im Osten, hätte sie doch unvermeidlich einen Konflikt mit Rußland impliziert. Preußens Hauptaufgaben beschränkten sich auf die innere Konsolidierung der bisherigen Erwerbungen und die Integrationspolitik im Rahmen der anderen deutschen Staaten. Diese Politik einer stillen Rivalität mit Österreich sollte mittelfristig zur *kleindeutschen Lösung*

---

59 Text im Quellenanhang bei Schoeps, a.a.O., S. 357.

der deutschen Frage führen, d.h. zur Vereinigung Deutschlands unter der Hegemonie Preußens und dem Ausschluß Österreichs.

Trotz der geringen Aktivität der preußischen Außenpolitk, die auf schwierig zu realisierende, weitreichende politische Ziele zugunsten der Erhaltung und Konsolidierung der bisherigen Position Preußens, die in den Jahren 1806-1813 so sehr beschädigt worden war, einstweilen verzichtete, gewann der preußische Militarismus entschiedenen Einfluß auf den Lauf der Ereignisse. Die innenpolitische Rolle der Armee als Garant der bestehenden Sozialordnung gegen Versuche, sie zu verändern, war wichtiger als ihre außenpolitische Funktion: "*Zugleich förderte die Zivil-Administration ihre eigene Militarisierung: Unter dem Eindruck von vielfältigen »Erschütterungen« des Bestehenden, von angeblich allgegenwärtiger revolutionärer Unruhe verknüpften die »Offizianten«, zumal 'vor Ort', die durchaus ambivalenten Maximen ihres eigenen Handelns mit der alten Herrschaftskonfiguration. Der »Rechtsstaat« wurde (oder blieb) in ersten Linie elastische Maske.*"[60] Die Französische Julirevolution und der Novemberaufstand im Königreich Polen belebten 1830 die Aktivitäten der liberalen und demokratischen Opposition in Preußen. In Berlin kam es vom 16. bis zum 21. August 1830 zu Handwerkerdemonstrationen, die unter anderem eine liberale Verfassung und Pressefreiheit forderten. Durch Einsatz von Militär wurde die Ruhe wiederhergestellt.

Während die Politik der preußischen Regierung dem Novemberaufstand gegenüber offen feindlich eingestellt war, Rußland unterstützte und gleichzeitig polnische Freiwillige, die aus dem preußischen Teilungsgebiet zum Aufstand eilten, Repressalien aussetzte, begrüßte die liberale und demokratische öffentliche Meinung den polnischen Aufstand und unterstützte nach seinem Scheitern die polnischen Emigranten. Die Solidarität mit den *polnischen Revolutionären* war Ausdruck des Kampfes gegen die Unterdrückung durch die Heilige Allianz in Preußen und in ganz Deutschland. Zu den Berliner Intellektuellen, die öffentlich zur polnischen Frage Stellung bezogen gehörten die Professoren der Berliner Universität Eduard Gans und Friedrich von Raumer. In diesen Zusammenhang gehört die Verschwörung vor allem polnischer Soldaten der preußischen Armee, die 1834 in Berlin einen Aufstand planten. Der Anführer des bei der Polizei denunzierten polnischen Komplotts, der Ulanen-Unteroffizier Kajetan Wawrzyniec Busse, erklärte: "*Ich habe den Plan gehabt, meinen Landsleuten zu helfen, es ist mein Vaterland, hier wollte ich nur bei einer Revolution Hilfe geben, um in Polen eine Revolution zu bewirken [...]. In Berlin wollte ich der Revolution nur Hilfe bringen, um Waffen und Leute für die Revolution in Polen zu schaffen.*"[61]

---

60 A. Lüdtke: "Gemeinwohl", S. 347.

61 Zitiert nach J. Kosim: Rola stowarzyszeń pomocy Polakom w dziejach ruchu demokratycznego w Niemczech i we współpracy rewolucyjnych demokratów polskich i niemieckich w latach trzydziestych XIX wieku [Die Rolle der Hilfsvereine für Polen in der Geschichte der demokratischen Bewegung in Deutschland und die Zusammenarbeit zwischen den polnischen und den deutschen Demokraten in dreißiger Jahren des 19. Jahrhunderts]. In: Zapiski Historyczne 46 (1981), H. 3, S. 96.

Der Novemberaufstand stärkte das Bündnis der drei Teilungsmächte Polens. In Preußen und besonders im Großherzogtum Posen eröffnete er eine neue Phase von Repressionen vor allem gegen die dort lebenden Polen. Die preußische Verwaltung begann eine Germanisierungspolitik, die gegen die Beschlüsse des Wiener Kongresses für das Großherzogtum Posen verstieß. Symbolischer Ausdruck der Konsolidierung des reaktionären Bündnisses war das Treffen der Herrscher Rußlands und Preußens im Jahre 1835 in Kalisch mit der Verbrüderung der Generalität beider Armeen.

***Der preußische Militarismus in der ersten Hälfte des 19. Jahrhunderts.*** - Die Militärreformen der Jahre 1807-1813 brachen mit den Traditionen des friderizianischen Militarismus und eröffneten den Weg zur Modernisierung des Militärs und zur Unterordnung des Heeres unter die Bedürfnisse der Gesellschaft und zivile Kontrolle. Die die Reform tragenden Offiziere hatten die Armee als Instrument für die Gesellschaft gesehen. Ihre weitreichenden Pläne wurden jedoch nicht realisiert. Zu Beginn der zwanziger Jahre erlitt die Reformrichtung innerhalb der Armee die entscheidende Niederlage, deren Ausdruck die Abberufung der Generäle von Boyen und von Grolman aus den Schlüsselpositionen war. Gerade in dieser Zeit vollzog sich in Preußen die entscheidende Politisierung der Beziehungen zwischen Armee, Staat und Gesellschaft. Der Versuch, diese Entwicklung, die die Armee über Staat und Gesellschaft stellte, zu ändern, sollte in der konstitutionellen Ära der sechziger Jahre des 19. Jahrhunderts zum *Heeres- und Verfassungskonflikt* in Preußen führen, der mit dem definitiven Sieg der Armee endete, die an der Seite des Königs über der Verfassung und über den Staatsbehörden stand.[62]

Die allgemeine Wehrpflicht erweiterte die Einwirkungsmöglichkeiten des preußischen Militarismus auf die gesamte Gesellschaft. Wenn auch nach 1815 eine Zeit lang die Doppelgleisigkeit der Militärentwicklung mit dem stehenden Heer und mit der aus Reservisten zusammengesetzten *Landwehr* das Anwachsen der Einflüsse des Junkermilitarismus hemmte, so stärkten weitere Reformen die Position des spezifisch preußischen Militärgeistes. In der gesamten Zeit von 1815-1850 blieb die Armee unter der ausschließlichen Kontrolle des Königs und erfüllte ihre Funktion durch die Verteidigung des politischen Systems und der der Interessen der herrschenden Junkerklasse, die in ihre in der Reformzeit angetastete Vormacht wiedererhielt. Die im Laufe der Zeit in immer unvermeidlichere Einbeziehung bürgerlicher Elemente in das Offizierskorps führte eher zur Feudalisierung der Offiziere bürgerlicher Herkunft als zu einer Demokratisierung der Armee. Während in der friderizianischen Zeit der preußische Militarismus vor allem Ausdruck des monarchischen Willens war, wurde im 19. Jahrhundert die Rolle des preußischen Offizierskorps und der preußischen Armeeführung immer deutlicher politisch bestimmt: Die Armeeführung war bestrebt, die bisherige Position des Militärs im Herrschaftssystem - gegebenenfalls

62 Vgl. allgemein M. Messerschmidt: Die politische Geschichte der preußisch-deutschen Armee (= Handbuch zur deutschen Militärgeschichte 1648-1939. Bd. 2, T. IV, 1). München 1979.

sogar gegen den Willen des Monarchen - zu erhalten, wogegen der König bemüht war, die Armee als Hauptgaranten des bestehenden gesellschaftlichen und politischen Systems zu behandeln. In der Restaurationszeit identifizierte sich die Armeeführung mit dem herrschenden System und vertrat seither stets eine absolutistische, streng monarchistische, antiliberale und antidemokratische Haltung. Die politische Doktrin des Konstitutionalismus schien dem klassischen Offizier dieser Epoche aus Rücksicht auf die Staatssicherheit und auf das Armeeinteresse unzulässig zu sein. Ausdruck der wahren Rolle der preußischen Armee waren ihre Beteiligung an der Niederschlagung von Bevölkerungsunruhen und die Interventionen zugunsten der reaktionären Kräfte in Deutschland während der Revolution von 1848/49 in Sachsen, Baden und der Pfalz. Im Jahre 1845 entließ das Ehrengericht der 13. Division in Minden den Leutnant Annecke unehrenhaft, weil er sich mit der Selbstbildungsbewegung der Arbeiter verbunden und für sie Lesevereine organisiert hatte: *"Leutnant Annecke mußte wissen, daß die Tendenzen der Communisten den Absichten des Königs, dem er persönlich Treue geschworen hat, durchaus zuwider sind. Er steht also nicht mehr auf dem Boden des Officierstandes und hat eigentlich schon freiwillig diesen Stand verlassen."*[63]

Der preußische Militarismus der ersten Hälfte des 19. Jahrhunderts zeigt sich nicht nur in der wachsenden politischen Rolle der Armee, er bestand vor allem im ständig steigenden Einfluß der Mentalität des preußischen Militarismus auf das Leben der Gesellschaft. In dieser Zeit ohne größere militärische Konflikte wuchsen Rolle und Prestige des Militärs ständig: Das Offizierskorps bildete den Kreis der dem König am engsten und am treuesten verbundenen Untertanen. Dieser wiederum stellte immer wieder ohne Rücksicht auf die eigenen psychischen oder physischen Prädispositionen sein unmittelbares Interesse und seine Führungsrolle in Militärfragen heraus. Von grundsätzlicher Bedeutung blieb jedoch die Rolle des Militärs als Element der Repression in der Innenpolitik und als Garant des Systems durch die Ausübung unmittelbaren Zwangs.[64]

***Die innenpolitischen Verhältnisse 1815-1830.*** - Der Richtungskampf innerhalb der preußischen Politik und Verwaltung endete mit der Niederlage der Reformer vor dem Ende der Regierung Hardenbergs als Staatskanzler. Gegner der Reformrichtung war der König selbst, aber auch der Thronfolger und die engere Umgebung des Hofes aus reaktionären oder konservativen Junkern, Offizieren und Beamten. Neben den Verteidigern des friderizianischen Absolutismus existierte eine altständisch-konservative Fronde mit romantischen und antiabsolutistischen Vorstellungen, die ein neuständisches System im sozialen und im öffentlichen Leben unterstützte. Der internationale Druck durch Rußland und Österreich trug in den Jahren 1819-1821 zur Zerschlagung der Reformrichtung bei. Die zwanziger Jahre und die dreißiger Jahre waren im Preußen der Restau-

---

63 Messerschmidt, a.a.O., S. 131.

64 Vgl. Lüdtke, a.a.O., S. 323; Messerschmidt, a.a.O., S. 336.

rationszeit eine Periode der Agonie und der Unterdrückung der liberalen und revolutionären Opposition.

Hardenberg war in den Jahren 1815-1822 bemüht, die Reformpolitik zumindest eingeschränkt fortzuführen, vor allem aber eine gesamtstaatliche politische Repräsentation für Preußen im Sinne der Verfassungszusage des § 13 der *Deutschen Bundesakte*, *"in allen Bundesstaaten"* werde *"eine Landständische Verfassung statt finden"*[65], zu schaffen. Dieses Ziel wurde jedoch nicht verwirklicht, auch wegen der Verschärfung der innenpolitischen Situation in Preußen und in Deutschland aus Furcht vor den die liberal-nationalen Bestrebungen, wie sie die *Burschenschaften* 1817 beim *Wartburgfest* formulierten. Die Bestrebungen zur Vereinigung Deutschlands trugen vor allem die Burschenschaften, die Turnbewegung, die unter dem Einfluß des "Helden" des Befreiungskrieges *Turnvater* Jahn standen, und die liberale Intelligenz. Gegen diese Bewegungen trat Metternich entschieden auf; Preußen und die anderen deutschen Staaten folgten ihm. Die am 20. September 1819 gefaßten *Karlsbader Beschlüsse* enthielten das Kampfprogramm gegen die *Demagogen*. Die Demission der Minister von Humboldt, von Boyen und Beyme war ein Signal gegen diese von Hardenberg mitgefaßten Beschlüsse. Die *Demagogenverfolgung* traf alle demokratischen und liberalen Bewegungen. Der Sieg der Reaktion schien vollkommen zu sein: *"Die Presse durfte sich über inländische politische Angelegenheiten mit keinem Wort äußern, die Universitäten wurden streng überwacht, die gesamte Monarchie war mit einem Netz von Geheimagenten überzogen."*[66]

Im Widerstand gegen das napoleonische Frankreich hatte sich in Deutschland und in Preußen das von einer breiteren Bevölkerungsbewegung getragene Gefühl einer deutschen nationalen Gemeinschaft entwickelt. Was früher das lose Band des alten deutschen Reiches und eine Gemeinschaft von Kultur und Sprache gewesen war, wurde an der Wende vom 18. zum 19. Jahrhundert nicht nur ein Ziel von *Dichtern und Denkern*, sondern brachte immer deutlicher das Gefühl einer Mehrheit zum Ausdruck, insbesondere aber die Einstellung des deutschen Bürgertums: die Geburt des deutschen Nationalismus. Seither zeichnete sich im politischen, insbesondere aber im kulturellen Leben Preußens immer deutlicher ein Dualismus ab, den die friderizianische Zeit noch nicht gekannt hatte: Die preußischen Staatsinteressen und die preußische Gesellschaft wurden immer stärker mit den gesamtdeutschen Interessen verbunden. Man kann jedoch schwerlich davon sprechen, die absolute preußische Monarchie hätte bewußt diese neuen gesamtdeutschen Interessen vertreten, die früher von den Apologeten des deutschen Nationalismus so besungene "deutsche Mission" Preußens. Die Träger der offiziellen preußischen Politik dachten jetzt keineswegs in deutschen nationalen Kategorien, sondern weiterhin in Kategorien des preußischen Interesses. Dadurch aber, daß Preußen sich Österreich und seiner Rolle in Deutsch-

---

65 Dokumente zur deutschen Verfassungsgeschichte, a.a.O., Bd. 1, S. 88.

66 P. Schuppan: Ostpreußischer Junkerliberalismus und bürgerliche Opposition um 1840. In: Bourgeoisie und bürgerliche Umwälzung in Deutschland. Hrsg. von H. Bleiber. Berlin 1977, S. 64.

land zu verschiedenen Zeiten und unterschiedliche Weise entgegenstellte, wurde Schritt für Schritt der Weg für die preußischen Hegemonie in Deutschland frei. Zwar hatte vom Stein bereits am 1. Dezember 1812 an Ernst Friedrich Herbert Graf von Münster geschrieben, es sei ihm *"leid, daß E. E. in mir den Preußen vermuten und in sich den Hannoveraner entdecken"*, er habe *"nur ein Vaterland, das heißt Deutschland"*,[67] doch schuf erst die deutsche Historiographie der zweiten Hälfte des 19. Jahrhunderts aus der Retrospektive vor allem in der Zeit der Reichseinigung von 1871 die Ideologie der angeblichen deutschen Berufung Preußens. Die wahren preußischen Konservativen strebten für Preußen die Großmachtrolle an, nicht unbedingt die Vereinigung Deutschlands, befürchteten sie doch, daß diese Vereinigung durch notwendig folgende politische, soziale und administrative Reformen in den Ostprovinzen Preußens für sie ungünstige Veränderungen nach sich ziehen würde.

Aus Anlaß des Reformationsjubiläums 1517 rief Friedrich Wilhelm III. am 27. September 1817 die lutherische und die reformierte Kirche auf, sich zur Gottesdienst- und Abendmahlsgemeinschaft in der *Evangelischen Kirche in den preußischen Landen* zu vereinen. Die Agende von 1822 vereinte beide Bekenntnisse im Gottesdienst, konnte jedoch die bestehenden Bekenntnisunterschiede nicht überbrücken. Die Kirche der *altpreußischen Union* wurde de facto zur preußischen protestantischen Staatskirche; ihre Gegner wie die *Altlutheraner*, die vor allem in Schlesien nennenswert stark waren, wurden erst unter Friedrich Wilhelm IV. nicht mehr verfolgt. Die weitreichende konfessionspolitische Maßnahme der Zwangsunion der beiden protestantischen Bekenntnisse in Preußen, ein Akt durchaus aus der eigenen religiösen Überzeugung Friedrich Wilhelms III. heraus, hatte auch das Ziel, die Geschlossenheit des preußischen Staates zu festigen.[68]

Nach dem Tode Hardenbergs am 26. November 1822 ernannte der König keinen neuen Kanzler; die Funktion des Kabinettministers vertraute er Graf von Lottum an, der damit als einziger im kollegial regierenden Ministerrat eine herausgehobene Stellung erhielt. Erst 1848 entstand offiziell das Amt des Ministerpräsidenten als Vorsitzender des Ministerrats. Das Kabinett des Grafen Lottum amtierte mit geringen personellen Veränderungen bis 1841 zunächst mit 7, später mit 8 oder 9 Ministern. In den zwanziger Jahre häuften sich die Repressionsmaßnahmen gegen die politische Opposition und gegen jede Erscheinung sozialer Unzufriedenheit. Die reaktionäre Unterdrückungsspolitik hemmte nicht nur die Verbreitung demokratischer und liberaler Ideen, sondern auch die kulturelle Entwicklung. Die Gefängnisse füllten sich mit zu langjährigen Freiheitsstrafen verurteilten Studenten, jungen Intellektuellen und Journalisten. So waren die Jahre 1820 bis 1830, besonders aber das Jahr 1823, eine Zeit der klassischen Polizeiherrschaft im Sinne der Politik der Heiligen Allianz. Der preußische Ordnungs- und Obrigkeitsstaat war damals nach der Herrschaftsform ein halbfeu-

67 Freiherr vom Stein: Briefe und amtliche Schriften. Bearb. von E. Botzenhart, neu hrsg. von W. Hubatsch. Bd. 3. Stuttgart 1961, S. 818.
68 Hubatsch: Grundzüge, S. 85.

daler Staat des bürokratischen Absolutismus. Heinrich Heine schrieb 1832: *"Widerwärtig, tief widerwärtig war mir dieses Preußen, dieses heuchlerische, scheinheilige Preußen, der Tartuffe unter den Staaten."*[69]

***Preußens Staatsform in der Restaurationszeit.*** - Ordnung, Tradition und Ruhe waren die Leitparolen des Systems der kleinen Stabilisierung nach großen Erschütterungen, das zugleich die Haupterrungenschaften der Reformära 1807-1815 bewahren konnte und die die traditionellen Machtstrukturen des preußischen Staates betonte, der eine absolutistisch regierte Monarchie blieb, auch wenn die Macht des Monarchen faktisch und teilweise auch rechtlich durch Vorschriften, Selbstverwaltungsinstitutionen, nach 1823 durch die Ständevertretungen der Provinzen und vor allem durch die Bürokratie, die an der Seite des Königs die Regierungsgewalt des Landes bildete, eingeschränkt wurde. Den bis 1840 regierenden Friedrich Wilhelm III. kennzeichnete der - jeder Borussophilie unverdächtige - deutsche Historiker Franz Schnabel (1887-1966): *"Sobald er dank der Siege von 1813 befreit war von der Gefahr des völligen Untergangs, brach seine Abneigung gegen die volkstümlichen Kräfte unverhüllt hervor."*[70]

Der preußische Staat ist seit der Zeit der Herausgabe des Landrechts von 1794 und vor allem seit der Verfassungs- und Rechtsform der Jahre 1813-1815 sehr häufig als *Rechtsstaat* charakterisiert worden. Das ist insofern nicht ganz korrekt, ist doch der Begriff des *Rechtsstaates* untrennbar mit Systemelementen wie Verfassung, Gewaltenteilung, Parlament und gerichtlicher Kontrolle des Verwaltungshandelns durch allgemeine oder Verwaltungsgerichte verbunden. In diesem Sinne wurde der preußische Staat erst nach der Einführung der Verfassung von 1850 und der sie begleitenden Reformen zum Rechtsstaat, doch kann man trotz der dominanten Stellung des preußischen Königs in Gesetzgebung und Exekutive den preußischen Staat der Restauration - anders als das metternichsche Österreich und ganz zu schweigen vom zarischen Rußland - unter juristischem Aspekt als *Gesetzesstaat* bezeichnen, waren doch die Tätigkeit der Regierungsorgane und die Gesetzgebungsprozedur durch Rechtsvorschriften geregelt und mußte sich jede Machtausübung auf konkrete Rechtsnormen stützen.

Alle Macht ruhte weiterhin in Händen des absoluten Herrschers; er übte sie - entsprechend den rechtlichen Vorschriften, die er selbst bestimmte - durch den an seiner Seite wirkenden Ministerrat, das *Staatsministerium*, aus. Als Hardenberg, der sich unmittelbar mit dem König "im Kabinett" verständigte, Staatskanzler war, war ihm der Ministerrat im wesentlichen untergeordnet. Hardenberg hielt die eigentliche Regierungsgewalt in seinen Händen; das königliche *Kabinett* spielte damals nur noch die Rolle eines persönlichen Sekretariats des Herrschers, das ihn bei der Machtausübung durch Kanzler und Minister unter-

---

69 H. Heine: Französische Zustände. In: Heine: Sämmtliche Werke. Hrsg. von E. Elster. Bd. 5. Leipzig-Wien 1890, S. 16.

70 F. Schnabel: Deutsche Geschichte im 19. Jahrhundert. Bd. 2. Freiburg i.Brsg. 1933, S. 273; zu Schnabel vgl. K. E. Lönne: Franz Schnabel. In: Deutsche Historiker. Hrsg. von H.-U. Wehler. Bd. 9. Göttingen 1982, S. 81-101.

stützte. Nach dem Tode Hardenbergs wuchsen die Bedeutung des Königs und des Ministerrates, der zum kollegialen Regierungsorgan wurde, weil kein Minister die frühere Machtposition Hardenbergs erreichte; die Beratungen der Minister wurden jeweils von dem ältesten Minister geleitet. Damals wuchs die Rolle der direkten Kontakte zum König, wie sie die *Kabinettsminister* unterhielten. Nach dem Tode Hardenbergs spielte lange Zeit Fürst Sayn-Wittgenstein, der entschieden reaktionäre langjährige Polizeiminister[71], die wichtigste Rolle an der Seite des Königs. Die Militärangelegenheiten blieben im unmittelbaren Einflußbereich des königlichen Kabinetts, das deutlich die Kompetenzen des Kriegsministers einschränkte.

Nach langwierigen Auseinandersetzungen wurde am 20. Mai 1817 die *Verordnung wegen Einführung des Staatsrats*[72] verkündet. Der *Staatsrat*, den bereits vom Stein vorgeschlagen hatte, war jedoch lediglich ein Beratungsorgan in Gesetzgebungsfragen, das sich aus den hervorragendsten Vertretern der Verwaltung zusammensetzte. Eigentlich sollte der Staatsrat den Entwurf der Staatsverfassung und einer gesamtpreußischen Repräsentation vorbereiten, doch ordnete der König zunächst Vorarbeiten zur Bildung von Provinziallandtagen an. Nachdem 1823 das *Gesetz über die Provinziallandtage* bereits im Geist des neuständischen Konservatismus verkündet worden war, nahm der Staatsrat keine weiteren Beratungen über Verfassungsfragen auf. Die Einflüsse der innerhalb der Verwaltung verbliebenen Reformer bewirkten, daß der Staatsrat in den zwanziger Jahren manches Mal die reaktionären Bestrebungen der nächsten Umgebung des Königs aufhalten konnte. In der Restaurationszeit war die Integration der neu erworbenen bzw. - wie einige polnische Gebiete aus der ersten und zweiten Teilung - wiedergewonnenen Territorien in den preußischen Staatsorganismus die wichtigste Staatsaufgabe. Trotz der zentralistischen Bestrebungen insbesondere Hardenbergs wurde dieses Ziel nur teilweise erreicht.

1815 wurde Preußen in zehn Provinzen eingeteilt: Kleve-Berg, Großherzogtum Niederrhein, Brandenburg, Sachsen, Westfalen, Pommern, Schlesien, Großherzogtum Posen, Preußen [Ostpreußen] und Westpreußen.[73] Nach einigen Jahren wurde die Zahl der Provinzen auf acht verringert, indem 1822 Jülich-Kleve-Berg und das Großherzogtum Niederrhein in der - wie sie bald allgemein hieß - *Rheinprovinz* und 1824 West- und Ostpreußen in der *Provinz Preußen* mit dem Sitz in Königsberg (Pr.) verbunden wurden. Das Gesetz von 1825 und die entsprechenden Provinzialgesetze beriefen Provinziallandtage ein, wobei West- und Ostpreußen von Beginn an eine gemeinsame Vertretung hatten, was den ersten Schritt zu ihrer Vereinigung darstellte. Für die Zusammenlegung sprachen auch politischen Gründe, und zwar der Wunsch, die Rolle des polnischen Bevölke-

---

71 Vgl. H. Branig: Fürst Wittgenstein. Ein preußischer Staatsmann der Restaurationszeit. Köln-Wien 1981, S. 132f.

72 Dokumente zur deutschen Verfassungsgeschichte, a.a.O., Bd. 1, S. 67-71.

73 Verordnung wegen verbesserter Einrichtung der Provinzial-Behörden. Vom 30sten April 1815. In: Gesetz-Sammlung für die Königlichen Preußischen Staaten [6.] 1815, (Nr. 287), S. 93-98; I. Mieck: Preußen von 1807 bis 1850. Reformen, Restauration und Revolution. In: Handbuch der preussischen Geschichte. Bd. 2, S. 86f.

rungsteils, insbesondere des polnischen Adels, in der Provinz Westpreußen zu begrenzen. Sie war auch Ausdruck der Ansicht, daß das "Königreich Preußens" im engeren Sinne des Wortes das Land des ehemaligen Deutschordensstaates war. Vertreter dieser Auffassung, die - erstmals seit der Säkularisierung des Ordensstaates - an die Ordenstradition anknüpfte, war der Oberpräsident der Provinz Westpreußen und seit 1824 der vereinigten Provinz Preußen, Theodor von Schön.

Die Partikularismen der Provinzen waren Ausdruck der fehlenden gesamtstaatlichen sozio-ökonomischen, historischen und nationalen Einheit. Sie waren auch auf die Bestrebungen der preußischen Junker in den Ostprovinzen zurückzuführen, ihre gesellschaftliche und politische Position zu bewahren. Die Provinzialpartikularismen wirkten sich vor allem im öffentlich-rechtlichen Bereich aus: Organisation und Wahlrecht zu den Provinziallandtagen sicherten in den preußischen Ostprovinzen die eindeutige Übermacht des Adels. Im Osten Preußens wurden das rückständige System der Dorfverwaltung und der halbständische Charakter des Landratsamtes aufrechterhalten, das weiterhin vor allem ein adliges Amt blieb. Der Partikularismus bezog seine Vitalität auch aus der Weiterentwicklung des Provinzialrechts, in dem sich die Partikularinteressen der preußischen Junker extrem widerspiegelten[74]: *"Weder für die Land- noch für die Stadtgemeinden [...] gab es gesamtstaatlich einheitliche Organisationsformen. Zwar hatte man die altpreußische Kreisverfassung auch in den neuen Landesteilen eingeführt, aber eine allgemeine Kreisordnung scheiterte ebenso wie eine allgemeine Landgemeindeordnung am Widerstand der ständisch-partikularen Kräfte."*[75]

Die Provinziallandtage konnten, abgesehen von wenigen rein partikularen Angelegenheiten, keine größere Rolle spielen, durften sie doch lediglich über vom König vorgelegte Gesetzesvorhaben beraten - nicht beschließen. Detaillierte Vorschriften waren Ausdruck der Politik des Mißtrauens gegenüber den Provinziallandtagen, deren vom König verordnete Zusammensetzung besonders in den Ostprovinzen die Abstimmungsmehrheit des Adels sicherte. Als sich die 8 Provinziallandtage zum ersten Mal versammelten, verfügte der Adel über 278 Stimmen, die Städte 182 und die Landgemeinden 124. Aufgrund des Prinzips der Zweidrittelmehrheit bei der Beschlußfassung konnten die Grundbesitzer insgesamt in den Ostprovinzen nicht überstimmt werden. Als Selbstverwaltungsorgan der unteren Ebene wurden Kreistage geschaffen, bei deren Zusammensetzung sich die Lage besonders im Osten des Staates, wo jeder adlige Rittergutsbesitzer einen Sitz im Kreistag hatte, wenig von der der Provinziallandtage unterschied: Auf 1329 Vertreter von Städten und 2207 von Landgemeinden entfielen 12654 Gutsbesitzer, die zur Teilnahme an den Kreistagen berechtigt waren. Die Provinziallandtage spielten in der Zeit vor 1840 keine größere Rolle, weder im öffentlichen Leben noch in der Politik.

---

74 Vgl. S. Salmonowicz: Prawo prowincjonalne Prus Zachodnich i sprawa jego kodyfikacji (1772-1841) [Das westpreußische Provinzialrecht und die Frage seiner Kodifikation 1772-1841]. In: Zapiski Historyczne 45 (1980), H. 2, S. 25-59.

75 Mieck, a.a.O., S. 108.

Den preußischen Staat regierte die Bürokratie. In den Jahren 1815-1817 wurden für viele Jahre die Grundlagen nicht nur für die Verwaltungsgliederung bestimmt, sondern auch Verwaltungsstruktur und Instanzenwege. Der Staat wurde in Provinzen, Regierungsbezirke und Kreise eingeteilt. An der Spitze der Provinzen standen Oberpräsidenten, die vor allem Vertreter des Königs in der jeweiligen Provinz waren, aber auch die Aufsicht über die öffentlichen Angelegenheiten in der Provinz führten. Anfänglich waren die Regierungsbezirke, an deren Spitze ein Regierungspräsident stand, in ihren Handlungsspielräumen vergleichsweise autonom, sollten sie doch die eigentlichen höheren Verwaltungsinstanzen sein. In kurzer Zeit wuchsen jedoch die Befugnisse der Oberpräsidenten erheblich. Ihnen unterstanden nicht nur die Organe der Provinzialverwaltung, sondern sie erlangten auch Weisungsbefugnisse auf die Regierungsbezirke. Schließlich wurde es die Regel, daß der Oberpräsident der Provinz zugleich Regierungspräsident der Regierung am Sitz der Provinzialbehörden wurde. Die Provinzen waren in zwei bis drei Regierungsbezirke eingeteilt. Die Regierung war in ihrem Bezirk das oberste staatliche Verwaltungsorgan. In der Restaurationszeit wurde der Kollegialcharakter der Regierung betont, mit der Zeit verfestigte sich die Stellung des Regierungspräsidenten und die Formen kollegialer Machtausübung wurden eingeschränkt.

An der Spitze der Kreise standen Landräte. Der Landrat war als Staatsbeamter der Verwaltungschef eines Kreises, in den ostelbischen Provinzen blieb er zugleich das Haupt der ständischen Selbstverwaltung des Kreises. Der Landrat stand an der gesellschaftlich und politisch vielleicht bedeutendsten Schaltstelle der preußischen Verwaltung, denn unterhalb der Ebene des Landrates wirkten unter seiner Kontrolle oder nach seinen Anweisungen lediglich die Selbstverwaltungsorgane der Städte und Gemeinden. Die Nominierung zum Landratsamt vereinigte nach der Durchsetzung neuständischer Konzeptionen das Wahlelement mit dem Ernennungsrecht des Königs, war jedoch nicht gesamtstaatlich, sondern nach dem Provinzialrecht geregelt. Die Kandidaten für das Landratsamt mußten über die entsprechende Qualifikation als Beamte verfügen, in den Ostprovinzen darüber hinaus Grundbesitzer im jeweiligen Kreis sein; wo sich die Rittergutsbesitzer Güter des ausschließlichen Rechts auf Wahl des Kandidaten zum Landrat erfreut hatten, wurde dieses Recht beibehalten und die anderen Stände nicht beteiligt. In den westlichen Provinzen nominierte der Kreistag den Kandidaten für das Landratsamt.

Unter diesen Bedingungen mußte die Mehrheit der Landräte der Provinz Preußen in der Restaurationszeit dem Adel entstammen: Der Adelsanteil betrug an der Schwelle der Restaurationszeit ca. 75 %, fiel vorübergehend gegen Ende der zwanziger Jahre auf ca. 66 % und stieg danach erneut auf 72 %. In den Provinzen Brandenburg und Pommern, die zu den rückständigsten im Staat gehörten, war der Anteil des Adels an den Landräten höher als 80 %. Noch 1840 waren in Pommern nur 8 % der Landräte bürgerlicher Herkunft.[76] In den Regie-

76 Vgl. die Statistik bei R. Koselleck: Preußen zwischen Reform und Revolution. Allgemeines Landrecht, Verwaltung und soziale Bewegung von 1791 bis 1848. Stuttgart 1967, S. 681-690; be-

rungsbezirken war das mittlere und einfache Personal vor allem im technischen Dienst großenteils bürgerlicher Herkunft, doch überwogen in den oberen Positionen, vor allem unter den Oberpräsidenten und den Regierungspräsidenten, neben wenigen seit langem nobilitierten Beamten bürgerlicher Herkunft Vertreter des Adels.

In der Zeit von der friderizianischen Ära bis zur Restauration entstand die Legende der gut funktionierenden, fachlich kompetenten, unbestechlichen und immer nach den Grundsätzen des geltenden Rechts handelnden preußischen Bürokratie. Kreise der preußischen Verwaltung waren die treibende Kraft bei den Stein-Hardenbergschen Reformen gespielt. Trotz des entstehenden Korpsgeist, trotz ähnlicher Standards der Ausbildung, der Karriere, der Mentalität und des Lebensstils bildete die Beamtenschaft in der ersten Hälfte des 19. Jahrhunderts keine einheitliche politische Kraft: In ihrer Mitte fand die Auseinandersetzung Kampf zwischen Konservativen und Reformern statt. Die Zeit 1815-1848 wird als goldenes Zeitalter in der Geschichte der preußischen Verwaltung bezeichnet, in der mit Kanzler Hardenberg ein Beamter aus Leib und Seele die Entwicklungsrichtung bestimmte. Die nach Rechtsgrundsätzen arbeitende Fachverwaltung war das Ziel der gemäßigten Reformerkreise, die die Ansicht vertraten, daß eine funktionierende Administration für das Volk wichtiger war als konstitutionelle Freiheiten. Der sich seit Ende des 18. Jahrhunderts herausbildende Beamtenstand bildete eine Korporation mit eigenem Recht und einer besonderen Stellung in der Gesellschaft, auch wenn die Rekrutierung seiner Führungselite vor allem aus dem Adel die engen Bindungen der Mehrheit der Beamten an das herrschende Gesellschaftssystem bestimmte. Obwohl sie ein gesonderter Faktor war, nahm die Beamtenschaft weder am Ständeleben noch an der lokalen Selbstverwaltung teil, übte aber durch ihre Amtstätigkeit auf die gesamte Entwicklung des Landes Einfluß aus. Das hohe fachliche Niveau durch die spezifische Ausbildung und die Herausbildung eines bald verherrlichten Beamtenethos, wie ihn die stark moralisierte Gestalt des *Staatsdieners* versinnbildlichte, waren mit der Entwicklung einer typisch preußischen Metaphysik des Staates verbunden, wie sie der Philosoph Hegel damals in seiner Staatslehre, auf ihre Art eine Glorifizierung des preußischen Staates, kodifizierte. Nach einem Wort des Liberalen Otto Camphausen (1812-1896) war die preußische Beamtenschaft in seiner Zeit eine *Aristokratie der Talente*. Vergleichen wir sie mit der damaligen österreichischen oder der russischen Verwaltung, ist sein Urteil durchaus akzeptabel, auch wenn die preußische Verwaltung trotz einer gewissen Einbeziehung bürgerlicher Elemente seit 1807 allgemein, und besonders in den zwanziger und dreißiger Jahren des 19. Jahrhunderts, weiter unter dem standesspezifischen gesellschaftlichen Einfluß des Junkertums blieb. Das hatte notwendigerweise Folgen z.B. in der Einstellung der preußischen Bürokratie zu den unteren Bevölkerungsschichten, zu Versuchen von Sozialrevolten oder Protesten gegen Eigentümer und Besitzer. Auf der anderen Seite erlaubten jedoch die steigende Beachtung

züglich Ostpreußens vgl. K. von der Groeben: Die öffentliche Verwaltung im Spannungsfeld der Politik, dargestellt am Beispiel Ostpreußens. Berlin 1979, S. 19f.

von Rechtsnormen seitens der Verwaltung und der sich herausbildende Korpsgeist des Beamten mit seinen moralischen Mustern keine allzu offene Identifizierung mit rein standesbedingten Motiven des Staatshandelns. In der preußischen Verwaltung dieser Zeit blieben paternalistische Töne und gewisse liberale Tendenzen weiterhin unverkennbar. Die Niederlage Hardenbergs wurde weniger im Handeln der Zentralorgane als in den Provinzen sichtbar, in denen besonders im Rheinland und in Ostpreußen der Reformgeist überdauert hatte.

Die Selbstverwaltungsangelegenheiten von Städten und Gemeinden standen unter der strengen Kontrolle der Staatsverwaltung. In den Dorfangelegenheiten blieb in den Ostprovinzen die lokale Kompetenz der Gutsbesitzer erhalten, die dadurch jegliche Reformversuche verhindern konnten. Auch die Entwicklung der städtischen Selbstverwaltung, die auf der epochalen Städteordnung von 1808 beruhte, traf auf zahlreiche Hindernisse. In einigen Gebieten, die erst 1815 dem preußischen Staat inkorporiert wurden, wurde diese Ordnung nicht eingeführt, was zu enormen Unterschieden führte, die der Erlaß einer neuen Städteordnung am 17. März 1831 noch vergrößerte. Sie beschränkte die Selbstverwaltung, führte Veränderungen im konservativen Sinne ein, wurde jedoch nicht allgemeinverbindlich, so daß die Städte, die die Ordnung von 1808 eingeführt hatten, diese beibehalten konnten. Aus politischen Gründen wurde die Ordnung von 1831 in den Städten des Großherzogtums Posen eingeführt, wo sie die künstliche politische Übermacht des deutschen Elements vor allem durch einen hohen Vermögenszensus sichern sollte.

***Die innenpolitischen Verhältnisse in den dreißiger und vierziger Jahren.*** - Die Revolutionen in Frankreich und Belgien und der Novemberaufstand im Königreich Polen änderten 1830 auch die politische Situation in Preußen wesentlich. Nach Meinung einiger Historiker haben die dreißiger Jahre den eigentlichen *Vormärz* eröffnet und damit die Vorbereitungsphase der bürgerlich-demokratischen Revolution von 1848/49 in Preußen. Auch in der sozialen und wirtschaftlichen Entwicklung sieht man den Beginn der industriellen Revolution um das Jahr 1830. Die liberalen und revolutionären Sympathien für die polnische Sache in den Jahren 1830 bis 1834 führten allerdings zu keiner politischen Wende, und der alte Friedrich Wilhelm III. regierte weiter mit Repressionen ohne irgendwelche Konzessionen zugunsten der Liberalen, doch kennzeichnete seine letzten Regierungsjahre bis 1840 erneute Agonie, sie waren eine Zeit *"der Erstarrung und Stagnation, der die Passivität und Lethargie des müde gewordenen Herrschers entsprach"*.[77] Deshalb sprechen gute Gründe dafür, den *Vormärz* in Preußen erst mit der Thronbesteigung Friedrich Wilhelms IV. beginnen zu lassen. Durch die Hoffnungen, die er zu Unrecht weckte, und durch politische Schritte, die die Lösung der angespannten sozialen und politischen Fragen hinderten, öffnete er ungewollt den Weg zur Entstehung einer mächtigen liberalen Bewegung, die die

---

77 Schoeps, a.a.O., S. 183.

Öffentlichkeit in Preußen bereit für die revolutionären Ereignisse des Jahres 1848 machte.

Die demokratischen und liberalen Äußerungen der dreißiger Jahre hatten in Preußen einen immer deutlicher national-deutschen Charakter: Sie waren Ausdruck des Strebens nach der Vereinigung Deutschlands, die hauptsächlich liberale Kräfte der Westprovinzen forderten. Die studentischen Burschenschaften, bürgerliche Interessengruppen, liberale Beamte und - fast ausschließlich in Ostpreußen - liberale Junkerkreise waren die Hauptkräfte des Liberalismus in Preußen. In den dreißiger Jahren verhinderte Preußen im Inland revolutionäre Konflikte, trug aber durch bewaffnete Intervention erfolgreich zur Niederschlagung demokratischer und liberaler Bewegungen in anderen deutschen Staaten bei. Auch in Berlin brachen vom 16. bis zum 21. September 1830 Handwerker- und Arbeiterunruhen aus, deren schnelle Niederschlagung die Intervention aller Kräfte der Berliner Garnison mit ihren 14 000 erforderte. Höhepunkt der revolutionären Bewegung in Deutschland war das vor allem von den Burschenschaften organisierte Hambacher Fest am 27. Mai 1832, bei dem die Forderung nach der Unabhängigkeit Polens ein Programmpunkt war, der die demokratisch-liberalen Richtungen des Bürgertums in den deutschen Staaten gegen die Politik der Heiligen Allianz vereinte. Es kam in den meisten deutschen Staaten zu einer Welle polizeilicher Repression Ländern, in der sich Preußen als Hochburg der Kräfte des *ancienne régime*, von Militarismus und Reaktion erwies. Eine spezielle Ministerialkommission, die am 23. Juli 1833 zur Koordinierung der Repressalien berufen worden war, fühlte sich angesichts der überfüllten Gefängnisse gezwungen, am 14. Dezember 1833 den Bau neuer Gefängnisse zu beantragen.[78] Das preußische Kammergericht in Berlin verkündete gegen die revolutionärer Aktivitäten angeklagten Studenten 39 Todesurteile.

Bezeichnend für das Denken Friedrich Wilhelms III. in seinen letzten Regierungsjahren war seine Haltung zur Errichtung eines Denkmals in Stralsund zu Ehren des dort gefallenen Initiators des antinapoleonischen Widerstandes im Jahre 1809, Ferdinand von Schill. Der König verweigerte die Zustimmung: *"Es ist nicht passend, der Insubordination Ehrendenkmale zu errichten."*[79] Friedrich Wilhelm III. kritisierte, daß der Major von Schill den Kampf auf eigene Initiative - ohne königlichen Befehl - begonnen hatte. Auf diese in liberalen und demokratischen Kreisen schnell verbreitete königliche Entscheidung antwortete der oppositionelle Verkünder des deutschen Nationalismus, Ernst Moritz Arndt, mit dem Zweizeiler: *"Und hat er auch keinen Ehrenstein / Sein Name wird nimmer vergessen sein."* Ähnlich bekannt waren die Worte des preußischen Innenministers Gustav Adolf Rochus von Rochow (1792-1847) aus dem Jahre 1838, es gezieme *"dem Untertanen nicht, die Handlungen des Staatsoberhauptes an den Maßstab*

---

78 Vgl. K. Obermann: Deutschland von 1815 bis 1849 (= Lehrbuch der Deutschen Geschichte, Bd. 6) 4. Aufl. Berlin 1976, S. 104-105.

79 Zit nach *Preußische Anekdoten nach Memoiren und Biographien*. Hrsg. v. F. Syben. Berlin 1939, S. 337.

*seiner beschränkten Einsicht anzulegen und sich in dünkelhaftem Übermute ein öffentliches Urteil über die Rechtmäßigkeit derselben anzumaßen."*

Gegen Ende der Herrschaft Friedrich Wilhelms III. kam es zu einem scharfen Konflikt zwischen dem preußischen Staat und der katholischen Kirche vor allem im Rheinland. Es war ein erster antiklerikaler, gegen die katholische Kirche gerichteter Versuch des *Kulturkampfes*, der nicht nur mit administrativen Mitteln geführt wurde. Konfliktfelder waren die Diskriminierung der Katholischen Kirche und die Frage des staatlichen Aufsichtsrechts, die sich vor allem an der Frage der konfessionellen Mischehen zwischen Protestanten und Katholiken entzündete. Nachdem der seit 1835 amtierende Erzbischof von Köln, Clemens August Freiherr Droste von Vischering (1771-1845) Warnungen von staatlicher Seite ignoriert und sich - entgegen der ursprünglichen Zusage - von der *Berliner Konvention* in der Frage der Kindererziehung in Mischehen (1834) losgesagt hatte, wurde er am 20. November 1837 verhaftet und ohne Prozeß oder Urteil zwei Jahre lang in der Festung Minden gefangengesetzt, was den eigentlich unbeliebten Kirchenfürsten zum Vorbild des Katholizismus in Deutschland werden ließ. Trotz eines über die Grenzen Deutschland hinausgehenden Propagandafeldzuges blieb die preußische Regierung unnachgiebig, so daß die *Kölner Wirren* erst nach dem Thronwechsel von 1840 beigelegt werden konnten. Die Vorgehensweise gegen den Erzbischof von Köln war gewissermaßen ein Vorspiel zu den gegen die offiziell verkündeten Rechtsstaatsprinzipien verstoßenden staatlichen Gewaltmaßnahmen der Ära Bismarck gegen die Opposition jeglicher Art, gegen Katholiken, Sozialisten und Polen.

Friedrich Wilhelm III. starb am 7. Mai 1840. Auf dem Thron folgte ihm sein Sohn, Friedrich Wilhelm IV. (1795-1861), der seit Jahren auf die Regierungsbeteiligung gewartet hatte. An seine Person knüpfte die Öffentlichkeit in Preußen enorme Hoffnungen, die vor allem Ausdruck der Enttäuschung über seinen Vater waren. Selten waren so viele Erwartungen - hauptsächlich aufgrund von Mißverständnissen - mit dem Beginn einer neuen Herrschaft verbunden, wie eben mit den Anfängen der Regierungszeit Friedrich Wilhelms IV., der aber, so Otto Hintze, *"mehr eine geniale Künstlernatur als ein zum Herrschen geborener Charakter"* war: *"Er lebte mehr in phantasievollen Vorstellungen als in der harten Wirklichkeit und sah die Dinge nicht unmittelbar in ihrer einfachen Realität, sondern immer nur durch ein ideologisches Medium hindurch."*[80] Der König war eine vielfach begabte und zugleich eigensinnige Persönlichkeit. Dieser humorvolle und redegewandte Kenner und Mäzen von Kunst und Wissenschaft nahm in seinem Mangel an Entschlußfähigkeit, Zielstrebigkeit und Realitätssinn viele Züge seines Großneffen, Kaiser Wilhelms II., vorweg, dem freilich künstlerischer Geschmack und Taktgefühl fehlen sollten. Der neue König vertrat ideologisch eine reaktionäre preußische Romantik und, vor allem in Anlehnung an Haller, neuständische Konzeptionen: Der Überzeugung von der göttlichen Berufung des Herrschers blieb Friedrich Wilhelm IV. unerschütterlich bis an sein Lebensende treu. Die

---

80 Hintze: Die Hohenzollern, S. 516-517.

religiösen und ethischen Überzeugungen des neuen Herrschers waren begleitet von der Überzeugung von der Notwendigkeit, die Traditionen und historischen Rechte nicht nur der Dynastie, sondern auch der ihr treuen Junker zu bewahren. Diese Haltung begründete die Politik, die auf der Bestätigung der Junkerinteressen beruhte, transzendental. Dieser fanatische Lutheraner auf dem Thron, der Lieblingsherrscher der konservativen borussistischen Historiographie des 20. Jahrhunderts, wie sie vor allem Hans-Joachim Schoeps vertreten hat, war weit entfernt von jeder Form eines deutschen Nationalismus, wollte er doch die staatliche Unabhängigkeit Preußens bewahren und eher die historischen Rechte der Habsburger anerkennen, als Deutschland unter dem eigenen Zepter vereinen.

Seine fanatisch protestantische Einstellung bewirkte, daß sich an seiner Seite eine Gruppe rückständiger, vor allem brandenburgischer und pommerscher Junker zusammenfand, die einen religiös-mystischen pietistischen Konservatismus vertraten. Diese reaktionären, altständische Konzeptionen verfolgenden Junker gruppierten sich um die Brüder Leopold und Ernst Ludwig von Gerlach und nannten sich selbst bald *Kamarilla* und *ministère occulte*, "unsichtbares Ministerium". Als vertraute Berater des Königs handelten sie in den vierziger Jahren vielfach über die Köpfe der amtierenden Minister hinweg.

Friedrich Wilhelm III. hatte zu einem bescheidenen, eher bürgerlichen Lebensstil geneigt. Die pompösen Krönungsfeierlichkeiten des neuen Herrschers in Königsberg und Berlin bedeuteten eine Rückkehr zur barocken Pracht der Ära Friedrichs I. dar. Er war weit entfernt von der Friedrich Wilhelm I. eigenen Einfachheit oder der kühlen, aber in den Formen bescheidenen Distanz Friedrichs II. gegenüber seinen Untertanen. Friedrich Wilhelm IV. war ein Liebhaber des Mittelalters und der ritterlichen Tradition, er schwärmte für Pathos und liebte es, in langen Ansprachen im Gewand des religiösen und ideologischen Mystizismus voller Phantasie und Gelehrsamkeit seine Untertanen über ihre Pflichten zu belehren.

Die ersten Entscheidungen des neuen Herrschers waren nichtsdestoweniger populär und kamen den Erwartungen der liberalen öffentlichen Meinung entgegen: Er revidierte zahlreiche Entscheidungen Friedrich Wilhelms III. und entschärfte die Konflikte der letzten Jahre: Politische Gefangene wurden amnestiert, der Kurs gegenüber dem Polentum im Großherzogtum Posen gemäßigt, der Konflikt mit der katholischen Kirche entschärft, die Zensur gemildert und die Altlutheraner nicht mehr verfolgt. Prominente Oppositionelle wie die Brüder Grimm, Alexander von Humboldt und General von Boyen wurden nach Preußen berufen oder wieder in Amt und Würden eingesetzt. In der Politik des Königs überwog jedoch bald das konservative Element, so daß die liberalen Kreise schnell an seinen Absichten zweifelten: *"Das Volk begann sich über diese Doppelgesichtigkeit zu verwundern, ob denn der König nun liberal oder pietistisch zu regieren gedenke. Friedrich Wilhelm wollte beides, weil darin keine Gegensätze sah."*[81]

---

81 Schoeps, a.a.O., S. 191; vgl. Ders.: Das andere Preußen. Konservative Gestalten und Probleme im Zeitalter Friedrich Wilheims IV. 3. Aufl. Berlin 1964.

Letztendlich stellten die halbherzigen und inkonsequenten Maßnahmen des Königs niemanden zufrieden, doch trugen die geweckten Hoffnungen zur Entfaltung der liberalen und demokratischen Opposition in Preußen bei. Der König nahm die eigenen Worte als Taten. Die Opposition begann für die Reformen, die von König nicht zu erwarten waren, politisch zu kämpfen. An die Spitze der Opposition trat das liberale wohlhabende rheinische Bürgertum mit Politikern wie David Justus Hansemann (1790-1864) und Ludolf Camphausen (1830-1890). Die demokratische Strömung repräsentierte ein Vertreter des Königsberger Bürgertums, Johann Jacoby (1805-1877), der mit seinem Radikalismus die liberalen Kreise des ostpreußischen Junkertums, die unter den Einflüssen des englischen Liberalismus blieben, hinter sich ließ.[82]

Die Anfänge der Arbeiterbewegung und der sozialistischen Ideen reichen in Preußen in das Ende der dreißiger Jahre des 19. Jahrhunderts zurück. Im Jahre 1838 verkündete der aus Magdeburg stammende Schneidergeselle Wilhelm Weitling (1808-1871) sein utopisch-kommunistisches Programm in der Schrift »Die Menschheit wie sie ist und wie sie sein sollte«. In den vierziger Jahren knüpften der junge Karl Marx und Friedrich Engels an die Traditionen der demokratischen und Arbeiterbewegung an. Die Verschlechterung der Lage des städtischen und des ländlichen Proletariats unter anderem durch die Hungersnot in Schlesien bewirkten Protestaktionen in Intellektuellenkreisen. Im Jahre 1843 beschrieb die Schriftstellerin Bettine von Arnim in »Dies Buch gehört dem König« ergreifend das Elend der Berliner Arbeiter. Revolutionäre Werke schrieben Dichter wie Ferdinand Freiligrath, August Heinrich Hoffmann von Fallersleben und Heinrich Heine.

Ausdruck der "Verschanzung" des neuen Königs hinter Verteidigungspositionen des gesellschaftlichen *status quo* waren die Entlassung des liberalen Oberpräsidenten der Provinz Preußen, von Schön, und die Verurteilung des Königsberger Demokraten Jacoby zu zweieinhalb Jahren Haft wegen Hochverrats, Majestätsbeleidigung und "frechen, unehrerbietigen Tadels der Landesgesetze", als die das Berliner Kriminalgericht seine Forderung nach einer *Konstitution* in den »Vier Fragen, beantwortet von einem Ostpreußen« (Leipzig 1841) ansah. Der Königsberger Arzt wurde in zweiter Instanz am 2. Februar 1943 von Berliner Kammergericht freigesprochen. Aus der Perspektive des Besitzbürgertums hatte die Niederschlagung der Weberunruhen in Schlesien durch das preußische Militär, das zum ersten Mal in solchem Ausmaß und mit ganzer Brutalität in einem Konflikt zwischen Fabrikbesitzern und Arbeitern zugunsten der Besitzer eingriff, keine geringe Bedeutung. Die Intervention des Staates zugunsten des Kapitals öffnete den Weg zur Verständigung zwischen dem rheinischen Großbürgertum und dem preußischen Staat: Das Bürgertum wollte das seinen Interessen dienende liberale Programm durchsetzen, fürchtete aber in steigendem Maße Ausschreitungen der Arbeiterschaft.

82 Schuppan, a.a.O., S. 72f.

Die Überzeugung von der Mission des Monarchen verband sich bei Friedrich Wilhelm IV. mit dem Wunsch, die Zustimmung der Gesellschaft für die Handlungen des Staates zu gewinnen und den ausschließlich bürokratisch-absolutistischen Regierungsstil abzulegen. Deshalb, aber auch wegen der finanziellen Lage des Staates, strebte er an, die bisherigen Formen der regionalen neuständischen Repräsentanz auf gesamtstaatlicher Ebene zu reformieren. In den vierziger Jahren wurden in den Provinziallandtagen immer offener liberale Ansichten vertreten, die den Verfassungsweg für Preußen einforderten. Das politische System der preußischen Monarchie stand ihrer ökonomischen Entwicklung im Wege.

***Die polnische Frage in Preußen.*** - Die polnische Bevölkerung bildeten die größte nationale Minderheit in Preußen. Der Wiener Kongreß hatte Preußen das Petitum von "nationalen Institutionen" für die Polen im Großherzogtum Posen aufgegeben: "*Das Großherzogtum Posen erhielt mit seinem Provinziallandtag, mit der sprachlichen Gleichberechtigung in Schule und Kirche sowie mit dem Zugang der Polen zu den Ämtern in der Tat nationale Institutionen für den polnischen Bevölkerungsteil konzediert. Für Westpreußen, den preußischen Gewinn der ersten Teilung, wurde dies nicht in Betracht gezogen.*"[83]. Ebensowenig wurden dem polnischen Bevölkerungsteil in Ostpreußen und in Schlesien keine Sonderrechte zustanden. Die preußischen Behörden betrachteten Westpreußen als eine Provinz deutschen Charakters und gingen von einem Anteil von 70 % der Bevölkerung deutscher Nationalität aus. Abgesehen von einigen Städten, war die deutsche Bevölkerung in Westpreußen hauptsächlich im Zuge der friderizianischen Kolonisation oder späterer Migrationsströme eingewandert.

Im Großherzogtum Posen, wo auf einem Gebiet von ca. 29 000 $km^2$ der polnische Bevölkerungsanteil fast zwei Drittel betrug, wurden die Beschlüsse des Wiener Kongresses, durch die preußischen Behörden sehr eng ausgelegt. Neben dem Amt des Oberpräsidenten der Provinz, das damals der den Polen gewogene Liberale Joseph Zerboni di Sposetti übernahm, wurde das Amt des Statthalters geschaffen, der, jedoch ohne besondere administrative Befugnisse, ein Mittler zwischen dem Monarchen und den Interessen der Provinz sein sollte. Das Amt übernahm Anton Heinrich Fürst von Radziwill, der mit der preußischen Königsfamilie verschwägert war. Die Ehefrau Radziwills, die preußische Prinzessin Luise, spielte in der Entwicklung von Philanthropie, Bildung und polnischer Kultur eine große Rolle. Radziwill strebte einen Kompromiß zwischen der polnischen Gesellschaft und der preußischen Regierung an.

Insgesamt war zwischen 1815 und 1830 die Lage der polnischen Bevölkerung im Großherzogtum Posen relativ gut, wurde doch damals zumindest keine bewußte Germanisierungspolitik betrieben. Die Entfaltungsmöglichkeiten der polnischen Kultur waren vergleichsweise günstig und das Recht auf polnische Sprache wurde in breiten Grenzen respektiert. Doch erlangte das Großherzogtum Posen niemals eine Autonomiestellung im Rahmen der Gesamtorganisation des

---

83 K. Zernack: Polen in der Geschichte Preußens. In: Handbuch der preussischen Geschichte, Bd. 2, S. 432; vgl. allgemein Paprocki, a.a.O.

preußischen Staates. Die Zugeständnisse der preußischen Behörden blieben kurzlebig.

Die Lage der polnischen Bevölkerung in den anderen preußischen Provinzen war unterschiedlich. Besonders intensiv verliefen die Germanisierungsprozesse in Schlesien, wo nicht nur der polnische Adel, sondern auch der Klerus fehlte, sowie in West- und Ostpreußen. Oberpräsident Schön, der Reformer und Liberale, nahm in Königsberg in der polnischen Frage eine betont nationalistische Haltung ein, die mit seiner Vorliebe für die Tradition des Deutschen Ordens und dessen Rolle in der Geschichte des preußischen Staates verknüpft war. Der Kampf Schöns gegen die polnische Sprache und die polnische Schulbildung eröffnete die erste Etappe der preußischen Germanisierungsbemühungen gegen die polnische Bevölkerung. Erst Schön bekämpfte den alten Brauch, jedes Jahr in den Kirchen der Kulmer Diözese zu Ehren des polnischen Sieges bei Tannenberg einen Festgottesdienst abzuhalten. Solche Messen waren bis zur Intervention von Schöns sogar in der ehemaligen Hauptkirche des Deutschen Ordens in der Marienburg gefeiert worden.[84] In den Ansichten von Schöns kann man alle die Stereotypen *des* Polen finden, die die nationalistische preußische Historiographie die und deutsche schöne Literatur seit Mitte des 19. Jahrhunderts popularisieren sollten.

In Ostpreußen traf die Germanisierung die masurische Bevölkerung, die dort seit dem 15./16. Jahrhundert lebte und die polnische Sprache als Muttersprache bewahrt hatte. Als *preußische Masuren* wurden zum ersten Mal 1817 bezeichnet, sie wurden jedoch lange noch Zeit als Polen behandelt. Erst spätere preußische Statistiken begannen konsequent, die polnischsprachige Bevölkerung in Ostpreußen als angeblich eigenständige ethnische Gruppe zu betrachten. Die Germanisierung der Masuren, die durch Jahrhunderte nicht sehr erfolgreich gewesen war, schritt im 19. Jahrhundert relativ schnell voran, hauptsächlich dank der preußischen Schule und der lutherischen Pfarrer, aber auch unter dem Einfluß des Militärdienstes: Während 1816 die Masuren mindestens ein Viertel der Bevölkerung Ostpreußens stellten, wurden 1871 offiziell nur noch 16 % gezählt - keine Folge von Geburtenrückgang, sondern Ausdruck von Germanisierungsprozessen.[85]

Im Großherzogtum Posen zeigten die zwanziger Jahre des 19. Jahrhunderts auf, wie eng die Grenzen der 1815 zugesagten Rechte waren. Weder die Eröffnung einer polnischen Universität in Posen noch ein ständiges polnisches Theater wurde zugelassen. Die Petitionen des Provinziallandtags mit seiner polnischen Mehrheit blieben in der Frage polnischer nationaler Rechte in der Regel erfolglos.[86] Untere Staatsämter wurde bis zu einem gewissen Grade mit Polen besetzt. Oberpräsident Joseph Zerboni di Sposetti vermied nationale Konflikte;

---

84 Vgl. H. E. O. Hartmann: Probleme des Polentums in Preußen zwischen 1815 und 1871. Phil. Diss. Erlangen 1973, S. 97-104.

85 Ebd., S. 341.

86 Zu dieser Frage jetzt am ausführlichsten in deutscher Sprache K. H. Streiter: Die nationalen Beziehungen im Grossherzogtum Posen (1815-1848). Bern-Frankfurt a.M. 1986.

er kannte die polnische Sprache und die polnischen Traditionen und unterhielt enge Beziehungen zur polnischen Aristokratie. Auch das polnische Schulwesen entwickelte sich mit Gymnasien in Posen und Lissa sowie einem katholischen Progymnasium in Tremessen positiv. Entgleisungen lokaler Germanisatoren fanden, was die Verordnung des Ministers Altenstein vom 23. Dezember 1822 zum Ausdruck brachte, damals noch keine Unterstützung in der offiziellen Regierungspolitik. Die Gleichberechtigung der polnischen neben der deutschen Sprache wurde im Großherzogtum Posen erst seit 1832 Schritt für Schritt beseitigt, abgeschafft wurde sie 1873.

Der preußische Staat, der seine Gebietserwerbungen aus den Teilungen Polens behaupten wollte, konnte für den gegen das seit Jahren in engsten freundschaftlichen Beziehungen zum Berliner Hof stehende Zarenreich gerichteten Novemberaufstand keine Sympathien zulassen. Jede Hilfe, die den Aufständischen aus dem Großherzogtum Posen zuteil wurde, wurde scharf bestraft. Feldmarschall Gneisenau schrieb als Befehlshaber der starken preußischen Armee an der russisch-preußischen Grenze, am 12. Juli 1831 an den russischen General Alexander Černyšev: *"Als Untertan des preußischen Königs und für das Glück und den Ruhm der preußischen Monarchie sorgend halte ich es für meine Pflicht, meine besten Wünsche für die russische Armee im statthabenden Krieg zu übersenden."*[87] Am extremsten antipolnisch äußerte sich der kommandierende General in Posen, Karl Wilhelm von Grolmann, 1832 in einem Memorandum, in dem er die Fehler des polnischen Adels und der polnischen Bauernschaft böswilligst beschrieb, um die Richtigkeit und die Richtung des preußischen Vorgehens zu rechtfertigen.[88] Eine objektivere Haltung nahm der später als Feldmarschall berühmte Helmuth von Moltke in der »Darstellung der inneren Verhältnisse und des gesellschaftlichen Zustandes in Polen« (1832) ein. Aber auch er sah keine Möglichkeit, einen Ausgleich zwischen der preußischen Staatsräson und den polnischen Interessen zu finden, und betonte, Polen sei mit dem Schwert in der Hand erobert worden und könne deshalb seinem Bezwinger keine Rechte vorschreiben.[89] Ähnlich vertrat damals Feldmarschall Hermann von Boyen die preußische Staatsraison. Einen Schritt weiter ging Carl von Clausewitz, der Theoretiker der Kriegskunst, der Polen auch deshalb haßte, weil er Anhänger einer reaktionären Innenpolitik war und für ihn Polen und Franzosen die verhaßten revolutionären Traditionen personifizierten. Auch der Liberale von Schön vertrat eine eindeutig prorussische und antipolnische Haltung. Gerade die hervorragenden Vertreter der preußischen Staatsidee betonten in der damaligen relativ ruhigen Phase des polnisch-deutschen Zusammenlebens im Großherzogtum Posen, daß das preußische Staatsinteresse - in Verständigung mit Rußland - verlangte, jede polnische Unabhängigkeitsbestrebung zu ersticken. Im Gegensatz

87 Zit. nach H. Kocój: Preußen gegenüber dem Novemberaufstand 1830-1831. Katowice 1990, S. 35.

88 M. Broszat: Zweihundert Jahre deutsche Polenpolitik. Erw. Ausgabe. Frankfurt a.M. 1972, S. 100f.

89 Vgl. H. von Moltke: Gesammelte Schriften und Denkwürdigkeiten. Bd. 2, Berlin 1895, S. 65f.

zur Haltung des Staates waren die demokratischen Kreise und die Mehrzahl der Liberalen damals der polnischen Sache freundlich gesonnen.[90] Nach dem Scheitern des Novemberaufstands war die Haltung der preußischen Behörden gegen die geflüchteten polnischen Soldaten äußerst feindselig. Im Widerspruch zum internationale Recht arbeiteten sie in den meisten Fällen mit Rußland zusammen.

Im Großherzogtum Posen begann mit der Ernennung des neuen Oberpräsidenten, Eduard Heinrich von Flottwell, bisher Regierungspräsident im westpreußischen Marienwerder, in der Folge des Novemberaufstands eine neue Ära. Radziwill war als Statthalter entlassen worden, sein Amt wurde nicht mehr reaktiviert, und von 1831 an wurde das Großherzogtum Posen wie alle übrigen preußischen Provinzen behandelt. Flottwells Repressionspolitik gegen jegliche revolutionären Aktivitäten bedeutete auch einen harten antipolitischen Kurs mit Einschränkungen des amtlichen Gebrauchs der polnischen Sprache, Entfernung polnischer Beamter usw. Er scheute auch nicht den Konflikt mit der katholischen Kirche, die er als "Bollwerk des Polentums" betrachtete. Nach der - falschen - Einschätzung Grolmans und Flottwells mußte man den polnischen Adel und Klerus bekämpfen, um den polnischen Bauern als treuen preußischen Untertan zu gewinnen. Unter anderem wurde die Assimilierung der dort lebenden Juden an das deutsche Sozialmilieu durch ein Gesetz von Juni 1833 unterstützt; auch wurde in der Provinz Posen die Landregulierung beschleunigt, in der Flottwell den sozialen Antagonismus gegen den Adel ausnutzen wollte. Diese Aktion führte jedoch langfristig zur Konsolidierung einer starken polnischen Landwirtschaft: Der polnische Bauer setzte sich in der Provinz Posen bereits während der Revolution von 1848 konsequent für die polnischen nationalen Rechte ein.[91] Höhepunkt der Tätigkeit Flottwells war 1839 sein Konflikt mit dem Erzbischof von Gnesen-Posen Marcin Dunin-Sulgustowski: Der Erzbischof wurde verhaftet und zu sechs Monaten Haft und zum Verlust seines Amtes verurteilt. Die gegen die katholische Kirche gerichtete Politik stärkte den polnischen Widerstand, so daß Friedrich Wilhelm IV. den Erzbischof wieder in sein Amt einsetzte. Während der Krönungsfeierlichkeiten in Königsberg hatte Graf Edward Raczyński in seiner Rede dem neuen König die polnischen Klagen vorgetragen. Dieser entschärfte allgemein den antipolnischen Kurs, erließ am 10. August 1840 die wegen Teilnahme am Novemberaufstand 1830 verhängten Strafen und berief Flottwell Anfang 1841 ab.

Zwar bedeutete die Entschärfung der Linie nicht den Bruch mit den Zielen der preußischen Polenpolitik, doch kam es in den Jahren 1841 bis 1845 zu einer Entspannung in den gegenseitigen Beziehungen, was jedoch das Hauptergebnis der Tätigkeit Flottwells, das Auseinanderleben der deutschen und der polnischen Nationalgesellschaft im Großherzogtum Posen, nicht mehr umkehren konnte und Folgen für die politischen Konzeptionen der Polen in Preußen 1846 und

90 Vgl. Die deutsche Polenfreundschaft in den dreißiger Jahren des 19. Jahrhunderts. Leipzig 1981.

91 Vgl. Paprocki, a.a.O., S. 146f.

1848 hatte: Für den Februar 1846 hatten Vertreter aus allen drei Teilungsgebieten den gleichzeitigen Aufstand gegen die Teilungsmächte verabredet. In Galizien scheiterte der Aufstand am - wohl von österreichischen Beamten geschürten - Widerstand der Bauern und hatte nur in der Republik Krakau kurzfristigen Erfolg, in Posen wurde der als Oberbefehlshaber bestimmte Ludwik Mierosławski nach der Denunziation durch einen polnischen Adligen beim Posener Polizeipräsidenten am 12. Februar 1846 zusammen mit einer großen Zahl von Sympathisanten bereits vor dem für die Nacht vom 21. auf den 22 Februar geplanten Aufstandsbeginn verhaftet. Die polnischen Verschwörungsaktivitäten in den Jahren 1845-1846 machten die sowieso geringen Chancen auf einen Kompromiß mit der preußischen Regierung zunichte.

Am 2. August 1847 begann unter großer Anteilnahme der Berliner Öffentlichkeit, in der die Polenbegeisterung der dreißiger Jahre noch nachwirkte, im Gefängnis von Moabit der vier Monate dauernde *Polenprozeß* gegen 254 polnische Patrioten wegen der Vorbereitung des 1846 geplanten Aufstandes. Durch das auf die persönliche Inititiative des Königs zurückgehende Gesetz vom 17. Juli 1846 *"wurde der Polenprozeß die erste öffentliche Gerichtsverhandlung in Preußens alten Provinzen"*[92]. Anstelle des bis dahin üblichen Inquisitionsprozesses ohne persönliche Anhörung des Angeklagten wurde insbesondere die Mündlichkeit der Hauptverhandlung eingeführt, die der Bevölkerung Berlins erlaubte, den Prozeßverlauf zu verfolgen. Das Kammergericht verhängte harte Strafen: 8 - allerdings nicht vollstreckte - Todesurteile, 112 Zuchthaus- und Festungsstrafen und 134 Freisprüche, davon allerdings 116 wegen mangelnder Beweise; in 3 Fällen wurde das Urteil wegen Krankheit ausgesetzt. Prinz Wilhelm von Preußen, der jüngere Bruder des Königs, war über die Milde der Urteile entrüstet und bedauerte, daß die Todesurteile nicht vollstreckt wurden. Die verurteilten polnischen Gefangenen wurden während der Märzrevolution 1848 befreit.

## 4. Die Revolution von 1848/49 in Preußen

Die politischen Ereignisse der Jahre 1848-1849 hatten nicht nur innerpreußischen, sondern auch gesamtdeutschen Charakter. Der Wunsch nach einer auf die Prinzipien des Liberalismus oder sogar der Demokratie gestützten Vereinigung Deutschlands war in der öffentlichen Meinung der deutschen Staaten beim Bürgertum, bei einem Teil des Adels und wohl auch in der Masse der Bevölkerung allgemein: *"Die gebildeten und handelstreibenden Schichten in den preußischen Städten empfanden 1848 überwiegend deutsch und waren weitgehend bereit, die Einheit des Hohenzollernstaates der höheren Einheit Deutschlands zu opfern."*[93]

Der Grund für den Ausbruch der Revolution im Jahre 1848 liegt in der Unfähigkeit der absolut und mit Polizeimethoden regierenden deutschen Staaten, das wirtschaftlich immer stärker werdende Bürgertum, das politische Partizipation und Berücksichtigung seiner Interessen forderte, in ihr politisches System einzu-

---

92 Mieck, a.a.O., S. 228.
93 R. von Thadden, a.a.O., S. 78-79.

binden. Die Mißernten der Jahre 1845 bis 1847, die der breiten Masse der Bevölkerung Mangel und Elend brachten, wie sie sie seit Jahren nicht erlebt hatten, verstärkten den sozialen Druck auf das herrschende System; die Arbeitslosigkeit und der vorübergehende Zusammenbruch der Wirtschaftskonjunktur weckten und verstärkten die Bestrebungen, die die Lebensbedingungen der benachteiligten und ausgebeuteten Bevölkerungsmehrheit verbessern wollten. Bereits der Weberaufstand in Schlesien 1844 war - ähnlich wie die Ereignisse in Berlin 1847 - ein wichtiges Signal für das Anwachsen der revolutionären Stimmungen gewesen. Die inkonsequente Politik Friedrich Wilhelms IV., die viele Hoffnungen weckte, aber nicht erfüllte, beschleunigte die revolutionäre Krise. Friedrich Wilhelm IV. wollte den Versuch, eine Ersatz-Nationalvertretung in den Grenzen der absoluten Königsmacht und der neuständischen Idee zu schaffen, fortsetzen. Der am 3. Februar 1847 zur Erlangung einer Kreditgarantie von Seiten der Stände einberufene gesamtpreußische *Vereinigte Landtag* forderte jedoch für sich die Gewährung der konstitutionellen Stellung und verweigerte gleichzeitig der Regierung die Gewährung der Kreditgarantie: *"Die Bourgeoisie hatte sich in diesem Konflikt ihrer Rolle als Hegemon der antifeudalen Bewegung gemäß verhalten, war mit bourgeoisen Mitteln revolutionär gewesen."*[94]

Von da an verlagerte sich der Hauptkampfplatz der bürgerlich-liberalen Kräfte gegen das bisherige System in Deutschland endgültig nach Preußen. Das Programm der preußischen Bourgeoisie, vor allem der rheinischen und der ostpreußischen Liberalen war Reform, Verfassung und nationale Einheit Deutschlands. An der Schwelle der Ereignisse des Jahres 1848 war das Bürgertum - trotz seiner Furcht vor den eigenen demokratischen und radikalen Anhängern, die Verbindung zu anderen Gruppen der Gesellschaft hatten - entschlossen, um Verwirklichung eines liberalen Reformprogramms im Staat zu kämpfen. Der *Vereinigte Landtag* von 1847 stellte die erste parlamentarische Erfahrung in Preußen dar und war gewissermaßen ein Prolog zu den politischen Kämpfen des Jahres 1848.

Am 22. Februar 1848 stürzte die Pariser Revolution die Julimonarchie und Frankreich wurde zur Republik ausgerufen. *"Als die ersten Nachrichten von der Pariser Februarrevolution [...] in der preußischen Hauptstadt eintrafen, befand sich der von Friedrich Wilhelm IV. konzipierte und 1847 vorgestellte Verfassungsplan in der letzten Phase seiner Verwirklichung"*, doch kam das Entgegenkommen des Königs um *"mindestens ein Jahr zu spät"*, die *"Wirkung verpuffte in der vorrevolutionären Erregung der frühen Märztage"*.[95] Das liberale Bürgertum in Preußen forderte offen sein Reformprogramm ein: Verfassung, Pressefreiheit und politische Rechte. Bereits in den ersten Märztagen herrschte in Berlin eine revolutionäre Atmosphäre. Borussische Historiker haben darin das Werk von dem "wahrhaft preußischen Geist" fremden Elementen, von Rheinländern oder gar Polen, gesehen. Vergeblich ermahnte der als Vertreter der liberalen Großbourgeoisie

---

94 J. Hofmann: Das Ministerium Camphausen-Hansemann. Zur Politik der preußischen Bourgeoisie in der Revolution 1848/49. Berlin 1981, S. 13.

95 Mieck, a.a.O., S. 229, 230.

geltende, von revolutionären Gesinnungen weit entfernte spätere Minister David Hansemann am 1. März 1848 Regierung und König, *"schnell, richtig und mit Energie die Mittel zu ergreifen, durch welche Rettung möglich ist"*.[96]

Seit dem 5. März entwickelte sich im Rheinland eine Petitionsbewegung, die in der Monatsmitte auf die anderen preußischen Provinzen übergriff. In Berlin formulierte die Opposition im Verlauf einer am 7. März "In den Zelten" stattfindenden Volksversammlung *Märzforderungen*. Der König suchte mit seiner Umgebung nach Möglichkeiten, die revolutionären Stimmung in der Bevölkerung zu beruhigen, doch beschleunigten die Pariser Ereignisse den Zerfall der Regimes der Heiligen Allianz: Am 13. März brach in Wien die Revolution aus und Staatskanzler Metternich, die Personifizierung der Restaurationszeit, mußte sich durch Flucht retten. Am 14. März berief Friedrich Wilhelm IV. den Zweiten *Vereinigten Landtag* für den 27. April 1848 ein. Am 16. März brachte die Nachricht von der Revolution in Wien die ganze Stadt auf die Beine. Der König wollte Blutvergießen vermeiden und dachte an Zugeständnisse, doch fielen die Entscheidungen angesichts der sich beschleunigenden Entwicklung der Ereignisse wieder einmal zu spät. Auf die Nachricht von einer am 18. März zu erwartenden Demonstration vor dem Berliner Stadtschloß versuchte Friedrich Wilhelm IV., die Lage in der Stadt zu beruhigen, indem er die Einberufung des *Vereinigten Landtags* auf den 2. April vorzog und Verfassung und Pressefreiheit versprach. Die *Märzversprechungen* kamen jedoch zu spät, um die revolutionäre Bewegung in Berlin aufzuhalten: *"Niemals zuvor hatte sich Friedrich Wilhelm IV. in einem verfassungspolitisch relevanten Dokument so unmißverständlich und so präzise ausgedrückt; niemals zuvor war er auch den liberalen und nationalen Erwartungen so weit entgegengekommen - aber die Versäumnisse von acht Regierungsjahren ließen sich dadurch nicht aus der Welt zu schaffen."*[97]

Nachdem dem auf dem Schloßplatz versammelten Volk die königlichen Patente vom 14. und vom 18. März 1848 bekanntgegeben worden waren, erinnerte sich die Menge beim Anblick der im Schloßhof postierten Soldaten an ihre Forderung nach Bürgerbewaffnung und Militärabzug. Rufe *"Militär zurück!"* wurden laut, und der König ordnete an, den Schloßplatz mit Kavallerie zu räumen, um *"dem dort herrschenden Skandal endlich ein Ende"*[98] zu machen. Zwei zufällige Schüsse während der Räumungsaktion trafen zwar niemanden, führten aber in der versammelten Menschenmenge zu einer Massenreaktion: *"Mit dem Ruf 'Der König hat uns verraten!' stürmten die Demonstranten vom Schloßplatz in die angrenzenden Straßen und begannen mit dem Bau von Barrikaden. Die Revolution in Berlin hatte begonnen."*[99] Das Volk von Berlin betrat jetzt die Szene, demokratische, kleinbürgerliche Kreise, Handwerksgesellen und Studenten: Ihre sofortige Antwort war das Aufrichten von Barrikaden in der gesamten Stadt. Das Militär

---

96 Zit. nach J. Hofmann, a.a.O., S. 25.

97 Mieck, a.a.O., S. 234.

98 K. L. von Prittwitz: Berlin 1848. Das Erinnerungswerk des Generalleutnants Karl Ludwig von Prittwitz und andere Quellen zur Berliner Märzrevolution und zur Geschichte Preußens um die Mitte des 19. Jahrhunderts. Hrsg. von G. Heinrich. Berlin-New York 1985, S. 129.

99 Mieck, a.a.O., S. 235.

unternahm den Versuch, die Ordnung in Berlin wiederherzustellen, und ging gegen die Barrikaden vor. In den verbissenen Kämpfen fielen auf der Seite der Aufständischen 216 Zivilisten.[100] Die Kämpfe vom 18./19. März 1848 blieben die revolutionärsten Taten in der Geschichte Berlins. Friedrich Wilhelm IV. beschloß trotz der durch das Militär im Kampf gegen dazu unvorbereiteten Aufständischen erzielten Erfolge, das Blutvergießen zu beenden und ihre Hauptforderung, den Abzug des Militärs aus Berlin, zu erfüllen - gegen das Votum des am 18. März 1848 gegen 14 Uhr zum Oberbefehlshaber der in Berlin befindlichen Truppen ernannten Generals von Prittwitz und gegen den Rat des Prinzen Wilhelm, der allgemein als Initiator der Militäraktion in den Straßen Berlins galt und heimlich das Land verließ.

Auf den Barrikaden Berlins war die arme Bevölkerung der Stadt gefallen: Handwerker, Arbeiter und Studenten. Das reiche Bürgertum, das an der Spitze der Opposition stand, hatte sie unterstützt. Jetzt gewann es die Möglichkeit, sich mit der Königsmacht zu für das Bürgertum günstigen Bedingungen zu verständigen. Der König befand sich im Berliner Schloß nach dem Truppenabzug in den Händen der Aufständischen: Er mußte - eine berühmte Szene - den *Märzgefallenen* die letzte Ehre erweisen, als das schweigende Leichenbegängnis der Berliner Bevölkerung am Königspaar vorbeidefilierte. Neuer Ministerpräsident wurde am 19. März 1848 der liberale Adolf Graf von Arnim-Boytzenburg, der den König veranlaßte, im Berliner Schloß zu bleiben und nicht die Flucht zu suchen. Eine *Bürgerwehr* sicherte die Ordnung rund um das königliche Schloß. Am 20. März wurde eine allgemeine Amnestie für politische Vergehen verkündet, aufgrund derer auch die im Jahre 1847 verurteilten Polen aus der Haft entlassen wurden. Seinen Beratern nachgebend, beschloß der König, die populäre Frage der Vereinigung Deutschlands aufzugreifen, um die Aufmerksamkeit der Liberalen von innenpolitischen Problemen abzulenken. Demonstrativ ritt Friedrich Wilhelm IV. mit einer schwarz-rot-goldenen Schärpe, d.h. in den Farben des liberalen Deutschland, die die Bundesversammlung des Deutschen Bundes am 9. März als *Bundesfarben* anerkannt hatte[101], am 21. März 1848 durch Berlin. Der König gab Erklärungen und Versprechungen ab: Preußen stand nach seinen Worten an der Spitze des Einigungsprozesses Deutschlands und war bereit, seine Unabhängigkeit für dieses Ziel zu opfern.

Ein Hauptproblem blieb die Frage der preußischen verfassungsgebenden *Nationalversammlung*. Anfänglich begnügte sich der König mit zeitlich nicht präzisierten Ausflüchten und Versprechungen. Anstelle von Arnim-Boytzenburgs, der das *"bürokratische Übergangsministerium"*[102] nur wenige Tage geführt hatte, ernannte Friedrich Wilhelm IV. am 29. März 1849 mit Ludolf Camphausen den er-

---

100 R. Hoppe / J. Kuczynski: Eine Berufs- bzw. auch Klassen- und Schichtenanalyse der Märzgefallenen 1848 in Berlin. In: Jahrbuch für Wirtschaftsgeschichte 1964, H. 4, S. 200-276, kommen auf 303 im März 1848 in Berlin gefallene oder an Verwundungen gestorbene Zivilisten, doch sind ihre Angaben nicht unproblematisch, vgl. W. Siemann: Die deutsche Revolution von 1848/49. Frankfurt/Main 1985, S. 69.

101 Dokumente zur deutschen Verfassungsgeschichte, Bd. 1, S. 329.

102 Huber: Deutsche Verfassungsgeschichte. Bd. 2, S. 579.

sten liberalen Ministerpräsidenten; dem führenden rheinischen Liberalen David Hansemann wurde das Finanzministerium übertragen. Nach weiteren Auswechslungen von Ministern war diese Regierung, die bis zum 20. Juni 1848 amtierte, eine Art Koalition zwischen dem linken Flügel der Konservativen und dem rechten Flügel der Liberalen. Das *Märzministerium* Camphausen-Hansemann verfolgte die Wahl einer verfassungsgebenden Versammlung, die in Verständigung mit dem König eine Verfassung erarbeiten sollte. Der am 2. April 1848 konstituierte *Vereinigte Landtag* verabschiedete am 8. April das *Wahlgesetz für die zur Vereinbarung der Preußischen Staatsverfassung zu berufende Versammlung.*

Gleichzeitig entwickelten sich die Geschehnisse auf der Ebene des Deutschen Bundes, in dem die Liberalen die Übermacht gewonnen hatten. Anfang März war in Frankfurt am Main der *Siebenerausschuß*, am 31. März das von diesem berufene *Vorparlament* zusammengetreten. Die deutsche Bundesversammlung übernahm die Beschlüsse des Vorparlaments und beschloß Wahlen zur *constituirenden deutschen Nationalversammlung*[103], die im Gebiet des Deutschen Bundes sowie in den preußischen Provinzen Ost- und Westpreußen und - nach Diskussionen, bestanden doch im Frühjahr 1848 noch starke Sympathien für den Gedanken der polnischen Unabhängigkeit - im Großherzogtum Posen stattfanden. Am 18. Mai 1848 trat die Nationalversammlung in Frankfurt am Main in der Paulskirche zur feierlichen Eröffnung zusammen. Welchen Umfang das vereinigte Deutschland haben sollte, die Entscheidung zwischen der die zum Deutschen Bund gehörenden Teile der Habsburger Monarchie einbeziehenden *großdeutschen* und der *kleindeutschen* Lösung (ohne Österreich) unter Führung Preußens blieb in der Paulskirchenversammlung bis zuletzt umstritten.[104]

Die polnische Frage hatte in der Revolution 1848 für Preußen und Deutschland große Bedeutung, denn die Fortführung der Polenpolitik hätte das Bündnis aller Teilungsmächte unter Beibehaltung der bisherigen politischen Verhältnisse erfordert. Wenn nicht zur Unabhängigkeit, konnte der umgekehrte Weg zur nationalen Autonomie der preußischen Gebiete mit überwiegend polnischer Bevölkerung führen. Die Demokraten beider Seiten strebten zunächst eine Verständigung an. Sie erwies sich als nicht realisierbar, da nicht nur die preußischen Behörden, sondern auch die nationalliberalen deutsche öffentliche Meinung die Ansprüche der deutschen Bevölkerung des Großherzogtums Posen, die jedes Zugeständnis zugunsten der sich dynamisch entwickelnden polnischen Nationalbewegung ablehnte, übernahm. Die auf polnischer Seite im Großherzogtum Posen führenden Gruppen aus Adel und reichem Bürgertum waren dagegen kompromißbereit. Der König sagte am 24. März 1848 die Berücksichtigung der polnischen Forderungen nach einer *nationalen Reorganisation* des Großherzogtums Posen zu, doch weckten die von der polnischen Nationalbewegung geschaffenen

103 Dokumente zur deutschen Verfassungsgeschichte, Bd. 1, S. 338.

104 Ausführlich, wen auch ohne Benutzung der hier einschlägigen tschechischen und polnischen Literatur faßt G. Wollstein: Das Großdeutschland der Paulskirche. Düsseldorf 1977, die Problematik - auch zur Posener Frage 1848 - zusammen.

Fakten, vor allem die Aufstellung eigener bewaffneter Verbände, die Furcht vor dem Verlust der Provinz an ein wiederentstandenes Polen. Die polnische Bewegung erfaßte auch Westpreußen. Man rechnete im polnischen Lager vergebens auf einen Krieg Preußens und des revolutionären Lagers gegen Rußland, der den polnischen Ländern die erhoffte Unabhängigkeit bringen sollte.

Schnell begannen die Regierung mit der Niederschlagung der polnischen Nationalbewegung und rief am 3. April 1848 den Belagerungszustand im Großherzogtum Posen aus. Noch im April kam es zu bewaffneten Auseinandersetzungen preußischer Truppen mit den vier "Lagern" der Aufständischen, die angesichts der militärischen Übermacht am 9. Mai 1848 bei Wreschen kapitulierten. Die polnische Seite fühlte sich nicht stark genug, um den Kampf noch einmal aufzunehmen, so daß die polnischen Nationalbewegung unterlag. Das deutsche liberale und nationalistische Bürgertum, das sich immer deutlicher mit der Rolle Preußens in Deutschland identifizierte, begrüßte den preußischen Sieg mit Genugtuung, kündigte er doch den Sieg der Ordnung in ganz Preußen an. Damit scheiterte aber auch die letzte realistische Chance, das polnische Problem in Preußen wenigstens teilweise zu lösen. Daß die Frankfurter Nationalversammlung am 27. Juli 1848 die Provinz Posen als Teil des zukünftigen Deutschen Reiches anerkannte, war ein Indiz für den Übergang der deutschen Liberalen zum nationalistischen Denken, das die Perspektive einer Vereinigung Deutschlands "von oben" - und nicht auf demokratischem Wege - eröffnete.

Otto Hintze, der offizielle Historiker der Hohenzollernmonarchie, formulierte klar und deutlich die Taktik König Friedrich Wilhelms IV.: *"Ohne zu der liberalen Auffassung überzutreten, wollte er sich des liberalen Ministeriums bedienen, um mit seiner Hilfe die radikal-demokratische Bewegung niederzuhalten und den konservativen Elementen im Lande Zeit zu gewähren, um sich zu sammeln und dann durch das selbständige Auftreten der konservativen Partei in dem neuen Verfassungsstaat eine Umwälzung im monarchischen Sinne vorzubereiten."*[105] Der von der Regierung vorgelegte liberale Verfassungsentwurf wurde Gegenstand langer Beratungen der preußischen Nationalversammlung, in der auch radikale Elemente und die Stimmung der Berliner Straßen zu Wort kamen, was zur Demission Camphausens führte. Am 25. Juni 1848 berief Friedrich Wilhelm IV. ein neues Koalitionskabinett unter der Leitung des bisherigen Oberpräsidenten der Provinz Preußen, Rudolf von Auerswald, das zunächst durchaus in der Lage zu sein schien, die seit März erreichten Erfolge zu konsolidieren. Doch stürzte die Regierung Auerswald-Hansemann bereits am 20. September 1848, weil sie sich weigerte, einen zur Empörung von König, Hofes, Militärführung und allen Konservativen von der Nationalversammlung beschlossenen Antrag, nach dem das Offizierskorps sich von reaktionären Bestrebungen fernhalten und an der Verwirklichung eines konstitutionellen Rechtszustandes mitwirken sollte, auszuführen.

---

105 Hintze: Die Hohenzollern, S. 538.

„Zwischen mich und mein Volk soll sich kein Stück Papier drängen"

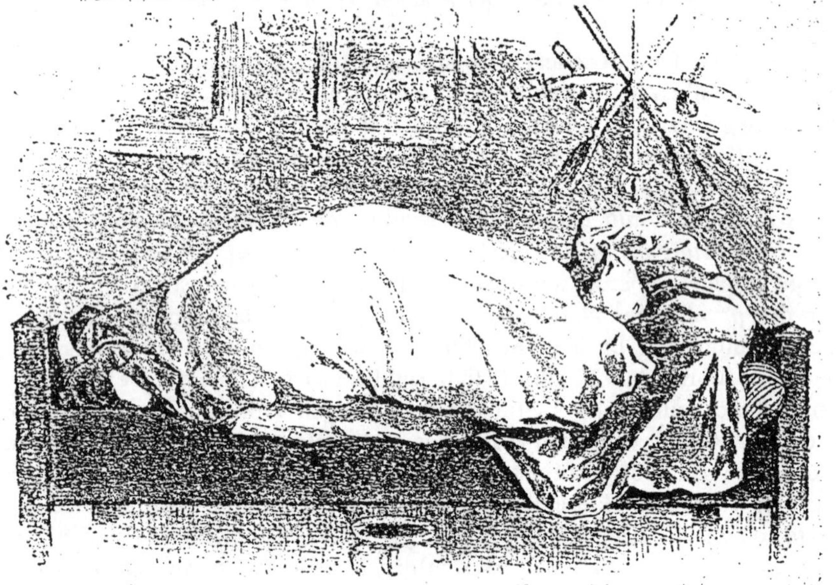

Gez.u.lith.v.Wohlfarth. Verlag u. Eigenthum v. Gebr. Rocca in Berlin. Druck b. H. Delius.

Schießen sie noch?

vom 18 - 19 März 1848.

Von den Konflikten zwischen Radikalen und Gemäßigten profitierten mittelfristig die Konservativen, auch wenn an der Spitze des am 21. September 1848 vom König berufenen Übergangskabinetts aus Beamten mit General Ernst von Pfuel "der letzte große Repräsentant der preußischen Reformzeit" stand.[106] Das Kabinett von Pfuel, der nach einem erfolglosen Rücktrittsgesuch am 7. Oktober am 16. Oktober 1848 demissionierte, spielte keine größere Rolle und konnte den Konflikt zwischen Regierung und Nationalversammlung über den Verfassungsentwurf nicht lösen, zumal inzwischen die revolutionäre Welle in Preußen und Deutschland deutlich abebbte. Revolutionäre Auftritte wie in Frankfurt am Main am 18. November 1848 wurden durch die Armee erstickt, und bedeutende Kreise des liberalen Bürgertums waren, um die bedrohte Gesellschaftsordnung zu verteidigen, kompromißbereit.

Vom 26. bis 31. Oktober 1848 hatte die österreichische Armee nach verbissenen Kämpfen mit der Einnahme der Hauptstadt Wien die Revolution in Österreich niedergeschlagen. In Preußen formierten sich die konservativen und die reaktionären Kräfte neu. Ihr Presseorgan wurde die »Neue Preußische Zeitung«, allgemein als *Kreuzzeitung* bezeichnet, das Hauptwerk Ernst Ludwig von Gerlachs, des Führers der Hofkamarilla um Friedrich Wilhelm IV. und dessen Entscheidungen hinter dem Rücken der Minister beeinflußte. Schließlich brachte Gerlach den König dazu, dem Plan eines Militärputsches gegen die preußische Nationalversammlung zuzustimmen und als neuen Ministerpräsidenten am 2. November 1848 den ihm voll ergebenen General Friedrich Wilhelm Graf von Brandenburg, einen Sohn Friedrich Wilhelms II. aus morganatischer Ehe, zu ernennen. Als Innenminister gehörte dieser Regierung der Konservative Otto von Manteuffel an. Am 9. November 1848 vertagten König und Ministerium die preußische Nationalversammlung auf den 27. November 1848 und verlegten sie nach Brandenburg (Havel), doch erklärte die Nationalversammlung die königliche Anordnung für ungesetzlich und beriet unter dem Schutz der Bürgerwehr weiter. Am 10. November besetzte eine Armee von 40 000 Mann unter General Friedrich von Wrangel Berlin. Am 11. November löste der König die Bürgerwehr auf, am 12. November wurde für Berlin der Belagerungszustand erklärt, am 14. November das Kriegsrecht verhängt. Ende November 1848 soll der Anführer der preußischen Militärpartei, General Gustav von Griesheim, die Graue Eminenz des Kriegsministeriums, die Worte gesprochen haben, die so etwas wie eine Losung des preußischen Junkertums im 19./20. Jahrhundert werden sollten: *"Gegen Demokraten helfen nur Soldaten"*.[107]

Die Nationalversammlung "wanderte" in Berlin zwischen verschiedenen Tagungsorten. Als sie am 27. November in Brandenburg zusammentrat, konnte sie erst am 1. Dezember wegen Abwesenheit zahlreicher Abgeordneter erst am 1. Dezember die Beschlußfähigkeit erreichen, vertagte sich aber, nach dem Auszug der Linken erneut beschlußunfähig, auf den 7. Dezember 1848. Am 5. Dezember 1848 verfügte Friedrich Wilhelm IV. die Auflösung der Nationalversammlung:

106 Mieck, a.a.O., S. 267.
107 Obermann: Soldaten, S. 110.

*"Damit war der Staatsstreich auch rechtlich perfekt, denn ein Recht, die Nationalversammlung aufzulösen, besaß der König nicht."*[108]

Am selben Tag erließ Friedrich Wilhelm IV. aus eigener Machtvollkommenheit die *Verfassungs-Urkunde für den preußischen Staat*, die sich, wenn auch mit wesentlichen Änderungen, auf den in der Nationalversammlung beratenen Entwurf des Obertribunalrats Benedikt Franz Waldeck stützte. Während einige konservative Kreise diese *oktroyierte Verfassung* erbittert bekämpften, trug sie durchaus zur Beruhigung des Bürgertums bei und stellte weite Kreise der Bourgeoisie durchaus zufrieden. So notierte der badische Demokrat Leopold Ladenburg am 8. Dezember 1848 in sein Tagebuch: *"Berlin ist ruhig, die Kurse steigen. Die Verfassung ist so freisinnig, als man sie nur wünschen kann. Ich bezweifle nicht, daß sie überall guten Eindruck machen wird."*[109]

Nachdem sie die Lage im Land wieder beherrschte, beschloß die Regierung eine Verfassungsrevision. Mit dem Gesetz vom 30. Mai 1849 ersetzte sie das allgemeine und gleiche Wahlrecht für Männer von 24 Jahren an durch ein Dreiklassenzensuswahlrecht, das auf der Steuerleistung der Wahlbürger beruhte.[110] Dieses neue Wahlrecht sicherte der neuen unteren Kammer, dem Abgeordnetenhaus, eine konservative Mehrheit, die nach der ersten Wahl umso höher ausfiel, als ein Teil der Liberalen und das Lager der Demokraten als Zeichen des Protests die Wahl boykottierten. Die neue Kammer beschloß in Übereinstimmung mit dem König eine Reihe von Verfassungsänderungen. Schließlich wurde am 31. Januar 1850 die *revidierte Verfassung* verkündet, auf die der König - nicht ohne Zögern und mit innerem Widerwillen - am 6. Februar 1850 den Eid leistete. In Preußen blieb sie bis zur Novemberrevolution 1918 in Kraft.

Die Verfassungsberatungen in Frankfurt verzögerten sich, wodurch die politische Initiative in den deutschen Staaten in die Hände der Herrscher zurückfiel, die von der Begrenzung der Revolutionsfolgen bald zur Gegenrevolution übergingen. Durch sein Verhalten während der "Pazifizierung" Badens und der Pfalz durch von ihm geführte preußische Truppen im Zuge der Gegenrevolution 1848/49 bestätigte Prinz Wilhelm von Preußen den ihm wegen seiner Verantwortung für den Militäreinsatz in Berlin am 18. März 1848 verliehenen Beinamen *Kartätschenprinz*.

Die *Verfassung des Deutschen Reiches* vom 28. März 1849 setzte fest: *"Das deutsche Reich besteht aus dem Gebiete des bisherigen deutschen Bundes."*[111] Am selben Tag wählte die Nationalversammlung König Friedrich Wilhelm IV. von Preußen mit 290 Stimmen bei 248 Stimmenthaltungen zum *Kaiser der Deutschen*. Den preußischen Schlußakkord zum *Völkerfrühling* setzte Friedrich Wilhelm IV., als er die ihm von der Frankfurter Nationalversammlung daraufhin am 3. April

---

108 Mieck, a.a.O., S. 273.

109 Aus dem Nachlaß von Karl Mathy. Briefe aus den Jahren 1846-1848. Hrsg. von L. Mathy. Leipzig 1898, S. 463.

110 Vgl. G. Grünthal: Das preußische Dreiklassenwahlrecht. Ein Beitrag zur Genesis und Funktion des Wahlrechtsoktroi vom Mai 1849. In: Historische Zeitschrift 226, 1978, S. 17-66.

111 Dokumente zur deutschen Verfassungsgeschichte, Bd. 1, S. 375.

1849 angetragene Kaiserkrone ablehnte. Am 28. April 1849 ließ er erklären, er könne die Krone nur mit Zustimmung aller deutschen Fürsten annehmen, nicht aber "*auf Grund der in Frankfurt beschlossenen Verfassung*".[112] Damit schwanden alle Hoffnungen, die die Anhänger der Einheit Deutschlands auf Preußen gesetzt hatten. Zusammen mit Österreich führte Preußen jetzt in Deutschland eine Interventionspolitik zur Niederschlagung der noch bestehenden revolutionären Herde. Die Frankfurter Nationalversammlung, die sich nach Stuttgart in Sicherheit gebracht hatte, wurde im Juni 1849 zerschlagen, ohne die von Liberalen und Demokraten in sie gesetzten Hoffnungen erfüllt zu haben: Die Revolution war beendet, die Vertreter des *ancienne régime* kehrten an die Macht zurück und begannen in Preußen und den meisten deutschen Staaten wieder Repression und Reaktion. Preußen allerdings hatte *nolens volens* den Weg zur konstitutionellen Monarchie betreten.

Die Revolution in Preußen 1848 war eine bürgerliche Revolution. Ihre Niederlage war letztendlich eine Folge der inkonsequenten Haltung der Bourgeoisie, die eine Demokratisierung der Revolution vermeiden wollten, fürchteten sie doch die Bewegung der Volksmassen. Im Unterschied zu den unversöhnlichen Reaktionären war sich die preußische Regierung jedoch bewußt, daß sie die gemäßigten Teile des Programms des Bürgertums erfüllen mußte: Damit öffnete sie den Weg zur Entspannung der Beziehungen zwischen Thron und bürgerlicher Gesellschaft und sicherte sich deren Unterstützung. Diese komplizierte Situation bewirkte, daß Preußen in den Jahren 1848 bis 1850 den Weg zu einer konstitutionellen Monarchie betrat, die allerdings sich wegen des Sieges von Reaktion und Konservativen auf die große Macht des Königs und den Erhalt der politischen Vormacht des Junkertums in Gesellschaft und Politik stützte, also weit von einer parlamentarischen Demokratie entfernt blieb.

Die Revolution 1848 war in Deutschland keine Revolution der Verzweiflung und des Elends, auch wenn sie sich aus der Sicht der armen Bevölkerungsgruppen durchaus so darstellte. Sie war eine Folge des Wirtschaftswachstums der Restaurationszeit, das eine relativ starke Bürgertum geschaffen hatte, das auf preußischer und gesamtdeutscher Ebene ein eigenes politisches Programm entwickelte. Bis 1871 blieb die Frage nach Art und Bedingungen einer Vereinigung Deutschlands auf der politischen Tagesordnung. Liberale und Demokraten kämpften nicht nur für die politische Vereinigung Deutschlands, für eine konstitutionelles System und für die Menschenrechte, sie wollten auch durch die wirtschaftliche Einheit Deutschlands, durch den Abbau von Zollschranken und den Ausbau von Handel, Verkehrsnetz und Post sowie durch die Vereinheitlichung von Münzen, Maßen, Gewichten und Rechtssystemen uneingeschränkte Entfaltungsmöglichkeiten für das neue, kapitalistische Wirtschaftssystem schaffen.

Neben der Einführung des konstitutionellen Systems blieben als Errungenschaften der Revolution von 1848 die Garantie des Rechtsstaats, die beschleunigte Abwicklung der Grundablösung, also der Abschluß der Bauernbefreiung,

---

112 Dokumente zur deutschen Verfassungsgeschichte, Bd. 1, S. 415.

die Abschaffung feudaler Relikte im sozialen Bereich sowie wesentliche Schritte zur Rechtsreform und zur Rechtsvereinheitlichung wie das Strafgesetzbuch von 1851 und die Reform des Strafgerichtsverfahrens 1849, dazu neue wirtschaftliche Möglichkeiten bei der Entwicklung des Bankwesens, von Kreditgenossenschaften, von Kooperativen und Konsumvereinen. Das Bildungs- und das Vermögensbürgertum waren die Gewinner der Revolution, demokratische Ziele wurden nicht erreicht, ebensowenig die staatliche Vereinigung Deutschlands.

Friedrich Wilhelm IV. verfolgte seit Mai 1849 den Gedanken einer kleindeutschen *Union* deutscher Staaten unter preußischer Führung, die von dem wesentlich durch den Außenminister Joseph Maria von Radowitz betriebenen *Dreikönigsbündnis* zwischen Preußen, Sachsen und Hannover vom 26. Mai 1849 ausgehen sollte. Weitere Staaten traten bei, doch blieben insbesondere Österreich, Bayern, Württemberg und das dänische Schleswig-Holstein abseits. Das *Erfurter Unionsparlament* konnte sich vom 20. März bis zum 29. April 1850 nicht auf die vom preußischen König gewünschte Verfassung einigen, worauf im Gegenzug auf Initiative Österreichs am 2. September der Frankfurter *Bundestag* ohne Beteiligung der Unionsstaaten wieder zusammentrat. Im September/Oktober 1849 eskalierte der Konflikt zwischen Preußen und Österreich vor allem in der Frage einer Bundesintervention gegen Kurhessen und gegen Holstein. Nach dem Rücktritt von Radowitz' am 2. November 1850 rettete sein Nachfolger Otto von Manteuffel nach Verhandlungen mit dem österreichischen Ministerpräsidenten Felix Fürst zu Schwarzenberg mit der Unterzeichnung der *Olmützer Punktation* vom 29. November 1850 den Frieden, der aber *"äußerlich einer Kapitulation Preußens"* gleichkam.[113] Die Einigung Deutschlands blieb damit für lange Jahre durch die Haltung Österreichs blockiert. Erst Otto von Bismarck griff in den sechziger Jahren die Politik der Einigung auf, die unter Ausschluß der deutschen Länder Österreichs als *kleindeutsche Lösung* realisiert werden sollte.

## 5. Preußen 1807-1850

Resümieren wird die Entwicklung vom Beginn der Reformen 1807 bis zur revidierten Verfassung 1850, sind als Hauptpunkte festzuhalten:

1. Preußen durchlief zwischen 1807 und 1850 eine Zeit bedeutender, aber halbherziger Reformen, die die Staatsstruktur modernisierten, den Weg zur kapitalistischen Entwicklung öffneten und die Armee erneuerten. Die Verwaltung, die Armee und die Universitäten Preußens gehörten damals zu den modernsten Europas.

2. Mit dem Wiener Kongreß begann 1815 eine lange Zeit des Friedens und geringer außen- und innenpolitischer Veränderungen. Preußen wurde treues Mitglied der heiligen Allianz und war - neben Österreich und außer Rußland - der aktivste Staat in Europa, wenn es galt, revolutionäre oder auch nur liberale Bewegungen zu bekämpfen. Seine Innenpolitik wurde durch die Militarisierung der

113 Zitat nach Mieck, a.a.O., S. 285.

Die Märztage in Berlin: Der König erscheint auf dem Balkon des Schlosses (18. März).

Gesellschaft und die konservative bis reaktionäre Grundhaltung der höheren Bürokratie bestimmt.

3. Die Reformen von 1807-1815 und die Freihandelspolitik begünstigten die Entwicklung des Bürgertums. Der Erwerb der westelbischen Territorien brachte Preußen 1815 die damals wirtschaftlich am weitesten entwickelten deutschen Gebiete ein. Mit der wachsenden wirtschaftlichen und politischen Rolle des Bürgertums wuchs der Beitrag Preußens zur deutschen Kulturentwicklung der Zeit.

4. Die Aufrechterhaltung des absolutistischen Systems bis zur Revolution 1848, die Schwäche und Mäßigung der preußischen Bürgertum und seine Revolutionsangst waren der Grund dafür, daß die Revolutionäre in Preußen nicht ihre demokratischen und liberalen Ziele erreichte. Preußen behielt nach der 1849 oktroyierten Verfassung und besonders ihrer revidierten Fassung von 1850 eine spezifische Monarchie, in der der König, gestützt auf Bürokratie und die ihm unmittelbar unterstellte Armee, die entscheidende Machtposition behielt.

5. In der wilhelminischen Ära wurde die Zeit Friedrich Wilhelms III. und seines Nachfolgers oft als das "alte Preußen" bezeichnet, schien es doch, daß seit den sechziger Jahren die großen preußischen Traditionen im Verschwinden begriffen waren und nach 1871 ganz verfielen. Die erste Hälfte des 19. Jahrhunderts war für Preußen im Gegensatz zum ersten Augenschein eine wichtige Epoche: Staat und Gesellschaft erhoben sich aus der Krise der nachfriderizianischen Zeit in eine neue Zeit, deren Symbol der *eiserne Kanzler* Bismarck werden sollte.

372. Karikatur auf die Charakterlosigkeit des Bürgertums im Verlaufe der deutschen Revolution

# V.
# Die preußische konstitutionelle Monarchie auf dem Wege zur Hegemonie in Deutschland
1850-1871

*Ohne das Institut der Lieutenants - so spottete neulich eine revolutionäre Zeitung - könnte nach Meinung der Kreuzzeitungs-Partei der Preussische Staat nicht bestehen. Wir bekennen uns freudig zu dieser verspotteten Meinung. Die Lieutenants sind fundamentaler als die Kammern.*
Ernst Ludwig von Gerlach, März 1851[1]

## 1. Die konstitutionelle Monarchie in Preußen

***Die Staatsverfassung.*** - Die Einführung der revidierten Verfassung als Ergebnis der Tätigkeit der Revisionskammern beider Häuser des Landtags am 31. Januar 1850 beschloß die Phase der bürgerlichen Veränderungen und Kämpfe der Revolution von 1848/49. Preußen hatte damit den Weg konstitutioneller Veränderungen betreten. Es zeigte sich jedoch schon bald, welch enge Grenzen diesen Veränderungen gesetzt waren: Der Streit um die gültige Interpretation der Verfassung und ihre praktische Anwendung wurde insbesondere in den Jahren 1862-1866 zwischen Parlament und Regierung geführt. Der *Verfassungskonflikt* endete mit dem Sieg der Königsmacht. Damit hatte sich die Auslegung der Verfassung im monarchischen Geist durch die führenden, in der Regel konservativen Verfassungsrechtler in der zweiten Jahrhunderthälfte durchgesetzt. Die vorherrschenden Interpretationen der Verfassungsvorschriften und des gesamten Staatssystems nach der Einführung der Verfassung waren Ausdruck des politischen Sieges des Königs über das Parlament - und der vergebenen Chance einer parlamentarischen Regierung in Preußen.

Die ersten beiden, stark zugunsten der starken monarchischen Macht und ihrer Prärogative eingeschränkten Wellen des Konstitutionalismus hatte Deutschland zwischen 1815 und 1830 erlebt. Preußen war erst in der Revolution 1848/49 in diese Richtung gefolgt, war allerdings im Ergebnis nicht nur weit entfernt von den Grundsätzen von Volkssouveränität und demokratischer Politik, sondern auch von der vollständigen Verwirklichung der liberalen Postulate nach einer konstitutionell-parlamentarischen Regierung geblieben. Das ursprüngliche Projekt einer konstitutionellen Verfassung, an dem die preußische *Nationalversammlung* 1848 arbeitete, beruhte auf dem Vorbild der vergleichsweise liberalen Verfassung Belgiens aus dem Jahre 1830. Die oktroyierte Verfassung vom 5. Dezember 1848 ging auf einen, allerdings wesentlich zugunsten der Rechte des Königs veränderten Entwurf der Verfassungskommission der Nationalversammlung zurück: Der König erhielt das absolute Veto im Gesetzgebungsprozeß, das Parlament verlor das Initiativrecht, die Regierung erhielt das Recht, die bisher gültige Steuern solange weiter zu erheben, wie sie nicht durch ein Gesetz geändert

1 Zit. nach Schoeps: Preußen, S. 368.

wurden. Einer wichtigen Änderung unterlag auch das Wahlrecht: die Wahlordnung vom 6. Dezember 1848 sah das allgemeine indirekte Wahlrecht vor.

Die Regierung begann in Abstimmung mit dem neuen preußischen Parlament die Politik der Verfassungsrevision, sobald sie nach dem militärischen Staatsstreich wieder Herr der Lage im Lande war. Als sie auf den Widerstand der Zweiten Kammer stieß, löste der König sie am 27. April 1849 auf, vertagte die Erste Kammer, verkündete erneut den Belagerungszustand und erließ am 30. Mai 1849 eine neue Wahlordnung, die die Wählerschaft nach dem Zensusprinzip in drei Klassen teilte. Das ohne Zustimmung des Landtags verkündete *Dreiklassenwahlrecht* war ein klarer Verfassungsbruch. Die liberale und demokratische Opposition boykottierte die Wahlen zur Zweiten Kammer am 17. Juli 1849, so daß die Regierung in der Deputiertenkammer eine klare konservative Mehrheit aus Vertretern der "staatstragenden Gruppen", vor allem von Beamten, erhielt, weshalb man diese Zweite Kammer als *Landrätekammer* bezeichnet hat.

Mit dieser Kammer betrieb die Regierung die Verfassungsrevision, die hauptsächlich das Werk einer Gruppe von gemäßigten Konservativen, die die Notwendigkeit der Einführung der Verfassung einsah und durch die Verkündung des revidierten Textes am 31. Januar 1850 beendet wurde. Obwohl diese Verfassung die königliche Macht nur in bescheidenem Umfang beschränkte, beklagte die Umgebung des Königs schon ihre Existenz überhaupt. Wesentliche Änderungen waren die Abschaffung der Eidesleistung des Militärs auf den König statt auf die Verfassung, so daß sich die Armee nur dem preußischen König gegenüber zur Treue verpflichtet fühlte, die Wiederherstellung der Oberherrschaft der Krone über die Evangelische Kirche und die Begrenzung der bürgerlichen Rechte und Freiheiten. Nach dieser Verfassung übte der erbliche Monarch, der, "von Gottes Gnaden", keiner politischen Instanz verantwortlich war, die höchste Staatsgewalt aus. Neben ihm war der aus zwei Kammern bestehenden preußische Landtag das wichtigste politische Organ. Die Verfassung führte keine parlamentarische Regierung ein, sondern bestimmte nur das Verhältnis zwischen König und Parlament. Der Verfassungstext ließ das Problem der tatsächlichen Souveränität im Staate offen, doch übernahm die Verfassung nicht das Prinzip der Volkssouveränität. In der weiteren Interpretation setzte sich das *monarchischen Prinzips* durch, wie es der Theoretiker des konservativen Staates Friedrich Julius Stahl 1845 in seinem gleichnamigen Werk formuliert hatte, wonach Preußen zwar ein Verfassungsstaat, aber kein parlamentarischer Staat war; Souverän war nach wie vor der Herrscher, der seine Rechte selbst durch die von ihm oktroyierte Verfassung begrenzt hatte; in allen Fragen, die die Konstitution nicht regelte, war davon auszugehen, daß er weiterhin die volle Regierungsmacht besaß. Daraus folgten die Leitung der gesamten Exekutive, insbesondere der auswärtigen und der Militärpolitik, durch den König und sein - in der Verfassung vorgesehenes - Recht, ohne Beteiligung des Landtags Gesetze zu erlassen.[2]

---

2 Vgl. allgemein H. Gangl: Der deutsche Weg zum Verfassungsstaat im 19. Jahrhundert. - In: Probleme des Konstitutionalismus im 19. Jahrhundert (= Beiheft zu "Der Staat"). Berlin 1975, S. 53f.; zur Analyse der Verfassung Huber, a.a.O., Bd. 3, 1963, S. 54f.

*"So blieb die preußische Verfassungsurkunde"*, resümiert Hagen Schulze, *"ein klassisches Dokument des monarchischen Konstitutionalismus. Das heißt: Der Monarch blieb Herrscher aus eigenem Recht, während Volk und Volksvertretung ihre Rechte aus der Verfassungsurkunde ableiteten."*[3] Der preußische Konstitutionalismus hielt in der Reform den Grundsatz aufrecht, daß der König nicht nur herrschte, sondern tatsächlich regierte. Der Herrscher mußte die Verfassung beachten, doch war das nur eine rechtliche und moralische Verpflichtung, die politisch nicht sanktioniert werden konnte. Neben seiner Beteiligung an der Gesetzgebung, sei sie selbständig aus eigener Initiative oder im Vollzug des Gesetzgebungsverfahrens des Landtags, besaß der König nach der Verfassung die volle Exekutivgewalt, die er durch von ihm ernannte Minister ausübte, die nur ihm - und nicht dem Parlament - verantwortlich waren. Daß die Minister zur Gegenzeichnung der königlichen Entscheidungen verpflichtet waren, wie dies endgültig eine Kabinettsordre des Königs vom 18. Januar 1861 bestimmte, änderte nichts an der übergeordneten Rolle des Königs, solange dieser ohne Rücksicht auf das Spiel der politischen Kräfte im Parlament jederzeit einen Minister durch einen anderen ersetzen konnte. Die Minister konnten nach der Verfassung nur für Verfassungs- oder Gesetzesbruch zur Verantwortung gezogen werden, doch wurde ein Gesetz, daß die Heranziehung von Ministern zur verfassungsmäßigen Verantwortung regeln sollte, niemals verabschiedet. Das Parlament hatte nur das Recht, Erklärungen zu fordern, Interpellationen einzubringen und die Politik der Regierung zu diskutieren oder zu kritisieren, doch kam es in Preußen nicht zur Einführung eines Mißtrauensvotums als Form parlamentarischer Kontrolle über die Regierung.

Außerhalb jeder parlamentarischen Einflußnahme blieb das Militär, das weiterhin die ausschließliche Domäne der königlichen Macht blieb: Entscheidungen des Königs in Militärfragen bedurften keiner Gegenzeichnung, und die Armee leisteten den Eid nicht auf die Verfassung, sondern auf den König. In Verbindung mit der allgemeinen Militärdienstpflicht lieferte dieses System den Bürger auf Jahre der Armee aus, die ein Gebilde der außerkonstitutionellen Ordnung war und voll das alte Prinzip des auf unbedingte Treue gegenüber dem Herrscherhaus der Hohenzollern gegründeten Monarchismus repräsentierte: *"Der »preußische Soldatenstaat« hatte so neben dem »bürgerlichen Verfassungsstaat« in der Tat seine Realität."*[4]

Die Minister bildeten wie vor 1848 einen *Ministerrat* unter dem *Ministerpräsidenten*, der jedoch nur die Rolle eines ersten Ministers unter den damals 8 bis 10 Ministern spielte. Manchmal erhielt ein Minister den offiziellen Titel eines stellvertretenden Ministerpräsidenten. Der Kollegialcharakter des preußischen Ministerrates hielt sich bis 1918. Die Verfassung sah das Amt des Ministerpräsiden-

---

3 H. Schulze: Preußen von 1850 bis 1871. Verfassungsstaat und Reichsgründung. In: Handbuch der preussischen Geschichte. Bd. 2, S. 304.

4 E. W. Böckenförde: Der Verfassungstyp der deutschen konstitutionellen Monarchie im 19. Jahrhundert. In: Moderne deutsche Verfassungsgeschichte. Hrsg. von E. W. Böckenförde. Köln 1972, S. 153.

ten nicht vor, seine Bedeutung hing von seiner faktischen Position ab, unterstanden doch alle Minister unmittelbar dem König. Erst in der Zeit Bismarcks vereinigte der preußische Ministerpräsident in seinen Händen tatsächlich die gesamte Regierungsmacht neben dem König, auf den Bismarck einen übermächtigen Einfluß ausübte. Nur der König hatte das Recht, zwischenstaatliche Verträge abzuschließen. Nach § 111 der Verfassung war nur er berechtigt, den Kriegszustand oder - im Falle innerer Unruhen - den Belagerungszustand zu erklären. In diesen wesentlichen Fragen besaß das Parlament keinerlei Kompetenzen. Der Zustimmung des Parlaments bedurften nur Handelsverträge, die finanzielle Verpflichtungen für den Staat oder Belastungen für die Bürger nach sich zogen.

Neben dem Ministerrat bestanden das Zivil- und das Militärkabinett des Königs, die tendenziell den preußischen Konstitutionalismus durch Formen eines Kryptoabsolutismus bedrohten. Als außerkonstitutionelle Institutionen spielten sie formal keine größere Rolle, stellten sie doch nur die persönliche Verwaltung des Königs dar, doch erlangte das Zivilkabinett zeitweise neben dem Ministerrat Bedeutung. Wesentlich wichtiger war das Kriegskabinett. Als ständige Einrichtung befaßte es sich mit den Militärfragen, die sich der König zur persönlichen Entscheidung vorbehalten hatte, und wurde so neben dem Kriegsministerium die zweite entscheidende Kraft in diesem Bereich. In der weiteren Entwicklung des militärischen Oberbefehls in Preußen wurde dieser ohne Gegenzeichnung durch den König unmittelbar durch das Kriegskabinett ausgeübt, später durch den Chef des Generalstabs, der nicht dem Kriegsminister unterstellt war.

Die gesetzgebende Gewalt übte der König gemeinsam mit dem Landtag aus. Bei den Gesetzen, denen beide Kammern des Landtags zustimmen mußten, hatte der König das Recht der Bestätigung: Er konnte Gesetzesvorlagen sanktionieren oder ablehnen, wenn er nicht sein Vetorecht bereits während der Gesetzgebungsprozedur wahrnahm; Gesetze erlangten Geltungskraft erst nach der Verkündung durch den König. In der weiteren Entwicklung wurden die Wirkungsmöglichkeiten des Landtags immer stärker durch Gesetze beschnitten. Der König erließ nicht nur die Durchführungsverordnungen zu den Gesetzen, sondern auch eine Reihe formal niedrigerer Rechtsnormen, die den Charakter eigenständiger verbindlicher Vorschriften hatten, auch wenn sie nicht als *Gesetz* bezeichnet wurden, das diese Bezeichnung der Gesetzgebungskompetenz des Landtags vorbehalten war. Der König berief sich dabei auch auf das Recht, in den Fällen, in denen der Landtag nicht zusammentreten konnte, zur Aufrechterhaltung der öffentlichen Ordnung und im Falle außerordentlicher Notwendigkeit Notverordnungen zu erlassen. Dadurch hatte der König fast unbegrenzte Handlungsfreiheit, was theoretisch durch die Rechtsmeinung untermauert wurde, daß die Kompetenz des Königs ursprünglich und fundamental war und der König deshalb alle nicht durch Gesetz normierten oder außerhalb der Kompetenz des Landtags liegenden Angelegenheiten durch seine Entscheidung regeln konnte. Das Funktionieren des preußischen Parlaments hing von der Entscheidung des Königs ab, der den Landtag einberufen, schließen, vertagen oder ihn vor Ablauf der Sitzungsperiode auflösen konnte.

Der Landtag bestand aus zwei Kammern: Die Erste Kammer hatte ursprünglich den Charakter eines Senats, der in indirekter Wahl nach Vermögensklassen zu wählen war. Ein Teil ihrer Mitglieder wurde durch den König ernannt oder genoß aufgrund seiner Geburt als Prinz des königlichen Hauses, als Haupt eines ehemals unmittelbar reichsständischen Hauses oder einer vom König benannten grundbesitzenden Familie das erbliche Stimmrecht.[5] Die Junkerkreise um Friedrich Wilhelm IV. sahen jedoch selbst durch diese konservative Zusammensetzung ihre Interessen nicht gewahrt. Deshalb regelte der König die Zusammensetzung durch die *Verordnung wegen Bildung der Ersten Kammer* vom 12. Oktober 1854 in ihrem Sinne neu. Seither setzte sich die Erste Kammer nur noch aus erblichen Mitgliedern, vom König auf Lebenszeit benannten Virilisten und vom König ernannten Repräsentanten von Adelsverbänden, Korporationen, Kapiteln, Majoraten, Fideikommissen, Universitäten und Städten, denen das *Präsentationsrecht* zuerkannt worden war, zusammen.[6] Insgesamt hatte das *Herrenhaus* einen ähnlichen Charakter wie das *House of Lords* des britischen Parlaments. Die Zweite Kammer, die *Deputiertenkammer*, wurde auf der Grundlage des undemokratischen Dreiklassenwahlrechts gebildet, das in Preußen unverändert bis 1918 in Kraft blieb. Zu den Wahlen waren nur Männer zugelassen; sie wählten mittelbar über Wahlmänner; die Wähler wurden nach der Steuerleistung in drei Klassen eingeteilt: die Wähler der ersten Klasse (ca. 3,5 % der Bevölkerung) wählten ein Drittel der Deputierten, die Wähler der zweiten Klasse (ca. 12 %) ebenfalls ein Drittel, die übrigen 84,5 % der Bevölkerung das restliche Drittel der Abgeordneten. Die Einteilung der Wahlkreise bevorzugte die Ostgebiete mit vorherrschendem Großgrundbesitz zum Nachteil Schlesiens oder der Rheinprovinz mit ihren dicht bevölkerten Arbeiterbezirken. Vor allem bis 1871 war der starke Druck von Regierung und Administration auf den Verlauf der Wahlen zur Deputiertenkammer üblich: Die preußischen Landtage waren niemals eine Schule der Demokratie oder eines wirklichen Parlamentarismus. *"Zu den schlimmsten Mißständen des preußischen Wahlrechts gehörte die Öffentlichkeit der Wahl"*[7], die den Druck von oben auf die Wähler erleichterte.

Neben der Gesetzgebungskompetenz besaß der Landtag das Budgetrecht. Die Deputiertenkammer verhandelte den von der Regierung eingebrachten Staatshaushalt, den das Herrenhaus nur als Ganzes annehmen oder ablehnen konnte, doch enthielt die Verfassung keine Regelungen, wie im Falle der Ablehnung des Haushalts zu verfahren war. Das preußische Parlament war undemokratisch, dominiert von Gutsherren (Junkern) und Bourgeoisie. Nach der Niederlage im Kampf um seine Rechte zu Beginn der Regierung Bismarck spielte der Preußische Landtag in der gesamten zweiten Hälfte des 19. Jahrhunderts eine vergleichsweise passive Rolle im politischen Leben.

---

5 Verfassungsurkunde für den Preußischen Staat vom 31. Januar 1850, § 65, abgedruckt in: Dokumente zur deutschen Verfassungsgeschichte. Bd. 1, S. 507-508.

6 Dokumente zur deutschen Verfassungsgeschichte. Bd. 1, S. 532-533.

7 Huber, a.a.O., Bd. 3, S. 87

Anders als im klassischen liberalen Staat galt in Preußen die individuelle Gewissens- und Handlungsfreiheit trotz des für die Zeit beachtlichen Grundrechtskatalogs der Verfassung ebensowenig wie im Bereich der konstitutionellen Herrschaft die Volkssouveränität: Im preußischen System galt im Zweifelsfall immer das Votum der Exekutive, die überall dort handeln konnte, wo eine andere Zuständigkeit nicht ausdrücklich bestimmt worden war oder der Bürger nicht ausdrücklich frei entscheiden konnte. Der verhältnismäßig reiche Katalog der bürgerlichen Rechte und Freiheiten, den die revidierte Verfassung als erste in Deutschland enthielt, wurde allmählich durch zahlreiche Sondervorschriften eingeschränkt. Der preußische Konstitutionalismus bildete eine eigene Übergangsform zwischen der klassischen bürokratischen Monarchie der ersten Jahrhunderthälfte und dem Parlamentarismus des westeuropäischen Typs. Unter diesen Bedingungen entwickelte sich der Verfassungsstaat Preußen unumkehrbar zu einem Rechtsstaat, in dem die Rechtsprechung unabhängigen Gerichten oblag und ein ausgebautes Kontrollsystem die Legalität des Handelns der Exekutivorgane überwachte, die auch durch das traditionell hohe fachliche Niveau der preußischen Beamten und die entwickelte Verwaltungswissenschaft in Preußen garantiert wurde.

In den Jahren 1849-1852 entwickelte sich in der Folge der Revolution - verstärkt durch die Systemumgestaltung durch die neue Staatsverfassung - in Preußen eine starke konstitutionelle Bewegung. Die Gerichtsverfassung des Jahres 1849 hob die Patrimonialgerichte und standesbezogene Privilegien vor Gericht auf, führte bei schweren Straffällen Schwurgerichte ein und schuf die Institution der Staatsanwaltschaft. 1851 wurde das schon lange vorbereitete preußische Strafgesetzbuch verkündet, das - unter markantem Einfluß des napoleonischen Strafgesetzbuchs aus dem Jahr 1810 - die veralteten strafrechtlichen Bestimmungen des *Allgemeinen Landrechts* aus dem Jahr 1794 ablöste. Zahlreiche Gesetze konkretisierten die Verfassungsbestimmungen, so das Gesetz vom 12. Februar 1850 über die Freiheit der Person und ihren Schutz, Versammlungsrecht und Vereinigungsfreiheit, Pressefreiheit und Kriegsrecht. Es folgte, wenn auch in stark reduzierter Form, die Verwirklichung des großen Postulats des liberalen Bürgertums: der Aufbau des Rechtsstaats in Preußen. Dabei war allerdings charakteristisch, daß die vergleichsweise liberalen Bestimmungen vom 11. März 1850 über die Gemeindeselbstverwaltung, die territoriale Selbstverwaltung und die Polizeigewalt auf den entschiedenen Widerstand der Grundbesitzer im Osten der Monarchie trafen: Teilweise wurden sie nicht in Kraft gesetzt und wurden 1853 definitiv aufgehoben.

***Die Ära Manteuffel (1850-1858).*** - Am 19. Dezember 1850 wurde der hochkonservative Innenminister Otto von Manteuffel Ministerpräsident und Minister der auswärtigen Angelegenheiten. Bis zum Jahre 1858 lenkte er die preußische Politik in entschieden antiliberalem und antidemokratischem Geist, auch wenn er gezwungen war, Änderungen der Staatsstruktur vorzunehmen, wenn diese der Verfassung angepaßt werden mußten. Manteuffel teilte die neuständischen Vorstellungen jener Konservativen nicht, die weiterhin die Verfassung ablehnten und zur absoluten Regierung des Königs zurückkehren wollten, und stützte seine Regierung auf die Position des Königs, eine starke Armee und die Bürokratie. Die konservativen Ultras, damals ironisch *Spreekosaken* genannt, waren Gegner des deutschen Nationalismus und jedes demokratischen oder liberalen Geistes. Ihr Ideal blieb das ständische Preußen, das gestützt auf das Bündnis der *drei schwarzen Adler*, als Grundlage der europäischen Stellung Preußens die bisherige Sozialverfassung aufrechterhalten und Garant des gesellschaftlichen *status quo* werden sollte. Gustav Schmoller, ein konservativer Apologet Preußens, hat die seit 1850 bestehende Situation folgendermaßen beschrieben: *"Der Grundpfeiler des preußischen Staates, Krone, Armee, Beamtentum, von welchen die beiden letzteren in der Verfassung fast ignoriert sind, blieben infolge ihrer historisch erworbenen Stellung und tatsächlichen Macht doch auch innerhalb der Verfassung von solchem Einfluß, daß sie bald wieder die ihnen zukommende Stellung übernehmen und so Preußen vor Irrtümern einseitiger Theorien von Volkssouveränität und Parlamentarismus, an denen fast alle europäischen Staaten kranken, bewahren konnten."*[8]

Manteuffel war Legalist. In den Jahren 1852-1857 wurden neun verfassungsändernde Gesetze verkündet, doch strebte die Regierung nicht die Abschaffung des konstitutionellen Regimes an, das sie in konservativem Geiste interpretierte. Für die Abschaffung der Verfassung sprachen sich, angeführt von den Brüdern Ernst Ludwig und Leopold von Gerlach (als Generaladjutant im königlichen Kabinett einflußreich in Heeresfragen), viele preußische Junker in der engsten Umgebung des Königs aus. Friedrich Wilhelm IV. gab diesen Tendenzen jedoch bis zum Ende seiner Regierung nicht nach, auch wenn er in seinem tiefsten Inneren ein Feind des konstitutionellen Systems war, empfahl aber in seinem Politischen Testament seinem Nachfolger die Abschaffung des konstitutionellen Systems. Kaiser Wilhelm II. vernichtete dieses Testament, um zu verhindern, daß diese Verfügung allgemein bekannt wurde.

Man hat nicht ohne Grund die fünfziger Jahre des 19. Jahrhunderts die dunkle Periode in der Geschichte Preußens genannt, zumal damals die Politik der Sicherung der Hegemonie Preußens in Deutschland scheiterte. Doch hatten diese Jahre durchaus ein Doppelgesicht: Während die Reformen im Rechtswesen fortgesetzt wurden und das Land einen beschleunigten wirtschaftlichen Aufschwung erlebte, zeigt nicht nur Personalpolitik innerhalb der Verwaltung, daß die herrschenden Kräfte in Preußen weder eine Liberalisierung, noch die tatsächliche Durchsetzung des konstitutionellen Systems im Staat wollten. Manteuffel selbst stellte in einem Rundschreiben an die Behörden am 7. April 1850 fest: *"Ich bin daher fest entschlossen und halte für meine Pflicht, rücksichtslos alle Beamten, welche die Treue verletzen oder den Mut, den ihr Beruf erfordert, nicht betätigen oder einer feindlichen Parteinahme gegen die Staatsregierung sich schuldig machen, im*

8 Schmoller, a.a.O., S. 215.

*gesetzlichen Wege aus ihren Ämtern zu entfernen.*"[9] Die Regierung verlangte von den Beamten eine aktive politische Gesinnung in Übereinstimmung mit ihren Zielen und betrachtete jedes Auftreten eines Beamten gegen den König - und sei es als Abgeordneter im Landtag - als Verletzung der Treuepflicht.

Ein Ausdruck der konservativen Politik war die Reaktivierung der Provinzialstände auf der Grundlage des bestehenden Rechts im Jahre 1851, was zu Protesten auf der Seite der Liberalen führte. Ähnlich nahm die Opposition die Reaktivierung des in der Verfassung nicht vorgesehenen Institution des *Staatsrates* auf, den der König 1854 in neuer Zusammensetzung berief, der jedoch keine wesentliche Bedeutung erlangte und bald zu wirken aufhörte. Vor allem war die Ära Manteuffel jedoch eine Zeit des vor allem durch eine repressive Pressepolitik geführten Kampfes von Polizei und Verwaltung gegen die liberale Opposition und die demokratischen Bewegung sowie die Anfänge der Arbeiterbewegung. Als die damit befaßten Schwurgerichte mehrfach auf von der Polizei fingierte Anklagen gestützte politische Prozesse niederschlugen, wies das Gesetz vom 25. April 1853 die ausschließliche Zuständigkeit bei Verbrechen gegen den Staat dem Berliner Kammergericht zu.

***Die "Neue Ära" 1858-1862 und der Verfassungskonflikt in Preußen 1862-1866.*** - Der immer entschiedener reaktionäre Kurs der Regierung Manteuffel in den Jahren 1852-1858 verschärfte die Spannung zwischen den liberalen Kreisen und der Königsmacht, schienen doch manchen die Tage der preußischen Verfassung gezählt. Die aus der Konservativen Partei hervorgegangene liberal-konservative *Wochenblatt-Partei*, die ihren Namen von der gleichnamigen Zeitung ableitete[10], die die Verfassung in ihrer bestehenden Form erhalten wollte und die Vereinigung Deutschlands anstrebte, warf der Regierung die Nichtbeachtung der Verfassung vor.

Die fortschreitende Geisteskrankheit hinderte Friedrich Wilhelms IV. endgültig an der weiteren Machtausübung. Seit Oktober 1857 übernahm Prinz Wilhelm von Preußen (1797-1888) die Stellvertretung des kranken Königs. Das Lager Manteuffels war bestrebt, die offizielle Regentschaftsübernahme zu verhindern, schien Wilhelm doch der hochkonservativen Hofkamarilla des *Liberalismus* verdächtig. Am 7. Oktober 1858 gab der König jedoch die Übergabe der Regentschaft an den Thronfolger bekannt, der daraufhin nach den Bestimmungen der Verfassung beide Kammern des preußischen Landtags einberief, die nach der Verfassung "*in vereinigter Sitzung einen Regenten [zu] erwählen*" hatten. Der Regent schwor, wie die Verfassung es bestimmt hatte, am 25. Oktober 1858 vor den vereinigten Kammern den Eid auf die Verfassung, bevor er offiziell die Regentschaft übernahm.[11]

---

9 Zit. nach H. J. Rejewski: Die Pflicht zur politischen Treue im preußischen Beamtenrecht (1850-1918). Berlin 1973, S. 41.

10 Vgl. M. Behnen: Das Preußische Wochenblatt (1851-1861). Nationalkonservative Publizistik gegen Ständestaat und Polizeistaat. Frankfurt a.M.-Zürich 1971.

11 §§ 57-58 der Verfassung, abgedruckt in *Dokumente zur deutschen Verfassungsgeschichte*. Bd. 1, S. 506.

König Wilhelm im Krönungsornat vor dem Altar in der Schloßkirche zu Königsberg am 18. Oktober 1861.
Mittelgruppe aus dem Krönungsbilde von Adolf Menzel im Königlichen Schloß zu Berlin.
Nach der Photographie aus dem Verlage von Gustav Schauer in Berlin.

Der Bruder des Königs war als *Kartätschenprinz "in den Märztagen von 1848 den Liberalen zum Synonym für Militarismus und Reaktion"* geworden. In den Jahren 1848-1849 hatte er, damals die Hoffnung der extremen Reaktion, aktiv an der Niederschlagung der Revolution teilgenommen. Er *"war mit allen Fasern seines Lebens Soldat, er dachte als Soldat, und die Armee war seine eigentliche Heimat"*.[12] Er war vor allem ein Vertreter des preußischen Militarismus, ein Geschöpf der preußischen Militärtradition, weshalb ihn Biographen als *letzten Preußen* bezeichnet haben. Man hat ihm nachgesagt, die feierliche Wachablösung *Unter den Linden* habe zu seinen zentralen intellektuell-künstlerischen Erlebnissen gehört.[13] Streng in der Lebensweise und entschieden in der Verteidigung seiner in der Tradition des Hauses Hohenzollern stehenden Grundideen, war er, wie die Ära Bismarck zeigen sollte, durchaus kompromißbereit, wenn er keine Alternative sah. Wilhelms politische Physiognomie war 1858 ähnlich unklar wie die seines Bruders bei der Thronbesteigung 1840. Dessen romantisch-legitimistische Einstellung lehnte er ab. Zur Zeit der Regentschaftsübernahme verwarf er Handlungsweise und Ziele der reaktionären Ultras und repräsentierte eher oppositionelle Stimmungen, so daß sich im Lande das Verhältnis zwischen Regierung und Opposition vorübergehend entspannte. Der Prinzregent war ein Feind der österreichischen Hegemonie in Deutschland und verfocht eine aktive preußischen Politik in der deutschen Frage; er war ein Gegner von Klerikalismus und bürokratischer Willkür. Deshalb verband das Oppositionslager seine Regierungsübernahme mit großen Hoffnungen.

Als Regent trennte sich Wilhelm endgültig von dem ihm unliebsamen Kabinett von Manteuffel. In Annäherung an die *Wochenblatt-Partei* berief er am 6. November ein liberal-konservatives Ministerium unter Fürst Karl Anton von Hohenzollern-Sigmaringen, an dessen Seite der gemäßigte Liberale Rudolf von Auerswald als Staatsminister ohne Portefeuille und Stellvertreter des Ministerpräsidenten die Hauptrolle spielte. Die neue Regierung verwarf den reaktionären Kurs der Repression und Negation, wie ihn von Manteuffel personifizierte. Bald sollte sich jedoch zeigen, daß weder der Regent noch die Regierung zu allzugroßen Konzessionen gegenüber dem Liberalismus bereit waren: *"Das Ministerium der Neuen Ära stand zwischen zwei Fronten."*[14]

Die Wahlen zum preußischen Landtag von 1858 fanden, anders als in der Ära Manteuffel, ohne übermäßigen Druck auf die Wähler von Seiten der Regierung statt. Ihr Ergebnis enttäuschte den Regenten: Die Liberalen gewannen 151, zusammen mit den Liberal-Konservativen sogar 204 Mandate, während die Konservativen nur 47 Mandate auf sich vereinigen konnten. Der Regent war trotzdem entschlossen, seine Politik der Heeresreform fortzuführen, da er der Ansicht war, daß Heeresangelegenheiten in den Zuständigkeitsbereich des Mon-

---

12 Schulze, a.a.O., S. 324.

13 F. Herre: Kaiser Wilhelm I., der letzte Preuße. Köln 1980, S. 104f.

14 K. H. Börner: Die Krise der preußischen Monarchie von 1858 bis 1862. Berlin 1976, S. 47; vgl. allgemein G. Grünthal: Parlamentarismus in Preußen 1848/49-1857/58. Preußischer Konstitutionalismus, Parlament und Regierung in der Reaktionsära. Düsseldorf 1982.

archen gehörten. Eine Änderung der Dienstzeit der Wehrpflichtigen und die Bewilligung der für die Heeresvergrößerung notwendigen Haushaltsmittel bedurften jedoch der Zustimmung des Landtags. Da er Konflikte mit dem Parlament um die verfassungsmäßigen Rechte des Königs fürchtete, trat der liberale Kriegsminister Eduard Wilhelm Ludwig von Bonin unter dem Druck der Anhänger der Heeresreform zurück; seinen Platz nahm am 5. Dezember 1859 der konservative General Albrecht von Roon ein. Angesichts des Widerstands der Deputiertenkammer verzichtete der König darauf, das Gesetz über den Wehrdienst dem Parlament vorzulegen, und die Regierung begann, die Heeresreform ohne Zustimmung des Parlaments zu verwirklichen. Die Liberalen waren unzufrieden, hofften aber weiterhin auf die Realisierung ihrer Postulate durch die neue berufene Regierung, so daß die Deputiertenkammer in den Jahren 1860 und 1861 provisorisch Geldmittel bewilligte. Der mögliche Kompromiß scheiterte jedoch an der immer deutlicher unversöhnlichen Haltung Wilhelms I. in der Frage seiner Rechte im militärischen Bereich und am Unwillen der Regierung, Zugeständnisse zu machen. Eindeutig wurde das Mißverständnis der Liberalen, als, nachdem Friedrich Wilhelm IV. am 2. Januar 1861 verstroben war, der bisherige Regent am 14. Januar 1861 in seiner Thronrede als König Wilhelm I. die mit Haushaltsprovisorien begonnene Heeresreorganisation für irreversibel und endgültig erklärte: Hauptpunkte blieben die Heeresvermehrung, die Einführung des dreijährigen aktiven Wehrdienstes und die Beschränkung der eigenständigen Rolle der Landwehr, die den Erfordernissen der modernen Kriegsführung nicht mehr angemessen schien. Der Streit, der bald danach um die Landwehr entbrannte, hatte keinen rein militärischen Charakter, ging es doch dabei um die Bewahrung des Erbes der fortschrittlichen Heeresreform der Jahre 1807 bis 1813 und um die Verteidigung des demokratischen Elements in der Armee gegen die entschiedene Vorherrschaft der alten Tradition des preußischen Militarismus.[15]

Dabei hätte der König mit den Ergebnissen der Neuwahlen zum Abgeordnetenhaus am 6. Dezember 1861 rechnen müssen, die den Liberalen und linken einen noch deutlicheren Erfolg brachten als 1858. Die extrem konservativen Kreise wußten auf die neue Lage keine andere Antwort, als Pläne für einem militärischen Staatsstreich vorzubereiten. Der König war informiert, konnte sich jedoch nicht zu einem offenen Verfassungsbruch entschließen. Es kam zum Konflikt, als die Liberalen nach drei Jahren vergeblichen Wartens die konstitutionelle Rolle des Parlaments demonstrieren wollten, während Wilhelm I. zur Konfrontation entschlossen war. Am 11. März 1862 löste der König den Landtag auf, die Entlassung der liberalen Mitglieder des Staatsministeriums am 17. März 1862 bedeutete das Ende der *Neue Ära* - und damit auch der liberalen Hoffnungen. Ihr Epilog waren die Entscheidungen des neuen Abgeordnetenhauses, das am 6. Mai 1862 gewählt wurde. Die Wahl brachte den Liberalen einen überwältigenden Sieg: Die *Deutsche Fortschrittspartei*, eine gemäßigt-liberale Gruppie-

---

15 Craig, a.a.O., S. 158f.; Börner, a.a.O., S. 88f.; Schulze, a.a.O., S. 328f.

rung, erhielt 133 Sitze, das liberale *Linke Zentrum* verdoppelte seine Abgeordnetenzahl auf 96. Zusammen mit den polnischen Stimmen verfügte die liberale und demokratische Opposition über 251 Mandate, während die Regierung nur auf 30 konservative und konservativ-liberale Abgeordnete sowie 28 katholischen Abgeordnete zählen konnte. Die Regierung legte der neuen Kammer den Haushaltsentwurf vor, die Deputiertenkammer beschloß jedoch die grundsätzliche Behandlung der Konfliktpunkte und strich aus dem Haushaltsentwurf die Ausgaben für die ohne ihre Zustimmung durchgeführte Heeresreorganisation. Am 23. September 1862 wurde der Beschluß mit 308 Stimmen bei lediglich 11 Gegenstimmen verabschiedet.

In Hof- und Regierungskreisen herrschten Niedergeschlagenheit und Panik. Staatsstreichpläne kreuzten sich mit Kompromißlösungen und sogar Plänen zur Abdankung des Königs, die Wilhelm I. selbst in Erwägung zog. Die Abdankung hätte das Schicksal Preußens und Deutschlands wesentlich verändern können, da der entschieden liberale Kronprinz Friedrich die Politik seines Vaters ablehnte. In dieser ungewöhnlichen Situation fanden die Konservativen einen Mann, der der Opposition die Stirn bot und die preußische Monarchie in ihrer bisherigen Gestalt bewahrte: der preußischer Gesandte in Paris, Otto von Bismarck, den der König völlig unerwartet am 24. September 1862 zum Ministerpräsidenten ernannte. 1858 hatte der König Bismarck, der trotz Differenzen mit den Brüdern Gerlach als hochkonservativ galt, als Gesandten nach St. Petersburg geschickt und damit politisch kaltgestellt.

Otto von Bismarck-Schönhausen (1815-1898) sollte die Gestalt der preußischen Geschichte werden, die neben dem Großen Kurfürsten und Friedrich II. in besonderer Weise die Geschicke Preußens und Deutschlands bestimmen sollte. Bismarck stammte aus einem alten Junkergeschlechts. Er verband einen harten preußischen Konservatismus mit einer ebensolchen Ergebenheit gegenüber dem Hause Hohenzollern. Diese Treue stellte er über alle anderen Verpflichtungen, die Verfassung eingeschlossen. Der eifrige Protestant war vielseitig gebildet, von eiserner Energie und als seit Jahren erfahrener Diplomat von enormen taktischen Fähigkeiten.[16] Zu seinen wichtigsten Fähigkeiten gehörten wahrscheinlich die Kunst des Wartens - wenn es sein mußte, auch lange Zeit - auf den günstigen Moment zur Verwirklichung seiner weitreichenden und konsequent verfolgten Ziele, und seine Flexibilität (um nicht zu sagen sein Zynismus) bei der Wahl von Methoden und Mitteln. Dabei zeichnete Bismarck ein scharfsinniger Realismus aus, das vollkommene Fehlen moralischer Skrupel sowie die Fähigkeit, Bündnisse zu schließen und gegebenenfalls, sofern ihm das zur Erreichung übergeordneter Ziele notwendig schien, auch das Programm seiner Gegner zu übernehmen. Bismarck wollte im Rahmen des Möglichen das sozio-politische System Preußens erhalten und Preußen eine Vormachtstellung in Deutschland und in der Welt sichern. Übermäßigem Risiko abgeneigt und weit entfernt von den Emotionen eines deutschen Nationalismus, wollte Bismarck die Vereinigung

---

16 Vgl. E. Marcks: Bismarcks Jugend 1815-1848. 13. Aufl. Stuttgart, Berlin 1910.

Deutschlands, wenn die Hegemonie Preußens und der der Privilegien der in Preußen herrschenden Junker- und Militärkaste garantiert waren.

Bismarck verfolgte aufmerksam die Entwicklung der öffentlichen Meinung und den Einfluß der verschiedenen politischen Gruppierungen in Preußen und Deutschland. Er erkannte vergleichsweise früh, daß er seine Ziele nur im Bündnis mit den Liberalen erreichen konnte, wobei er sicherlich bereits damals von der Möglichkeit eines Kompromisses zwischen Junkern und Bourgeoisie überzeugt war, der das Machtmonopol von Junkern, Militärs und Beamten in Preußen sichern konnte: *"In Bismarcks Bild von Preußens, an dessen Grundzügen er bis zu seinem Tode festhielt, verbanden sich vor allem zwei Traditionslinien: die Tradition des friderizianischen Machtstaates und die Tradition adliger Herrschaft".*[17] Die Charakterisierung der komplexen Persönlichkeit des späteren *Eisernen Kanzlers* ist nicht einfach.[18] Ausgewogen und ungewöhnlich treffend hat der polnische Schriftsteller Henryk Sienkiewicz 1895 seine Fähigkeiten und Eigenschaften wie das Europa und die Welt beunruhigende "Macht vor Recht"-Setzen in der Innen- und in der Außenpolitik skizziert; dadurch habe er - so Sienkiewicz - die Lebensqualität in Europa wie seit Jahrhunderten niemand sonst gesenkt.[19]

Im Verfassungskonflikt übernahm der neue preußische Ministerpräsident die von konservativen Theoretiker des preußischen Staatsrechts angebotene Lösung: Da die Verfassung keine Regelungen für den Fall der Ablehnung des Haushaltsentwurfs durch das Abgeordnetenhaus vorsah, konnte die Regierung bis zur Annahme eines neuen Haushaltsentwurfs durch die Kammer den vorläufigen Haushaltsentwurf anwenden. Nach der Verfassung konnte das Herrenhaus lediglich die vom Abgeordnetenhaus genehmigte Haushaltsvorlage modifizieren, jedoch nicht einem von den Abgeordneten abgelehnten Haushalt in der von der Regierung vorgelegten Form zustimmen, was zur Stärkung der Regierungsposition beitrug. Die Regierung erhob also Steuern und handelte weiterhin so, als gäbe es einen gültigen Staatshaushalt. Selbst die Nachwahlen von 1863, die den Liberalen erneut Erfolg brachten, änderten nichts an ihrer Haltung. In seiner ersten Rede vor der Budgetkommission des preußischen Abgeordnetenhauses erklärte Bismarck am 30. September 1863: *"Nicht durch Reden und Majoritätsbeschlüsse werden die großen Fragen der Zeit entschieden - das ist große Fehler von 1848 und 1849 gewesen -, sondern durch Eisen und Blut."*[20]

Diese Ankündigung verwirklichte Bismarck im Sinne des Wortes: Mit außenpolitischen und militärischen Erfolgen erzwang er wenige Jahre später von den Liberalen die Annahme der Indemnitätsvorlage und damit die nachträgliche Legalisierung der Haushaltslage im Sinne der Regierung[21] - und den endgültigen

17 L. Gall: Bismarcks Preußen, das Reich und Europa. In: Historische Zeitschrift 234, 1982, S. 319.

18 Vgl. L. Gall: Bismarck. Der weiße Revolutionär. Frankfurt a.M., Berlin 1980.

19 Vgl. W. Krzyżanowski: Sienkiewicz, Bismarck, Fontane [Sienkiewicz, Bismarck und Fontane]. In: Wiadomości <London> Jg. 1979, Nr. 42 (21.10.1979), S. 4.

20 Zit. nach Schoeps: Preußen, S. 242.

21 Vgl. unten S. 318.

Sieg der monarchischen Konzeption über das Prinzip der parlamentarischen Kontrolle der Regierung. Bis zum Ende der preußischen Monarchie 1918 blieb die politische Rolle des Preußischen Landtags beschränkt. Zugleich war es aber gerade der Sieg Bismarcks, der letztendlich dazu führte, daß der große Traum von Generationen Liberaler verwirklicht wurde: die Vereinigung Deutschlands unter der Führung Preußens.

## 2. Preußen und die deutsche Frage: 1851-1871

Die bürgerlich-liberalen Bestrebungen der Jahre 1848-1849, Deutschland auf der Grundlage bürgerlich-nationaler Politik - und nicht der Kabinettspolitik der deutschen Fürsten - zu einigen, waren spätesten mit der Zurückweisung der von der Frankfurter *Deutschen Nationalversammlung* angebotenen Kaiserkrone durch Friedrich Wilhelm IV. gescheitert. Der Versuch Preußens, einen Bund der deutschen Fürsten unter seiner Führung zu schaffen, scheiterte am entschiedenen Einspruch Österreichs und Rußlands, so daß Preußen in der Olmützer Punktation am 29. November 1850 die Rückkehr zum status quo in Deutschland, d.h. zum Deutschen Bund unter Führung Österreichs, akzeptieren mußte. Das Ende der Regierungszeit Friedrich Wilhelms IV. war durch Passivität in der preußischen Außenpolitik gekennzeichnet; erst Bismarcks dynamische Politik führte seit 1862 zur Vereinigung Deutschlands.

In Preußen und anderen deutschen Staaten begann in den fünfziger Jahren die Phase der beschleunigten Industrieentwicklung zeitgleich mit einer deutlichen Agrarkonjunktur: *"Trotz schärfster politischer Reaktion waren die fünfziger Jahre also Jahre eines raschen ökonomischen Fortschritts."*[22] Zugleich integrierte sich die preußische Wirtschaft immer stärker in die gesamtdeutsche Wirtschaftsentwicklung, in der die preußische Industrie, das preußische Bankwesen und der preußische Handel eine immer größere Rolle spielten[23]: Im Jahre 1850 hatte die preußische Eisenbahnlinien eine Streckenlänge von 3 869 km, 1860 bereits 7 169 km und 1870 - an der Schwelle der Vereinigung - sogar 11 523 km. Im Kreis Dortmund stieg von 1851 bis 1871 die Roheisenproduktion auf das 35fache; 1871 wurde dort mehr Eisen produziert, als in ganz Deutschland im Jahre 1843. In der Zeit von 1850 bis 1870 verdoppelte sich das Sozialprodukt der deutschen Wirtschaft. In dieser gesamtdeutschen Entwicklung war die Rolle Preußens besonders markant. Bis zum Jahre 1870 erreichten die deutschen Länder allgemein das Tempo der ökonomischen Entwicklung Frankreichs und Belgiens, wobei sie diese teilweise sogar in der Produktion übertrafen. Der ökonomische Schlüssel Preußens lag nicht im Osten, nicht einmal in Schlesien, das erst verspätet Bedeutung gewann, sondern in den Westprovinzen, in der Rheinprovinz und in Westfalen, sowie in Berlin. Die Industriellen und Bankiers dieser Provinzen wa-

22 Bleiber, a.a.O., S. 78.

23 Vgl. die zusammenfassenden Betrachtungen von W. Treue: Preußische Wirtschafts- und Technikgeschichte im 19. Jahrhundert. In: Moderne Preußische Geschichte, Bd. 2. Berlin 1981, S. 1132f.

ren Liberale, weit entfernt von preußischem Militarismus und Junkerpolitik, doch waren ihre bürgerlichen Eliten skrupellos, wenn es um die Verteidigung der eigenen Belange gegen die unteren Bevölkerungsschichten ging. Die wirtschaftliche und die politische Einigung ganz Deutschlands war in ihrem Interessen. Daher stellten sie bald ihre politischen Ambitionen zugunsten des für sie vorteilhaften gesellschaftlichen Kompromisses mit Bismarck zurück, der ihnen die Verwirklichung ihrer Hauptforderungen in Gesellschaft, Recht und Wirtschaft sicherte.[24]

Die Bedeutung Preußens im deutschen Wirtschaftsleben war seit den dreißiger Jahren des 19. Jahrhunderts im Wachsen begriffen. Lange vor den Siegen Bismarcks auf dem Feld der Diplomatie und auf den Schlachtfeldern vergrößerten preußische Diplomaten und Beamte, Händler, Unternehmer, Industrielle und Juristen den preußischen Einfluß auf die Wirtschaft in ganz Deutschland. Der am 1. Januar 1834 in Kraft getretene, in den fünfziger und sechziger Jahren erweiterte *Deutsche Zollverein* vereinigte unter Ausschluß Österreichs immer mehr deutsche Staaten. Preußen torpedierte zur Verteidigung der eigenen Rolle im Zollverein in den fünfziger Jahren österreichische Pläne zur Bildung einer Zollunion aller deutschen Länder mit dem österreichischen Staat. So wurde wirtschaftlich die *kleindeutschen Lösung* unter Führung Preußens gegen die die die deutschen Länder der Habsburger Monarchie einbeziehende *großdeutsche* Lösung vorentschieden, die Österreich nicht erzwingen konnte, weil der Staat der Habsburger eine Großmacht mit überwiegend nichtdeutscher Bevölkerung war und seine Wirtschaftsinteressen sich vom Donauraum aus auf den Balkan und nach Italien orientierten. Deshalb erschien der liberalen deutschen Bourgeoisie eine Verbindung der österreichischen und der deutschen Wirtschaftsinteressen in der damaligen Phase der Wirtschaftsentwicklung Deutschlands nicht nur wenig attraktiv, sondern auch im Hinblick auf die deutschen Nationalinteressen zweifelhaft.

Die weitere Entwicklung stärkte die Position Preußens und des Zollvereins gegen Österreich und die deutschen Staaten, die außerhalb des Zollvereinsgebiets geblieben waren. Auf dem Geldmarkt war die preußische bereits vor 1871 die stärkste Währung und in Geld- und Warenverkehr zwischen den deutschen Staaten allgemein als Verrechnungseinheit zugrundegelegt. Als die *Mark* als einheitliche Währung für das vereinigte Deutschland im Jahre 1873 eingeführt wurde, hatte sich die Führungsrolle der preußischen Aktienbanken und der preußischen Staatsbank für das Kreditsystem und den gesamtdeutschen Geldmarkt bereits herausgebildet. Die preußische Eisenbahn und die preußische Post hatten die bereits in den zwanziger Jahren im Vergleich der deutschen Staaten am besten funktioniert; sie waren entscheidens für die der Stärkung der Wirtschaftsverbindungen zwischen den preußischen Provinzen, aber auch zwischen Preußens und den anderen deutschen Staaten. Die entscheidende Entwicklung

---

24 Vgl. M. Gugel: Industrieller Aufstieg und bürgerliche Herrschaft. Sozioökonomische Interessen und politische Ziele des liberalen Bürgertums in Preußen zur Zeit des Verfassungskonflikts 1857-1867. Köln 1975, S. 221f.

der staatlichen Eisenbahn und die Schaffung eines einheitlichen Eisenbahnsystems durch die Verstaatlichung der verschiedenen privaten Eisenbahngesellschaften, erfolgte erst nach der Einigung Deutschlands.

Wichtige Ereignisse beschleunigten in den sechziger Jahren deutlich die wirtschaftliche Einigung Deutschlands unter preußischer Führung. Der französisch-preußische Handelsvertrag vom 29. März 1862, der indirekt eine große Niederlage Österreichs bedeutete, die Erneuerung des Zollvereins am 12. Oktober 1864 und am 16. Mai 1865 und der Handels- und Zollvertrag mit Österreich vom 11. April 1865, der das Ende der unmittelbaren ökonomischen Rolle Österreichs in Deutschland besiegelte, aber auch die Verkündigung des neuen preußischen Handelsgesetzbuches 1861, das den Weg zur Vereinheitlichung des Handelsrechts in ganz Deutschland eröffnete, sind in diesen Zusammenhang zu nennen: Deutschland wurde als nicht nur durch Bismarcks "Eisen und Blut" vereinigt, sondern auch durch die fortschreitende wirtschaftliche Integration der deutschen Staaten, durch Kohle und Stahl, das Eisenbahnwesen, das gemeinsame Zollsystem und das Wirken von Banken und Handel vereinigt. Die Bedeutung der wirtschaftlichen Prämissen der Vereinigung Deutschlands unter preußischer Hegemonie ist heute unumstritten: Der preußisch-französische Krieg beschleunigte lediglich den Abschluß dieses irreversiblen Prozesses. Sicherlich hatten ihn die sozialen und wirtschaftlichen Entwicklungen der Jahre 1860-1865 vorbestimmt, im entscheidenden Maße aber die Mentalitätsveränderungen in der preußischen und der deutschen Gesellschaft, die mit der seit den vierziger Jahren des 19. Jahrhunderts wachsenden deutschen Nationalbewegung als Vorform des modernen Nationalismus verbunden waren. Die Nationalbewegungen waren - nationalintegrative oder nationale Befreiungsbewegungen - in ganz Europa in der Mitte des 19. Jahrhunderts die entscheidenden gesellschaftlichen und politischen Bewegungen; in Preußen spielte neben der deutschen vor allem die polnische Nationalbewegung eine wesentliche Rolle.

Die fünfziger Jahre hatten keinen Fortschritt in der deutschen Frage gebracht, jedoch ermöglichte die vorsichtige Neutralität König Friedrich Wilhelms IV. im Krimkrieg die Aufrechterhaltung guter Beziehung zu Rußland, während das russisch-österreichische Verhältnis keineswegs konfliktfrei war, so daß Bismarck für den Fall eines bewaffneten preußisch-österreichischen Konfliktes mit einer wohlwollenden Haltung Rußlands rechnen konnte. Der Italienische Einigungskrieg im Jahre 1859, in dem Frankreich die Italiener gegen Österreich unterstützte, löste vor allem in Süddeutschland eine Welle nationaler Begeisterung aus: *"Der französische Erbfeind müsse am Po geschlagen werden, um den Rhein zu schützen, die Unterstützung Österreichs sei patriotische Pflicht aller Deutschen."*[25]. Preußen setzte dagegen im Bundestag die Ablehnung der von Österreich geforderten Bundeshilfe durch, hoffte es doch, durch eine Niederlage Österreichs die "Schmach von Olmütz" zu tilgen: *"Preußens Stellung in Deutschland wäre unangreifbar geworden."*[26] In dieser Situation wuchsen die mit dem neuen preußischen

25 Schulze, a.a.O., S. 322.
26 Schulze, a.a.O., S. 323.

König Wilhelm I. verbundenen Hoffnungen, der als Prinzregent am 8. November 1858 die begeistert aufgenommenen Worte gesprochen hatte: "*In Deutschland muß Preußen moralische Eroberungen machen, durch eine weise Gesetzgebung bei sich, durch Hebung aller sittlichen Elemente und durch Ergreifung von Einigungselementen, wie der Zollverband es ist [...].*"[27] Der schnelle Kompromißfrieden von Villafranca ließ die preußischen Hoffnungen 1859 unerfüllt. Die Mehrheit der deutschen öffentlichen Meinung sah in der Neutralität ein Versagen in der nationalen Sache: "*Das Mißverhältnis zwischen dem preußischen Führungsanspruch und dem Versagen in einer Krisenlage machte die kleindeutsch-preußische Lösung des deutschen Problems fragwürdig.*"[28]

Die Krönung des neuen preußischen Königs fand in einer wahrhaft barocken Szenerie am 18. Oktober 1861 in Königsberg statt, 160 Jahre nach der Begründung des preußischen Königtums. In der Proklamation zum 7. Januar 1861 hatte der neue König erklärt, er betrachte seine Pflichten gegenüber Preußen und Deutschland als identisch. Die Aufgaben, die Preußen in Deutschland zu erfüllen habe, ergäben sich aus seiner Geschichte und stützten sich auf die preußische Militärmacht. Diese Ankündigungen weckten in liberalen Kreisen große Hoffnungen. Der erste wesentliche Schritt zur Erringung der preußischen Hegemonie war die Stärkung der freundschaftlichen Beziehungen zum zarischen Rußland, zu der Bismarck 1863 den Ausbruch des polnischen Januaraufstandes nutzte.

***Die polnische Frage.*** - In den sechziger Jahren setzte sich in Preußen immer deutlicher der deutsche Nationalismus durch, der neben dem bisher dominanten preußischen Staatsinteresse, wenn nicht sogar an seiner Stelle, in kurzer Zeit das Verhältnis der herrschenden Kreise zur polnischen Frage bestimmen sollte. In den fünfziger Jahren war das Denken in Kategorien des Nationalitätenkampfes gegen die in Preußen lebende polnische Bevölkerung keineswegs die politische Doktrin gewesen, auch wenn solches Denken besonders in der Provinz Posen, in der nach der preußischen Verfassung von 1850 keine Sonderrechte zum Schutz der polnischen Nationalität mehr galten, in der Praxis vieler Verwaltungshandlungen unverkennbar war. Die deutsche Bevölkerung in der Provinz Posen war seit 1848 entschieden und extrem antipolnisch eingestellt und unternahm Versuche, in diesem Sinne auf die preußische Verwaltungspraxis einzuwirken.[29] Dagegen antwortete im Jahre 1850 der preußische Innenminister von Manteuffel im Landtag auf die Petition eines deutschen Abgeordneten aus der Stadt Posen: "*Der Antrag geht dahin, die Regierung solle für die Verbreitung der deutschen Nationalität sorgen. Das ist eine Aufgabe, die die Regierung nicht übernehmen kann. Wenn die deutsche Bevölkerung des Schutzes der Verwaltungsbehörden bedarf, um*

---

27 Zitiert nach Huber, a.a.O., Bd. 3, S. 273.

28 Schulze, a.a.O., S. 323.

29 Vgl. B. Grześ / J. Kozłowski / A. Kramski: Niemcy w Poznańskiem wobec polityki germanizacji 1815-1920 [Die Haltung der Deutschen in Provinz Posen zur Germanisierungspolitik 1815-1920]. Poznań 1976, S. 153f.

*sich geltend zu machen, dann hat sie auf keine Zukunft mehr zu rechnen."*[30] Der Posener Oberpräsident Robert von Puttkamer vertrat in den Jahren 1851-1860 keine klare Linie, auch wenn er alle Aktionen der polnischen Bevölkerung mißtrauisch beobachtete und deren administrativ beschnitt. Bei den Wahlen des Jahres 1855 bewirkten der Druck und Wahlmanipulationen von Seiten der Behörden, daß die Zahl der polnischen Abgeordneten aus der Provinz Posen im Preußischen Landtag auf fünf zurückging. Eine kurzfristige Lageverbesserung brachten die ersten Regentschaftsjahre Wilhelms I., doch forderten die nationalliberalen Kreise immer lauter ein energisches Vorgehen gegen die "polnische Gefahr". Der Schriftsteller und Historiker Gustav Freytag, ein Künder des deutschen "Dranges nach Osten", schrieb damals: *"Die Wirtschaft in Posen und ein Kolonisationsprojekt beschäftigen mich jetzt, und ich will in Berlin dafür werben. Denn mit den Polen muß ein schnelles Ende gemacht werden. Die Schande dieser langen Schwäche wird zu groß. Da die Regierung jetzt dazu keine Kraft hat, wollen wir es privatim zu besorgen suchen."*[31]

Die preußische Staatsraison war für Bismarck alles: Er war kein deutscher Nationalist, sondern in seinem so verstandenen preußischen Staatsinteresse ein entschlossener und totaler Gegner des Polentums. In seinen Erinnerungen schrieb er, im Einvernehmen mit Rußland sei für Preußen die Verhinderung der Internationalisierung der Frage der Unabhängigkeit Polens eine Angelegenheit auf Leben und Tod gewesen, bedrohte doch nach seiner Meinung die polnische Frage preußische Hauptinteressen: Eine Abtrennung der Provinz Posens und Pommerellens hätte - wie vor 1772 - die Trennung Ostpreußens vom Rest Preußens bedeutet.[32] Bismarck wiederholte immer wieder, daß jede Form der polnischen Unabhängigkeit mit der preußischen Staatsraison unvereinbar wäre. Die größte Gefahr für die preußische Politik bedeutete für Bismarck die Politik des Markgrafen Alexander Wielopolski im Königreich Polen in den Jahren 1861-1862, hätte doch ein polnisch-russischer Kompromiß für die preußischen Interessen gefährliche internationale Perspektiven eröffnet. Daher nutzte Bismarck sofort die Chance, die ihm der Ausbruch des Januaraufstandes bot: Der nach St. Petersburg entsandte General Gustav von Alvensleben schloß am 8. Februar 1863 mit Rußland die *Konvention Alvensleben*, die ein preußisch-russisches Zusammenwirken bei der Niederschlagung des Januaraufstandes vorsah. Damit beendete Bismarck alle Kompromißbestrebungen in der polnischen Frage und machte definitiv die polnische Frage noch einmal zu dem Faktor, der die russisch-preußischen Beziehungen zementierte. Gleichzeitig sicherte er sich das rus-

---

30 O. Hauser: Zum Problem der Nationalisierung Preußens. In: Moderne deutsche Verfassungsgeschichte, S. 96-97; auch bei M. Broszat: 200 Jahre deutscher Polenpolitik. München 1963, S. 116.

31 Zit. nach M. Broszat, a.a.O., 1963, S. 119-120; zu Freytag vgl. unten S. 328f.

32 Vgl. L. Trzeciakowski: Preußische Polenpolitik im Zeitalter der Aufstände (1830-1864). In: Polen und die polnische Frage in der Geschichte der Hohenzollern-Monarchie. Hrsg. von K. Zernack. Berlin 1982, S. 99; Ders.: Pod pruskim zaborem 1850-1918 [Im preußischen Teilgebiet 1850-1918]. Warszawa 1973; vgl. R. Blanke: Prussian Poland in the German Empire (1871-1900). New York 1981, S. 7-15. - Das Problem der Polen in Oberschlesien blieb außerhalb der Perspektive Bismarcks.

sische Wohlwollen im Falle einer Konfrontation mit Österreich oder eines Konfliktes mit Frankreich im Zuge der Verwirklichung der Pläne zur Vereinigung Deutschlands unter preußischer Führung.

Im Jahre 1862 besuchte Bismarck London und erklärte in einem Privatgespräch, ein Krieg gegen Österreich und die Zerschlagung des Deutschen Bundes würden die Schritte zur Vereinigung Deutschlands durch Preußen sein. Der damalige englische Oppositionsführer Disraeli bemerkte: *"Take care of that man. He means what he says."*[33]

Bismarck ging davon aus, daß die Einheit Deutschlands unter der Ägide Preußens nur dann realisiert werden konnte, wenn zwei Großmächte, Rußland und England, sich wohlwollend oder neutral verhielten und die beiden anderen, Österreich und Frankreich, diese entscheidende Veränderung des Kräfteverhältnisses auf dem europäischen Kontinent nicht verhindern konnten. Von grundsätzlicher Bedeutung war die Beseitigung des im Deutschen Bund bestehenden dualistischen Systems durch die Ausschaltung Österreichs aus dem Kreis der deutschen Staaten, um damit den Weg zu einem Bund deutscher Staaten unter preußischer Ägide zu eröffnen. Bismarck mußte schließlich nicht nur die internationale Lage und die Probleme des Kräfteverhältnisses zwischen den Großmächten beachten, sondern auch die Beziehungen zwischen Preußen und den übrigen deutschen Staaten, deren Bevölkerung bzw. herrschende Dynastien begründete Befürchtungen vor einer preußischen Hegemonie hegten. In dieser Frage konnte der Druck von unten durch die Gesellschaft in den deutschen Einzelstaaten von grundsätzlicher Bedeutung sein.

Die Vereinigung Deutschlands durch Preußen setzte einen Wechsel in der öffentlichen Meinung der meisten deutschen Staaten voraus, die traditionell Preußen gegenüber negativ eingestellt war. Dazu wurde seit der Mitte des 19. Jahrhunderts der historische Mythos von der preußischen Mission in der Geschichte Deutschlands geschaffen und popularisiert. Führende deutsche Historiker, Publizisten und Schriftsteller engagierten sich dafür, die Einigung Deutschlands als Mission des preußischen Staates herauszustellen und der preußischen Monarchie und der Dynastie der Hohenzollern den Anschein eines vorgeblich seit Anbeginn inhärenten konsequenten Streben zur Vereinigung ganz Deutschlands zu verleihen. Der Historiker Johann Gustav Droysen (1808-1884) war als einer der ersten bemüht, in seinen Werken die konsequente Linie der preußischen Politik spätestens seit der Zeit des Großen Kurfürsten als Realisierung der deutschen nationalen Ziele aufzuzeigen. Der preußische Weg zur Macht wurde damit von den Hoffnungen der deutschen Nation umstrahlt, die die Vereinigung erwartete. Der bedeutendste deutsche nationale Held, der in der schöngeistigen Literatur und Historiographie besungen wurde, wurde seither Friedrich der Große, dessen Charisma vor dem Hintergrund der deutschen Geschichte besonders zur Mythologisierung geeignet war. Es waren preußische Historiker, die, die Geschichte

33 Zitat nach H. J. Schoeps: Der Weg ins deutsche Kaiserreich. Frankfurt-Berlin 1980, S. 90.

glorifizierend, die Notwendigkeit, die Hindernisse auf dem Wege zur nationalen Einheit der Deutschen um jeden Preis zu überwinden, herausstellten. Die endgültige Weihe der Mythologie der Hohenzollern und der Verherrlichung des preußischen Staates erfolgte in der Zeit nach der Reichsgründung 1871. Bildende Kunst, Literatur, Wissenschaft und Schulwesen, Armee und Verwaltung beteiligten sich aktiv am Bau eines festen Gebäudes für den preußischen Mythos, der gegen Ende des 19. Jahrhunderts zum unumstößlichen Wert und zur historischen Wahrheit für Millionen Deutsche - auch nichtpreußischer Herkunft - wurde.

Die Möglichkeit, den österreichischen Rivalen auszuschalten, brachte Preußen der Konflikt um Schleswig und Holstein, damals dänische Gebiete mit gesonderter Verfassung, die, hauptsächlich von Deutschen bewohnt, unter der dänischen Krone Teil des deutschen Bundes waren. Als der dänische König durch einseitigen Beschluß Schleswig mit Dänemark vereinigte, griffen ihn Preußen und Österreich 1863 unter Berufung auf das Londoner Protokoll von 1852 im Namen des Deutschen Bundes an und errangen einen schwer erkauften. Im Wiener Frieden vom 30. Oktober 1864 mußte Dänemark auf seine deutschen Besitzungen verzichten. Schleswig fiel vorübergehend an Preußen, Holstein und Lauenburg an Österreich. Die weiteren Auseinandersetzungen über die Zukunft dieser Gebiete führte zum preußisch-österreichischen Krieg von 1866. Preußen schloß am 8. April 1866 Bismarck einen Geheimvertrag mit Italien, das gegen die Zusage, Venetien zu erhalten, Österreich angreifen sollte, falls Preußen diesem im Laufe der nächsten drei Monate den Krieg erklärte, während Österreich die Hilfe Frankreichs suchte. Die Mehrzahl der deutschen Staaten, darunter Bayern, Württemberg, Hannover, Sachsen, Baden, und Hessen-Nassau, stellten sich in dem von Bismarck provozierten Konflikt auf die Seite Österreichs.

Die Erfolge in der Außenpolitik eröffneten den Weg zur Lösung der Verfassungskrise in Preußen im Sinne der siegreichen Regierung. Der oppositionelle Landtag war am 9. Mai 1866 aufgelöst worden, die Neuwahlen am 3. Juli 1866 brachten den Liberalen eine deutliche Niederlage: Die Konservativen erhielten 123 Mandate und die Fortschrittspartei nur 43. Am 14. August 1866 brachte die Regierung im Abgeordnetenhaus die *Indemnitätsvorlage* ein, um die ohne Staatshaushaltsgesetz während der vergangenen vier Jahre geführte Verwaltung nachträglich zu legalisieren, was der neue Landtag am 3. September 1866 mit 230 gegen 75 Stimmen zugestand.[34] Die konservativen Ultras waren wie auch der König selbst mit der gütlichen Erledigung dieser Angelegenheit durch Bismarck unzufrieden. Der Ministerpräsident normalisierte jedoch die Beziehungen zum Parlament, das in den kommenden Jahren seine Außenpolitik mehrheitlich unterstützte. Gleichzeitig beharrte er im Verfassungskonflikt auf seinem Standpunkt und entmutigte die Opposition im preußischen Parlament für immer, sich mit der Regierung in konstitutionellen Fragen anzulegen.

34 Schulze, a.a.O., S. 349.

Am 7. Juni 1866 rückten preußische Truppen in Holstein ein. Als der Bundestag am 14. Juni die Mobilisierung eines Teils der Bundesarmee beschloß, trat Preußen aus dem Deutschen Bund aus und erklärte - zugleich mit Italien - Österreich den Krieg. Bismarck ging es in diesem Konflikt nicht um Schleswig und Holstein, die nur den willkommenen Anlaß abgaben, sondern um die Vorherrschaft in Deutschland und die Reform des Deutschen Bundes. Österreich lehnte Vermittlungsvorschläge Kaiser Napoleons III. von Frankreich ab, der sich daraufhin zu Österreich Distanz hielt. In Wien rechnete man wegen mit der zahlenmäßigen Übermacht der Bundestruppen mit einem leichten Sieg. Der Krieg war zudem in Preußen nicht populär. Wilhelm I. lehnte ihn zunächst ab, und trotz der geschickten Taktik Bismarcks war die öffentliche Meinung wandte sich in vielen deutschen Staaten gegen Preußen. Die preußischen Liberalen, die mit der *Fortschrittspartei* im preußischen Landtag bis zu dessen Auflösung im Mai 1866 über die Mehrheit verfügt hatten, waren von der Taktik Bismarcks paralysiert, doch begann ein Teil der Liberalen, seine Hoffnungen auf Bismarck zu setzen.

Bismarck wußte vom schlechten Vorbereitungsstand der österreichische Armee. Die deutschen Staaten spielten in diesem Krieg keine größere Rolle, ähnlich die Italiener, die nur einen kleinen Teil der österreichischen Truppen ungeschickt banden. Die militärische Entscheidung des Krieges brachte die direkte militärische Konfrontation der beiden Mächte auf den böhmischen Schlachtfeldern. In der entscheidenden Schlacht bei Königgrätz (Sadova) unterlag die schlecht geführte und noch schlechter ausgerüstete und ausgebildete österreichische Armee am 3. Juni 1866 den preußischen Truppen. Nach dem Sieg strebte Bismarck einen sofortigen, für Österreich möglichst günstigen Friedensschluß an, was einerseits eine Intervention Frankreichs vereiteln sollte und andererseits den Weg zu einer späteren Verständigung zwischen den beiden Rivalen offenhielt, in der der Sieger endgültig die führende Rolle in Deutschland übernahm. Gleichzeitig jedoch entschied Bismarck zwei grundsätzliche Fragen zugunsten Preußens: die Gründung des Norddeutschen Bundes sowie die Annexion der norddeutschen Staaten, die im Krieg Österreich unterstützt hatten. Preußen eingegliedert wurden das Königreich Hannover, Kurhessen, das Herzogtum Nassau und die Freie Stadt Frankfurt am Main, seit langem eine Festung des Liberalismus und antipreußischer Stimmungen in Deutschland. Ihre Annexion verband erstmals die Westprovinzen Preußens territorial mit den Ostprovinzen: Preußen erhielt ein geographisch geschlossenes Staatsterritorium. Darüber hinaus wurde das gesamte Gebiet Schleswigs und Holsteins Preußen angegliedert. Der Deutsche Bund wurde offiziell aufgelöst.

Der unter Führung Preußens gebildete Norddeutsche Bund ging auf eine Konzeption Bismarcks zurück, der seine verfassungsmäßigen Grundlagen selbst erarbeitete. Der als Fürstenbund konstituierte Bundesstaat umfaßte neben Preußen 20 Mittel- und Kleinstaaten sowie den drei Hansestädten, d.h. Deutschland nördlich des Main; außerhalb blieben lediglich die süddeutschen Staaten mit Bayern an der Spitze. Die am 16. April 1867 verkündete Verfassung des Norddeutschen Bundes bestimmte als seine Organe das *Präsidium*, das der *"Krone Preußens zu[stand], welche in Ausübung desselben den Bund völkerrechtlich zu vertreten, im Namen des Bundes Krieg zu erklären und Frieden zu schließen [...] berechtigt"* war[35], den aus allgemeinen, direkten und geheimen Wahlen hervorgehenden Reichstag und den Bundesrat als Vertretung der Bundesstaat, in dem Preußen über 17 von insgesamt 43 Stimmen verfügte und den Vorsitz innehatte. Die wichtigsten Mitglieder waren Preußen Sachsen, Braunschweig, Bremen und Hamburg. Zum ersten Präsidenten des *Reichstags* wurde in einer symbolischen Geste der Vorsitzende der Deutschen Nationalversammlung von 1848-1849, Eduard von Simson, gewählt. Die Verfassung vertraute den Vorsitz im Bundesrat und die *"Leitung der Geschäfte"* dem *Bundeskanzler* an, den das Präsidium, d.h. der König von Preußen, zu ernennen hatte. Bismarck selbst übernahm das Amt neben dem des preußischen Ministerpräsidenten. So besaßen der Vorsitzende des Bundes, der preußische König, und sein Ministerpräsident, der zugleich Bundeskanzler war, eine garantierte Machtposition in der Lenkung der Angelegenheiten des Bundesstaates.

Die Verfassung des Norddeutschen Bundes trat am 1. Juli 1867 in Kraft. Die Verfassung regelte ausdrücklich den Kompetenzbereich der ausschließlichen Gesetzgebung des Bundes, die grundsätzlich das Landesrecht brach: Verkehrs-, Industrie-, Zoll- und Handelspolitik, Maße, Münzen, Post und Telegraphie, Eisenbahn, Flotte und Zivilrecht. Dem Präsidium oblagen die gemeinsame Außenpolitik, Entscheidungen über Krieg und Frieden, Heeresangelegenheiten und die Oberaufsicht über die Ausführung der Bundesgesetze. Der *Reichstag* des Bundes hatte neben der Gesetzgebungskompetenz und dem allgemeinen Haushaltsrecht auch das Recht zur Beratung über allgemeine Bundesangelegenheiten. Sämtliche gemeinsamen Kompetenzen im Bereich der internationalen Beziehungen, der Militärangelegenheiten und der übrigen Exekutivgewalt übte entweder das *Bundespräsidium*, d.h. der preußische König, oder der vom *Bundespräsidium* berufene *Bundeskanzler* aus, dessen Abhängigkeit vom Reichstag die Verfassung nicht präzisierte. Die Entscheidungen des preußischen Königs als Präsident des Bundes bedurfte der Gegenzeichnung durch den Kanzler, der damit dafür die Verantwortung übernahm. Durch Unentschlossenheit, Schwäche und vielleicht sogar Naivität der liberalen Abgeordneten gelang es Bismarck, die Grundelemente der Verfassung Preußens mit der starken Königsmacht auf den Norddeutschen Bund zu übertragen.[36]

Gleichzeitig reorganisierte Bismarck den Zollverein, dem alle deutschen Staaten außer Hamburg und Bremen beigetreten waren, und berief das *Zollparlament* ein, das sich aus den Mitgliedern des Norddeutschen Reichstags und im Februar und März 1868 gewählten 85 Deputierten der süddeutschen Länder zu-

---

35 § 11 der Verfassung des Norddeutschen Bundes, in: Dokumente zur deutschen Verfassungsgeschichte. Bd. 2, S. 275.

36 W. Jakóbczyk: Niemcy 1815-1819. Między partykularizmem a federalizmem. Poznań 1984, S. 135, sowie H. O. Meisner: Bundesrat, Bundeskanzler und Bundeskanzleramt (1867-1871). In: Moderne deutsche Verfassungsgeschichte, a.a.O., S. 76f.

sammensetzte. So bildete das *Zollparlament*, das erstmals 1868 zusammentrat, die - allerdings die deutschen Länder der Habsburger Monarchie ausschließende - erste gesamtdeutsche parlamentarische Versammlung seit 1848. Daneben leitete der *Zollbundesrat* die Angelegenheiten des Zollvereins. Mit einzelnen süddeutschen Staaten schloß Preußen geheime Militärabsprachen, in denen diese zusagten, sich im Kriegsfall dem preußischen Oberbefehl unterzuordnen. Deutschland stand an der Schwelle zur Vereinigung, auch wenn vor allem Bayern Bismarck die Grenzen seiner Politik aufzeigte und die süddeutschen Fürsten zögerte. Bismarck blieb seinem Grundsatz treu, die deutsche Politik nicht gegen die europäischen Großmächte zu betreiben und wartete geduldig den geeigneten Augenblick zur endgültigen Realisierung seiner Ziele ab.

In den Jahren 1867-1870 war Frankreich die europäische Großmacht, die am meisten durch die Entstehung des Norddeutschen Bundes beunruhigt war. Es führte in diesen Jahren vielfach eine nervöse und die deutschen Interessen herausfordernde Politik, was Bismarck geschickt zu nutzen wußte, dessen Position in Deutschland nach dem siegreichen Krieg gegen Österreich gefestigt war und der sich immer mehr der Unterstützung durch die Liberalen gewiß sein konnte. Der bedeutende Jurist Rudolf von Jhering schrieb am 19. August 1866 an Bernhard Windscheid: *"Ich beuge mich vor dem Genie eines Bismarck."*[37]

Bereits während des Krieges von 1866 rechnete Bismarck, für den Krieg die *ultima ratio* der Politik war, durchaus mit der Konsequenz eines militärischen Konflikts mit Frankreich.[38] Nach seiner Überzeugung konnte die endgültige Vereinigung Deutschlands nur das politische Ergebnis neuer Waffenerfolge sein. Gerade ein militärischer Erfolg gegen Frankreich, den deutschen "Erbfeind", der seit dem 17. Jahrhundert mehrfach den deutschen Nationalstolz verletzt hatte, konnte seiner Meinung nach die deutsche Einigung unter preußischer Hegemonie endgültig sichern. Bismarck war bei der Wahl seiner Mittel ein typischer preußischer Junker und Militarist der alten Schule, unterschied sich allerdings von vielen seiner Zeitgenossen dadurch, daß er genau die Chancen diplomatischen und militärischen Initiativen abwog und keinen Krieg begann, wenn er nicht von dessen Erfolg überzeugt war. Bismarck beherrschte die psychologische Vorbereitung eines sich nähernden Konflikts, verstand es, Frankreich in Europa politisch zu isolieren und *Kaiser der Franzosen* Napoleon III. die Verantwortung für einen möglichen Krieg zuzuweisen.

Die französische Politik bot Bismarck im Frühjahr 1870 im Zusammenhang mit der Kandidatur Prinz Leopolds von Hohenzollern-Sigmaringen auf den spanischen Thron die Gelegenheit, die deutsche Frage aus der drohenden Erstarrung zu lösen. Die Kandidatur wurde auf Druck Frankreichs zurückgezogen, doch rief der subtil durch Bismarck arrangierte Verlauf der Angelegenheit in Paris große Unzufriedenheit hervor, so daß der französische Gesandte Vincent Graf Benedetti persönlich dem in Bad Ems zur Kur weilenden König Wilhelm I. die Forderung seiner Regierung übergab, solche Kandidaturen hohenzollern-

37 Rudolf von Jhering in Briefe an seine Freunde. Leipzig 1913, S. 206.
38 L. von Muralt: Bismarcks Verantwortlichkeit. Göttingen 1955, S. 28.

scher Prinzen für die Zukunft auszuschließen, was der König in versöhnlichem Ton dezidiert ablehnte. Bismarck, durchaus wissend, daß die französische Regierung eine diplomatische Niederlage aus innenpolitischen Gründen nicht verkraften konnte, redigierte, was erst nach Jahren festgestellt wurde, die aus Bad Ems erhaltene, den Vorgang sachlich widergebende Depesche, indem *"er aus der ruhigen Ablehnung des Königs eine beleidigende Zurückweisung machte"*.[39] Bismarck *"kürzt den Text, zieht ihn in brutale und deutliche Sätze zusammen und formt ihn so mit einem Schlage um in eine Herausforderung Frankreichs gegenüber Preußen und in eine entrüstete Empörung Deutschlands gegen Frankreich"*.[40] Die Publikation der *Emser Depesche* verschärfte augenblicklich die Lage. Um einen innenpolitisch fatalen Prestigeverlust zu vermeiden, entschloß sich Kaiser Napoleon III. von Frankreich am 19. Juli 1870, Preußen den Krieg zu erklären.

Frankreich, als Aggressor moralisch und politisch in Europa isoliert, begann den Krieg ohne ausreichende Vorbereitung. Gegen den westlichen Nachbarn vereinten sich voll Kriegsenthusiasmus und Empörung alle deutschen Staaten unter der erfahrenen preußischen Führung: *"Anders als der Kabinettskrieg von 1866 war der preußisch-französische Krieg von 1866 [...] ein Krieg der modernen Technik und der Massenheere, [...] der die Schrecken des ungebändigten totalen Kriegs des kommenden Jahrhunderts bereits vorausahnen ließ."*[41] Die hervorragend präparierte preußische Armee entschied den Krieg zusammen mit ihren Verbündeten in zwei großen Schlachten bei Metz am 14.-18. August 1870 und bei Sedan, wo die französischen Hauptkräfte vollständig zerschlagen wurden und der Kaiser am 2. September 1870 in Gefangenschaft geriet. Der Sieg über Frankreich und der allgemeine gesamtdeutsche Enthusiasmus bewirkten, daß der von Bismarck ersehnte Moment zur Errichtung des *Deutschen Reiches* auf dem Wege der Verständigung mit allen deutschen Fürsten gekommen war. Kaiser Wilhelm I. war, ähnlich wie viele seiner hochkonservativen preußischen Untertanen, vom Gedanken der Reichsgründung nicht begeistert. Er glaubte, durch die Annahme des Titels *Deutscher Kaiser* - nicht *Kaiser Deutschlands*, sollte doch der Kaiser im Verhältnis zu den anderen deutschen Fürsten nur *primus inter pares* sein - mehr zu verlieren als zu gewinnen und fürchtete wie viele Junker, Preußen könnte im Deutschen Reich aufgehen, obgleich Bismarck bei der Reichsverfassung sehr bemüht war, solche Befürchtungen gegenstandslos zu machen und die Position Preußens - und damit auch die Position der preußischen Eliten - zu sichern.

Der deutsch-französische Krieg wurde mit dem am 26. Februar 1871 in Versailles und endgültig am 10. Mai 1871 in Frankfurt am Main unterzeichneten Friedensvertrag beendet. In diesem Diktatfrieden mußte Frankreich das Elsaß und Lothringen, die das vereinigte Deutschland als *Reichsland* annektierte, abtreten und hohe Kontributionen zahlen. Bei der Reichsgründung ignorierte Bismarck die gesellschaftlichen Faktoren: Das Deutsche Reich sollte als "ewiger

---

39 Schulze, a.a.O., S. 362.
40 Henri Hauser (1939), zitiert nach Muralt, a.a.O., S. 31.
41 Schulze, a.a.O., S. 362-363.

Bund" der legitimen deutschen Herrscher entstehen, die sich erst nach längerem Zögern besonders des bayerischen Königs dazu entschlossen, den preußischen König Wilhelm I. am 18. Januar 1871 im Spiegelsaal des Königschlosses von Versailles zum *Deutschen Kaiser* zu proklamieren.

Die Größe der Dynastie, die Größe des preußischen Staates und die Interessen des preußischen Junkertums und der preußischen Armee erstrahlten bei der feierlichen Proklamation des deutschen Kaiserreichs am 18. Januar 1871 im vollen Glanz. 170 Jahre nach der Krönung des ersten preußischen Königs wurde König Wilhelm I. von Preußen am dem symbolischen Tag der preußischen Dynastie *Deutscher Kaiser*.[42] Die Proklamation hielt der eiligst nach Versailles geholte Hofmaler Anton von Werner in einem Monumentalgemälde fest, das den Reichsgründungsakt als Verwirklichung der deutschen Wünsche durch das gemeinsame Werk von Fürsten, Diplomaten und Generälen idealisiert. Werners in der Wilhelmischen Ära sehr häufig reproduziertes Gemälde besetzte einen bedeutenden Platz in der deutschen Nationalmythologie.[43] Die Kaiserkrone des neuen Deutschland war nach den Worten Bismarcks durch Preußen auf den Schlachtfeldern errungen worden. Die Vereinigung Deutschlands auf der Grundlage der konservativen und militärischen Traditionen des alten Preußen, sollte weitreichende und unheilvolle Folgen für die Zukunft haben.

## 3. Die Kultur in Preußen im 19. Jahrhundert (bis 1871)

Die Kultur Preußens war - von den nationalen Minderheiten abgesehen - im 19. Jahrhundert noch stärker Teil der deutschen Kultur als in früheren Zeiten. Beschleunigt durch die neuen Kommunikationsmittel, bewirkten die ideologischen, wirtschaftlichen und politischen Voraussetzungen, daß die Einheit der deutschen Kultur wuchs und Partikularismen und die Grenzen zwischen den deutschen Einzelstaaten eine immer geringer werdende Rolle spielten. Die allgemeindeutsche Kulturentwicklung gewann in Preußen immer stärkere Bedeutung, zugleich gewann das kulturelle Leben Preußens immer größere Bedeutung für die gesamtdeutsche Kulturentwicklung, so daß für die Zeit nach 1871 gesonderte Überlegungen zur kulturellen Entwicklung Preußens wenig sinnvoll scheinen. Die deutsche Kultur der ersten und großenteils auch der zweiten Hälfte des 19. Jahrhunderts blieb eine Kultur der vielen Zentren: Berlin wurde erst nach und nach neben München, Wien, Frankfurt am Main und Hamburg zu einer Hauptstadt der deutschen Kultur, erreichte allerdings niemals eine Paris oder London vergleichbare Position. Die erste Hälfte des 19. Jahrhunderts war jedoch die große Epoche in der Geschichte der Kultur Berlins.[44]

---

42 Vgl. G. Seeber / H. Wolter: Mit Eisen und Blut. Die preußisch-deutsche Reichsgründung von 1870/71. Berlin 1981, S. 161f.

43 Vgl. den auf S. 380 abgebildten Ausschnitt.

44 Vgl. allgemein Preußen. Versuch einer Bilanz, Bd. 4; Preussen, Dein Spree-Athen. Beiträge zu Literatur, Theater und Musik in Berlin. Hrsg. von H. Kühn. Reinbek 1981; H. G. Pundt: Schinkels Berlin. Berlin 1980.

In der Reformzeit nach 1807 stand Preußen unter dem Einfluß von Spätaufklärung und Romantik. Dominant wurde die materielle und geistige Kultur des gebildeten und vermögenden Bürgertums, der Lebensstil und die Wohnkultur des Biedermeier.[45] Das vermögende, zugleich aber sparsamen preußische Bürgertum war mit Kleinem zufrieden und verband seinen kleinbürgerlichen Lebensstil mit einer sentimentalen romantischen Mentalität. In der ersten Hälfte des 19. Jahrhunderts waren romantische Reaktion und Gegenaufklärung verbreitet, glorifizierten Literatur und Geschichtsschreibung die Vergangenheit und popularisierten die Verteidigung der feudalen Privilegien. Die deutsche idealistische Philosophie, besonders der Hegelianismus, verteidigte die gesellschaftliche Position der herrschenden Eliten.

Trotz aller Beschränkungen von Freiheit und Bürgerrechten während der Restauration fanden in den dreißiger und besonders den vierziger Jahren die liberalen und demokratischen Strömungen ungewöhnlich starken Ausdruck in Literatur, Publizistik und Wissenschaft. Erst der Übergang zur konstitutionellen Monarchie schuf trotz der fortgesetzten Versuche, die Kunst- und die Meinungsfreiheit zu behindern, günstigere Bedingungen für die Kulturentwicklung. In den sechziger und siebziger Jahren wurden dagegen nationalistische und chauvinistische Tendenzen sowie die verstärkte Indoktrination der Gesellschaft im Geiste der preußischen Ideologie unverkennbar. Seit der Mitte des 19. Jahrhunderts gewannen mit dem gewaltigen Wirtschaftswachstum und den Fortschritten in Technik und Zivilisation positivistische Kulturströmungen wie Naturalismus und Realismus in der Literatur und der Realismus in den bildenden Künsten an Bedeutung. Doch blieben auch nach 1871 die Einflüsse der Romantik und der deutschen idealistischen Philosophie im gesamten Geistesleben charakteristisch. Von grundsätzlicher Bedeutung für das Ansehen Preußens in Deutschland und in der Welt war die Entfaltung der modernen Wissenschaften. Das Ansehen Preußens im deutschen Geistesleben profitierte von den Leistungen der preußischen Universitäten, die trotz Polizeikontrolle und Repression bereits vor 1848 in Naturwissenschaft und Technik, vor allem aber in Geisteswissenschaften wie Rechtswissenschaft, Philosophie, Philologie und Geschichtsschreibung, an der Spitze des intellektuellen Lebens standen.

Grundlage der preußischen wirtschaftlichen und kulturellen Erfolge bildeten war die Entwicklung des Bildungssystems und die Verbreitung der Schriftkultur als Ergebnis der allmählichen Beseitigung des Analphabetismus. Das preußische Schulwesen florierte trotz der politischen Beschränkungen während der Restauration gerade im Volksschulwesen, und das preußische Gymnasium wurde nach der von Wilhelm von Humboldt initiierten neuhumanistischen Bildungsreform berühmt in ganz Europa.[46] Ein Verdienst der preußischen Regierung war die fast vollständige Durchsetzung der allgemeinen Schulpflicht in der ersten Hälfte

---

45 I. Wirth: Berliner Biedermeier. Berlin 1972, S. 7f.

46 Vgl. M. Kraul: Gymnasium und Gesellschaft im Vormärz. Neuhumanistische Einheitsschule, Städtische Gesellschaft und soziale Herkunft der Schüler. Göttingen 1980; F. Meyer: Schule der Untertanen. Lehren und Politik in Preussen 1848-1900. Hamburg 1976.

des 19. Jahrhunderts. Bereits vor 1871 war Preußen führend in der Bekämpfung des Analphabetentums; um 1880 war - ausgenommen die ältere Generation, und hier vor allem Frauen - der Analphabetismus beseitigt. Besonders nachhaltig der Erfolg hier - sicherlich gerade wegen der Germanisierungspolitik der Regierung - in der Provinz Posen, die unter den Rekruten des Jahres 1841 noch 41 % Analphabeten zählte, 1868 dagegen nur noch 18 % - bei einem auf den Gesamtstaat bezogenen Durchschnitt von ca. 4 % vor 1871. Im damaligen Böhmen erreichte der Anteil der Analphabeten unter den Rekruten 40 % und selbst im eigentlichen Österreich 20 %.

Nach 1819 wurden weitergehende Reformentwürfe zurückgezogen, und die lokalen und die kirchlichen Einflüsse im Schulwesen blieben enorm. Die quantitativen Erfolge des preußischen Bildungssystem können seine Mängel nicht verdecken. Die Bildung in Preußen hatte weiterhin einen ausgeprägten Klassencharakter: Für die Kinder der nichtprivilegierten Schichten war die Volksschule vorgesehen, Kinder des Bürgertums und des Adels besuchten vor allem das Gymnasium. In den zwanziger und dreißiger Jahren des 19. Jahrhunderts erlangten die Konservativen in Bildungsfragen das Übergewicht, die die Inhalte des Schulunterrichts den vom Staat bestimmten gesellschaftlichen Normen anpaßten: eine neue Form gesellschaftlicher Disziplinierung und Mentalitätsformung. Volksschule und Gymnasium spielten dabei eine bedeutende Rolle.[47]

Im 19. Jahrhundert wurden die preußischen Universitäten trotz Schwierigkeiten in der Restaurationszeit mit der von Wilhelm von Humboldt postulierten Einheit von Lehre und wissenschaftlicher Forschung zum Modell für fast die gesamte zivilisierte Welt. In der ersten Hälfte des 19. Jahrhunderts studierte die Mehrzahl der deutschen Studenten an den preußischen Universitäten Berlin, Breslau (gegründet 1811), Bonn (gegründet 1818) und Halle: *"Gerade die preußische Universität und die preußische Rolle im Universitätswesen haben die Attraktivität Preußens ganz vital gegenwärtig gehalten und verstärkt."*[48] Die Universitäten trugen Preußen den Ruf eines Staates mit einer unabhängigen, weltweit führenden Wissenschaft ein. In der angelsächsischen Welt übernahmen deshalb liberale und konservative Historiker Thesen, die Ausdruck der Glorifizierung der preußischen Mission in der Geschichte bzw. des deutschen Nationalismus im Geschichtsbild waren. Das Prestige der Wissenschaften in Preußen profitierte im frühen 19. Jahrhunderts davon, daß die beiden bedeutendsten deutschen Philosophen der Zeit, Kant und Hegel, in Preußen lehrten und die für die Herausbildung der preußischen Mentalität besonders wichtigen moralischen Haltungen formulierten. Die Lehre Hegels stellte "eine Art preußische Staatsphilosophie" dar, und die Ethik Kants beeinflußte nicht nur die Reformgeneration von 1807. Karl Marx entwickelte seine Philosphie in der Auseinandersetzung mit Hegel, und ohne dessen Dialektik wäre auch das Werk Friedrich Engels' und Ferdinand Lassalles undenkbar.

---

47 Vgl. L. O'Boyle: Klassische Bildung und soziale Struktur in Deutschland zwischen 1800 und 1848. In: Historische Zeitschrift 207, 1967, S. 607f.

48 T. Nipperdey, a.a.O., S. 480.

Für das politische Leben in Preußen und Deutschland, für die Entstehung des *Preußentums*, der preußischen Mentalität und der preußischen Ideologie, war die deutsche Historiographie, die im hohen Maße eine preußische Historiographie war, ausschlaggebend - nicht weil sie in Preußen oder durch Preußen geschaffen wurde, sondern weil sie das Interesse des preußischen Staates zum Ausdruck brachte und die Legende der Rolle Preußens für Deutschland schuf. Den Kreisen der preußischen Konservativen entstammten die bedeutendendsten Vertreter der Geschichtswissenschaft wie Leopold von Ranke (1795-1886) oder der Begründer der Historischen Rechtsschule, Friedrich Karl von Savigny (1799-1861), der nicht nur Gelehrter, sondern auch preußischer Minister war. Zwischen 1840 und 1870 wurde die Geschichtswissenschaft in Preußen zu einer wahren Macht im wissenschaftlichen und gesellschaftlichen Leben. Die Gelehrten der *preußischen Schule* bereiteten wissenschaftlich und publizistisch die politische Vereinigung Deutschlands vor; durch die Heroisierung der preußischen Geschichte festigten sie auf lange Zeit das Dogma der *deutschen Berufung* Preußens.[49] Johann Gustav Droysen, Heinrich von Sybel und vor allem Heinrich von Treitschke waren die Hauptpropagandisten der Vereinigung der deutschen historischen Tradition mit dem deutschen Nationalismus. Wenn auch viele von ihnen vor 1871 Liberale waren, setzten doch alle angesichts der Erfolge Bismarcks auf die Karte der Vereinigung Deutschland von oben unter preußischer Hegemonie.

Kunst und Literatur spielten im 19. Jahrhundert im Leben der gebildeten Bürger eine bedeutende Rolle. Snobismus oder auch bürgerliches Philistertum änderten nichts daran, daß Kunst und Literatur wie niemals zuvor zum Objekt des breiten gesellschaftlichen Interesses wurden. Eigenständig entwickelten sich in Preußen in der Zeit von Klassik und Romantik Architektur und Plastik, die das künstlerische Klima in der ersten Hälfte des 19. Jahrhunderts bestimmten; bis zur Jahrhundertmitte gingen sie in eine eklektische, immer weniger originelle zeitspezifische Großstadtarchitektur über, die durch Verwaltungsgebäude und großbürgerliche Wohngebäude geprägt wurde. Das 19. Jahrhundert war in Deutschland in hohem Maße ein Jahrhundert der Musik, der Konzerte, der Opernaufführungen, der Chormusik. Preußen nahm daran beachtlichen Anteil, und die Musikkultur Berlins wurde seit Beginn des 19. Jahrhunderts führend im damaligen Deutschland. Den preußischen Beitrag repräsentieren Namen wie E.T.A. Hoffmann oder Felix Mendelsohn-Bartholdi. Besonders unter Friedrich Wilhelm IV. wurde Berlin zu einem Zentrum des kulturellen Lebens, der Kunstinstitutionen, Museen, Theater. Die Kultur wurde zum Symbol der vermögenden Bourgeoisie, und das Ansehen von Wissenschaft und Kunst wurde im 19. Jahrhundert erstmals Teil des Sozialprestiges. Die Zeit Bismarcks und Wilhelms II. mit ihrer schweren, oft geschmacklosen Monumentalarchitektur, hat Eleganz, Anmut und intellektuelle Leichtigkeit der Berliner Romantik und des Biedermeier überdeckt.

---

49 Vgl. G. G. Iggers: Deutsche Geschichtswissenschaft. Eine Kritik der traditionellen Geschichtsauffassung von Herder bis zur Gegenwart. München 1971, S. 120.

Die Restaurationszeit war trotz des politischen Drucks eine Blütezeit des Berliner Salons. Hier blieb der Zensor wirkungslos, wenn die bürgerlichen Intellektuellen das Gespräch mit dem aristokratischen, vermögenden und eleganten Berlin fanden. Zu Beginn des Jahrhunderts führte Henriette Herz den berühmtesten Berliner Salon, in dem Romantiker wie die Brüder Schlegel und Schleiermacher mit den letzten Vertretern der Berliner Aufklärung zusammentrafen. Hier verkehrte Rahel Levin, später Ehefrau des Publizisten Karl August Varnhagen von Ense, die bald selbst den in der ersten Jahrhunderthälfte berühmtesten Salon Berlins eröffnete, zu dem der gebildete Adel wie die jüdische Plutokratie Zutritt hatte und in dem der junge Heinrich Heine wie der Historiker Ranke oder der Hegelianer Eduard Gans verkehrte. Die Berliner Salons waren mit ihrer Atmosphäre ungezwungener Diskussion ein wichtiges Element des kulturellen Lebens.[50] Der Salon Bettines von Arnim war in den dreißiger Jahren eine Kultstätte der demokratischen Opposition und ein lebendiges Zentrum propolnischer Sympathien in Berlin. Das erste Viertel des 19. Jahrhunderts war in Berlin reich an herausragenden Frauen: Neben Rahel, Bettine von Arnim und Karoline von Humboldt (der Ehefrau Wilhelm von Humboldts, die selbst einen bekannten Salon führte) sind hier unter vielen anderen Dorothea Schlegel, Karoline Böhmer, Therese Huber (ihr erster Ehemann war der revolutionäre Schriftsteller und Gelehrte Georg Forster) zu nennen. Man hat gesagt, die gute Berliner Gesellschaft verdanke Rahel die Vermählung mit dem Intellekt. Bürgerliche Dichter, Dramatiker und Musiker gewannen damals in einer Welt weiterhin halbfeudaler Werte Ansehen dank des modernen Mäzenatentum dieser Salons.[51]

Zur ersten Generation der Berliner literarischen Romantik gehören Friedrich und August Schlegel, Achim von Arnim, Clemens Brentano und Ludwig Tieck, in deren Werk sich reaktionäre, konservative, aber auch revolutionäre und nationale Haltungen überschnitten. Zu Beginn des Jahrhunderts war Berlin die Hauptstadt der preußischen Romantik, die das Mittelalter glorifizierte und sich durchaus für Elemente der feudalen Epoche begeisterte. Die Berliner Romantik wird vor allem durch E.T.A. Hoffmann (1776-1822) repräsentiert, den Dichter, Musiker und Romanschriftsteller, der für seinen Lebensunterhalt als preußischer Beamter u.a. im "südpreußischen" Warschau arbeiten mußte, aus von wo er mit freundschaftlichen Gefühle für die polnische Sache und Abneigung gegen die preußische Bürokratie schied. Ein Schriftsteller voller Melancholie, war er unfähig zur Tat, obwohl er sehr kritisch den preußischen Verhältnissen gegenüber war, vor denen er in das Reich der Phantasie floh. Unter den Autoren, die damals an Preußen litten, gehörte auch der Dichter aus dem Junkerstand, Heinrich von Kleist (1777-1811); in der Gesellschaft, die seine Ideale nicht teilte, tragisch vereinsamt, verübte er Selbstmord. Er war der damals führende deutsche Dramatiker und der Schöpfer der deutschen Novelle. In der Tradition des friderizianischen Preußen und der Ideale der preußischen Armee, beobachtete er die

50 Vgl. H. Scurla: Begegnungen mit Rahel. Der Salon Rahel Levin. Berlin 1962.
51 Vgl. E. Heilborn: Zwischen zwei Revolutionen. Der Geist der Schinkelzeit (1789-1848). Berlin 1927, S. 101-104.

ihn umgebende soziale und politische Realität mit tiefer Skepsis.[52] Sein Drama »Prinz von Homburg« war der vergebliche Versuch, optimistisch an die preußische Tradition anzuknüpfen: *"Dem preußischen Junker Kleist ist die preußische Wirklichkeit bis zum Ende als eine seelen- und gnadenlose erschienen"*.[53]

Ein anderer Adliger, der aus Oberschlesien gebürtige Joseph von Eichendorff (1788-1857), war ein spätromantischer Lyriker, der intime Themen aus individueller Sicht aufgriff. Adalbert von Chamisso (1781-1838) war ein typisch romantischer Dichter der zwanziger und dreißiger Jahre, der reaktionäre Tendenzen verwarf und revolutionäre Ideale ausdrückte. In seinen Werken unterstützte er den griechischen und den polnischen Freiheitskampf; in seinen Balladen drückte er volkstümliche Stimmungen und Gefühle aus. Der seit dem Tode Goethes (1832) bedeutendste deutsche Dichter, Heinrich Heine (1797-1856), war einer der ausdauerndsten Kritiker der preußischen Verhältnisse und der preußischen Reaktion, die er satirisch zeichnete und leidenschaftlich in seiner Publizistik bekämpfte. Besonders in der Literatur des *Jungen Deutschland* kamen in den dreißiger und vierziger Jahren in Poesie und Drama demokratische, revolutionäre und liberale Tendenzen zu Wort. Unter den "Sängern der Revolution" der vierziger Jahre in Preußen spielte Ferdinand Freiligrath (1810-1876) eine wichtige Rolle. Seit 1844 nahm er eine entschieden liberale Haltung ein und verkündete 1846 mit der Gedichtsammlung »Ça ira« demokratische und revolutionäre Ideale. Der größte Feind des preußischen Militarismus und Junkertums in der Jahrhundertmitte war Georg Herwegh (1817-1875), der im Kampf für die demokratischen Ideale von 1848 zum engagierten Schriftsteller der Arbeiterbewegung wurde. Viele Jahre verbrachte er in der Verbannung und attackierte die Politik Bismarcks als Unglück für Preußen und Deutschland. In der Jahrhundertmitte setzte sich der realistische Roman durch. In jungen Jahren auch Balladendichter, wurde Theodor Fontane (1819-1898), der herausragende deutsche Realist und, vielleicht der preußischste der bedeutenden Autoren des 19. Jahrhunderts, der führende Romanschriftsteller der zweiten Jahrhunderthälfte. Dem Kleinbürgertum entstammend, schuf er Werke voll Reminiszenz an die adligen Linien der preußischen Tradition, was ihn besonders in seinem Spätwerk nicht hinderte, mit dem Gefühl der sozialen Notwendigkeit deren grotesken Formen in der Gesellschaft Bismarcks und Wilhelms II. und die Apologeten des modernen Junkertums zu kritisieren. In nostalgischem Ton idealisierte Fontane die Mark Brandenburg und ihre historische Tradition.[54] Eine andere Art Preuße, nationalistisch, antisemitisch und antipolnisch, war der populäre Romanschriftsteller Gustav Freytag (1816-1895), der wesentlich zur Verbreitung für die preußische Geschichtsauffassung typischer historischer Stereotypen beitrug. Sein ungewöhnlich suggestiver Roman »Soll und Haben« (1854) wies neben antisemiti-

---

52 Vgl. M. Fischer: Heinrich von Kleist. Der Dichter des Preußentums. Stuttgart-Berlin 1916.

53 F. Apel: Mißglückte Identifikation. Der preußische Traum und das preußische Trauma bei Heinrich von Kleist. In: Preussen - Versuch einer Bilanz, Bd. 4, S. 85.

54 Vgl. K. Attwood: Fontane und das Preußentum. Berlin 1970; H. Ritscher: Fontane. Seine politische Gedankenwelt. Göttingen 1953.

schen auch antipolnische Tendenzen auf. Die 40 allein im 19. Jahrhundert gedruckten Auflagen trugen dazu bei, die ideologische Basis für den Kampf gegen das preußische Polentum zu verbreiten.[55]

Preußen leistete auch seinen Beitrag zur bildenden Kunst.[56] Bestimmt wurde die Architektur der Zeit durch Karl Friedrich Schinkel (1781-1841), den Hauptschöpfer der Prachtbauten an der Berliner Allee *Unter den Linden* (*Neue Wache* 1818, *Schauspielhaus* 1821, *Altes Museum* 1828, *Nicolai-Kirche* in Potsdam 1837). In seinem Werk vereinigte er unterschiedliche Stile: Er war ein Romantiker, der sich für die Neugotik begeisterte, vor allem verlieh er aber den repräsentativen Bauten Berlins eine klassizistische Form, schuf strenge, monumentale Bauten voller Einfachheit und Kraft. In seinem Umfeld entstand der preußische Klassizismus der ersten Hälfte des 19. Jahrhunderts. Weiterhin wirkte der klassizistische Bildhauer Johann Gottfried Schadow (1764-1850), den man den "Brandenburger mit griechischer Seele" genannt hat. Der deutsche Neuhumanismus, besonders die Wiederentdeckung der griechischen Kultur, prägte die preußische Kultur des 19. Jahrhunderts enorm. Die Pflege der Tradition des klassischen Altertums wurde mit großem Eifer durch die preußischen Gymnasien kultiviert. Der Bildhauer Christian Rauch (1777-1857) brachte mit seinen Werken den Geist der preußischen Geschichte am stärksten im Denkmal Friedrichs des Großen und im Grabmal der Königin Luise zum Ausdruck; mit den Denkmälern der preußischen Generäle Blücher, Scharnhorst, Gneisenau und Yorck von Wartenburg schuf er ein Museum preußischer Größe im Krieg 1813. In der zweiten Jahrhunderthälfte herrschte in der Architektur dagegen die eklektizistische Mischung historischer vor.

Die romantische Landschaft und das intime Portrait des bürgerlichen Biedermeier entwickelten sich neben der historischen und akademischen Malerei, die seit Mitte des Jahrhunderts zu überwiegen begann. Der bedeutendste Maler war Caspar David Friedrich (1774-1840), dessen stimmungsvolle romantische Landschaften von jedem Realismus weit entfernt waren. Der wichtigste Maler der zweiten Jahrhunderthälfte war Adolph von Menzel (1819-1905), in dessen umfangreichem Werk sich historische Gemälde über die großen historischen Ereignisse der preußischen Geschichte gehören und der Graphikzyklus über Taten und Werke Friedrichs des Großen.[57] Zugleich ignorierte Menzel keineswegs die soziale Problematik der Zeit: Als erster deutscher Maler verleih er in dem Gemälde *Das Eisenwalzwerk* der Industriearbeit und den Mühen der Arbeiter Ausdruck.

---

55 Vgl. M. Schneider: Geschichte als Gestalt. Gustav Freytags Roman "Soll und Haben". Stuttgart 1980.

56 Börsch-Supan, a.a.O.

57 Daraus die Abbildungen auf S. 187 und 228; vgl. I. Kleberger: Preuße, Bürger und Genie - Adolph Menzel. Berlin 1981.

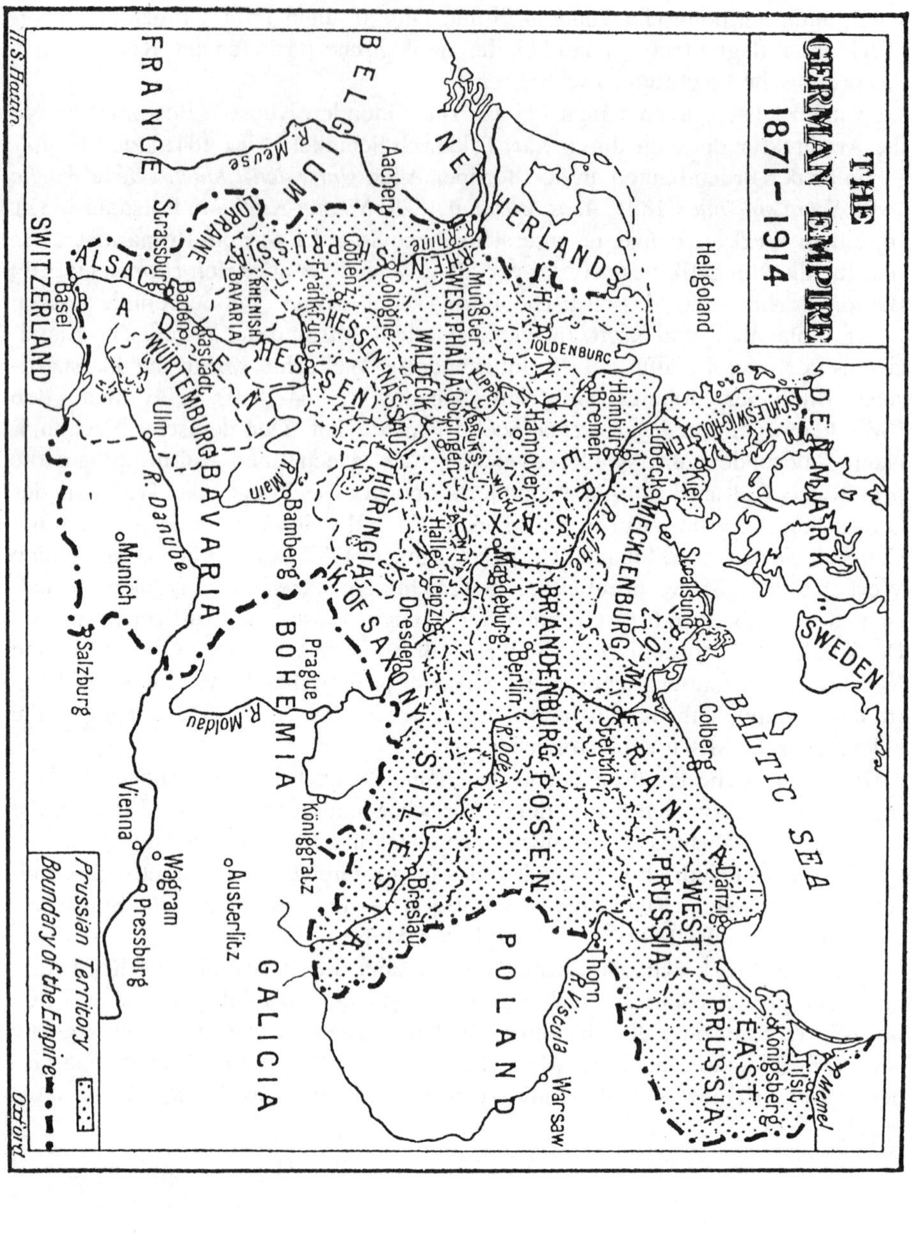
THE GERMAN EMPIRE 1871-1914
Prussian Territory
Boundary of the Empire
DENMARK
SWEDEN
BALTIC SEA
NETHERLANDS
BELGIUM
FRANCE
SWITZERLAND
BOHEMIA
GALICIA
POLAND
EAST PRUSSIA
WEST PRUSSIA
POMERANIA
BRANDENBURG
POSEN
SILESIA
K. OF SAXONY
THURINGIA
BAVARIA
WÜRTEMBURG
BADEN
ALSACE
LORRAINE
RHENISH BAVARIA
HESSEN
HESSEN-NASSAU
WALDECK
WESTPHALIA
RHENISH PRUSSIA
HANOVER
OLDENBURG
MECKLENBURG
SCHLESWIG-HOLSTEIN
Heligoland
Hamburg
Bremen
Lübeck
Kiel
Stralsund
Colberg
Stettin
Danzig
Königsberg
Tilsit
R. Memel
Thorn
R. Vistula
Warsaw
Berlin
R. Oder
Breslau
Magdeburg
Hanover
Göttingen
Münster
Lippe
Halle
Leipzig
Dresden
Prague
R. Moldau
Königgratz
Austerlitz
Wagram
Pressburg
Vienna
Salzburg
Munich
R. Danube
Ulm
Rastadt
Strassburg
Basel
Bamberg
R. Main
Frankfurt
Coblenz
Cologne
Aachen
R. Rhine
R. Meuse
H.S. Hattin
Oxford

# VI.
# Preußen im Deutschen Reich
1871-1918

*Die Geschichte Deutschlands war in der Zeit des Kaiserreichs eigentlich die Geschichte Preußens.*
Jerzy Krasuski

## 1. Das Deutsche Reich und Preußen: Verfassungstheorie und -wirklichkeit

Am 14. April 1891 sagte der *Eiserne Kanzler* Otto von Bismarck in seinem Alterssitz Friedrichsruh: "*Die Einigung Deutschlands war eine konservative Tat, und ich stehe mit reinem Gewissen in vor jedem Examen, das mir darüber auferlegt werden könnte.*"[1] Das war, auch wenn sonst Aussagen des gewieften Taktikers Bismarck sehr kritisch zu prüfen sind, die historische Realität: Deutschland wurde durch die Einigung der deutschen Fürsten vereinigt, die Bismarck unter dem Druck des siegreichen Krieges erfolgreich herbeigeführt hatte. Er hatte alles getan, um die Interessen des preußischen Staates, der Hohenzollerndynastie und des preußischen Junkertums zu wahren und in der von ihm eigenhändig konzipierten Verfassung abzusichern. Deutschland wurde also mit der preußischen Methode durch *Eisen und Blut* vereinigt, aber ebenso durch Stahl und Kohle, in keinem Fall aber auf demokratisch-parlamentarischem, durch die Volkssouveränität legitimiertem Weg, sondern durch diplomatische Verträge zwischen den deutschen Fürsten. Der demokratische Dichter Georg Herwegh warnte 1871 auf die Nachricht über die Vereinigung Deutschlands hin seine Landsleute, die *Wacht am Rhein* genügte nicht, der schlimmste innere Feind der deutschen Nation stünde an der Spree... In der historischen Forschung ist umstritten, ob Preußen nach 1871 in das Gebäude des Deutschen Reiches "eingeschmolzen" worden ist, so daß seine eigene, gesonderte Geschichte damit beendet gewesen wäre, oder ob nicht die Hegemonie Preußens im Deutschen Reich die genau entgegengesetzte Wirkung gehabt hat. Seit 1918 und besonders seit 1945 wollte vor allem die borussische Schule der preußischen Historiographie die *eigentliche* Geschichte Preußens mit dem Jahr 1871 enden lassen.[2] Nach der Verfassungs- und der politischen Praxis sind in dem knappen halben Jahrhundert der Existenz des Kaiserreichs von 1871 zwei Perioden zu unterscheiden, was die Stellung Preußens im Deutschen Reich betrifft: die Ära Bismarck sowie die Zeit der *persönlichen Regierung* Wilhelms II. (1888-1918), die mit der Entlassung Bismarcks am 20. März 1890 begann und erst während des Ersten Weltkriegs von einer Art Militärdiktatur abgelöst wurde.

---

1 Zitat nach H. J. Schoeps: Das war Preußen. Zeugnisse der Jahrhunderte. Eine Anthologie. 3. Aufl. Berlin 1968, S. 31.

2 Vgl. oben S. 20.

Das neuentstandene Deutsche Reich umfaßte 540 858 $km^2$, wovon 64 %, das heißt 348 780 $km^2$, auf den preußischen Staat entfielen. Die Bevölkerung des gesamten Reiches zählte damals 41 058 Millionen Menschen, davon 24 691 Millionen (60 %) in Preußen. Im Deutschen Reich hatte sich europäische Großmacht mit einer beträchtlichen Anzahl mittlerer und kleiner deutscher Staaten zusammengeschlossen, die selbst als Ganzes kein ausreichendes Gegengewicht gegen das einheitlich regierte Preußen bilden konnten. Bundesstaaten des Reiches waren vier Königreiche (Preußen, Bayern, Sachsen, Württemberg), sechs Großherzogtümer, zwölf Herzogtümer und die Freien Hansestädte Bremen, Hamburg und Lübeck. Zum Reich gehörte als *Reichsland* auch das von Frankreich 1871 eroberte Elsaß-Lothringen.

Das Deutsche Reich war keine Fortsetzung oder Erweiterung des Norddeutschen Bundes, auch wenn dessen Verfassungsstrukturen übernommen wurden. An seiner Spitze stand der *Deutsche Kaiser*: *"Das Präsidium des Bundes steht dem Könige von Preußen zu, welcher den Namen Deutscher Kaiser führt,"* bestimmte § 11 der Verfassung. Anfänglich ging der Streit darum, ob sein Titel *Kaiser der Deutschen*, was national und demokratisch klang, oder *Kaiser Deutschlands*, was eine deutliche Höherstellung des Kaisers über die anderen Herrscher des Reiches impliziert hätte, sein sollte. Schließlich wurde die farblose und neutrale Formulierung *Deutscher Kaiser* gewählt. Während der feierlichen Kaiserproklamation in Versailles ertönten - ohne Präzisierung des Titels - Hochrufe zu Ehren "Kaiser Wilhelms".

Selbstverständlich geriet Preußen nach der Reichsgründung in ein neues Netz wechselseitiger Abhängigkeiten und in Situationen, die es vor 1871 nicht gekannt hatte, doch war ein Merkmal des durch Preußen geschaffenen zweiten Deutschen Reiches seine hochgradige Unterordnung unter den mächtigsten Bundesstaat - Preußen: *"Das Reich [blieb] ein Hegemonialstaat in den Formen eines Bundesstaates, und diese verfassungsmäßig garantierte Hegemonie lag eindeutig bei Preußen".*[3] Die preußische Hegemonie war nicht durch die Verfassung oder Rechtsvorschriften, die Preußen die Vormacht gegenüber den anderen Bundesstaaten des Reiches gesichert hätten, begründet, sondern beruhte auf dem tatsächlichen Übergewicht und der unverrückbaren Führungsrolle Preußens. Preußen dominierte im Reich, denn *"Preußen trat in das Reich nicht ein, um sich als geschichtliche Macht aufzugeben, sondern um sich zu vollenden"*[4]. Umstritten ist, ob der preußische Ministerpräsident als Reichskanzler und die preußischen Beamten als Funktionsträger des Reiches eher im Interesse Preußens als im Reichsinteresse gehandelt haben. Zumindest haben sie sich zwischen 1871 und 1918 nicht am demokratischen Potential der Reichsverfassung oder der süddeutschen Staaten orientiert, sondern haben die Reichsinnen- und die Reichsaußen-

3 R. Dietrich: Kleine Geschichte Preußens. Berlin 1966, S. 232; vgl. allgemein M. Stürmer: Regierung und Reichstag im Bismarckreich 1871-1880. Cäsarismus oder Parlamentarismus. Düsseldorf 1974, S. 42f.

4 Huber, a. a. O., Bd. 3, S. 798.

politik vor allem im Interesse der besitzenden Klassen und der Herrschaftseliten Preußens geführt.

Die Verfassung des Deutschen Reiches war vor allem ein Werk Bismarcks. Sie sicherte den einzelnen Bundesstaaten erhebliche innere Selbständigkeit, gab aber zugleich Preußen das entscheidende Übergewicht auf der Reichsebene. 1871 waren unitaristische Bestrebungen und Zentralismus mit liberalen, antipreußischen Konzeptionen verbunden gewesen, hatte sich dagegen der siegreiche Föderalismus nicht nur in Preußen mit der Forderung der Konservativen nach Bewahrung der Identität des jeweiligen Landes durch weitgehende Selbstverwaltung in Einklang befunden. Die von Bismarck durchgesetzte Handlungsfreiheit in inneren Angelegenheiten der Bundesstaaten - und damit auch Preußens - begrenzte allerdings mittelbar das Ausmaß der preußischen Hegemonie in der letztendlich lockeren Struktur des Reiches.

Gegen diese Grundsätze tendierte die Praxis - auch gegen die preußischen Verhältnisse und die preußischen Konservativen - zur staatlichen Vereinheitlichung des Reiches. Preußen spielte im Reich eine Doppelrolle als Verteidiger der eigenen Selbständigkeit und als Vormacht. Vorrangiger Nutznießer jeder Erweiterung der Reichskompetenzen war andererseits "*in Wahrheit [...] Preußen kraft dieser Doppelstellung das Bindeglied innerhalb des unitarisch-partikularstaatlichen Spannungsfeldes*"[5]. Aus dieser Perspektive garantierte war die preußische Hegemonialstellung gewissermaßen das Gleichgewicht der Strukturen des Reiches. Die Kaiserproklamation am 18. Januar 1871 in Versailles hatte vor allem politisch-symbolische Bedeutung. Die endgültige Zustimmung der süddeutschen Staaten erfolgte nach Widerstand Bayerns erst am 30. Januar 1871. Am 3. März 1871 wurde das traditionsgemäß *Reichstag* genannte Parlament des neuen Reiches gewählt, das am 16. April 1871 die Verfassung beschloß, die am 4. Mai 1871 in Kraft trat.

Das Deutsche Reich ein recht spezifischer Bundesstaat. Die Grundsatzfrage war, ob das Reich ein Staatenbund war, innerhalb dessen die staatliche Souveränität bei den einzelnen Bundesstaaten verblieben war - oder aber ob das Reich als Ganzes die Souveränität ausübte.[6] Für den Verfassungshistoriker Ernst Rudolf Huber hatte das Deutsche Reich eine ambivalente Natur: "*Es war gleichzeitig ein Bund seiner 25 Gliedstaaten und ein der Staat der Deutschen Nation.*"[7] Nach dem damals führenden Staatsrechtler Paul Laband, dessen Auffassungen Bismarck folgte, stand die Souveränität den Bundesstaaten gemeinsam zu und wurde im Bundesrat verkörpert. Huber dagegen meint, daß durch die Verbindung von föderativen und zentralistischen Elementen in der Reichsstruktur ein Staat mit eigener Souveränität oberhalb der Bundesstaaten entstanden ist: "*In Wahrheit beruhte das Bismarcksche Bundesstaatssystem auf der eindeutigen*

---

5 Huber, a. a. O., Bd. 3, S. 780.

6 Vgl. H. O. Binder: Reich und Einzelstaaten während der Kanzlerschaft Bismarcks 1871-1890. Tübingen 1971, S. 3f. sowie allgemein zum Einigungsprozeß Jakóbczyk, a. a. O., S. 192-214.

7 Huber, a. a. O., Bd. 3, S. 791.

*Überordnung des Reichs über die Länder.*"[8] Der *Deutsche Kaiser* war jedenfalls nur *primus inter pares* unter den Herrschern des Reiches. Im Dualismus zwischen Reich und Bundesstaaten verkörperte das Reich die Föderation der Bundesstaaten und den den Bundesstaaten übergeordneten Gesamtstaat mit eigenen Hoheitsrechten. Trotz der Kompetenzteilung zwischen Bundesstaaten und Reich gab es Aufteilung der Souveränität, die nach dieser in der Wissenschaft weit verbreiteten Auffassung beim Reich lag. Dem widerspricht die ausschließende Aufzählung der Reichskompetenzen in der Verfassung, aus der sich ergab, daß alle übrigen Kompetenzen, die wesentlich ursprünglichen Charakters waren, bei den Bundesstaaten verblieben.

Insbesondere fiel die Regelung der inneren Verfassungsprinzipien in die Regelungskompetenz der Bundesstaaten. Sie waren völlig frei hinsichtlich der Regelung ihres jeweiligen politischen Systems und bei der Entscheidung über ihre inneren Angelegenheiten, soweit diese nicht in die von der Reichsverfassung bestimmte Reichskompetenz fielen. Vor allem Verwaltungsrecht und Verwaltungsorganisation blieben traditionell oder entwickelten sich differenziert nach Bundesstaaten. Das politische System des größten Bundesstaates, Preußen, unterschied sich vom dadurch Reich, daß in Preußen unverändert die Verfassung von 1850 mit ihrer starken Königsmacht und dem undemokratischen Zensuswahlrecht, das - in krassem Widerspruch zu den Prinzipien des Reichstagswahlrechts und ohne Konzessionen an Demokratie und Liberalismus - den preußischen Junkern ihre parlamentarische Mehrheit sicherte, bis zum Ende der Monarchie 1918 verbindlich blieb. Preußen bildete auf diese Weise unter den Staaten des Deutsche Reiches eine deutliche Enklave.

Zu den - mit der Zeit besonders im Zuge der Rechtsvereinheitlichung ständig erweiterten - Reichskompetenzen (§ 4) gehörten der Erlaß von für das Reichsgebiet verbindlichen Gesetzen, insbesondere im Bereich der Rechtsvereinheitlichung, Zivil- und Strafrecht, Außenpolitik, daneben Zölle und Verbrauchssteuern, Eisenbahn, Schiffahrt, Post- und Telegraphenwesen, das Militärwesen (Bayern, Sachsen und Württemberg war die Selbständigkeit ihrer Armeen in Friedenszeiten unter der Bedingung gewährt worden, daß sie diese im Falle eines militärischen Konflikts der preußischen Führung unterstellten), die Kriegsflotte, Angelegenheiten der Kolonien und von Elsaß-Lothringens, schließlich Münze, Maße und Gewichte, die Reichsbank, Patent- und Versicherungsrecht. Die Reichsgesetzgebung wurde "*ausgeübt durch den Bundesrat und den Reichstag. Die Übereinstimmung der Mehrheitsbeschlüsse beider Versammlungen ist zu einem Reichsgesetz erforderlich und ausreichend*" (§ 5). Der Bundesrat besaß zahlreiche Sonderbefugnisse. Er erließ nicht nur die Ausführungsbestimmungen zu den Reichsgesetzen, sondern wirkte auch bei den Entscheidungen über eine mögliche Reichsexekution gegen "*Bundesglieder*", die "*ihre verfassungsmäßigen Bundespflichten nicht erfüllen*" (§ 19), internationale Verträge und Kriegserklärungen

8 Huber, a. a. O., Bd. 3, S. 795.

mit. Das Recht, *"das Reich völkerrechtlich zu vertreten, im Namen des Reichs Krieg zu erklären und Frieden zu schließen, Bündnisse und andere Verträge mit fremden Staaten einzugehen, Gesandte zu beglaubigen und zu empfangen"* (§ 11), stand ausschließlich dem Kaiser zu. Bei der Gesetzgebung des Reiches wirkten die Bundesstaaten über den Bundesrat mit. Reichsgesetze brachen das Recht der Bundesstaaten, doch konnte das Reichsrecht nur im Bereich der ausschließlichen Reichskompetenzen greifen, so daß zwar die Souveränität der Bundesstaaten eingeschränkt war, diese aber doch den Charakter der Staatlichkeit bewahrten.

Organe des Reiches waren nach der Verfassung der *Bundesrat* "aus den Vertretern der Mitglieder des Bundes" (§ 6), in dem Preußen über 17 von 58 (später 61) Stimmen verfügte, das *Präsidium*, das dem König von Preußen als *Deutschem Kaiser* zustand, der den *Reichskanzler* ernannte, dem *"der Vorsitz im Bundesrate und die Leitung der Geschäfte"* (§ 13) zustand, und der *Reichstag*, der *"aus allgemeinen und direkten Wahlen mit geheimer Abstimmung"* (§ 20) hervorzugehen hatte. Souverän des Reiches war weder der Kaiser noch der Reichstag (was eine Anerkennung der Volkssouveränität in der Verfassung bedeutet hätte): Im wesentlichen stand die Verfassung auf dem Standpunkt, daß die Souveränität den Häuptern der im Bundesrat vertretenen Staaten zustand. Der Bundesrat hatte gleichzeitig die Funktionen einer zweiten Parlamentskammer und eines Exekutivorgans. Die Bevollmächtigten der deutschen Einzelstaaten im Bundesrat waren gleichzeitig die Bevollmächtigten dieser Staaten in Berlin. Nach außen wurden die diplomatischen Vertretungen Preußens zu Vertretungen des Reiches. Bayern unterhielt weiterhin eigene diplomatische Vertretungen in Österreich, Frankreich und beim Vatikan.

Weder die Reichsverfassung noch die politische Praxis machte aus dem Deutschen Reich einen parlamentarischen Staat, obwohl durchaus Voraussetzungen dafür bestanden hätten. Das Beziehungssystem zwischen Kaiser, Reichstag und Bundesrat erinnert in gewisser Weise an das aus der amerikanischen Verfassung bekannte System von gegenseitigen Abhängigkeiten und Machtbeschränkungen jedes einzelnen Organs durch die Rechte der übrigen. Es war kein reines System der Gewaltenteilung in Legislative, Exekutive und Judikative, doch bestand eine komplizierte Aufteilung der Funktionen der Zentralmacht auf die Reichsorgane. Das 1879 geschaffene *Reichsgericht* mit Sitz in Leipzig war letzte Revisionsinstanz in Zivil- und Strafsachen sowie Erst- und Letztinstanz in Fällen von Hoch- und Landesverrat, besaß allerdings keine verfassungsgerichtlichen Kompetenzen. Die gesetzgebenden Organe des Reiches waren *Bundesrat* und *Reichstag*. Der Reichstag, wurde für drei, seit 1888 für fünf Jahre in allgemeinen, gleichen, unmittelbaren und geheimen Wahlen gewählt; das Wahlrecht stand Männern über 25 Jahren zu. Das Wahlgesetz zum Reichstag war damals das fortschrittlichste in Europa, jedoch blieben die Kompetenzen des Parlaments des Reiches und seine tatsächliche politische Rolle besonders unter Bismarck unbedeutend.

Auf die komplizierte Weise, die für die preußischen Hegemonialansprüche und für die persönlichen Ambitionen Bismarcks charakteristisch war, wurde die ausführende Gewalt des Reiches organisiert. Zentrales Organ der Reichsexekutive war der Kaiser, dessen Exekutivorgan der Reichskanzler, der für den Kaiser den Vorsitz im Bundesrat führte. So wie die Verfassung den König von Preußen als Deutschen Kaiser vorsah, war de facto immer ein Vertreter Preußens Reichskanzler. Der Reichskanzler war in der Regel zugleich preußischer Ministerpräsident und Außenminister. Auf diese Weise sicherte sich Bismarck die möglichst vollständige Kontrolle über die Politik Preußens und des Deutschen Reiches. Formal betrachtet war der Reichskanzler, der vom Kaiser ohne Mitwirkung anderer Verfassungsorgane ernannt und entlassen wurde, das einzige Exekutivorgan des Reiches neben Kaiser und Bundesrat. Die *"Anordnungen und Verfügungen des Kaisers"* bedurften mit Ausnahme von Militärangelegenheiten *"zu ihrer Gültigkeit der Gegenzeichnung des Reichskanzlers, welcher dadurch die Verantwortung"* übernahm (§ 17).

Meilensteine auf dem Wege zur Rechtsvereinheitlichung waren das preußische *Handelsgesetzbuch* aus dem Jahre 1861, das für ganz Deutschland übernommen und erst im Jahre 1898 ersetzt wurde, und das 1870 noch vom des Norddeutschen Bundes in Kraft gesetzte das *Strafgesetzbuch*, eine geringfügige Überarbeitung des preußischen Strafgesetzbuches aus dem Jahre 1851. Als Strafgesetzbuch des Deutschen Reiches trat es am 1. Januar 1872 in ganz Deutschland in Kraft; im Jahre 1877 wurde eine einheitliche *Strafprozeßordnung* und eine *Zivilprozeßordnung* für ganz Deutschland in Kraft gesetzt, im selben Jahr ein einheitliches Patent- und Erfinderrecht. Am längsten dauerten die wissenschaftlichen und politischen Debatten über die Vereinheitlichung des Zivilrechts. Schließlich wurde nach Jahren langwieriger Diskussionen, in denen rein wissenschaftliche Postulate über den Utilitarismus siegten, im Jahre 1896 das *Bürgerliche Gesetzbuch* verkündet, das am 1. Januar 1900 in Kraft trat. Bismarck initiierte in den achtziger Jahren ein fortschrittliches Arbeits- und Sozialversicherungsrecht, um - letztendlich in dieser parteipolitischen Zielsetzung erfolglos - den Sozialdemokraten die Wählerunterstützung zu entziehen. Eine zweite weitreichende Welle in der Sozialgesetzgebung erfolgte unter Wilhelm II., der sie als Mittel betrachtete, um soziale Spannungen abzubauen. Im Ergebnis war das Wilhelminische Deutschland im Bereich der Sozialgesetzgebung vor 1914 in Europa führend. Sie war erfolgreich, indem sie das gesellschaftliche Konfliktpotential verminderte, und trug zugleich zur Stärkung des reformistischen und evolutionären Flügels der deutschen und besonders der preußischen Sozialdemokratie bei.

Ein Problem - nicht nur im technisch-administrativen Sinne - stellte die Existenz des Zivil- und des Kriegskabinetts des preußischen Königs sowie seit 1889 des Flottenkabinetts dar, die praktisch zu kaiserlichen Kabinetten wurden und in der Ära Wilhelms II. in der Verfassung nicht vorgesehene Institutionen der eigenen Politik des Monarchen waren, die wiederholt der Linie des jeweiligen Kanzlers widersprach. In militärischen Fragen war die Existenz dieser Kabinette aus der Praxis heraus, die Heeresangelegenheiten aus der Gesamtpolitik der Regierung auszuklammern und sie ausschließlich der Macht des Königs uns Kaisers zu unterstellen, durchaus begründet, während die Funktionen des Zivilkabinetts reine Usurpation waren.

Der politisch nur dem Kaiser - und nicht der Verfassung oder dem Reichstag - verantwortliche Reichskanzler verfügte anfänglich nur über das von einem Staatssekretär geleitete *Reichskanzleramt*. Das 1870 für den Norddeutschen Bund eingerichtete, dann von Deutschen Reich übernommene *Auswärtige Amt* wurde im Geschäftsbereich des Kanzlers, der in der Ära Bismarck zugleich preußischer Ministerpräsident und Außenminister war, in dessen Vertretung ebenfalls von einem Staatssekretär geleitet. 1879 entstand im Reichskanzleramt das *Reichsamt des Innern* als weiteres von im Laufe der Zeit entstehenden insgesamt 12 Oberste Reichsbehörden, die nicht von Ministern (eine Reichsregierung bestand nicht), sondern von Staatssekretären geleitet wurden, die die vom Reichskanzler als Träger der Exekutive des Reiches delegierten Funktionen ausfüllten.[9]

Noch komplizierter waren die Militärangelegenheiten. Es wurde keine einheitliche Reichsarmee geschaffen, sondern die Bundesstaaten verzichteten mit Ausnahme Bayerns, Sachsens und Württembergs lediglich auf ihre militärischen Rechte zugunsten des Reiches, das auf diese Weise im Reich praktisch die militärische Obergewalt ausübte. Oberbefehlshaber des Reiches und Preußens war der Deutsche Kaiser bzw. König von Preußen. In seinem Namen brachte der preußische Kriegsminister den Militärhaushalt für das Reich in den Reichstag ein und koordinierte die Militärverwaltung im Reich. Die übrigen militärischen Kompetenzen des Reiches übte der Kaiser durch das preußische bzw. kaiserliche Kriegskabinett und den preußischen Generalstab aus.

Generell übten die Regierungsorgane Preußens - Ministerpräsident und Regierung, König und Generalstab - die gemeinsamen Kompetenzen des Reiches aus. Lange Jahre wurde die Mehrzahl der Reichsgesetze durch preußische Ministerien vorbereitet, was in fast allen Bereichen zu einer schnellen Angleichung der Rechtsvorschriften an preußische Vorschriften führte, ausgenommen allerdings einzelne preußische Sondervorschriften vor allem für die sechs Ostprovinzen, deren Rückständigkeit die spezifischen Interessen der ostelbischen Junker zum Ausdruck brachte. Hier verfolgte die preußische Regierung die Beibehaltung des in Preußen bestehenden *status quo*. Die persönliche Verbindung von preußischer Regierung und Reichsorganen machte Konflikte zwischen Preußen und dem Reich unwahrscheinlich. Bei der Bildung der zentralen Reichsämter nahmen zumeist die jeweiligen preußischen Ressortsminister die Stellen der die entsprechenden Zentralämter leitenden Staatssekretäre ein, so daß es zu einer fast vollständigen Symbiose des Exekutivapparates Preußens und des Reiches kam. Neben den Reichsämtern erfüllten preußische Ministerien Funktionen im Bereich der Reichskompetenzen. So führte das preußische Handelsministerium die Reichshandels- und Wirtschaftspolitik. 1918 bestanden 12 zentrale Reichsämter. Das Reich übte seine Exekutivmacht in den Einzelstaaten nicht unmittelbar aus, sondern über deren Staatsorgane.

---

9 Vgl. detailliert R. Morsey: Die Erfüllung von Aufgaben des Norddeutschen Bundes und des Reiches durch Behörden des Bundes und des Reiches. In: Deutsche Verwaltungsgeschichte. Bd. 3. Stuttgart 1984, S. 147ff.

Regierungs- und Verfassungspraxis im Deutschen Reich und in Preußen wurden entscheidend von Bismarck geprägt. Kronprinz Friedrich hat das Bismarcksche Werk, das er aus vielerlei Gründen ablehnte, als kunstvoll organisiertes Chaos bezeichnet. Ohne Zweifel hat Bismarck dieses "Chaos" gewollt, glaubte er doch, fließende und unklare Situationen zum eigenen Vorteil nutzen zu können. Die folgende tendenzielle Stärkung der Stärkung des Reiches im Verhältnis zu den Bundesstaaten minderte die Rolle Preußens in den preußisch dominierten Reichsorganen nicht, führte aber mit Unterstützung des Bundesrates zu Lasten des Reichstags zur Stärkung der Position des Kanzlers. Erst nach der Entlassung Bismarcks versuchte Kaiser Wilhelm II., die Kompetenzen der weit weniger populären Nachfolger zugunsten der Exekutivgewalt des Kaisers zu beschneiden und selbst die Leitung der gesamten Exekutive zu übernehmen.

Mit den schnellen sozialen und politischen Veränderungen in der deutschen Gesellschaft wurden an der Wende zum 20. Jahrhundert im Reichstag, dessen stärkste Partei die Sozialdemokraten wurden, die Forderungen immer deutlicher, im Deutschen Reich ein parlamentarisches System durchzusetzen. Der Reichstag kontrollierte zwar in Debatten, Haushaltsbeschlüssen und Gesetzgebungsprojekten die Regierungspolitik, doch kam es, da er keinen Einfluß auf die Zusammensetzung der Regierung und die Regierungspolitik hatte, zu keinem normalen Spiel der parlamentarischen Kräfte. Als der Reichstag am 4. Dezember 1913 mit 293 gegen 54 Stimmen das Verhalten Reichskanzlers Theobald von Bethmann-Hollweg (1909-1917), der in der *Zabern-Affaire* das gesetzwidrige Vorgehen des Militärs gegen die Bevölkerung in der elsässischen Stadt[10] öffentlich gutgeheißen hatte, mißbilligte, trat dieser - durchaus korrekt, sah die Verfassung doch kein Mißtrauensvotum vor - nicht zurück. Gegen den weitergehenden Versuch der SPD, Bethmann-Hollweg zum Rücktritt zu zwingen und dadurch den Übergang zu einem parlamentarischen System einzuleiten, stützte der Kaiser den Kanzler und die anderen Verteidiger des preußischen Militarismus gegen den Reichstagsbeschluß. Der Fall verdeutlichte die Schwäche des Reichstages und die im Staat weiterhin entscheidende Dominanz der Eliten aus junkerlichem Großgrundbesitz und Militär.

Trotzdem blieb die Reichsexekutive auf die Zusammenarbeit mit dem Reichstag angewiesen, wollte sie ihr Haushalts- und ihr Gesetzgebungsprogramm verwirklichen. Sie bemühte sich deswegen um die Unterstützung der politischen Parteien, die aber ohne Einfluß auf die Regierungsbildung blieben. Dieses halbparlamentarische System führte zu häufigen Konflikten mit dem Reichstag, die die Regierung nicht ohne weiteres lösen konnte. Deshalb lag der Gedanke an Staatsstreich und Verfassungsänderung bei Bismarck und Wilhelm II. - besonders aber in dessen militärischer Umgebung - durchaus im Bereich der politischen Möglichkeiten. Wenn der Reichstag auch unter den Regierungen der mittelmäßigen Nachfolger Bismarcks seine politische Bedeutung stärken konnte, so schlug erst der am 3. Oktober 1918 ernannte Reichskanzler Prinz Max von

10 Vgl. H. U. Wehler: Der Fall Zabern. Rückblick auf eine Verfassungskrise des Wilhelminischen Kaiserreiches. In: Die Welt als Geschichte 23 (1963), S. 27-46; vgl. unten S. 349.

Baden den *Reformkurs* in Richtung auf eine parlamentarische Regierung ein, den er vor der Niederlage im Ersten Weltkrieg nicht mehr realisieren konnte.

## 2. Änderungen im Regierungssystem Preußens

Das politische Leben und das politische System Preußens unterlagen nach dem Eintritt in das Deutsche Reich keinen wesentlichen Änderungen. Die Herrschaftsstrukturen bestanden auf der Grundlage der Verfassung von 1850 weiter fort. Mit der Zeit unterlag die legislative Tätigkeit des Landtags gewissen Einschränkung zugunsten der Legislative des Reiches, doch spielte der preußische Landtag weiterhin eine wichtige Rolle als Gesetzgeber in innerpreußischen Angelegenheiten. Trotz allem blieb in den ersten Jahren nach der Vereinigung Deutschlands das Bündnis Bismarcks mit den Liberalen nicht ohne Einfluß auf den sozialen und politischen Wandel in Preußen. Die wichtigste Veränderung wurde in den Jahren 1872-1875 durch die Reform der Territorialverwaltung und der kommunalen Selbstverwaltung vollzogen. Diese Reformen modernisierten und erweiterten die territoriale Selbstverwaltung, führten die Verwaltungsgerichtsbarkeit mit drei Instanzenzügen ein und beseitigten, wenn auch nicht restlos, feudale Relikte in der Verwaltungsorganisation der preußischen Ostprovinzen. Dagegen protestierten die preußischen Konservativen, die Bismarck durchaus als Verräter an ihren Standesinteressen verdächtigten, auf das entschiedenste. Im Jahre 1872 verwarf das Herrenhaus den Gesetzentwurf über die Kreisorganisation. Der König benannte ad hoc 25 neuen Mitglieder des Herrenhauses und ließ das Gesetzgebungsverfahren erneut einleiten, so daß das Gesetz in Kraft treten konnte. Wie andere die lokale Selbstverwaltung stärkende Vorschriften wurde es jedoch nicht in der Provinz Posen eingeführt, da die Regierung befürchtete, der polnische Bevölkerungsteil könnte die neuen Befugnisse in der lokalen Selbstverwaltung in ihrem Sinne ausnutzen. Das wichtigste Gesetz, die *Kreisordnung* vom 13. Dezember 1872, beseitigte die privilegierte Stellung der adligen Grundbesitzer in der Kreisverfassung sowie ihre polizeilich-administrativen Befugnisse hinsichtlich der Dörfer, hielt aber weiterhin deren Befugnisse in den Gutsbezirken aufrecht. Die Gemeindeangelegenheiten wurden erneut durch das Gesetz von 1891 geregelt, doch blieb in der Praxis des sozialen Lebens der Ostprovinzen die Bedeutung der Junker, die in der Regel dem örtlichen Landrat durch Klassensolidarität und gesellschaftliche Beziehungen verbunden waren, weiterhin enorm: Die Legende von der Objektivität und Unparteilichkeit der preußischen Verwaltung gerät ins Wanken, wenn man z. B. die Tätigkeit der Landräte bei der Durchsetzung der Steuerpolitik der Regierung untersucht; mit Hilfe der Landräte entzogen sich die Junker nicht nur der Zahlung der gesetzlichen Steuern an den Staat, sondern nutzten auch den Staat materiell aus.[11]

---

11 Vgl. P. Ch. Witt: Der preußische Landrat als Steuerbeamter 1891-1018. Bemerkungen zur politischen und sozialen Funktion des deutschen Beamtentums. In: Deutschland in der Weltpolitik des 19. und 20. Jahrhunderts. Hrsg. von I. Geiss und B. W. Wendt. Frankfurt a. M. 1983, S. 210, 217-219.

Um die Selbstverwaltungsreform durchzuführen, mußte Bismarck den Widerstand der Junker brechen. Die gelungene Zusammenarbeit der Staatsmacht mit den Organen der territorialen Selbstverwaltung auf den verschiedenen Ebenen war ohne Zweifel eine der bedeutendsten Leistungen der Bismarckzeit. Auch die hauptsächlich mit dem *Kulturkampf* verbundene Regelung des Verhältnisses zwischen dem preußischen Staat und der katholischen Kirche und - damit verbunden - der Schulaufsicht war ein Ergebnis der Zusammenarbeit Bismarcks mit den Liberalen. Dieses Bündnis erwies sich jedoch als unbeständig und konjunkturbedingt; in späteren Jahren stützte sich Bismarck in Preußen wieder hauptsächlich auf die Konservativen. Die Teilmodernisierung der Staatsstrukturen hat wesentlich zur Erneuerung und Rationalisierung der staatlichen Verwaltung in Preußen beigetragen. Sie bedeutete eine weitere, für den preußischen Staat typische Kompromißetappe zwischen den Anforderungen der Zeit und ihrer sozioökonomischen Entwicklung und der ihre Befugnisse und Privilegien störrisch verteidigenden Staatselite des Junkertums.[12] Die lokalen Interessen der konservativen Eliten führten in Preußen zu einer auffälligen Uneinheitlichkeit in der Territorialverwaltung besonders hinsichtlich der Selbstverwaltungsvorschriften: In Preußen galten zeitweise bis zu sechs verschiedene Gemeinde-, sieben Stadt-, sechs Kreisordnungen. Das System arbeitete nirgends in Preußen so kraß offen zugunsten der besitzenden Klassen wie in den Ostprovinzen. In der Provinz Posen kam eine immer deutlichere rechtliche Sonderstellung hinzu, die Ausdruck des seit den siebziger Jahren anwachsenden "Nationalitätenkampfes" gegen den preußischen Bevölkerungsteil. Dieser Konflikt zwischen Deutschen und Polen in den preußischen "Ostmarken" Posen und Westpreußen - und mit zeitlicher Verschiebung in Oberschlesien - führte Anfang des 20. Jahrhunderts dazu, daß die polnische Bevölkerung zu Staatsbürgern zweiter Klasse degradiert wurde, für die es zahlreiche Sondervorschriften hauptsächlich administrativer Natur gab, die häufig im Widerspruch zur preußischen Verfassung und zu den Reichsgesetzen standen. Hinzu kam - aus vermeintlichen Klassen- und nationalen Interessen - eine spezifische negative Verwaltungspraxis gegenüber Polen, Litauern Dänen und - im *Reichsland* Elsaß-Lothringen - Elsässern. Der komplizierte, in vielem disfunktionale preußische Verwaltungsaparat arbeitete insgesamt effizient, was nicht zuletzt der standesmäßigen und ideologischen Einheitlichkeit der Beamtenschaft, aber auch einheitlichen Ausbildungsstandards und Karrieremustern zu verdanken war. Die Beamtenschaft verbanden gleiche Interessen und Anschauungen sowie dieselben Vorgehensweisen und Problemlösungsstrategien.

---

12 Vgl. C. P. Menger: Deutsche Verfassungsgeschichte der Neuzeit. 3. Aufl. Heidelberg-Karlsruhe 1981, S. 153-154.

## 3. Preußen und das Reich in der Ära Bismarck (1871-1890)

Preußen erlebte wie Deutschland als Ganzes im letzten Viertel des 19. Jahrhunderts trotz der unvermeidlichen Krisen- und wirtschaftlichen Depressionsphasen eine ungewöhnlich dynamische Entwicklung, die an der Schwelle des 20. Jahrhunderts das Deutsche Reich zum führenden Industriestaat der Welt machte. Im Jahre 1870 zählte die Bevölkerung im vereinigten Deutschland annähernd 41 Millionen, 1890 trotz der bedeutenden deutschen Überseeauswanderung in der gesamten zweiten Hälfte des 19. Jahrhunderts bereits 49,5 Millionen, 1910 schon 64,9 und 1914 sogar 67,8 Millionen.[13] Die rasante Entwicklung besonders der Schwer-, Chemie- und Elektroindustrie bewirkte gewaltige soziale Veränderungen, vor allem die *Ostflucht*, die Abwanderung der Bevölkerung aus den agrarischen Gebieten des preußischen Ostens nach Westen im letzten Viertel des 19. Jahrhunderts, die eine relative Entvölkerung der Ostprovinzen zugunsten Berlins und der Westprovinzen bewirkte, und die *Landflucht* aus den Dörfern in die Städte. Während im Deutschen Reich 1882 noch 42,5 % der Gesamtbevölkerung in der Landwirtschaft beschäftigt waren, waren es 1907 nur noch 28,6 %.

Die verspätete Industrieentwicklung schob Preußen nicht zuletzt durch die Anwendung modernerer Technologien auf den ersten Platz der Industrieproduktion in Europa, ermöglichte ihm die Majorisierung der französischen Industrie und sogar die Überlegenheit über die britische Industrie. Die verspätete koloniale Expansion lieferte der neuen Industriemacht keine ausreichenden Absatzmärkte. Probleme des stürmischen Wachstums, soziale Spannungen aufgrund der rücksichtslosen Vorgehensweise des Großkapitals in der Industrie mit ihren schnellen Kartellisierungs- und Monopolisierungsprozessen führten zu gravierenden politischen Spannungen mit den in Preußen weiterhin herrschenden traditionellen konservativen Eliten. Die Versuche, diese Spannungen durch eine aktive Innenpolitik zu lösen, blieben ergebnislos.

Die Weltagrarkrise der siebziger Jahre beendete auch in Preußen endgültig die Agrarkonjunktur. Mit der weltweiten Depression in der Industrie und dem internationalen Konkurrenzkampf führte das Bündnis der Junker mit Kreisen der Großindustrie zu einer grundsätzlichen Wende in der Wirtschaftspolitik des Deutschen Reiches: Anstelle des Freihandels wurde der Protektionismus zum Leitprinzip der Wirtschafts- und Finanzpolitik der Regierung. Das Bündnis zwischen Großkapitals und traditioneller agrarischer Junkerelite bedeutete das Ende der klassischen liberalen Konzeptionen in der Wirtschaftspolitik. Die an ihrer Stelle im Reich und in Preußen durchgesetzte konservative Politik wurde im gemeinsamen Interesse von Junkern und Kapital geführt, doch blieb die politische Macht weiterhin in den Händen von Junkern, Militärkaste und hoher Bürokratie. Die von staatlicher Seite bis 1914-1918 angestrengt betriebene Stärkung der Macht der preußischen konservativen Eliten korrespondierte mit dem Bedeutungsverlust der Junker als soziale Klasse und ihrer wachsenden wirtschaftlichen Abhängigkeit von der Politik des Staates. Da sie langfristig auf Subventio-

13 F. Lütge: Deutsche Sozial- und Wirtschaftsgeschichte. 3. Aufl. Stuttgart 1966, S. 420.

nen und Protektionismus für ihre Landwirtschaft angewiesen waren, waren die Junker umso entschlossener, ihre Macht im Staate zu verteidigen.

Bis 1890 bestimmte Bismarck die Politik des Reiches und Preußens. Er verband flexible Methoden und Taktik mit der konsequenten Verfolgung der langfristigen Ziele. Nach der Reichsgründung stand für ihn die Konsolidierung der außen- und der innenpolitischen Position im Vordergrund. Insgesamt erfolgreich, mußte er durchaus Teilniederlagen einstecken, verfolgte aber durchaus auch eine Politik des kalkulierten Konflikts: *"Der Kanzler tat dies in der Überzeugung, daß Reibung und Konflikt gleichsam die Grundsubstanz aller Politik seien, daß, wer nicht aktiv, nicht kämpferisch handele, sehr rasch zu bloßen Objekt der Entwicklung werde."*[14] Deshalb ging Bismarck in der Konsolidierungsphase des neu geschaffenen Kaiserreichs, als er sich hauptsächlich auf eine liberale Koalition stützte, auf antiklerikalen Konfliktkurs mit der katholischen Kirche, um die katholische Opposition in den Westprovinzen Preußens und in den süddeutschen Staaten auszuschalten und gleichzeitig der polnischen Nationalbewegung, in der die katholische Kirche eine bedeutende Rolle spielte, einen Stoß zu versetzen.[15]

Diese Politik war bei den Liberalen populär, die die Trennung von Kirche und Staat und die Entkirchlichung des Schulwesens forderten, stieß jedoch auf die Kritik der preußischen Konservativen und auf einen enormen, von Bismarck nicht erwarteten Widerstand der katholischen Bevölkerung. Auch wenn sie diesen Widerstand wurde mit für Preußen typischer Brutalität zu brechen suchte[16], verlor die preußische Regierung diesen Kampf auch im polnischen Bereich und mußte sich nach einigen Jahren in Etappen zurückziehen. Märtyrer für die polnische und katholische Sache wurde der Erzbischof von Gnesen-Posen Mieczysław Halka Ledóchowski, der trotz seiner gemäßigten Haltung als erster katholischer Bischof in Preußen seines Amtes enthoben und zu einer Gefängnisstrafe verurteilt wurde. Während der Haft zum Kardinal ernannt, begab er sich nach seiner Entlassung nach Rom ins Exil. Der Kulturkampf zeigte unzweifelhaft, von welch geringem Wert die Rechtsstaatsgarantie im preußischen Staat waren, wurden doch sogar Gerichte zu brutalen politischen, antikatholischen und zugleich antipolnischen Repressionen instrumentalisiert.

Bismarcks Distanzierung von den Liberalen und der Rückzug aus dem Kampf gegen die katholische Kirche veranlaßten ihn bald darauf zu einer neuen kämpferischen Politik gegen einen neuen Gegner, um die alle Gruppen der besitzenden Klassen um die Regierung zu scharen: die sozialistische Bewegung. Bismarck bekämpfte seit dem vom Reichstag am 21. Oktober 1878 mit den Stimmen von Konservativen und Nationalliberalen verabschiedeten Sozialistengesetz die Sozialdemokratie und zwang sie für viele Jahre in die Illegalität. Als positive Seite dieses Programms entwickelte er die Sozialgesetzgebung, die nach

---

14 L. Gall: Bismarck, der weiße Revolutionär, S. 470.

15 Vgl. J. K. Hoensch: Die politische Komponente in Bismarcks Kulturkampf. In: Deutsche und Polen im Kaiserreich und in der Industrialisierung. Hrsg. von P. Leidinger (Geschichte und Didaktik; Sonderheft 2). Paderborn 1982, S. 35-52, sowie allgemein L. Trzeciakowski: Kulturkampf w zaborze pruskim [Der Kulturkampf im preußischen Teilgebiet]. Poznań 1970.

16 Vgl. M. Scholle: Die preußische Strafjustiz im Kulturkampf 1873-1880. Marburg 1974.

seiner Meinung der sozialistischen Agitation die Grundlagen entziehen sollte. Der scharfe Kampf gegen die sozialistische Bewegung dauerte bis 1890, brachte jedoch nicht den gewünschten Erfolg, im Gegenteil: In dieser Zeit wuchsen die Sozialdemokraten zu einer starken vereinigten Partei von hoher Disziplin und fester innerer Organisation. In den folgenden Jahren wurden sie zu einer der stärksten Gruppierungen im Reichstag, obwohl die Wahlkreiseinteilung, die kleine ländliche Kreise begünstigte, für die Sozialdemokratie äußerst ungünstig war.

Erst gegen Ende der Regierungszeit Bismarcks und vor allem in der Wilhelminischen Ära wurde das Bündnis der gesellschaftlichen Kräfte zementiert, die das Bild des imperialistischen Deutschland an der Schwelle des 20. Jahrhunderts bestimmten. Der Kampf gegen die Demokratisierung, die unvermeidlich die politische Herrschaft der großagrarischen und der militärischen Eliten beenden mußte, führte ihre Repräsentanten zu Konzeptionen einer aggressiven Außenpolitik. Sie wollten nicht nur mit den erprobten Methoden Bismarcks die innerstaatlichen Spannungen auflösen, sondern auch die wirtschaftlichen Voraussetzungen für die weitere Entwicklung Preußens und Deutschlands durch die kolonialistische wirtschaftliche Neuaufteilung der Welt sichern. Sie schien der einzige Ausweg aus der Lage zu sein, die durch das Erstarken Deutschlands zur Wirtschaftsmacht in einer Welt, auf der sozusagen die besten Plätze bereits vorher verkauft worden waren, entstanden war.[17]

Die Interessengemeinschaft von Junkern und Kreisen der Bourgeoisie schloß häufige heftige Konflikte zwischen ihnen nicht aus, doch waren die stark in den entscheidenden Machtzentren verankerten Junker in der Lage, ihre Interessen zu verteidigen.[18] Deshalb hat der Soziologe Ralf Dahrendorf das Deutschland der Bismarck-Zeit als *feudale Industriegesellschaft* gekennzeichnet. Die dynamische Entwicklung der deutschen Gesellschaft und insbesondere der Industrieregionen Preußens in Westfalen, im Rheinland, in Schlesien und Berlin bewirkte, daß sich zusammen mit der Technik auch die materielle Kultur in Preußen und Deutschland enorm entwickelte. Lebensstandard und Gesundheitszustand der Bevölkerung verbesserten sich erheblich, wenn auch die Lebensbedingungen der unteren Gesellschaftsschichten und insbesondere der Arbeiterklasse weiterhin hart waren. Die Entwicklung der Sozialversicherung, des Arbeitsrechts und besonders des Arbeitsschutzes für Jugendliche und Frauen führten zur Verbesserung der Arbeitsbedingungen und zur Verkürzung der Arbeitszeit, die ohne die schnelle und dynamische Entwicklung der deutschen Arbeiterbewegung, hauptsächlich der preußischen Sozialdemokratie, und der mit ihr verbundenen sozialistischen Gewerkschaften undenkbar gewesen wären. Die Repräsentanten des herrschenden Gesellschafts- und politischen System fühlten ihre Stellung und ih-

---

17 Vgl. H. U. Wehler: Das Deutsche Kaiserreich 1871-1918. Göttingen 1973; Ders. : Krisenherde des Kaiserreiches 1871-1918. 2. Aufl. Göttingen 1979; sowie A. Craig: Germany 1866-1945. Oxford 1981.

18 Vgl. H. Kaelble: Industrielle Interessenpolitik in der wilhelminischen Gesellschaft. Centralverband Deutscher Industrieller 1895-1914. Berlin 1967, S. 203f.

ren wirtschaftlichen Nutzen durch die Arbeiterbewegung bedroht: Die Politik Bismarcks und seiner Nachfolger erklärt sich zum großen Teil aus der Angst der herrschenden Klassen vor der "sozialistischen Gefahr". Der Wunsch, die bisherigen Privilegien zu erhalten, bestimmte in der Arbeiterfrage Taktik und Methoden der führenden Kräfte im Reich und in Preußen, auch wenn sie allgemein der Repression und der offensiven Bekämpfung der sozialistischen Bewegung den Vorzug gaben.[19]

Die dritte Linie aktiver Politik, auf der Bismarck ebenfalls keine Erfolge erzielte, war die Polenpolitik in den "Ostmarken" Preußens. In der Polenpolitik verband sich das preußische Staatsinteresse mit der neuen nationalistischen und chauvinistischen Haltung gegenüber der polnischen Bevölkerung in Preußen in der deutschen öffentlichen Meinung.[20] Die antipolnische Politik verwendete eine breite Palette an Mitteln in Schulwesen, Kirchenfragen, Kulturangelegenheiten, Vereins- und Presserecht, die die freie Entwicklung der polnischen Nationalität in Preußen beschränken und letztendlich zur Zwangsgermanisierung führen sollten, die zu einem offenen Ziel der preußisch-deutschen Politik wurde. Preußen nahm den Kampf gegen seinen polnischen Bevölkerungsteil auch im wirtschaftlichen Bereich auf, indem es einen "Kampf um das Land" initiierte, um nach Möglichkeit polnischen Grundbesitz anzukaufen oder zu enteignen und an stattdessen deutsche Kolonisten anzusiedeln. Die preußische Regierung hoffte, auf diese Weise eine schnelle Germanisierung der Provinzen Posen und Westpreußen zu erreichen.

Die polnische Gesellschaft dieser Provinzen setzte jedoch dieser Politik einen ausdauernden, konsequenten, durchdachten und solidarischen Widerstand entgegen, und trotz der Unterdrückung gelang es ihr, nicht nur die polnische Nationalität zu erhalten und die nationalkulturelle Bewegung weiterzuentwickeln, sondern vor allem auch die wirtschaftliche Lage des polnischen Bauern und des polnischen Grundbesitzes, des polnischen Bürgertums und der Freiberufler, die eine immer größere Rolle nicht nur in Posen und Westpreußen, sondern auch in Oberschlesien zu spielen begannen, zu verbessern. Die polnische nationale Erneuerung in Ober- und Niederschlesien, aber auch des Polentums unter den Masuren in Ostpreußen, überraschte die Anhänger der antipolnischen Germanisierungspolitik der preußischen Regierung. Die preußische Politik integrierte die Masse der polnischen Bevölkerung im legalen Kampf gegen die politische, rechtliche und administrative Diskriminierung, so daß sie nicht nur ihren Besitzstand wahren, sondern sogar erweitern konnte. Die nationale Solidarität wurde das besondere Merkmal der politischen Beziehungen innerhalb der polnischen Gesellschaft der bis zu den Teilungen polnischen Gebietsteile Preußens. Trotz gewisser Rücknahmen unter Reichskanzler Georg Leo Graf von Caprivi (1890-1894)

19 Vgl. D. Fricke: Bismarcks Praetorianer. Die Berliner Politische Polizei gegen die deutsche Arbeiterbewegung 1871-1898. Berlin 1962, sowie V. L. Liedtke: The Outlawed Party. Social Democracy in Germany 1878-1890. Princeton 1966.

20 Vgl. Trzeciakowski: Pod pruskim zaborem, S. 183f. ; O. Hauser: Polen und Dänen im Deutschen Reich. In: Reichsgründung 1870/71. Tatsachen, Kontroversen, Interpretationen. Hrsg. T. Schieder, E. Deuerlein. Stuttgart 1970.

wurde der Druck gegen die polnische Bevölkerung bis zum Ausbruch des Ersten Weltkrieges ständig verstärkt und häufig gegen in Preußen geltenden rechtsstaatlichen Prinzipien geführt. Bismarck, sah vor allem im polnischen Adel den für Preußen gefährlichen Träger der polnischen Unabhängigkeitsidee und schreckte vor keinem Kampfmittel zurück: *"Auch Ausweisung und Enteignung, sozialer Ostrazismus und germanisierende Unterdrückung haben zum Kaiserreich gehört."*[21] Nicht in allen Fällen wurde die Tradition der preußischen Rechtsstaatlichkeit zuungunsten der in Preußen lebenden Polen gebrochen: Preußische Gerichte haben mehrfach antipolnische Entscheidungen der preußischen Verwaltung als unrechtmäßig aufgehoben. Die Scheinerfolge Bismarcks blieben ephemer. Indem der Ministerpräsident seine Attacken gegen immer neue "Reichsfeinde" richtete, schuf er ein gesellschaftliches Klima, das die Integration konservativer, nationalistischer und nationalliberaler Kräfte begünstigte. Er instrumentalisierte geschickt dämonisierte innenpolitische Feinde, um ungehindert seine politischen Ziele zu erreichen.[22]

Den Regierungsstil Bismarcks im Reich und in Preußen hat man als *Cäsarismus* bezeichnet und nicht ohne Grund mit dem autoritären französischen Zweiten Kaiserreich verglichen, mit Methoden, die als *Bonapartismus* bezeichnet werden. Der Cäsarismus Bismarcks ermöglichte unter der Maßgabe, die soziale Revolution und die parlamentarische Demokratie zu verhindern, den spezifischen Übergang des Agrarstaats Preußen zu einen entwickelten Industriestaat. Bismarck stand zu keiner Zeit einer geschlossenen Koalition von Gegnern gegenüber, und er verstand es, die jeweils feindlichen Kräfte zu isolieren und zumindest für einige Zeit wirkungslos zu machen. Mit der Zeit schien seine Autorität unerschütterlich, seine Fähigkeit und sein Zynismus beim Einsatz von Machtmitteln grenzenlos. In dem Konstitutionalismus des preußischen Typs, den Bismarck repräsentierte, konnten Monarch und Ministerpräsident immer mit einem auf das keiner parlamentarischen Kontrolle unterliegende Militär gestützten Staatsstreich drohen. Deshalb konnte sich der Reichstag nicht entschließen, das Haushaltsrecht als politische Waffe gegen die Regierungspolitik einzusetzen, um im Reich und in Preußen parlamentarische Regierungen durchzusetzen. Die wache Erinnerung an die Politik Bismarcks in der *Verfassungskrise* und die reale Gefahr eines Staatsstreichs durch König und Kaiser[23] ließ Landtag und Reichstag den Forderungen Bismarcks nachgeben: *"Thron und Altar, Kasernenhof und Gutshaus waren die Fundamente politischer Herrschaft im Deutschen Reich. Cäsarismus blieb gegenüber dem stabilen preußisch-konservativen Sozialmilieu ein modernes Stilelement. Es war eine Technik der Macht, die den vorindustriellen Eliten eine Brücke ins Massenzeitalter schlug."*[24]

---

21 H. U. Wehler: Das Deutsche Kaiserreich, S. 117, sowie allgemein J. J. Kulczycki: School Strikes in Prussian Poland, 1901-1907. New York 1981, S. 208f.

22 Vgl. O. Hauser: Preußische Staatsräson und nationaler Gedanke. Neumünster 1960, S. 188f., sowie Stürmer: Regierung und Reichstag, S. 38f., 77f., 216f.

23 Vgl. M. Stürmer: Staatsstreichgedanken im Bismarckreich. In: Historische Zeitschrift 209, 1969, S. 611f.

24 Stürmer: Regierung und Reichstag, S. 329.

Unter Bismarck und Wilhelm II. legten Preußen und Deutschland in Gesellschaft und Politik die Fundamente der späteren deutschen Katastrophen: Wirtschaftsimperialismus und Expansionsbestrebungen in Richtung Osteuropa, vor allem aber als Traum vom kolonialen Imperium, ließen den deutschen Großmachtchauvinismus unaufhaltsam anschwellen, damit aber auch die Verherrlichung der eigenen Geschichte und vor allem des preußisch-deutschen Militarismus. In der wilhelminischen Ära verstärkten sich die antidemokratischen autoritären Strömungen, mehrere Staatsstreichpläne gegen die verfassungsmäßige Ordnung eingeschlossen. Der Haß auf die hervortretende organisierte Arbeiterschaft und der Wunsch nach Erhaltung und Festigung der Herrschaft der Eliten über eine in Schranken gehaltenen Gesellschaft schufen die Voraussetzungen für eine reaktionäre Innen- und eine abenteuerliche Außenpolitik.

Eine der wichtigsten Gruppen des kämpferischen deutschen Nationalismus war der *Alldeutsche Verband*, eine Vereinigung von Nationalisten, Antisemiten und Reformgegnern. Ihn kennzeichneten *"die Übertreibung, hinter der sich uneingestanden ein Minderwertigkeitsgefühl verbarg, die arroganten Werturteile, erschreckende Emotionalität, fehlendes Augenmaß, Überschätzung der völkischen und staatlichen Kräfte und militärischer Geist"*.[25] Offen verkündete er seine Ziele. Der Alldeutsche Verband sah im Krieg ein "normales" Mittel der Politik und ein die Nationen adelndes Phänomen. Chauvinismus, Aggressionsgeistes, Antisemitismus und Fremdenverachtung und die ständig wiederholte Forderung nach "Deutschlands Platz in der Welt" bereiteten ideologisch den Ersten Weltkrieg vor.

## 4. Preußen und das Reich in der Wilhelminischen Ära

Die imponierende Gestalt Bismarcks, der sich während seiner fast dreißigjährigen Regierung einer ungewöhnlichen Autorität erfreute, trat unter dramatischen Umständen ziemlich unerwartet von der politischen Bühne ab. Obwohl Junker, verstand er es, die modernsten Techniken des politischen Kampfes anzuwenden, Der hochbetagte Kaiser Wilhelm I., der seinem Ministerpräsidenten und Reichskanzler nachzugeben pflegte, starb am 9. März 1888. Sein Sohn Friedrich (1831-1888) war schwerkrank, als er als König Friedrich III. und als Deutscher Kaiser den Thron bestieg. An seine Person knüpften liberale und demokratische Kreise große Hoffnungen, erwarteten sie doch nach seiner Kritik an Bismarck und am konservativen Regierungssystem eine Reformära. Doch starb Friedrich III. nach nur 99 Tagen Regierungszeit, ohne über die Entlassung Bismarcks zu entscheiden. Immerhin entließ er den erzkonservativen preußischen Innenminister Robert von Puttkamer, der unermüdlich liberale und demokratische Gesinnungen in der preußischen Verwaltung verfolgt hatte.[26]

---

25 O. Graf zu Stolberg-Wernigerode: Die unentschiedene Generation. Deutschlands konservative Führungsschichten am Vorabend des Ersten Weltkriegs. München-Wien 1968, S. 62.

26 Vgl. E. Kehr: Das soziale System der Reaktion in Preußen unter dem Ministerium Puttkamer. In: Preußen in der deutschen Geschichte, S. 250-270.

## Verantwortlicher Posten.

Europas Central-Weichensteller.

## Der siebenjährige Friede.

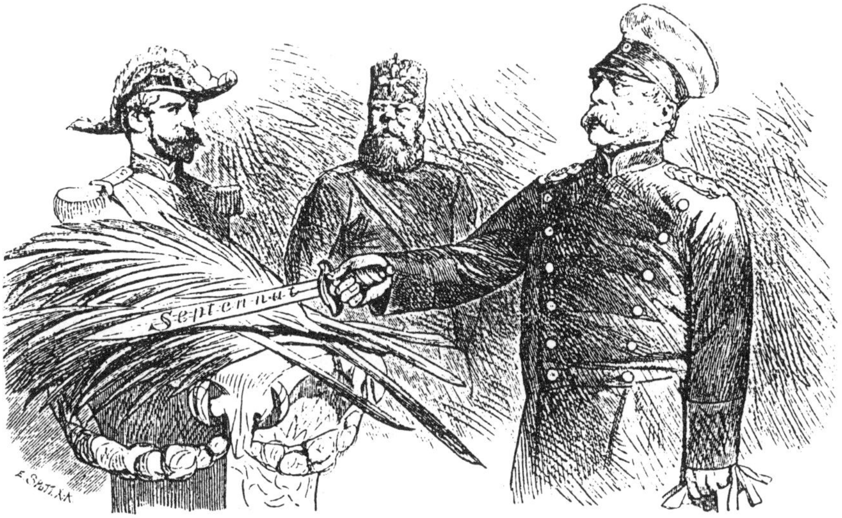


Nun, meine Herren Nachbarn, haben Sie schon gewählt?

Auf Friedrich III. folgte sein Sohn Wilhelm II. (1859-1941) auf dem preußischen und dem deutschen Thron. Seine Persönlichkeit und seine Mentalität waren weit von der seines Vaters entfernt und erinnerten eher an die romantische Gestalt Friedrich Wilhelms IV. Kaiser Wilhelm II. hatte als echter Hohenzoller seine Jugend hauptsächlich mit militärischen Übungen verbracht und war *"mit seinen politischen Vorstellungen kaum über die Denkweise seiner Gardeoffiziere hinausgelangt"*[27]. Nur wenige preußische Herrscher sind von der Geschichte so eindeutig negativ beurteilt worden wie Wilhelm II. : Er wurde - nicht ohne konkreten Anlaß - so etwas wie der Sündenbock für die deutsche Niederlage im Ersten Weltkrieg. Als Kaiser zeichnete sich Wilhelm II. durch geradezu krankhaften Größenwahn, Phrasendrescherei und das Fehlen gerade der von ihm selbst proklamierten preußischen Tugenden, von Selbstdisziplin, Besonnenheit und der Fähigkeit zur Menschenführung, aus, darüber hinaus durch übermäßige Phantasie und Einbildungskraft, Popularitätshascherei und Kultivierung von für Gardeoffiziere aus Junkerkreisen typischen Ansichten: Mißachtung der Verfassung, Haß auf die Demokratie, Haß auf das Parlament und besonders die Sozialdemokraten. Der Kaiser besaß die typische Mentalität eines Junkers und Militaristen; sein Dilettantismus, sein breites Oberflächenwissen, die persönliche Einmischung in die Staatsgeschäfte, seine Tiraden bei jeder Gelegenheit, die Schmeichler und Favoriten, mit denen er sich umgab - all das schuf einen Regierungs- und Epochenstil, der nicht ohne Grund als Byzantinismus bezeichnet worden ist: die Wilhelminische Ära.

Die Entlassung Bismarcks, der dem jungen Kaiser die eilfertige Annahme seiner Bitte um Entlassung niemals verzieh[28], ermöglichte Wilhelm II. im Jahre 1890 das angestrebte persönliche Regiment, zumal nach Bismarck kein Reichskanzler die starke Persönlichkeit besaß, um gegen den Kaiser die eigene Politik durchzusetzen. Der letzte König von Preußen verstand sich in erster Linie als der Deutsche Kaiser. Seine Selbstherrschaft, seine Verachtung der Massen und sein Hochmut paarten sich mit den Tendenzen der Epoche: mit dem deutschen Nationalismus, mit Xenophobie, Pangermanismus und imperialistischer Mentalität, die er häufig durch seine lauten Reden unterstrich, in denen er den deutschen Appetit und den Wunsch zur Neuaufteilung der Welt herausstellte. Er erklärte 1897: *"Unsere Zukunft liegt auf dem Wasser!"*, und initiierte persönlich den Aufbau einer mit Großbritannien konkurrierenden Kriegsflotte. Drei Jahre später betonte er, das Meer sei die Voraussetzung für die Größe Deutschlands und bereitete so das psychologische Klima vor, aus dem die Katastrophe des Ersten Weltkrieges erwachsen sollte.

Wenn auch Wilhelm II. - seine fatalen außenpolitischen Ausflüge und Interventionen ausgenommen - allgemein nicht aus dem Rahmen seiner Rolle als Deutscher Kaiser fiel, war seine Innenpolitik schwankend und wenig konsequent. Einerseits strebte er die Modernisierung des Staates an, unterstützte, fasziniert von den technischen Errungenschaften seiner Zeit, die industrielle Entwicklung

---

27 M. Messerschmidt: Die politische Geschichte, S. 276.

28 Vgl. M. Balfour: Kaiser Wilhelm und seine Zeit. Berlin 1967, S. 133f.

und trug persönlich zur Entwicklung des Arbeitsrechts und der Sozialgesetzgebung bei, die die Lage und Lebensperspektiven der Arbeiterklasse verbesserten, andererseits stützte er sich im Reich und in Preußen vor allem auf die Konservativen und den Nationalismus der Nationalliberalen, lehnte jede Erweiterung der Rechte des Reichstages strikt ab und ließ keine Reform des Wahlrechts in Preußen zu. Kennzeichnend für die wilhelminische Ära war die Entlassung von Bismarcks Nachfolger Caprivi im Jahre 1894, der vor allem deshalb gehen mußte, weil er durch seine preußische Zoll- und Handelspolitik bei den Junkern und durch seine Versuche, die Polenpolitik zu entschärfen, bei den Nationalisten in Ungnade gefallen war. Hinzu kam die Unzufriedenheit preußischer Armeekreise, so daß Wilhelm II. nach einigem Zögern dem Druck seiner Umgebung nachgab und Caprivi entließ.[29] Mit der Schwächung der Stellung des Reichskanzlers wuchs die Rolle des Reichstages; das Deutsche Reich war trotz der vernehmlichen Aussagen Kaiser Wilhelms II. auf dem Wege zu einer demokratischen Regierungsform. Im Jahre 1909 akzeptierte der Kaiser das Rücktrittsgesuch des Reichskanzlers Bernhard Fürst von Bülow, nachdem der Reichstag das von ihm vorgelegte neue Steuergesetz abgelehnt hatte. Seine Unzufriedenheit und Empörung über die Haltung der Reichstagsopposition, der aus der Bismarckschen Verfolgung erstarkt hervorgegangenen deutschen Sozialdemokratie und teilweise auch des katholischen Zentrums, ließ den Kaiser immer wieder an Staatsstreichpläne denken. Im Jahre 1904 sagte er: *"Ja, das ist es ja, meine Untertanen sollten einfach tun, was ich ihnen sage, aber meine Untertanen wollen immer selber denken, und daraus entstehen dann alle Schwierigkeiten".*[30] Eine Ironie der Geschichte war, daß die parlamentarische Niederlage von Bülows im wesentlichen ein Werk konservativer Kräfte war, die die Erbschaftssteuer ablehnten. Seine Entlassung Bülows war allerdings kein Präzedenzfall, wie nicht nur die Zabern-Affaire zeigte: Der Kaiser behielt sich weiterhin das ausschließliche Recht vor, den Reichskanzler ohne Rücksicht auf die Haltung des Reichstags zu ernennen und zu entlassen. Die Strukturen von Staat und Verwaltung verknöcherten: Trotz der Dynamik der sozio-ökonomischen Entwicklung wurde das Reich - wie Preußen - ein Land der politischen Stagnation.

Unter Wilhelm II. erreichten die Einflüsse des preußischen Militarismus einen Höhepunkt. Wie die Zabern-Affaire demonstrierte, wurde die Armee über das Recht gestellt, als man den durch die Soldateska drangsalierten Behörden und Zivilpersonen in der elsässischen Stadt Gerechtigkeit versagte; der Reichskanzler besaß die Unverfrorenheit, im Reichstag zu erklären: *"Der Rock des Königs muß unter allen Umständen respektiert werden!"*[31] An der Seite Wilhelms II. gewannen das Militär-, das Zivil- und das Flottenkabinett enorme Bedeutung als - in der Verfassung nicht vorgesehene - Regierungszentrale des Kaisers in Reichs- wie auch preußischen Angelegenheiten. Über besondere

---

29 Vgl. Balfour, a. a. O., S. 179-193; E. Engelberg: Deutschland von 1871 bis 1897 (Lehrbuch der Deutschen Geschichte; Bd. 8). 2. Aufl. Berlin 1979, S. 354.

30 Zitat nach E. Graf zu Reventlow: Von Potsdam nach Doorn. Berlin 1940, S. 359.

31 Zitat nach H. U. Wehler, Krisenherde, S. 69.

Befugnisse verfügte das Militärkabinett, das unmittelbar und ausschließlich die Kompetenzen von Kaiser und König in Militärangelegenheiten ausübten. Die Aktivitäten der von dem berüchtigten August Graf zu Eulenburg (1838-1921) angeführten, agrarisch-konservative Interessen vertretenden Hofclique komplizierte noch die Lage, in der es weder Klarheit bezüglich der Verantwortung für gefaßte Beschlüsse noch eine eigentliche Kompetenzaufteilung gab.

In der Wilhelminischen Ära wurden große Hoffnungen an die Sozialdemokratie geknüpft. Die preußische Arbeiterklasse machte als Kern der deutschen Arbeiterklasse die Stärke der Sozialdemokratie aus. Die Arbeiterbewegung knüpfte in Preußen an zwei unterschiedliche Strömungen an: an den im Jahre 1863 von Ferdinand Lassalle (1825-1864) gegründeten *Allgemeinen Deutschen Arbeiterverein*, der eine typisch preußische, Prinzipien Hierarchie und Disziplin aufgebaute Organisation war. Preußisch war auch Lasalles Haltung, auf den Staat als möglichen Bündnispartner im Kampf um Arbeiterrechte zu bauen. Die Richtung Lasalles beeinflußte entscheidend die Entwicklung des *Reformismus* in der deutschen Sozialdemokratie, in der lange Zeit die auf Marx und Engels zurückgehende 1869 gegründete, von August Bebel und Wilhelm Liebknecht geführte *Sozialdemokratische Arbeiterpartei* siegreich war. 1875 wurden in Gotha beide Richtungen der deutschen Arbeiterbewegung zur *Sozialistischen Arbeiterpartei Deutschlands* vereinigt, die - unter dem Verbot des *Sozialistengesetzes* (1878-1890) erstarkt, 1890 sie in das offizielle politische Leben Preußens und Deutschlands zurückkehrte. Die preußisch-deutsche Sozialdemokratie entwickelte sich unter den Einflüssen von Reformismus und Revisionismus. Ihre imponierenden Organisation mit 520 000 Mitgliedern in Preußen im Jahre 1914 (in ganz Deutschland mehr als 1 Million) und die Entwicklung der Gewerkschaftsbewegung konnten sie nicht aus der politischen Isolierung von den offiziellen Strukturen des Staates lösen. Der preußische Staat führte einen gnadenlosen Kampf gegen die Sozialdemokraten, die über lange Jahre die in ihm herrschenden Verhältnisse politisch bekämpften. Wilhelm Liebknecht brachte die Haltung der Sozialdemokratie auf den Punkt: *"Der Weg zur Freiheit führt über den Leichnam Preußens"*.[32] Das waren revolutionäre Worte, doch wurde unter den Einflüssen der preußischen Mentalität der Reformismus zur Praxis der Partei. Ob sie preußischer war, als sie sich bewußt war, sollte das Jahr 1914 zeigen.

Die Arbeiterbewegung war als neues und durchaus machtvolles Element der preußischen Gesellschaft an der Wende des 19. zum 20. Jahrhundert nicht in der Lage, größeren Einfluß auf den Lauf der Ereignisse im Staat zu gewinnen: Preußen blieb der Staat der Junker und des Großkapitals und wurde kein Staat der Sozialdemokraten und ihrer Gewerkschaften. Die Entscheidung über das innen- und außenpolitische Schicksal Preußens und Deutschlands blieb in den Händen der bisherigen Machteliten, an deren Spitze Kaiser Wilhelm II. stand, der - wie selten ein Herrscher - seiner Aufgabe nicht gewachsen war.

---

32 Zitat nach H. Schulze: Preußens Arbeiterbewegung. In: Preußen. Versuch einer Bilanz. Bd. 2, S. 248.

## 5. Die Außenpolitik des Deutschen Reiches

Das vereinigte Deutschland wurde - verglichen mit England und Frankreich - mit erheblicher Verspätung eine Wirtschaftsmacht von Weltformat. Deshalb entstanden seit dem Ende des 19. Jahrhunderts immer deutlicher Richtungen in der öffentlichen Meinung und Interessengruppen des Großkapitals, die energische eine vor allem koloniale Expansion anstrebten, aber auch andere Expansionziele - traditionsgemäß vor allem im Osten Europas - nicht aus dem Auge ließ. Im Jahre 1897 formulierte der Geograph Friedrich Ratzel den bis in die Hitlerzeit folgenreichen Begriff *Lebensraum*, als er feststellte, daß die großen Nationen ein Recht auf den für ihre ungehinderte Entwicklung unverzichtbaren geographischen Raum hätten. Die damit verbundene politische Theorie der *Geopolitik* griff für Deutschland immer häufiger die alte Parole vom *Drang nach Osten* auf. Die ideologische Vorbereitung der Expansionsbestrebungen, die die Großmachtphantasien des chauvinistischen deutschen Nationalismus mit dem preußischen Militarismus verband, schuf eine Atmosphäre, die den großen Konflikts um die Hegemonie in Europa, wenn nicht sogar in der Welt, in weiten Kreisen unvermeidbar scheinen ließ. Nach Ausbruch des Weltkriegs, im Jahre 1915, schrieb Friedrich Stieve: *"Der Wille zur Welt ist heute die Losung wie ehedem. Er bedeutet nicht das Verlangen, den Erdball zu beherrschen, auf jene Art, wie es andere Völker getan haben und tun. [. . . ] Der Wille zur Welt ist keine Begierde nach Besitz. - Er ist die uralte Sehnsucht ins Grenzenbefreite, ins Unendliche. Der Wille zur Welt ist das innerste Geheimnis germanischen Blutes."*[33]

Hinter solchen mystischen Formulierungen, den Mythen des Pangermanismus und des angeblich ewigen Dranges nach Osten - in der Zeit der *Ostflucht*, der verstärkten Abwanderung aus den preußischen Ost- in die industrialisierten Westprovinzen - verbargen sich die konkreten ökonomischen und politischen Interessen des "Bündnisses von Rittergut und Hochofen", das partieller Konflikte - die gesamte Wilhelminische Ära dominierte. Man wollte eine neue, für Deutschland günstige Aufteilung der Welt, und das war neben innenpolitischen Gründen die Hauptursache für die expansive Außenpolitik Deutschlands seit dem Ende des 19. Jahrhunderts. Am 6. Dezember 1897 erklärte der Staatssekretär im Auswärtigen Amt des Reiches, Bernhard von Bülow, vor dem Reichstag: *"Wir wollen niemanden in den Schatten stellen, aber wir verlangen auch unseren Platz an der Sonne."*[34]

Unter den beunruhigenden Erscheinungen, die lange vor 1914 ein Klima von Spannungen und gefährlichen Träumereien schufen, spielte der preußisch-deutsche Militarismus eine besondere Rolle, der sich von Preußen aus in ganz Deutschland durchsetzte. Der Krieg wurde vor 1914 nirgends in der Welt in dem Maße im Schulunterricht glorifiziert wie in Preußen und Deutschland. Das Reich

---

33 F. Stieve: Deutschland vor den Toren zur Welt. München 1915, S. 18-19; vgl. A. Wolff-Powęska: Doktryna geopolityki w Niemczech [Die Doktrin der Geopolitik in Deutschland]. Poznań 1979, S. 122.

34 [B. v. Bülow:] Fürst Bülows Reden. Bd. 1. Leipzig 1910, S. 36; vgl. Wolff-Powęska, a. a. O., S. 83.

Bismarcks und das Wilhelminische Reich stützten sich gegen äußere und innere Feinde unmittelbar auf die Stärke des Militärs. Der Geist des Militarismus wurde mit allen Mitteln in der gesamten Gesellschaft propagiert, und die Armee führte eine spezielle Kampagne gegen die sozialdemokratische Einflüsse auf Rekruten aus der Arbeiterklasse durch, die sich auf zwei Instrumente stützte: verstärkten Religionsunterricht und Vermittlung eines einseitig patriotisch-preußischen deutschen Geschichtsbildes.[35] In der wohl besten zeitgenössischen Analyse des preußisch-deutschen Militarismus stellte Karl Liebknecht im Jahre 1907 den Militarismus als das besondere Produkt der preußisch-deutschen Klassengesellschaft mit ihren halb absolutistischen, halb feudalistische heraus.

Seit langem existiert in der deutschen historischen Forschung die These vom *Primat der Innenpolitik* unter Bismarck und besonders Wilhelm II., nach der innenpolitische Ziele mit Mitteln der Außenpolitik verfolgt worden sind, außenpolitische Fragen also für die Innenpolitik instrumentalisiert wurden. So verwandelte Bismarck seine militärischen und diplomatischen Siege in innenpolitische Erfolge. Für diese, oft als einseitig kritisierte These sprechen gewichtige Gründe, auch wenn die in der Wilhelminischen Ära geschaffenen durch Gruppeninteressen gelenkten Mechanismen der Manipulation öffentlichen Meinung gewissermaßen automatisch bestimmte außenpolitische Lösungen ohne Rücksicht auf den Verlauf der innenpolitischen Ereignisse forcierten. Reichskanzler Bernhard Fürst von Bülow stand jedoch gegenüber Philipp Fürst zu Eulenburg in einem Privatgespräch ein: *"Nur eine erfolgreiche Außenpolitik kann helfen, versöhnen, beruhigen, sammeln, einigen."*[36]

Die Außenpolitik Bismarcks nach 1871 war eine Politik des Gleichgewichts der Kräfte und der Stabilisierung in Europa. Sie sollte die Position des neu geschaffenen Deutschen Reiches stärken. Anders als seine Nachfolger vermied er die territoriale Expansion des Deutschen Reiches, fürchtete er doch die Bedrohung Deutschlands durch revisionistische Bestrebungen Frankreichs, dessen potentielles Bündnis mit Rußland er über alles befürchtete. Seine Politik der doppelten Absicherung führte dazu, daß das Deutsche Reich, das nicht unbedingt auf gute Beziehungen zu Österreich-Ungarn rechnen konnte, mit dem es erst 1879 den geheimen Bündnisvertrag des *Zweibunds* abschloß, stets um gute Beziehungen zu Rußland bemüht war, um eine französisch-russische Annäherung zu verhindern. Bismarck suchte als zusätzliche Rückversicherung gegen Frankreich die Annäherung an Italien. In der Zeit Bismarcks traten die später immer deutlicher werdende Wirtschaftskonkurrenz und die Kolonialkonflikte mit England noch nicht mit der ganzen Schärfe hervor; deshalb sah Bismarck in Frankreich den potentiellen Hauptfeind Deutschlands. Bismarck nutzte die übertriebenen Befürchtungen bezüglich des Risikos eines möglichen Krieges mit Frankreich mehrfach in der Innenpolitik, besonders aber für den beständig fortgesetzten Ausbau und die Modernisierung der Armee geschickt aus, doch

35 Vgl. Messerschmidt: Die politische Geschichte, S. 227f.

36 Zit. nach W. Baumgart: Deutschland im Zeitalter des Imperialismus (1890-1914). Grundkräfte, Themen und Strukturen. Frankfurt-Berlin 1972, S. 16.

entstand bereits unter seiner Regierung eine neue, für Deutschland ungünstige internationale Konstellation. 1882 trat Italien dem deutsch-österreichischen Geheimbündnis bei, so daß der *Zweibund* zum *Dreibund* erweitert wurde. Gleichzeitig gelang es Bismarck im Jahre 1887, den geheimen *Rückversicherungsvertrag* mit Rußland abzuschließen, der das Deutsche Reich im Falle eines Krieges im Westen absicherte. Dieser Vertrag, den Bismarck später als den wichtigsten von ihm geschlossenen Vertrag überhaupt ansah, wurde von seinem Nachfolger Caprivi im Jahre 1890 nicht verlängert. Die Folge war wenige Jahre später die französisch-russische Verständigung mit deutlich antideutscher Spitze.[37]

Wilhelm II. entließ Bismarck, als diese seiner Meinung nach bereits ein unflexibler, übervorsichtiger Konservativer war, ein Mensch, der die Forderungen der neuen Zeit nicht mehr verstand. Bismarcks Leistung bleibt, daß er in den sechziger Jahren mit Energie, Konsequenz und Geschick die Politik verwirklicht hat, die zur Vereinigung Deutschlands und zur preußischen Hegemonie in Deutschland führte. In der Innenpolitik wußte er - trotz gewisser Modernisierungsbestrebungen - die Entwicklung zu einer parlamentarischen Demokratie in Deutschland zu verhindern und die Bedeutung der traditionellen Eliten zu bewahren, obwohl er immer deutlicher den Interessen des Großkapitals nachgab. Er bereitete also den gefährlichen Weg, den das wilhelminische Deutschland betrat, den Weg zur imperialistischen Expansion nach außen und zur Blockierung des sozialen Fortschritts im Innern. Nichtsdestoweniger zeichnete sich Bismarck stets durch ungewöhnlichen Realismus und Umsicht aus, durch die Fähigkeit, sich bei drohendem Mißerfolg zurückzuziehen. Bismarck vermied stets immer Konfrontationen mit Rußland und England und schätzte realistischer als seine Nachfolger die deutschen Expansionsmöglichkeiten ein, deren Grenzen von den Lebensinteressen der europäischen Großmächte bestimmt wurden. Mit seiner Entlassung begann die riskante Politik, bei der sich Chauvinismus und Nationalismus immer deutlicher durchsetzten, während die Fähigkeit zur Risikoeinschätzung verlorenging.[38]

Die hemmungslose und abenteuerliche Politik Wilhelms II., ihr Eroberungsdrang und Militarismus waren preußisches Erbe, das jetzt mit Parolen des deutschen Nationalismus offiziell auftrat, den die borussischen Staatsphilosophen und Historiker zu großen Teilen aufgebaut hatten, indem sie die Legende von der preußischen Berufung in der Geschichte Deutschlands schufen. Preußen führte seine Außenpolitik und seine Politik der Kriegsvorbereitung unter Führung des preußischen Generalstabs, in dem unter Leitung Alfred von Schlieffens (1833-1913) der *Schlieffenplan* gegen Frankreich entwickelt wurde, der von vornherein die der Verletzung der Neutralität Belgiens einkalkulierte und im Konfliktfall die

---

37 Vgl. H. U. Wehler: Bismarcks Imperialismus und späte Rußlandpolitik unter dem Primat der Innenpolitik. In: M. Stürmer (Hrsg. ), Das kaiserliche Deutschland. Politik und Gesellschaft 1870-1918. Düsseldorf 1918, S. 254-255.

38 Vgl. allg. M. Göhring: Bismarcks Erben 1890-1945. Deutschlands Weg von Wilhelm II. bis Adolf Hitler. 2. Aufl. Wiesbaden 1959, S. 10f.

Außenpolitik praktisch handlungsunfähig machte, da keine Alternativen zu Mobilmachungs- und Aufmarschplänen ausgearbeitet wurden.

Der Außenpolitik fehlte unter Wilhelm II. die Linie und die Konzeption, doch setzten sich immer stärker imperialistische und expansionistische Tendenzen durch, die zuerst in der Kolonialpolitik laut geworden waren. Die deutsche Politik konkurrierte seit Ende des Jahrhunderts immer offener mit dem britischen *Empire*; sichtbarer Ausdruck dieses Weltmachtstrebens war die *Flottenpolitik*, d. h. der Aufbau einer starken Kriegsflotte. Die zahllosen undiplomatischen militaristischen Reden des Kaisers verstärkten das Mißtrauen der englischen Politik, die notgedrungen eine Absicherung suchte: Im Ergebnis waren an der Schwelle des Ersten Weltkriegs zwei rivalisierende Machtblöcke entstanden: auf der einen Seite Deutschland, Österreich-Ungarn und Italien (das 1915 die Front wechselte), auf der anderen Seite die eng verbündeten Staaten Frankreich und Rußland, denen sich die englische Politik immer deutlicher anschloß.

## 6. Der Erste Weltkrieg 1914-1918

Die Zuweisung der *Kriegsschuld* an Deutschland nach dem verlorenen Krieg durch die Siegermächte im Vertrag von Versailles rief eine gewaltige Empörung in der deutschen Öffentlichkeit hervor. Kriegsschuld, Reparationen und Gebietsverluste im Friedensschluß von Versailles boten der nicht nur der antidemokratischen Propaganda in der Weimarer Republik und dem Nationalsozialismus immer wieder Anknüpfungspunkte, um die Unterstützung breiter Bevölkerungskreise zu finden. Die Frage ist heftig diskutiert worden: *"Der überwiegende Anteil des Deutschen Reiches am Ausbruchs des Ersten Weltkrieges und der offensive Charakter der deutschen Kriegsziele ist nicht mehr umstritten und auch nicht mehr bestreitbar."*[39] Eine wichtige Rolle spielte hier der Druck des Großen Generalstabs, der die Ansicht vertrat, daß die generelle Lage 1914 für einen Krieges besonders günstig war: 1. hatten die Deutschen einen strategischen Vorteil durch den sorgfältig vorbereiteten *Schlieffenplan*; 2. verfügte Deutschland über die beste Militärführung, -schulung, -taktik und -ausrüstung; 3. waren Moral und Disziplin des Soldaten hervorragend. Deshalb übten die Militärs Druck auf die politischen Entscheidungen auszuüben, war doch das militärische Risiko 1914 ihrer Meinung nach vergleichsweise gering. Ihr Deutschlands war einfach: ein blitzartiger Angriff auf Frankreich, danach die Offensive im Osten gegen Rußland. Die deutschen Führungskreise kalkulierten jedoch trotz anderslautender Warnungen nicht die gleichzeitige Konfrontation mit England ein.

Wilhelm II. scheute - trotz kriegerischer Miene - die weitreichende Entscheidung. Er wollte keinen Zweifrontenkrieg und erst recht keinen europäischen Krieg. Die Rolle der Armee in der Außenpolitik wuchs mit dem Einfluß der militärischen Umgebung des Königs und Kaisers in der Innenpolitik. Im Jahre 1914

---

39 I. Geiss: Die Fischer-Kontroverse. In: Ders. : Studien über Geschichte und Geschichtswissenschaft. Frankfurt a. M. 1972, S. 188; vgl. auch R. Buchner: Deutsche Geschichte im europäischen Rahmen. Darmstadt 1975. S. 392-393.

suchte Reichskanzler von Bethmann-Hollweg mehr die Militärs als die Politiker, was zum Krieg führen mußte, da die Militärführung in strategischen und nicht in politischen Kategorien dachte. Der Kaiser bestärkte in der *Julikrise* 1914 die politischen Kreise Wiens in ihrer Meinung, daß sich in diesem Moment die historische Gelegenheit zur weiteren ungehinderten Expansion nach Südosten böte. Der preußisch-deutsche Große Generalstab lebte seit langem in der Psychose, ein Präventivkrieg gegen die potentiellen Gegner Deutschlands sei notwendig. Am 1. Juli 1914 sagte Generalstabschef von Moltke: *"Wenn's doch endlich überbrodeln wollte - wir sind vorbereitet, je eher desto besser für uns."*[40] Die deutsche und besonders die preußische öffentliche Meinung begrüßte die Kriegserklärung enthusiastisch; man war überzeugt, daß Deutschland seine Existenz verteidigte, daß ihm der Krieg aufgezwungen worden war. Bezeichnend war die Haltung der Sozialdemokratie zur Kriegsfrage. In der entscheidenden Fraktionssitzung stimmten 78 sozialdemokratische Reichstagsabgeordnete für die Kriegskredite und nur 14 dagegen; bei der Abstimmung im Reichstag siegte die Parteidisziplin; der Reichstag beschloß die Kriegskredite unter allgemeinem Enthusiasmus von Abgeordneten und Öffentlichkeit einstimmig: Das Deutsche Reich trat enthusiasmiert in den Strudel der Kriegsereignisse ein. Die stärkste Partei der Zweiten sozialistischen Internationale übernahm die offizielle nationalistische Politik.

Mit preußischer Disziplin folgte die deutsche Gesellschaft der Entscheidung des Reichstags. Unter dem Einfluß der Argumentation der Regierung, die Deutschland vor allem durch das Russische Kaiserreich, das reaktionäre Regime *par excellence* im damaligen Europa, das den Krieg provoziert hätte, bedroht darstellte, erklärte die sozialdemokratische Führung, ohne politische Konzessionen oder Garantien einzufordern, ihre bedingungslose Unterstützung und verkündete 1915 für die Zeit des Krieges den sozialen *Burgfrieden*. Im Verlauf des Krieges, der sich nach ersten deutschen Erfolgen als moderner Massenkrieg gegen die mächtigere *Entente* erwies, folgten auf Begeisterung bald Erschöpfung und Verbitterung über die erlittenen Opfer und die herrschenden Not. Gleichzeitig verloren die Zivilbehörden und der Reichskanzler an Macht, denn *de facto* entstand eine Diktatur der Obersten Heeresleitung, in der neben dem durch den Sieg über die russischen Armeen im ostpreußischen Tannenberg 1914 populäre Oberbefehlshaber von Hindenburg der *Generalquartiermeister*, der reaktionäre General Erich Ludendorff, die entscheidende politische Rolle spielte. Die Außenpolitik, das zivile Leben und die Wirtschaft wurden dem Diktat der Militärführung unterstellt, die keine Reform im Reich oder in Preußen zuließ und durch ihre Expansionspläne alle Versuche eines Kompromißfriedens zunichtemachte. Der nach dem Kriegseintritt der USA Anfang 1917 weltweite totale Krieg forderte auf beiden Seiten Millionen Opfer. Um die sich verschärfenden innenpolitischen Spannungen aufzufangen, kündigte Wilhelm II. in der *Osterbotschaft* vom 7. April 1917 die Aufhebung des Dreiklassenwahlrechts in Preußen

---

40 H. von Eckardstein: Lebenserinnerungen und Politische Denkwürdigkeiten. Bd. 3. Leipzig 1921, S. 184, zit. nach F. Klein: Deutschland von 1897/98 bis 1917 (= Lehrbuch der Deutschen Geschichte; Bd. 9). 4. Aufl. Berlin 1977, S. 258.

Kaiser Wilhelm II. (um 1890)

an. Als jedoch Reichskanzler Bethmann-Hollweg eine Verfassungsreform in Preußen vorbereitete, mußte der Kaiser ihn auf Druck Ludendorffs am 14. Juli 1917 entlassen: Ein Reichskanzler, der nicht das Vertrauen der Militärführung besaß, mußte abtreten.

Auch als die militärische Niederlage unaufhaltsam schien, waren Machteliten und Militärkaste waren noch bereit, zur Verteidigung ihrer Position jedes Risiko einzugehen, um demokratische Reformen in Deutschland zu verhindern. Die militärische Führung leugnete die Verantwortung für die Niederlage und forderten von den Zivilbehörden des Reiches die Aufnahme von Waffenstillstandsgesprächen und Friedensverhandlungen mit der Entente: Die *Dolchstoßlegende* entstand, nach der die Politiker die "im Felde unbesiegten" Militärs verraten haben sollten. In dem ausgehungerten und erschöpften Land brach im November 1918 eine Revolution aus, die gleich zu Beginn die Kriegsverantwortlichen absetzte, den Kaiser stürzte und zum ersten Mal in der Geschichte Deutschland auf den Weg zu einer demokratischen und republikanischen Verfassung führte.

# VII.
# Zur Verpreußung Deutschlands
## Preußische Mentalität und preußische Mythologie in der deutschen Geschichte

*Schlaf mein Kind, schlaf leis',*
*da draußen geht der Preuß'*
*Deinen Vater hat er umgebracht,*
*Deine Mutter hat er arm gemacht.*
*Und wer nicht schläft in guter Ruh',*
*dem drückt der Preuß' die Augen zu.*
*Schlaf mein Kind, schlaf leis',*
*da draußen geht der Preuß'*
Badisches Wiegenlied, 1848

### 1. "Preußentum"

Der bedeutende deutsche liberale Pädagoge Friedrich Wilhelm Foerster (1869 bis 1966) war ein unerbittlicher Kritiker des Preußentums als Quintessenz der schlechten Merkmale preußischer Mentalität und preußischer Tradition. 1937 schrieb er in der Emigration: *"Wenn das verpreußte Deutschland eines Tages am Ende seines Irrweges angelangt sein wird, so wird alles das, was heute noch vernebelt und bestritten werden kann, sonnenklar darliegen."*[1] Aus der historischen Perspektive war der Optimismus Foersters voreilig, bewegt sich doch noch heute die Geschichtsschreibung nicht leicht in der komplizierten Welt der Vorstellungen über Preußen, die von Mythen und Stereotypen der preußischen Geschichte bestimmt wird. Der Verherrlichung Preußens, seiner Macht, seiner "unvergleichlichen Armee" und "zuverlässigen Verwaltung" wurde viel Zeit und Kraft geopfert. Es hat jedoch im 19. und im 20. Jahrhundert, besonders aber nach 1914, nicht an skeptischen Stimmen gefehlt. 1915 stellte Ernest Denis, der französische Historiker und Kenner der mitteleuropäischen Geschichte, zu Preußen die berühmte Frage: *"En quoi le capital social de l'humanité serait-il diminué si elle [la Prussie] n'avait pas existé?"*[2]

Neben rein mythologischen Bezeichnungen wie "preußische Idee", "preußischer Geist" funktioniert in der deutschen Sprache als Hauptbegriff mit vielfältigen Konnotationen *Preußentum* als eine Art Quintessenz der Stereotype der preußischen Tradition und besonders der "preußischen Tugenden", eine Art positiver Preußenmythos. *Preußentum* ist in der deutschen Sprache der einzige Begriff für diesen Komplex, den nicht nur seine Apologeten, sondern auch die Gegner der

---

1 F. W. Foerster: Europa und die deutsche Frage. 2. Aufl. Luzern 1937, S. 140; vgl. unten S. 384. Eine polnische Übersetzung erschien u.d.T. *Niemcy a Europa* (Warszawa 1939).

2 *"Inwieweit wäre das gesellschaftliche Kapital der Menschlichkeit geringer, wenn Preußen nicht existiert hätte?"* - E. Denis: La Guerre. Paris 1915, S. 239f., zit. nach B. Gödde-Baumanns: Deutsche Geschichte in französischer Sicht. Die französische Historiographie von 1871 bis 1918 über die Geschichte Deutschlands und der deutsch-französischen Beziehungen in der Neuzeit. Wiesbaden 1971, S. 371.

preußischen Tradition, des preußischen Militarismus oder der preußischen Arroganz gegenüber der übrigen Welt verwenden. Der Terminus als solcher ist wird im Deutschen positiv wie negativ konnotiert, während das polnische *prusactwo* eindeutig negativ besetzt ist. Dieser negative Begriff von *Preußentum* hat sich in der polnischen Sprache in der Zeit Bismarcks und Wilhelms II. durchgesetzt, als die polnische Gesellschaft des preußischen Ostens sich mit der Maschinerie des damals germanisatorischen preußischen Staates, der preußischen Bürokratie und dem preußischen Militarismus auseinandersetzen mußte. In der Historiographie der DDR wurde mit *Preußentum* ähnlich eindeutig negativ eine spezifisch preußische Form von Militarismus verstanden. Ein neutraler Begriff von 'Preußentum', wie es *pruskość* sein könnte, fehlt im Polnischen. Eine semantische Analyse dieses Problems fehlt.[3] Es wird dadurch noch kompliziert, daß Witold Jakóbczyk den Begriff *prusycyzm* als Bezeichnung für die *preußischen Ideologie* vorgeschlagen hat, deren Elemente er folgendermaßen beschrieb: Kult der Hohenzollerndynastie, spezifischer militärischer Verwaltungsstil, Militarisierung des Leben und der Mentalität, die Junkerinteressen ausdrückendes reaktionäres Gesellschaftsverständnis, Protestantismus, Antidemokratismus, Kampf gegen nationale Minderheiten.[4]

*Preußentum* bedeutet mehr als die Ideologie, mehr als der Mythos des idealen Preußen und seines Staates, es geht dabei auch um die spezifische soziale Mentalität und eine spezifische Auffassung der preußischen Wirklichkeit. Die semantische Vieldeutigkeit von *Preußentum* resultiert aus der Verknüpfung von Elementen des idealen Musters mit seiner Ideologie in einem einzigen Begriff, der - je nach Standpunkt des Autors - als Programm und Apologie wie bei der Demaskierung des Mythos aufgrund historischer Analysen, die auf diese Weise ermöglichen, bei der Entmythologisierung benutzt wird. *Preußentum* ist in der deutschen Sprache ein synthetischer Begriff, der zur Bezeichnung eines Konglomerats von tatsächlichen und ideologischen Merkmalen. Die Ideologie des Militarismus und die anderen - wie z.B. Ideologie und Mentalität des kriegführenden Preußen besonders in der Zeit Bismarcks und Wilhelms II. - von der Historiographie als undemokratisch kritisierten Phänomene Preußens und seiner Ideologie sind negatives *Preußentum*, "prusactwo"

Ein deutscher Autor, Christian Wienecke, hat 1913 versucht, das Phänomen des Preußentums in seiner Multidimensionalität erfassen. Wienecke beschrieb vier für sich jeweils einseitige stereotype Sichtweisen, die seiner Meinung nach erst zusammen ein realistisches Gesamtbild Preußens und des Preußentums ergäben: Die einen sahen in Preußen den Junker mit seiner Standes- und kulturellen Beschränktheit, arrogante Leutnants, hungernde Lehrer, brutale Unteroffiziere, fanatische Pastoren, Polizisten und die aus der Position der Stärke ge-

3 [In der Vorlage dieser Übersetzung (S. Salmonowicz: Prusy. Dzieje państwa i społeczeństwa. Poznań 1987, S. 481f.) diskutiert der Verfasser an dieser Stelle ausführlich die Frage der Bedeutungsdifferenz zwischen dem in der polnischen Sprache eindeutig negativ besetzten *prusactwo*, das Militarismus, antidemokratische Tradition, blinden Gehorsams usw. impliziert und *Preußentum*, für das er als adäquate Widergabe *pruskość* vorschlägt.]

4 W. Jakóbczyk: Prusy i Rzesza [Preußen und das Reich]. In: Węzlowe problemy, S. 101f.

führte Außenpolitik. Andere stellten dagegen die pünktlichen Eisenbahnen, saubere Straßen und die Wirtschaft in den Vordergrund, dazu eine aufgeweckte Jugend, fröhliche Militärmusik, Unternehmungsgeist, starke Hände usw. Wiederum andere betonten die Treue gegenüber dem König und Kaiser, den inbrünstigen Protestantismus des preußischen Bauern, seine Arbeitsamkeit, die Sandböden und Moore besiegte, Gehorsam und Bescheidenheit und die Tapferkeit des Soldaten. Für die vierten schließlich war Preußen die Heimat Friedrichs des Großen und Kants, die Wahlheimat von Fichte und Hegel, zu dessen Füßen in der Berliner Universität Minister saßen, eine Kirche, in der Schleiermacher predigte, eine Universität, in der Jakob Grimm, Treitschke und Mommsen lehrten, der Staat, in dem Schlüter und Schinkel bauten und als Bildhauer wirkten, Chodowiecki zeichnete, Menzel malte, dessen Armee von Scharnhorst, Clausewitz und Moltke geführt wurde.[5]

*Preußentum* ist also ein mehrdimensionales Phänomen: In ihm kreuzen sich Merkmale der National- oder vielmehr Kollektivpsychologie, Elemente von Tradition und historischem mit charakteristischen Merkmalen der Struktur von Staat und Gesellschaft. *Preußentum* war nach 1945 für einige Apologeten ein notwendiger Schutzreflex vor der vermeintlich aus Osteuropa drohenden Gefahr und vor der inneren Gefährdung durch soziales Chaos: *"Aus dem Widerstand gegen die auflösende Gewalt der Ebene erwuchs geprägte Form und Regel, militärisches Kommando und Disziplin, Herrschaftswille und Befehlsgewalt: der Staat Preußen."*[6]

Die Begriffsgeschichte von *Preußentum* ist bis heute nicht geschrieben worden. Seit der Mitte des 19. Jahrhunderts gehört jedenfalls *Preußentum* im Wörterbuch der preußisch-deutschen Rechten zu den positiven Begriffen. Als negative Bezeichnung scheint *Preußentum* zuerst im 1815 Preußen eingegliederten Rheinland als Reaktion auf die Arroganz von Offizieren und Beamten, auf soldatische Manieren und preußischen Militarismus aufgetaucht zu sein.[7] In der Mitte des 19. Jahrhunderts nahmen die Apologeten der preußischen Traditionen, die damals begannen, den friderizianischen Mythos zu glorifizieren, die Herausforderung an und gaben *Preußentum* einen positiven Charakter als Identifikationsbegriff und nahmen den Kampf mit den nicht wenigen Kritikern Preußens auf. An solchen Kritikern fehlte es in Deutschland nie, ob sie nun - besonders im katholischen Süddeutschland - aus Gründen partikularer Unterschiede oder aus politischen Positionen Preußen und sein politisches System ablehnten: Nach 1848 und nach 1871 kritisierten das liberal-demokratische Lager, die künstlerische und intellektuelle Linken und die Arbeiterbewegung Preußen.

Bismarck selbst sagte am 6. September 1849 vor der Zweiten Kammer des Preußischen Landtags, das spezifische *Preußentum* habe sich erst nach 1815 her-

---

5 Ch. Wienecke: Preußen. In: Der Kunstwart und Kulturwart 27 (1913/14), 2, S. 323f.

6 H. J. Schoeps: Die letzten dreißig Jahre. Rückblick. Stuttgart 1956, S. 63.

7 Vgl. J. Mirow: Das alte Preußen im deutschen Geschichtsbild seit der Reichsgründung. Berlin 1981, S. 84; H. Kathe: Die Hohenzollernlegende. Berlin 1973.

ausgebildet.[8] Damit betonte er die Bedeutung der Zeit zwischen Wiener Kongreß 1815 und Revolution 1848 bei der Ausgestaltung des preußischen Staatsideologie und des preußischen Militarismus. Sie entstanden auf den Fundamenten und Traditionen aus der friderizianischen Ära nach der Begrenzung der Reformen der Jahre 1807-1815. Die Fürsprecher des status quo der Vorreformzeit stützten sich bei dieser "Kodifikation des preußischen Charakters durchzuführen" auf umgestaltete und mythologisierte Elemente der preußischen Tradition und integrierten gerade in dieser Zeit Teile aus der Geschichte des Deutschen Ordens in die preußische Tradition.

Wollen wir die wesentlichen Merkmale des *Preußentums*, der preußischen Gesellschaft, ihrer Sozialpsychologie und Traditionsstruktur erfassen, bewegen wir uns auf unsicherem Boden, auf dem eher die Pfade der Apologeten als die der Systemkritiker ausgetreten sind. Der Einseitigkeit jeder Auswahl bewußt, erscheinen uns folgende Komponenten des Gesamtphänomens *Preußentum* von besonderer Bedeutung:

- Preußen, das war *Junkertum*: der spezifische neofeudale Aristokratismus der preußischen Eliten bis fast an das Ende ihrer Existenz und die Traditionen der Kolonialmacht im Osten, Rückständigkeit der Sozialstruktur in der Landwirtschaft - aber auch der preußische Weg zum Kapitalismus, Antidemokratismus des Systems, das sich noch im 20. Jahrhundert auf die künstlich konservierte soziale Bedeutung des Junkertums stützte. Der Junker als Menschentyp war der Typus des *Preußen* par excellence. Der vollkommene Typus des Junkers war allerdings der Junker unter Waffen, und daher
- bedeutete Preußen *Militarismus*: Das wohl wichtigste Merkmal von *Preußentum* beinhaltet Unbeständigkeit und Zerstörung der Demokratie in Preußen und Deutschland und die Militarisierung des zivilen Lebens, in das der preußische Militarismus seine Tradition der Expansion und Politik der Stärke einbrachte. Preußischer Militarismus war schließlich auch die Tradition der Bewältigung innerer Probleme durch militärische Gewalt im Inneren oder nach Außen.
- Preußen, das war ein Staat ungewöhnlich weitreichender *Sozialdisziplinierung*, aber auch großer organisatorischer, sozialer, wirtschaftlicher und kultureller Leistungen. Damit zusammenhängt das Problem der *sekundären* preußischen Tugenden und deren Instrumentalisierung im Dienste des Obrigkeitsstaates, der auf Menschen mit Untertanengeist, nicht aber auf selbstbewußte Bürger stützt.
- Preußen, das war schließlich der reiche ideologische Überbau: preußische Staatsmythologie und Staatsidee, die Ideologie der preußischen Philosophie, der Mythos der Hohenzollerndynastie und der preußischen Bestimmung Deutschlands.

Die Entstehung von Mentalität und Ideologie der preußischen Eliten ist oft diskutiert worden. Den Deutschen Orden hat erst die romantischen Historiographie in der Ersten Hälfte des 19. Jahrhunderts in die preußische Tradition auf-

8 Bismarck: Die gesammelten Werke. Bd. 11. Berlin 1925, S. 39.

genommen. Erst im 19.-20. Jahrhundert wurde er nachträglich ein wichtiger Teil des preußischen Mythos.[9] Die Politik des Herzogtums Preußen hatte vom 16. bis ins 18. Jahrhundert die Ordenstradition negiert.[10] Grundlegend für die Herausbildung des spezifischen Profils der preußischen Eliten waren andere Faktoren: der - trotz gelegentlicher Betonung der zivilisatorischen Rolle der Zisterzienser - koloniale Charakter der deutschen Siedlung in Brandenburg, Pommern und in Ostpreußen; der Übertritt der Bevölkerungmehrheit zum Luthertum im 16. Jahrhundert und dessen Entwicklung zu einer autoritativen Theologie und Morallehre, wie sie am klarsten im 18. Jahrhunderts der Pietismus realisierte; charakteristische Merkmale der Wirtschafts- und Sozialstruktur; Aufbau des Absolutismus, der zusammen mit bürgerlichen calvinistischen Einflüssen aus den Niederlanden und Frankreich (Holländer, Hugenotten) der Entwicklung der Städte und dem Arbeitsethos im dem armen Land ohne Bodenschätze einen besonderen Charakter verlieh. Im 18. Jahrhundert betrat der preußische Absolutismus den Weg zum Militarismus und zum Ausbau der Staatsmacht, was die Entwicklung der Mentalität der Gesellschaft wesentlich bestimmte, die ohne Rücksicht auf den Einzelnen durch Militarismus, Bürokratie, protestantische Kirche und Schulwesen diszipliniert wurde und sich weiterhin vor allem auf die erzfeudale Struktur der Fronwirtschaft stützte.

Ausgangspunkt der preußischen "Disziplinierung des sozialen Lebens" mit ihren bis heute sichtbaren Folgen war die lutherische Landeskirche. In stärkerem Maße als andere lutherischen Kirchen unterlag sie den Einflüssen der calvinistischen Ethik und Lebensauffassung und nahm mit dem aufblühenden Pietismus an der Schwelle des 18. Jahrhunderts einen spezifischen Charakter an. Die Anfänge des sozialen "Disziplinierungsprozesses" unterscheiden sich also nicht von anderen protestantischen Ländern, in Preußen kamen jedoch in kurzer Zeit die harte Schule der absoluten Monarchie des Großen Kurfürsten, der auf der Grundlage des niederländischen Neostoizismus die Einstellungen der preußischen Eliten formte, hinzu. Die "Tugenden" des preußischen Bürgers und des preußischen Offiziers entstanden aus späthumanistischen und reformatorischen Einflüssen unter Einbeziehung des Calvinismus und niederländischer Vorbilder. Der niederländische Neostoizismus verkündete im 17. Jahrhundert wie die Schule des Naturrechts: *Jedem das, was ihm zusteht* - 1701 die Devise des ersten preußischen Ordens, des Ordens vom Schwarzen Adler: *Suum cuique*. Was später als Quintessenz des Preußentums angesehen wurde, war unter Hitler als *Jedem das Seine* zynisches Motto über den Eingangstoren deutscher Konzentrationslager!

Die Tendenzen der protestantischen Ethik und Philosophie wurden an der Schwelle des 18. Jahrhunderts durch die Einflüsse Pufendorfs und seiner Naturrechtsschule verstärkt. Für Pufendorf bestimmte die Ethik der Pflicht die Einstellung des Individuums zur Gesellschaft, dessen Rechte immer mit den von Pufendorf besonders betonten Pflichten verbunden waren. Das 18. Jahrhundert

---

9 Dazu ausführlich Wippermann: Der Ordensstaat als Ideologie.
10 Vgl. oben S. 349.

war zunächst einmal Friedrich Wilhelm I., der seine Herrschaft dadurch festigte, daß er den militärischen Faktor in das Arsenal der Mittel zur Sozialdisziplinierung einführte: die Abrichtung des Soldaten und Untertanen hinterließ Spuren für das ganze Leben und beeinflußte die gesamte soziale Umgebung. Zum anderen war das 18. ein Jahrhundert der energisch und dynamisch geführten aktiven Verwaltung; drittens schließlich trat die preußische Volksschule nach und nach in den Dienst der Politik der gesellschaftlichen Disziplinierung. Ihre ersten größeren Erfolge errang sie unter Friedrich II., der auf allen Gebieten mit allen möglichen Methoden die von seinem Vater begonnenen Entwicklungslinien fortführte. Wenn es bei seinen Nachfolgern auch manchmal an Konsequenz und Engagement mangelte, so wurde doch auf den Fundamenten des 18. Jahrhunderts das preußische 19. Jahrhundert aufgebaut, als - neben dem weiterhin wichtigen Pastor - die Rolle des Volksschule, später auch des preußischen Gymnasiums wuchs, auch wenn die "Erziehungsfunktion" der preußischen Armee konstant dominant war. Nach 1870 kam es zu einem charakteristischen Disput über die Vormacht dieses oder jenes Erziehungsfaktors, ob die Schlacht bei Sedan - wie es die einen wollten - der Volksschullehrer als Erzieher von Generationen preußischer Soldaten gewonnen hätte, oder aber der preußische Offizier und Unteroffizier als eigentlicher und bester Erzieher seiner Generation. In der zweiten Hälfte des 19. Jahrhunderts traten andere sozialdisziplinierende Faktoren hinzu: Ideologiestränge aus Literatur, Wissenschaft und Kunst, die den preußischem Alltag durchdrangen. Das System der Sozialdisziplinierung unterlag zwar Veränderungen, doch blieben seine Tradition der Disziplinierung und seine Erfolge beständig.

Wollten wir trotz aller Bedenken den Zeitpunkt bestimmen, in dem die Rahmenbedingungen für die Prägung der Gesellschaft durch die Merkmale, die später als "typisch preußisch" bezeichnet worden sind, festgelegt wurden, so würden wir diesen Moment in den zwanziger bis dreißiger Jahren des 18. Jahrhunderts suchen, als König Friedrich Wilhelm I. das eigentümliche Bündnis mit dem Pietismus einging. Seither war der Pietismus neben der Monarchie der wichtigste Faktor, der im Kontext des Handelns von Kirche, Militär und Bürokratie einen neues Arbeits- und Pflichtethos schuf. Gerade der Pietismus hat mit seiner unermüdlichen seelsorgerischen, karitativen und ökonomischen Tätigkeit die Führungseliten des preußischen Staates geformt und ihre Mentalität bestimmt. Die 1717 herausgegebene Dienstordnung für Offiziere gebot, daß der Offizier sich außer durch Gottesliebe durch Klugheit, Opferbereitschaft, Mut, Geduld, innere Beherrschung und Selbstzufriedenheit, vor allem aber durch Treue und Gehorsam auszuzeichnen hätte. Friedrich Wilhelm I. empfahl seinen Offizieren, die Maxime zu befolgen, die für das preußische Denken geradezu sprichwörtlich geworden ist: Er befahl, sein Offizier dürfe *"kein Räsoneur sein"*.[11] Für die Apologeten Preußens standen seit der Mitte des 19. Jahrhunderts die wichtigsten

11 Zitiert nach Schoeps: Preußen, S. 328

Elemente des *Preußentums* fest: die protestantische Tradition[12], die konservative soziale Einstellungen, die apologetische Haltung zum Staat und zur Hohenzollerndynastie, die die Ablehnung aller demokratischen und klassisch liberalen Konzeptionen implizierte, sowie - über allem - die Glorifizierung des Militärs und der anderen gefährlichen Faktoren preußischer Vergangenheit, die preußische Staatsraison, die Herrschaft der Macht über das Recht, das Strebens, aus der Expansion nach außen wie aus in Kriegszeiten normalen Phänomenen positive Elemente der preußischen Staatstraditon zu machen.

Bemerkenswert ist, daß das Preußentum, indem es die Apologetik Hegels mit der Ethik Kants verband, um die Staats- und Rechtsphilosophie eine Art Moralphilosophie des preußischen Staates aufgebaut hat. Sie stellte eine große Leistung der in Preußen herrschenden Eliten dar, schuf sie doch ein für deren Ziele günstiges Wertesystem von großer praktischer Bedeutung, in dem die apologetisch überhöhten *preußischen Tugenden* zentrale Bedeutung hatten. Zuvor im sozialen Leben normalen Eigenschaften wurde metaphysischer Charakter zugewiesen, der sie vollständig aus ihren Begründungszusammenhängen löste und aus ihnen "aus sich selbst heraus" Werte von geradezu magischer Qualität formte.

In der ersten Hälfte des 19. Jahrhunderts verherrlichte Hegel in seiner Philosophie den Staat, als dessen höchste real existente Form er den preußische Staat ansah: *"Der preußische Staat ist es [...], der auf Intelligenz gebaut ist."*[13] Hegel und die Hegelianer verliehen dem Staat transzendentale Werte und machten aus ihm ein moralisches Wesen mit deutlich positiven Eigenschaften, was zur Glorifizierung des Staates und zur Herausbildung der Untertanenmoral führte, einer Moral gehorsamer Untertanen, die von diesem Gehorsam moralisch profitierten. Der moralische Rigorismus Kants und seine Überzeugung von der Notwendigkeit der rationalen Herrschaft über die Sinne im Verhalten des von der Ethik geleiteten Menschen waren Faktoren, die die Mentalität der klassischen preußischen Eliten wesentlich prägten, selbst diese Philosophie sich nicht unbedingt in den Rahmen der "preußischen Weltsicht" pressen ließ. Die *libertas oboedientiae* - die Freiheit im Gehorsam - wurde insbesondere mit Kants *Kategorischen Imperativ* begründet. Wozu die Untertanenmentalität mit ihrem unkritischen Gehorsam gegen jede Staatsmacht führte, illustriert niemand anderer als Hans-Joachim Schoeps (1909-1980), der sich erinnerte, daß sein Vater, der, jüdischer Herkunft, sein Leben lang ein treuer Untertan gewesen war, als Hitler an die Macht kam, sagte: *"Hitler mag uns Juden nicht, er ist nun aber einmal unsere Obrigkeit"*, die ein Untertan unter keinen Umständen in Frage stellen durfte.[14]

Wenn auch nicht so unmittelbar wie Hegel, spielte auch er eine bedeutende Rolle bei der Schaffung der ideologischen Aura um die Idee des Preußentums im 19. Jahrhundert. Das Modell des Staates sollte das grundlegende

---

12 Vgl. F. Fischer: Der deutsche Protestantismus und die Politik des 19. Jahrhunderts. In: Historische Zeitschrift 171, 1951, S. 480f.

13 Zitiert nach H. J. Schoeps: Üb' immer Treu und Redlichkeit. Preußen in Geschichte und Gegenwart. Düsseldorf 1978, S. 30.

14 Zitiert nach H. J. Schoeps: Die letzten dreißig Jahre, S. 15.

Bezugssystem werden, aus dem heraus sich die Einstellungen des Individuums gestalten sollten. Treitschke, der in hohem Maße den preußischen Mythos in der Ära Bismarcks weiterentwickelte, forderte einen einheitlichen Staat mit starker Führungsmacht.[15] Zur Existenz eines Staates gehörte seiner Meinung nach 1. Macht, 2. Macht und ebenfalls 3. Macht. Macht und Stärke waren das Leitmotiv in seinen Überlegungen, der - ähnlich wie Bismarck - auch in den Außenbeziehungen nur das Argument *Macht vor Recht* anerkannte. Gerade die preußische Staatsphilosophie belastete die Durchsetzung der preußischen Mentalität und der preußischen Ideologie in der Politik des vereinigten Deutschland. Die Vergötterung des Staates, dem ohne Rücksicht auf seine Ziele und seine Herrschaftsmethoden zu dienen war, war das charakteristische Merkmal des preußischen Denkens. Bismarck verschwieg nicht, was er in der Praxis immer realisiert hat, daß er zur Durchsetzung der Interessen Preußens kein Recht und keine Regeln anerkannte.

## 2. Militarismus und Junkertum

Seit dem Ende des 17. Jahrhunderts entstand durch die spezifische Verbindung der Sozialstruktur mit dem Militär der preußische Militarismus.[16] *Des Königs Offizier* war - lange Zeit ausschließlich und bis zum Ende der preußischen Monarchie überwiegend - adliger Herkunft. Der Junker blieb bewahrte seinen sozialen und politischen Einfluß gerade wegen seiner Rolle als Fundament des preußischen Militärstaats. Im Jahre 1752 schrieb Friedrich II. in seinem politischen Testament Worte, die auch für seine Nachfolger galten: *"In großen und ganzen stellt der Adel eine Körperschaft dar, die Achtung verdient [...]. Dieser würdige Adel hat Gut und Blut im Dienste des Staates geopfert. Seine Treue und seine Verdienste müssen ihm den Schutz aller Herrscher sichern. Es ist ihre Pflicht, die verarmenden Familien zu unterstützen und sie im Besitze ihrer Güter zu erhalten. Denn der Adelsstand bildet die Grundlage und die Säulen des Staates."*[17] Im übrigen war neben der Mark Brandenburg gerade Pommern eine *"wahre Pflanzschule des preußischen Adels"*[18]. Die Junker waren die Säule, die das Gebäude des preußischen Staates trug, und so konnte Adolf von Thadden-Trieglaff, einer der Gründer der Konservativen Partei in Preußen, Mitte des 19. Jahrhunderts, schreiben: *"Der König ist ein großer Guts- und Grundbesitzer, der Grundbesitzer ist ein kleiner König."*[19]

---

15 Zu Treitschke vgl. G. Iggers: Heinrich von Treitschke. In: Deutsche Historiker, Bd. 2, 1971, S. 66-80.

16 Vgl. oben S. 92, 127ff., 163ff.

17 Vgl. Friedrich II., König von Preußen: Die Werke, Bd. 7. Berlin 1914, S. 145.

18 J. Venedey: Preußen und Preußentum. Mannheim 1839, S. 219.

19 F. W. v. Oertzen: Junker. Oldenburg 1939, S. 110; zit. nach J. Rogalla von Bieberstein: Preußen als Deutschlands Schicksal. München 1981, S. 92.

Über den preußischen Junker ist viel geschrieben worden.[20] Vor allem wurde auf die besondere, im 19. Jahrhundert politisch und gesellschaftlich erfolgreiche Mischung aus Trotz und Standesdünkel, harten anachronistischen Positionen auf der einen und der Fähigkeit, sich ändernde politische Situationen zu nutzen, auf der anderen Seite hingewiesen. Aus dieser Sicht war Bismarck, über den die hochkonservativen Junker häufig klagten und sich seiner Politik widersetzten, der klügste unter ihnen, sicherte ihnen doch seine Politik für viele Jahre die bisherige soziale und politische Stellung. Das Aktionsfeld des preußischen Junkers war das ostelbische Dorf, in dem er bis ins 20. Jahrhundert seine soziale Dominanz bewahren konnte. Da er seine Rechte gegenüber den Menschen in den Gutsbezirken behielt und, wenn nicht selbst Landrat, mit diesem wie mit seinesgleichen verkehrte, stand er über den Hauptpersonen des Dorflebens, dem Pastor und dem Dorflehrer. Nicht nur auf den Gutswirtschaften herrschte "preußische", d.h. quasimilitärische Disziplin, die, wie Otto Hintze 1911 feststellte, *"mit ihrer Gewöhnung an Ordnung und Pünktlichkeit, an Promptheit im Gehorsam und Bestimmtheit im Austreten [...] eine ausgezeichnete Schule für untere Beamten ist, bei denen es weniger auf Intelligenz als auf Zuverlässigkeit"* ankomme.[21]

Der wechselhafte politische Kurs der Junkerinteressen wahrnehmenden politischen Gruppen war nach 1871 kompliziert. Wesentlicher als in der Politik war die Rolle der Junker in der höheren preußischen Administration und im Militär. Sie setzten dank ihrer außerparlamentarischen Einflüsse im Bündnis mit dem Großkapital den Übergang Deutschlands zu einer ihren landwirtschaftlichen Interessen dienenden protektionistischen Wirtschaftspolitik durch. Sie organisierten die intensiv kreditgeförderte Ansiedlungspolitik in den Ostprovinzen, insbesondere die antipolnische Politik in den preußischen *Ostmarken* Posen und Westpreußen. In den "klassischen" Provinzen, in denen sie gesellschaftlich und politisch dominierten, konnten sie trotz schlechter werdender Wirtschaftskonjunktur unter wechselnden gesamtwirtschaftlichen und gesamtgesellschaftlichen Rahmenbedingungen ihre soziale Stellung bis 1918 bewahren. Die preußischen ostelbischen Junker stellten die eigenen Interessen stets über das Interesse von Staat oder Land. In ihrer Direktheit geradezu ungewöhnlich ist hier die Aussage des ostpreußischen Konservativen (und späteren Deutschnationalen), Rittergutsbesitzers, Interessenvertreters des ostelbischen Grundbesitzes und späteren unrühmlichen Vertrauten des Reichspräsidenten Hindenburg Elard von Oldenburg-Januschau aus dem Jahre 1917: *"Wenn das allgemeine Wahlrecht in Preußen eingeführt wird, dann haben wir den Krieg verloren."*[22] Ihr Bündnis von Junkern und Großkapital bestimmte das politische Antlitz der Wilhelminischen Zeit und war Grundlage der deutschen imperialistischen Politik.[23]

---

20 Vgl. insbesondere H. Rosenberg: Bureaucracy, Aristocracy and Autocracy. The Prussian Experience 1660-1815. 2nd ed. Boston 1966; sowie J. S. Hamerow: Restoration, Revolution, Reaction. Economics and Politics in Germany 1815-1871. Princeton 1958.

21 Zit. in *Preußen*. Versuch einer Bilanz, Bd. 3, S. 140.

22 Zit. nach J. Neurohr: Der Mythos vom Dritten Reich. Stuttgart 1957, S. 43.

23 Zum wilhelmischen Junkertum vgl. Stolberg-Wernigerode, a.a.O., S. 179f.

Als Ideal eines "Preußen" galt in der ersten Hälfte des 19. Jahrhunderts der Führer der reaktionären Junkeropposition gegen die Stein-Hardenbergschen Reformen, General Friedrich August Ludwig von der Marwitz (1777-1837), ein Bewunderer Friedrichs II., preußischer Patriot und patriarchalischer Grundbesitzer, der die Adelsprivilegien hart verteidigte. Marwitz, kein Karrierist und als Persönlichkeit reich an sekundären preußischen Tugenden, war eifriger Lutheraner. Äußerlich die männliche Erscheinung eines Idealisten, bewahrte der typische Junker seine Unabhängigkeit gegenüber dem König und blieb ein Gegner der Ministerialbürokratie.[24]

Die realitätsferne Apologie führte zur Gleichsetzung des positiven Bildes des *Preußentums* mit dem idealen Bild der Werte der preußischen konservativen Welt, die zur Hälfte weiterhin feudal, vor allem aber durch die Wertmaßstäbe des Junkers als Offizier bestimmt war. *Der Preuße* war nach diesem Idealbild der anachronistisch idealisierte patriarchalische Junker als Wohltäter der Bauern und Patriarch der lokalen Gemeinschaft, dem das Bild des Offiziers als Ritters im modernen Sinne des Wortes korrespondierte. Gefaßt in das ethisch-religiöses Gewand eines moralisierenden strengen Luthertums, wurde das den Interessen der Gemeinschaft untergeordnete Individuum das Leitbild; aus der Unterordnung unter Hierarchien sowie transzendentale und metaphysische Ziele wurde die Existenz des Individuums und seiner Haltung zum Leben begründet. Die Gesellschaftskonzepte der Klassenvertreter dieses "Preußentums" waren nicht immer frei von Heuchelei, was die konservative Mystik des Eigentums - nicht nur als Recht, sondern auch als Pflicht - ähnlich wie die patriarchalische Legende des treusorgenden Junkers und Grundbesitzers beispielhaft illustriert.

Der klassische Junker blieb, selbst wenn er die Gesetze der kapitalistischen Wirtschaft respektieren mußte, seinem Lebensmodell treu, was folgende Episode illustrieren kann: Der Reichstag interessierte sich wenig für das nach Jahren der Fachdiskussion 1896 vorgelegt Projekt des *Bürgerlichen Gesetzbuches*, das nach der Intention seiner Schöpfer den französischen *Code Civil* weit übertreffen sollte. Bei der Beratung veranlaßte ein Punkt die Abgeordneten zu einer scharfen Debatte, in der dreißig Redner das Wort ergriffen: die Entschädigung für Wildschäden auf fremden Grund. Junker und Großbürger, die *"dieselben Passionen pflegt, die einst als Merk- und Kennzeichen des* echten *Junkerthums angesehen wurden"*, widersetzten sich als hauptsächliche Nutznießer des Jagdrechts entschieden den Vorschriften, nach denen Hasen zum entschädigungspflichtigen Jagdwild gezählt werden sollten. Die Angelegenheit stand auf Messers Schneide und aus Furcht vor der Opposition wurde der Passus über die Hasen gestrichen.[25]

24 Vgl. die Apologie Marwitzs bei G. von Koenigswald: Pflicht und Glaube. Bildnis eines preußischen Lebens. Berlin 1936; W. Andreas: Marwitz und der Staat Friedrichs des Großen. In: Historische Zeitschrift 122, 1920, S. 44-71.

25 Vgl. A. Bebel: Das BGB und die Sozialdemokratie. In: Die Neue Zeit 14 (1896), Bd. 2, S. 560; G. Mehring: Hasenrechtliches, ebd., S. 416-427.

Seit der Zeit Friedrich Wilhelms I. war der preußische *Militarismus* immer dann präsent, wenn über Preußen gesprochen wurde: Man konnte die Bedeutung der Armee im preußischen Leben glorifizieren, man konnte sie dezidiert kritisieren, jedoch war es nicht möglich, sie zu ignorieren: *"Das auffälligste Element der preußischen Gesellschaft war der Platz, den die Armee in ihr einnahm."*[26] Der bedeutende Schweizer Historiker Jacob Burckhardt (1818-1897) schrieb am 23. Dezember 1871, im neu geschaffenen deutschen Kaiserreich sei entsprechend der preußischen konservativen Tradition *"das Militärische das Vorbild alles Öffentlichem geworden"*[27]. Der Mitte des 19. Jahrhunderts führende preußische Konservative, Ernst Ludwig von Gerlach, formulierte das Lebensgesetz der preußischen Monarchie in der Zeit des Verfassungskonflikts: *"Preußen kann nicht existieren ohne seinen mächtigen selbständigen König und ohne eine königliche preußische Armee."*[28] Und aus den Erfahrungen des 20. Jahrhunderts schrieb Ernst Niekisch im Jahre 1945: *"Der [preußische] Staat besteht nicht aus Bürgern, sondern aus Soldaten. Die die Armee hat die Bedeutung, die in liberalen Staaten die Gesellschaft einnimmt. Was der Generalstab hier ist, ist dort das Parlament. Für das Sozialprestige ist die Stellung im Heer, und nicht die in der Gesellschaft maßgebend."*[29]

*Militarismus* bedeutete nicht nur die Führung von Kriegen als Mittel der Politik und aggressiven Militärpolitik. Die Verteidiger Preußens haben mehrfach darauf hinwiesen, daß Preußen mehr Friedens- als Kriegszeiten erlebt und - statistisch betrachtet - nicht mehr Kriege als andere Großmächte geführt hat. In der Frage des *Militarismus* geht es vor allem um die Rolle des Militärs im Sozial- und Wirtschaftsleben, um die Bedeutung des militärischen Faktors im politischen Leben eines Staates, um die Militarisierung des öffentlichen und sozialen Lebens und um die Militarisierung der Mentalität der Gesellschaft, in der militärische Ideale und Vorbilder in den Vordergrund gerückt werden. Nicht nur eine aggressive Außen- und Rüstungspolitik, sondern auch die Rolle der Armee in der Innenpolitik bestimmen den Grad von Militarismus. In Preußen wachte das Heer als konservative Kraft über das herrschende Gesellschaftssystem. Für die Durchsetzung seiner innenpolitischen Machtposition - entgegen dem ersten Anschein - die Zeit von 1815 bis 1848, als die Armee entscheidenden Anteil an der Niederschlagung der revolutionären Bewegung von 1848-1849 hatte, wichtiger als die friderizianische Ära.[30] In dieser Zeit machte die Militarisierung der Mentalität der preußischen Gesellschaft entscheidende Fortschritte, galt doch immer mehr: *"Preußisch ist, stolz sein Haupt zu erheben unter den Völkern der Erde."*[31]

---

26 H. Burgelin: La Société allemande 1871-1968. Paris 1969, S. 31; M. Messerschmidt: Militär und Politik in der Bismarckzeit und im Wilhelminischen Deutschland. Darmstadt 1975, S. 130f.

27 J. Burckhardt: Briefe. Bd. 5. Basel-Stuttgart 1963. S. 150 (an Friedrich Preen).

28 Zit. nach Börner, a.a.O., S. 217.

29 E. Niekisch: Deutsche Daseinsverfehlung. Berlin 1946, S. 23; vgl. Rogalla von Bieberstein, a.a.O., S. 70.

30 Obermann: Soldaten - Bürger, S. 97f.

31 B. Hebestreit: Was ist preußisch? Halle 1907, S. 25; Vgl. Rogalla von Bieberstein, a.a.O., S. 165.

Um einen Platz im Konzert der europäischen Großmächte zu erringen, die expansive Politik fortzuführen und die Einigung Deutschlands auf militärischem Wege zu forcieren, brauchte Preußen eine starke Armee. Sie war von König Friedrich Wilhelm I. bis Kaiser Wilhelm II. Hauptobjekt der Interessen und Bemühungen aller preußischen Könige in dem Sinne, den Feldmarschall Graf Albrecht von Roon am 10. November 1861 ausdrückte: *"Das Verderbnis der Armee wäre der Ruin aller geordneten sozialen Verhältnisse."*[32] Der preußische Militarismus war untrennbar mit der politischen und sozialen Rolle der preußischen Junker verbunden, die das Land zunächst allein, später im Bündnis mit der das Großkapital repräsentierenden Bourgeoisie beherrschten und ihre politische Bedeutung aus ihrer Rolle in Staatsverwaltung und Offizierskorps ableiteten. Das im 18. Jahrhundert fast ausschließlich adlige preußische Offizierskorps wurde in gewissem Umfang in der Reformära 1807-1815 durch bürgerliche Offiziere erweitert, doch stellte die Restauration die Junkerdominanz im Offizierskorps wieder her. Es war die quantitative Entwicklung, die später die Öffnung der Laufbahn für Offiziere bürgerlicher Herkunft als Berufs- und vor allem als Reserveoffiziere gebot. Diese Öffnung führte zu einer für die Gesellschaft des preußischen Militarismus charakteristischen und wesentlichen Erscheinung: Die Militärkaste ließ unter Beibehaltung der Vormacht und des höheren sozialen Ranges des adligen Offiziers unter der Bedingung Offiziere bürgerlicher Herkunft zu, daß Standards, Vorurteile, Wertehierarchie und Lebenseinstellung und feudale Denkungsart der bisherigen Offizierskader erhalten blieb. Der größte psychologische Sieg des preußischen Militarismus in der zweiten Hälfte des 19. Jahrhunderts war die Durchsetzung dieses Anforderungsprofils auch bei den Reserveoffizieren durch das Prestige, das der Reserveoffizier in der Ära Bismarcks und Wilhelms II. im Zivilleben errang. Das sicherte nicht nur die weitere Lenkung des Offizierskorps nach den erprobten Mustern, sondern auch die Stärkung von dessen Einfluß und Prestige in der Gesamtgesellschaft. Der Offizier *"blieb bis zum Ende der Monarchie die Inkarnation des preußischen Lebens"*[33], und die Gemeinschaft des Offizierskorps blieb eine geschlossene Insel in der Gesellschaft. Sogar der Reserveoffizier *"kehrte eigentlich nie wieder ganz in das bürgerliche Leben zurück"*[34].

So wurde der preußische Offizier des 18. Jahrhunderts zur Verkörperung des Preußentums, zu seiner in der preußischen Mythologie ethisch und geistig vollkommenen Gestalt. Er war selbstverständlich ein Junker mit allen Konsequenzen dieser Standeszugehörigkeit. In der Regel war er in der strengen Tradition des pietistischen Luthertums erzogen worden, auch wenn er im 18. Jahrhundert seinem König folgend in die geistigen Regionen von Skeptizismus und nebulösem Deismus folgte. Sein Lebensbezug blieb stoisch, in gewisser Weise eine Synthese antiker Vorbilder und - besonders Ende des 17. Jahrhunderts -

32 A. Graf von Roon: Denkwürdigkeiten aus dem Leben des General-Feldmarschalls Kriegsministers Grafen von Roon. Bd. 2. Breslau 1897, S. 55 (an Perthes).

33 Obermann: Soldaten - Bürger, S. 101.

34 Stolberg-Wernigerode, a.a.O., S. 327.

bedeutender calvinistischer Einflüsse. Die heroisierte Inkarnation des Typus preußischer Offizier, eines Produkts harter Lebensdisziplinierung, waren die Helden des Siebenjährigen Krieges, die Opfer blutiger und auch verlorener Schlachten. Ein solches Vorbild *sui generis* war Ewald Christian von Kleist (1715-1759), ein Offizier aus einer führenden Junkerfamilie, Dichter und Ästhet, der im Dienste Friedrichs II. bei Kunersdorf fiel. Kleist und nach ihm Gleim und andere Dichter der Zeit heroisierten in der Literatur - und auch durch ihr persönliches Beispiel - den Tod auf dem Schlachtfeld. Sie schufen die moralischen Muster, die - vom "Philosophen Preußens", Immanuel Kant, in den Rang einer Lebensphilosophie erhoben - zur Grundlage preußischer Lebensphilosophie und der *preußischen Schule der Pflicht* wurden. Die Frage, ob der preußische Offizier des 19. und 20. Jahrhunderts den friderizianischen Vorbildern entsprach, bleibt offen. Verteidiger des *alten Preußen* sahen gegen Ende des 19. Jahrhunderts den Verfall der Vorbilder früherer Epochen.

Die preußischen Kadettenanstalten schufen Einstellungen und Verhaltensweisen, die für den preußischen Militarismus charakteristisch waren: *"Die preußischen Offiziere, die durch das Kadettenkorps gegangen waren, bildeten den Kristallisationskern, an dem sich die übrigen Offiziere orientierten."*[35] Erst in der zweiten Hälfte des 19. Jahrhunderts wurde das Kadettenkorps in größerem Maße für Bürgerliche, vor allem für Offizierssöhne, geöffnet, doch blieben sie eine Minderheit innerhalb des Offizierskorps. Durch das gesellschaftliche Leben Deutschlands schritt bis 1914 der preußische Gardeleutnant "wie ein junger Gott". Einem bürgerlichen Reserveleutnant kam nach ihm zumindest die Rolle eines Halbgottes zu; in seinem Milieu war er hochangesehen und nutzte die Prestigevorteile, die aus der Teilhabe an der Militärkaste resultierten. So ordnete sich das deutsche Bürgertum für seine bescheidene Teilhabe an der moralischen Dividende des Militarismus ganz seinen Zielen und seiner Wertehierarchie unter, was bis 1918 dem öffentlichen Leben der wilhelminischen Zeit eine weitgehend halbfeudale Atmosphäre gab.

## 3. Die Militarisierung der Mentalität

Die preußische Armee war ein Faktor des Sozialprestiges und ein politischer Machtfaktor, sie beeinflußte die Formen des zivilen Lebens und die zivile Mentalität. Preußen ging nicht den Weg des konstitutionellen Parlamentarismus, sondern blieb auch nach der Einigung Deutschlands ein Land ohne Demokratie. Preußen besaß bis 1918 keine wirkliche parlamentarische Monarchie. Constantin Frantz, ein Gegner des preußischen Militarismus, hatte im Jahre 1851 mit Recht geschrieben, der parlamentarische Staat werde das Grab des militaristischen Staates sein.

Die preußische Armee stützte sich als erste in Europa auf die allgemeine Wehrpflicht. Die Stein-Hardenbergschen Reformen wollten die Armee zur

35 Zabel, a.a.O., S. 225.

*Schule der Nation*, zur Schule der Staatsbürger machen, die die Armee mit patriotischem Geist beleben sollten. Insbesondere sollte die *Landwehr* das Ideal des Bürgers unter Waffen realisieren[36]. Diese Hoffnungen hatten keinen Bestand: die Landwehr wurde nach den Reformen der sechziger Jahre beiseitegedrängt und ganz den Vorstellungen und Idealen des stehenden Heeres untergeordnet, das in der Ära der Restauration bestrebt war, den Soldaten zum gehorsamen, vor allem der Dynastie verbundenen Untertanen zu erziehen, ein konservatives Erziehungsziel, dessen Verwirklichung im Laufe des 19. Jahrhunderts gelungen ist. Die Armee rekrutierte die Soldaten, besonders die Unteroffiziere, hauptsächlich vom Lande; Rekruten aus der Arbeiterklasse wurden noch gegen Ende des 19. Jahrhunderts mit Mißtrauen betrachtet.[37] Im 19. Jahrhundert trat jeder junge Preuße - und nach 1871 jeder junge Deutsche - in den Kasernen für drei Jahre in eine Domäne des militärisch-konservativen Preußen und des "preußischen Geistes" ein: *"Die eigentliche Front des feudaloiden Friedensmilitarismus verlief nicht auf dem Schlachtfeld gegen den äußeren Feind gerichtet, sondern auf dem Kasernenhof gegen die Untergebenen, deren Selbstbewußtsein und Menschenwürde. Sie sollten lernen, sich als Unterschicht zu fühlen und zu ducken."*[38]

Die antidemokratische, aristokratische, exklusive und sozial dem Junkertum verbundene, dem parlamentarischen System, der Verfassung, dem Liberalismus - ganz zu schweigen vom Sozialismus - feindlich gesonnene preußische Armee blieb unter Bismarck und Wilhelm II. ein vollkommenes Produkt feudalen Denkens. Der junge Reserveoffizier aus der gebildeten und reichen Bourgeoisie unterlag der Indoktrination im konservativen Sinne und wurde, integriert in das System feudaler Umgangsformen, zu deren Multiplikator im Milieu der wilhelminischen Bourgeoisie. Als Wilhelm II. dem Finanzminister Scholz, der in seiner Jugend nur kurz in der Armee als Vizefeldwebel gedient hatte, seine Anerkennung zeigen wollte, ernannte er ihn zum Leutnant der Landwehr im Ruhestand. In einem Land, in dem ein Offiziersdienstgrad höher geschätzt wurde als hohe zivile Ämter oder Leistungen, war dies keine leere Geste.

Was man *preußische Lebensform* genannt hat, war im wesentlichen eine Frage des Einflusses militärischer Umgangsformen auf das Leben der Gesellschaft, und die *preußischen Tugenden* waren zumeist nichts anderes als die Tugenden eines gehorsamen Rekruten. Der tragikomische Fall des "Hauptmanns von Köpenick", des Schusters Wilhelm Voigt, der 1906 in Hauptmannsuniform den Bürgermeister des Berliner Vororts verhaftete und die Stadtkasse beschlagnahmte, belegt, wie sehr der preußische Militarismus in das Blut der Gesellschaft eingegangen war. Wie dagegen die wahren Militaristen der wilhelminischen Gesellschaft auftraten, zeigte die Zabern-Affaire 1912.[39]

---

36 Vgl. R. Höhn: Die Armee als Erziehungsschule der Nation. Das Ende einer Idee. Bad Harzburg 1963, S. 29f.

37 Vgl. B. F. Schulte: Die deutsche Armee 1900-1914. Zwischen Beharren und Verändern. Düsseldorf 1977, S. 536.

38 A. Rüstow: Ortsbestimmung der Gegenwart. Bd. 3. Erlenburg-Zürich 1957, S. 410.

39 Vgl. oben S. 349.

Nach einer Photographie.

Die preußischen Sozialdemokraten führten ohne Erfolg[40] verbale Attacken gegen die Symptome der preußischen Soldateska, den seelenlosen preußischen Militärdrill, die Militärgerichtsbarkeit, die feudalen Umgangsformen in der Armee und den Einsatz des Militärs im Kampf gegen die Arbeiterbewegung und Arbeiterstreiks. Die Militärmentalität machte auch vor den Universitäten nicht halt. Der in der Zeit bekannte Physiker Emil Du Bois-Reymond (1818-1896) sagte am vom 3. August 1890 die berühmten Worte, die - in der Nachbarschaft des Berliner Stadtschlosses befindliche - Berliner Universität sei das geistige Garderegiment des Hauses Hohenzollern. Ähnlich wiederholte kurz vor dem Ersten Weltkrieg der Nationalökonom Gustav Schmoller (1838-1917), alle deutschen Professoren seien die geistige Leibgarde des Hauses Hohenzollern. Eine solche Denkungsart mußte unvermeidlich Folgen haben - und hatte sie auch besonders in der Geschichtsschreibung, die apologetische Töne anschlug und anstelle wissenschaftlicher Werke Lobreden zu Ehren der Hohenzollerndynastie und ihrer "historischen Leistung" verfaßten. In diesem Umfeld schrieb der Nationalökonom und Soziologe Werner Sombart im Jahre 1915 in patriotischer Begeisterung, Potsdam und Weimar fänden ihre Synthese im Militarismus, der die heldenhaften Tendenzen des deutschen Geistes zum Ausdruck brächte. Von Oldenburg-Januschau, der ostpreußische Rittergutsbesitzer, stellte 1910 im Reichstag die Welt des preußischen Militarismus der von ihm verachteten Welt der modernen Politik gegenüber: *"Ja, meine Herren, das ist auch alte preußische Tradition, und daß Ihnen dies Tradition nicht paßt, das glaube ich sehr gern. Der König von Preußen und der deutsche Kaiser muß jeden Moment imstande sein, zu einem Leutnant zu sagen: Nehmen Sie zehn Mann und schließen Sie den Reichstag!"*[41] Der Geist des Militarismus durchdrang in Preußen alle Gesellschaftsbereiche, die protestantische Kirche und die Schule, die Verwaltung und die Leitung von Industrieunternehmen und Banken nach Gutsherrenart: *"Durch Militarisierung der Gesellschaft zu herrschen, ist preußisches Prinzip geworden."*[42]

Armee und Bürokratie schufen in Preußen die Vorbilder für die Einstellungen in der preußischen Gesellschaft der zweiten Hälfte des 19. Jahrhunderts. Für den verdienten Unteroffizier, der häufig ein unterer Beamter wurde, *"war die Verwaltung eine Art Vorhof der Armee - ähnliche Vorgesetztenverhältnisse, Klassenschranken, Ton und Umgangsformen kaum konzilianter".*[43] Der preußische hohe Beamte war in der Regel ein für seine Funktion ausgebildeter Fachmann, der an strenge Anforderungen und Selektionen, auch moralischer Art, gewöhnt war. Die preußische Bürokratie litt jedoch auch an denselben Fehlern wie das preußische Militärsystem: Die Beamten bildeten eine Kaste von Bürokraten, die, in den höheren Positionen in hohem Maße mit Junkern besetzt, deren Denkweise eng verbunden waren. Das gewöhnlich hohe Berufsethos wurde von einem in der

---

40 Vgl. G. Hennig: August Bebel. Todfeind des preußisch-deutschen Militärstaats 1891-1899. Berlin 1963, S. 207; F. W. Seidler: Das Militär in der Karikatur. Koblenz 1982.

41 E. Oldenburg-Januschau: Erinnerungen. Leipzig 1936, S. 110.

42 K. Buchheim: Leidensgeschichte des Zivilen Geistes oder die Demokratie in Deutschland. München 1951, S. 14.

43 M. Messerschmidt: Militär in seinem gesellschaftlichen Umfeld, S. 60.

zweiten Hälfte des 19. Jahrhunderts immer deutlicheren Konservatismus und einem spezifischen Korpsgeist begleitet, der von irgendwelchen demokratischen Gedanken weit entfernt war. Mögen auch die preußischen Beamten in ihrer Mehrzahl effizient im Handeln und unbestechlich gewesen sein, auch wenn Fälle von Nachgiebigkeit und Politik von krassem Standesegoismus vor allem im Landratsamt bekannt sind, repräsentierten sie doch gegenüber der Gesellschaft den nach der Armee zweiten autoritären Herrschaftsfaktor, der über der Gesellschaft stand, auch wenn er - formal betrachtet - dieser Gesellschaft hätte dienen sollen.

Daß Preußen gut verwaltet wurde, bedeutete - wie oft betont wurde - nicht, daß es gut regiert wurde. Die Beamten konnten die Politiker nicht ersetzen, die in parlamentarisch regierten Ländern wie Frankreich und England durch das System der parlamentarischen Demokratie geformt wurden. Arroganz, Bürokratismus, Schikanieren von Zivilpersonen waren den subalternen preußischen Beamten eigen, die in ihrer militarisierten Denkungsart "ihre Macht ausübten". Daher hatte die meisten Reisenden, die Preußen in der wilhelminischen Ära durchreisten, den durch nichts auszulöschenden Eindruck, sich in einem Land der Soldateska, des Militarismus, von Chauvinismus und ordinärer Brutalität aufzuhalten. Und diese Merkmale, die deutschen Autoren gewöhnlich vergessen, gehören zu dem Bild negativen Preußentums, dessen geistiger Vater zwar Friedrich Wilhelm I. war, das jedoch von allen von Generationen preußischer Unteroffiziere im 19. Jahrhundert verwirklicht wurde. Die Kaserne und der Kasernenhof waren eine trefflichere Verkörperung des preußischen Geistes als Lobreden auf die unvergleichliche, klassische Verwaltung und die vorbildhafte Armee.[44]

## 4. Schule und Kirche

Die Schule und die protestantische Kirche waren zumindest im 19. Jahrhundert die wesentlichen Gesellschaftsbereiche, in denen das *Preußentum* ausgestaltet und bewußt verbreitet wurde. Die Bedeutung der protestantischen Staatskirche, die besonders in der ersten Hälfte des 19. Jahrhunderts als ideologische Basis des preußischen Konservatismus und der preußischen Junker eine politische Rolle spielte, wird von der historischen Forschung uneinheitlich beurteilt; unumstritten ist aber die Rolle der autoritären Tradition im preußischen Protestantismus. Das konservative und eifrige Luthertum entstand als Reaktion gegen die Aufklärung in Preußen und stützte sich auf breite pietistische Sympathien, die von Kreisen des Junkertums in Pommern und Brandenburg getragen wurden. Es war - im Gegensatz zum volkstümlichen Pietismus der ersten Hälfte des 18. Jahrhunderts - ein aristokratischer Pietismus, der ein Element konservativer Politik bildete[45].

---

44 Vgl. *Preußen*. Versuch einer Bilanz. Bd. 3, S. 137-140.

45 Vgl. R. M. Bigler: The Politics of German Protestantism. The Rise of the Protestant Church Elite in Prussia 1818-1848. Berkeley 1972, S. 125f.

Seit der Revolution von 1848 war die Identifikation der Eliten der protestantischen Kirche in Preußen mit der Dynastie der Hohenzollern, mit dem Antidemokratismus und dem Kampf gegen die revolutionären Ideen vollkommen. Daher muß man sich ständig daran erinnern, daß noch im 20. Jahrhundert, auch wenn es Ausnahmen gab, die Meinung existierte, ein Katholik könne kein wahrer Repräsentant der preußischen Elite sein. Eine gefährliche Tradition der lutherischen Kirche in Preußen war die theologische Fundierung der Macht als Amt, dessen Ausübung entsprechende moralische Prädispositionen erforderte. Indem die Machtausübung als moralische Mission aufgefaßt wurde, verlieh man ihr positive moralische Werte: Macht und Herrschaftsausübung standen über der Kritik der Kirche. Die Konsequenzen dieses theologisch begründeten Machtverständnisses waren fatal. Das preußische autoritäre System war von der absoluten Macht des Vaters in der Familie über die lutheranische patriarchalische Regierungsform und die Sittenstrenge der lutherischen Kirche eng geknüpft. Der Geist der Disziplin und Autorität herrschte ebenfalls in allen Schulen und preußischen Behörden. Jeder - bis hinunter zum Postbeamten am Schalter - "übte staatliche Macht aus".

Die preußische Volksschule, deren Erfolge bei der Verbreitung der Elementarbildung in der Ersten Hälfte des 19. Jahrhunderts vorbildlich waren, hatte ein zweites, weniger lobenswertes Gesicht. Die Äußerung eines Pädagogen, der preußische Lehrer hätte 1866 die Schlacht bei Königgrätz gewonnen, wurde zur sprichwörtlichen Redewendung. Diese These erregte vor allem das Militär: Helmuth von Moltke (1800-1891), der strategische Planer der preußischen Siege, entgegnete: *"Nicht der Schulmeister, sondern der Erzieher, der Militärstand, hat unsere Schlachten gewonnen, der die Nation erzogen hat zu körperlicher Rüstigkeit und geistiger Frische, in Vaterlandsliebe und Mannhaftigkeit. Wir können die Armee demnach schon im Innern nicht entbehren zur Erziehung der Nation, um wieviel weniger nach außen."*[46] Die preußische Volksschule war zumindest in der zweiten Hälfte des 19. Jahrhunderts ein wesentlicher Multiplikator des "Preußentums" im Sinne des Staates; sie vermittelte der Jugend die preußischen Verhaltensstereotypen und formte sie vor allem zu Untertanen.[47] Im 18. und im 19. Jahrhundert war, wie es ein Schulinspektor Mitte des 19. Jahrhunderts bezeugt hat, der ausgediente preußische Unteroffizier in dieser Schule ein gern gesehener Lehrer: *"Freudig nimmt er den Rat und die Unterweisung seines Vorgesetzten hin, hält wie in der Kaserne so auch in der Schule und gewiß ohne Pedanterie auf Sittlichkeit, anständiges Benehmen, Reinlichkeit und Fleiß. Der preußische Unteroffizier weiß Anstand und knotenmäßiges Benehmen zu unterscheiden."*[48] Der Pädagoge und Demokrat Eduard Sack (1831-1908) beschrieb im Jahre 1878 die Rolle der preußischen Schule, die als Vestibül der Armee diene und so zum Gehorsam für

---

46 H. von Moltke: Ausgewählte Werke. Bd. 1. Berlin 1925, S. 29.

47 Vgl. die Texte bei F. Stiehl: Die drei preußische Regulative vom 1., 2. und 3. October 1854 über Einrichtung des evangelischen Seminar-Präparanden und Elementarschul-Unterrichts. Berlin 1854, S. 61f.

48 Zit. nach *Preußen*. Versuch einer Bilanz, Bd. 3, S. 166.

das Herrscherhaus ausbilde, *"daß unsere Volksschulen vortrefflich eingerichtet sind, um die Entwicklung unseres Volks zur Freiheit unmöglich zu machen"*[49].

Das preußische neuhumanistische Gymnasium war eine bedeutende bildungspolitische Leistung der ersten Hälfte des 19. Jahrhunderts. In kurzer Zeit erfolgte jedoch seine Verknöcherung und Verpreußung. Zahlreiche Romane und Novellen des ausgehenden 19. und des 20. Jahrhunderts haben das autoritäre preußische Gymnasium eingehend literarisch dokumentiert: Die Schriftsteller überliefern das Bild einer meist seelenlosen, über jedes vernünftige Maß disziplinierenden Lehranstalt, die die Schüler, wenn sie sich ihre Art zu denken bewahrt hatten, mit Erleichterung verließen - oder als Repräsentanten der herrschenden Eliten. Wenn schon im preußischen Gymnasium, das in ganz Deutschland nachgeahmt wurde, der Unterricht so aussah, dann mußte sich die Situation in den Volksschulen noch schlimmer darstellen. Von grundlegender Bedeutung für beide Schularten war die Tatsache, daß das Fundament der preußischen Schulen jene Lehrer bildeten, die schon durch die Art der Ausbildung und Auslese die negative Form des Preußentums repräsentierten.

Das Preußen des 18. Jahrhunderts erschien vielen Beobachtern bereits in der Zeit, erst recht aber seinen Apologeten im 19. Jahrhundert, nicht ohne Grund als ein modernes Sparta, ein Staat von herber Schönheit, gestützt auf Disziplin, Heldentum, Härte gegen sich selbst und andere. Manch ein Gymnasialprofessor, der klassische Sprachen oder Geschichte lehrte und im Privatleben durchaus unmilitärisch war, oft sogar gar nicht "gedient" hatte, trat im Unterricht - verständlicherweise auf der Suche nach Kompensation - als Apologet der spartanischen Tugenden und der preußischen Wirklichkeit auf, die ihnen als direkte Fortführung der heroischen Antike erschien. An den Wänden der Schulklassen war neben der Gestalt des Leonidas auch das Portrait des Siegers von Hohenfriedberg, Mollwitz und Leuthen zu finden, und der preußische Offizier wurde zum Symbol der höchsten Tugenden in einer ihn umgebenden degenerierten Welt der "Krämerinteressen". So fügte es sich trefflich, daß ihr idealistisches Naserümpfen über das ihnen damals überlegene Kapital mit nationalistischen oder antisemitischen Vorurteilen korrespondierte. So wurde das von der respektablen Atmosphäre des anscheinend lebensfernen Neuhumanismus umgebene preußische Gymnasium seit der Mitte des 19. Jahrhunderts zum Multiplikator autoritärer Ideen, der Heroisierung der Geschichte, des Nationalismus und nationalen Chauvinismus und vor allem zum Vorkämpfer eines autoritär-militaristischen Preußentums, des erträumten Sparta der Neuzeit.

---

49 E. Sack: Die Preußische Schule im Dienste gegen die Freiheit. Schulpolitische Kampfschriften. Hrsg. von K. H. Günther. Berlin 1961, S. 68.

## 5. Preußische Mentalität und preußische Tugenden

Man darf nicht über *Preußentum* sprechen, ohne die "preußischen Tugenden" zu erwähnen, die in ihrer stereotypen Variante die Lebenseinstellung, Psychologie und Mentalität großer Teile der Gesellschaft in Preußen prägten und charakterisierten. Das Gelegenheitsgedicht des Gymnasiallehrers Bruno Thiersch aus dem Jahre 1830 *"Ich bin ein Preuße, kennt Ihr meine Farben"* wurde mit der Musik von 1832 eine Art Schlachtgesang des negativen Preußentums, ein Ausdruck des Stolzes, *Preuße* zu sein.

Einen Versuch, *Preußentum* zu definieren, unternahm im Jahre 1950 der Historiker Rudolf Stadelmann. Das Preußentum sei, schrieb er, eine Erscheinung mit doppeltem Antlitz, ein Januskopf: *"Es ist zugleich nach vorwärts und nach rückwärts gewandt. Es ist verbissen reaktionär und fast bodenlos grenzenlos modern. Es ist pietistisch und aufgeklärt, patriarchalisch und industriell, legitimistisch und revolutionär. Mit kann es mit demselben Recht zur Vormacht der Tradition und zum Pionier des kühnsten Unternehmungsgeistes erklären."*[50] Der Regierende Bürgermeisters von West-Berlin, Dietrich Stobbe, sprach 1981 anläßlich der *Berliner Festwochen* von den Gefahren, die mit der Instrumentalisierung des *Preußentums* verbunden sind, der Gefahr einer Mystik von Pflicht und Befehl, die in der Zeit des Nationalsozialismus die auf die preußische Mentalität hin erzogene deutsche Gesellschaft zu den unzähligen Verbrechen geführt habe, die aus einem spezifischen Verständnis von *Pflichtbewußtsein* heraus begangen worden sind. Stobbe unterstrich, daß seiner Meinung nach Preußen deshalb zerschlagen worden ist, weil es letztendlich nicht gewußt habe, in wessen Dienst und für welche Gesellschaft seine Tugenden realisiert werden sollten.[51]

Die preußische Mentalität bildete sich in der ersten Hälfte des 19. Jahrhunderts voll aus. Die Unveränderlichkeit der sozialen und politischen Grundstrukturen bewirkte besonders im Osten der Monarchie nach dem relativ sanften Übergang vom Junker zum kapitalistischen Großagrarier die Beständigkeit dieses Mentalitätstypus. Zwischen der Mentalität des jungen Bismarck (1815-1898) vor 1848 und des jungen Hindenburg (1847-1934) zur Zeit der Reichsgründung 1871 bestanden wahrscheinlich keine wesentlichen Unterschiede. Und gerade Hindenburg repräsentierte seine preußischen Tugenden und Eigenschaften mit nicht nachlassender Überzeugung bis zum letzten Lebensjahr, das er der Seite des neuen Reichskanzlers Hitler verbrachte... Die Wirkungsmacht eines bestimmten Modells von Preußentum, das in der Ersten Hälfte des 19. Jahrhunderts entstanden war, beruhte in hohem Maße auf der Indoktrination von der Wiege bis zur Bahre. Die herrschenden Eliten waren in der Lage, es der Masse der Bevölkerung einzuflößen, in gewissem Umfang sogar preußischen Arbeiterbewegung in Preußen.

Hans-Joachim Julius Schoeps, einer der Hauptapologeten eines konservativen Preußentums, hat die folgenden, seiner Meinung nach wesentlichen, klassischen

50 R. Stadelmann: Moltke und der Staat. Krefeld 1950, S. 395f., zit. nach H. Schoeps: Das war Preußen, S. 119-120.

51 D. Stobbe: Auf der Suche nach Identität. In: 31. Berliner Festwochen Magazin 1981, S. 11.

preußischen Tugenden aufgezählt: untadelige Bürokratie, unbestechliche Wirtschaft, gerechte Gerichte, geringe Kriminalität, lohnende Sparsamkeit, vor allem aber Gehorsam und Aufopferung.[52] Andere Aufzählungen der preußischen Sekundärtugenden werden andere Schwerpunkte setzen, aber das ist nicht entscheidend: Diese "Tugenden" waren ein Produkt der Welt des protestantischen Kapitalismus, also ökonomische Notwendigkeit, und zugleich das Ergebnis der im preußischen Staat besonders intensiven - auch in anderen Staaten der Zeit in unterschiedlichen Varianten anzutreffenden - frühkapitalistischen Sozialdisziplinierung, deren Erfolge die charakteristischen Merkmale des preußischen Systems bestimmten. Der authentische preußische Zug dabei waren die Führungsrolle des Militärsystems und die Anfänge der Ideologie des Militarismus, die auf dem Gesellschaftsleben Preußens seit Beginn des 18. Jahrhunderts lasteten. Die Mystik der Pflicht, die auf dem preußischen Leben lastete, hat der aus dem Junkertum stammende Schriftsteller und Pazifist Fritz von Unruh als "Krebs am Herzen des Volkes"[53] bezeichnet. Der Historiker Karl Lamprecht hat die preußische Mentalität als "kolonisierendes Deutschtum" beschrieben.

Das Territorium des preußischen Staates wuchs nicht organisch oder auf ethnisch-nationaler Grundlage, sondern durch die politische Energie seiner Dynastie.[54] Seit sich die Hohenzollern an der Schwelle des 15. Jahrhunderts endgültig gegen die Raubritter in der Mark Brandenburg durchgesetzt hatten, ist das Denken in staatlichen Kategorien immer häufiger zumindest ansatzweise in ihrem politischen Handeln und dem ihrer Beamten zu finden. Erst die Reformation, die die Macht des Landesherrn stärkte und die Erfahrungen des Dreißigjährigen Krieges initiierten den eigentlichen Prozeß der Erstarkung des brandenburgisch-preußischen Staates. Jedenfalls blieb für das preußische Staatsdenken und den preußischen Militarismus eine selten anzutreffende Mischung von militärischer Disziplin und religiösem Faktor charakteristisch. Hier haben Geschichtsschreiber Kontinuitätslinien zum Ordensstaat Preußen gezogen, doch hatte das aktive pietistische Luthertum nach seinem Ausgangspunkt Halle in der ersten Hälfte des 19. Jahrhunderts seine Zentren in Brandenburg und Pommern, nicht im Herzogtum Preußen bzw. der Provinz Ostpreußen.

Heinrich von Kleists »Prinz Friedrich von Homburg« (1811) hat das klassische Thema der preußischen Moral problematisiert: die Notwendigkeit, sein eigenes Ich den Interessen des Staates zu opfern, die Notwendigkeit des Gehorsams als Prinzip der Armee und den Konflikt zwischen individuellem Verantwortungsbewußtsein und Befehl. Im Schauspiel siegt der Befehl, jedoch Kleist sah - in Übereinstimmung mit den preußischen Reformern - die Berechtigung der anderen Seite und deutet bei der Lösung der Handlung die Möglichkeit einer optimistischeren Entscheidung an. Mit anderen Worten: Der »Prinz von Homburg« ist die Tragödie des preußischen Pflichtbewußtseins und Gehorsams. Ein Kunst-

---

52 Schoeps: Üb' immer Treu, S. 33.

53 Zitat nach H. Kohn: Wege und Irrwege. Vom Geist des deutschen Bürgertums. Düsseldorf 1962, S. 345.

54 Vgl. oben S. 31.

werk von preußischer Denkweise und deshalb in kaum einem anderen europäischen Land nachvollziehbar, verschweigt das Drama nicht die moralischen Werte, die dem Individuum das Handeln gegen Pflicht und Gehorsams gebieten können. Pflicht und Verantwortung. Recht und Ordnung.

Preußen war die strenge Zuchtstätte einer vorindustriellen Gesellschaft unter schwierigen klimatischen und geographischen Bedingungen in einem armen und wenig attraktiven Land. Das unter dem Großen Kurfürsten begonnene Werk der sozialen Disziplinierung zielte auf die Anpassung typisch bürgerlicher, frühkapitalistischer Tugenden an die Bedürfnisse des Staates und seiner Armee. Der Erfolg war unverkennbar: Wenn Preußen im 19. Jahrhundert als Land der Kasernen und Schulen bezeichnet worden ist, dann dienten beide dem Hauptziel des Staates: der Erziehung der Gesellschaft im Geist einer sozialen Disziplin, die ihresgleichen im damaligen Europa suchte.

Die spezifische Entstehung des Kapitalismus im Hohenzollernstaat und die "Enge" der ostpreußischen und der brandenburgischen Verhältnisse blieben nicht ohne Einfluß auf die Herausbildung der spezifischen Mentalität des preußischen Bürgertums, das de facto bis ins 19. Jahrhundert hinein hauptsächlich ein Kleinbürgertum war: alles in diesem Milieu war klein und beengt. Deshalb wurden im Staat Friedrich Wilhelms I., der sich unter den europäischen Staaten der Zeit durch seine ungewöhnliche Sparsamkeit auszeichnete, typische Tugenden des Kleinbürgertums kultiviert. Das unerreichbare Ideal eines Preußen und Junkers und eines großen Staatsmannes wurde die Deutschen nach 1871 Reichskanzler Otto von Bismarck, den der französische Historikers Gabriel Hanotaux zu Beginn des 20. Jahrhunderts ironisch wie bösartig charakterisierte: *"Bismarck, das ist der preußische Typ. Das Problem ist herauszufinden, ob dieser preußische Typ der Typ der Menschlichkeit ist."*[55]

Der "Schöpfer" der Reichswehr, General Hans von Seeckt (1866-1936), der Selbstdarstellung nach ein Preuße wie kaum ein anderer in der Weimarer Republik, legte bei seinem Versuch, das Wesen des Preußentums und des preußischen Staates zu beschreiben, besonderen Nachdruck auf den Begriff der *Pflicht*; er betonte, daß die Pflichterfüllung, die beim preußischen Offizier ein Gefühl von Freiheit auslöse, eine bewußte Wahl darstellte. Diese Form bewußter Notwendigkeit schuf eine - zumindest formal - besonders starke Position des preußischen Offiziers in der individuellen Ethik und in der öffentlichen Moral.[56] Auf diese Weise entstand die eigentümliche Triade der preußischen Haltung: Freiheit - Ordnung - Pflicht. Von Seeckt verbarg nicht, daß er die preußische Armee als die wesentliche Verkörperung des "preußischen Geistes" ansah. Solches in den preußischen Regimentern verkörpertes *Preußentum* idealisierte ein eigenes Wertsystem: Staat und nicht die Gesellschaft, Gemeinschaft und nicht das Individuum - das war die Wertehierarchie in der Welt der preußischen Ideale, die kritisch unter dem Aspekte der *preußischen Mythologie*, aber auch in

---

55 *"Bismarck, c'est le Prussien type. La question est de savoir, si ce Prussien type est le type de l'humanité."* - Zit. nach Gödde-Baumanns, a.a.O., S. 380.

56 Vgl. H. von Seeckt: Moltke, ein Vorbild. Berlin 1931, S. 27.

ihren fatalen Auswirkungen auf die Haltung der *Wehrmacht* zum Nationalsozialismus gesehen werden muß.

*Preußentum* als Mentalität ist analytisch nicht leicht zu fassen. In einem ungewöhnlichen literarischen Versuch hat Dieter Wildt in seinem Buch »Deutschland, deine Preußen. Mehr als ein Schwarzweiß-Porträt« (1966) in leichter essayistischer Form alle Stereotypen "des Preußen" gesammelt. Der Autor beginnt mit dem bekannten Satz, niemand werde als Preuße geboren, zum Preußen werde man durch bewußte Anstrengung und Wahl; die "vollkommensten" Preußen seien oft Deutsche aus anderen deutschen Ländern gewesen, z.B. der Kreis der preußischen Reformer 1807-1813. Viele "Wahlpreußen" allerdings hätten die preußischen Merkmale, die sie nachzuahmen wünschten, zu Karikaturen gemacht. Für den Preußen sei das wichtigste der Staat, dem er diene und den er liebe und für den er auch Verantwortung tragen wolle. In jeder Situation sei ihm Ordnung am wichtigsten. Der Preuße zeichne sich durch Verantwortungsbewußtsein für das allgemeine Wohl aus; er denke nicht in Kategorien des Individuums, sondern der Gemeinschaft. In dem Drama »Wielki Fryderyk« ("Der große Friedrich") läßt Adolf Nowaczyński (1876-1944) Friedrich II. die bezeichnenden Worte sagen: *"Das Universum Preußen ist alles, das Individuum nichts!"*[57]

Gehorsam und Achtung des Befehls waren die besondere Eigenschaft des idealen Preußen. Nicht die Freiheit, sondern die bewußte Freiheit bzw. der preußische Gehorsam tritt unter den preußischen Tugenden in den Vordergrund. Hierarchie, Ehre, Prestige - diese Werte sind für den Preußen teurer als materiellen Werte. Gehorsam im sozialen und politischen Leben, beim Militär und in der Fabrik bestimmte als Haupttugend die Mentalität des preußischen Untertanen. Hier lag die Bedeutung Preußens nicht nur für die junkerliche Gutswirtschaft, sondern auch für die Übernahme jener halbfeudalen Muster durch die Großindustrie im 19. Jahrhundert. Deshalb gingen die Industriellen nicht nur das politische Bündnis mit den Junkern ein, sondern bemühten sich zugleich, sich ihnen in Mentalität und Lebensstil anzupassen.

Die preußische Lebensweise bedeutet Unterwürfigkeit und Gehorsam nach oben, Arroganz nach unten, und tödlichen Ernst sogar beim Vergnügen. Das ganze Leben war Dienst, und Dienst war eine ernsthafte Angelegenheit. Daher die unzähligen antipreußischen Witze, die in Deutschland zum Thema fehlender preußischer Humor im Umlauf sind (nur dem Berliner wird ein spezifischer Humor nicht abgesprochen, doch war das Volk von Berlin war niemals typisch für die preußische Mentalität), daher die verbreitete Abneigung gegen "die Preußen".[58] Unter anderem lebte der Wende vom 19. zum 20. Jahrhundert das Münchner Kabarett vor allem von antipreußischen Witzen.

---

57 A. Nowaczyński: Wielki Fryderyk. Powieść dramatyczna [Der große Friedrich. Eine dramatische Erzählung]. Wrocław 1982, S. 468.

58 Vgl. D. Wild: Deutschland, deine Preußen. Mehr als ein Schwarz-Weiß-Porträt. Hamburg 1966, S. 56f., 77f.

Kaiserproklamation am 18. Januar 1871 in Versailles. Ausschnitt aus dem Gemälde von Anton v. Werner (vgl. S. 323).

## 6. Preußische Mythologie : Preußenverehrer und -kritiker

*But perhaps the most important of all was the Prussianization of intellect.*
J. A. R. Marriott / C. Grant Robertson (1915)[59]

Das Glockenspiel der Potsdamer Garnisonskirche, eines der symbolbehafteten Gebäude des Preußentums, spielte jede halbe Stunde das Lied, das eine Art inoffizieller preußische Hymne war: *Üb immer Treu und Redlichkeit / bis an dein kühles Grab. / Und weiche keinen Finger breit / von Gottes Wegen ab.* Den Text hatte der aus der Gegend von Hannover stammende Ludwig Heinrich Christian Hölty (1748-1776) verfaßt, die Melodie war einem Motiv aus Mozarts *Zauberflöte* entliehen.

Wenn auch das 18 Jahrhundert Ansätze zu einer Mythologisierung Preußens vor allem im Werk Friedrichs II. hinterlassen hat, so wurde eine *preußische Mythologie* erst in der zweiten Hälfte des 19. Jahrhunderts im ideologischen Kampf gegen revolutionäre, demokratische und liberale Kräfte entwickelt. Den entscheidenden Beitrag dazu leisteten die preußischen Historiker des 19. Jahrhunderts und die Vertreter der preußischen Staatsphilosophie, der protestantischen Theologie und anderer Bereiche von Wissenschaft, Kultur und Kunst. Im Laufe der Zeit wurden Elemente des Mythos der Hohenzollerndynastie und des Mythos des preußischen Staates deutlich mit Parolen und Postulaten des deutschen Nationalismus verbunden, denn - die preußischen Altkonservativen ausgenommen - wurden seit der Mitte des 19. Jahrhunderts die führenden Vertreter des Preußentums gleichzeitig auch Ideologen des deutschen Nationalismus. Zur Symbolfigur wurde *Turnvater* Friedrich Ludwig Jahn (1778-1852), ein Brandenburger, der in der Periode 1807-1815 den Kampf gegen den französischen Aggressor mit der Verherrlichung der Annexionspolitik Preußens und des preußischen Militarismus, der durch das nationale und liberale Prisma betrachteten preußischen Rolle in Deutschland und mit dem Lob der Dynastie verband, was ihn nicht vor den *Demagogenverfolgung* in Preußen schützte. Jahn war ein Vorläufer des extremen deutschen Nationalismus, der bereits damals von rassistischen Elementen nicht frei war: *"Preußen war für Professor Jahn ein Synomym für Deutschland."*[60]

Die Verherrlichung des preußischen Staates, der preußischen zivilisatorischen Leistungen und besonders der preußischen Waffen bildeten das Leitmotiv von Philosophen wie Hegel und Fichte, Schriftstellern, Publizisten, Politikern und Historikern. Eine bedeutende Rolle spielte die preußische Auffassung des Krieges, die sich auf den Krieg glorifizierende Passagen in den Schriften Hegels und auf Schriften des Militärtheoretikers von Clausewitz stützte. Die weitreichendsten Folgen sollte die im preußischen politischen Gedankengut stets präsente Verherrlichung der Stärke in der Innen- und Außenpolitik zeitigen. Im Jahre 1853

---

59 J. A. R. Marriott / C. Grant Robertson: The Evolution of Prussia. The Making of an Empire. Oxford 1915, S. 413.

60 A. Wolff-Powęska, a.a.O., S. 31.

erschienen die »Grundsätze der Realpolitik, angewendet auf die staatlichen Zustände Deutschlands« von August von Roschau. Es wurde eine Art Handbuch der praktischen Vereinigungspolitik Deutschlands und ebnete in den Kreisen der vermögenden Bourgeoisie den Weg zur Verständigung mit Bismarck: *"Das Buch August von Roschaus beschleunigte den durch die Kriegsphilosophie Hegels eröffneten, die Richtung der politischen Ideen bestimmenden Prozeß, der den Charakter der preußischen Historiographie sowie der Außenpolitik beeinflußte. Der Titel dieses Buches wurde in der zweiten Hälfte des 19. Jahrhunderts nicht nur ein Schlagwort der Propaganda, sondern vor allem ein Imperativ, der auf dem politischen Leben Deutschlands lastete."*[61]

Die Historiker Duncker, Droysen und Sybel wurden auf den Spuren Rankes die wirkungsvollsten Apologeten Preußens.[62] Die größte Rolle unter ihnen aber spielte Heinrich von Treitschke, der aus Sachsen stammende Barde einer "preußischen Berufung" Deutschlands. Dieser Bismarck verherrlichende Liberale war Nationalist und Chauvinist und begegnete den Schwachen, der Demokratie und anderen Völkern mit Verachtung. Sein Nationalismus, Antisemitismus und seine Xenophobie kündigten bereits Elemente des Hitlerschen Gedankenguts an, dem er zweifellos Argumente lieferte. Treitschke wurde einer der Hauptideologen der wilhelminischen Ära wurde, sein Schriften Geist förderten Haltungen, wie sie Bernhard von Bülow 1897 als Staatssekretär im Auswärtigen Amt in seiner Forderung nach Deutschlands *Platz an der Sonne* ausdrückte.[63] Die Generäle und Politiker des Ersten Weltkrieges wurden mit seinen Werken erzogen, zumal ihre literarische Form auf den Massenleser stärker wirkte als in wissenschaftlichen Kreisen.[64] Ein Freund Treitschkes war Gustav Freytag, ein Repräsentant der Interessen des Bürgertums, Antisemit, der antipolnisch eingestellte Nationalist und preußischer Patriot.[65]

Nicht nur Ideologen, Schriftsteller, Historiker und Publizisten gestalteten den preußischen Mythos. Den Vorstellungen von Millionen verlieh vor allem der bedeutendste preußische Maler der Epoche, Adolph von Menzel (1815-1905), Gestalt. Er war ein Liberaler, an erster Stelle jedoch ein Anhänger der Einheit Deutschlands, vom Moment der Vereinigung an vom Werk Bismarcks fasziniert, wie er sein Leben lang unter dem Eindruck Friedrichs des Großen stand. Gleichzeitig war er realistischer und Historienmaler. Durch sein Schaffen wurde er zum Chronisten der preußischen historischen Tradition, vor allem aber der Apologet Friedrichs II.[66] Deshalb erhielt er höchste preußische und deutsche Ehrungen, und zu seiner Beisetzung schickte Kaiser Wilhelm II. einen Kranz mit der Inschrift *Dem Künder des Ruhmes Friedrichs des Großen und seiner Armee*.

---

61 Ebenda, S. 65.

62 Vgl. H. Schallenberger: Untersuchungen zum Geschichtsbild der Wilhelminischen Ära und der Weimarer Republik. Eine vergleichende Schulbuchanalyse deutscher Schulgeschichtsbücher aus der Zeit von 1888 bis 1933. Ratingen 1964, S. 55f.

63 Vgl. oben S. 351.

64 Vgl. A. Dorpalen: Heinrich von Treitschke. Port Washington 1973.

65 M. Schneider, a.a.O., S. 170f.; vgl. oben S. 329.

66 Vgl. S. 329.

Eine ungewöhnliche Rolle spielte der Zyklus von Menzels Zeichnungen zum Buch Franz Theodor Kuglers über Friedrich II. Die mehr als 400 zwischen 1839 und 1842 entstandenen Zeichnungen kodifizierten das Bild des Lebens Friedrichs und seiner Leistungen, das in unzähligen, bis heute fortgeführten Ausgaben der Allgemeinheit in Deutschland zugänglich gemacht wurde. Menzel kehrte immer wieder zur Thematik der friderizianischen Ära zurück und schuf so bekannte Bilder wie das *Flötenkonzert in Sanssoucie*. Bis zu dem populären Film über Friedrich II. mit Otto Gebühr in der Hauptrolle haben Millionen Deutsche mit dem von Menzel geschaffenen Bild des Königs gelebt. Gegen Ende seines Lebens offenbarte Menzel manchen kritischen Blick auf die soziale Realität der wilhelminischen Zeit.

Der sozialdemokratische Schriftsteller und Publizist Franz Mehring (1846-1919) schrieb: *"Gegenüber der Zähigkeit der preußisch-patriotischen Fabel ist man versucht, in den ägyptischen Mumien beinahe nur Eintagsfliegen zu sehen."*[67] Wenn wir dem Schicksal der Werke und Ansichten der Gegner des Preußentums nachgehen, muß man sagen, daß Mehring wohl Recht hatte. In der Restaurationzeit und im Vormärz traten Demokraten und Republikaner, Liberale und Katholiken gegen das Preußentum auf. Auf dem Wartburgfest von Studenten, Liberalen und Demokraten im Jahre 1817 wurden eine preußische Ulanka (der Waffenrock eines Ulanen) und ein österreichischer Korporalstab als Symbole der deutschen Reaktion, des Konservatismus und Militarismus verbrannt. Im Jahre 1839 gab der rheinische Katholik Jacob Veneday eine Schrift unter dem Titel »Preußen und Preußentum«[68] heraus, die entschieden das *Preußentum* seiner Zeit verurteilte: Ein großer Kritiker des friderizianischen preußischen Staates war der Historiker Onno Klopp, Autor von »Der König Friedrich II. von Preußen und seine Politik« (1866), das alles beinhaltete, *"was gegen Preußen gesagt wurde und gesagt werden mußte"*[69]. Wenn wir davon ausgehen, daß die Quintessenz des negativen Preußentums Militarismus und Demokratiefeindschaft waren, dann hat der liberale Berliner Satiriker Adolf Glaßbrenner in der Zeit der Verfassungskämpfe in Preußen in der »Hunde-Verfassung« treffend darüber gespottet: *"§ 1. Alle Hundegewalt geht vom Magistrat aus. § 2. Die Regierungsform ist die hündisch-monarchische. Die Freiheit der Hunde ist unantastbar. § 3. Da aber Freiheit ohne Ordnung und Gesetz nicht möglich ist, so sichern wir die Hundefreiheit durch die nachfolgenden Gesetze. § 4. Jeder Hund muß an einem Strick geführt werden. § 5. Kein Hund darf blaffen oder bellen [...]."*[70]

Einen Sonderfall stellt der Schriftsteller Theodor Fontane dar (1819-1898), der in Leben und Werk die Bewunderung für Preußen und seine Traditionen mit einer scharfen Kritik der zeitgenössischen preußischen Verhältnisse verband. Aus der Sicht des idealisierten Preußenbildes, das er seinen Lesern übermittelte, kri-

---

67 Mehring: Die Lessinglegende, S. 194 (Fußnote); W. Hartwig: Von Preußens Aufgabe in Deutschland zu Deutschlands Aufgabe in der Welt. In: Historische Zeitschrift 231, 1980, S. 265f.

68 Vgl. Rogalla von Bieberstein, a.a.O., S. 129f.

69 G. Gooch: Friedrich der Große. Herrscher, Schriftsteller, Mensch. Göttingen 1951, S. 411.

70 Zit. nach J. H. Jost: Adolf Glaßbrenner. Berlin 1981, S. 105.

tisierte er die Bedeutungslosigkeit seiner Zeit.[71] Weder die Junker noch die Offiziere seiner Lebenszeit ähnelten seiner Ansicht nach den Helden der Zeit Friedrichs II. Fontane sah deutlich das kleinbürgerliche Preußentum, die Exzesse des Militarismus wie den Anachronismus der politischen Rolle des Junkertums, und diese Erscheinungen der wilhelminischen Ära klassifizierte er als Borussismus, als Degeneration des wahren Preußentums. Doch blieb er dem selbst geschaffenen Idealbild des vergangenen Preußen treu. Im Jahre 1886 schrieb er an seine Ehefrau: *"Trotz ihrer enormen Fehler bleiben die märkischen Junker und Landpastoren meine Ideale, meine stille Liebe."*[72] Dieser Dichter Brandenburgs und seiner nostalgischen und monotonen Landschaften aus Sand, Sümpfen, Wäldern und Seen war ein liberaler Konservativer, der, sich des Anachronismus seiner Haltung bewußt, rückwärts blickte, in seinen späten Berliner Gesellschaftsromanen aber auch seiner Zeit den Spiegel vorhielt.

Für Friedrich Wilhelm Foerster[73], den Foerster unerbittlichen liberalen Kritiker der preußischen Vergangenheit seit der Tradition des Deutschen Ordens war der größte Feind der preußische Militarismus, wie ihn seiner Meinung nach Bismarck in der Politik verkörperte. Er war der Ansicht, daß der preußische Kasernenstaat eine Episode und keine Notwendigkeit der deutschen Geschichte gewesen sei. Er betonte den zufälligen, künstlichen Charakter der Herausbildung des preußischen Staates als Kolonialstaat im deutschen Osten. Er verwarf entschieden den Kult des starken Staates, der immer in der preußischen Historiographie herrschte. Man muß jedoch unterstreichen, daß die Resonanz seiner Ausfälle, aber auch der vielleicht wichtigsten Kritik am Preußentum, die aus den Kreisen der Sozialdemokratie kam[74], relativ gering war: Die massive Indoktrination durch die preußische Schule, Kirche, Bürokratie und Armee - ganz zu schweigen vom Druck der Junker und Großkapitalisten - bewirkte, daß die Aufgabe der Kritiker des Preußentums vor dem Ersten Weltkrieg ungewöhnlich schwierig war - und nach der Niederlage von 1918 auch nicht wesentlich leichter.

Die preußische Tradition erfuhr erst nach den schweren Erfahrungen zweier Weltkriege Worte bitterer Kritik von Seiten des bedeutendsten deutschen Historikers des frühen 20. Jahrhunderts und gleichzeitig eines Repräsentanten des Preußentums - von Friedrich Meinecke. Erst im Rückblick auf die große "deutsche Katastrophe" des 20. Jahrhunderts erkannte er die Gefahr des Prinzips "Stärke vor Recht", die verhängnisvolle Tradition des preußischen Militarismus, die Gefahren, die aus der wilhelminischen Ära mit ihrer Arroganz und ihrem großdeutschen Chauvinismus hervorgingen und die mit solcher Leichtigkeit auf dem Boden des preußischen Militarismus gediehen. Doch Meinecke blieb weiterhin seinem Bild der positiven preußischen Tradition verbunden, die er in den

71 Vgl. A. von Borries: Preußen und die Folgen. Anthologie 1871-1945. Berlin-Bonn 1981, S. 59-61.

72 Zitiert nach Attwood, a.a.O., S. 232.

73 Vgl. Foerster: Europa und die deutsche Frage, a.a.O.

74 Vgl. A. Laschitza: Karl Liebknecht contra Preußenreaktion. In: Preußen. Legende und Wirklichkeit. Hrsg. von P. Bachmann und J. Knothe. Berlin 1983, S. 185f.

zivilisatorischen und kulturellen Leistungen der Gesellschaft, von Dynastie und Staat erblickte.

## 7. Die Verpreußung Deutschlands

Der Einfluß preußischer Institutionen, Anschauungen und Erfolge auf die deutschen Staaten war bereits in der Zeit vor 1870 erheblich. Im letzten Viertel des 19. Jahrhunderts übernahm ein bedeutender Teil Deutschlands zahlreiche spezifische preußische Merkmale, in vielem knüpfte er zudem an das *Preußentum* an, vor allem an die mit dem positiv verstandenen Begriff verbundenen Eigenschaften. Mit der Einigung Deutschlands übernahm Preußen seinerseits ein besonders gefährliches Element in das Arsenal preußischer Eigenschaften: den übermäßigen deutschen Nationalismus, der sich nach 1871 nicht ohne ausschlaggebenden preußischen Einfluß in einen Großmachtchauvinismus verwandelte. Negatives Preußentums und deutscher Nationalismus verbanden sich zu der explosiven Mischung, der vor allem die Welt zwei aufeinanderfolgende Weltkriege verdankt. In den Jahren 1815, 1866 und 1871 wurden zahlreiche Deutsche, aber auch Polen, Litauer und Dänen gezwungenermaßen zu Preußen. Inwieweit diese "Muß-Preußen" zu Repräsentanten des *Preußentums* wurden, inwieweit Preußen ihre soziale und nationale Entwicklung beeinflußt hat, ist noch nicht ausreichend untersucht.[75]

Das Jahr 1871 bedeutete den entscheidenden Wendepunkt in der Geschichte Preußens. Noch im Januar 1914 stellte Graf Yorck von Wartenberg im Preußischen Herrenhauses den Antrag, die Regierung solle dafür sorgen, daß die Stellung Preußens im Reich nicht geschmälert würde. Darauf antwortete der preußische Ministerpräsident, Reichskanzler von Bethmann-Hollweg: *"Der Beruf Preußens, den es bei der Gründung des Reichs ausgeübt hat, ist nicht abgeschlossen [...]. Nicht um preußischen Partikularismus zu vertreten, ist die Präsidialmacht Preußens geschaffen worden, sondern um in den Geschäften des Reichs die ganze Kraft des Staatsgedankens zum Ausdruck zu bringen, die Preußen verkörpert. Dieses Preußentum muß unter allen Umständen hoch und unversehrt gehalten werden."*[76]

Bedeutsam war, daß Preußen sich insbesondere 1815 und 1866 auf Kosten der deutschen Länder territorial erweitern konnte, was eine allmähliche Assimilierung der Bevölkerung dieser Gebiete an die Standards der preußischen Mentalität ermöglichte. Insgesamt umfaßten im Jahre 1871 die preußischen Gebiete mehr als die Hälfte des Territoriums des Kaiserreiches, und diese Tatsache bestimmte die Stellung und die Assimilationsmöglichkeiten Preußens. Nur ein so stark entwickeltes Bewußtsein der partikularen Eigenart wie in Hamburg oder vor allem in Bayern konnte ohne Schaden aus der Konfrontation mit der sich im gesamten Deutschen Reich ausbreitenden Ideologie und Mentalität des

---

75 Vgl. ausführlich *Expansion und Integration*. Zur Eingliederung neugewonnener Gebiete in den preußischen Staat. Hrsg. von P. Baumgart. Köln-Wien 1984.

76 Stenographische Berichte über die Verhandlungen des Preußischen Herrenhauses in der Session 1913 und in der Session 1914/15. Berlin 1915, Sp. 38.

Preußentums hervorgehen. Besonders angesichts der Identifikation des extremen deutschen Nationalismus mit dem von ihm speziell verstandenen preußischem Geist und preußischer Tradition vergrößerte die allgemeine Entwicklung den Einfluß der preußischen Mentalität auf die allgemeindeutsche Mentalität. Wenn davon auch die *preußischen Tugenden* möglicherweise profitiert haben, so erlitt die deutsche Demokratie mit Sicherheit Verluste.

Zu den preußischen Gebieten, die nur widerwillig preußischen Lebensstil und preußische Mentalität annahmen, gehörte die Rheinprovinz. Sie hatte in der napoleonischen Ära eine wichtige Periode sozio-politischen Wandels erlebt und zeichnete sich anschließend durch eine schnelle industrielle Entwicklung und starke bürgerlich-liberaler Kreise aus, von denen nur ein Teil den Versprechungen und Erfolgen Bismarcks in den sechziger und siebziger Jahren des 19. Jahrhunderts glaubte.[77] Entschieden antipreußische Stimmungen herrschten noch Zeit im 1866 annektierten Hannover, wo die *Welfenpartei* eine Bastion antipreußischen Unwillens blieb.[78] Als *Hauptstadt des Preußenhasses* hat man Frankfurt am Main bezeichnet, dessen Bürger den Verlust des Status der Reichsstadt (1866) nicht verschmerzen wollten - und das bis in die Zeit Bundeskanzler Konrad Adenauers (1949-1963).

Im Lichte unseres heutigen bescheidenen Wissens über die Veränderungen der deutschen Mentalität spielten in den Jahren 1850-1870 deutsche Wissenschaft und Bildung, insbesondere Geschichte und Literaturgeschichte, bei der Schaffung des preußischen Mythos und - als Bedingung der Einigung Deutschlands - dessen Aufzwingung auf die deutschen Nation eine große Rolle. Dieser Mythos wurde damals in allen preußischen Gebieten über die Volksschule verbreitet. Wenn die rheinischen und die norddeutschen Gebiete Preußens um 1870 begannen, sich *preußisch* zu fühlen, so war dies die Wirkung der erwähnten Faktoren. Bei der Bevölkerungsmehrheit siegte der preußische Mythos selbstverständlich erst unter dem Einfluß der wirtschaftlichen Integration und der Ereignisse der Jahre 1866 und 1870/71: dem nationalen Programm und der Berufung auf die Vergangenheit folgten die Siege, die Preußen mit Ruhm umstrahlten. Der Sieg über das seit langem in vielen deutschen Ländern gehaßte Österreich und insbesondere der die nationalen Komplexe heilende, unter preußischer Führung errungene deutsche Sieg über Frankreich waren von entscheidender Bedeutung. Seither kann man tatsächlich sagen, daß Preußen die deutsche Seele beherrscht hat, auch wenn dieser Einfluß keineswegs und alle deutschen Staaten und die gesamte Bevölkerung in Deutschland überall und mit derselben Intensität erfaßte. Die demokratischen Traditionen Badens oder die christlich-traditionelle Ordnung Bayerns waren gegen die Einflüsse Preußens immun. Auf der

---

77 Vgl. S. Hartlieb von Wallthor: Die Eingliederung Westfalens in den preußischen Staat. In: Expansion und Integration, S. 250f.

78 Vgl. G. Bartels: Preußen im Urteil Hannovers 1815-1851. Hildesheim 1960; H. Barmeyer: Annexion und Assimilation. Zwei Phasen preußischer Staatsbildung, dargestellt am Beispiel Hannovers nach 1866. In: Niedersächsisches Jahrbuch für Landesgeschichte 45 (1973), S. 303-336.

Ebene des gesamten Deutschen Reiches allerdings schien der Sieg des Preußentums bis zur Jahrhundertwende jedoch vollkommen zu sein.[79]

Der einzige Konkurrent Preußens, der niemals auf seine psychologische Selbständigkeit verzichtete, war Bayern, das eifersüchtig seine Rechte und Eigenständigkeiten hütete. Viel Unwillen begegnete Preußen auch in den süddeutschen Ländern, besonders in katholischen Kreisen. In Württemberg und in Baden schritt der Prozeß der Verpreußung sehr langsam voran. Jedoch kann man für das gesamte Deutschland in der wilhelminischen Ära durchaus feststellen, daß eine weitreichende Unifizierung im Sinne des Preußentums und des deutschen Nationalismus erreicht wurde und viele charakteristische Merkmale des preußischen Denkens besonders in der Politik den Charakter allgemeinverbindlicher Standards erhielten. Stanisław Srokowski, der hervorragende polnische Kenner des preußischen Problems, unterstrich im Jahre 1925, daß man zwischen Preußentum und deutscher Nation unterscheiden müsse, fügte aber gleichzeitig hinzu, daß während des Ersten Weltkrieges das Preußentum dominiert habe. Also müßte seiner Meinung nach *"Deutschland entpreußt"* werden, jedoch wisse man nicht, wie hoch der jeweilige prozentuale Anteil von *Deutschtum* und *Preußentum* sei.[80]

Ging die Abneigung gegen Preußen (und umgekehrt) tatsächlich über die Grenzen milieubedingter regionaler Animositäten, die in jedem Land bekannt sind, hinaus? Beispiele extremer Bewertungen könnte man seitenweise anführen. Allgemein bleibt aber zu unterstreichen, daß der Prozeß der *Verpreußung* hauptsächlich dank der Schule, die unter dem Druck preußischer Vorbilder und der Zielsetzungen des Militärs stand, relativ schnell verlief und seinen Höhepunkt vor 1914 erreichte. Der Verpreußung unterlagen oft weniger die traditionellen konservativen Eliten der einzelnen Territorien als das Bürgertum und die unteren Bevölkerungschichten, auf die mit besonderer Kraft die Propaganda des mit allen Mitteln und auf allen möglichen Wegen verbreiteten preußischen Mythos einwirkte. Die Mischung von Deutschtum und Preußentum formte die Einstellungen der Bevölkerung des vereinigten Deutschland. Hans-Joachim Schoeps schrieb in Erinnerung an seine Jugend vor dem Ersten Weltkrieg: *"Das Primat des Preußischen vor dem Deutschen hat auch meine Jugend bestimmt."*[81]

Von den zahlreichen Beispielen der Attraktivität der preußischen Tradition im Dienste des preußischen Militarismus zeugten auch Karrieren polnischer Adelsfamilien in der preußischen Armee, etwa des preußischen Zweiges der Familie Małachowski: der Großvater trat in den preußischen Dienst ein, der Sohn war bereits Oberst, der Enkel Karl (1783-1844) fühlte sich schon vollkommen als Preuße, verwarf den Vorschlag, 1806 in die Armee des neu gebildeten Herzogtums Warschau überzutreten; er war charakteristischerweise bereits

79 Vgl. W. Knopp: Preußens Wege - Preußens Spuren. Gedanken über einen versunkenen Staat. Düsseldorf 1981, S. 32f., 56f.

80 Vgl. A. Trepiński: Potępieńcy. Sąd wieków nad Niemcami [Die Verdammten. Das Urteil der Jahrhunderte über die Deutschen]. Łódż 1947, S. 381f.

81 Schoeps: Der Weg, S. 8.

Protestant und erreichte die Position eines Generalleutnants und höchste Würden am preußischen Hofe.[82]

Ohne Zweifel imponierte Preußen in der Zeit zwischen 1815 und 1870 in vielen Zügen der Gesellschaft der deutschen Kleinstaaten. Die wirtschaftliche Blüte und die in ganz Deutschland führende Handels- und Zollpolitik spielten bei der Schaffung der Voraussetzungen der Vereinigung Deutschlands eine ausschlaggebende Rolle. Die Verpreußung Deutschlands vollzog sich auch deshalb leichter und schneller, weil mit den großen territorialen Veränderungen von 1815, der Industrialisierung und der damit verbundenen Mobilität der Bevölkerung die alten lokalen Strukturen verfielen. Von enormer Bedeutung war die *Ostflucht*, die Wanderung Zehntausender, hauptsächlich Bauern, aus den preußischen Ostprovinzen nach Berlin, in die mitteldeutschen Industriegebiete Sachsens und der Provinz Sachsen und in den Westen - ins Rheinland und nach Westfalen. In den größeren Städten war die ideologische Manipulation im Sinne des in Preußen herrschenden Systems leichter und schneller möglich als in den alten dörflichen Strukturen der nichtpreußischen Länder. Auch die mit den führenden Junkerkreisen politisch verbündeten Großindustriellen wurden in der Wilhelminischen Ära ein unmittelbarer Multiplikator des Preußentums. Im Jahre 1912 schrieb die in Posen erscheinende polnische nationaldemokratische Zeitung »Kurier Poznański«: *"Preußischer Militarismus, Chauvinismus, bis zur Brutalität reichende Rücksichtslosigkeit, Machtkult, blinder Kasernengehorsam - all das ist in geringerem oder höherem Maße in Leib und Blut der gesamten deutschen Nation übergegangen."*[83]

82 Vgl. C. von Małachowski: Erinnerungen aus dem alten Preußen. Leipzig 1897.
83 Zitiert nach W. Jakóbczyk: Niemcy, S. 280.

# VIII.
# Preußen in der Zeit der Weimarer Republik
## 1918-1933

*Fritz Ebert, Sattler und Präsident, Philipp Scheidemann, Schneider, Gustav Noske, Zimmermann, holten sie von der Straße, die die Kommunisten beinahe beherrscht hätten, und gaben sie den erstaunten Generälen zurück. Aus Patriotismus. Aus Angst vor dem Kommunismus. Aus Abscheu vor der Unordnung. Aus Rücksicht auf die Achtung, die die niederen Klassen den sozial höheren selbstverständlich schuldeten. Ebert kannte seinen Platz.*[1]

## 1. Die Revolution in Deutschland

Der preußische Militarismus und die herrschenden Klassen in Preußen waren die tatsächlichen Verlierer des Krieges. Ende Oktober 1918 begannen der Matrosen der Reichskriegsflotte in Kiel den Aufstand, der sich rasch ausbreitete.[2] Am 9. November 1918 brach die Revolution in Berlin aus. Die deutsche Arbeiterbewegung hatte sich seit 1916 in die äußerste Linke, den *Spartakusbund* mit Rosa Luxemburg und Karl Liebknecht, in die linksgerichtete *Unabhängige Sozialdemokratische Partei Deutschlands* (USDP), die die Beendigung des Krieges um jeden Preis anstrebte, und die mehrheitliche traditionelle *Sozialdemokratische Partei Deutschlands* (SPD), deren Führung unter Friedrich Ebert den *Burgfrieden* während des Krieges getragen und die Verständigung mit der politischen Rechten gesucht hatte, gespalten. Die SPD war bereit, die Macht zu übernehmen, verfolgte jedoch nicht das Ziel revolutionärer Änderung, sondern strebte zunächst einmal die Aufrechterhaltung von Recht und Ordnung an. Um der radikalen Linken zuvorzukommen, proklamierte Philipp Scheidemann, zusammen mit Ebert Vorsitzender der SPD, am 9. November 1918 ohne Wissen Eberts von einem Fenster des Reichstagsgebäudes aus die deutsche Republik. Ebert, der Kompromisse mit den alten Machteliten befürwortete, empörte sich über den unumkehrbaren Schritt Scheidemanns. Fast zur selben Zeit wie Scheidemann verkündete der Führer der sozialistischen Linken, Karl Liebknecht, im von der Berliner Bevölkerung besetzten Berliner Stadtschloß die *freie sozialistische Republik Deutschland*, was der um den Erhalt des Kaisertums bemühte *"Friedrich Ebert mit zusammengekniffenen Lippen, blaß vor Wut zur Kenntnis"* nahm.[3]

In derselben Nacht traf der an die Macht gelangte SPD-Vorsitzende Ebert telefonisch eine geheimen Absprache mit der Obersten Heeresleitung, die nach der Flucht General Ludendorffs von General Wilhelm Groener vertreten wurde:

---

1 E. A. Mowrer: Niemcy cofają wskazówki zegara. Kraków 1934 [polnische Übersetzung von E. A. Mowrer: Germany puts the Clock. London 1933].

2 E. Kolb: Die Weimarer Republik (= Oldenbourg Grundriß der Geschichte. 16). München 1984, S. 6.

3 B. Engelmann: Einig gegen Recht und Freiheit. Deutsches Antigeschichtsbuch. T. 2. Gütersloh 1975, S. 26.

*"Ebert und Groener fanden sich im gemeinsamen Willen, ohne tiefgreifende Erschütterungen des Staates zu einem Frieden zu kommen und - bei entschiedener Ablehnung einer Linksentwicklung - durch die Einberufung einer Nationalversammlung möglichst rasch wieder 'gesetzmäßige Zustände' herzustellen."*[4] Die Weimarer Republik entstand auch als Ergebnis des Bündnisses zwischen Armeeführung und Sozialdemokratie: *"Die Zusammenarbeit dieser beiden Kräfte mußte damals im Dunkeln gehalten werden."*[5] Dieser für die weitere Entwicklung der deutschen Demokratie gefährliche Kompromiß, den *"man zu Unrecht zum innenpolitischen Offensiv-Pakt hochstilisiert hat"*[6], wurde vor den Anhängern der Sozialdemokratie ebenso geheimgehalten wie vor den Konservativen. Die Novemberrevolution, das Werk durch Opfer und Entsagungen während des Krieges verzweifelter Arbeiter und Soldaten, begann mit großem Elan. Ohne auf Widerstand zu stoßen, fegte die Revolution die Macht des Kaisers hinweg und stürzte alle Fürstenthrone in Deutschland. Kaiser Wilhelm II., der die Abdankung so lange hinauszögerte, bis sie niemanden mehr interessierte, floh heimlich nach Holland: Die Hohenzollern verließen endgültig die Bühne der preußischen und deutschen Geschichte.

Die soziale Revolution in Deutschland wurde nicht zuletzt durch Repressionen, die rechtsgerichtete SPD-Führer wie der (seit Dezember 1918) Leiter des Militärressorts des Rates der Volksbeauftragten bzw. (seit Februar 1919) Reichswehrminister Gustav Noske in Zusammenarbeit mit der Armeeführung gegen Arbeiter, die radikale Linke und die neu entstandene *Kommunistische Partei Deutschlands* (KPD) ausübten, erstickt. Die Sozialdemokraten waren nicht in der Lage, die Macht der Junker, der Industriemagnaten an der Ruhr oder der Militärkaste zu beschränken. General Groener war mit dem Ergebnis der die Absprache mit Ebert zufrieden: *"Das Bündnis hat sich bewährt."*[7] Deutschland beschritt nicht den Weg der Revolution, sondern den bürgerlich-demokratischer Veränderungen. Der bis zur Weimarer Verfassung die Regierung bildende *Rat der Volksbeauftragten* strebte die schnelle Einberufung der verfassungsgebenden Nationalversammlung an, die über das weitere Schicksal Deutschlands entscheiden sollte. Sie wurde auf der Grundlage eines umfassenden freien, demokratischen und gleichen Wahlrechts - erstmals galt in Deutschland das Frauenwahlrecht - am 19. Januar 1919 gewählt. Eine Reihe demokratischer Sozialreformen stellten schnell die Erwartungen der breiten arbeitenden Massen zufrieden: Achtstundentag, Tarifverträge, Bildung von Betriebsräten, Arbeitslosenversicherung und die uneingeschränkte Vereinigungs- und Versammlungsfreiheit.

Die Nationalversammlung wurde aus Furcht vor dem revolutionärem "Druck der Straße" in das im vergleichsweise ruhige thüringische Weimar einberufen. Der Tagungsort sollte auch an die geistige Tradition des klassischen Weimar an-

4 Kolb, a.a.O., S. 13.

5 K. Buchheim: Die Weimarer Republik. Grundlagen und politische Entwicklung. München 1960, S. 29.

6 Kolb, a.a.O., S. 13.

7 W. Groener: Lebenserinnerungen. Göttingen 1957, S. 468.

knüpfen - an die besten Traditionen der deutschen Kultur, nicht an Preußen. Am 6. Februar 1919 sagte Ebert bei der Eröffnung der Nationalversammlung: *"Jetzt muß der Geist von Weimar, der Geist der großen Philosophen und Dichter, wieder unser Leben erfüllen."*[8] Die Koalition der Parteien der Mitte, des katholischen *Zentrum* und der liberalen *Deutschen Demokratischen Partei* mit den Sozialdemokraten verfügte über 78 % der Mandate. Die Linke bildeten 22 Unabhängige Sozialdemokraten, die Rechte war unter dem Eindruck des verlorenen Krieges von einer Konsolidierung weit entfernt und spielte bei den Verfassungsberatungen keine größere Rolle. Am 11. Februar 1919 wählte die Nationalversammlung Friedrich Ebert zum ersten Reichspräsidenten der neuen deutschen Republik; an seiner Seite konstituierte sich eine Koalitionsregierung unter dem Sozialdemokraten Scheidemann. Der Verfassungsentwurf wurde vom 24. Februar bis zum 21. Juli 1919 beraten und von der Nationalversammlung mit deutlicher Mehrheit angenommen. Vom Reichspräsidenten unterzeichnet, trat die Verfassung am 14. August 1919 in Kraft.

Der Verfassungsentwurf stammte vor allem von dem angesehenen linksliberalen Staatsrechtslehrer Hugo Preuß, wurde jedoch im Verlauf der Beratungen mehrfach geändert. Das Ergebnis war ein Kompromiß: In beinahe jedem Punkt setzten sich die praktischen Bedürfnisse des Augenblicks gegen Preuß' Bestreben, ein vorbildliches parlamentarischen Systems in Deutschland zu schaffen, durch. Der Geist von Weimar, der Geist der neuen deutschen Demokratie, hatte nach dem Text der neuen Verfassung den Geist des alten Preußen, den Geist von Potsdam, besiegt. Golo Mann hat die Verfassung und den Friedensvertrag von Versailles treffend charakterisiert: *"Sie war auf dem Papier so schön, wie der Vertrag auf dem Papier schlecht war. Verfassungen aber wie Friedensverträge werden erst im wirklichen Leben, was sie sind."*[9]

## 2. Die Staatsordnung der Weimarer Republik

Die Weimarer Verfassung war der Versuch, die Idee der parlamentarischen Demokratie mit Elementen der direkten Demokratie wie der Direktwahl des Reichspräsidenten und der Möglichkeit des Volksentscheids zu realisieren, sollte aber zugleich auch das zweite Reich, das Werk Bismarcks, fortsetzen. Sie verband, im Ergebnis mißlungen, Elemente des Bismarckschen Bundesstaates mit neuen föderativen und demokratischen Ideen. Man kann das politische System der Weimarer Republik als improvisierte Demokratie mit Elementen unterschiedlicher Verfassungsmodelle, die unvorbereitet und unerwartet entstand und von der Mehrheit der öffentlichen Meinung zwar beachtet, aber nicht akzeptiert wurde, kennzeichnen. Hauptproblem war, ob Deutschland ein Einheitsstaat werden oder Bundesstaat bleiben sollte, was wesentliche Auswirkungen auf die Rolle

---

8 E. R. Huber: Dokumente zur deutschen Verfassungsgeschichte. 3. Aufl. Bd. 4. Stuttgart 1992, S. 76.

9 G. Mann: Deutsche Geschichte 1919-1945. Frankfurt a.M. 1958, S. 18.

Preußens im Deutschen Reich hatte: Sollte Preußen seine Hegemonialstellung verlieren oder sogar in Länder des Reiches aufgelöst werden?

Zunächst schienen sich die früher vorhandenen Tendenzen zu Zentralismus und Unifizierung auch unter den Sozialdemokraten durchzusetzen. So erklärte am 13. November 1918 die revolutionäre, von der SPD geführte preußische Regierung, daß das alte, reaktionäre Preußen so schnell wie möglich in einen Teil des vereinigten demokratischen Deutschland umgewandelt werden sollte. Otto Landsberg (SPD) erklärte am 14. Januar 1919 im *Rat der Volksbeauftragten*, der Regierung, Preußen habe *"seine Stellung durch das Schwert erobert, und dieses Schwert ist zerbrochen. Wenn Deutschland leben soll, muß Preußen in der bisherigen Gestalt sterben"*.[10] Der demokratische Traum der Zerschlagung der preußischen Hegemonie scheiterte jedoch, als sich in den Weimarer Verfassungsberatungen die partikularen Interessen fast aller Länder des Reiches als weiterhin stark erwiesen. Die in Preußen, dem größten Land des Deutschen Reiches, regierenden Sozialdemokraten verloren gleichzeitig das Interesse an der Zerschlagung Preußens, hätte sie doch Machtverlust impliziert. Schließlich rief die Weimarer Verfassung das *Deutsche Reich* als Bundesstaat und Republik mit starker Zentralmacht ins Leben. Es war unter diesen Umständen *"durchaus erstaunlich zu nennen, daß Preußen sehr bald wieder die stärkste Kraft des Reiches"* wurde.[11]

Die von der Weimarer Nationalversammlung auf der Grundlage der Volkssouveränität beschlossene "Weimarer Verfassung" schuf einen nach außen einheitlichen Staat unter Beibehaltung von Bundes- und Länderkompetenzen im Inneren. Das Deutsche Reich war nicht mehr in weitgehend selbständige Staaten, sondern in *Länder* aufgeteilt. Die Souveränität war alleinige Reichsangelegenheit, doch hatten die Länder weiterhin den Charakter staatlicher Organismen mit beschränkter Souveränität. Mit weitreichenden Kompetenzen im Innern ausgestattet, erhielten sie im von der Reichsverfassung bestimmten Rahmen das Recht, eigene Verfassungen mit republikanischem, freiheitlichem und demokratischem Charakter zu erlassen. Nach mehreren Änderungen setzte sich das Reich schließlich aus 18 (1929 nach der Vereinigung des Freistaats Waldeck mit Preußen 17) Ländern zusammen, wovon das größte - Preußen - trotz der Gebietsverluste nach dem Ersten Weltkrieg an Polen, die Tschechoslowakei, Litauen und Dänemark 62 % der Fläche und 61 % der Bevölkerung der Weimarer Republik umfaßte. In absoluten Zahlen zählte Preußen vor 1932 insgesamt 292 772 km$^2$ an Fläche und 39 958 073 Einwohner. In der Zeit der Weimarer Republik war es in 12 Provinzen eingeteilt; hinzu kamen die Stadt Berlin und die alten süddeutschen Besitzungen der Hohenzollern als *Regierungsbezirk Sigmaringen*.[12]

Nach der Verfassung verlor Preußen die hegemoniale Stellung, die es im Kaiserreich innegehabt hatte. Die Weimarer Verfassung sah vier oberste Reichsor-

---

10 Zit. nach H. Schulze: Otto Braun oder Preußens demokratische Sendung. Frankfurt a.M. 1977, S. 252.

11 Schoeps: Preußen, S. 289; vgl. J. Krasuski: Problem Prus na tle terytoralnego ustroju Rzeszy Niemieckiej (1871-1945). In: Przegląd Zachodni 23 (1967), 1, S. 21-50.

12 Statistisches Jahrbuch für das Deutsche Reich 52 (1933), S. 5f.

gane vor: den *Reichstag* (§§ 20-40), den *Reichspräsidenten* und die aus dem *Reichskanzler* und den *Reichsministern* bestehende *Reichsregierung* (§§ 41-59), denen die Exekutive anvertraut war, und den *Reichsrat* als Organ *"zur Vertretung der deutschen Länder bei der Gesetzgebung und Verwaltung des Reichs"* (§§ 60-67).[13] Eine politische oder konstitutionelle Bindung der Reichsregierung oder des Reichspräsidenten an Preußen bestand nicht mehr. Im Reichsrat, dessen Kompetenzen gering waren und sich wesentlich auf ein Vetorecht mit aufschiebender Wirkung in der Legislative beschränkten, begrenzte die *clausula antiborussica*, die antipreußische Klausel, die Zahl der preußischen Stimmen auf zwei Fünftel aller Sitze, wobei sich die preußischen Stimmen auf 13 (zeitweise 14) Regierungs- und 13 Provinzialvertreter teilten.[14] Der Plan der vollständigen Zerschlagung Preußens und dessen Aufteilung in Länder des Reiches oder der Umwandlung der preußischen Provinzen zu Ländern wurde nicht verwirklicht und Preußen blieb das stärkste Land in der Weimarer Republik. Als ihr besonders demokratischer und stabiler Teil verlor Preußen diesmal sowohl faktisch und rechtlich seine herausgehobene Stellung, und der Verlauf der politischen Ereignisse in der Weimarer Republik bewirkte, daß zwischen der Reichsregierung und der Regierung Preußens zahlreiche Konflikte ausgetragen wurden: *"Die Erhaltung der faktischen Hegemonialmacht Preußens bei gleichzeitiger Entlassung aus der Hegemonialverantwortung führte unvermeidbar zu einer permanenten Konfliktlage zwischen der Reichs- und der preußischen Staatsgewalt."*[15]

Das faktische Gewicht Preußens durch Gebiet, Bevölkerung, Wirtschaft, Verwaltung, Polizeistärke und kulturell-wissenschaftliche Leistungen stand in der Weimarer Republik in keinem Verhältnis zu den Möglichkeiten der Einflußnahme auf Reichsangelegenheiten. Keineswegs ideal war die in der Verfassung vorgesehene Lösung, Streitigkeiten zwischen den Ländern und dem Reich durch *"einen obersten Gerichtshof des Reiches"* entscheiden zu lassen (§ 13), in der Praxis - nachdem der 1921 gesetzlich beschlossene *Staatsgerichtshof* nicht geschaffen wurde[16] - durch das *Reichsgericht*, in Finanz- und Steuersachen durch den *Reichsfinanzhof*.

Das System der Weimarer Republik kann man als parlamentarisches Präsidialsystem bezeichnen. Die Festlegung der Souveränitätsrechte der Länder gehörte letztendlich zu den Reichskompetenzen: *"Reichsrecht bricht Landesrecht"* (§ 13). Nach dem Prinzip der Volkssouveränität (§ 1: *Die Staatsgewalt geht vom Volke aus*) hätte der Reichstag die entscheidende politische Instanz sein sollen, nach § 48 der Weimarer Verfassung konnte der Reichspräsident jedoch ohne Mitwirkung des Reichstags von seinem *Notverordnungsrecht* Gebrauch machen: Er konnte, *"wenn im Deutschen Reiche die öffentliche Sicherheit und Ordnung erheblich gestört oder gefährdet wird, die zur Wiederherstellung der öffentlichen Sicherheit und Ordnung nötigen Maßnahmen treffen, erforderlichenfalls mit Hilfe der bewaff-*

---

13 Text der Verfassung bei Huber: Dokumente, Bd. 4, S. 150-179.
14 Huber: Dokumente, Bd. 4, S. 187-188.
15 Huber: Deutsche Verfassungsgeschichte. Bd. 6. Stuttgart 1981, S. 64.
16 Huber: Dokumente. Bd. 4, S. 221-224.

*neten Macht einschreiten"*, was Reichspräsident von Hindenburg gegen Ende der Weimarer Republik extensiv ausnutzte.

Der *Reichstag* wurde in allgemeinen, unmittelbaren, gleichen und geheimen Wahlen gewählt und übte als Einkammerparlament unter Beteiligung des Reichsrats die gesetzgebende Gewalt aus, bestimmte die allgemeinen politischen Richtlinien und kontrollierte die Regierung. Das komplizierte System der Mandatsverteilung, wie es in der auf dem Verhältniswahlrecht basierenden Wahlordnung vorgesehen war, erleichterte die Zersplitterung der politischen Kräfte und führte zu einer permanenten Schwäche des Reichstages, der nach Beendigung der *Weimarer Koalition* auf Reichsebene nicht mehr in der Lage war, stabile parlamentarische Mehrheiten zu bilden.

Der *Reichspräsident* verfügte gemeinsam mit der Reichsregierung über die ausführende Gewalt, die er durch die von ihm berufene, von dem Reichskanzler geführte Regierung ausübte, die dem Reichstag gegenüber verantwortlich war. Die politische Stellung des Reichspräsidenten war stark, er galt als eine Art "Ersatzkaiser": Er war nur der Verfassung verantwortlich und wurde direkt vom Volk auf sieben Jahre gewählt, was ihn vom Reichstag vollkommen unabhängig machte. Der Reichspräsident hatte das Recht, den Reichstag aufzulösen und den Reichskanzler zu entlassen, zu berufen und ihn mit der Regierungsbildung zu beauftragen, ohne den Reichstag zu konsultieren, mußte jedoch berücksichtigen, ob die Regierung das Vertrauen des Reichstages erhielt. Der Reichspräsident hatte *"den Oberbefehl über die gesamte Wehrmacht des Reichs"* (§ 47) und nominierte die Kandidaten für die höchsten Staatsämter. Am wichtigsten waren jedoch sein Notverordnungsrecht nach § 48 der Reichsverfassung. Darüber hinaus war der Reichspräsidenten in Notfällen berechtigt, zwischen den Sitzungsperioden des Reichstages Erlasse mit Gesetzeskraft zu verfügen, die allerdings nachträglich vom Reichstag bestätigt werden mußten: Der Reichspräsident konnte - und so geschah es tatsächlich unter Hindenburg - nicht nur ein über Reichskanzler und Regierung stehender Machtfaktor sein, sondern auch in Anwendung seiner außergewöhnlichen Vollmachten und des Rechts der Reichstagsauflösung für begrenzte Zeit im Sinne einer Präsidialdiktatur die Macht im Staate übernehmen.

Die *Reichsregierung* hatte kollegialen Charakter; die Stellung des Reichskanzlers war formal betrachtet nicht stark, doch war er der Regierungschef, der sowohl dem Reichspräsidenten als auch dem Parlament verantwortlich war. Der *Reichsrat* hatte, neben der Beteiligung an der Gesetzgebung, gewisse administrative Kompetenzen und setzte sich aus Vertretern der Länder des Reiches nach einem festgelegten Zahlenschlüssel zusammen. Die Verfassung unterschied wurde zwischen der *Staatsgewalt* des Reiches und der der Länder (§ 6). Das Reich verfügte über ausschließliche und alternative Kompetenzen, wobei in Zweifelsfällen die Aufgaben den Ländern zufielen und nicht dem Reich: *"Solange und soweit das Reich von seinem Gesetzgebungsrechte keinen Gebrauch macht, behalten die Länder das Recht der Gesetzgebung"* (§ 12). In der Ausgangssituation wurde also die föderative Struktur betont, wenn auch die weitere Entwicklung deutlich in Richtung einer Erweiterung der Reichskompetenzen tendierte. Unter die ausschließliche Reichshoheit fielen: Außen- und Militärpolitik, Zölle und Verbrauchssteuern (aber auch alle "Abgaben und sonstigen Einnahmen"), Post- und Telegraphenwesen sowie eine Reihe von Sonderaufgaben. Formal fielen die nicht ausdrücklich der ausschließlichen oder alternativen Gesetzgebungskompetenz des Reiches unterstellten Angelegenheiten in die Kompetenz der einzelnen Länder, die frei über ihre Verfassung entschieden, über Verwaltungs-, Polizei-, Schulwesen und Rechtssprechung sowie die Mehrzahl Kirchenangelegenheiten.[17] Das Reich übte jedoch die Aufsicht über Inhalt und Einhaltung von Recht und Vorschriften aus und war gegenüber den Ländern weisungsbefugt, wobei auf der Grundlage von § 48 das Reich über Machtmittel bis zur militärischen Gewaltanwendung gegen die Länder verfügte, wenn ein Land seinen grundlegenden Pflichten zur Sicherung von Recht und Ordnung auf seinem Gebiet nicht nachkam. Dieser Artikel wurde in den Jahren 1920-1923 mehrfach angewandt, um die Reichsinterventionen vor allem gegen linke Putschversuche zu legitimieren, aber auch 1932 zur Entmachtung der preußischen Regierung durch einen Staatsstreich, der endgültig die sozialdemokratische Regierung in Preußen stürzte. Insgesamt war das System der gegenseitigen Beziehungen zwischen Reich und Ländern nicht ausreichend geregelt, was zu zahlreichen Verfassungs- und politischen Konflikten führte. Die Weimarer Verfassung schuf zum ersten Mal für ganz Deutschland einen breiten Katalog von Bürger- und Freiheitsrechten (§§ 109-118), die teilweise stark von dem Gedanken der Vergesellschaftung geprägt waren (§§ 151-165). Diese demokratische Programmatik der Verfassung wurde allerdings praktisch nicht umgesetzt: 1. wurden nur wenige Gesetze oder Ausführungsbestimmungen erlassen, die eine konkrete Umsetzung dieser Verfassungsgrundsätze ermöglicht hätten; 2. sabotierten Judikative und Verwaltung, die im wesentlichen weiter in den Händen der alten Machteliten waren, diese demokratischen Inhalte der Verfassung.

Formal betrachtet, hörte die Armee auf, ein Staat im Staate zu sein, denn sie wurde der Kontrolle des Parlaments unterworfen und unterstand dem dem Parlament verantwortlichen Wehrminister. Seit dem Bündnis von Groener und Ebert spielte die Armee in der Weimarer Republik eine weit darüber hinausgehende entscheidende Rolle: Sie achte über das Gesellschafts- und Wirtschaftssystem und stützte die Rolle der wilhelminischen Eliten, einschließlich der Junker, die weiterhin im Offizierskorps vorherrschten. Die Bestimmungen des Versailler Vertrages erlaubten dem Deutschen Reich lediglich ein 100 000 Mann starkes Berufsheer, die *Reichswehr*, verboten den preußischen Generalstab und die Einführung einer allgemeinen Wehrpflicht. Die Praxis entwickelte sich aber nach den Wünschen der Armee: jeder Reichs-Wehrminister wurde im Einvernehmen mit dem Militär berufen; der deutsche Generalstab wirkte in verdeckter Form weiter, neben dem Minister wurde das Amt des Chefs der Heeresleitung neu geschaffen, der die tatsächliche Armeeführung innehatte und gleichzeitig gegen-

17 Vgl. W. Apelt: Geschichte der Weimarer Republik. München 1947, S. 162f.

über dem Minister die Interessen des Militärs vertrat. In Abhängigkeit von den jeweiligen personellen Konstellationen gab es hier zahlreiche Nuancen - besonders, nachdem der kaiserliche Feldmarschall von Hindenburg Reichspräsident geworden war, der - nach der Verfassung "Oberbefehlshaber über die gesamte Wehrmacht" - als deren authentischer und unmittelbarer Repräsentanten ansah. Zu keiner Zeit bestanden in der Weimarer Republik Zweifel an der Bedeutung des militärischen Faktors in der Politik. Die Armee intervenierte ständig und konkret in Angelegenheiten der Außenpolitik, indem sie konsequent eine revisionistische Position vertrat, d.h. die Rückgewinnung der in der Folge des Versailler Vertrags abgetretenen Gebiete Deutschlands (und besonders Preußens) um jeden Preis und die Aufhebung der Beschränkungen von Militär und Politik durch den Friedensvertrag verfolgte. Gleichzeitig war die Armee, die sich, so die Doktrin des Chefs der Heeresleitung Hans von Seeckt, formal nicht in Parteienstreitigkeiten einmischte, immer und eindeutig bereit zum Kampf gegen jegliche antikonservative Bewegung, und nur in diesem Rahmen stützte sie die Regierungen der Weimarer Koalition, die fast das gesamte Offiziers- und Unteroffizierskorps entschieden ablehnte, wenn sie nicht sogar feindlich gesonnen waren. Die Professionalität der Reichswehr und die strenge Auswahl der Offiziere und Unteroffiziere bei ihrer Entstehung hatten sie zu einer Berufsarmee gemacht, in der die traditionelle preußisch-militärische Gesinnung in kondensierter Form fortlebte; gleichzeitig wurde die Armee - trotz oder wegen der von der *Dolchstoßlegende* heruntergespielten Niederlage im Ersten Weltkrieg - eine Art nationales Heiligtum.[18] Nicht einmal in der demokratischen Epoche Weimars war es möglich, das Militär und seine Aktionen straffrei öffentlich zu kritisieren.[19] hauptsächlich vor dem Hintergrund der Psychose der Revanche für das von Deutschland und Deutschen erlittene Unrecht, welches der verbreiteten Ansicht nach im Versailler Vertrag gipfelte, entwickelte sich der preußisch-deutsche Militarismus enorm. Neben dem Zentrum des Militarismus, der formal nur 100 000 Soldaten zählenden Reichswehr, entstanden zahlreiche offene und verschleierte Organisationen, die - wie vor allem auch *Kriegervereine* - alle Formen des Militarismus und des Denkens in seinen Kategorien pflegten. In den zwanziger Jahren war es der Militarismus der *Freikorps*, die zum Kampf gegen die Revolution oder zum "Grenzschutz" gegen Polen eingesetzt wurden. Später bildeten sich Parteikampftruppen und paramilitärischen Organisationen der extremen Rechten wie die nationalsozialistische SA. In diesen Kreisen entstanden und entwickelten sich die Ideen, aus denen die deutsche Ausprägung des Faschismus, der Nationalsozialismus, hervorging.[20]

Vor allem der preußisch-deutsche Militarismus hatte zum Ersten Weltkrieges geführt; die Repräsentanten dieses Militarismus ließen selbst angesichts der si-

18 Vgl. E. Obermann: Soldaten - Bürger, S. 248f.

19 E. A. Mowrer, a.a.O., S. 135.

20 Vgl. J. Petzold: Wegbereiter des deutschen Faschismus. Die Jungkonservativen in der Weimarer Republik. Köln 1978; K. von Klemperer: Konservative Bewegungen zwischen Kaiserreich und Nationalsozialismus. München-Wien 1962, S. 167f.

cheren Niederlage keinen Kompromißfrieden zu, ebensowenig eine politische Reform in Richtung Demokratisierung. Das Verhältnis des deutschen Militarismus zu Fragen wie der Neutralität Belgiens, der Expansion im Osten (Frieden von Brest-Litovsk 1918) oder zur polnischen Frage kennzeichnet ausreichend seine politische Rolle. Nach der Niederlage, die sie im hohen Maße selbst verschuldet hatten, gelang den Generälen die faktische Übereinkunft mit der Sozialdemokratie, die das bisherige Sozialsystem und die Position der bisherigen Eliten erhielt und in Deutschland die politische Revolution verhinderte. Die Absprache zwischen Ebert und Groener hatte temporäre Bedeutung, markierte aber die weitere Entwicklungsrichtung. Die Reichswehr blieb während der Weimarer Republik eine unabhängige Kraft: Sie sah sich nicht als Garant der demokratischen Republik, sondern der Interessen des deutschen Staates, wie von Seeckt es ausdrückte: *"Das Heer dient dem Staat, nur dem Staat; denn es ist der Staat."*[21] Nach den Kämpfen gegen die revolutionäre Bewegung gewann die Armee unter seinem Oberbefehl von Seeckt den Charakter einer disziplinierten und formal apolitischen Kraft. Die Forderungen der Alliierten nach einer in Größe und militärischer Ausstattung beschränkten kleinen Berufsarmee und nach Aufhebung der allgemeinen Wehrpflicht wirkten sich zugunsten des preußisch-deutschen Militarismus aus: In den Reihen der Reichswehr verblieben nur im Sinne des preußisch-deutschen Traditionalismus ausgewählte und zuverlässige Offiziere, Unteroffiziere und Soldaten, die den preußischen militärischen, antidemokratischen und den deutschen nationalistischen Geist der Weltkriegszeit bewahrten.

Von Seeckt erwog mehrfach die Möglichkeit der Machtübernahme durch die Reichswehr und der Wiedereinsetzung der Monarchie. Paradoxerweise führte die Wahl des kaiserlichen Feldmarschalls von Hindenburg in das höchste Amt im Staate im Jahre 1925 dazu, daß die Reichswehr in den Augen der Öffentlichkeit und der Generalität ihre Interessen im Reichspräsidenten gewahrt sah, der wiederum, den Selbständigkeitsansprüchen von Seeckts nicht gewogen, aus geringfügigen politischen Gründen 1926 von Seeckt opferte, der seinen Posten verließ[22], was Hindenburg Sympathien bei der demokratischen Linken Begeisterung verschaffte und ihr Vertrauen in den Reichspräsidenten stärkte, ohne daß sich allerdings Wesen oder Rolle der Reichswehr geändert hätten, außer daß Hindenburg, dem der Gedanke fremd war, die republikanischen Einflüsse im Militär zu stärken, direkteren Einfluß auf die Reichswehrangelegenheiten nehmen konnte.

---

21 Zit. nach Craig: Die preußisch-deutsche Armee, S. 416.

22 Vgl. F. K. von Plehwe: Reichskanzler Kurt von Schleicher, Weimars letzte Chance gegen Hitler. Esslingen 1983, S. 79f.

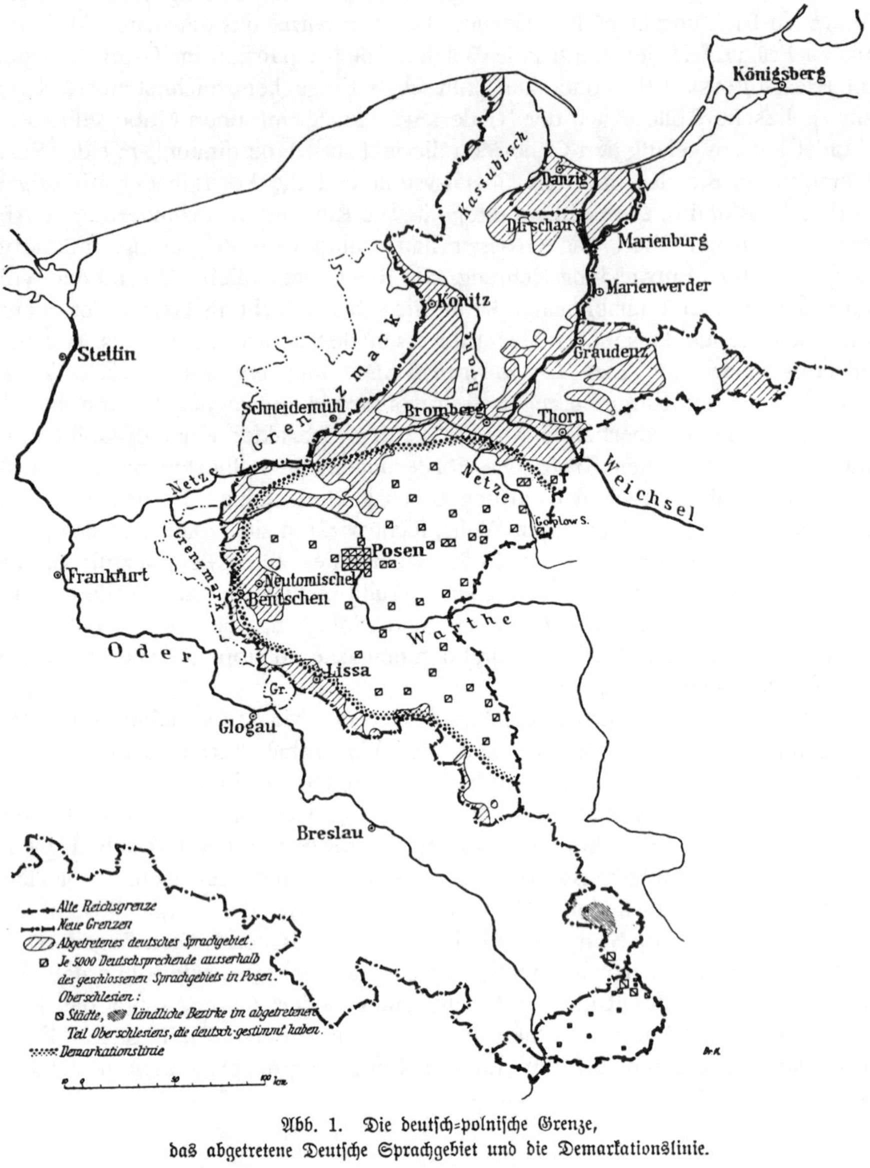


Abb. 1. Die deutsch-polnische Grenze,
das abgetretene Deutsche Sprachgebiet und die Demarkationslinie.

## 3. Verfassung und Politik Preußens in der Weimarer Zeit

Die von Sozialdemokraten und Unabhängigen Sozialdemokraten gebildete preußische Regierung erklärte in ihrem Aufruf an die Bevölkerung Preußens vom 13. November 1918: *"Aufgabe der neuen preußischen Landesregierung ist, das alte, von Grund auf reaktionäre Preußen so rasch wie möglich in einen völlig demokratischen Bestandteil der einheitlichen Volksrepublik zu verwandeln."*[23] Jedoch bereits am 13. März 1919 setzte der sozialdemokratische Ministerpräsident Paul Hirsch zur Eröffnung der neuen preußischen Nationalversammlung andere politische Schwerpunkte: *"Preußens beste Eigenschaften, Arbeitsamkeit und Pflichttreue, braucht auch das neue deutsche Reich zum Wiederaufbau. Das alte Preußen ist tot, es lebe das neue Preußen!"*[24]

Ein Jahr nach Inkrafttreten der Weimarer Verfassung verkündete die preußische Verfassungsgebende Versammlung am 30. November 1920 eine neue Verfassung, die Preußen zum *Freistaat* innerhalb des Deutschen Reiches erklärte und in Übereinstimmung mit den Prinzipien der Weimarer Verfassung die Grundsätze der Politik bestimmte. Zum *"Träger der Staatsgewalt"* erklärte die Verfassung (§ 2) *"die Gesamtheit des Volkes"*, das *"seinen Willen nach den Bestimmungen dieser Verfassung und der Reichsverfassung unmittelbar durch die Volksabstimmung (Volksbegehren, Volksentscheid und Volkswahl), mittelbar durch die verfassungsmäßig bestellten Organe"* äußern sollte (§ 3). Preußen besaß als Land des Deutschen Reiches wie die anderen Länder kein Staatsoberhaupt, die Staatsorgane waren der *Landtag* (§§ 9-30), der in demokratischen Wahlen auf vier Jahre gewählt wurde, das *Staatsministerium* als die *"oberste vollziehende und leitende Behörde des Staates"* (§ 7) und der *Staatsrat* zur *"Vertretung der Provinzen bei der Gesetzgebung und Verwaltung des Staates"* (§ 31), dessen Bedeutung (§§ 31-39 der Verfassung) allerdings gering blieb. Preußen sollte parlamentarisch regiert werden. Der Ministerpräsident wurde vom Landtag *"ohne Aussprache"* mit der absoluten Mehrheit der Stimmen gewählt (§ 45). Kompliziert gestaltete sich das Recht zur Auflösung des Landtags, das - neben der Möglichkeit des Volksentscheids - einem *Dreierkollegium* anvertraut wurde (§ 14): dem Ministerpräsidenten sowie den Präsidenten des Staatsrats und des Landtags.

Der *Freistaat Preußen* blieb in der Zeit der Weimarer Republik von 1919 bis zum Staatsstreich von 1932 mit kurzen Unterbrechungen eine Domäne der Parteien der *Weimarer Koalition* aus *Deutscher Demokratischer Partei* (DDP), SPD und Zentrum. In dieser Zeit wurde der Grundton von Politik und Verwaltung in Preußen durch Politiker der SPD bestimmt, deren Vorsitzender Otto Braun in diesen Jahren fast ununterbrochen Ministerpräsident war. Gerade er notierte in sein Tagebuch: *"Preußen ist nie preußischer regiert worden, als in meiner Zeit."*[25] Der Regierung der Weimarer Koalition in Preußen, also in etwa einem Drittel des Territoriums des Deutschen Reiches, gelang es, in beinahe unveränderter Zusammensetzung länger als zehn Jahre im *roten Preußen* zu wirken, eine stabile

23 Huber: Dokumente, Bd. 4, S. 16.
24 Zit. nach Schoeps: Preußen, S. 290.
25 Schulze: Otto Braun, zit. nach Rogalla von Bieberstein, a.a.O., S. 19.

Regierung und eine geordnete Verwaltung zu sichern und bedeutende Erfolge im Bereich der Sozialpolitik, im Sozialversicherungswesen, bei der Einhaltung des Arbeitsrechts, der dynamischen Entwicklung und Stärkung der Gewerkschaften, bei der Entwicklung kommunaler Investitionen, im Wohnungsbau und im Kulturbereich zu erreichen. Nach der Abwehr des *Kapp-Putsches* im März 1920 durch einen Generalstreik konnte die Sozialdemokratie ihre die Position in Verwaltung und Polizei festigen.[26] Der Personalpolitik der SPD gelang es allerdings nicht ganz, das Problem der Verwaltungskader aus der wilhelminischen Zeit zu lösen; eine Überprüfung erfaßte lediglich die Spitzen der Verwaltungshierarchie. In den östlichen Provinzen behielt das örtliche Junkertum seinen Einfluß auf die Lokalverwaltung.[27]

Das wichtigste Ereignis in den ersten Jahren der Weimarer Republik war neben der blutigen Auseinandersetzung von Reichswehr und rechten Freikorps mit den revolutionären Strömungen der mißglückte Versuch der politischen Rechten, die unmittelbare Macht wieder an sich zu reißen und dabei die bis dahin tolerierte sozialdemokratisch geführte Regierung zu stürzen. Der *Kapp-Putsches*, der am 13. März 1920 in Berlin begann, war dilettantisch vorbereitet und fand Unterstützung bei der extremen Rechten, den Freikorps und bestimmten Kräften in der Reichswehr. Der Putsch hatte keine großen Erfolgschancen. General von Seeckt erklärte der vom Putsch bedrohten Regierung im Namen der Reichswehr, daß sie nicht auf die Putschisten schießen würde (*"Reichswehr schießt nicht auf Reichswehr"*, sollen seine Worte gewesen sein), auch wenn sie diese nicht unterstützte. Die Regierung mußte aus Berlin fliehen, die Reichswehr nahm eine Kapp wohlwollende abwartende Haltung ein. Das Auftreten der extremen Rechten erweckte jedoch kein Vertrauen und auch die Spitzen der preußischen Verwaltung verhielten sich zurückhaltend. Den Sieg der Regierung entschied der Aufruf zum Generalstreik, der das Leben in Preußen lähmte. Die Reichswehr, die die Regierung nicht verteidigt hatte, sorgte dafür, daß die Putschisten keineswegs mit der möglichen Härte des Gesetzes bestraft wurden. Als Sieger im Kapp-Putsch gingen vorübergehend die Sozialdemokraten, langfristig aber die Reichswehr hervor, deren Repräsentant von Seeckt auf die Frage, hinter wem die Reichswehr stünde, mit Nachdruck geantwortet hatte, die Reichswehr stehe hinter ihm.[28] Hier zeigte sich, daß der Eid auf die Republik den Reichswehrgenerälen kein moralisches Problem bereitete, wenn es gegen die Demokratie ging.

Reichspräsident Friedrich Ebert starb zu früh. Als sein Nachfolger wurde im Jahre 1925 der "Held von Tannenberg" (1914), der Feldmarschall der kaiserlichen Armee Paul von Beneckendorff und Hindenburg (1847-1934), zum neuen

---

26 Vgl. D. Orlow: Preußen und der Kapp-Putsch. In: Vierteljahreshefte für Zeitgeschichte 26 (1978), S. 235.

27 Vgl. L. W. Muncy: The Junkers and the Prussian Administration from 1918 to 1939. In: Review of Politics 9 (1947), No. 4. S. 482f.

28 E. Franzel: Von Bismarck zu Adenauer. Ideologie, Wahn und Realität der deutschen Politik. München 1957, S. 94.

Reichspräsidenten gewählt.[29] Zweifelsohne war Hindenburg für seine Zeit das Beispiel eines "Preußen", der in vielem dem traditionellen Muster des Mythos entsprach. Seine begrenzten intellektuellen Fähigkeiten verliehen ihm das Merkmal gesunder und naiver Soldatenmoralität, die er mit einem tiefprotestantischen religiösen Eifer verband. Er war ein patriarchalischer Junker, liebte vor allem die Jagd und die herrschaftliche Idylle des Junkergutshofes. Die Präsidentschaft Hindenburgs und der zumeist Mitte-Rechts-Kabinette an seiner Seite waren relativ erfolgreich: Die Stabilisierung der Wirtschaft und Erfolge des Außenministers Gustav Stresemann auf dem Wege einer friedlichen Revision von "Versailles", der Vertrag von Locarno (1925) und der Eintritt Deutschlands in den Völkerbund (1926) schienen bessere Zeiten zu verheißen.

Erst 1928 entschlossen sich die Sozialdemokraten in Preußen, die Gutsbezirke - und damit die Polizeirechte der Gutsbesitzer - abzuschaffen. Insgesamt jedoch erwiesen sich die Sozialdemokraten, auch wenn sie in den Jahren 1918/19 der staatlichen Ordnung vor einer radikalen Demokratisierung den Vorzug gaben, in der Regierung Preußens im positiven Sinne als Erben der alten Eliten: Legalismus, Stabilisierung, Autorität und Effizienz der Verwaltung waren das Ergebnis ihrer Regierung in Preußen, auch wenn es übertrieben scheint, von einer "demokratischen Bestimmung" Preußens in der Zeit der Weimarer Republik zu sprechen.[30] Die Verbindungen preußischer Tradition und preußischer Sozialdemokratie, die mehrfach negativ die Geschichte der SPD beeinflußt hatten, waren für die Rechte, die nur sich als authentische Erben der preußischen Traditionen ansah, häufig Anlaß zur Empörung. Georg Kotowski hat die Leistung der Sozialdemokraten positiv bewertet: *"Eine sonderbare Mischung war eingetreten, eine Synthese zwischen dem alten Preußen und den neuen demokratischen Führungsschichten, eine Synthese, die diesen demokratischen Regierungen wirkliche Macht verschaffte."*[31] Dagegen möchte ich vor allem die Widersprüche betonen, die bei der Betrachtung dieses idealisierten Preußenbildes im Vergleich zur Realität der Weimarer Republik ins Auge fallen: Einerseits symbolisierte das *Preußentum* im Leben der Gesellschaft, in Verwaltung, Gerichtsbarkeit und Reichswehr weiterhin undemokratische, konservative, monarchistische und militärische Traditionen, die die Mentalität des Untertanen und nicht des Bürgers festigten und die eine wesentliche Rolle bei der Entstehung der Voraussetzungen für den Sieg des Nationalsozialismus in Deutschland und in Preußen spielten, andererseits jedoch bedeutete der republikanische Freistaat Preußen eine starke sozialdemokratische Partei, hervorragend organisierten Gewerkschaften und Regierung Verwaltung nach liberalen und demokratischen Prinzipien, was Ausdruck des Willens der Gesellschaft war, die in fünf demokratischen Wahlen 1919-1932 für den Erhalt der von den Sozialdemokraten geführten Weimarer Koalition an der

29 Vgl. A. Dorpalen: Hindenburg and the Weimar Republic. Princeton 1964; W. Ruge: Hindenburg. Porträt eines Militaristen. Berlin 1974; B. Buchta: Die Junker und die Weimarer Republik. Charakter und Bedeutung der Osthilfe in den Jahren 1928-1933. Berlin 1979.

30 Vgl. H. Schulze: Otto Braun, S. 35f.

31 G. Kotowski: Preussen und die Weimarer Republik. In: Preußen. Epochen und Probleme seiner Geschichte. Hrsg. von R. Dietrich. Berlin 1964, S. 159.

Spitze stimmte.[32] Und schließlich entfaltete sich neben der nationalistischen, der faschistischen und der konservativen auch eine moderne, demokratische und laizistische Kultur, die sich für Gesellschaftsreformen, Antimilitarismus, schöpferische Freiheit, Pazifismus, Abrüstung und Völkerverständigung engagierte.

Preußen als Bastion der Demokratie und Berlin, die Hauptstadt der modernen deutschen Kultur der *goldenen zwanziger Jahre*, waren Fragmente der Geschichte Preußens, die man weder vergessen noch ignorieren darf, doch wirft das Ende der sozialdemokratischen Regierung in Preußen im Jahre 1932 ein bezeichnendes Licht auf die Brüchigkeit der Erfolge der preußischen Demokratie und auf die Macht der Traditionen und Gewohnheiten des alten, obrigkeitlichen Preußentums, wie es in den letzten Jahren der Reichspräsidentenschaft des "Urpreußen" Hindenburg Triumphe feierte.[33]

## 4. Die politischen Ereignisse 1929-1933

Die Niederlage des Jahres 1918 hatte weder die Sozial- noch die Wirtschaftsstruktur in Preußen und Deutschland wesentlich veränderte, auch wenn nach Kriegsende längere Zeit wirtschaftliches Chaos herrschte. Eher hatte die Inflation der Jahre 1922/23 dazu beigetragen, Teile des Bürgertums und vor allem des Kleinbürgertums wirtschaftlich entscheidend zu schwächen. Nachdem in den Jahren 1924 bis 1928 eine allgemeine Stabilisierung von Staat und Wirtschaft gelungen war, führte die *Weltwirtschaftskrise* seit 1929 zu einer entscheidenden Destabilisierung der Sozial- und Wirtschaftsbeziehungen. Das Fehlen politischer Stabilität war jedoch mehr als nur die Widerspiegelung der sozio-ökonomischen Lage, es verdeutlichte zugleich, daß die Veränderungen, die die Weimarer Republik gebracht hatte, keineswegs von der Mehrheit der alten, kaiserlichen Machteliten akzeptiert worden waren: Gegen die junge Republik - und die Demokratie - eingestellt waren überwiegend Bürokratie und Richterschaft[34], das Militär, Junker und Aristokratie sowie die protestantischen Kirchen[35].

Trotz der vorsichtigen Anpassungspolitik der Sozialdemokratie betrachteten das Großkapital und die alten Eliten die Existenz der Republik und die demokratische Regierungsform in Preußen und im Reich als vorübergehendes notwendiges Übel. In konservativen und deutschnationalen Kreisen hat man die Leistung Eberts und der Sozialdemokratie in keiner Weise anerkannt. Das politische Spektrum mit seinen starken traditionellen, bereits vor 1918 bekannten Elementen wurde durch eine neue politische "Bewegung" ergänzt, die gegen

---

32 Eine Übersicht der Wahlergebnisse bei Huber: Dokumente. Bd. 4, S. 670-671.

33 Vgl. A. Siemsen: Die Tragödie Deutschlands und die Zukunft der Welt. Buenos Aires 1945, S. 43f.

34 Vgl. E. J. Gumbel: Vom Fememord zur Reichskanzlei. Heidelberg 1962, S. 46f.; H. Hannover / E. Hannover-Drück: Politische Justiz 1918-1933. Hamburg 1977, S. 152ff.

35 Vgl. K. Kupisch: Der Protestantismus im Epochenjahr 1917. In: Zeitgeist in der Weimarer Republik (= Zeitgeist im Wandel. Hrsg. von H. J. Schoeps. Bd. 2). Stuttgart 1968, S. 33-51; W. Stribrny: Evangelische Kirche und Staat in der Weimarer Republik, ebd., S. 160-175; J. Jacke: Kirche zwischen Monarchie und Republik. Der preußische Protestantismus nach dem Zusammenbruch von 1918. Hamburg 1976.

Ende der zwanziger Jahre in den Vordergrund trat und in den Wahlen des Jahres 1932 zur stärksten politischen Kraft im Deutschen Reich[36] wurde: die *Nationalsozialistische Deutsche Arbeiterpartei* (NSDAP) unter ihrem "Führer" Adolf Hitler, dem Initiator des 1923 mißglückten Rechtsputsches in München. Der Nationalsozialismus war eine radikale Abspaltung der Rechten, der gleichzeitig mit dem Vokabular des völkischen Nationalismus und eines nationalistisch verstandenen populistischen Sozialismus arbeitete. Sein Keimboden waren vor allem die Schichten und Gruppen, die in der Nachkriegsrealität im geringeren oder höheren Maße "entwurzelt" waren und in der Gesellschaft der Weimarer Republik als Ergebnis von Krieg, Inflation, Modernisierung der Wirtschaft und weltweiter ökonomischer Krise keine stabile Position fanden: ehemalige Soldaten, arbeitslose Intellektuelle und Gruppen des verarmten Kleinbürgertums.

Im Jahre 1929 führte die Weltwirtschaftskrise schnell zum Zusammenbruch der deutschen Wirtschaft und zur Massenarbeitslosigkeit, was die deutsche und die preußische Gesellschaft erheblich radikalisierte und gleichzeitig den Einfluß der Kommunisten im linken Spektrum und des Nationalsozialismus und der traditionellen Rechten im rechten Spektrum erhöhte. Im Reichstag war es nicht mehr möglich, eine stabile, auf eine parlamentarische Mehrheit gestützte Regierung zu bilden, was die Rolle des Reichspräsidenten stärkte, der immer häufiger von Notverordnungen außerparlamentarisch regierte, den Reichstage auflöste und neue Kabinette zu bilden, die bereits den Charakter von Präsidialkabinetten hatten. Die letzte Regierung der Weimarer Republik, die eine Reichstagsmehrheit stützen konnte, war die Regierung des konservativen katholischen Zentrumspolitikers Heinrich Brüning in den Jahren 1930-1932, der versuchte, die Situation unter Vermeidung eines Bündnisses mit der extremen Rechten zu retten. Die Sparpolitik Brünings war unpopulär, doch wurde er nicht vom Reichstag gestürzt, sondern von Reichspräsident Hindenburg entlassen, der die Interessen der preußischen Junker retten wollte, die sich durch agarpolitische Maßnahmen Brünings wie die Förderung der *Inneren Kolonisation* im preußischen Osten durch die Parzellierung unrentabler Güter bedroht sahen. Durch Initiative von Oldenburg-Januschaus, hatte rechtsgerichtete Kreise für eine "Hindenburg-Gabe" für den Reichspräsidenten gespendet: Der alte Familiensitz der Hindenburgs, Neudeck in Ostpreußen, wurde aufgekauft und ihm zum Geschenk gemacht (auf den Namen seines Sohnes Oskar, damit dieser nach dem Tode seines Vaters keine Erbschaftssteuer zu zahlen hatte...). Seither führte der alternde Hindenburg, wann immer er konnte, auf seinem Gut Neudeck das Leben eines Landedelmanns und hatte für die Interessen seiner Nachbarn das vollste Verständnis. So kam es zur Entlassung Brünings, die von besonderer Aussagekraft für den preußischen Anteil in der Geschichte Deutschlands ist. Der französische Philosoph und Politologe Raymond Aron bewertete sie 1932 folgendermaßen: *"Einige Agrarier, deren Interessen durch einen Plan von nationaler Bedeutung bedroht waren, eine Bande von Generälen, die glaubten, zu Napoleons berufen zu*

---

36 Eine Übersicht der Wahlergebnisse bei Huber: Dokumente. Bd. 4, S. 668-669.

*sein, benutzten ihren Einfluß, um die letzte Barriere zu beseitigen, die provisorisch den nationalsozialistischen Ansturm eindämmte. Im Namen des Nationalbewußtseins ergriffen diese anachronistisch privilegierten, unnützen, zynischen Egoisten, die blinden Relikte einer bereits toten Epoche und Gesellschaft, die Macht in der deutschen Republik. Sie riskieren viel, da sie selbst den Kräften, die sie entfesselten, zum Opfer fallen werden. Ob morgen sich die Nazisten gegen diese tumben Reaktionäre richten werden? - Dies ist nicht unwahrscheinlich, wie kann man daran zweifeln? Eines ist jedoch gewiß: falls die Nazisten nicht über sie das Urteil sprechen werden, wird es die Zukunft tun."*[37]

Anstelle Brünings berief Hindenburg auf den Rat General Kurt von Schleichers den unseriösen Aristokraten Franz von Papen zum Reichskanzler, einen Monarchisten, der sich des Vertrauens des Großkapitals erfreute. Er bildete eine Regierung nach eigenen und Hindenburgs Wünschen, die am meisten traditionell-rechtsorientierte Regierung der Ära der Republik, die sofort von der Opposition als *Kabinett der Barone* bezeichnet wurde. Von Papen realisierte zusammen mit Schleicher den Plan, den Einfluß der Nationalsozialisten durch ihre Einbeziehung in die Politik zu verringern und gleichzeitig einen Angriff gegen die "Festung der Sozialdemokratie" - Preußen - zu führen, um eine für ihn vergleichsweise günstige Zusammenarbeit mit Hitler und den Nationalsozialisten herbeizuführen, ohne deren Hilfe die Rechte das in extreme, sich heftig bekämpfende Gruppierungen gespaltene Land nicht regieren konnte. Von Papen gelang nur ein Vorhaben: der Sturz der sozialdemokratisch geführten Regierung Braun in Preußen, der *Preußenschlag*, der Putsch der Reichsregierung gegen die Regierung des Landes Preußen, der nicht zu Unrecht als faktisches Ende der selbständigen Geschichte Preußens angesehen worden ist.

Im Jahre 1932 lief die Amtsperiode des Reichspräsidenten ab. Die Nationalsozialisten, die sich immer deutlicher in Deutschland an die Macht drängten, benannten Hitler als Kandidaten für die Präsidentenwahl. Die SPD, das Zentrum und ein Teil der Rechten unterstützten in dieser Situation erneut die Kandidatur Hindenburgs. Obwohl Hindenburg nur mit Mühe dank der Stimmen der SPD gewählt wurde, beschritt er, von Reichskanzler von Papen darin entscheidend bestärkt, nach den Wahlen den Weg zur Verständigung mit den Nationalsozialisten. Die Regierung von Papen hob am 14. Juni 1932 das Verbot des öffentlichen Auftretens der Straßenkampfverbände der NSDAP, von SA und SS auf, das die Regierung Brüning zur Beruhigung der innenpolitischen Lage ausgesprochen hatte. Der preußische Kronprinz Wilhelm hatte damals bei Reichswehrminister Groener gegen dieses Verbot protestiert, unterstützte er doch in der Hoffnung, Hitler würde die Hohenzollernmonarchie restaurieren, eifrig die Nationalsozialisten.

Nach dem Wiederaufleben der Aktivitäten der Schlägertrupps von SS und SA und dem Sieg der Nationalsozialisten bei den Wahlen zum preußischen Landtag am 24. April 1932 wurde die Lage für den "Roten Zaren", wie der preußische

---

37 R. Aron: Mémoires. Paris 1983, S. 60; vgl. allgemeiner K. W. Bracher: Die Auflösung der Weimarer Republik. Stuttgart 1957, S. 559f.

Ministerpräsident Braun zuweilen genannt wurde, sehr schwierig. Er bemühte sich, ohne parlamentarische Mehrheit weiterzuregieren, war doch der Landtag in seiner damaligen Zusammensetzung nicht in der Lage, eine absolute Mehrheit zur Wahl eines neuen Ministerpräsidenten zu finden. Die Nationalsozialisten provozierte durch immer mehr Zusammenstöße auf den Straßen wachsende Spannungen in Preußen. Unter Ausnutzung der Tatsache, daß die Regierung Braun ohne die Aussicht auf parlamentarische Mehrheit lediglich amtierte, berief sich der Reichspräsident auf § 48 der Reichsverfassung und ernannte Reichskanzler von Papen am 20. Juli 1932 zum *Reichskommissar* für Preußen, der die Regierungsmacht in Preußen übernahm und Ministerpräsident Braun, Innenminister Severing und die gesamte preußische Regierung entließ. Von Papen begründete diesen Schritt mit der Nichtbewältigung der Probleme von Sicherheit und Ordnung durch die preußische Regierung. Ministerpräsident Braun, seit langem durch die Entwicklung entmutigt, war krank und befand sich in Urlaub. Die amtierende Regierung beschränkte sich auf ohnmächtige Proteste rechtlicher Art[38] und wagte es nicht, der Reichsregierung die Stirn zu bieten; sie appellierte auch nicht an die gut bewaffnete und starke Polizei oder an die Gewerkschaften. Die SPD, die stets in Kategorien der Legalität und des parlamentarischen Kampfes dachte, hatte verloren, doch bleibt zu bedenken, daß die Reichswehr bereit war, von Papen zu unterstützen und eventuellen Widerstand in Preußen militärisch zu brechen. Nach der Entmachtung der Sozialdemokratie in Preußen schrieb Joseph Goebbels in sein Tagebuch: *"Die Roten haben ihre große Stunde verpaßt. Die kommt nie wieder."*[39]

Der weitere Verlauf der Ereignisse im Reich und in Preußen war verworren: General von Schleicher betrieb bei Hindenburg die Entlassung des Reichskanzlers von Papen und übernahm selbst seinen Platz, da er die Zusammenarbeit mit der durch seine Unterstützung der eher das sozialistische Element betonenden Fraktion Gregor Strassers geschwächten Partei Hitlers in seinem Sinne entscheiden wollte. Die Pläne scheiterten, und durch seinen Versuch, auch die Unterstützung der Gewerkschaften zu gewinnen, verärgerte Schleicher die ostpreußischen Junker, wollte er doch den Skandal um die *Osthilfe*, von der sie vor allem profitiert hatten und in den Hindenburg selbst - ganz zu schweigen von seinem Freundeskreis - verwickelt war[40], nicht vertuschen. Der von Hindenburgs Sohn Oskar angeführte Kreis von Intriganten überzeugte den Reichspräsidenten von der Notwendigkeit, von Schleicher zu entlassen, und als Ergebnis einer Verständigung zwischen von Papen und Hitler, bei der der Bankier Kurt von Schröder keine geringe Rolle spielte, wurden die Bedingungen für die Übernahme des Reichskanzleramtes durch Hitler vereinbart. In diesen entscheidenden Tagen erklärte Goebbels Reichspräsident Hindenburg das Programm der NSDAP als

---

38 Vgl. H. Blaschke: Das Ende des Preußischen Staates. Eine verfassungsgeschichtliche Untersuchung. Diss. Emsdorf 1960, S. 12.

39 Zitat nach E. Matthias: Die Sozialdemokratie und die Macht im Staat. In: Der Weg in die Diktatur. München 1962, S. 86.

40 Vgl. Otto Braun: Von Weimar zu Hitler. 2. Aufl. Hildesheim 1979, S. 385f.

bestes preußisches Vermächtnis. Hindenburg, der damals durchaus von Altersbeschwerden nicht frei war, gab diesen nur zögernd nach: Am 30. Januar 1933 ernannte er den "Führer" der NSDAP Adolf Hitler zum Reichskanzler. Damit hörte die Weimarer Republik auf zu existieren, auch wenn nicht alle sich dessen sofort bewußt waren, da Hitler auf legalem Wege an die Macht gekommen war.

Der Fall der Weimarer Republik und die "Machtübernahme" durch die Nationalsozialisten waren Ereignisse, denen nach dem Zweiten Weltkrieg die Geschichtswissenschaft viel Aufmerksamkeit geschenkt hat. Die Entstehung des Nationalsozialismus als deutsche Form des Faschismus, die Gründe für seine schnelle Entfaltung bis Ende der zwanziger Jahre und schließlich die Ursachen, die Hitlers Zugang zur Macht bewirkten, sind immer noch in der historischen Forschung umstrittene Fragen. Der Nationalsozialismus war als Bewegung des politischen und gesellschaftlichen Rechtsextremismus entstanden; er appellierte mit seinen politischen Parolen vor allem an die Interessen des Kleinbürgertums und der infolge von Krieg und Krise entwurzelten Menschen und erhielt - als Instrument des Kampfes gegen die Linke und die Arbeiterbewegung - die Unterstützung bedeutender Vertreter des Großkapitals. Nationalismus und Militarismus, die den wesentlichen Teil der öffentlichen Meinung in Deutschland kennzeichneten, schufen nach dem verlorenen Krieg günstige Bedingungen für den Sieg dieser "Bewegung", die unzweideutig verkündete, daß sie für Deutschland die verlorenen Positionen zurückerobern würde. Die Weltwirtschaftskrise radikalisierte ab 1930 endgültig die Einstellungen eine Mehrheit der Deutschen. Während die Linke sich im immer verbisseneren Kampf der immer stärker von Stalin gelenkten KPD gegen die SPD aufrieb, polarisierte sich die Öffentlichkeit immer stärker zu den politischen Rändern hin. Die bürgerliche Wählerschaft mit stark deutschnationalen Sympathien wählte zuletzt - nicht ohne Illusionen und Bedenken - die von Politikern wie von Papen und von Schleicher reputierlich gemachten Nationalsozialisten. Die konservativen Junkerkreise um Reichspräsident Hindenburg und die preußischen Generalität hofften, Hitler für ihre Zwecke politisch einbinden und instrumentalisieren zu können: Der Weg zur Macht stand Hitler offen, weil die die Republik repräsentierenden politischen Parteien konsensunfähig waren[41], die Gegner von Republik aber eine Chance sahen, mit Hitler die ungeliebte Demokratie zu beseitigen.

## 5. Preußen in der Ideologie der Epoche

Die Niederlage im Krieg, das Scheitern der Revolution, Revanchismus, Militarismus, Reaktion und Konservativismus im Gesellschaftsleben, aber auch in der Geisteskultur der Weimarer Republik waren die Ursachen für den Bedeutungszuwachs faschistoider Faktoren in Politik und Gesellschaft des Deutschen Reiches. Unter den Nachkriegsbedingungen nahm sogar der Konservatismus radikale Züge an und verwarf entschieden die gesamte deutsche Realität. Es ist

---

41 Vgl. H. Hönig: Das preußische Zentrum in der Weimarer Republik. Mainz 1979, S. 253.

kaum möglich, die Vielfalt dieser Stränge im Bereich des Schrifttums, der Propaganda und der organisatorischen Aktivitäten näher zu charakterisieren. In Literatur und Kunst, Film und Theater, Publizistik und Wissenschaft spielte der preußische Mythos mit bestimmten, bereits in der Wilhelminischen Zeit zu Stereoptypen verfestigten Elementen der preußischen Tradition weiter eine dominante Rolle.

Die Literatur über den Ersten Weltkrieg stand - wenige Werke wie Erich Maria Remarques Antikriegsroman »Im Westen nichts Neues« (1929) ausgenommen - im Zeichen preußischer militaristischer Tradition: Tagebücher und literarische Werke feierten Krieg, Militarismus, Gewalt und Rassismus. Bereits im Laufe des Ersten Weltkriegs war König Friedrich II. verstärkt glorifiziert worden, woran die nationalsozialistische Apotheose Friedrichs in der Hitlerzeit nahtlos anknüpfen konnte.[42] Die Historiographie der Weimarer Zeit führte die Traditionen der borussischen Schule des 19. Jahrhunderts fort und glorifizierte Preußen und den preußischen Militarismus.[43] Eine wesentliche Rolle spielten besonders in gebildeten Kreisen zwei Apologeten angeblich preußischer Tradition: Oswald Spengler und Arthur Moeller van den Bruck. Moeller van den Bruck (1876-1925) veröffentlichte 1916 das Buch »Der Preußische Stil«, eine Apologie des *preußischen Wesens*, des Geistes von Potsdam. Der Autor gehörte zu den Ideologen der *konservativen Revolution*, die den Begriff des *preußischen Sozialismus* in einem spezifischen Sinne zu lancieren begannen. Moeller verheimlichte seine reaktionären Ansichten nicht. Im Jahre 1923 schrieb er mit »Das Dritte Reich« ein Buch, das nicht nur durch seinen Titel an der Schwelle des nationalsozialistischen Staates Hitlers stand,[44] sondern durchaus auf Hitler gewirkt hat. Der Autor von »Preußentum und Sozialismus« (1920), der angesehene Philosoph Oswald Spengler (1880-1936), führte den Begriff des *preußischen Sozialismus* endgültig in die Ideologie der Epoche ein. Für ihn bedeutete *preußischer Sozialismus* eine autoritäre, antidemokratische, antiliberale Gemeinschaft, wie es für ihn das Preußen des 18. Jahrhunderts darstellte. Der *preußische Geist*, der im Dienste für die Gemeinschaft und für den Staat zum Ausdruck kam, war seiner Ansicht nach *sozialistisch* im wahren Sinne des Wortes.[45] Die unpräzise Verwendung des Begriffs *Sozialismus* war charakteristisch für die rechtsradikalen Gruppierungen der Weimarer Republik, die die radikalen Parolen der Linken übernahmen, um sie in ihr Gegenteil zu verkehren. Deshalb bestehen zwischen der Theorie dem *preußischen Sozialismus* Spenglers und dem *Nationalsozialismus* Hitlers viele Gemeinsamkeiten, haben wir es doch in beiden Fällen mit

---

42 Vgl. S. D. Stirk: The Prussian Spirit. A Survey of German Literature and Politics 1914-1940. London 1941, S. 78f., 106-124.

43 Vgl. H. Olszewski: Nauka historii w upadku. Studium o historiografii i ideologii historycznej w imperialistycznych Niemczech [Geschichtswissenschaft im Niedergang. Studien zu Historiographie und Geschichtsideologie im imperialistischen Deutschland]. Poznań 1982.

44 Vgl. J. H. Knoll: Der autoritäre Staat. Konservative Ideologie und Staatstheorie am Ende der Weimarer Republik. In: Konservatisvismus. Hrsg. von H. G. Schumann. Köln 1974, S. 225.

45 Vgl. J. Petzold: Oswald Spenglers "Preußischer Sozialismus". In: Preussen in der deutschen Geschichte. Hrsg. von G. Seeber und K.H. Noack. Berlin 1983, S. 276-289.

inkohärenten Ideologien zu tun, mit von durchaus innerlich widersprüchlichen Ansichten, die allerdings von präzisen Formulierungen weit entfernte Aussagen ermöglichten und deshalb gerade viele Anhänger fanden. Die Propaganda der *preußischen Idee*, der *preußischen Tugend* und der *preußischen Tradition* gewann in der Krise nach 1930 an Kraft. Hier sei nur der damals sehr populäre Wilhelm Stapel, brandenburgischer Junker und Autor von »Preußen muß sein« (1930), genannt, der als konservativer deutscher Nationalist den Ansichten Moellers van den Bruck folgte und das *alte Preußen* als Staat des Militarismus und der Expansion verherrlichte. Dieses Buch ist besonders hilfreich, will man diese Form *preußischer Mentalität* kennenlernen; es demonstriert den alle Lebens- und Denkbereiche umfassenden preußischen Militarismus als wesentlichen Grundbestandteil dieser Mentalität, was schon ein einziges Zitat zeigt: *"Zivil ist freilich immer ein bißchen komisch, aber das muß es auch geben."*[46]

Preußentum, Militarismus und deutscher Nationalismus bestimmten als Grundtendenzen in der Zeit der Weimarer Republik weite Teile von Literatur, Historiographie und Film. Bedeutete dies, daß die Kultur Preußens und Deutschlands durch die Einflüsse der politischen Rechten dominiert wurde? Vielfach werden die zwanziger Jahre als *goldene Jahre* bezeichnet, als Blütezeit der modernen, avantgardistischen schöngeistigen Literatur und vieler anderer Bereiche der Kultur betont. Film und Theater waren gerade in Preußen häufig Ausdruck linksorientierter und liberaler Kulturtendenzen.[47] Wesentlich war jedoch, daß die moderne, farbige und dynamische Kultur der Weimarer Republik in hohem Maße apolitisch blieb und ihre Reichweite und ihr ideologischer Einfluß relativ gering waren: Mit der Zeit drückte die Ideologie der Rechten der Massenkultur jener Jahre immer deutlicher ihren Stempel auf. In dieser Ideologie nahmen neben neuen Tendenzen, die ihren vollen Ausdruck im intellektuellen Antlitz des Nationalsozialismus fanden, für selbstverständlich genommene, historisch nicht hinterfragte preußische Traditionen und preußische Mythen weiterhin den Hauptplatz ein.

---

46 Zit. nach Stirk, a.a.O., S. 76.

47 Vgl. P. Gay: Die Republik der Außenseiter. Geist und Kultur in der Weimarer Zeit 1918-1933. Frankfurt a.M. 1970.

# IX.
# Preußische Traditionen im nationalsozialistischen Deutschland
1933-1945

## 1. Einführung

In den Jahren 1933-1945 wurden nach und nach und nach die rechtliche Selbständigkeit und die faktische Existenz des preußischen Staates endgültig beseitigt. Die Gesellschaft Preußens verlor in der Maschinerie des modernen totalitären nationalsozialistischen Staates im hohen Maße ihre Identität, doch verschwand das preußische Problem nicht völlig von der Bühne der Geschichte, sondern spielte weiterhin eine wichtige Rolle in der deutschen Geschichte: Die preußische Tradition, der preußischen Mythos und das preußische Erbe wirkten, im Bewußtsein der Gesellschaft weiterhin lebendig, auf den Verlauf der Ereignisse im "Dritten Reich" ein, das sie wiederum in den Dienst des Nationalsozialismus stellte und vor allem die preußische Militärtradition für den Militarismus der Wehrmacht Hitlers funktionalisierte.

Ein Sonderproblem bleibt die erhebliche Diskrepanz zwischen dem klassischen Preußentum und seinen Wertmaßstäben und dem brutalen Geist des Nationalsozialismus. Diese Spannung wird besonders deutlich in der Bedeutung des Preußentums in der Geschichte der deutschen Widerstandsbewegung gegen Hitler. Im Widerstand gegen den Nationalsozialismus, der sich im allgemeinen als zu schwach und wehrlos dem totalen Staat gegenüber erwies, spielten linksgerichtete Kräfte, Kommunisten und Sozialdemokraten, neben Kreisen mit enger Bindung an die christlichen Kirchen die Hauptrolle. Die Opposition, die wir als *preußisch* bezeichnen, bildete nichtsdestoweniger ein wichtiges Element im Widerstand.[1] Sie war es vor allem, die - so typisch preußisch in ihrem Mißerfolg - in der *Verschwörung des 20. Juli 1944* den Versuch unternahm, durch die Ermordung Hitlers das nationalsozialistische System zu stürzen.

Hitler war ein Gegner jedes Föderalismus und Anhänger des größtmöglichen Zentralismus bei der Machtausübung im Staat. Der Prozeß der Liquidierung fast aller nichtnationalsozialistischen Organisationen oder ihrer Umwandlung im Sinne des Nationalsozialismus wurde als *Gleichschaltung* bezeichnet. Regionale Unterschiede wurden nur solange geduldet (oder im Sinne des nationalsozialistischen "Heimat"-Gedankens instrumentalisiert), wie sie dem politischen Ziel eines einheitlichen deutschen Volkes nutzten. Die Durchsetzung des Nationalsozialismus bedeutete die Einführung des vollkommenen Machtmonopols der nationalsozialistischen Partei in Staat und Gesellschaft und die Beseitigung aller wesentlichen Elemente der territorialen Selbstverwaltung und der Rechte der

---

1 Zur Problematik des deutschen Widerstandes gegen den Nationalsozialismus vgl. jetzt P. Steinbach: Widerstand im Widerstreit. Der Widerstand gegen den Nationalsozialismus in der Erinnerung der Deutschen. Paderborn 1994.

Länder im Reich. Durch Reichsgesetz wurden die Länderverfassungen vollkommen geändert und die Länder ganz der Herrschaft des Reiches unterstellt, indem über die Länderregierungen *Reichsstatthalter* gestellt wurden, die in der Regel die Gauleiter der NSDAP waren. Gleichzeitig erhielten die Oberpräsidenten in den preußischen Provinzen die gleichen Rechte wie die Reichsstatthalter in den Ländern. In der Regel wurden die Gauleiter der preußischen Provinzen auch zum jeweiligen Oberpräsidenten ernannt.

Über Preußen als ganzes entschied das Gesetz vom 7. April 1933, nach dem der Reichskanzler zugleich Reichsstatthalter von Preußen wurde. Hitler übertrug als Kanzler seine Statthalterrechte auf Hermann Göring, den er zum preußischen Ministerpräsidenten berief. In der weiteren Entwicklung verlor dieses Amt, das formal bis zum Ende des Dritten Reiches beibehalten wurde, eigentlich alle Funktionen und wurde zum reinen Titel. Wahrscheinlich verhinderte nur die Tatsache, daß "Reichsmarschall" Hermann Göring Amtsinhaber war, seine formale Liquidierung; das preußische Staatsministerium, d.h. die Regierung verlor jegliche Bedeutung und hörte auf zu existieren, als die preußischen Ministerien den entsprechenden Ministerialbehörden des Reiches entweder de jure angegliedert oder in Personalunion verbunden wurden. Als zentrale Behörde blieb in Preußen nur das preußische Finanzministerium bestehen. Die zuständigen Institutionen des Reiches übernahmen die Befugnisse der preußischen Zentralbehörden, so daß die Oberpräsidenten und die Regierungspräsidenten ihre Dienstanweisungen unmittelbar von den Reichsbehörden erhielten.

Das Gesetz vom 30. Januar 1934 über die Umstrukturierung des Reiches beseitigte endgültig dessen föderativen Charakter und übertrug alle Länderrechte auf Reichsorgane. Nach dem Tode Hindenburgs ließ Hitler das Reichspräsidentenamt vakant und konzentrierte als "Führer und Reichskanzler" die gesamte Staatsmacht in seiner Hand: der Reichsrat wurde ebenfalls abgeschafft, und der von den Nationalsozialisten beherrschte Reichstag hatte praktisch keine Bedeutung, denn auch die Legislative wurde von Hitler und den ihm nach dem "Führerprinzip" untergeordneten Organen ausgeübt. Wenn man die unfruchtbaren formaljuristischen Diskussionen über die genaue Charakterisierung des politischen Systems des "Dritten Reiches" z.B. als hervorragend organisiertes Chaos, wie es für moderne totalitäre Staaten typisch sein soll, vernachlässigt, ist festzustellen, daß nach der Beendigung der Zentralisierungs- und Liquidierungsphase der Jahre 1933-1935 kaum ein Schatten des alten preußischen Staates bis 1945 überdauert hat, wurde er doch von der Maschinerie des hitlerschen totalitären Staates verschlungen.

Bei den Reichstagswahlen 1932 und 1933 erreichte die NSDAP in den preußischen Provinzen den höchsten Stimmenanteil aller Parteien. Bei den Wahlen im März 1933, also nach der "Machtergreifung", wurde der höchste Anteil der für die Partei Hitlers abgegebenen Stimmen im ganzen Deutschen Reich mit 56,5% in Ostpreußen gezählt, an zweiter Stelle stand Pommern. Es wäre falsch zu behaupten, daß die alten, lange von den Junkern dominierten preußischen Ostprovinzen einschließlich Brandenburg von den Nationalsozialisten gegen den Willen ihrer Einwohner erobert worden wären. Symbolische Bedeutung hatte die Tatsache, daß der führende Deutschnationale Elard von Oldenburg-Januschau Offiziere, die wegen der Zugehörigkeit zur NSDAP angeklagt waren, noch vor der Machtübernahme Hitlers im Ulmer *Reichswehrprozeß* verteidigt hat, derselbe Oldenburg-Januschau, der mehrmals versuchte, Hindenburg zur Zerschlagung des parlamentarischen Systems und zur Einführung der Präsidialdiktatur zu überreden; der stark verlegene Hindenburg hatte sich damit gerechtfertigte, daß sein Eid auf die Weimarer Verfassung ihm eine solche Vorgehensweise nicht erlaube ...[2]

Anders sah es in den großen Industriestädten aus, wo die Einflüsse von Kommunisten und Sozialdemokraten beachtlich waren. Von wesentlicher politischer Bedeutung war jedoch die finanzielle Unterstützung Hitlers durch einflußreiche Gruppen des Großkapitals, insbesondere der Schwerindustrie, in den Westprovinzen und die politische Förderung durch die Junker in den preußischen Ostprovinzen. Bereits 1937 schrieb die sozialdemokratische Publizistin Anna Siemsen: *"Es sind die alten preußisch-deutschen Mächte, die im Dritten Reich bestimmen: Großagrariertum und Schwerindustrie, Bürokratie und Militär."*[3] Das Feststellung war insofern korrekt, als die alten Eliten Hitler den Zugang zur Macht ermöglicht und mit ihm zusammengearbeitet haben; allerdings verringerte sich nach der Machtübernahme durch die Nationalsozialisten im Laufe der Zeit ihre Bedeutung: Der Nationalsozialismus repräsentierte die ganze Dynamik einer sozialen Massenbewegung, die eigene, machtbesessene Parteieliten hervorbrachte. Am wichtigsten blieb aber für die Stabilität des nationalsozialistischen Systems bis 1945 die Haltung der *Deutschen Wehrmacht*.

## 2. Der Nationalsozialismus und die preußische Tradition

Der später bei der Verschwörung gegen Hitler führende Fritz-Dietlof Graf von der Schulenburg, ein Repräsentant der preußischen Junker- und Armeetradition, behauptete in einem Vortrag über »Preußentum und Nationalsozialismus« an der Schwelle der Hitlerzeit: *"Nationalsozialismus und Preußentum sind keine Gegensätze. Der Nationalsozialismus ist die politische Idee unseres Zeitalters, das Preußentums ist das Gesetz unseres staatlichen Lebens. Die Idee muß nach den Gesetzen des staatlichen Lebens gestaltet werden."*[4] Schulenburg - und man könnte zahlreiche ähnliche Äußerungen anfügen - formulierte das Angebot der Vertreter des alten Preußen an die neuen Herren in Deutschland: wir sind zur Zusammenarbeit mit dem Nationalsozialismus unter der Bedingung bereit, daß Grundprinzipien des "preußischen Geistes" übernommen würden.

---

2 Vgl. F. Friedensburg: Lebenserinnerungen. Frankfurt-Bonn 1969, S. 172-173.

3 Zitat nach A. v. Borries, a.a.O., S. 165.

4 Zitat nach A. Krebs: Fritz-Dietlof von der Schulenburg. Hamburg 1964, S. 167; vgl. H. Mommsen: Fritz-Dietlof Graf von der Schulenburg und die preussische Tradition. In: Vierteljahrshefte für Zeitgeschichte 32 (1984), S. 232f.

Der Nationalsozialismus nutzte die Traditionen der deutschen und der preußischen Geschichte selektiv und nicht ohne zahlreiche Widersprüche. Unter den Traditionselementen war das preußischen jedoch am wichtigsten, wie eine Fülle charakteristischer Zitate zeigt. Erich Czech-Jochberg, ein nationalsozialistischer Journalist, schrieb zum Beispiel in einem 1933 veröffentlichten Abriß zur deutschen Geschichte: "*Preußen muß sein. Das Preußentum muß in Deutschland immer sein. Wie Deutschland immer sein muß in Preußen.*"[5] Bei der Eröffnung des Reichstages am 21. März 1933 sagte der nationalsozialistische Reichstagspräsident Hermann Göring: "*Auch heute war es symbolischer Akt, daß der neue Reichstag zurückgefunden hat zu der Stätte, von der einst Preußen und Preußen-Deutschland ausgegangen ist. Wir sind heute in Demut, Dankbarkeit und Ergriffenheit nach Potsdam gegangen.*"[6] Rudolf Schmidt verkündete 1933 in seinem Buch »Das neue Preußen«, daß Hitler in Deutschland die Verkörperung der preußischen Idee sei, Preußentum und Drittes Reich seien identisch: "*Das Deutsche Reich [ist] nur auf der Plattform Preußens entstanden [...], und [...] Preußen [ist] der gewaltigste Eckpfeiler im Bau des Deutschen Reiches.*"[7] Einen Versuch der Synthese der Ansichten Moeller van den Brucks und Oswald Spenglers stellte Friedrich Schinkels »Preußischer Sozialismus« (1934) dar, im dem der Verfasser die preußische Tradition mit dem Nationalsozialismus gleichsetzte. Für den Autor war der Nationalsozialismus nichts anderes als die Fortsetzung des Preußentums in der "nationalen Gemeinschaft". Dutzende von Büchern, hunderte von Artikeln, tausende von Reden strebten in den dreißiger Jahren nur ein Ziel an: die Gleichsetzung der preußischen Tradition mit dem "Dritten Reich", des "preußischen Sozialismus" mit dem Nationalsozialismus und der preußischen Ziele mit den Zielen von Hitlers "neuem Deutschland".

Wesentlich ist die Frage, welches Preußen die Nationalsozialisten für ihre Sakrifizierung Preußens, die zugleich eine Manipulation war, gewählt hatten. Jedenfalls war es nicht das Preußen der Gelehrten und Künstler, der Dichter und frommen Pastoren, noch weniger das Preußen Bebels, Mehrings oder Liebknechts. Der Nationalsozialismus setzte selbstverständlich auf die Traditionen des preußischen Militarismus, den Mythos der preußischen Organisation und Arbeitsamkeit in Dienste des Staates, aber vor allem auf das Preußen der Expansion, der siegreich geführten Kriege sowie das Preußen des blinden Gehorsams. Aus dem breiten Katalog der preußischen Tugenden übernahm die Propaganda der Nationalsozialisten diejenigen, die "*in der Sozialdisziplinierung im Friedens- und im Krieg dienstbar gemacht werden konnten*"[8]. Diese Art der Übernahme preußischer Tugenden für - wie sich schnell zeigen sollte - verbrecherische Ziele

---

5 E. Czech-Jochberg: Blick auf die deutsche Geschichte. Von einem Nationalsozialisten. Leipzig 1933, S. 57.

6 Zit. nach J. Rogalla v. Bieberstein, a.a.O., S. 26.

7 R. Schmidt: Das neue Preußen. Berlin 1933, S. 25; vgl. W. Franz: Wir Preußen! Berlin 1936.

8 M. Schlenke: Nationalsozialismus und Preussen/Preussentum. Bericht über ein Forschungsprojekt. In: Das Preussenbild in der Geschichte, S. 255.

hat Karl Dietrich Bracher als *"Instrumentalisierung der preußischen Effizienz für die Zwangs- und Terrorherrschaft des Dritten Reiches"*[9] bezeichnet.

Die Haltung der nationalsozialistischen Führer gegenüber den bislang im preußischen Osten dominierenden Junkern war dagegen geteilt; häufig resultierte sie aus Komplexen und Unwillen gegenüber den alten Eliten insbesondere bei den Elementen der NSDAP, die kleinbürgerlicher oder proletarischer Herkunft waren (mit dem intellektuellen Lumpenproletariat an der Spitze, darunter Hitler und Goebbels). Diese Leute konnten das alte Preußen bewundern und Friedrich II. verherrlichen, entwickelten aber viel sozialen und politischen Widerwillen gegen die arroganten Junker und hochmütigen Offiziere. Daher war selbst Hitler von einer Sympathie für Junker- und Offizierskreise weit entfernt; in vielem fürchtete er sie und war in hohem Maße bestrebt, ihre Rolle in Staat und Gesellschaft nach und nach zugunsten seiner Vertrauten einzuschränken, die sich zu bedeutendem Teil aus Parvenüs, Karrieristen und Abenteurern ohne feste Stellung in der Gesellschaft rekrutierten.

In ihrer militärisch-aggressiven Variante diente die preußische Tradition den Nationalsozialisten allem dazu, das Bündnis mit den alten Eliten aus der Wilhelminischen Ära zu erleichtern und deren Unterstützung zu gewinnen, also zur Erringung und Stabilisierung der Macht im sozialen Bündnis mit dem Großkapital und im politischen Bündnis mit der Reichswehr. Deshalb nutzten Hitler und Goebbels die preußische Karte - abgesehen von der Propagandawirkung in der Gesamtgesellschaft - hauptsächlich zur Stärkung des Bündnisses von Nationalsozialisten und Militärs, die weiterhin den besten preußischen Traditionen verhaftet war. Der deutsche Nationalismus und das Preußentum waren die beiden Grundsteine der nationalsozialistischen Politik und Propaganda, und als integrative Kampfwaffe dienten zusätzlich Antisemitismus und Antikommunismus, was die Unterstützung der besitzenden Klassen sicherte. Man muß jedoch die Ansicht verwerfen, daß die preußische Tradition nur manipuliert wurde, daß sie also kein authentisches Element der nationalsozialistischen Ideologie gewesen ist, denn es gibt keinen Zweifel, daß bestimmte Elemente dieser Tradition, insbesondere der preußische Militarismus, ein unverzichtbarer Faktor in der Ideologie des Nationalsozialismus waren.[10] Deshalb war der wichtigsten Faktoren, die den Nationalsozialisten die Herrschaft über die deutsche Gesellschaft erleichterten, gerade Überzeugung von Millionen Menschen war, daß der Nationalsozialismus die Fortführung der deutschen Geschichte wäre, bedeutete doch für ihn die *"allgemeine deutsche Geschichte [...] vor allem Geschichte mit Preußen in der Hauptrolle"*[11].

Die Ideologie des Nationalsozialismus war hinsichtlich ihres Umgangs mit der Geschichte nicht unbedingt stringent, so daß unterschiedliche historische Traditionen koexistieren und die einzelne Traditionen selektiv gepflegt werden konn-

---

9 K. D. Bracher: Preussen und die deutsche Demokratie. In: Preußen. Versuch einer Bilanz, Bd. 2, S. 304.

10 Vgl. Olszewski, a.a.O., S. 228f.

11 Olszewski, a.a.O., S. 320.

ten. Daraus entstanden die Unterschiede zwischen der offiziellen Propaganda und inoffiziellen Äußerungen und antipreußischen Haltungen der Paladine Hitlers, die überwiegend nicht aus Preußen stammten. Auch Hitler, obwohl er der Herkunft nach kein "Preuße", hatte schon in der von ihm so deklarierten "Kampfzeit" in den zwanziger Jahren an die preußische Geschichtsmythologie angeknüpft, besonders an die Gestalt Friedrichs des Großen, den er sein Leben lang tiefe verehrte und mit dem er sich im Verlauf des Zweiten Weltkriegs als Oberbefehlshaber der Wehrmacht wie besessen besonders identifizierte. Bis an das düstere Ende des "Dritten Reiches" schöpfte Hitler daraus den Optimismus bezüglich seiner Siegeschancen.[12] Die *"lauteste Parole"* bei Hitlers *"Eroberung Berlins war: wir sind die Fortsetzer des alten Preußen, wir sind wahren Preußen"*.[13]

Mißmutig und empört über die Generäle, die meinten, im Staate bestimmen zu können, berief sich Hitler seit 1934 nur noch selten auf preußische Vorbilder - ausgenommen die Gestalt Friedrichs II. Derjenige, der am meisten dazu beitrug, daß im Bewußtsein von Millionen Deutschen die preußische Mythologie mit der Ideologie des Nationalsozialismus verflochten wurde, war Propagandaminister Goebbels. Er verstand sich darauf, nicht nur auf die alten Eliten einzuwirken, sondern auch auf die Volksmassen, denen seit mindestens hundert Jahren die Ideologie des Preußentums eingeflößt worden war. Anfangs operierte Goebbels, um auch Kirchenkreise zu gewinnen, mit der Triade *Christentum - Preußentum - Nationalsozialismus*. Später berief er sich nicht mehr auf das Christentum, verzichtete jedoch in seiner Massenpropaganda bis zum 20. Juli 1944 nicht auf die Begrifflichkeit des Preußentums. In den Jahren 1932-1933 benutzte Goebbels voll und ganz die preußischen Traditionen: *"Der Nationalsozialismus darf mit Fug und Recht von sich behaupten, daß er Preußentum ist. Wo immer wir Nationalsozialisten auch stehen, in ganz Deutschland sind wir die Preußen. Die Idee, die wir tragen, ist preußisch. Die Wahrzeichen, für die wir fechten, sind von Preußengeist erfüllt, und die Ziele, die wir zu erreichen trachten, sind in verjüngter Form die Ideale, denen Friedrich Wilhelm I., der große Friedrich und Bismarck nachstrebten."*[14] Aus Goebbels' Äußerungen ließe sich eine umfangreiche Anthologie zum Thema *Preußen* zusammenstellen. In seiner Propaganda zog er die große Kontinuitätslinie der deutschen Geschichte vom Großen Kurfürsten über Friedrich Wilhelm I., Friedrich den Großen und Bismarck bis Hitler.[15]

Auch Göring, der sich selbst als *Urpreußen* im Dienste des Nationalsozialismus sah, bezeichnete Friedrich II. gerne als ersten Nationalsozialisten. Solche Aussagen begleitete ein Chor von Höflingen, Schmeichlern, eifrigen Gelehrten, Publizisten und Dichtern. Mit solchen preußischen Traditionen lebten Presse, Rundfunk und Film, Wort und Bild auf dem deutschen Verlagsmarkt, Philatelie und Numismatik, Postkarten und Schallplatten mit preußischen Militärmärschen.

---

12 Vgl. K. Barthel: Friedrich der Große in Hitlers Geschichtsbild. Wiesbaden 1957, S. 34f.

13 Zitat nach R. Olden: Hindenburg oder Geist der preussischen Armee. (ND der 1. Ausg. Paris 1935). Hildesheim 1982, S. 10.

14 Der Angriff, 20. April 1932, zit. nach M. Schlenke: Nationalsozialismus und Preussen, S. 248.

15 Vgl. K. Barthel, a.a.O., S. 9-12.

Alle wurden in den Dienst der großen Manipulation eingespannt, um die durch die Wilhelminische Ära und die ungehinderte rechtsgerichtete und monarchistische Propaganda in der Zeit der Weimarer Republik[16] gestalteten und popularisierten Stereotypen auszunutzen.

Manipulationen der preußischen Traditionen durch den Nationalsozialismus bestimmten den "Tag von Potsdam" am 21. März 1933. Nach dem Brand des Reichstagsgebäudes beschlossen Hitler und Goebbels, den neu gewählten Reichstag, in dem die NSDAP zwar noch nicht die absolute, aber die eindeutige Mehrheit hatte, nicht in Berlin, sondern in der Hauptstadt des Preußentums, in Potsdam, zu eröffnen. Zweck dieser Feier war, den immer noch Hitler gegenüber abgeneigten Reichspräsidenten Hindenburg, die Reichswehr sowie breite Kreise der deutschen Gesellschaft, die positiv auf die Parolen der Rückkehr zu den wahrhaft preußischen Tugenden im deutschen Staat reagierten, für sich zu gewinnen. Als Termin der Reichstagseröffnung wurde der 21. März bestimmt, Frühlingsanfang und zugleich Jahrestag der Eröffnung des ersten Reichstages durch Bismarck im Jahre 1871. Potsdam, dafür hatte Goebbels gesorgt, legte ein feierliches, wahrhaft nationalsozialistisches Gewand an. Vor Beginn des staatlichen Festakts wurden feierliche Gottesdienste in den Kirchen der beiden großen Konfessionen abgehalten. Die eigentliche Feier fand in einem Symbol des preußischen Militarismus statt, in der Garnisonskirche zu Potsdam, in deren Krypta die sterblichen Überreste Friedrich Wilhelms I. und Friedrichs II. ruhten. Der Reichspräsident erschien zur Feier in der Uniform eines Feldmarschalls der kaiserlichen Armee mit dem Schwarzen Adler-Orden an der Brust und verneigte sich vor dem leeren Sessel des Kaisers. Außer den Reichstagsabgeordneten und der Nazi-Elite überwogen Generalität und preußische Aristokratie mit dem greisen Feldmarschall von Mackensen sowie den Prinzen aus dem Hause Hohenzollern an der Spitze. Kronprinz Wilhelm erschien in Husarenuniform, Prinz August Wilhelm in der Uniform der SA...

Die preußischen Traditionen wurden mit allen ihren Symbolen für die Organisation dieses Schauspiels ausgenutzt, dessen skrupulöser Regisseur Goebbels persönlich war; Hindenburg symbolisierte dabei eine Art Bundeslade zwischen der alten und der neuen Zeit. Er verkörperte die Staatstradition, Hitler präsentierte sich dagegen als Vertreter einer dynamischen Zukunft: So erschien es zumindest vielen Enthusiasten der preußisch-deutschen Vergangenheit am klaren Morgen des 21. März 1933 in Potsdam. Das Foto vom Händedruck Hindenburgs mit dem Reichskanzler wurde in ganz Deutschland verbreitet, wie überhaupt für die Propaganda alle möglichen Techniken genutzt wurden, Druck, Rundfunk, Film, Sonderpostkarten usw., um diesem Tag die scheinbare rituelle Bedeutung der Übergabe des nationalem Guts in jüngere, würdige Hände zuzuweisen. Das alles konnte für Hitler nicht ohne positive Auswirkungen bei den konservativen und gemäßigten Kreisen bleiben, die bislang in ihrer Haltung zu den unkultivierten Führer der Nationalsozialismus geschwankt hatten, jetzt aber sahen, daß

16 Vgl. H. Schreyer: Monarchismus und monarchistische Restaurationsbestrebungen in der Weimarer Republik. In: Jahrbuch für Geschichte 29 (1984), S. 296.

der authentische Vertreter preußischer Tradition Hitler in seinen Kreis aufnahm. Und niemand, den man, die preußischen Sozialdemokraten ausgenommen, als Repräsentanten des authentischen alten preußischen Geistes ansehen konnte, trat gegen Inhalte und Begleittexte des Tages von Potsdam auf. Die Feiern faßte Goebbels selbst in dem Album »Das erwachende Berlin« (1934) mit zahlreichen Fotos zusammen.[17] Symbol wurde die in Millionenauflage gedruckte Postkarte, auf der Friedrich II., Bismarck, Hindenburg und Hitler mit folgender Aufschrift abgebildet waren: *"Was der König eroberte, der Fürst formte, der Feldmarschall verteidigte, rettete und einigte der Soldat."*

Reichskanzler Hitler spielte an diesem Tag eine seiner Lieblingsrollen: den bescheidenen, aber heldenhaften Sohn des deutschen Volkes, den Weltkriegsgefreiten mit dem Eisernen Kreuz, der jetzt, durch den Ruhm von Kaisertum und Heerführern ermutigt, die Nation zu neuen Siegen führte. Wenig später konnte Rudolf Hess anläßlich Hindenburgs Tod (1934) mit ruhigem Gewissen sagen, Hindenburg lebe in den Herzen der Deutschen als Symbol der ruhmreichen deutschen Geschichte weiter, als Vater eines großen Volkes. Hindenburg haben den "Führer" gerufen, der Führer sei Hindenburgs lebendes Vermächtnis Hindenburgs für Deutschland; Loyalität zu Hindenburg sei Loyalität zum Hitler, bedeute Loyalität zu Deutschland.[18] Die wegen einer eventuellen Wiedereinsetzung des Hauses Hohenzollern geführten Sondierungen und Verhandlungen führte nicht zu dem von der bis 1918 regierende Dynastie erhofften Erfolg: Hitler nutzte die Unterstützung der Hohenzollern, hatte aber nie die Absicht, die Macht mit ihnen zu teilen.[19]

Der Nationalsozialismus benutzte die beiden damals jungen Formen der Massenkommunikation, Rundfunk und Film, voll für die Propaganda seiner Ziele, Werte, Weisungen und Schlagworte. Am Beispiel des Films läßt sich zeigen, wie das "Dritte Reich" mit der preußischen Tradition umging. Der nationalsozialistische Film setzte lediglich die Hauptlinien der in der deutschen Kinematographie dominierenden rechtsgerichteten Konzeptionen der Geschichte Deutschlands fort. Nach neuen Forschungen erntete Hitler auch die Früchte, die die Preußenfilme vor 1933 mitgesät hatten.[20] Preußentum und Nationalismus waren die Hauptstränge des deutschen historischen Films der Weimarer Zeit gewesen, dessen wichtigster und konkurrenzloser Held Friedrich II. war. Während der Weimarer Republik wurden 13 Filme zu Themen der friderizianischen Zeit gedreht, nur vier waren es vor 1918 gewesen, sechs sollten es in der Hitlerzeit sein. Die UFA, die größte deutsche Filmgesellschaft, befand sich seit 1927 in den Händen

17 Vgl. H. Purgand: Reaktionäres Preussentum und Faschismus. Diss. Halle/Saale 1971 [maschinenschriftl.], S. 73-97; sowie W. Gutsche / J. Petzold: Das Verhältnis der Hohenzollern zum Faschismus. In: Zeitschrift für Geschichtswissenschaft 29 (1981), H. 10, S. 920f.

18 Stirk, a.a.O., S. 153.

19 Vgl. Gutsche/Petzold, a.a.O., S. 921.

20 W. v. Kampen: Das "Preußische Beispiel" als Propaganda und politisches Lebensbedürfnis. Anmerkungen zur Authentizität und Instrumentalisierung von Geschichte im Preußenfilm. In: Preußen - Versuch einer Bilanz, Bd. 5, S. 175.

des deutschnationalen Pressemagnaten Alfred Hugenberg, der sie zur bewußten rechtsgerichteten Propaganda ausgenutzt hatte, die sich nicht maßgeblich von der späteren Propaganda der Nationalsozialisten unterschied. Der bekannte Film *Der Choral von Leuthen*, ein Filmepos, das Friedrich II. als Feldherrn verherrlichte, war noch vor 1933 produziert worden, kam aber nach der Machtübernahme Hitlers ins Kino und wurde von der nationalsozialistischen Propaganda mit Applaus begrüßt. Von da an wurden die Filmangelegenheiten unmittelbar von Goebbels beaufsichtigt, der - besonders seit Kriegsausbruch - ausführliche Richtlinien zur Art der Geschichtsdarstellung ausgab. Daher stellte das preußische Vorbild und insbesondere die Verherrlichung Friedrichs II. eine zentrale Aufgabe der UFA in der Zeit des Zweiten Weltkrieges dar. Das nationalsozialistische Deutschland beging - nach dem 150. Todestag 1936 - 1942 feierlich die 230jährige Wiederkehr der Geburt Friedrichs mit nach *Fridericus* (1933) dem zweiten großen NS-Film über Friedrich II. *Der große König* im Dienste von Hitlers totalen Krieg. Goebbels selbst erklärte zufrieden nach der Premiere: *"Dieser Film ist Propaganda im besten Sinne des Wortes."*[21] Allgemein sollten die historischen Filme der NS-Ära, die zu großem Teil preußische Traditionen aufgriffen, Hitler *"als Verkörperung der historischen Kontinuität"*[22] in der Geschichte des deutschen Volkes zeigen.

---

21 Zitat nach E. P. Kahlenberg: Preussen als Filmsujet in der Propgandasprache in der NS-Zeit. Ebd., Bd. 5, S. 158.

22 Vgl. G. Schoenberner: Das Preussenbild im deutschen Film - Geschichte und Ideologie. Ebd., Bd. 5, S. 29.

## 3. Hitler und die Deutsche Wehrmacht

Die Reichswehr war der preußischen Tradition in der Weimarer Republik treugeblieben. Dieselbe Reichswehr, in der weiterhin in den höchsten Positionen Junker als Offiziere überwogen, ermöglichte Hitler die Machtübernahme und übte dann Druck auf ihn, um die Gefahr die ihr aus der Konkurrenz der von Ernst Röhm geleiteten SA drohte, zu beseitigen. Am 30. Juni 1934 zerschlug Hitler in der "Nacht der langen Messer" die, die Röhm angeführte interne Opposition, und garantierte auf diese Weise der Reichswehr und der Rechten endgültig, daß von einer weiteren "Revolution" keine Rede mehr sein konnte. Gleichzeitig jedoch rechnete er mit Gegnern aus verschiedenen Phasen seines Lebens und aus verschiedenen Milieus ab, darunter auch mit General von Schleicher und anderen der Reichswehr nahestehenden Personen. Die Reichswehr, die Hitler bei der Niederschlagung des "Röhmputsches" voll unterstützt hatte, legte keinen offiziellen Protest ein. Hindenburg aber schickte ein Glückwunschtelegramm an den Kanzler Hitler, der die Ermordung einiger hundert Personen ohne irgendeinen juristischen Vorwand organisiert hatte...

In kurzer Zeit wurde die Reichswehr, nun als Wehrmacht bezeichnet, eine große moderne Heeresorganisation, die von Hitler als Instrument der bewaffneten Revision der Beschlüsse des Versailler Vertrages hochgerüstet wurde. Die Wehrmacht, die sich für unentbehrlich und ihrer Bedeutung sicher fühlte, verblieb in guten Beziehungen zum neuen Reichskanzler, der sich jedoch nach dem Tode Hindenburgs bis zum Jahre 1938 die Wehrmacht und ihre Generäle nach und nach vollkommen unterordnete. Im Prinzip ist erst in der nationalsozialistischen Zeit zum ersten Mal seit Bismarck das Militär einem Zivilisten untergeordnet worden.[23] Der schnelle Aufstieg und Bedeutungszuwachs der Wehrmacht vergrößerte tagtäglich die Zahl der Offiziere, die der Ideologie des nationalsozialistischen Staates ergeben waren und die den immer größer werdenden Expansionsbestrebungen Hitlers unterstützen.

Unter den wenigen, die innerhalb des Militärs nüchtern dachten und den Dilettantismus und die Demagogie der nationalistischen Führung mit Verachtung beobachteten, sollten sich jedoch kritische Stimmungen breit machen. Deren erster sichtbarer Ausdruck war der demonstrative Rücktritt des Generalstabschefs General Ludwig Beck als Zeichen des Protestes gegen die abenteuerlichen Kriegspläne Hitlers am 10. August 1938, ohne daß allerdings weitere Offiziere seinem Beispiel gefolgt wären. Ohne Becks persönlich makellose moralische Haltung und seine Geistesstärke, die er in den Jahren der Organisation der Widerstandsbewegung gegen Hitler gezeigt hat, zu leugnen, darf nicht verschwiegen werden, daß er lange Zeit als Offizier den Nationalsozialismus mit Sympathie begleitet hat, daß der "Tag von Potsdam" in ihm positive Gefühle für Hitler hervorgerufen hatte und sein Übertritt zur Opposition durch den durch Kritik der Generalität provozierten Angriff Hitlers auf die Unabhängigkeit der Wehrmacht - die Entlassung des Reichskriegsministers Werner Freiherr von Blomberg und

---

23 Vgl. K. J. Müller: Armee, Politik und Gesellschaft in Deutschland 1933-1945. Studien zum Verhältnis von Armee und nationalsozialistischem System. Paderborn 1979, S. 33, 45f.

des Oberbefehlhabers des Heeres Werner Freiherr von Fritsch unter vorgeschobenen bzw. falschen, ehrenrührigen Gründen am 5. Februar 1938 - veranlaßt worden war, vor allem aber durch seine Bestürzung als Militärfachmann und Stabsoffizier über die abenteuerlichen Expansionspläne Hitlers. Beck war Anhänger einer Revision des Versailler Vertrags und trat für die seiner Ansicht nach gerechtfertigten deutschen Ansprüche ein, fürchtete jedoch ein Kriegsabenteuer ohne Erfolgsaussichten.[24]

Die preußische Armee war niemals apolitisch gewesen, da sie immer über das herrschende System, vor allem über die Monarchie, ihre Rechte und die Privilegien von Junkern und Offizieren gewacht hatte. Es stimmt, daß die Armee sich im 19. Jahrhundert nicht unmittelbar in die laufende Politik eingemischt hatte, solange die Grundwerte der *inneren Ordnung* nach ihren Vorstellungen garantiert gewesen waren. Jedoch das Jahr 1848 und später die häufigen Staatsstreichpläne gegen Versuche, ein parlamentarisches System und Demokratie einzuführen, zeigen, daß die Armee eine bestimmte politische Position vertrat und sich ihrer Rolle bewußt war, auch wenn die politische Führung dem preußischen König bzw. deutschem Kaiser oblag.

Der Fall des Kaiserreiches und der Anbruch der ungewollten Republik, die die Militärs mit Volkssouveränität und Demokratie schreckte, änderten die Situation grundlegend: Die Armee hatte im Bündnis mit der Sozialdemokratie und der Weimarer Koalition nicht uneigennützig bei der Stabilisierung der Situation in Deutschland geholfen; die spätere Politik der Reichswehr kann man als vorsichtiges, der aktuellen Politik abgeneigtes Abwarten einer politischen Kraft beschreiben, die jedoch im - für die Reichswehr - entscheidenden Moment in die Waagschale geworfen werden kann. Also nahm die Reichswehr weiterhin eine überparteiliche Stellung ein, aber keine über dem System: Den Weimarer Regierungen stellte sie deutliche Forderungen und setzte ihrer Politik Grenzen; eigentlich träumte sie von der Möglichkeit, sich der Republik zu entledigen. Davon, daß die Reichswehr die Anordnungen der Regierungen der Weimarer Republik nur in ihr genehmen Grenzen befolgte, zeugt ihre abwartende Haltung während des Kapp-Putsches.

In der Geschichte der preußischen Opposition gegen Hitler wurde das preußische Erbe sichtbar, als die Wehrmacht sich von Hitler betrogen fühlte und militärfachlicher Sicht keine Chance zur Rettung der verfahrenen Situation mit Hitler mehr sah. Gleichzeitig band das preußische Erbe den Generälen und Feldmarschällen geradezu wundersam die Hände, wenn sie sich auf den Hitler persönlich geleisteten Eid beriefen. Man kann die Behauptung wagen, daß eine Gehorsamsverweigerung gegenüber der Weimarer Republik, auf die ebenfalls der Soldateneid geleistet worden war, niemals auch nur annähernd solche Widerstände hervorgerufen hätte, wie es bei der Gehorsamsverweigerung gegenüber Hitler der Fall war.

---

24 Vgl. K. J. Müller: General Ludwig Beck. Studien und Dokumente zur politisch-militärischen Vorstellungswelt und Tätigkeit als Generalstabschef des deutschen Heeres 1933-1938. Boppard 1980.

## 4. Die Widerstandsbewegung gegen Hitler und die preußische Tradition

Die Bedingungen des Kampfes gegen das nationalsozialistische Regime in Deutschland waren nicht nur wegen des alle Gesellschaftsbereiche umfassenden totalitären Staatssystems[25] besonders schwierig, sondern auch, weil bis zur Phase der großen Niederlagen 1942-1943 die überwiegende Mehrheit der deutschen Gesellschaft entweder das Regime voll und ganz unterstützte oder zumindest eine passive Haltung einnahm. Die Widerstandsbewegung gegen Hitler entwikkelte sich innerhalb der Arbeiterklasse und konzentrierte sich zunächst vor allem in Widerstandszentren, die von Kommunisten und Sozialisten organisiert wurden; es gab aber auch gewisse Widerstandsformen im Bereich der christlichen Kirchen, in demokratischen, liberalen usw. Gruppen. Die Widerstandsbewegung hatte weder eine größere Reichweite, noch irgendwelche realen Möglichkeiten, mit ihren Aktivitäten den Lauf der Politik zu beeinflussen. Die einzige Kraft, die die nationalsozialistische Regierung hätte eventuell stürzen können, war die Wehrmacht, die jedoch, trotz dieser oder jener Bedenken und Abneigung im Einzelfall weiterhin von den preußischen Militärtraditionen beherrscht, in den Jahren 1933-1939 ein loyaler und treuer Vollstrecker der Entscheidungen Hitlers war, die - das sei hier angemerkt - zum größten Teil die Erwartungen der Wehrmacht und deren Verständnis der Prinzipien deutscher Politik realisierten. Jedoch Hitlers kriegsgerichtete Politik, der von Deutschland durch den Angriff auf Polen begonnene Krieg, die unmenschliche Kriegsführung insbesondere in den besetzten Gebieten im Osten und schließlich - und überwiegend - die aus der militärfachlichen Beurteilung resultierende Befürchtung einer Niederlage, die sich ab 1942 immer deutlicher abzeichnete, bewirkten, daß langsam, hauptsächlich innerhalb der Wehrmacht eine Verschwörung entstand, die auch mit anderen Gruppen der Widerstandsbewegung Kontakt aufnahm. Bei ihrer Verwirklichung wurde die Konspiration in der Wehrmacht zum Komplott mit dem Ziel, Hitler zu töten, die Macht in Deutschland zu übernehmen und möglichst eine sofortige Beendigung des Krieges herbeizuführen, um, soweit möglich, die deutschen Interessen zu wahren.

Das Problem, wie die Widerstandsbewegung sich die weitere Entwicklung Deutschlands vorstellte, wollen wir nicht vertiefen; in dieser Frage bestand ein Dissens zwischen den einzelnen konspirativen Gruppen. In den führenden Gruppen der Verschwörer war der preußische Konservatismus bei Männern wie Carl Goerdeler und Generaloberst Ludwig Beck frappierend. Ihr Memorandum zu Beginn des Jahres 1941 enthielt eine Darstellung der Genese der aktuellen Situation und der deutschen Perspektiven in rein preußischem Geist, im Geist der Apologie der preußischen Politik seit Friedrich II. und Bismarck. Sie kritisierten - ähnlich wie die Nationalsozialisten, wenn auch inhaltlich anders - erst Wil-

---

25 "Arbeitsdienstführer" Robert Ley verkündete 1938 das Ende des Privatlebens: "nur der Schlaf sei Privatsache, und die Zeit sei vorbei, da jedermann tun oder lassen konnte, was er wollte" (R. Ley: Soldaten der Arbeit. München 1938, S. 71), vgl. K. D. Bracher: Die deutsche Diktatur. Entstehung - Struktur - Folgen des Nationalsozialismus. Köln-Berlin 1969, S. 369.

helm II. Es handelte sich hierbei um den Plan gemäßigter Konservativer zur Wiedereinführung des rechtsstaatlichen Systems in Deutschland und zur Beendigung des Krieges - nicht ohne den Wunsch, Teile der deutschen Eroberungen des Zweiten Weltkriegs als Gebietsteile des Deutschen Reiches zu behalten.[26]

Die "preußischen" Teilnehmer an der Offiziersverschwörung gegen Hitler wurden von unterschiedlichen Motiven geleitet. Unter den Verschwörern überwog eine deutlich deutschnationale, zumindest stark konservativer Haltung. Viele Ziele der NSDAP waren ihnen durchaus nahe, weshalb nur wenige von ihnen von Anfang an konsequente Gegner Hitlers gewesen waren. Der Schriftsteller Jochen Klepper, Monarchist und Nationalist, Anhänger preußischer Traditionen und entschiedene Lutheraner, notierte in seinem Tagebuch unter dem Datum des 31. Januar 1933: "*Hitler ist Reichskanzler. Noch einmal ist das verhängnisvolle Bündnis zustandegekommen, das Gustav Freytag die größte deutsche Gefahr nennt: das Bündnis zwischen dem Adel und dem Pöbel.*"[27] Klepper, der mit seinen Schriften zur Stärkung des Preußenmythos erheblich beigetragen hatte, befand sich nicht nur aufgrund seiner familiären Situation (seine Frau war Jüdin) in Opposition zu Hitler. Sein tragischer, gemeinsam mit Frau und Tochter am 11. Dezember 1942 verübter Freitod mußte Eindruck in den Kreisen, die preußische Traditionen kultivierten, hinterlassen. Diese lehnten die Regierung Hitlers als Regierung des *Pöbels*, von Dilettanten und Verbrechern ab. Jedoch begann die Mehrheit der Militärs erst dann ernsthaft an die Beseitigung Hitlers zu denken, als sie festgestellten, daß seine wahnsinnige Außenpolitik und die dilettantische Kriegsführung nach den ersten Erfolgen unvermeidlich zur Niederlage führten. Seither verheimlichten diese Generäle - unter sich - ihre wachsende Empörung nicht. Oft hatte sie einen moralischen Charakter, obwohl die moralische Empörung nur einen Teil der Widerstandsbewegung leitete. Ein bezeichnendes Beispiel lieferte General Henning von Tresckow, der am "Tag von Potsdam" noch voll Enthusiasmus an der Spitze seines Bataillons an Hitler und Hindenburg vorbeidefiliert war, in den Kriegsjahren jedoch zu den Hauptorganisatoren der Attentatspläne gehörte. Am 11. April 1943 sagte er anläßlich ihrer Konfirmation seinen beiden Söhnen, die in der Potsdamer Garnisonskirche eingesegnet worden waren: "*Vergeßt [...] niemals, daß Ihr auf preußischem Boden und in preußisch-deutschen Gedanken aufgewachsen und heute an der heiligsten Stätte des als Preußen eingesegnet seid. Es birgt eine große Verpflichtung in sich, die Verpflichtung zur Wahrheit, zur innerlichen und äußerlichen Disziplin, zur Pflichterfüllung bis zum Letzten. Aber man soll niemals von Preußentum sprechen, ohne darauf hinzuweisen, daß es sich damit* nicht *erschöpft. [...] Vom wahren Preußentum ist der Begriff der Freiheit niemals zu trennen. Wahres Preußentum heißt Synthese zwischen Bindung und Freiheit, zwischen selbstverständlicher Unter-*

---

26 Das Ziel (Denkschrift Anfang 1941). In: Deutscher Widerstand 1938-1944. Fortschritt oder Reaktion? Hrsg. von B. Scheurig. München 1969, S. 62f.

27 J. Klepper: Unter dem Schatten deiner Flügel. Aus den Tagebüchern der Jahre 1932-1942. Stuttgart 1955, S. 36.

*ordnung und richtig verstandenem Herrentum [...]. Ohne diese Verbindung läuft es Gefahr, zu seelenlosem Kommiß und engherziger Rechthaberei herabzusinken."*[28]

Während der Weimarer Republik waren die militärischen Führer ihrer Treuepflicht gegenüber der neuen demokratischen Ordnung sehr flexibel nachgekommen. Gefühlsmäßig blieben sie der Hohenzollerndynastie treu. Die Eidesproblematik wurde von Hitler ausgenutzt, als er nach dem Tode Hindenburgs der Wehrmacht befahl, den Treueeid auf sich als Führer und Reichskanzler abzulegen. Dieser Eid wurde bei der Vorbereitung des Putsches gegen Hitler zum ernsten Problem der militärischen Opposition, jedenfalls wollte man es so sehen. Die preußische Tradition war vor allem eine Tradition des Gehorsams und der Loyalität gegenüber der Obrigkeit. Aber sollte es eine Tradition eines vollkommen blinden, seelenlosen Gehorsams ohne eigenes Ich sein? - Die Gegner Hitlers beriefen sich auf die Worte des Schriftstellers und Preußen par excellence Fontane, es gäbe Zeiten des Gehorsams und des Abwartens und Zeiten, in denen die Tat die erste Pflicht wäre. Man berief sich auch auf das in der preußischen Anekdotentradition bekannte Beispiel des Generals Johann August Ludwig von der Marwitz (1723-1781), der sich geweigert hatte, Befehle Friedrichs II. auszuführen, die seiner Offiziersehre widersprachen, und auf seinen Grabstein die Worte eingravieren ließ: *"Sah Friedrichs Heldenzeit und kämpfte mit ihm in allen seinen Kriegen. Wählte Ungnade, wo Gehorsam nicht Ehre brachte."*[29] Und schließlich hatte nicht Helmuth von Moltke, der Vater der preußischen Siege von 1866 und 1870, im Gespräch mit dem Historiker Heinrich Friedjung am 22. September 1889 erklärt: *"Überhaupt - Gehorsam ist Prinzip, aber der Mann steht über dem Prinzip."*[30]

Ein Großteil der Geschichte der Widerstandsbewegung der Wehrmacht ist die Geschichte unfruchtbarer Diskussionen und nicht ausgeführtes Pläne. Die Opposition der Generäle verblieb in dem vom Milieu ererbten Teufelskreis typisch preußischer Ansichten aus der Tradition der Junker und Militärs. Die jahrhundertealte Tradition des Gehorsams band ihnen die Hände. Es muß betont werden, daß die Schule des Generals von Seeckt, unter dessen Oberkommando die meisten deutschen Generäle der Hitlerzeit lange Jahre als Offizier gedient hatten, einer zweifellos großen Persönlichkeit mit diktatorischen Neigungen, keine Schule der eigenständigen moralischen Haltung gewesen war.[31] Wir lassen diejenigen außer acht, die man als "Opportunisten der Widerstandsbewegung" bezeichnen kann, Menschen, deren Teilnahme an der Verschwörung rein konjunktureller Natur war, eine sehr ungewisse Absicherung für den Fall der deutschen Niederlage. Aber auch die besten unter ihnen entmutigten mit ihrer Entschlußlosigkeit und ihrem Zögern unterschiedlicher moralischer oder sogar rechtlicher Natur. Dieses unnötige Zögern beraubte sie der Handlungsfreiheit

28 Zit. nach B. Scheurig: Henning von Tresckow. 2. Aufl. Oldenburg 1973, S. 147.
29 Zit. nach dem Anhang zu Schoeps: Preussen, S. 332.
30 Zitat bei Schoeps, a.a.O., S. 384.
31 Vgl. G. Brest: Das Staats- und Gesellschaftsbild deutscher Generale beider Weltkriege im Spiegel ihrer Memoiren. Boppard 1973, S. 141f.

und führte zur tragischen Niederlage.[32] Der amtierende Generalstabschef Ludwig Beck, der zu den Generälen der Wehrmacht gehörte, die nicht zögerten, in die Politik einzugreifen, hatte noch 1938 gesagt: *"Revolution und Meuterei sind Worte, die es im Lexikon eines Soldaten nicht gibt."*[33]

Der Weltkriegsoffizier und Bundeswehrgeneral Hans Speidel hat in der Nachkriegszeit unter den Offizieren der Wehrmacht neben "Nur-Soldaten" und "Soldaten-Parteimitgliedern" eine dritte - und wie er selbst sagte - ungewöhnlich seltene Kategorie unterschieden, und zwar die "denkenden Soldaten". Nur die letztgenannten nahmen an der Verschwörung teil und nutzten die begrenzte und sehr zögerliche Unterstützung der "Nur-Soldaten".[34] Bei der verzweifelten Suche nach Menschen und Parolen, die die Verschwörer hätten gesellschaftlich unterstützen können, erinnerte man sich der Hohenzollern. Der preußische Prinz Louis Ferdinand, ein Enkel Kaiser Wilhelms II., sollte nach der Beseitigung Hitlers Reichsstatthalter oder Oberbefehlshaber werden. Der Prinz konnte sich jedoch nicht zur Annahme dieses Vorschlags ohne Zustimmung des nach den Hausgesetzen dazu bestimmten Thronfolgers, seines Vaters, durchringen. Dabei ist zu bedenken, daß Kaiser Wilhelm II. selbst noch die Niederlage Frankreichs im Jahre 1940 erlebt und Hitler ein Glückwunschtelegramm geschickt hatte. Letztendlich waren die Hohenzollern, obwohl von der Politik Hitlers enttäuscht, gar nicht fähig, sich an die Spitze der Widerstandsbewegung zu stellen.[35]

Interessant ist die Tatsache, daß - abgesehen von Beck, der vom Beginn der Konspiration an zur Tat entschlossen war - unter den Männern der Tat sich hauptsächlich Offiziere mittleren Ranges befanden. Sie repräsentierten preußische Traditionen und häufig ein sehr nationalkonservatives politisches Profil, jedoch nahm ihr moralischer Protest gegen das Hitlerregime entschiedene Formen an. Jedoch gaben während der Verschwörung - anders konnte es in der preußisch-deutschen Armee nicht sein - Generäle und Feldmarschälle den Ton an. Sie verzögerten zunächst jede wichtigere Aktion bis zu dem Zeitpunkt, als klar war, daß die Alliierten den Krieg gewinnen würden, und dann stellten viele die Vorbedingung, daß Hitler, dem sie die Treue geschworen hatten, vorher "beseitigt" werden mußte. Sie waren bereit, sich den Verschwörern unter der Bedingung anzuschließen, daß die Verschwörergruppe zuerst - gewissermaßen ohne ihr Wissen - Hitler beseitigte und so die Generäle vom moralischen Problem des Treueeides befreite... Darin lag Berechnung und Vorsicht, aber vor allem moralische Heuchelei, wie wir sie so oft in der preußischen Geschichte antreffen. Die höheren Befehlshaber der Wehrmacht verschlossen in der Regel die Augen gegen die um sie herum besonders in den Kriegshandlungen gegen die Sowjetunion, aber auch in Polen und im Baltikum begangenen Kriegsverbrechen:

---

32 Vgl. G. van Roon: Neuordnung innerhalb der deutschen Widerstandsbewegung. München 1967, sowie E. Bethge: Dietrich Bonhoeffer - Widerstand in preussischer Tradition? - In: Kirche in Preußen. Gestalten und Geschichte. Hrsg. von M. Richter. Stuttgart 1983, S. 107-125.

33 Zit. nach K. D. Bracher: Preussen und die deutsche Demokratie, S. 308.

34 Vgl. Craig: Die preussisch-deutsche Armee, S. 508f.

35 Vgl. W. H. Nelson: Die Hohenzollern. Biographie eines königlichen Hauses. München-Wien 1972, S. 391-398.

Der deutsche Feldmarschall Ernst Busch beschränkte sich zum Beispiel auf die Meldung seines Offiziers, daß neben dem Hauptquartier Zivilpersonen aus der Ortsbevölkerung ermordet würden, auf die Antwort: *"Ziehen Sie die Vorhänge zu!"*[36]

Die Verzögerung bei der Durchführung und die Anlehnung an die Prinzipien von militärischer Hierarchie und Disziplin führten dazu, daß der denkwürdige Tag des 20. Juli 1944 mit einem Mißerfolg endete. Nach dem mißglückten Attentat auf Hitler durch von Stauffenberg unternahmen die Verschwörer keine energischen Schritte, obwohl sie zunächst die Situation in Berlin beherrscht hatten, und die Nachricht über die Rettung Hitlers paralysierte sie geradezu. Die Bemühungen einiger jüngerer, entschlossenerer Teilnehmer des Aufstandes bewirkten nichts: Der Putsch der preußischen Generäle wurde durch das Eingreifen des Berliner Wachbataillons der Wehrmacht niedergeschlagen, dessen Befehlshaber auf persönliche Anweisung Hitlers vorging.[37]

Die Generäle, Offiziere und preußischen Junker, die so ungeschickt gegen Hitler aufgetreten waren, starben würdig: Die Repressionen erfaßten einen ungewöhnlich breiten Kreis von nicht nur unmittelbar beteiligten, sondern sogar nur am Rande mit den Ereignissen der Verschwörung verflochtenen Personen. Sie wurden grausam und planmäßig hingerichtet. Auf der Liste von fast 5 000 Opfern der Verschwörung des 20. Juli 1944 standen hunderte Namen der hervorragendsten Adelsfamilien und der bekanntesten preußischen Offiziersgeschlechter.

Man kann und darf den moralischen Wert des Blutopfers, den die Teilnehmer an der Verschwörung des 20. Juli 1944 aus ethischen Motiven darbrachten, nicht geringachten. Es war jedoch - trotz gewisser Versuche der Zusammenarbeit mit linksgerichteten Kreisen und Vertretern verschiedener politischer Gruppierungen - vor allem ein Putsch des alten Preußen.[38] Nur wenige starben bewußt für die Freiheit und Würde des Menschen, und sie retteten die Ehre jener besseren preußischen Elemente, die so selten in den entscheidenden Momenten preußisch-deutscher Geschichte zu Wort gekommen sind. Für den konservativen Historiker Schoeps waren sie *"Blutzeugen des wirklichen Preußentums"*.[39]

---

36 S. Haffner / J. Venohr: Preußische Profile. Königstein/Ts. 1980, S. 11.

37 Vgl. W. Hagen: Zwischen Eid und Befehl. 4. Aufl. München 1968, S. 113f.

38 Vgl. B. Scheurig: Ewald von Kleist-Schmenzin. Ein Konservativer gegen Hitler. Oldenburg-Hamburg 1968, S. 264f.

39 Schoeps: Preussen, S. 300.

**GESETZ Nr. 46**

*Auflösung des Staates Preußen*

Der Staat Preußen, der seit jeher Träger des Militarismus und der Reaktion in Deutschland gewesen ist, hat in Wirklichkeit zu bestehen aufgehört. Geleitet von dem Interesse an der Aufrechterhaltung des Friedens und der Sicherheit der Völker und erfüllt von dem Wunsche, die weitere Wiederherstellung des politischen Lebens in Deutschland auf demokratischer Grundlage zu sichern, erläßt der Kontrollrat das folgende Gesetz:

ARTIKEL I

Der Staat Preußen, seine Zentralregierung und alle nachgeordneten Behörden werden hiermit aufgelöst.

ARTIKEL II

Die Gebiete, die ein Teil des Staates Preußen waren und die gegenwärtig der Oberhoheit des Kontrollrats unterstehen, sollen die Rechtsstellung von Ländern erhalten oder Ländern einverleibt werden.

Die Bestimmungen dieses Artikels unterliegen jeder Abänderung und anderen Anordnungen, welche die Alliierte Kontrollbehörde verfügen oder die zukünftige Verfassung Deutschlands festsetzen sollte.

ARTIKEL III

Staats- und Verwaltungsfunktionen sowie Vermögen und Verbindlichkeiten des früheren Staates Preußen sollen auf die beteiligten Länder übertragen werden, vorbehaltlich etwaiger Abkommen, die sich als notwendig herausstellen sollten und von der Alliierten Kontrollbehörde getroffen werden.

ARTIKEL IV

Dieses Gesetz tritt mit dem Tage seiner Unterzeichnung in Kraft.

Ausgefertigt in Berlin, den 25. Februar 1947.

# X.
# Versuch einer Bilanz

*Preußen stand im Zentrum jenes* Für und Wider, *zwischen dem die deutsche Geschichte von 1918 bis 1945 schwankte.*
Karl Dietrich Bracher[1]

*In Preußen hatte alles seine Grenzen: die Aufklärung und die Toleranz, der Rechtsstaat und die Verfassung, die individuellen Freiheiten und das Koalitionsrecht, Pluralismus, Revolutionsversuche und Reformfähigkeit, auch die Effizienz des Systems, die Entfeudalisierung ebenso wie vor allem die Bürgerlichkeit der Gesellschaft nach dem Eintritt in die Epoche der bürgerlichen Gesellschaft.*
Hans-Jürgem Puhle[2]

Die Geschichte eines bestehenden Staates oder einer Nation resümieren zu wollen, wäre ein schwieriges, ja sogar überflüssiges und sinnloses Unterfangen. Anders verhält es sich beim antiken Rom. Niemand zweifelt daran, daß die Geschichte des alten Rom trotz des lange Jahrhunderte währenden Einflusses des Erbes des *Imperium Romanum* auf die Kultur des mittelalterlichen und neuzeitlichen Europa ein für immer abgeschlossenes Kapitel der allgemeinen Geschichte darstellt. Ähnliches gilt wahrscheinlich auch für die Geschichte des preußischen Staates. Heute existiert kein Staat Preußen mehr, es existiert keine in sich geschlossene und ihre Identität bewahrende preußische Gesellschaft, obwohl in Deutschland immer noch Menschen leben, die in den existierenden preußischen Staat hineingeboren wurden. Manche von ihnen betrachten sich weiterhin zuallererst als Preußen und spüren sogar eine unendliche Sehnsucht nach dem Staat, den es nicht mehr gibt.

Es existiert also ein preußischen Problem, und die Frage nach der Bewertung des preußischen Erbes ist für die weitere Entwicklung der deutschen Gesellschaft nicht ungleichgültig. Es geht darum, über eine Abschlußbilanz Preußens nachzudenken, die Frage zu erörtern, ob ein Anknüpfen an das preußische Erbe nicht en bloc Befürchtungen und Zweifel wecken sollte. Im Jahre 1973 (also noch vor dem Höhepunkt des verstärkten Interesses an Preußen in Deutschland) erklärte der Vorsitzende der rechtsradikalen deutschen Nationaldemokratischen Partei, Adolf von Thadden, ein Politiker aus einer Familie pommerscher Junker: *"Ja, ich bin ein Preuße und ich bin unendlich stolz darauf."*[3] Ähnliches schrieb gegen Ende des 19. Jahrhunderts der Vertreter des Preußentums in der Literatur, Gustav Freytag: *"Ich nehme mir die Freiheit, zu erklären, daß ich ein guter Preuße*

1 K.-D. Bracher: Preußen und die deutsche Demokratie. In: Preußen. Versuch einer Bilanz, Bd. 2, S. 304.

2 H.-J. Puhle: Preußen : Entwicklung und Fehlentwicklung. In: Preußen im Rückblick. Göttingen 1980, S. 22.

3 Rogalla von Bieberstein, a.a.O., S. 10.

*bin, ich bin zuerst Preuße und nachher alles übrige, was ein vernünftiger Mensch sein darf, Deutscher und Weltbürger."*[4]

Es gibt eine *schwarze* und eine *goldene* Legende Preußens. Man kann die Auffassung vertreten, daß bis zum Ersten Weltkrieg die "goldene" Legende nicht nur in Deutschland überwogen hat. Danach war es schon anders. Zwar kehrten in Deutschland der Weimarer Republik die alten apologetischen Konzepte mit besonderer Macht zurück, und die Regierungsjahre Hitlers brachten eine Art - wenn auch in gewissem Maße künstliche - Identifizierung des Preußentums mit der Ideologie des Nationalsozialismus: Der Nationalsozialismus baute sich mit Versatzstücken aus der Mythologie der deutschen Geschichte einen ehrenwerten Stammbaum auf. Sonst in der Welt jedoch, besonders in den Ländern, die im Zweiten Weltkrieg der deutschen Aggression ausgesetzt waren, entwickelte sich eine scharfe Kritik an Preußen. Die Wurzel des Übels in Deutschland sei Preußen, erklärte die britische Delegation 1943 während der Konferenz von Teheran.[5] Der Nationalsozialismus, der so manches Mal als Rätsel der deutschen Geschichte erschienen ist, wurde damals vor allem als Ableitung des preußischen Militarismus und des preußischen Junkertums betrachtet.[6] Wir wissen, daß es so nicht unbedingt gewesen ist, denn die Parvenüs hinter Hitler wollten zumindest nicht den Interessen der Junker dienen, sondern ihre eigenen Ziele realisieren, und auch der alte Militarismus Preußens fühlte sich in den Fesseln nazistischer Diktatur mit der Zeit immer unwohler. Jedoch unabhängig davon, wie hoch der Anteil der alten traditionellen preußischen Eliten gewesen ist, der die nationalsozialistische Mission bis zum Schluß akzeptiert hat, wurde das Preußentum und der preußische Militarismus als ihr tiefster Gehalt einmütig in der Weltmeinung verurteilt. Dieses Urteil der Geschichte wurde 1945 durch die Zerschlagung der alten Macht- und Besitzstrukturen besiegelt. Weniger einen formalrechtlichen als vielmehr einen symbolischen Akt der Vernichtung Preußens stellte das Gesetz Nr. 46 des Alliierten Kontrollrats in Deutschland vom 25. Februar 1947 dar, das endgültig die Auflösung des Staates Preußen bestimmte: *"Der Staat Preußen, der seit jeher Träger des Militarismus und der Reaktion in Deutschland gewesen ist, hat in Wirklichkeit zu bestehen aufgehört. Geleitet von dem Interesse an der Aufrechterhaltung des Friedens und der Sicherheit der Völker und erfüllt von dem Wunsche, die weitere Wiederherstellung des politischen Lebens in Deutschland auf demokratischer Grundlage zu sichern, erläßt der Kontrollrat das folgende Gesetz: Artikel I. Der Staat Preußen, seine Zentralregierung und alle nachgeordneten Behörden werden hiermit aufgelöst."*[7]

---

4 G. Freytag: Bilder von der Entstehung des Deutschen Reiches. Leipzig o.J., S. 126.

5 A. Klafkowski: Likwidacja państwa pruskiego. Ustawa Nr 46 Sojuszniczej Rady Kontroli nad Niemcami [Die Aufhebung des preußischen Staates. Das Gesetz Nr. 46 des Alliierten Kontrollrats für Deutschland]. Warszawa 1967, S. 8.

6 Vgl. H. Köhler: Das Ende Preußens in französischer Sicht. Berlin-New York 1982; A. Lawaty: Das Ende Preußens in polnischer Sicht. Zur Kontinuität negativer Wirkungen der preußischen Geschichte auf die deutsch-polnischen Beziehungen. Berlin-New York 1986.

7 Klafkowski, a.a.O., S. 24f.

Wenn wir die zahlreichen Werke zur preußischen Geschichte studieren, deren Autoren bis auf den heutigen Tag unter dem starken Eindruck der preußischen Staatlichkeit stehen, ist es geradezu schwierig, sich von diesem Bild voll leuchtender Farben freizumachen. Toleranz und Freiheit, wenn auch als Dienst am Staat verstanden (oder Freiheit als bewußtgemachte Notwendigkeit), vortreffliche Verwaltung, hervorragende Beamte, ausgezeichnete Gerichte und ausgezeichnetes Recht - mit einem Wort: "*Preußen war und bleibt das klassische Land der monarchischen Staatsform, der Musterstaat für die schöpferische, einigende und emporführende Kraft eines starken Königtums, der hervorragendste Ausdruck des allumfassenden Staatsgedanken.*"[8]

Sprach also nichts für die Meinung Georg Herweghs, des großen Dichters des deutschen Demokratismus im 19. Jahrhundert, als er seinem Sohn auftrug, er solle, wenn der Tag kommen würde, auf sein Grab schreiben: "*Freue Dich, Vater, Preußen besteht nicht mehr*"[9]? Der Blick auf Preußen in zahlreichen Ländern, darunter auch in Polen, unterscheidet sich gewöhnlich recht deutlich von dem der Historiographie in der "alten" Bundesrepublik Deutschland (ganz zu schweigen von historischer Publizistik und populären Ansichten). Bei der Betrachtung der Geschichte Preußens von außen überwiegen Urteile, die vor allem von der internationalen Rolle des preußischen Staates geprägt sind, während deutsche Autoren heute zwar nicht mehr die Außenpolitik Deutschlands - besonders im 20. Jahrhundert - zu verteidigen suchen, sondern sich auf die innenpolitischen Leistungen des preußischen Staates konzentrieren, auf die *Staatsqualität*, die organisatorischen und sozialen Erfolge.

Also geht es letztendlich darum, welche Elemente des historischen Bildes Preußens aus der jeweiligen historischen Perspektive als entscheidend angesehen werden. Bereits in Versailles haben die Ententemächte verkündet: "*Die ganze preußische Geschichte ist durch den Geist der Beherrschung, des Angriffs und des Kriegs charakterisiert.*"[10] Friedrich Meinecke, der bedeutendste deutsche Historiker in der ersten Hälfte des 20. Jahrhunderts, schrieb, daß Preußen zwei Seelen hätte: eine kulturfähige und eine kulturwidrige.[11] Ein polnischer Historiker betrachtet dagegen die Geschichte Preußens aus einer gewissen Distanz, er ist - anders als die ältere deutsche Historiographie - nicht emotional an die Kriegstrophäen der preußischen Armee gebunden, wurde auch nicht in der Schule mit preußischen Mythen gefüttert. Für ihn taugt das Forschungsobjekt in keiner Weise zur Mythologisierung, steht doch die gesamte Geschichte der polnisch-preußischen Beziehungen dem entgegen. Diese Perspektive birgt aber eine andere Gefahr in sich: die alleinige Betrachtung Preußens und seiner Geschichte durch das Prisma von Verfolgung und Martyrologie, sei es in den durch die Teilungen preußisch gewordenen Gebieten, sei es in Landesteilen wie Ostpreußen

---

8 Giese, a.a.O., S. 5.

9 Zit. nach F. Herre: Nation ohne Staat. Köln 1967, S. 331.

10 Rogalla v. Bieberstein, a.a.O., S. 7, nach S. Kähler; Studien zur deutschen Geschichte. Göttingen 1961, S. 338.

11 Rogalla v. Bieberstein, a.a.O., S. 8.

und Oberschlesien, wo seit langem polnische Bevölkerung lebte, sei es unter dem Eindruck der deutschen Besatzungs- und Vernichtungspolitik des Zweiten Weltkriegs. Man muß jedoch bei der Betrachtung der Geschichte Preußens die nötige Distanz bewahren und immer auch den gesamten deutschen wie den europäischen Kontext berücksichtigen. Dann nehmen wir die bewundernswürdigen Leistungen des preußischen Staates im 18. und 19. Jahrhundert wahr, sehen aber um so schärfer, was Deutschland unter der Führung Preußens auf einen Weg gebracht hat, der, was die Wirkungen nach innen, in die preußische und die deutsche Gesellschaft hinein, wie nach außen, auf die Rolle Preußens und Deutschlands in Europa, betrifft, kritisch zu bewerten ist.

In den letzten Jahren wurden in Deutschland verschiedene Versuche einer historischen Bilanz Preußens unternommen.[12] Lassen wir eilfertige Publizisten und unseriöse Apologeten alten Stils außer acht, bleiben diejenigen übrig, die sich bei ihrer Bilanz der historischen Bedingungen und Urteile, die bis dahin auf Preußen lasteten und die - nicht ohne gewichtige historische und damals aktuelle Gründe - das Gesetz zur Liquidierung des preußischen Staates hervorbrachten, bewußt sind.[13] Unter den Äußerungen deutscher Historiker fehlt es nicht an scharfsinnigen und kompromißlosen Aussagen. Hans Ulrich Wehler antwortete den Apologeten: *"Nicht aufgeklärte Redakteure und Juristen, nicht Königsberger Philosophen oder Hallenser Nationalökonomen, nicht die Toleranz und ökonomische Erfolge haben, was die historische Gesamtwirkung angeht, den Ausschlag gegeben, sondern der Interessenegoismus der Junker, die Illiberalität der Bürokratie, der Starrsinn der Militärs, der reaktionäre Anachronismus von Politikern [...].*[14]

Die meisten Bilanzversuche verschweigen zwar nicht die zweifelhaften Seiten der historischen Karriere des preußischen Staates und seiner Rolle in Europa, verteilen aber Glanz und Elend in so geschickter Art und Weise, daß in der Regel der Glanz das Elend überwiegt. Zunächst wird dabei die Hitlerzeit vom preußischen Erbe getrennt und manchmal sogar die gesamte Geschichte seit 1871 oder 1890. So wird die Grundsatzfrage nach der Rolle des preußischen Militarismus bei der Verursachung des Ersten und des Zweiten Weltkrieges marginalisiert oder gar nicht erst gestellt. Dann werden die "an sich" positiven Merkmale von Staat und Gesellschaft in Preußen betont, die Leistungen der preußischen Tugenden und die Vorzüge preußischer Tradition. Zu diesen Überlegungen kommt die für die deutsche Historiographie typische Begeisterung für Erfolge: Preußen hat in seiner Geschichte verschiedene Erfolge *per fas et nefas* errungen. Die Begeisterung für diese Erfolge ist - ohne Rücksicht darauf, welche Entwicklungen in der deutschen und europäischen Geschichte sie ermöglicht haben - sehr beständig. Die dagegen notwendige kritische Reflexion über die preußischen Traditionen finden wir vor allem bei den Historikern, die Spezialisten

---

12 Vgl. u.a. J. Kozeński: Dzieje Prus w najnowszych opracowaniach publikowanych w Republice Federalnej Niemiec [Die Geschichte Preußens in den neuesten in der Bundesrepublik Deutschland erschienenen Publikationen]. In: Roczniki Historyczne 47 (1981), S. 169-190.

13 Vgl. Dopierała, a.a.O., S. 149f.

14 H. U. Wehler: Preußen ist wieder chic. Der Obrigkeitsstaat im Goldrähmchen. In: Ders.: Preußen ist wieder chic, S. 16 [zuerst 1979].

für die deutsche Sozialgeschichte besonders des 19. und 20. Jahrhunderts sind. Es scheint leider so zu sein, daß sie in der öffentlichen Wahrnehmung der preußischen Geschichte nicht die Meinungsführerschaft haben.

Preußen war vor allem ein Staat mit im europäischem Vergleich überraschender Modernität, Effizienz und Dynamik. Die Erfolge dieses Staates, der seit dem 17. Jahrhundert ein bestimmtes, im Vergleich mit seinen anderen Strukturen ungewöhnlich langsam modernisiertes Gesellschaftssystem aufrechterhielt und bestimmten gesellschaftlichen Eliten lange die fast uneingeschränkte Herrschaft sicherte, werfen viele Fragen auf, Fragen nach der Rolle des Faktor Staat, nach der Bedeutung der Tatsache, daß die preußischen Eliten die Möglichkeit zur Verfestigung ihrer sozialen und wirtschaftlichen Bedeutung auf keinem anderen Wege als im Staate und über den Staatsapparat fanden. Die Selbständigkeit des Staatsapparates und deren Grenzen können am klassischen Beispiel Preußen soziologischen und Strukturanalysen unterzogen werden; sie beweisen, daß der Staat unter den Bedingungen von der Feudalismus und Kapitalismus eine entscheidende historische Rolle in der Entwicklung dieser europäischen Gesellschaft zu spielen vermochte. Die Geschichte Preußens leistet einen wichtigen Beitrag zur Betrachtung der Rolle des konservativen Reformismus und der über lange Zeit klugen Politik der herrschenden Eliten, die, obwohl zwischen widersprüchlichen Interessen und Situationen lavierend, in der Lage waren, sich trotz aller Veränderungen die Dominanz im Staat zu sichern und gleichzeitig nicht nur diesen Staat vor einer permanenten Krise und vor sinnlos verhärteten Situationen zu bewahren, sondern in auch so zukunftsfähig zu halten, daß er bedeutende Erfolge erzielen konnte.

Im Rahmen der preußischen Staatsstrukturen entwickelte sich 18. und 19. Jahrhundert eine in mancher Hinsicht eigentümliche Gesellschaft, die durch effiziente Sozialdisziplinierung einen hohen Entwicklungsstand mit allen positiven und negativen Ausprägungen erreichte. Wirtschaftsblüte, Entwicklung von Technik, Wissenschaft, Kultur, organisatorische und andere Errungenschaften verliehen dem preußischen Staat das Gepräge einer funktionierenden, hochorganisierten Struktur. Die Frage jedoch, ob diese Struktur für Ziele genutzt wurde, die über die Staatsraison, das "natürliche" egoistische Interesse des preußischen Staates hinausgehend, als positiv oder negativ bezeichnet werden können, ist nicht wertfrei zu beantworten, sondern hängt von der Perspektive des Betrachters ab. Grundsätzlich wurden die preußischen Tugenden und die Leistungen Preußens im 19. Jahrhundert in den Dienst einer Ideologie gestellt wurden, die die preußischen Militärstaatstraditionen mit dem großdeutschen Chauvinismus verknüpfte. Diese unter Bismarck und Wilhelm II. vollzogene ideologische Verflechtung lenkte die preußische Gesellschaft und die Mehrheit der Deutschen letztendlich auf den Weg, der in die Katastrophe führte, die Fortführung der Expansionspolitik als Hauptmerkmal preußischer Außenpolitik seit dem 18. Jahrhundert.

Solche das historische Preußen unter Hinweis auf jahrhundertewährende historische Kontinuitäten kritisierende Meinungen sind als historischer Fatalismus und Simplifizierung scharf kritisiert worden. Preußen unterschied sich im 17. bis zum 18. Jahrhundert nicht allzu sehr von den anderen europäischen Mittelmächten. Der friderizianische Militarismus ist zwar eine unleugbare Tatsache, er mußte aber nicht notwendig die Formen annehmen, in denen er bis zu seiner Erweiterung auf ganz Deutschland in der Ära Bismarck fortgeführt wurde. Die Reformen der Jahre 1807-1815 hätten auch ein Impuls für tiefgreifende Veränderungen - und sei es nur im militärischen Bereich - sein und einen preußischen Weg zur Demokratisierung von Gesellschaft und Staat weisen können. Die preußische Monarchie der Restaurationszeit verfestigte und versteifte jedoch das politisch-gesellschaftliche Korsett preußischer Strukturen, das durch die Rolle der Junker, den Neokorporativismus in der Erneuerung des Ständewesens, Rückkehr zum Militarismus und konservative bürokratische Herrschaft gekennzeichnet war. Doch war das nicht das ganze Bild der historischen Wirklichkeit: Das liberale preußische Bürgertum, das in den vierziger Jahren so energisch aktiv war, hätte im Jahre 1848 Preußen auf den Weg von Demokratie und Liberalismus, auf den Weg der sozialen und politischen Reformen führen können. Dagegen befand sich Preußen in den fünfziger Jahren erneut - trotz formaler Modernisierung der Staatsstrukturen - auf dem Weg zur Militarisierung der Gesellschaft, zur Stärkung der bisherigen Eliten, auf dem Weg zur Unterordnung der liberalen Bourgeoisie als Preis für den wirtschaftlichen Erfolg, den die erst wirtschaftliche, dann politische Vereinigung Deutschlands mit ihren Konsequenzen schuf. Bismarcks Politik der Vereinigung Deutschlands von oben und alle unmittelbaren Folgen dieses Schrittes eröffneten eine neue, gefährliche Epoche der preußisch-deutschen Geschichte; dadurch war jedoch der weitere Verlauf der Ereignisse nicht vorbestimmt. Die kurz bald so mächtige deutsche Arbeiterbewegung schien eine neue Chance für die notwendige Demokratisierung zu schaffen. Doch kam anstelle der Demokratisierung kam das Jahr 1914, das bereits seit längerem ideologisch und gesellschaftlich vorbereitet worden war. Die preußische Kontinuitätslinie war eine Folge ständiger historischer Alternativen, bei denen sich - leider - immer dieselbe Richtung durchsetzte. Das sollte man bei der Bewertung der Rolle der preußischen Traditionen in Deutschland nicht vergessen.

Die Auffassung von einer *Sonderentwicklung*, von einem *Sonderweg* Preußens läßt sich dagegen nicht aufrechterhalten, sehen wir von dem spezifisch preußischen Phänomen des Militarismus ab. Seine übergroße Rolle bewirkte in Verbindung mit der geopolitischen Lage Preußens und Deutschlands, der "Verspätung" Deutschlands in der ökonomischen Entwicklung zu Beginn des 19. Jahrhunderts und seiner ungewöhnlich schnellen und dynamischen Industrialisierung, daß das durch Preußen spät vereinigte Deutschland auf den traditionell preußischen Weg der Expansion gelenkt wurde, in der seit altersher der Faktor Stärke als normales Element der Politik betrachtet wurde. Diese Tradition der aggressiven Außenpolitik bedingte zusammen mit dem preußischen Militarismus, daß das vereinigte Deutschland eine imperialistische Politik verfolgte, die unter den damaligen Bedingungen in Europa unweigerlich zu einem Konflikt von globaler Bedeutung führen mußte: dem Ersten Weltkrieg. Es war der Gesamtkomplex von historischen Voraussetzungen und Ereignissen, in deren Verlauf der spezifisch preußische Militarismus zum Tragen kam. Die Kraft des preußischen Imperialismus beruhte auf der Rückständigkeit des sozialen und politischen Strukturen des Landes, in dem die politische Macht noch zu Beginn des 20. Jahrhunderts in den Kreisen der preußischen Junker und der mit ihnen verbundenen Bürokratie sowie des Offizierskorps konzentriert war. Die verspätete und dann ungewöhnlich schnelle Entwicklung Preußen-Deutschlands zur führenden Wirtschaftsmacht in Europa und der Welt zu Beginn des 20. Jahrhunderts bewirkte, daß das durch innere Wachstumsschwierigkeiten und soziale Spannungen ausgezehrte Land ohne Kolonien und Absatzmärkte die Lösung von Spannungen und inneren Schwierigkeiten nach der Phase der bewaffneten Siege Bismarcks noch einmal über eine entschlossene Außenpolitik zu finden suchte und dabei den Krieg als Mittel der Politik nicht ausschloß.

Im Jahre 1949 war Preußen das "große Alibi" der deutschen Nation.[15] Nach dem Zweiten Weltkrieg wurde häufig die Frage gestellt, ob die preußische Tradition und der preußische Militarismus in der Ära des Nationalsozialismus ihre "Krönung" gefunden hätten. Dies war die Frage nach der Kontinuität und deren Rolle in der deutschen Geschichte. Eine allzu einfach Ableitung Hitlers aus der Politik Bismarcks wurde in der Wissenschaft verworfen. Der deutsche Historiker Fritz Fischer schrieb: *"Kontinuität heißt nicht Identität, schon gar nicht ungebrochene Identität. Selbstverständlich gab es zahlreiche Unterschiede im Ausmaß der Ziele, in Methoden und Mentalität zwischen dem kaiserlichen und dem nationalsozialistischen Deutschland."*[16] Zahlreiche Voraussetzungen und Kontinuitäten, die sich in die Wilhelminische Zeit zurückverfolgen lassen, machten Hitler möglich: *"Preußen und die von Preußen entscheidend mitgestalteten deutschen Rückständigkeiten und Verspätungen, die besonderen Friktionspunkte und Sonderwege im Industrialisierungsprozeß, die zeitsparenden staatlichen Kompensations und Ersatzstrategien und die spezifischen Mischungen vormodern-agrarischer, bürokratischer und obrigkeitlicher Elemente in seinem Herrschaftskartell gehören zur Vorgeschichte des Nationalsozialismus. Man kann über ihn kaum reden, ohne auch über Preußen zu reden."*[17] Von grundlegender Bedeutung war hierbei, neben den Ursachen in Politik und Gesellschaft, *"der oft beschriebene Sonderweg des deutschen politischen Denkens"*[18], in dem preußische Denktraditionen eine große Rolle spielten.

Die Weimarer Republik stellte einen - wenn auch in einigen Bereichen interessanten, schillernden und reizvollen - so doch gescheiterten Versuch der Überwindung des Kreislaufs tragischer Mechanismen der preußisch-deutschen Geschichte dar. Der gescheiterte Versuch der Durchsetzung der Demokratie in der Gesellschaft führte zum Nationalismus als deutsche Variante des Totalitarismus.

---

15 C. Hinrichs: Preußen als historisches Problem, S. 15.

16 F. Fischer: Bündnis der Eliten. Zur Kontinuität der Machtstrukturen in Deutschland 1871-1945. Düsseldorf 1979, S. 94.

17 H.J. Puhle: Preußen, S. 41.

18 T. Nipperday: 1933 und die Kontinuität der deutschen Geschichte. In: Die Weimarer Republik. Belagerte Civitas. Hrsg. von M. Stürmer. Königstein/Ts. 1980, S. 381.

Dem Anschein nach war der Anteil des preußischen Erbes dabei minimal, jedenfalls nach Meinung der Apologeten des "anderen Preußen". Man muß jedoch die Rolle Hindenburgs bedenken, die Rolle der preußischen Traditionen in der deutschen Mentalität, aber auch die Rolle der alten preußischen Traditionen in Reichswehr und Wehrmacht, die in ihrer Masse Hitler "bis zum bitteren Ende" treu geblieben ist. Diese Tatsachen lassen sich nicht aus dem historischen Bild der Geschichte Preußens eliminieren, aber auch nicht das Beispiel der Treue zu diesen preußischen Traditionen, die nichts mit dem totalitären Verbrechensmechanismus der nationalsozialistischen Epoche gemeinsam hatten, das die Verschwörer vom 20. Juli 1944 mit dem Opfern ihres eigenen Lebens gegeben hatten.

***Was bedeutet Preußen für Europa und vor allem für Deutschland und seine Nachbarn?*** - Wir könnten die verbreiteten Teilwahrheiten in Schwarz und Weiß endlos aufzählen. Preußische Tugenden und preußischer Chauvinismus und Arroganz, die berühmte, für Individuen und Nationen gleich gefährliche preußische Überheblichkeit, die in einigen Perioden der Geschichte hervorragende Administration, organisatorische Fähigkeiten, Arbeitsamkeit, Pünktlichkeit und viele andere Tugenden im Leben einer Gesellschaft stehen neben dem unbekümmerten Brechen von göttlichem und menschlichem Recht, der Überzeugung, daß der Befehl des Staates und das Interesse Preußens alles und alle rechtfertige, besonders die Rücksichtslosigkeit, mit der Europa im 18. und 19. Jahrhundert so häufig in Berührung kam. Die immer stark betonte lutheranische Frömmigkeit und zahlreiche patriarchalische Tugenden gingen Hand in Hand mit der klassischen, rücksichtslosen Herrschaft, den Lastern der Soldaten, der Enge der Horizonte sowohl des vom preußischen Drill entzückten Kleinbürgers als auch des Offiziers, des typischen Repräsentanten der Junker als reaktionärer Sozialschicht par excellence in der deutschen Geschichte. Wir könnten beinahe jeder Tugend eine lange Liste ihres - gar nicht geringen - Mißbrauchs entgegensetzen. Aber machen solche Auflistungen überhaupt Sinn? Sind für die allgemeine Bewertung nicht eher globale Erscheinungen als Teilerrungenschaften entscheidend, deren moralischer Wert schließlich von der Bewertung der Ziele, die sie anstrebten, abhing bzw. abhängen muß?

Der Staat der preußischen Junker und der preußischen Militärs hat in der neueren Geschichte Europas und der Welt eine brutale Rolle gespielt hat. Und hier hilft auch nicht die Tatsache, daß die preußische Gesellschaft während ihrer Entwicklung sich durch manchen Erfolg, manchen positiven, höchster Anerkennung würdigen Wert ausgezeichnet hat. Die preußische Gesellschaft schuf jahrhundertelang - trotz, oder gerade wegen der Rahmenbedingungen, die der preußische Staat lieferte - viele für die deutsche und die europäische Kultur wichtige Werte. Niemand wird diese Werte verwerfen. Ähnlich verhält es sich mit den preußischen Tugenden: Sie sind als Element einer gut organisierten, modernen, demokratischen Gesellschaft ohne Militarismus und revanchistische Politik unter der Bedingung wünschenswert, daß sie nicht instrumentalisiert oder als Wert an sich verabsolutiert werden. Über dem Eingang eines Museums des Preußentums und der preußischen Tradition müßte, sollte es jemals entstehen, für immer eine Aufschrift angebracht werden, die daran erinnert, daß gerade der preußische Gehorsam und gerade die preußischen Tugenden wesentliche Elemente der sozialen Disziplin der deutschen Gesellschaft im Dritten Reich gewesen, das sich mit sichtbarem Erfolg auf diese Tugenden berief, sie benutzte, um sie für die eigenen Ziele zu verwerfen.

Und als letzter Punkt: Preußen und die Geschichte Polens.[19] Expansionspolitik und nationale Unterdrückung wurden durch den preußischen und dann den preußisch-deutschen Staat hauptsächlich in den östlichen Gebieten, den alten slavischen und polnischen Territorien, ausgeübt. Der große polnisch-preußische Antagonismus entstand an der Schwelle zum 18. Jahrhundert, als Preußen eine aktive Eroberungspolitik gegen den damaligen polnisch-litauischen Staat begann und - neben Rußland - die Geschichte der drei Teilungen Polens wie auch die Geschicke der polnischen Territorien auf dem Wiener Kongreß entscheidend bestimmte. Im 19. Jahrhundert, im gewissen Maße auch bereits vor 1830, war die Politik der nationalen Unterdrückung in den von Polen bewohnten Gebieten nicht nur für den repressiven und militaristischen Charakter des Staatsapparats und des preußischen Staates kennzeichnend, sondern auch für seine Außenpolitik, die fast bis ans Ende der Regierung Bismarcks im Banne der *negativen Polenpolitik* Preußens, der Grundlage für das reaktionäre Bündnis der drei Teilungsmächte, stand. Der polnisch-preußische Antagonismus wandelte sich seit 1848, als vormals liberale Polenfreunde plötzlich eine Polenpolitik im Sinne des nationalen Egoismus forderten, in stürmischer Weise in dem Maße in einen polnisch-deutschen Antagonismus, in dem der deutsche Nationalismus das übergeordnete Interesse Preußens mit den Interessen des Deutschland verband, das im Jahre 1871 vereinigt wurde. Daher blieb das polnische Problem in deutschen Kaiserreich ein beständiges preußisches Erbe, und seine Bedeutung für die politische Integration des Reiches unter den Parolen des preußisch-deutschen Chauvinismus war - besonders in der Wilhelmischen Zeit - enorm. Franz Mehring schrieb damals: *"Unter den vielen dunklen Seiten der preußischen Geschichte ist in mancher Beziehung vielleicht die dunkelste die Polenpolitik des preußischen Staates."*[20] Wir dürfen aber, worauf Marian Biskup hingewiesen hat, gerade deshalb nicht vergessen, daß es immer auch *"das andere Preußen"* gegeben hat, *"ein Land in Mitteleuropa, wo fleißige Menschen bedeutende materielle und geistige Werte geschaffen haben und nicht nur "Preußens Gloria", sondern den europäischen Menschen, auch den 'undankbaren' Polen, gedient haben"*.[21]

19 Vgl. M.: Biskup: Preußen und Polen. Grundlinien und Reflexionen. In: Jahrbücher für Geschichte Osteuropas N.F. 31 (1983), S. 1-27.

20 F. Mehring: Preußische Polenpolitik (12. Dezember 1906). In: Ders.: Politische Publizistik 1905-1918 (= Mehring: Gesammelte Schriften. Bd. 15). Berlin 1966, S. 210.

21 Biskup: Preußen und Polen, S. 26.

# Zeittafel

| | |
|---|---|
| 1226 | Ordensstaat Preußen (bis 1525) |
| 1134 | Die Askanier in Brandenburg (bis 1320) |
| 1134 | Erbbelehnung Albrechts des Bären (1134-1168) mit der *Nordmark* |
| 1157 | Eroberung Brandenburgs; Albrecht Markgraf von Brandenburg |
| um 1230 | Berlin und Cölln erhalten Stadtrecht |
| 1250 | Erwerb der Uckermark, des Landes Lebus und der Neumark |
| 1253 | Gründung von Frankfurt/Oder |
| 1356 | Goldene Bulle, Bestätigung der brandenburgischen Kurwürde |
| 1373 | Die Luxemburger in der Mark (bis 1415) |
| 1412 | Burggraf Friedrich VI. von Hohenzollern Verweser der Mark Brandenburg |
| 1414 | Unterwerfung der Quitzows |
| 1415 | Übertragung der Kurfürstenwürde; Huldigung der Stände in Berlin |
| 1415-40 | Friedrich I. von Hohenzollern |
| 1417 | Feierliche Belehnung Friedrichs anläßlich des Konstanzer Konzils als Markgraf von Brandenburg |
| 1440-70 | Kurfürst Friedrich II. (Eisenzahn) |
| 1454 | Rückerwerbung der Neumark |
| 1466 | Zweiter Thorner Frieden: Preußen links der Weichsel mit Danzig, Elbing und Ermland gehört bis 1772 bzw. 1793 zum Königreich Polen |
| 1470-86 | Kurfürst Albrecht Achilles |
| 1473 | Erbordnung (Dispositio Achillea) |
| 1486-99 | Kurfürst Johannes Cicero |
| 1493 | Vergleich mit Pommern |
| 1499 | Kurfürst Joachim I. Nestor (1535) |
| 1506 | Gründung der Universität Frankfurt/Oder |
| 1524 | Heimfall der Herrschaft Ruppin |
| 1525 | Hochmeister Albrecht von Brandenburg führt die Reformation in Preußen ein: Herzogtum Preußen als polnisches Lehen |
| 1535-71 | Kurfürst Joachim II. Hector |
| 1537 | Erbvertrag mit dem Herzog von Liegnitz, Brieg und Wohlau |
| 1539 | Übertritt der Mark Brandenburg zur Reformation |
| 1540 | Kirchenordnung |
| 1568 | Mitbelehnung mit Preußen |
| 1571-98 | Kurfürst Johann Georg |
| 1598 | Kurfürst Joachim Friedrich (bis 1608) |
| 1604 | Begründung des Geheimen Rats |
| 1608-19 | Kurfürst Johann Sigismund |
| 1609 | Beginn des Erbfolgestreites um Jülich, Kleve und Berg, Mark und Ravensberg |
| 1613 | Wechsel der brandenburgischen Hohenzollern zum Kalvinismus |
| 1614 | Vertrag von Xanten: Kurbrandenburg erhält Kleve, Mark und Ravensberg |
| 1618 | Tod des letzten Herzogs in Preußen; Huldigung der ostpreußischen Stände; brandenburgische Kurfürsten als Herzöge in Preußen |
| 1619-40 | **Kurfürst Georg Wilhelm** |
| 1640-88 | **Kurfürst Friedrich Wilhelm**, der *Große Kurfürst* |
| 1648 | Hinterpommern im westfälischen Frieden an Brandenburg |
| 1656-60 | Schwedisch-Polnischer Krieg |
| 1657 | Lauenburg-Bütow und Draheim brandenburgisch |
| 1660 | Friede zu Oliva: Souveränität im Herzogtum Preußen |
| 1675 | Sieg bei Fehrbellin über Schweden |
| 1679 | Friede von Saint Germain |
| 1680 | Erzbistum Magdeburg an Brandenburg |
| 1685 | Edikt von Potsdam: Aufnahme der Hugenotten |
| 1688 | **Kurfürst Friedrich III.** (bis 1713) |
| 1694 | Stiftung der Universität Halle |
| 1700 | Akademie der Wissenschaften |
| 1701 | Friedrich III. König in Preußen (**Friedrich I.**) |
| 1702-07 | Aus der oranischen Erbschaft und durch Kauf Lingen, Moers (mit Krefeld), Neuchâtel (Valangin), Obergeldern (mit Viersen) und Tecklenburg preußisch |
| 1713-40 | **König Friedrich Wilhelm I.** |
| 1717 | Kadettenkorps zu Berlin gegründet (1722 Waisenhaus zu Potsdam, 1727 Charité in Berlin) |
| 1720 | Frieden von Stockholm (2. Nordischer Krieg): Preußen erhält Vorpommern bis zur Peene mit Stettin sowie Usedom und Wollin |
| 1723 | Generaldirektorium: Neuordnung der Verwaltung stärkt die absolute Monarchie |
| 1740-86 | **König Friedrich II.**, der Große |
| 1740-42 | Erster schlesischer Krieg zur Durchsetzung der preußischen Erbvertragsansprüche von 1537 auf Schlesien |
| 1744 | Ostfriesland durch Erbschaft an Preußen |
| 1744-45 | Zweiter schlesischer Krieg; Friede zu Dresden (Anerkennung der pragmatischen Sanktion, Gewährleistung des Besitzes von Schlesien) |
| 1756-63 | Siebenjähriger Krieg im Bündnis mit England gegen die Allianz: Österreich-Frankreich-Rußland-Schweden-Sachsen |

| | |
|---|---|
| 1760 | Berlin durch russische Truppen besetzt |
| 1762 | Bündnis mit dem Kaiser von Rußland |
| 1763 | Friede zu Hubertusburg; Preußen behält Schlesien |
| 1772 | Erste Teilung Polens. Preußen erhält Ermland, Westpreußen und den Netzedistrikt |
| 1778 | Bayerischer Erbfolgekrieg |
| 1786-97 | **König Friedrich Wilhelm II.** |
| 1788 | Wöllnersches Religionsedikt |
| 1792 | Heimfall von Ansbach und Bayreuth; Stiftung des roten Adlerordens |
| 1793 | Teilnahme am 1. Koalitionskrieg gegen Frankreich, zweite Teilung Polens: Danzig, Thorn und "Südpreußen" mit Posen, Gnesen und Kalisch preußisch |
| 1794 | Allgemeines Preußisches Landrecht |
| 1795 | Dritte Teilung Polens (Warschau preußisch), Memel wird Grenze zu Rußland |
| 1797 | **König Friedrich Wilhelm III.** (bis 1840) |
| 1803 | Reichsdeputationshauptschluß; Erwerb von Münster, Paderborn und Hildesheim |
| 1805 | Bündnis mit Kaiser Alexander von Rußland (bewaffnete Neutralität) |
| 1806 | Auflösung des Heiligen Römischen Reiches deutscher Nation; Niederlage von Jena und Auerstädt; französische Truppen in Potsdam und Berlin |
| 1807 | Friede zu Tilsit; Aufhebung der Erbuntertänigkeit der Bauern; Neuorganisation der Staatsbehörden |
| 1808 | Neue Städteordnung |
| 1809 | Huldvolle Entlassung Steins; Altenstein Finanzminister |
| 1810 | Hardenberg Staatskanzler; Gewerbefreiheit; Universitäten in Berlin und Breslau gegründet; Tod der Königin Luise (geb. 1776) |
| 1812 | Konvention Yorcks zu Tauroggen mit Rußland nach Zusammenbruch des napoleonischen Rußlandfeldzugs |
| 1813 | Vertrag mit Rußland; Einführung der allgemeinen Wehrpflicht; Aufruf Friedrich Wilhelm III., "An mein Volk"; Völkerschlacht bei Leipzig |
| 1814 | Übergang Blüchers über den Rhein; Einzug der Verbündeten in Paris; Verbannung Napoleons nach Elba, erster Pariser Friede, Wiener Kongreß |
| 1815 | Zweiter Pariser Friede: Nordsachsen mit der Niederlausitz sowie das restliche Rheinland und Westfalen preußisch; Verzicht auf Ansbach-Bayreuth; Gründung des Deutschen Bundes; Hl. Allianz |
| 1817 | Staatsrat; Aufruf zur Union der lutherischen und reformierten Kirchen |
| 1820 | Wiener Schlußakte als Grundgesetz des Deutschen Bundes |
| 1824 | Ost- und Westpreußen zu einer Provinz vereinigt (1878 wieder getrennt) |
| 1832 | Deutscher Zollverein |
| 1837 | Kölner Kirchenwirren |
| 1840-61 | **König Friedrich Wilhelm IV.** |
| 1842 | Beendigung der Kirchenwirren, Grundsteinlegung zum Fortbau des Kölner Doms |
| 1847 | Vereinigter Landtag |
| 1848 | Märzrevolution in Berlin, Konstitution in Preußen |
| 1849 | Frankfurter Nationalversammlung wählt den preußischen König zum Erbkaiser, Friedrich Wilhelm IV. lehnt die Kaiserkrone ab; Krieg in Schleswig-Holstein; Dreikönigsbündnis, Versammlung zu Erfurt; Preußen erwirbt das Land Hohenzollern |
| 1850 | Scheitern großpreußischer Pläne, Punktation von Olmütz, Erneuerung des Deutschen Bundes, Erlaß der revidierten Verfassung |
| 1853 | Erwerb des Jadegebietes, Anlage des Hafens Wilhelmshaven |
| 1854-55 | Neutralität Preußens im Krimkrieg |
| 1858 | Erkrankung Friedrich Wilhelms IV., Einrichtung der Regentschaft |
| 1861-88 | **König Wilhelm I.** |
| 1862 | Bismarck Ministerpräsident |
| 1862-66 | Verfassungskonflikt |
| 1864 | Dänischer Krieg |
| 1866 | Preußisch-Österreichischer Krieg: Hannover, Kurhessen, Nassau, Frankfurt/M. und Schleswig und Holstein werden preußisch; Auflösung des Deutschen Bundes, Norddeutscher Bund |
| 1870-71 | Deutsch-Französischer Krieg |
| 1871 | **Wilhelm I.** Deutscher Kaiser |
| 1888 | **Friedrich III.** Deutscher Kaiser |
| 1888 | **Wilhelm II.** Deutscher Kaiser (bis 1918) |
| 1918 | Absetzung Wilhelm II. als König: Preußen wird Freistaat |
| 1932 | Reichsexekution gegen Preußen. Absetzung der verfassungsmäßigen preußischen Regierung |
| 1935 | Preußen durch "Reichsstatthaltergesetz" gleichgeschaltet |
| 1947 | Alliierter Kontrollratsbeschluß: Auflösung des nicht mehr bestehenden Staates Preußen |

# Die Herrscher des Hauses Hohenzollern

Friedrich I., Kf. 1417-1440

Friedrich II., der Eiserne, Kf. 1440-1470

Albrecht Achilles, Kf. 1470-1486

Johann Cicero, Kf. 1486-1499

Joachim I. Nestor, Kf. 1499-1535

Joachim II. Hektor, Kf. 1535-1571

Albrecht, Herzog in Preußen 1525-1568

Johann Georg, Kf. 1571-1598

Joachim Friedrich, Kf. 1598-1608

Albrecht Friedrich, Herzog in Preußen 1568-1618

Johann Sigismund, Kf. 1608-1619

(Anna, Erbin von Jülich-Kleve)

Georg Wilhelm, Kf. 1619-1640

Friedrich Wilhelm, der Große Kurfürst, 1640-1688

Friedrich Wilhelm III. (I.), Kf. 1688-1713, Kg. 1701-1713

Friedrich Wilhelm I., Kg. 1713-1740

Friedrich II, Kg. 1740-1786

August Wilhelm

Friedrich Wilhelm II., Kg. 1786-1797

Friedrich Wilhelm III., Kg. 1797-1840

Friedrich Wilhelm IV., Kg. 1840-1861

Wilhelm I., Regent 1858-1861, König 1861-1888, Dt. Kaiser 1871-1888

Friedrich III., König und Kaiser 1888

Wilhelm II., König und Kaiser 1888-1918

Kf = Kurfürst

Kg = König

# Ergänzende Literaturhinweise


Neugebauer, Wolfgang: Auswahlbibliographie zur preußischen Geschichte. In: Moderne Preußische Geschichte. Eine Anthologie. Hrsg. von O. Büsch und W. Neugebauer. Bd. 3. Berlin-New-York 1981, S. 1677-1764.

Henning, H. und E.: Bibliographie Friedrich der Große 1786-1986. Das Schrifttum des deutschen Sprachraums und der Übersetzungen aus Fremdsprachen. Berlin-New York 1988.

Handbuch der preussischen Geschichte. Hrsg. von O. Büsch. Bd. 2: Das 19. Jahrhundert und Große Themen der Geschichte Preußens. Berlin 1992 [Bd. 1 und 3 noch nicht erschienen]

Barclay, D.E.: Anarchie und guter Wille. Friedrich Wilhelm IV. und die preußische Monarchie. Berlin 1995.

Bismarck und seine Zeit. Hrsg. von J. Kunisch. Berlin 1992.

Blasius, D.: Friedrich Wilhelm IV. 1795-1861: Psychopathologie und Geschichte. Göttingen 1992.

Carl, H.: Okkupation und Regionalismus. Die preußischen Westprovinzen im Siebenbjährigen Krieg. Mainz 1993.

Friedrich der Große in seiner Zeit. Hrsg. von Oswald Hauser. Köln-Wien 1987.

Friedrich Wilhelm IV. in seiner Zeit. Hrsg. von O. Büsch. Berlin 1987.

Funk, A.: Polizei und Rechtsstaat. Die Entwicklung des staatlichen Gewaltmonopols in Preußen 1848-1918. Frankfurt/Main-New York 1986.

Gemeingeist und Bürgersinn. Die preußischen Reformen. Hrsg. von B. Sösemann. Berlin 1993. [S. 281-319 Bibliographie 1976-1992].

Gray, M.W.: Prussia in Transition. Society and Politics under the Stein Reform Ministry of 1808. Philadelphia 1986.

Kühne, Th.: Klassenwahlrecht und Wahlkultur in Preußen 1867-1914. Düsseldorf 1994.

Manca, A. G.: La sfida delle riforme. Constituzione e politica nel liberalismo prussiano (1850-1866). Regensburg 1986.

Müller-Weil, U.: Absolutismus und Außenpolitik in Preußen. Stuttgart 1992.

Neugebauer, W.: Absolutistischer Staat und Schulwirklichkeit in Brandenburg-Preussen. Berlin 1985.

Panorama der Fridericianischen Zeit : Friedrich der Große und seine Epoche. Ein Handbuch. Hrsg. von Jürgen Ziechmann. - Bremen : Ed. Ziechmann, 1985.

Persönlichkeiten im Umkreis Friedrich des Großen. Hrsg. von Johannes Kunisch. Köln-Wien 1988.

Preußen. Seine Wirkung auf die deutsche Geschichte. Stuttgart 1985.

Rosenau, K.: Hegemonie und Dualismus. Preußens staatsrechtliche Stellung im Deutschen Reich. Regensburg 1986.

Ein sonderbares Licht in Teutschland : Beiträge zur Geschichte des Großen Kurfürsten von Brandenburg (1640-1688). Hrsg. von G. Heinrich. Berlin 1990.

Stamm-Kuhlmann, Th.: Die Hohenzollern. Berlin 1995.

Stamm-Kuhlmann, Th.: König in Preußens großer Zeit. Friedrich Wilhelm III. - der Melancholiker auf dem Thron. Berlin 1992.

Wehler, H.-U.: Deutsche Gesellschaftsgeschichte. Bd. 1-3 [von 4 geplanten Bänden]. München 1989-1995.

Zentren der Aufklärung; 2: Königsberg und Riga. Hrsg. von Heinz Ischreyt. Tübingen 1995.

Zernack, K.: Preußen - Deutschland - Polen. Aufsätze zur Geschichte der deutsch-polnischen Beziehungen. Berlin 1991.

*Regionalgeschichte*

Bömelburg, Hans-Jürgen: Zwischen polnischer Ständegesellschaft und preussischem Obrigkeitsstaat. Vom Königlichen Preußen zu Westpreußen (1756-1806). München 1995.

Boockmann, H.: Ostpreußen und Westpreußen (= Deutsche Geschichte im Osten Europas). Berlin 1992

Conrads, N. [Hrsg.]: Schlesien (= Deutsche Geschichte im Osten Europas). Berlin 1994

Handbuch der Geschichte Ost- und Westpreußens. Im Auftrag der Historischen Kommission für ost- und westpreußische Landesforschung hrsg. von Ernst Opgenoorth. T. II/1: Von der Teilung bis zum Schwedisch-Polnischen Krieg 1466-1655. Lüneburg 1994 [mehr noch nicht erschienen]

Neugebauer, W.: Politischer Wandel im Osten. Ost- und Westpreussen von den alten Ständen zum Konstitutionalismus. Stuttgart 1992.

Salmonowicz, S.: Od Prus Książęcych do Królestwa Pruskiego. Studia z dziejów prusko-pomorskich [Vom Königlichen Preußen zum Königreich Preußen. Studien aus der preußisch-pommerellischen Geschichte]. Olsztyn 1992.

Verwaltungsgeschichte Ostdeutschlands 1815-1945. Organisation, Aufgaben, Leistungen der Verwaltung. Hrsg. von G. Heinrich [u.a.]9. Stuttgart-Berlin 1992.

# Abbildungsverzeichnis

Die Abbildungen des polnischen Original konnten aus technischen Gründen nicht übernommen werden.

# Personen- und Ortsregister

Martin-Opitz-Bibliothek <Herne>:

**Schriften**

1. Wilhelm Kühlmann: Martin Opitz - Deutsche Literatur und deutsche Nation. - 1991. - 72 S. - DM 10,-
2. Stanisław Salmonowicz: Preußen. Geschichte von Staat und Gesellschaft. - 1995. - 448 S. - DM 48,-

*Zu beziehen über die Martin-Opitz-Bibliothek*

## Stiftung Martin-Opitz-Bibliothek

Berliner Platz 11, D-44623 Herne, Tel. 02323/162806

Die Stiftung Martin-Opitz-Bibliothek wurde am 25. September 1989 durch das Land Nordrhein-Westfalen und die Stadt Herne unter Beteiligung des Bundesministeriums des Innern errichtet. Sie unterhält, institutionell gefördert von der Stadt Herne, dem Land Nordrhein-Westfalen und dem Bundesministerium des Innern, die Martin-Opitz-Bibliothek als allgemein zugängliche wissenschaftliche Bibliothek für die deutschen historische und kulturelle Überlieferung Ostmitteleuropas (einschließlich des historischen Ungarn) in ihrem größeren historischen, politischen und kulturellem Umfeld sowie Rußlands.

Die Martin-Opitz-Bibliothek sammelt **regional** Veröffentlichungen über den **historischen preußischen Osten** (Ost- und Westpreußen, Pommern, Ostbrandenburg, Schlesien), im Rahmen der deutschen historischen Landesforschung, - die **Deutschen in Ost-, Ostmittel- und Südosteuropa** (Polen, Baltikum, GUS-Staaten, Tschechien, Slowakei, Ungarn, Rumänien und Nachfolgestaaten Jugoslawiens) in Geschichte und ggf. Gegenwart im Bezugsfeld ihrer Staaten und Nachbarvölker,

- die **Vertriebenen und Flüchtlinge**, ihre Aufnahme und Integration in der Bundesrepublik Deutschland und in Österreich sowie ihr politisches und soziales Umfeld.

Sie **sammelt sachlich**: Landeskunde (Geographie, Naturkunde), Wirtschaft und Gesellschaft, Landesgeschichte, Orts- und Regionalgeschichte, Familiengeschichte und Genealogie, Kultur- und Bildungsgeschichte, Kirchen, Religionsgemeinschaften, Volkskunde, Literaturgeschichte und Literatur, Buchwesen und Bibliographie sowie Kunst- und Musikgeschichte.

Die Martin-Opitz-Bibliothek strebt die Vollständigkeit bei der Sammlung deutschsprachiger Veröffentlichungen an, sammelt aber auch in Zusammenarbeit mit den regional zuständigen Bibliotheken in Ostmitteleuropa die entsprechenden Veröffentlichungen in dem jeweiligen Landessprachen. Nach dem Stand vom Jahresende 1995 verfügt die Martin-Opitz-Bibliothek über etwa 150 000 bibliographische Einheiten aus ihrem Sammlungsbereich.

Die Martin-Opitz-Bibliothek ist dem Leihverkehr der deutschen Bibliotheken und dem Internationalen Bibliotheksleihverkehr angeschlossen. Eine Informationsbroschüre steht gegen DM 2,- Portoersatz zur Verfügung.

*Öffnungszeiten:*

*montags, dienstags, donnerstags 10-18 Uhr*